PHILIP'S

MULTISCALE

1:1 MILLION ◆ 1:4 MILLION

EUROPE

Contents

First published in 1991 by

George Philip Ltd
an imprint of Octopus Publishing Group Limited
Michelin House, 81 Fulham Road,
London SW3 6RB

Seventh edition 1998
Second impression 1999

All rights reserved. Apart from any fair dealing for the purpose of private study, research, criticism or review, as permitted under the Copyright Designs and Patents Act, 1988, no part of this publication may be reproduced, stored in a retrieval system, or transmitted in any form or by any means, electronic, electrical, chemical, mechanical, optical, photocopying, recording, or otherwise, without prior written permission.

All enquiries should be addressed to the Publisher.

To the best of the Publisher's knowledge, the information in this atlas was correct at the time of going to press. No responsibility can be accepted for any errors or their consequences.

The representation in this atlas of any road, drive or track is not evidence of the existence of a right of way. The mapping on page 108 and the town plans of Edinburgh and London are based upon the Ordnance Survey maps with the sanction of the Controller of Her Majesty's Stationery Office, © Crown Copyright. 399817.

The town plan of Dublin is based on Ordnance Survey Ireland maps by permission of the Government Permit number 6758 © Government of Ireland

Ski resorts data compiled by Snow-Hunter Ltd 1998

Cartography by Philip's
Copyright © 1998 George Philip Ltd.
Printed and bound in Spain by Cayfosa

Legend to route planning maps on pages 3–16

	Motorway with selected junctions
	Motorway under construction
	Motorway in tunnel
	Main through route
	Main through route under construction
	Other major road
	Other road
25 ── 56	European road number, motorway number
55	National road number
⚓ 56 ⚓	Distance in kilometres
	International

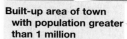

LE HAVRE	Car ferry an
	Mountain pa
✈	International
1089 ▲	Hill peak – wi
	National park

	Built-up area of town with population greater than 1 million	Amiens ◎	Town with population of 100000–200000
PARIS ▣	Town with population greater than 5 million	Luxembourg ⊙	Town with population of 50000–100000
BERLIN ▢	Town with population of 2–5 million	Igualada ○	Town with population of 20000–50000
ROTTERDAM ⊡	Town with population of 1–2 million	Sorrento ○	Town with population of 10000–20000
Manchester ◉	Town with population of 500000–1 million	Skagen ○	Town with population of 5000–10000
Eindhoven ⊙	Town with population of 200000–500000	Lillesand ○	Town with population below 5000

Legend to road maps on pages 18–96

──○──	Motorway with junction
	Motorway under construction
	Principal trunk highway
	Other main highway
	Road under construction
	Other important road
	Other road
	Unsurfaced road
E25 411	European road number, national road number
⊸○─ ◀	Toll road, steep hill – arrow points downhill
96 / 24	Distances – in kilometres
⌣	Mountain pass
	International boundary
	Inter-entity boundary – as agreed in the 1995 Dayton Peace Accord
	Ski lift / funicular
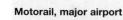	Car ferry
🚗 ✈	Motorail, major airport
⊔ +	Castle, monastery / cathedral
∴	Ancient monument
⌒	Cave
▬	Other place of interest
∥	Beach
⚐	Ski resort
	National park

Driving regulations

A national vehicle identification plate is always required when taking a vehicle abroad.

It is important for your own safety and that of other drivers to fit a headlamp converter or beam deflector when taking a right-hand drive car to a country where driving is on the right – every country in Europe except the UK and Ireland. When the headlamps are dipped on a right-hand drive car, the lenses of the headlamps cause the beam to shine upwards to the left – and so, when driving on the right, into the eyes of oncoming motorists.

The symbols used are:

- 🏟 Motorway
- ⚠ Dual carriageway
- ▲ Single carriageway
- 🏞 Urban area
- ⊘ Speed limit in kilometres per hour (kph)
- 🎗 Seat belts
- ♣ Children
- ♟ Blood alcohol level
- △ Warning triangle
- ✚ First aid kit
- ♀ Spare bulb kit
- ↑ Fire extinguisher
- ☏ Motorcycle helmet
- ⊖ Minimum driving age
- ▣ Documents required
- ★ Other information

The penalties for infringements of regulations vary considerably from one country to another. In many countries the police have the right to impose on-the-spot fines (you should always request a receipt for any fine paid). Penalties can be severe for serious infringements, particularly for drinking when driving which in some countries can lead to immediate imprisonment. Insurance is important, and you may be forced to take out cover at the frontier if you cannot produce acceptable proof that you are insured

Please note that driving regulations often change, particularly in the new democracies of eastern Europe. Reliable information for Belorussia, Moldova, Ukraine and Yugoslavia was not available at the time of going to press.

The publishers have made every effort to ensure that the information given here was correct at the time of going to press. No responsibility can be accepted for any errors or their consequences.

Andorra

🏟	⚠	▲	🏞
	70	70	40

- 🎗 Compulsory in front seats; compulsory if fitted in rear seats
- ♣ Under 10 not allowed in front seats
- ♟ 0.08%
- △ Recommended
- ✚ Recommended
- ♀ Recommended
- ↑ Recommended
- ☏ Compulsory for all riders
- ⊖ 18
- ▣ Driving licence; green card or other proof of insurance; registration document or hire certificate

Austria

🏟	⚠	▲	🏞
130	100	100	50

If towing trailer under 750kg

🏟	⚠	▲	🏞
100	100	100	50

If towing trailer over 750kg

🏟	⚠	▲	🏞
100	100	80	50

- 🎗 Compulsory in front seats; compulsory if fitted in rear seats
- ♣ Under 12 not allowed in front seats except in child safety seat; in rear, if under 12 and under 150cm tall, must have a child safety seat or special seat belt; if over 150cm tall, must wear adult seat belt
- ♟ 0.05%
- △ Compulsory
- ✚ Compulsory
- ↑ Recommended
- ☏ Compulsory for all riders
- ⊖ 18
- ▣ Driving licence; green card; registration document or hire certificate
- ★ If you intend to drive on motorways, a motorway tax disk must be purchased at the border

Belgium

🏟	⚠	▲	🏞
120*	120	90	50

* Minimum speed of 70kph on motorways in normal circumstances

- 🎗 Compulsory in front seats; compulsory if fitted in rear seats
- ♣ Under 12 not allowed in front seats.
- ♟ 0.05%
- △ Compulsory
- ✚ Recommended
- ↑ Compulsory
- ☏ Compulsory for all riders
- ⊖ 18 (16 for mopeds)
- ▣ Driving licence; green card; registration document or hire certificate; passport

Bulgaria

🏟	⚠	▲	🏞
120	80	80	50-60

- 🎗 Compulsory in front seats
- ♣ Under 12 not allowed in front seats
- ♟ 0.00%
- △ Compulsory
- ✚ Compulsory
- ↑ Compulsory
- ☏ Compulsory for all riders
- ⊖ 18
- ▣ Home driving licence with translation or international driving permit; green card; registration document or hire certificate
- ★ Major new legislation is expected in 1999

Croatia

🏟	⚠	▲	🏞
130	80	80	50

If towing

🏟	⚠	▲	🏞
	80	80	60

- 🎗 Compulsory if fitted
- ♣ Under 12 not allowed in the front seats
- ♟ 0.05%
- △ Compulsory
- ✚ Compulsory
- ♀ Compulsory
- ☏ Compulsory for all riders
- ⊖ 18
- ▣ Driving licence; green card; registration document or hire certificate

Czech Republic

🏟	⚠	▲	🏞
130	130	90	50

If towing

🏟	⚠	▲	🏞
80	80	80	50

- 🎗 Compulsory if fitted in front and rear seats
- ♣ Under 12 or under 150cm not allowed in front seats
- ♟ 0.00%
- △ Compulsory
- ✚ Compulsory
- ♀ Compulsory
- ☏ Compulsory for all riders (unless maximum speed is less than 40kph)
- ⊖ 18 (17 for motorcycles over 50cc, 15 for motorcycles under 50cc)
- ▣ Driving licence; international driving permit; green card; registration document or hire certificate; passport

Denmark

🏟	⚠	▲	🏞
110	80	80	50

If towing

🏟	⚠	▲	🏞
70	70	70	50

- 🎗 Compulsory in front seats; compulsory if fitted in rear seats
- ♣ Under 3 not allowed in front seats except in a child safety seat; between 3 and 7 can be placed in a child safety seat or on a booster cushion
- ♟ 0.05%
- △ Compulsory
- ✚ Recommended
- ↑ Recommended
- ☏ Compulsory for all riders
- ⊖ 18
- ▣ Driving licence; green card or other proof of insurance; registration document or hire certificate
- ★ Dipped headlights must be used day and night

Estonia

🏟	⚠	▲	🏞
	90	70	50

- 🎗 Compulsory in front seats; compulsory if fitted in rear seats
- ♣ Under 12 not allowed in front seats; under 7 must have child safety seat in rear
- ♟ 0.00%
- △ Compulsory
- ✚ Compulsory
- ♀ Recommended
- ↑ Compulsory
- ☏ Compulsory for all riders
- ⊖ 18 (16 for motorcycles)
- ▣ Driving licence; international driving permit recommended; green card; registration document or hire certificate; passport

Finland

🏟	⚠	▲	🏞
120	110	90	50

Speed limits are often reduced in winter

- 🎗 Compulsory in front seats; compulsory if fitted in rear seats
- ♣ Children must travel with a safety belt in a special child's seat
- ♟ 0.05%
- △ Compulsory
- ✚ Recommended
- ♀ Recommended
- ↑ Recommended
- ☏ Compulsory for all riders
- ⊖ 18
- ▣ Driving licence; green card recommended; registration document or hire certificate
- ★ Dipped headlights must be used day and night outside built-up areas

France

	🏛	🛆	🔺	🏙
⏱	130	110	90	50
On wet roads				
⏱	110	100	80	50

50kph on all roads if fog reduces visibility to less than 50m

🎗 Compulsory in front seats; compulsory if fitted in rear seats

👶 Under 10 not allowed in front seats unless in approved safety seat facing backwards; in rear, if 4 or under, must have a child safety seat (rear facing if up to 9 months); if 5 to 10 may use a booster seat with suitable seat belt

🍷 0.05%

△ Compulsory unless hazard warning lights are fitted; compulsory for vehicles over 3,500kgs or towing a trailer

🔲 Recommended

💡 Recommended

🪖 Compulsory for all riders

⊖ 18 (16 for light motorcycles, 14 for mopeds)

📷 Driving licence; proof of insurance; registration document or hire certificate

★ Yellow headlamps are no longer required

Germany

	🏛	🛆	🔺	🏙
⏱	no limit*	no limit*	100	50
If towing				
⏱	no limit*	no limit*	80	50

* 130 kph recommended

🎗 Compulsory in front seats and rear seats

👶 If both under 12 and under 150cm must have a child safety seat front and rear

🍷 0.05%

△ Compulsory

🔲 Compulsory

🪖 Recommended

💡 Recommended

🪖 Compulsory for all riders

⊖ 18 (motorcycles: 16 if not more than 80cc and 80 kph, 18 if power not more than than 20kW and not more than 1kW/7kg; 20 if more than 80cc or more than 80kph)

📷 Drivers licence; international driving permit if EU licence (pink) not held; green card or proof of insurance; registration document or hire certificate

Great Britain

	🏛	🛆	🔺	🏙
⏱	112	112	96	48
If towing				
⏱	96	96	80	48

🎗 Compulsory in front seats; compulsory if fitted in rear seats

👶 Under 3 not allowed in front seats except with appropriate restraint, and in rear must use child restraint if available; 3-12 and under 150cm tall must use appropriate restraint or seat belt in front seats, and in rear if available

🍷 0.08%

△ Recommended

🔲 Recommended

🪖 Compulsory for all riders

⊖ 17

📷 Driving licence; green card (recommended) or proof of insurance; registration document or hire certificate

★ Driving is on the left

Greece

	🏛	🛆	🔺	🏙
⏱	120	110	110	50
If towing				
⏱	90	70	70	40

🎗 Compulsory in front seats; compulsory if fitted in rear seats

👶 Under 12 not allowed in front seats except with suitable safety appliance

🍷 0.05%

△ Compulsory

🔲 Compulsory

🪖 Compulsory

🪖 Compulsory for all riders

⊖ 18 (16 for low cc motorcycles)

📷 Driving licence; green card; registration document or hire certificate; passport

Hungary

	🏛	🛆	🔺	🏙
⏱	120	100	80	50
If towing				
⏱	80	70	70	50

🎗 Compulsory in front seats; compulsory if fitted in rear seats

👶 Under 12 or under 150cm not allowed in front seats

🍷 0.00%

△ Compulsory

🔲 Compulsory

🪖 Compulsory

🪖 Compulsory for all riders

⊖ 21

📷 Driving licence; green card (recommended) or other proof of insurance; registration document or hire certificate

★ Dipped headlights must be used night and day

Ireland

	🏛	🛆	🔺	🏙
⏱	112	112	96	48
If towing				
⏱	80	80	80	48

🎗 Compulsory in front seats; compulsory if fitted in rear seats

👶 Under 12 not allowed in front seats in a child safety seat or other suitable restraint

🍷 0.08%

△ Recommended

🔲 Recommended

🪖 Recommended

🪖 Compulsory for all riders

⊖ 17

📷 Driving licence; registration document or hire certificate; green card (recommended) or proof of insurance

★ Driving is on the left, overtaking on the right

Italy

	🏛	🛆	🔺	🏙
⏱	130	110	110	50
If towing				
⏱	80	70	70	50

🎗 Compulsory in front seats; compulsory if fitted in rear seats

👶 Under 12 not allowed in front seats except in child safety seat

🍷 0.08%

△ Compulsory

🔲 Recommended

🪖 Recommended

🪖 Compulsory for all motorcylists

⊖ 18

📷 Driving licence; green card recommended; registration document or hire certificate

Latvia

	🏛	🛆	🔺	🏙
⏱		90	90	50
If towing				
⏱		80	80	50

In residential areas limit is 20kph

🎗 Compulsory if fitted in front and rear seats

👶 Under 12 not allowed in front seats unless wearing seat belt; if under 150cm must use child restraint in front and rear seats

🍷 0.05%

△ Compulsory

🔲 Compulsory

🪖 Recommended

🪖 Compulsory

🪖 Compulsory for all riders

⊖ 18

📷 Driving licence; international driving permit if licence is not in accordance with Vienna Convention; green card; registration document or hire certificate; passport

Lithuania

	🏛	🛆	🔺	🏙
⏱		90	90	60

👶 Under 12 not allowed in front seats

🍷 0.00%

△ Compulsory

🔲 Compulsory

🪖 Compulsory

🪖 Compulsory

🪖 Compulsory

⊖ 18 (14 for mopeds, 16 or 18 for motorcycles, depending on power)

📷 Driving licence; green card; registration document or hire certificate; passport

★ Dipped headlights must be used day and night from October to April (all year for motorcyclists)

Luxembourg

	🏛	🛆	🔺	🏙
⏱	120	90	90	50
If towing				
⏱	90	75	75	50

🎗 Compulsory in front and rear seats

👶 Under 12 or under 150cm not allowed in front seats unless in a child safety seat; under 12 must have child safety seat or suitable belt in rear seat

🍷 0.08%

△ Compulsory

🔲 Recommended

🪖 Recommended

🪖 Recommended

🪖 Compulsory for all riders

⊖ 18 (mopeds 16)

📷 Driving licence; green card recommended; registration document or hire certificate

★ Motorcyclist must use dipped headlights day and night

Netherlands

	🏛	🛆	🔺	🏙
⏱	120	80	80	50

🎗 Compulsory if fitted in front and rear seats

👶 Under 12 not allowed in front seats except in suitable child restraint; in rear, 0-3 child safety restraint if available, 4-12 child safety restraint if available or seat belt if available

🍷 0.5%

△ Recommended

🔲 Recommended

🪖 Recommended

🪖 Recommended

🪖 Compulsory for all riders

⊖ 18 (16 for mopeds)

📷 Driving licence; green card; registration document or hire certificate; passport

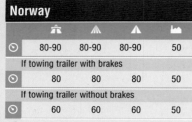

Norway

	🚗	🚗	🚗	🏙
🕐	80-90	80-90	80-90	50

If towing trailer with brakes				
🕐	80	80	80	50

If towing trailer without brakes				
🕐	60	60	60	50

- Compulsory in front seats; compulsory if fitted in rear seats
- Children under 4 must have child restraint; over 4 child restraint or seat belt
- 0.05%
- Compulsory
- Recommended
- Recommended
- Compulsory for all riders
- 18 (20 for certain vehicles)
- Driving licence; green card recommended; registration document or hire certificate
- ★ Dipped headlights must be used day and night

Poland

	🚗	🚗	🚗	🏙
🕐	110*	90	90	60

If towing				
🕐	70*	70	70	60

* 40kph minimum

20kph in residential areas

- Compulsory for driver and front seat passengers; compulsory if fitted in the back
- Under 10 not allowed in front seats unless in a child safety seat
- 0.0%
- Compulsory
- Recommended
- Recommended
- Compulsory
- Compulsory for all riders
- 17
- Driving licence or international driving permit (recommended); registration document or hire certificate; green card; passport
- ★ Between 1 November and 1 March dipped headlights must be used day and night

Portugal

	🚗	🚗	🚗	🏙
🕐	120*	100	90	50

If towing				
🕐	100*	80	70	50

* 40kph minumum

90kph maximum if licence held under 1 year

- Compulsory in front seats; compulsory if fitted in rear seats
- Under 3 not allowed in front seats unless in a child seat; 3–12 not allowed in front seats except in approved restraint system
- 0.05%
- Compulsory
- Recommended
- Compulsory for all riders
- 18 (motorcycles under 50cc 16)
- Driving licence; green card; registration document or hire certificate; photographic proof of identity

Romania

	🚗	🚗	🚗	🏙

Engine capacity greater than 1800cc				
🕐	90	90	90	60

Engine capacity less than 1800cc				
🕐	80	80	80	60

Motorcycles				
🕐	50	50	50	40

Jeep-like vehicles 70kph outside built-up areas and 60kph in all areas if diesel

- Compulsory in front seats; compulsory if fitted in rear seats
- Under 12 not allowed in front seats
- 0.0%
- Recommended
- Compulsory
- Recommended
- Recommended
- Compulsory for all riders
- 18 (16 for mopeds)
- Driving licence; green card; registration document or hire certificate; passport

Russia

	🚗	🚗	🚗	🏙
🕐		120	110	60

- Compulsory in front seats
- Under 12 not allowed in front seats
- 0.00%
- Compulsory
- Compulsory
- Recommended
- Compulsory
- Compulsory
- 18
- International driving licence with translation; green card or other insurance certificate; registration document or hire certificate

Slovakia

	🚗	🚗	🚗	🏙
🕐	130	90	90	60

- Compulsory in front seats; compulsory if fitted in rear seats
- Under 12 not allowed in front seats
- 0.0
- Compulsory
- Compulsory
- Recommended
- Compulsory
- Compulsory for motorcyclists
- 18 (mopeds 15)
- Driving licence; green card; registration document or hire certificate; passport
- ★ Tow rope must be carried

Slovenia

	🚗	🚗	🚗	🏙
🕐	130	100*	90*	50

If towing				
🕐	80	80*	80*	50

* 70kph in urban areas

- Compulsory in front seats; compulsory if fitted in rear seats (will become compulsory in rear during 1999)
- Under 15 not allowed in the front seats; babies must have child safety seats; all children must wear seat belts
- 0.5%
- Compulsory
- Compulsory
- Compulsory
- Recommended
- Compulsory for all riders
- 18 (mopeds 16)
- Driving licence; registration document or hire certificate; green card; passport

Spain

	🚗	🚗	🚗	🏙
🕐	120	100	90-	50

If towing				
🕐	80	80	70	50

- Compulsory in front seats; compulsory if fitted in rear seats
- Under 12 not allowed in front seats except in child safety seat
- 0.08%
- Compulsory
- Compulsory
- Compulsory for all riders
- 18
- Driving licence; green card; registration document or hire certificate; passport

Sweden

	🚗	🚗	🚗	🏙
🕐	110	90	70	50

If towing with braking device				
🕐	80	80	70	50

- Compulsory in front and rear seats
- Under 7 must have safety seat or other suitable restraint
- 0.02%
- Compulsory
- Recommended
- Recommended
- Compulsory for all riders
- 18
- Driving licence; green card; registration document or hire certificate
- ★ Dipped headlights must be used day and night

Switzerland

	🚗	🚗	🚗	🏙
🕐	120	80	80	50

If towing up to 1 ton				
🕐	80	80	80	50

If towing over 1 ton trailer				
🕐	60	60	60	50

- Compulsory if fitted in front and rear seats
- Under 7 not allowed in front seats unless strapped in or placed in a child's safety seat
- 0.08%
- Compulsory
- Compulsory for all riders
- 18
- Driving licence; green card; registration document or hire certificate
- ★ If you intend to drive on motorways, a motorway tax disk (vignette) must be purchased at the border

Turkey

	🚗	🚗	🚗	🏙
🕐		90	90	50

If towing				
		70	70	40

- Compulsory in front seat
- Under 12 not allowed in front seats
- 0.05%
- Two compulsory (one for in front, one for behind)
- Compulsory
- Compulsory
- Compulsory for all riders (except on freight motorcycles)
- 18
- Passport; valid driving licence; international driving permit advised; green card (note that Turkey is in both Europe and Asia); registration document or hire certificate
- ★ Tow rope and tool kit must be carried

Sights of Europe *280 of the finest*

Belgique *Belgium*

Antwerpen City with many tall gabled Flemish houses on the river. Heart of the city is Great Market with 16–17c guildhouses and Town Hall. 14–16c Gothic cathedral has Rubens paintings. Rubens also at the Rubens House and his burial place in St Jacob's Church. Excellent museums: Mayer van den Berg Museum (applied arts); Koninklijk Museum of Fine Arts (Flemish, Belgian).

Brugge Well-preserved medieval town with narrow streets and canals. Main squares: Market with 13c Belfort and covered market; Burg with Basilica of the Holy Blood and Town Hall. Groeninge Museum and Memling museum in St Jans Hospital show 15c Flemish masters. Onze Lieve Vrouwekerk has a famous Michelangelo *Madonna and Child.*

Bruxelles Capital of Belgium. The Lower Town is centred on the enormous Grand Place with Hôtel de Ville and rebuilt guildhouses. Symbols of the city include the Manneken Pis and Atomium (giant model of a molecule). 13c Notre Dame de la Chapelle is the oldest church. The Upper Town contains: Gothic cathedral; Neoclassical Place Royale; 18c King's Palace; Royal Museums of Fine Arts (old and modern masters). Also: much Art Nouveau (Victor Horta Museum, Hôtel Tassel, Hôtel Solvay); Place du Petit Sablon and Place du Grand Sablon; 19c Palace of Justice.

Gent Medieval town built on islands surrounded by canals and rivers. Views from Pont St-Michel. Graslei and Koornlei quays have Flemish guild houses. Gothic cathedral has famous Van Eyck altarpiece. Also: Belfort; Cloth Market; Gothic Town Hall; Gravensteen. Museums: Bijloke Museum in beautiful abbey (provincial and applied art); Museum of Fine Arts (old masters).

Namur Reconstructed medieval citadel is the major sight of Namur, which also has a cathedral and provincial museums.

Tournai The Romanesque-Gothic cathedral is Belgium's finest (much excellent art). Fine Arts Museum has good collection (15–20c).

Bulgariya *Bulgaria*

Black Sea Coast Beautiful unspoiled beaches (Zlatni Pyassatsi). The delightful resort Varna is popular. Nesebŭr is famous for Byzantine churches. Also: Danube Delta in Hungary.

Plovdiv City set spectacularly on three hills. The old town has buildings from many periods: 2c Roman stadium and amphitheatre; 14c Dzumaja Mosque; 19c Koyumdjioglu House and museum (traditional objects). Nearby: Bačkovo monastery (frescoes).

Rila Bulgaria's finest monastery, set in the most beautiful scenery of the Rila mountains. The church is richly decorated with frescoes.

Sofiya Capital of Bulgaria. Sights: exceptional neo-Byzantine cathedral; Church of St Sofia; 4c rotunda of St George (frescoes); Byzantine Bojana Church (frescoes) on panoramic Mount Vitoša. Museums: National Historical Museum (particularly for Thracian artefacts); National Art Gallery (icons, Bulgarian art).

Veliko Turnovo Medieval capital with narrow streets. Notable buildings: House of the Little Monkey; Hadji Nicoli Inn; ruins of medieval citadel; Baudouin Tower; churches of the Forty Martyrs and of SS Peter and Paul (frescoes); 14c Monastery of the Transfiguration.

Città del Vaticano *Vatican City*

Città del Vaticano Independent state within Rome. On Piazza San Pietro is the 15–16c Renaissance-Baroque Basilica of St Peter (Michelangelo's dome and *Pietà*), the world's most important Roman Catholic church. The Vatican Palace contains the Vatican Museums with many fine art treasures including Michelangelo's frescoes in the Sistine Chapel.

Česka Republica *Czech Republic*

Brno Capital of Moravia. Sights: Vegetable Market and Old Town Hall; Capuchin crypt decorated with bones of dead monks; hill of St Peter with Gothic cathedral; Mies van der Rohe's buildings (Bata, Avion Hotel, Togendhat House). Museums: UPM (modern applied arts); Pražáků Palace (19c Czech art).

České Budějovice Famous for Budvar beer, the medieval town is centred on námĕstí Přemysla Otokara II. The Black Tower gives fine views. Nearby: medieval Český Krumlov.

Olomouc Well-preserved medieval university town of squares and fountains. The Upper Square has the Town Hall. Also: 18c Holy Trinity; Baroque Church of St Michael.

Praha Capital of Czech Republic and Bohemia; one of Europe's most beautiful cities. The Castle Quarter has a complex of buildings behind the walls (Royal Castle; Royal Palace; cathedral). The Basilica of St George has a fine Romanesque interior. The Belvedere is the best example of Renaissance architecture. Hradčani Square has aristocratic palaces and the National Gallery. The Little Quarter has many Renaissance (Wallenstein Palace) and Baroque mansions and the Baroque Church of St Nicholas. The Old Town has its centre at the Old Town Square with the Old Town Hall (astronomical clock), Art Nouveau Jan Hus monument and Gothic Týn church. The Jewish quarter has 14c Old-New Synagogue and Old Jewish Cemetery. The Charles Bridge is famous. The medieval New Town has many Art Nouveau buildings and is centred on Wenceslas Square.

Spas of Bohemia Before World War I, the spa towns of Karlovy Vary (Carlsbad), Márianske Lázni (Marienbad) and Frantiskovy Lázni (Franzenbad) were the favourite resorts of the Habsburg aristocracy.

Danmark *Denmark*

Hillerød Frederiksborg is a fine red-brick Renaissance castle set among three lakes.

København Capital of Denmark, famous for red-brick buildings with green copper roofs. Old centre has fine early 20c Town Hall. Latin Quarter has 19c cathedral. The 18c fortress of Kastellet has the famous statue of the Little Mermaid nearby. The 17c Rosenborg Castle was a royal residence, as was the Christianborg (now government offices). Other popular sights: Nyhavn canal; Tivoli Gardens. Excellent art collections: Ny Carlsberg Glypotek; State Art Museum; National Museum.

Roskilde Ancient capital of Denmark. The marvellous cathedral is a burial place of the Danish monarchy.

Deutschland *Germany*

Aachen Once capital of the Holy Roman Empire. Old town around the Münsterplatz with magnificent cathedral. An exceptionally rich treasure is in the Schatzkammer. The Town Hall is on the medieval Market.

Augsburg Attractive old city. The Town Hall is one of Germany's finest Renaissance buildings. Maximilianstrasse has several Renaissance houses and Rococo Schaezler Palace (good art collection). Churches: Romanesque-Gothic cathedral; Renaissance St Anne's Church. The Fuggerei, founded 1519 as an estate for the poor, is still in use.

Bamberg Well-preserved medieval town. The island, connected by two bridges, has the Town Hall and views of Klein Venedig. Romanesque-Gothic cathedral (good art) is on an exceptional square of Gothic, Renaissance and Baroque buildings – Alte Hofhalttung; New Residence with State Gallery (German masters); Ratstube.

Berlin Capital of Germany. Sights include: the Kurfürstendamm avenue; Brandenburg Gate, former symbol of division; Tiergarten; Unter den Linden; 19c Reichtag. Berlin's has many excellent art and history collections. Museum Island includes: Pergamon Museum (classical antiquity, Near and Far East, Islam); Bode Museum (Egyptian, Early Christian, Byzantine and European); Old National Gallery (19–20c German). Dahlem Museums: Picture Gallery (13–18c); Sculpture Collection (13–19c); Prints and Drawings Collection; Die Brücke Museum (German Expressionism). Tiergarten Museums: New National Gallery (19–20c); Decorative Arts Museum; Bauhaus Archive. In the Kreuzberg area: Berlin Museum; Grupius Building with Jewish Museum and Berlin Gallery; remains of Berlin Wall and Checkpoint Charlie House. Schloss Charlottenburg houses a number of collections including the National Gallery's Romantic Gallery; Egyptian Museum is nearby.

Bodensee Lake Constance, with many pleasant lake resorts. Lindau, on an island, has numerous gabled houses. Birnau has an 18c Roccoco church. Konstanz (Swiss side) has the Minster set above the Old Town.

Deutsche Alpenstrasse German Alpine Road in the Bavarian Alps, from Lindau on Bodensee to Berchtesgaden. The setting for 19c fairy-tale follies of Ludwig II of Bavaria (Linderhof, Hohenschwangau, Neuschwanstein), charming old villages (Oberammergau) and Baroque churches (Weiss, Ottobeuren). Garmisch-Partenkirchen has views on Germany's highest peak, the Zugspitze.

Dresden Historic centre with a rich display of Baroque architecture. Major buildings: Castle of the Electors of Saxony; 18c Hofkirche; Zwinger Palace with fountains and pavilions (excellent old masters); Albertinum with excellent Gallery of New Masters; treasury of Grünes Gewölbe. The Baroque-planned New Town contains the Japanese Palace and Schloss Pillnitz.

Frankfurt Financial capital of Germany. The historic centre around the Römerberg square has 13–15c cathedral, 15c Town Hall, Gothic St Nicholas Church, Saalhof (12c chapel). Museums: Museum of Modern Art (post-war); State Art Institute.

Freiburg Old university town with system of streams running through the streets. The Gothic Minster is surrounded by the town's finest buildings. Two towers remain of the medieval walls. The Augustine Museum has a good collection.

Heidelberg Germany's oldest university town, majestically set on the banks of the river and romantically dominated by the ruined castle. The Gothic Church of the Holy Spirit is on the Marketplace with the Baroque Town Hall. Also: 16c Knight's House; Baroque Morass Palace with a museum of Gothic art.

Hildesheim City of Romanesque architecture (much destroyed). Principal sights: Saint Michael's Church; cathedral (11c interior, sculptured doors, St Anne's Chapel); superb 15c Tempelhaus on the Marketplace.

Köln Ancient city with 13–19c cathedral (rich display of art). In the old town are the Town Hall and many Romanesque churches (Gross St Martin, St Maria im Kapitol, St Maria in Lyskirchen, St Ursula, St Georg, St Severin, St Pantaleon, St Apostolen). Museums: Diocesan Museum (religious art); Roman-German Museum (ancient history); Wallraf-Richartz/Ludwig Museum (14–20c art).

Lübeck Beautiful old town built on an island and characterised by Gothic brick architecture. Sights: 15c Holsten Gate; Market with the Town Hall and Gothic brick St Mary's Church; 12–13c cathedral; St Ann Museum.

Mainz The Electoral Palatinate schloss and Market fountain are Renaissance. Churches: 12c Romanesque cathedral; Gothic St Steven's (stained glass by Chagall).

Marburg Medieval university town with the Marketplace and Town Hall, St Elizabeth's Church (frescoes, statues, 13c shrine), 15–16c Schloss.

München Old town centred on the Marienplatz with 15c Old Town Hall and 19c New Town Hall. Many richly decorated churches: St Peter's (14c tower); Gothic red-brick cathedral; Renaissance St Michael's (royal portraits on the facade); Rococo St Asam's. The Residence palace has seven splendid buildings holding many art objects. Schloss Nymphenburg has a palace, park, botanical gardens and four beautiful pavilions. Superb museums: Old Gallery (old masters), New Gallery (18–19c), Lenbachhaus (modern German). Many famous beer gardens.

Münster Historic city with well-preserved Gothic and Renaissance buildings: 14c Town Hall; Romanesque-Gothic cathedral. The Westphalian Museum holds regional art.

Nürnberg Beautiful medieval walled city dominated by the 12c Kaiserburg. Romanesque-Gothic St Sebaldus Church and Gothic St Laurence Church are rich in art. On Hauptmarkt is the famous 14c Schöner Brunnen. Also notable is 15c Dürer House. The German National Museum has excellent German medieval and Renaissance art.

Potsdam Beautiful Sanssouci Park contains several 18–19c buildings including: Schloss Sanssouci; Gallery (European masters); Orangery; New Palace; Chinese Teahouse.

Regensburg Medieval city set majestically on the Danube. Views from 12c Steinerne Brücke. Churches: Gothic cathedral; Romanesque St Jacob's; Gothic St Blaise; Baroque St Emmeram. Also: Old Town Hall (museum); Haidplatz; Schloss Thurn und Taxis; State Museum.

Rheintal Beautiful 80km gorge of the Rhein Valley between Mainz and Koblenz with rocks (Loreley), vineyards (Bacharach, Rüdesheim), white medieval towns (Rhens, Oberwesel) and castles. The castles are medieval (Marksburg, Rheinfles, island fortress Pfalzgrafenstein) or built or rebuilt in the 19c (Stolzenfles, Rheinstein).

Romantische Strasse Romantic route between Aschaffenburg and Füssen, leading through picturesque towns and villages of medieval Germany. The most popular section is between Würzburg and Augsburg, centred on Rothenburg ob der Tauber, an attractive medieval walled town. Also notable: Nördlingen, Harburg Castle, Dinkelsbühl, Creglingen.

Schwarzwald Hilly region between Basel and Karlsruhe, the largest and most picturesque woodland in Germany, with the highest summit, Feldberg, lake resorts (Titisee), health resorts (Baden-Baden) and clock craft (Triberg). Freiburg is regional capital.

Speyer 11c cathedral is one of the largest and best Romanesque buildings in Germany. 12c Jewish Baths are well-preserved.

Stuttgart Largely modern city with old centre around the Old Schloss, Renaissance Alte Kanzlei, 15c Collegiate Church and Baroque New Schloss. Museums: Regional Museum; post-modern State Gallery (old masters, 20c German). The 1930s Weissenhofsiedlung is by several famous architects.

Trier Superb Roman monuments: Porta Nigra; Aula Palatina (now a church); Imperial Baths; amphitheatre. The Regional Museum has Roman artefacts. Also, Gothic Church of Our Lady; Romanesque cathedral.

Ulm Old town with half-timbered gabled houses set on a canal. Gothic 14–19c Minster has tallest spire in the world (161m).

Weimar The Neoclassical Schloss, once an important seat of government, now houses a good art collection. Church of SS Peter and Paul has a Cranach masterpiece. Houses of famous people: Goethe, Schiller, Liszt. The famous Bauhaus was founded at the School of Architecture and Engineering.

Würzburg Amid vineyard hills, the medieval town is centred on the Marketplace with Rococo House of the Falcon. The 18c episcopal princes' residence (frescoes) is magnificent. The cathedral is rich in art. Work of the great local Gothic sculptor, Riemenschneider, is in Gothic St Mary's Chapel, Baroque New Minster, and the Mainfränkisches Museum.

Eesti *Estonia*

Tallinn Capital of Estonia. The old town is centred on the Town Hall Square. Sights: 15c Town Hall; Toompea Castle (national Parliament); medieval Three Sisters houses. Churches: Gothic St Nicholas; 14c Church of the Holy Spirit; St Olaf's.

Ellas *Greece*

Athínai Capital of Greece. Spectacular views from the hills of Likavitós and Filopáppou. The Acropolis, with 5c BC sanctuary complex (Parthenon, Propylaia, Erechtheion, Temple of Athena Nike), is the greatest architectural achievement of antiquity in Europe. The Agora was a public meeting place in ancient Athens. Pláka has narrow streets and small Byzantine churches (Kapnikaréa). The Olympeum was the largest temple in Greece. Also: Olympic Stadium; excellent collections of ancient artefacts (Museum of Cycladic and Ancient Greek Art; Acropolis Museum; National Archeological Museum; Benáki Museum).

Delfi At the foot of the Mount Parnassós, Delphi was the seat of the Delphic Oracle of Apollo, the most important oracle in Ancient Greece. Delphi was also a political meeting place and the site of the Pythian Games. The Sanctury of Apollo consists of: Temple of Apollo, led to by the Sacred Way; Theatre; Stadium. The Museum has a display of objects from the site (5c BC *Charioteer*).

Epídavros Epidaurus was a spa and religious centre focused on the Sanctury of Asclepius (ruins). The enormous 4c BC theatre is probably the finest of all ancient theatres.

Greek Islands Popular islands with some of the most beautiful and spectacular beaches in Europe. They are divided into various groups and individual islands: Kikládhes and Dhodhekanisos in the Aegean Sea, Kérkira (Corfu) in the Ionian Sea, and Kríti.

Kórinthos Ancient Corinth (ruins), with 5c BC Temple of Apollo, was in 44BC made capital of Roman Greece by Julius Caesar. Set above the city, the Greek acropolis hill of Acrocorinth became the Roman and Byzantine citadel (ruins).

Kríti Largest Greek island, Crete was home to the great Minoan civilization (2800–1100 BC). The main relics are the ruined Palace of Knossós and Mália. Gortys was capital of the Roman province. Picturesque Réthimno has narrow medieval streets, a Venetian fortress and a former Turkish mosque. Mátala has beautiful beaches and famous caves cut into cliffs. Iráklio (Heraklion), the capital, has a good Archeological Museum.

Metéora The tops of bizarre vertical cylinders of rock and towering cliffs are the setting for 14c Cenobitic monasteries, until recently only accessible by baskets or removable ladders. Méga Metéoron is the grandest and set on the highest point. Roussánou has the most extraordinary site. Varlaám is one of the oldest and most beautiful, with the Ascent Tower and 16c church with frescoes. Áyiou Nikólaou also has good frescoes.

Mistrás Set in a beautiful landscape, Mystra is the site of a Byzantine city, now in ruins, with palaces, frescoed churches, monasteries and houses.

Mykenai The citadel of Mycenae prospered between 1950BC and 1100BC and consists of the royal complex of Agamemnon: Lion Gate, royal burial site, Royal Palace, South House, Great Court.

Ólimpos Mount Olympus, mythical seat of the Greek gods, is the highest, most dramatic peak in Greece.

Olympia In a stunning setting, the Panhellenic Games were held here for a millennium. Ruins of the sanctuary of Olympia consist of the Doric temples of Zeus and Hera and the vast Stadium. There is also a museum (4c BC figure of Hermes).

Ródhos One of the most attractive islands with wonderful sandy beaches. The city of Rhodes has a well-preserved medieval centre with the Palace of the Grand Masters and the Turkish Süleymaniye Mosque

Thessaloníki Largely modern city with Byzantine walls and many fine churches: 8c Ayía Sofia; 11c Panayía Halkéon; 14c Dhódheka Apóstoli; 14c Áyios Nikólaos Orfanós; 5c Áyios Dhimítrios (largest in Greece, 7c Mosaics).

España *Spain*

Ávila Medieval town with 2km-long 11c walls. Pilgrimage site to shrines to St. Teresa of Ávila (Convent of Santa Teresa, Convent of the Incarnation).

Barcelona Showcase of Gothic ('Barri Gòtic': cathedral; Santa Maria del Mar; mansions on Carrer de Montcada) and *modernista* architecture ('Eixample' area with Manzana de la Discòrdia; Sagrada Familia, Güell Park, La Pedrera). Many elegant boulevards (La Rambla, Passeig de Gràcia). Museums: Modern Catalan Art; Picasso Museum, Miró Museum; Tàpies Museum. Nearby: monastery of Montserrat (Madonna); Figueres (Dali Museum).

Burgos Medieval town with Gothic cathedral, Moorish-Gothic Royal Monastery and Charterhouse of Miraflores.

Cáceres Medieval town surrounded by originally Moorish walls and with several aristocratic palaces with solars.

Córdoba Capital of Moorish Spain with a labyrinth of streets and houses with tile-decorated patios. The 8–10c Mezquita is the finest mosque in Spain. A 16c cathedral was added at the centre of the building and a 17c tower replaced the minaret. The old Jewish quarter has 14c synagogue

El Escorial Immense Renaissance complex of palatial and monastic buildings and mausoleum of the Spanish monarchs..

Granada The Alhambra was hill-top palace-fortress of the rulers of the last Moorish kingdom and is the most splendid example of Moorish art and architecture in Spain. The complex has three principal parts: Alcazaba fortress (11c); Casa Real palace (14c, with later Palace of Carlos V); Generalife gardens. Also: Moorish quarter; gypsy quarter; Royal Chapel with good art in the sacristy.

León Gothic cathedral has notable stained glass. Royal Pantheon commemorates early kings of Castile and León.

Madrid Capital of Spain, a mainly modern city with 17–19c architecture at its centre around Plaza Mayor. Sights: Royal Palace with lavish apartments; Descalzas Reales Convent (tapestries and other works); Royal Armoury museum. Spain's three leading galleries: Prado (15–18c); Queen Sofia Centre (20c Spanish, Picasso's *Guernica*); Thyssen-Bornemisza Museum (medieval to modern).

Oviedo Gothic cathedral with 12c sanctuary. Three Visigoth (9c) churches: Santullano, Santa María del Naranco, San Miguel de Lillo.

Palma Situated on Mallorca, the largest and most beautiful of the Balearic islands, with an impressive Gothic cathedral.

Picos de Europa Mountain range with river gorges and peaks topped by Visigothic and Romanesque churches.

Pyrenees (Spanish) Unspoiled mountain range with beautiful landscape and villages full of Romanesque architecture (cathedral of Jaca). The Ordesa National Park has many waterfalls and canyons.

Salamanca Delightful old city with some uniquely Spanish architecture: Renaissance Plateresque is famously seen on 16c portal of the university (founded 1215); Baroque Churrigueresque on 18c Plaza Mayo; both styles at the Convent of San Estaban. Also: Romanesque Old Cathedral; Gothic-Plateresque New Cathedral; House of Shells.

Santiago di Compostella Medieval city with many churches and religious institutions. The famous pilgrimage to the shrine of St. James the Apostle ends here in the magnificent cathedral, originally Romanesque with many later elements (18c Baroque facade).

Segovia Old town set on a rock with a 1c Roman aqueduct. Also: 16c Gothic cathedral; Alcázar (14–15c, rebuilt 19c); 12-sided 13c Templar church of Vera Cruz.

Sevilla City noted for festivals and flamenco. The world's largest Gothic cathedral (15c) retains the Orange Court and minaret of a mosque. The Alcazar is a fine example of Moorish architecture. The massive 18c tobacco factory, now part of the university, was the setting for Bizet's *Carmen*. Barrio de Santa Cruz is the old Jewish quarter with narrow streets and white houses. Casa de Pilatos (15–16c) has a fine domestic patio. Hospital de la Caridad has good Spanish painting. Nearby: Roman Italica with amphitheatre.

Tarragona The city and its surroundings have some of the best-preserved Roman heritage in Spain. Also: Gothic cathedral (cloister); Archaeological Museum.

Toledo Historic city with Moorish, Jewish and Christian sights. The small 11c mosque of El Cristo de la Luz is one of the earliest in Spain. Two synagogues have been preserved: Santa María la Blanca; El Tránsito. Churches: San Juan de los Reyes; Gothic cathedral (good artworks). El Greco's *Burial of the Count of Orgaz* is in the Church of Santo Tomé. More of his works are in the El Greco house and, with other art, in Hospital de Santa Cruz.

Zaragoza Town notable for Moorish architecture (11c Aljafería Palace). The Basilica de Nuestra Señora del Pilar, one of two cathedrals, is highly venerated.

France

Albi Old town with rosy brick architecture. The vast cathedral (begun 13c) holds some good art. The Berbie Palace houses the Toulouse-Lautrec museum.

Alps (French) Grenoble, capital of the French Alps, has a good 20c collection in the Museum of Painting and Sculpture. The Vanoise Massif has the greatest number of resorts (Val d'Isère, Courchevle). Chamonix has spectacular views on Mont Blanc, France's and Europe's highest peak.

Amiens France's largest Gothic cathedral has beautiful decoration. The Museum of Picardy has unique 16c panel paintings.

Arles Ancient, picturesque town with Roman relics (1c amphitheatre), 11c cathedral, Archaeological Museum (Roman art).

Avignon Medieval papal capital (1309–77) with 14c walls and many ecclesiastical buildings. Vast Palace of the Popes has stunning frescoes. The Little Palace has fine Italian Renaissance painting. The 12–13c Bridge of St Bénézet is famous.

Bourges The Gothic cathedral, one of the finest in France, has a superb sculptured choir. Also: House of Jacques Coeur.

Bourgogne Rural wine region with a rich Romanesque, Gothic and Renaissance heritage. The 12c cathedral in Autun and 12c basilica in Vézelay have fine Romaneque sculpture. Monasteries include 11c Cluny Abbey (ruins) and Fontenay Abbey. Beaune has beautiful Gothic Hôtel-Dieu and 15c Nicolas Rolin hospices.

Bretagne Brittany is famous for cliffs, sandy beaches and wild landscape. It is also renowned for megalithic monuments (Carnac) and Celtic culture. Its capital, Rennes, has the Palace of Justice and good collections in the Museum of Brittany (history) and Museum of Fine Arts. Also: Nantes; St-Malo.

Caen City with two beautiful Romanesque buildings: Abbey aux Hommes; Abbaye aux Dames. The château has two museums (15–20c painting; history). The *Bayeux Tapestry* is displayed in nearby Bayeaux.

Carcassonne Unusual double-walled fortified town of narrow streets with an inner fortress. The fine Romanesque Church of St Nazaire has superb stained glass.

Chartres The 12–13c cathedral is an exceptionally fine example of Gothic architecture (Royal Doorway, stained glass, choir screen). The Fine Arts Museum has a good collection.

Châteaux of the Loire The Loire Valley has many 15–16c châteaux built amid beautiful scenery by French monarchs and members of their courts. Among the most splendid are Azay-le-Rideau, Chenonceaux and Loches. Also: Abbey of Fontévraud.

Clermont-Ferrand The old centre contains the cathedral built out of lava and Romanesque basilica. The Puy de Dôme and Puy de Sancy give spectacular views over some 60 extinct volcanic peaks (*puys*).

Colmar Town characterised by Alsatian half-timbered houses. The Unterlinden Museum has excellent German religious art including the famous Isenheim altarpiece. The Dominican church also has a fine altarpiece.

Corse Corisca has a beautiful rocky coast and mountainous interior. Napoleon's birth place of Ajaccio has: Fesch Museum with Imperial Chapel and a large collection of Italian art; Maison Bonaparte; cathedral. Bonifacio, a medieval town, is spectacularly set on a rock over the sea.

Côte d'Azur The French Riviera is best known for its coast and glamorous resorts. There are many relics of artists who worked here: St-Tropez has Musée de l'Annonciade; Antibes has 12c Grimaldi Castle with the Picasso Museum; Cagnes has the Renoir House and Mediterranean Museum of Modern Art; St-Paul-de-Vence has the excellent Maeght Foundation and Matisse's Chapel du Rosaire. Cannes is famous for its film festival. Also: Nice, Monaco.

Dijon Great 15c cultural centre. The Palace of the Dukes is the most notable monument and contains the Museum of Fine Arts. Also: the Charterhouse of Champmol.

Disneyland Paris Europe's largest theme park follows in the footsteps of its famous predecessors in the United States.

Le-Puy-en-Velay Medieval town bizarrely set on the peaks of dead volcanoes. It is dominated by the Romanesque cathedral (cloisters). The Romanesque chapel of St-Michel is dramatically situated on the highest rock.

Lyon France's third largest city has an old centre and many museums including the Museum of the History of Textiles and the Museum of Fine Arts (old masters).

Mont-St-Michel Gothic pilgrim Abbey (11–12c) set dramatically on a steep rock island rising from mud flats and connected to the land by a road covered by the tide. The Abbey is made up of a complex of buildings.

Nancy A centre of Art Nouveau. The 18c Place Stanislas was constructed by dethroned Polish king Stanislas. Museums: School of Nancy Museum (Art Nouveau furniture); Fine Arts Museum.

Nantes Former capital of Brittany, with a 15c Castle of the Dukes of Brittany. The cathedral has a striking interior.

Nice Capital of the Côte d'Azur, the old town is centred on the old castle on the hill. The seafront includes the famous 19c Promenade des Anglais. The aristocratic quarter of the Cimiez Hill has the Marc Chagall Museum and the Matisse Museum. Also: Museum of Modern and Contemporary Art (especially neo-Realism and Pop Art).

Paris Capital of France, one of Europe's most interesting cities. The Île de la Cité has the 12–13c Gothic Notre Dame (wonderful stained glass) and the Sainte-Chapelle (1240–48), one of the jewels of Gothic art. Left Bank: Latin Quarter with the famous Sorbonne university; Museum of Cluny housing medieval art; the Pantheon; Luxembourg Palace and Garden; Montparnasse, interwar artistic and literary centre; Eiffel Tower; Hôtel des Invalides with Napoleon's tomb. Right Bank: grand boulevards (Avenue des Champs-Élysées joining the Arc de Triomphe and Place de la Concorde); 19c Opéra Quarter; Marais, former aristocratic quarter of elegant mansions (Place des Vosges); Boise de Boulogne, the largest park; Montmartre, centre of 19c bohemia, with the Sacré-Coeur Basilica. The Church of St Denis is the first gothic church and the mausoleum of the French monarchy. Three of the world's greatest art collections: The Louvre (to 19c, *Mona Lisa*), Musée d'Orsay (19–20c) and National Modern Art Museum in the Pompidou Centre. Other major museums: Orangery Museum; Paris Museum of Modern Art; Rodin Museum; Picasso Museum. Cemeteries with graves of the famous: Pére-Lachaise, Montmartre, Montparnasse. Near Paris are the royal residences of Fontainebleu and Versailles.

Pyrenees (French) Beautiful unspoiled mountain range. Towns: delightful sea resorts of St-Jean-de-Luz and Biarritz; Pau, with access to the Pyrenees National Park; pilgrimage centre Lourdes.

Reims Together with nearby Epernay, the centre of champagne production. The 13c Gothic cathedral is one of the greatest architectural achievements in France (stained glass by Chagall). Also: Palais du Tau (with cathedral sculpture; 11c Basilica of St Rémi; cellars on Place St-Niçaise and Place des Droits-des-Hommes.

Rouen Old centre with many half-timbered houses and 12–13c Gothic cathedral and the Gothic Church of St Maclou with its fascinating remains of dance macabre on the former cemetery of Aître St-Maclou. The Fine Arts Museum has a good collection.

Strasbourg The historic centre includes a well-preserved quarter of medieval half-timbered Alsatian houses set on the canal. The cathedral is one of the best in France. The Palais Rohan contains several museums.

Toulouse Medieval university town characterised by flat pink brick (Hôtel Assézat). The Basilica of St Sernin, largest Romanesque church in France, has many art treasures. Marvellous Church of the Jacobins holds the body of St Thomas Aquinas.

Tours Historic town centred on Place Plumerau. Good collections in the Guilds Museum and Fine Arts Museum.

Versailles Vast royal palace built for Louis XIV, primarily by Mansart, set in formal gardens with magnificent fountains. The state apartments include the famous Hall of Mirrors and the exceptional Baroque chapel.

Vézère Valley Caves A number of Prehistoric sites, most notably the cave paintings of Lascaux (some 17,000 years old), now only seen in a duplicate cave, and the cave of Font de Gaume. The National Museum of Prehistory is in Les Eyzies.

Hrvatska *Croatia*

Dalmacija Exceptionally beautiful coast. Among its 1185 islands, the Kornati Archipelago and Brijuni Islands are perhaps most spectacular. Along the coast are several attractive medieval and Renaissance towns: Dubrovnik, Split, Šibenik, Trogir, Zadar.

Dubrovnik Surrounded by medieval and Renaissance walls, the city's architecture dates principally from 15–16c. Sights: many churches and monasteries including Church of St Vlah and Dominican monastery (art collection); promenade street of Stradun, Dubrovnik Museums; Renaissance Rector's Palace; Onofrio's fountain; Sponza Palace. The surrounding area has some 80 16c noblemen's summer villas.

Istra (Croatian) Peninsula with a number of ancient coastal towns (Rovinj, Poreč, Pula, Piran in Slovene Istria) and medieval hill-top towns (Motovun). Pula has Roman monuments (exceptional 1c amphitheatre). Poreč has narrow old streets; the mosaics in 6c Byzantine basilica of St Euphrasius are exceptional. See also Slovenia.

Plitvička Jezera Outstandingly beautiful world of water and woodlands with 16 lakes and 92 waterfalls interwoven by canyons.

Split Most notable for the exceptional 4c palace of Roman Emperor Diocletian, the town also has a cathedral (11c baptistery) and a Franciscan monastery.

Trogir The 13–15c town centre is surrounded by medieval city walls. Romanesque-Gothic cathedral includes the chapel of Ivan the Blessed. Dominican and Benedictine monasteries house art collections.

Ireland

Aran Islands Gaelic speaking islands with spectacular cliffs and notable pre-Christian and Christian sights, especially on Inishmore (Dun Aengus, Dun Eoghanachta, Seven Churches, 12c Church of Teampall).

Cashel Town dominated by the Rock of Cashel (61m) topped by ecclesiastical ruins including 13c cathedral with the Round Tower; 15c Halls of the Vicars with St Patrick's Cross; beautiful Romanesque 12c Cormac's Chapel (fine carvings).

Connemara Beautiful wild landscape of mountains, lakes, peninsulas and beaches. Clifden is the capital.

Cork Pleasant city with its centre along St Patrick's Street and Grand Parade lined with fine 18c buildings. Churches: Georgian St. Anne's Shandon (bell tower); 19c cathedral.

County Donegal Rich scenic landscape of mystical lakes and glens and seascape of cliffs (Slieve League cliffs are the highest in Europe). The town of Donegal has a finely preserved Jacobean castle.

Dublin Capital of Ireland. City of elegant 18c Neoclassical and Georgian architecture with gardens and parks (St Stephen's Green, Merrion Square with Leinster House – now seat of Irish parliament). City's main landmark, Trinity College (founded 1591), houses in its Old Library fine Irish manuscripts (7c Book of Durrow, 8c Book of Kells). Two Norman cathedrals: Christ Church; St Patrick's. Other buildings: originally medieval Dublin Castle with State Apartments; James Gandon's masterpieces: Custom House; Four Courts. Museums: National Museum (Irish history); National Gallery (old masters, Impressionists, Irish); Guinness Brewery Museum; Dublin Writers' Museum (Joyce, Wilde, Yeats and others).

Glendalough Impressive ruins of an important early Celtic (6c) monastery with 9c cathedral, 12c St Kevin's Cross, oratory of St Kevin's Church.

Kilkenny Charming medieval town, with narrow streets dominated by 12c castle (restored 19c). The 13c Gothic cathedral has notable tomb monuments.

Newgrange One of the best passage graves in Europe, the massive 4500-year-old tomb has stones richly decorated with patterns.

Ring of Kerry Route around the Iveragh peninsula, the most remote and magnificent scenery of County Kerry, with beautiful lakes (Lough Leane), peaks overlooking the coastline and islands (Valencia Island, Skelling). Also: Killarney; ruins of 15c Muckross Abbey.

Italia *Italy*

Alps (Italian) Wonderful stretch of the Alps running from the Swiss and French borders to Austria. The region of Valle d'Aosta is one of the most popular ski region, bordered by the highest peaks of the Alps – the Matterhorn, Mont Blanc, Monte Rossa.

Agrigento Set on a hill above the sea and famed for the Valley of the Temples. The nine originally 5c Doric temples are Sicily's best-preserved Greek remains.

Arezzo Beautiful old town set on a hill dominated by 13c cathedral. Piazza Grande is surrounded by medieval and Renaissance palaces. Main sight: Piero della Francesca's frescoes in the Church of St Francis.

Assisi Hill-top town that attracts crowds of pilgrims to the shrine of St Francis of Assisi at the Basilica of St Francis, consisting of two churches, Lower and Upper, with superb frescoes (particularly Giotto's in the Upper).

Bologna Elegant city with oldest university in Italy. Historical centre around Piazza Maggiore and Piazza del Nettuno with the Town Hall, Palazzo del Podestà, Basilica of St Petronius. Other churches: San Domenico; San Giacomo Maggiore. The two towers (one incomplete) are symbols of the city. Good collection in the National Gallery (Bolognese).

Dolomiti Part of the Alps, this mountain range spreads over the region of Trentino-Alto Adige, with the most picturesque scenery between Bolzano and Cortina d'Ampezzo.

Ferrara Old town centre around Romanesque-Gothic cathedral and Palazzo Communale. Also: Este Castle; Palazzo Schifanoia (frescoes); Palazzo dei Diamanti housing Pinacoteca Nazionale.

Firenze City with exceptionally rich medieval and Renaissance heritage. Piazza del Duomo has:13–15c cathedral (first dome since antiquity); 14c campanile; 11c baptistery (bronze doors). Piazza della Signoria has: 14c Palazzo Vecchio (frescoes); Loggia della Signoria (sculpture); 16c Uffizi Gallery with one of the world's greatest collections (13–18c). Other great paintings: Museum of St Mark; Palatine Gallery in 15–16c Pitti Palace surrounded by Boboli Gardens. Sculpture: Cathedral Works Museum; Bargello Museum; Academy Gallery (Michelangelo's *David*). Among many other Renaissance palaces: Medici-Riccardi; Rucellai; Strozzi. The 15c church of San Lorenzo has Michelangelo's tombs of the Medici. Many churches have richly frescoed chapels: Santa Maria Novella, Santa Croce, Santa Maria del Carmine. The 13c Ponte Vecchio is one of the most famous sights.

Italian Lakes Beautiful district at the foot of the Alps, most of the lakes with holiday resorts. Many lakes are surrounded by aristocratic villas (Maggiore, Como, Garda).

Mantova Attractive city surrounded by three lakes. Two exceptional palaces: Palazzo Ducale (Sala del Pisanello; Camera degli Sposi, Castel San Giorgio); luxurious Palazzo Tè (brilliant frescoes). Also: 15c Church of Sant'Andrea; 13c law courts.

Milano Modern city, Italy's fashion and design capital (Corso and Galleria Vittoro Emmanuelle II). Churches include: Gothic cathedral (1386–1813), the world's largest (4c baptistery); Romanesque St Ambrose; 15c San Satiro; Santa Maria delle Grazie with Leonardo da Vinci's *Last Supper* in the convent refectory. Great art collections, Brera Gallery, Ambrosian Library, Museum of Contemporary Art. Sforza Castle (15c, 19c) also has a gallery. The famous La Scala theatre opened in 1778. Nearby: monastery at Pavia.

Napoli Historical centre around Gothic cathedral (crypt). Spaccanapoli area has numerous churches (bizarre Cappella Sansevero, Gesù Nuovo, Gothic Santa Chiara with fabulous tombs). Buildings: 13c Castel Nuovo; 13c Castel dell'Ovo; 15c Palazzo Cuomo. Museums: National Archeological Museum (artefacts from Pompeii and Herculaneum); National Museum of Capodimonte (Renaissance painting). Nearby: spectacular coast around Amalfi; Pompeii; Herculaneum.

Orvieto Medieval hill-top town with a number of monuments including the Romanesque-Gothic cathedral (facade, frescoes).

Padua Pleasant old town with arcaded streets. Basilica del Santo is a place of pilgrimage to the tomb of St Anthony. Giotto's frescoes in the Scrovegni chapel are exceptional. Also: Piazza dei Signori with Palazzo del Capitano; vast Palazzo della Ragione; church of the Eremitani (frescoes).

Palermo City with Moorish, Norman and Baroque architecture, especially around the main squares (Quattro Canti, Piazza Pretoria, Piazza Bellini). Sights: remains of Norman palace (12c Palatine Chapel); Norman cathedral; Regional Gallery (medieval); some 8000 preserved bodies in the catacombs of the Cappuchin Convent. Nearby: 12c Norman cathedral at Monreale.

Parma Attractive city centre, famous for Corregio's frescoes in the Romanesque cathedral and church of St John the Evangelist, and Parmigianino's frescoes in the church of Madonna della Steccata. Their works are also in the National Gallery.

Perugia Hill-top town centred around Piazza Quattro Novembre with the cathedral, Fontana Maggiore and Palazzo dei Priori. Also: Collegio di Cambio (frescoes); National Gallery of Umbria; many churches.

Pisa Medieval town centred on the Piazza dei Miracoli. Sights: famous Romanesque Leaning Tower, Romanesque cathedral (excellent facade, Gothic pulpit); 12–13c Baptistery; 13c Camposanto cloistered cemetery (fascinating 14c frescoes).

Ravenna Ancient town with exceptionally well-preserved Byzantine mosaics. The finest are in 5c Galla Placidia Mausoleum and 6c basilica of San Vitale. Good mosaics also in the basilicas of Sant'Apollinare in Classe and Sant'Apollinare Nuovo.

Roma Capital of Italy, exceptionally rich in sights. Ancient sights: Colosseum; Arch of Constantine; Trajan's Column; Roman and Imperial forums; hills of Palatino and Campidoglio (Capitoline Museum shows antiquities); Pantheon; San'Angleo Castle; Baths of Caracalla). Early Christian sights: catacombs (San Calisto, San Sebastiano, Domitilla); basilicas (San Giovanni in Laterano, Santa Maria Maggiore, San Paolo Fuori le Mura). Rome is known for richly decorated Baroque churches: il Gesù, Sant'Ignazio, Santa Maria della Vittoria, Chiesa Nuova. Other churches, often with art treasures: Romanesque Santa Maria in Cosmadin, Gothic Santa Maria Sopra Minevra, Renaissance Santa Maria del Popolo, San Pietro in Vincoli. Several Renaissance and Baroque palaces and villas house superb art collections (Palazzo Barberini, Palazzo Doria Pamphilj, Palazzo Spada, Palazzo Corsini, Villa Giulia, Galleria Borghese) and are beautifully frescoed (Villa Farnesina). Fine Baroque public spaces with fountains: Piazza Navona; Piazza di Spagna with the Spanish Steps, Trevi Fountain). Nearby: Tivoli; Villa Adriana. Also: Vatican City.

Sardegna Sardinia has some of the most beautiful beaches in Italy (Alghero). Unique are the nuraghi, some 7000 stone constructions (Su Nuraxi, Serra Orios), the remains of an old civilization (1500–400 BC). Old towns include Cagliari and Sássari.

Sicilia Surrounded by beautiful beaches and full of monuments of many periods, the largest island in the Mediterranean. Taormina with its Greek theatre has one of the most spectacular beaches, lying under Mount Etna. Also: Agrigento; Palermo, Siracusa.

Siena Outstanding 13–14c medieval town centred on beautiful Piazza del Campo with Gothic Palazzo Pubblico (frescoes of secular life). Delightful Romanesque-Gothic Duomo (Libreria Piccolomini, baptistery, art works). Many other richly decorated churches. Fine Sienese painting in Pinacoteca Nazionale and Museo dell'Opera del Duomo.

Siracusa Built on an island connected by a bridge, old town has a 7c cathedral; Temple of Apollo (ruins); fountain of Arethusa; archaeological museum. On the mainland: 5c BC Greek theatre with seats cut out of rock; Greek fortress of Euralus; 2c Roman amphitheatre; 5–6c Catacombs of St John.

Urbino Set in beautiful hilly landscape, Urbino's heritage is mainly due to the 15c court of Federico da Montefeltro at the magnificent Ducal Palace (notable Studiolo), now also a gallery.

Venezia Stunning old city built on islands in a lagoon, with some 150 canals. The Grand Canal is crossed by the famous 16c Rialto Bridge and is lined with elegant palaces (Gothic Ca'd'Or and Ca'Foscari, Renaissance Palazzo Grimani, Baroque Rezzonico). The district of San Marco has the core of the sights and is centred on Piazza San Marco with 11c Basilica di San Marco (bronze horses, 13c mosaics); Campanille (exceptional views) and Ducal Palace (connected with the prison by the famous Bridge of Sighs). Many churches (Santa Maria Gloriosa dei Frari, Santa Maria della Salute, Palladio's San Giorgio Maggiore, San Giovanni e Paolo) and scuole (Scuola di San Rocco, Scuola di San Giorgio degli Schiavoni) have excellent works of art. The Gallery of the Academy houses superb 14–18c Venetian art. The Guggenheim Museum holds 20c art.

Verona Old town with remains of 1c Roman Arena and medieval sights including the Palazzo degli Scaligeri; Scaliger Tombs; Romanesque Santa Maria Antica; Castelvecchio; Scaliger Bridge. The famous 14c House of Juliet has associations with *Romeo and Juliet*. Many churches with fine art works (cathedral; Sant'Anastasia; basilica of San Zeno Maggiore).

Vicenza Beautiful town, famous for the architecture of Palladio, including the Olympic Theatre (extraordinary stage), Corso Palladio with many of his palaces, and Palazzo Chiericati. Nearby: Villa Rotonda, the most influential of all Paladian buildings.

Volcanic Region Mount Etna is one of the most famous European volcanoes. Vesuvius dominates the Bay of Naples and has at its foot two of Italy's finest Roman sites, Pompeii and Herculaneum, both destroyed by its eruption in 79AD. Stromboli is one of the beautiful Aeolian Islands.

Latvija *Latvia*

Riga Well-preserved medieval town centre around the cathedral. Sights: Riga Castle; medieval Hanseatic houses; Great Guild Hall; Baltic-Gothic Church of St Peter; Art Nouveau buildings in the New Town. Nearby: Baroque Rundale Castle.

Lietuva *Lithuania*

Vilnius Baroque old town with fine architecture including: cathedral; Gediminas Tower; university complex; Archbishop's Palace; Church of St Anne. Also: remains of Jewish life; Vilnius Picture Gallery (16–19c regional); Lithuanian National Museum.

Luxembourg

Luxembourg Capital of Luxembourg, built on a rock with fine views. Old town is around the Place de'Armes. Buildings: Grand Ducal Palace; fortifications of Rocher du Bock; cathedral. Museum of History and Art holds an excellent regional collection.

Magyarország *Hungary*

Balaton The 'Hungarian sea', famous for its holiday resorts: Balatonfüred, Tihany, Badascony, Keszthely.

Budapest Capital of Hungary on River Danube, with historic area centring on the Castle Hill of Buda district. Sights include: Matthias church; Pest district with late 19c architecture, centred on Ferenciek tere; neo-Gothic Parliament Building on river; Millennium Monument. The Royal Castle houses a number of museums: Hungarian National Gallery, Budapest History Museum; Ludwig Collection. Other museums: National Museum of Fine Arts (excellent Old and Modern masters); Hungarian National Museum (Hungarian history). The city is famous for public thermal baths: Király baths and Rudas baths, both made under Turkish rule; Gellért baths, the most visited.

Esztergom Medieval capital of Hungary set in scenic landscape. Sights: Hungary's largest basilica (completed 1856); royal palace ruins.

Pécs Attractive old town with Europe's fifth oldest university (founded 1367). Famous for Turkish architecture (Mosque of Gazi Kasim Pasha, Jakovali Hassan Mosque).

Sopron Beautiful walled town with many Gothic and Renaissance houses. Nearby: Fertöd with the marvellous Eszergázy Palace.

Makedonija *Macedonia*

Skopje Historic town with Turkish citadel, fine 15c mosques, oriental bazaar, ancient bridge. Superb Byzantine churches nearby.

Ohrid Old town, beautifully set by a lake, with houses of wood and brick, remains of a Turkish citadel, many churches (two cathedrals; St Naum south of the lake).

Malta

Valletta Capital of Malta. Historic walled city, founded in 16c by Maltese Knights,. with 16c Grand Master's Palace and a richly decorated cathedral.

Monaco

Monaco Major resort area in a beautiful location. Sights include: Monte Carlo casino, Prince's Palace at Monaco-Ville; 19c cathedral; oceanographic museum.

Nederland *The Netherlands*

Amsterdam Capital of the Netherlands. Old centre has picturesque canals lined with distinctive elegant 17–18c merchant's houses. Dam Square has 15c New Church and Royal Palace. The Museumplein has three world-famous museums: Rijksmuseum (several art collections including 15–17c painting); Van Gogh Museum; Municipal Museum (art from 1850 on). Other museums: Anne Frank House; Jewish Historical Museum; Rembrandt House (the artist's engravings).

Delft Well-preserved old Dutch town with gabled red-roofed houses along canals. Gothic churches: New Church; Old Church. Famous for Delftware (two museums).

Den Haag Seat of Government and of the royal house of the Netherlands. The 17c Mauritshuis houses the Royal Picture Gallery (excellent 15–18c Flemish and Dutch). Other good collections: Prince William V Gallery; Hesdag Museum; Municipal Museum

Haarlem Many medieval gabled houses centred on the Grote Market with 14c Town Hall and 15c Church of St Bavon. Museums: Frans Hals Museum; Teylers Museum.

Het Loo Former royal palace and gardens set in a vast landscape (commissioned by future Queen of England, Mary Stuart).

Keukenhof Landscaped gardens, planted with bulbs of many varieties, are the largest flower gardens in the world.

Leiden University town of beautiful gabled houses set along canals. The Rijksmuseum Van Oudheden is Holland's most important home to archaeological artefacts from the Antiquity. The 16c Hortus Botanicus is one of the oldest botanical garden in Europe. The Cloth Hall with van Leyden's *Last Judgement*.

Rotterdam The largest port in the world. The Boymans-van Beuningen Museum has a huge and excellent decorative and fine art collection (old and modern). Nearby: 18c Kinderdijk with 19 windmills.

Utrecht Delightful old town centre along canals with the Netherland's oldest university and Gothic cathedral. Good art collections: Central Museum; National Museum.

Norge *Norway*

Bergen Norway's second city in a scenic setting. The Quay has many painted wooden medieval buildings. Sights: 12c Romanesque St Mary's Church; Bergenhus fortress with 13c Haakon's Hall; Rosenkrantztårnet; Grieghallen; Rasmus Meyer Collection (Norwegian art); Bryggens Museum.

Lappland (Norwegian) The vast land of Finnmark, the habitat of the Sámi. Nordkapp is the northernmost place in Europe. Also Finland, Sweden.

Legend

This guide to sights of Europe has been compiled particularly with the motorist in mind. While many of the places are excellent holiday destinations in themselves, they are all worth a stop or detour on your journey should you be driving that way. With the higher-rated places particularly, it is well worth adapting your travel arrangements to make time for a visit.

Mont-St-Michel ■ **Do not miss**

El Escorial ◆ **Exceptional**

Urbino ● **First rate**

Wroclaw • **Worth visiting**

There are descriptions of the places on this map in the accompanying three pages of text. These point you to the most famous, fascinating or beautiful sights you will find if you visit.

Norwegian Fjords Beautiful and majestic landscape of deep glacial valleys filled by the sea. The most thrilling fjords are between Bergen and Ålesund (Geirangerfjorden, Sognefjorden).

Oslo Capital of Norway with a modern centre. Buildings: 17c cathedral; 19c city hall, 19c royal palace; 19c Stortinget (housing the parliament); 19c University; 13c Akershus castle; 12c Akerskirke church. Museums: National Gallery; Munch Museum; Viking Ship Museum; Folk Museum (reconstructed buildings).

Stavkirker Wooden medieval stave churches of bizarre pyramidal structure, carved with images from Nordic mythology. Best preserved in southern Norway.

Trondheim Set on the edge of a fjord, a modern city with a superb cathedral (rebuilt 19c). Also: Stiftsgaard (royal residence); Applied Arts Museum.

Österreich *Austria*

Graz University town (from 1585) and seat of imperial court to 1619. Historic centre around Hauptplatz. Imperial monuments: Burg; Mausoleum of Ferdinand II; towers of 16c Schloss; 17c Schloss Eggenburg. Also: 16c Town Hall; Zeughaus; 15c cathedral. Museums: Old Gallery (Gothic, Flemish); New Gallery (good 19–20c).

Innsbruck Old town is reached by Maria-Theresien-Strasse with famous views. Buildings: Goldenes Dachl (1490s); 18c cathedral; remains of Hofburg imperial residence; 16c Hofkirche (tomb of Maximilian I).

Krems Set on a hill above the Danube, medieval quarter has splendid Renaissance mansions. Also: Gothic Piaristenkirche; Wienstadt Museum.

Linz Port on the Danube. Historic buildings are concentrated on Hauptplatz below the imperial 15c Schloss. Notable: Baroque Old Cathedral; 16c Town Hall; New Gallery.

Melk Set on a rocky hill above the Danube, the fortified abbey is the greatest Baroque achievement in Austria – particularly the Grand Library and abbey church.

Salzburg Set in subalpine scenery, the town was associated with powerful 16-17c prince-archbishops. The 17c cathedral has a complex of archiepiscopal buildings: the Residence and its gallery (excellent 16–19c); the 13c Franciscan Church (notable altar). Other sights: Mozart's birthplace; the Hohensalzburg fortress; the Collegiate Church of St Peter (cemetery, catacombs); scenic views from Mönchsberg and Hettwer Bastei. The Grosse Festspielhaus runs the famous Salzburg Festival.

Salzkammergut Natural beauty with 76 lakes (Wolfgangersee, Altersee, Gosausee, Traunsee, Grundlsee) in mountain scenery. Attractive villages (St Wolfgang) and towns (Bad Ischl, Gmunden) include Hallstatt, famous for Celtic remains.

Wien Capital of Austria. The historic centre lies within the Ring. Churches: Gothic cathedral (catacombs); 17c Imperial Vault; 14c Augustine Church; 14c Church of the Teutonic Order (treasure); 18c Baroque churches (Jesuit Church, Franciscan Church, St Peter, St Charles). Imperial residences: Hofburg; Schönbrunn. Architecture of Historicism on Ringstrasse (from 1857). Art Nouveau: Station Pavilions, Postsparkasse, Looshaus. Exceptional museums: Art History Museum (antiquities, old masters); Cathedral and Diocesan Museum (15c); Academy of Fine Arts (Flemish); Belvedere (Gothic, Baroque, 19–20c).

Polska *Poland*

Częstochowa Centre of Polish Catholicism, with the 14c monastery of Jasna Góra a pilgrimage site to the icon of the Black Madonna for six centuries.

Gdańsk Medieval centre with: 14c Town Hall (state rooms); Gothic brick St Mary's Church, Poland's largest; Long Market has fine buildings (Artus Court); National Art Museum.

Kraków Old university city, rich in architecture, centred on superb 16c Marketplace with Gothic-Renaissance Cloth Hall containing the Art Gallery (19c Polish), Clock Tower, Gothic red-brick St Mary's Church (altarpiece). Czartoryski Palace has city's finest art collection. Wawel Hill has the Gothic cathedral and splendid Renaissance Royal Palace. The former Jewish ghetto in Kazimierz district has 16c Old Synagogue, now a museum.

Poznań Town centred on the Old Square with Renaissance Town Hall and Baroque mansions. Also: medieval castle; Gothic cathedral; National Museum (European masters).

Tatry One of Europe's most delightful mountain ranges with many beautiful ski resorts (Zakopane). Also in Slovakia.

Warszawa Capital of Poland, with many historic monuments in the Old Town with the Royal Castle (museum) and Old Town Square surrounded by reconstructed 17–18c merchants' houses. Several churches including: Gothic cathedral; Baroque Church of the Nuns of Visitation. Richly decorated royal palaces and gardens: Neoclassical Łazienki Palace; Baroque palace in Wilanów. The National Museum has Polish and European art.

Wrocław Historic town centred on the Market Square with 15c Town Hall and mansions. Churches: Baroque cathedral; St Elizabeth; St Adalbert. National Museum displays fine art. Vast painting of Battle of Racławice is specially housed.

Portugal

Alcobaça Monastery of Santa Maria, one of the best examples of a Cistercian abbey, founded in 1147 (exterior 17–18c). The church is Portugal's largest (14c tombs).

Algarve Modern seaside resorts among picturesque sandy beaches and rocky coves (Praia da Rocha). Old towns: Lagos; Faro.

Batalha Abbey is one of the masterpieces of French Gothic and Manueline architecture (tombs, English Perpendicular chapel, unfinished pantheon).

Coimbra Old town with narrow streets set on a hill. The Romanesque cathedral is particularly fine (portal). The university (founded 1290) has a fascinating Baroque library. Also; Museum of Machado de Castro; many monasteries and convents.

Évora Centre of the town, surrounded by walls, has narrow streets of Moorish character and medieval and Renaissance architecture. Churches: 12–13c Gothic cathedral; St Francis with a chapel decorated with bones of some 5000 monks; 15c Convent of Dos Lóis. The Jesuit university was founded in 1559. Museum of Évora holds fine art (particularly Flemish and Portugese).

Guimarães Old town with a castle with seven towers on a vast keep. Churches: Romanesque chapel of St Michael; St Francis. Alberto Sampaio Museum and Martins Sarmento Museum are excellent.

Lisboa Capital of Portugal. Baixa is the Neoclassical heart of Lisbon with the Praça do Comércio and Rossio squares. São Jorge castle (Visigothic, Moorish, Romanesque) is surrounded by the medieval quarters. Bairro Alto is famous for *fado* (songs). Monastery of Jerónimos is exceptional. Churches: 12c cathedral; São Vicente de Fora; São Roque (tiled chapels); Torre de Belém; Convento da Madre de Deus. Museums: Gulbenkian Museum (ancient, oriental, European), National Museum of Antique Art (old masters), Modern Art Centre; Azulejo Museum (decorative tiles). Nearby: palatial monastic complex Mafra; royal resort Sintra.

Porto Historic centre with narrow streets. Views from Clérigos Tower. Churches: St Francis; cathedral. Soares dos Reis Museum holds fine and decorative arts (18–19c). The suburb of Vila Nova de Gaia is the centre for port wine.

Tomar Attractive town with the Convento de Cristo, founded in 1162 as the headquarters of the Knights Templar (Charola temple, chapter house, Renaissance cloisters).

Romania

Bucovina Beautiful region in northern Romanian Moldova renowned for a number of 15–16c monasteries and their fresco cycles. Of particularly note are Moldovita, Voroneţ and Suceviţa.

Bucureşti Capital of Romania with the majority of sites along the Calea Victoriei and centring on Piaţa Revoluţei with 19c Romanian Athenaeum and 1930s Royal Palace housing the National Art Gallery. The infamous 1980s Civic Centre with People's Palace is a symbol of dictatorial aggrandisement.

Danube Delta Europe's largest marshland, a spectacular nature reserve. Travel in the area is by boat, with Tulcea the starting point for visitors. The Romanian Black Sea Coast has a stretch of resorts (Mamaia, Eforie) between Constantaţ and the border, and well-preserved Roman remains in Histria.

Transylvania Beautiful and fascinating scenic region of medieval citadels (Timişoara, Sibiu) provides a setting for the haunting image of the legendary Dracula (Sighişoara, Braşov, Bran Castle). Cluj-Napoca is the main town.

Rossiya *Russia*

Moskva Capital of Russia, with many monuments. Within the Kremlin's red walls are: 15c Cathedral of the Dormition; 16c Cathedral of the Archangel; Cathedral of the Annunciation (icons), Armour Palace. Outside the walls, Red Square has the Lenin Mausoleum and 16c St Basil's Cathedral. There are a number of monasteries (16c Novodevičij). Two superb museums: Tretiakov Art Gallery (Russian); Pushkin Museum of Fine Art (European). Kolomenskoe, once a royal summer retreat, has the Church of the Ascension. The VDNKh is a symbol of the Stalinist era.

Novgorod One of Russia's oldest towns, centred on 15c Kremlin with St Sophia Cathedral (iconostasis, west door). Two other cathedrals: St Nicholas; St George. Museum of History, Architecture and Art has notable icons and other artefacts.

Petrodvorec Grand palace with numerous pavilions (Monplaisir) set in beautiful parkland interwoven by a system of fountains, cascades and waterways connected to the sea.

Puškin (Tsarskoye Selo) Birthplace of Alexander Pushkin, with the vast Baroque Catherine Palace – splendid state apartments, beautiful gardens and lakes.

St Peterburg Founded in 1703 with the SS Peter and Paul Fortress and its cathedral by Peter the Great, and functioning as seat of court and government until 1918. Many of the most famous sights are around elegant Nevski prospekt. The Hermitage, one of the world's largest and finest art collections is housed in five buildings including the Baroque Winter and Summer palaces. The Mikhailovsky Palace houses the Russian Museum (Russian art). Other sights: Classical Admiralty; 19c St Isaac's Cathedral and St Kazan Cathedral; Vasilievsky Island with 18c Menshikov Palace; Alexander Nevsky Monastery; 18c Smolny Convent.

Schweiz *Switzerland*

Alps (Swiss) The most popular Alpine region is the Berner Oberland with the town of Interlaken a starting point for exploring the large number of picturesque peaks (Jungfrau). The valleys of the Graubünden have famous ski resorts (Davos, St Moritz). Zermatt lies below the highest Swiss peak, the Matterhorn.

Basel Medieval university town with Romanesque-Gothic cathedral (tomb of Erasmus). Superb collections: Art Museum; Museum of Contemporary Art.

Bern Capital of Switzerland. Medieval centre has fountains, characteristic streets (Spitalgasse) and tower-gates. The Bärengraben is famed for its bears. Also: Gothic cathedral; good Fine Arts Museum.

Genève Wonderfully situated on the lake with the world's highest fountain. The historic area is centred on the Romanesque cathedral and Place du Bourg du Four. Excellent collections: Art and History Museum; Museum of Modern Art in 19c Petit Palais.

Interlaken Starting point for excursions to the most delightful part of the Swiss Alps, the Bernese Oberland, with Grindelwald and Lauterbrunnen – one of the most thrilling valleys leading up to the ski resort of Wengen with views on the Jungfrau.

Luzern On the beautiful shores of Vierwaldstättersee, a charming medieval town of white houses on narrow streets and wooden bridges (Kapellbrücke, Spreuerbrücke). It is centred on the Kornmarkt with the Renaissance Old Town Hall and Am Rhyn-Haus (Picasso collection).

Zürich Set on Zürichsee, the old quarter is around Niederdorf with 15c cathedral. Gothic Fraumünster has stained glass by Chagall. Museums: Swiss National Museum (history); Art Museum (old and modern masters); Bührle Foundation (Impressionists, Post-impressionists).

Shquipëria *Albania*

Berat Fascinating old town with picturesque Ottoman Empire buildings and traditional Balkan domestic architecture.

Tiranë Capital of Albania. Skanderbeg Square has main historic buildings. Also: 18c Haxhi Ethem Bey Mosque; Art Gallery (Albanian); National Museum of History. Nearby: medieval Krujë; Roman monuments.

Slovenija *Slovenia*

Istra (Slovene) Two town centres, Koper and Piran, with medieval and Renaissance squares and Baroque palaces. See also Croatia.

Julijske Alpe Wonderfully scenic section of the Alps with lakes (Bled, Bohinj), deep valleys (Planica, Vrata) and ski resorts (Kranjska Gora, Bohinjska Bistrica).

Karst Caves Numerous caves with huge galleries, extraordinary stalactites and stalagmites, and underground rivers. The most spectacular are Postojna (the most famous, with Predjamski Castle nearby) and Škocjan.

Ljubljana Capital of Slovenia. The old town, dominated by the castle (good views), is principally between Prešeren Square and Town Hall (15c, 18c), with the Three Bridges and colonnaded market. Many Baroque churches (cathedral, St Jacob, St Francis, Ursuline) and palaces (Bishop's Palace, Seminary, Gruber Palace). Also: 17c Križanke church and monastery complex; National Gallery and Modern Gallery show Slovene art.

Slovenska Republika *Slovakia*

Bratislava Capital of Slovakia, dominated by the castle (Slovak National Museum, good views). Old Town centred on the Main Square with Old Town Hall and Jesuit Church. Many 18–19c palaces (Mirbach Palace, Pálffy Palace, Primate's Palace), churches (Gothic cathedral, Corpus Christi Chapel) and museums (Slovak National Gallery).

Košice Charming old town with many Baroque and Neoclassical buildings and Gothic cathedral.

Tatry Beautiful mountain region. Poprad is an old town with many 19c villas. Starý Smokovec is a popular ski resort. The Spiš region to the east has many picturesque medieval towns. See also Poland.

Suomi *Finland*

Finnish Lakes Area of outstanding natural beauty covering about one third of the country with thousands of lakes, of which Päijänne and Saimaa are the most important. Tampere, industrial centre of the region, has numerous museums, including the Sara Hildén Art Museum (modern). Savonlinna has the medieval Olavinlinna Castle. Kuopio has the Orthodox and Regional Museums.

Helsinki Capital of Finland. The 19c Neoclassical town planning between the Esplanade and Senate Square includes the Lutheran cathedral. There is also a Russian Orthodox cathedral. The Constructivist Stockmann Department Store is the largest in Europe. The Main Train Station is Art Nouveau. Gracious 20c buildings in Mannerheimintie avenue include Finlandiatalo by Alvar Aalto. Many good museums: Art Museum of the Ateneum (19–20c); National Museum; Museum of Applied Arts; Helsinki City Art Museum (modern Finnish); Open Air Museum (vernacular architecture); 18c fortress of Suomenlinna has several museums.

Lappland (Finnish) Vast unspoiled rural area. Lappland is home to thousands of nomadic Sámi living in a traditional way. The capital, Rovaniemi, was rebuilt after WWII in the form of reindeer antlers; museums show Sámi history and culture. Nearby is the Artic Circle with the famous Santa Claus Village. Inarim is a centre of Sámi culture. See also Norway and Sweden.

Sverige *Sweden*

Göteborg Largest port in Sweden, the historic centre has 17–18c Dutch architectural character (Kronhuset). The Art Museum has interesting Swedish works.

Gotland Island with Sweden's most popular beach resorts (Ljugarn) and unspoiled countryside with churches in Baltic Gothic style (Dahlem, Bunge). Visby is an pleasant walled medieval town.

Lappland (Swedish) Swedish part of Lappland with 18c Arvidsjaur the oldest preserved Sámi village. Jokkmokk is a Sámi cultural centre, Abisko a popular resort in fine scenery. Also Finland, Norway.

Lund Charming university city with medieval centre and a fine 12c Romanesque cathedral (14c astronomical clock, carved tombs).

Malmö Old town centre set among canals and parks dominated by a red-brick Castle (museums) and with a vast market square with Town Hall and Gothic Church of St Peter.

Mora Delightful village on the shores of Siljan Lake in the heart of the Dalarna region, home to folklore and traditional crafts.

Stockholm Capital of Sweden built on a number of islands. The Old Town is largely on three islands with 17–18c houses, Baroque Royal Castle (apartments and museums), Gothic cathedral, parliament. Riddarholms church has tombs of the monarchy. Museums include: Modern Gallery (one of world's best modern collections); Nordiska Museet (cultural history); open-air Skansen (Swedish houses). Baroque Drottningholm Castle is the residence of the monarchy.

Swedish Lakes Beautiful region around the Vättern and Vänern Lakes. Siljan Lake is in the Dalarna region where folklore and crafts are preserved (Leksand, Mora, Rättvik).

Uppsala Appealing university town with a medieval centre around the massive Gothic cathedral.

Ukraina *Ukraine*

Kyïv Capital of Ukraine, known for its cathedral (11c, 17c) with Byzantine frescoes and mosaics. The Monastery of the Caves has churches, monastic buildings and catacombs.

United Kingdom

Antrim Coast Spectacular coast with diverse scenery of glens (Glenarm, Glenariff), cliffs (Murlough Bay) and the famous Giant's Causeway, consisting of some 40,000 basalt columns. Carrickefergus Castle is the largest and best-preserved Norman castle in Ireland.

Bath Elegant spa town with notable 18c architecture: Circus, Royal Crescent, Pulteney Bridge, Assembly Rooms; Pump Room. Also: well-preserved Roman baths; superb Perpendicular Gothic Bath Abbey. Nearby: Elizabethan Longleat House; exceptional 18c landscaped gardens at Stourhead.

Belfast Capital of Northern Ireland. Sights: Donegall Square with 18c Town Hall; neo-Romanesque Protestant cathedral; University Square; Ulster Museum (European painting).

Brighton Resort with a sea-front of Georgian, Regency and Victorian buildings with the Palace Pier, and an old town of narrow lanes. The main sight is the 19c Royal Pavilion in Oriental styles.

Bristol Old port city with the fascinating Floating Harbour. Major sights include Gothic 13–14c Church of St Mary Redcliffe and 19c Clifton Suspension Bridge.

Caernarfon Town dominated by a magnificent 13c castle, one of a series built by Edward I in Wales (others include Harlech, Conwy, Beaumaris, Caerphilly).

Cambridge City with university founded in the early 13c. Peterhouse (1284) is the oldest college. Most famous colleges were founded in 14–16c: Queen's, King's (with the superb Perpendicular Gothic 15–16c King's College Chapel), St John's (with famous 19c Bridge of Sighs), Trinity, Clare, Gonville and Caius, Magdalene. Museums: excellent Fitzwilliam Museum (classical, medieval, old masters). Kettle's Yard (20c British).

Canterbury Medieval city and old centre of Christianity. The Norman-Gothic cathedral has many sights and was a major medieval pilgrimage site (as related in Chaucer's *Canterbury Tales*). St Augustine, sent to convert the English in 597, founded St Augustine's Abbey, now in ruins.

Cardiff Capital of Wales, most famous for its medieval castle, restored 19c in Greek, Gothic and Oriental styles. Also: National Museum and Gallery.

Chatsworth One of the richest aristocratic country houses in England (largely 17c) set in a large landscaped park. The palatial interior has some 175 richly furnished rooms and a major art collection.

Chester Charming medieval city with complete walls. The Norman-Gothic cathedral has several abbey buildings.

Cornish Coast Scenic landscape of cliffs and sandy beaches with picturesque villages (Fowey, Mevagissey). St Ives has the Tate Gallery with work of the St Ives Group. The island of St Michael's Mount holds a priory.

Durham Historic city with England's finest Norman cathedral and a castle, both placed majestically on a rock above the river.

Edinburgh Capital of Scotland, built on volcanic hills. The medieval Old Town is dominated by the castle set high on a volcanic rock (Norman St Margaret's Chapel, state apartments, Crown Room). Holyrood House (15c and 17c) has lavishly decorated state apartments and the ruins of Holyrood Abbey (remains of Scottish monarchs). The 15c cathedral has the Crown Spire and Thistle Chapel. The New Town has good Georgian architecture (Charlotte Square, Georgian House). Excellent museums: Scottish National Portrait Gallery, National Gallery of Scotland; Scottish National Gallery of Modern Art.

Glamis Castle In beautiful, almost flat landscaped grounds, 14c fortress, rebuilt 17c, gives a fairy-tale impression.

Glasgow Scotland's largest city, with centre around George Square and 13–15c Gothic cathedral. The Glasgow School of Art is the masterpiece of Charles Rennie Mackintosh. Fine art collections: Glasgow Museum and Art Gallery; Hunterian Gallery; Burrell Collection.

Hadrian's Wall Built to protect the northernmost border of the Roman Empire in the 2c AD, the walls originally extended some 120km with castles every mile and 16 forts. Best-preserved walls around Hexam; forts at Housesteads and Chesters.

Lake District Beautiful landscape of lakes (Windermere, Coniston) and England's high peaks (Scafell Pike, Skiddaw, Old Man), famous for its poets, particularly Wordsworth.

Lincoln Old city perched on a hill with narrow streets, majestically dominated by the Norman-Gothic cathedral and castle.

Loch Ness In the heart of the Highlands, the lake forms part of the scenic Great Glen running from Inverness to Fort William. Famous as home of the fabled Loch Ness Monster (exhibition at Drumnadrochit). Nearby: ruins of 14–16c Urquhart Castle.

London Capital of UK and Europe's largest city. To the east of the medieval heart of the city – now the largely modern financial district – is the Tower of London (11c White Tower, Crown Jewels) and 1880s Tower Bridge. The popular heart of the city is the West End, around Piccadilly Circus, Leicester Square and Trafalgar Square (Nelson's Column). Many sights of political and royal power: Whitehall (Banqueting House, 10 Downing Street, Horse Guards); Neo-Gothic Palace of Westminster (Houses of Parliament) with Big Ben; The Mall leading to Buckingham Palace (royal residence). Numerous churches include: 13–16c Gothic Westminster Abbey (many tombs, Henry VII's Chapel); Wren's Baroque St Paul's Cathedral, St Mary-le-Bow, spire of St Bride's, St Stephen Walbrook. Museums of world fame: British Museum (prehistory, oriental and classical antiquity, medieval); Victoria and Albert Museum (decorative arts); National Gallery (old masters to 19c); National Portrait Gallery; Tate Gallery (British, 20c European); Science Museum; Natural History Museum. Madame Tussaud's waxworks museum is hugely popular. Other sights include: Kensington Palace; Greenwich with Old Royal Observatory (Greenwich meridian), Baroque Royal Naval College, Palladian Queen's House; Tudor Hampton Court Palace. Nearby: Windsor Castle (art collection, St George's Chapel).

Norwich Medieval quarter has half-timbered houses. 15c castle keep houses a museum and gallery. Many medieval churches include the Norman-Gothic cathedral..

Oxford Old university city. Earliest colleges date from 13c: University College; Balliol; Merton. 14–16c colleges include: New College; Magdalen; Christ Church (perhaps the finest). Other buildings: Bodleian Library; Radcliffe Camera; Sheldonian Theatre; cathedral. Good museums: Ashmolean Museum (antiquity to 20c); Museum of Modern Art; Christ Church Picture Gallery (14–17c). Nearby: outstanding 18c Blenheim Palace.

Petworth House (17c) with one of the finest country-house art collections (old masters), set in a huge landscaped park.

Salisbury Pleasant old city with a magnificent 13c cathedral built in an unusually unified Gothic style. Nearby: Wilton House.

Stonehenge Some 4000 years old, one of the most famous and haunting Neolithic monuments in Europe. Many other Neolithic sites are nearby.

Stratford-upon-Avon Old town of Tudor and Jacobean half-timbered houses, famed as the birth and burial place of William Shakespeare. Nearby: Warwick Castle.

Wells Charming city with beautiful 12–16c cathedral (west facade, scissor arches, chapter house, medieval clock). Also Bishop's Palace; Vicar's Close.

Winchester Historic city with 11–16c cathedral (tombs of early English kings). Also: 13c Great Hall; Winchester College; St Cross almshouses.

York Attractive medieval city surrounded by well-preserved walls with magnificent Gothic 13–15c Minster. Museums: York City Art Gallery (14–19c); Jorvik Viking Centre. Nearby: Castle Howard.

Ski resorts

The resorts listed are all popular ski centres, therefore road access to most is normally good and supported by road clearing during snow falls. However, mountain driving is never predictable and drivers should ensure they take suitable snow chains as well as emergency provisions and clothing.

Listed for each resort are: the atlas page and grid square; the altitude; the number of lifts; the season start and end dates; the nearest town (with its distance in km) and the telephone number of the local tourist information centre ('00' prefix required for calls from the UK).

Andorra

Pyrenees

Pas de la Casa / Grau Roig 77 A4
2050m, 52 lifts, Dec-May • Andorra La Vella (30km) www.pasdelacasa.ad +367 801060 • *Access via Envalira Pass (2407m), highest in Pyrenees, snow chains essential.*

Austria

Alps

Bad Gastein 58 A3
1080m, 53 lifts, Dec-Apr • Salzburg (90km) +43 6434 25310 www.badgastein.at *Roads normally clear. Snow report tel 43 64 32 64 55 - 10.*

Bad Hofgastein 58 A3
860m, 53 lifts, Dec-Apr • Salzburg (90km) +43 6432 7110 • *Roads normally clear. Snow report tel +43 64 34 24 74.*

Bad Kleinkirchheim 59 B3
1100m, 32 lifts, Nov-Apr • Villach (35km) +43 4240 8212 www.BKK.co.at *Roads normally clear.*

Ehrwald 57 A5
1000m, 22 lifts, Dec-Apr • Imst (5km) www.tiscover.com/ehrwald +43 5673 2395 • *Roads normally cleared. Weather report tel +43 5673 2309.*

Innsbruck 58 A1
574m, 4 lifts, Dec-Apr • Innsbruck +43 5125 9850 www.tiscover.com/innsbruck *Motorway normally clear.*

Ischgl 57 A5
1400m, 42 lifts, Dec-May • Landeck (25km) www.tiscover.com/ischgl +43 5444 5266 - 0 • *Roads normally clear. Car entry to resort prohibited between 2200hrs and 0600hrs.*

Kaprun 58 A2
800m, 54 lifts, Jan-Dec • Saalfelden (25km) +43 6547 86430 kaprun.gold.at *Roads normally cleared.*

Kitzbühel 58 A2
800m, 61 lifts, Dec-Apr Kitzbühel www.tis.cover.com/kitzbuehel +43 5356 2155 - 0 • *Roads normally cleared. Road conditions report tel +43 5332 1586.*

Lech / Oberlech 57 A5
1450m, 91 lifts, Dec-Apr Bludenz (35km) +43 5583 2161 - 0 www.Lech.at • *Roads normally cleared but chains accessibility recommended due to altitude. Road conditions report tel +43 5583 1515.*

Mayrhofen 58 A1
630m, 30 lifts, Dec-Apr • Jenbach (30km) www.tiscover.com/mayrhofen +43 5285 6760 • *Roads normally cleared, chains rarely required.*

Obertauern 58 A3
1740m, 27 lifts, Dec-Apr • Radstadt (20km) www.salzburg.com/tourismus/obertauern +43 6456 252 • *Roads normally cleared but chains accessibility recommended. Camper vans and caravans not allowed; park these in Radstadt.*

Saalbach Hinterglemm 58 A2
1003m, 58 lifts, Dec-Apr • Saalfelden (20km) www.saalbach.com +43 6541 6800 (68) • *Roads normally cleared.*

Schladming 58 A3
745m, 86 lifts, Dec-Apr • Schladming www.schladming-info.co.at/ski 43 3687 22268 *Roads normally cleared.*

Serfaus 57 A5
1427m, 42 lifts, Dec-Apr • Landeck (20km) www.nettours.co.at/iba/t/serfaus +43 5476 6239 *Cars banned from village, use world's only 'hover' powered underground railway. Roads normally cleared to village.*

Sölden 57 B6
1377m, 32 lifts, Jan-Dec • Imst (35km) www.tiscover.com/oetztalarena +43 5254 2212 - 0 *Roads normally cleared but snow chains recommended due to altitude. Snow information tel +43 5254 2666.*

St Anton am Arlberg 57 A5
1304m, 91 lifts, Nov-May • Innsbruck (104km) www.tiscover.com/stanton www.stantonamarlberg.com +43 5446 22690 • *Roads normally cleared. Snow report tel 43 5446 2565.*

Zell im Zillertal (Zell am Ziller) 58 A1
580m, 22 lifts, Dec-Mar • Jenbach (25km) +43 5282 2281 www.tis.co.at/tirol *Roads normally cleared. Snow report on tel 43 5282 716626.*

Zürs 57 A5
1720m, 91 lifts, Dec-Apr • Bludenz (30km) +43 5583 2245 • *Roads normally cleared but chains accessibility recommended due to altitude. Road conditions report tel +43 5583 1586.*

France

Alps

Alpe d'Huez 65 A5
1860m, 85 lifts, Dec-May • Grenoble (63km) www.skifrance/~alpedhuez +33 476 114444 *Snow chains may be required on access road to resort. Road report tel +33 476 114450.*

Avoriaz 56 B1
1800m, 219 lifts, Dec-May • Morzine (14km) +33 450 740211 www.ot-avoriaz.fr *Chains may be required for access road from Morzine. Car free resort, park on edge of village, approx £5 per 24 hours.*

Chamonix Mont-Blanc 56 C1
1035m, 49 lifts, Dec-May • Chamonix +33 450 530024 www.chamonix.com www.skifrance.fr/~chamonix • *Roads normally clear.*

Chamrousse 65 A4
1700m, 26 lifts, Dec-Apr • Grenoble (30km) www.skifrance.fr/~chamrouse +33 476 899265 • *Roads normally cleared but chains accessibility recommended.*

Châtel 56 B1
1200m, 37 lifts, Dec-Apr • Thonon Les Bains (35km) www.skifrance.fr/~chatel +33 450 732244 • *Roads normally cleared.*

Courchevel 56 C1
1850m, 200 lifts, Dec-May • Moûtiers (23km) www.courchevel.com +33 479 080029 • *Roads normally cleared but chains availability recommended. Traffic is 'discouraged' within the four Courchevel resort bases.*

Flaine 56 B1
1600m, 78 lifts, Dec-Apr • Cluses (25km) www.skifrance.fr/~flaine +33 450 908001 • *Chains accessibility recommended for D6 from Cluses to Flaine. Car access for depositing baggage and passengers only. 1500 space car park outside resort (approx £3 per 24 hours).*

La Clusaz 56 C1
1100m, 56 lifts, Dec-Apr • Annecy (20km) www.skifrance/~laclusaz +33 450 326500 • *Roads normally clear but snow chain availability recommended for final road from Annecy.*

La Foux d'Allos 66 B1
1800m, 53 lifts, Dec-Apr • Digne (87km) +33 492 838070 www.skifrance.fr *Chains recommended. Road information available at Haute Alpes Information office on the A51 south of Sisteron in the Aire d'Aubignosc services.*

La Plagne 56 C1
2100m, 110 lifts, Dec-Apr Moûtiers (32km) +33 479 097979 www.skifrance.fr~laplagne *Ten different centres up to 2100m altitude. Road access via Bozel, Landry or Aime normally cleared.*

Les Arcs 56 C1
1600m, 77 lifts, Dec-May • Bourg-St-Maurice (5km) www.lesarcs.com +33 479 071257 • *Three base areas up to 2000 metres; chains accessibility recommended. Weather report in English at 0820 and 0840 on 94.4FM in area. Pay parking at edge of each base resort.*

Les Carroz d'Araches 56 B1
1140m, 79 lifts, Dec-Apr • Cluses (13km) +33 450 900004 www.skifrance.fr *Roads normally cleared.*

Les Deux-Alpes 65 A5
1650m, 62 lifts, Nov-May • Grenoble (75km) +33 476 792200 www.les2alpes.com www.skifrance.f • *Roads normally cleared, however snow chains recommended for D213 up from valley road (N91).*

Les Gets 56 B1
1172m, 219 lifts, Dec-May • Cluses (18km) skifrance/www.skifrance.fr +33 450 758080 • *Roads normally cleared.*

Les Ménuires 65 A5
1815m, 200 lifts, Dec-Apr • Moûtiers (27km) www.les-menuires.com www.skifrance.fr/~lesmenuires +33 479 007300 • *Chains accessibility recommended for N515A from Moûtiers.*

Les Sept Laux 65 A5
1350m, 31 lifts, Dec-Apr •Grenoble (38km) 33 476 081786 www.skifrance.fr *Roads normally cleared, however chains accessibility recommended for mountain road up from the A41 motorway.*

Megève 55 C6
1113m, 81 lifts, Dec-Apr • Sallanches (12km) +33 450 212728 www.megeve.com *Roads normally cleared.*

Méribel 56 C1
1400m, 200 lifts, Dec-Apr • Moûtiers (18km) +33 479 086001 www.meribel.net www.skifrance.fr/~meribel *Chains accessibility advised for 18km to resort on D90 from Moûtiers.*

Morzine 56 B1
1000m, 200 lifts, Dec-Apr • Thonon-Les-Bains (30km) www.morzine.com +33 450 747272 • *Roads normally cleared.*

Pra Loup 65 B5
1500m, 53 lifts, Dec-Apr • Barcelonnette (10km) www.poaratel./praloup www.skifrance.fr +33 492 841004 *Roads normally cleared but chains accessibility recommended.*

Risoul 65 B5
1850m, 50 lifts, Dec-May • Briançon (40km) +33 492 460260 www.skifrance.fr *Chains accessibility recommended.*

Serre-Chevalier 65 B5
1350m, 69 lifts, Dec-May • Briançon (10km) www.skifrance.fr/~serreche www.serre-chevalier.com +33 492 249898 *Made up of 13 small villages along the valley road, which is normally cleared.*

St Gervais 56 C1
850m, 81 lifts, Dec-Apr • Sallanches (10km) www.skifrance.fr/~st gervais +33 450 477608 • *Roads normally cleared.*

Tignes 56 C1
2100m, 97 lifts, Jan-Dec • Bourg St Maurice (26km) www.tignes.net +33 479 400440 *Roads upgraded for 1992 Winter Olympics but chains accessibility recommended due to altitude. Parking information tel +33 479 063945.*

Val d'Isère 56 C1
1850m, 97 lifts, Nov-May • Bourg-St-Maurice (30km) www.val-disere.com +33 479 060660 • *Roads normally cleared but chains accessibility recommended.*

Val Thorens 65 A5
2300m, 200 lifts, Dec-May Moûtiers (35km) www.valthorens.com +33 479 000808 • *Chains essential - highest ski resort in Europe. Obligatory paid parking on edge of resort. Cost approx. £6 per day.*

Valloire 65 A5
1430m, 34 lifts, Dec-May • Modane (17km) 33 479 590396 www.skifrance.fr *Road normally clear up to the Col du Galbier, to the south of the resort, which is closed from 1st November to 1st June.*

Valmeinier 65 A5
1500m, 34 lifts, Dec-Apr • Modane (25km) 33 479 595369 www.valmeinier.com www.skifrance.fr • *Access from north on N9 / N902. Col du Galbier, to the south of the resort closed from 1st November to 1st June.*

Valmorel 56 C1
1400m, 54 lifts, Dec-Apr • Moûtiers (15km) 33 479 098555 www.skifrance.fr *Roads normally cleared.*

Vars Les Claux 65 B5
1850m, 56 lifts, Dec-May • Gap (40km) www.skifrance.fr/~vars +33 492 465131 • *Four base resorts up to 1850 metres. Chains accessibility recommended. Road and weather information tel +33 436 680205 and +33 491 787878.*

Villard de Lans 65 A4
1050m, 29 lifts, Dec-Apr • Grenoble (32km) +33 476 951038 www.skifrance.fr *Roads normally cleared.*

Pyrenees

Font-Romeu 77 A5
1550m, 33 lifts, Dec-Apr • Perpignan (89km) 33 468 306830 www.skifrance.fr *Roads normally cleared but chains accessibility recommended.*

St Lary 76 A3
830m, 32 lifts, Dec-Apr • Tarbes (40km) +33 562 395081 www.skifrance.fr *Access roads constantly cleared of snow.*

Vosges

La Bresse-Hohneck 46 C2
900m, 34 lifts, Dec-Mar • Cornimont (6km) +33 329 254129 www.skifrance.fr *Roads normally cleared.*

Germany

Alps

Garmisch Partenkirchen 57 A6
702m, 38 lifts, Dec-Apr • Garmisch Partenkirchen +49 8821 1806 www.garmisch-partenkirchen.de *Roads usually clear, chains rarely needed.*

Oberaudorf 58 A2
500m, 21 lifts, Dec-Apr • Kufstein (15km) +49 8033 30120 • *Motorway normally kept clear.*

Oberstdorf 57 A5
815m, 31 lifts, Dec-Apr • Sonthofen (15km) +49 8322 7000 www.oberstdorf.de *Roads normally cleared. Snow information on tel +49 8322 3035 or 1095 or 5757.*

Rothaargebirge

Winterberg 36 B3
670m, 55 lifts, Dec-Apr • Brilon (30km) +49 2981 92500 www.winterberg.de *Roads usually cleared, chains rarely required.*

Italy

Alps

Bardonecchia 66 A1
1312m, 22 lifts, Dec-Apr • Bardonecchia +39 122 99137 • *Resort reached through the 11km Frejus tunnel from France, roads normally cleared.*

Bormio 57 B5
1225m, 17 lifts, Dec-Apr • Tirano (40km) +39 342 903300 • *Roads normally cleared.*

Cervinia (Breuil-Cervinia) 56 C2
2050m, 73 lifts, Jan-Dec • Aosta (54km) www.vol.it/tts/neve/it/aoste/cervinia +39 166 949086 • *Snow chains strongly recommended.*

Courmayeur 56 C1
1224m, 27 lifts, Dec-Apr • Aosta (40km) +39 165 842370 • *Access through the Mont Blanc tunnel from France. Roads constantly cleared.*

Limone Piemonte 66 B2
1009m, 29 lifts, Dec-Apr • Cuneo (27km) +39 171 92101 www.lrcser.it/limone *Roads normally cleared, chains rarely required. Snow report tel +39 171 926254*

Livigno 57 B5
1816m, 30 lifts, Dec-Apr • Zernez (CH) (27km) www.livnet.it/aptminfo +39 342 996379 • *Chains accessibility strongly advised. Munt la Schera Tunnel from Zernez, Switzerland is only open 8am to 8pm.*

Sestrière 66 B1
2035m, 91 lifts, Dec-Apr • Oulx (22km) www.agora.stm.it\sestriere +39 122 755444 • *One of Europe's highest resorts, although roads are normally cleared, chains should be accessible.*

Appennines

Roccaraso - Aremogna 89 B5
1285m, 31 lifts, Dec-Apr • Castel di Sangro (7km) +39 864 62210 • *Roads normally cleared.*

Dolomites

Andalo - Pai della Paganella 57 B5
1042m, 16 lifts, Dec-Apr • Trento (40km) +39 461 585836 *Roads normally cleared.*

Arabba 58 B1
1612m, 24 lifts, Dec-Apr • Cortina d'Ampezzo (25km) www.sunrise.it/dolomiti +39 436 79130 • *Roads normally cleared but chains accessibility recommended.*

Cortina 58 B2
1224m, 52 lifts, Dec-Apr • Cortina +39 436 3231 www.sunrise.it/dolomiti *Roads normally clear. Access from north on route 51 over the Cimabanche Pass may require chains.*

Corvara (Alta Badia) 58 B1
1568m, 57 lifts, Dec-Apr • Brunico (38km) +39 471 836176 www.dolomitisuper-ski.com/altabadia • *Roads normally clear but chains accessibility recommended.*

Madonna di Campiglio 57 B5
1550m, 48 lifts, Dec-Apr • Trento (60km) www.aptcampiglio.tn.it +39 465 442000 • *Roads normally cleared but chains accessibility recommended.*

Moena di Fassa (Sorte / Ronchi) 58 B1
1184m, 18 lifts, Dec-Apr • Bolzano (40km) +39 462 573122 www.dolomitisuper-ski.com • *Roads normally cleared.*

Passo Tonale 57 B5
1883m, 30 lifts, Dec-Apr • Breno (50km) www.turismvaldisole.well.it +39 364 903838 • *Located on high mountain pass; chains accessibility strongly recommended.*

Selva Gardena / Wolkenstein Groden (Val Gardena) 58 B1
1563m, 82 lifts, Dec-Apr • Bolzano (30km) +39 471 795122 www.dolomitisuper-ski.com/selva • *Roads normally cleared but chains accessibility recommended.*

Norway

Hemsedal 4 F11
650m, 16 lifts, Nov-May Homefoss (150km) www.skiinfo.no/hemsedal +47 32 060156 • *Be prepared for extreme weather conditions.*

Trysil (Trysilfjellet) 20 A3
465m, 24 lifts, Nov-May • Hamar (100km) +47 62 650911 www.skiinfo.no/trysil *Be prepared for extreme weather conditions.*

Spain

Pyrenees

Baqueira / Beret 76 A3
1500m, 24 lifts, Dec-Apr • Viella (15km) +34 973 644455 • *Roads normally clear but chains accessibility recommended. Snow report tel +34 973 645052.*

Sistema Penibetico

Sierra Nevada 86 B3
2102m, 19 lifts, Dec-May • Granada (32km) +34 958 480500 • *Access road designed to be avalanche safe and is snow cleared. Snow report tel +34 958 480606.*

Sweden

Åre - Duved 4 E13
400m, 44 lifts, Nov-May • Åre +46 647 17720 www.arefjall.se • *Be prepared for extreme weather.*

Funäsdalen 4 E13
600m, 32 lifts, Oct-May • Røros (Norway) (70km) www.funasdalsfjall.se +46 684 21420 • *Be prepared for extreme weather conditions.*

Idre Fjäll 4 F13
710m, 30 lifts, Oct-May • Mora (140km) +46 253 40000 • *Be prepared for extreme weather conditions.*

Sälen 20 A4
360m, 101 lifts, Nov-May Malung (70km) +46 280 20250 *Be prepared for extreme weather conditions.*

Switzerland

Alps

Adelboden 56 B2
1348m, 50 lifts, Dec-Apr • Frutigen (15km) +41 33 6738080 • *Roads normally clear.*

Arosa 57 B4
1800m, 16 lifts, Dec-Apr • Chur (30km) +41 81 3877020 www.arosa.ch *Roads cleared but chains accessibility recommended due to high altitude (1800m). No through traffic. No traffic permitted between 2200hrs and 0600hrs.*

Crans Montana 56 B2
1500m, 42 lifts, Dec-Apr • Sierre (15km) www.crans-montana.ch +41 27 4850404 *Roads normally cleared, however chains availability recommended for ascent from Sierre.*

Davos 57 B4
1543m, 55 lifts, Nov-Apr • Davos +41 81 4152121 www.davos.ch *Roads normally cleared.*

Engelberg 56 B3
1000m, 22 lifts, Jan-Dec • Luzern (39km) www.engelbergtourism.ch +41 41 6373737 • *Straight access road normally cleared.*

Flumserberg (Flums) 57 A4
1400m, 17 lifts, Dec-Apr • Buchs (25km) +41 81 7201818 www.flumserberg.ch *Roads normally cleared, however 1000 metre vertical ascent road from valley floor, chains accessibility recommended.*

Grindelwald 56 B3
1034m, 44 lifts, Dec-Apr • Interlaken (20km) +41 36 8541212 www.grindelwald.ch *Roads normally cleared.*

Gstaad - Saanenland 56 B2
1050m, 33 lifts, Dec-Apr • Gstaad +41 33 7488120 www.gstaad.ch *Roads normally cleared.*

Haute Nendaz (Nendaz) 56 B2
1365m, 91 lifts, Dec-Apr • Sion (16km) +41 27 2895589 www.nendaz.ch *Roads normally cleared, however chains availability recommended for ascent from Sion.*

Klosters 57 B4
1191m, 55 lifts, Dec-Apr • Davos (10km) +41 81 4102020 www.klosters.ch *Roads normally cleared.*

Leysin 56 B2
1398m, 19 lifts, Dec-Apr • Aigle (6km) www.activelifestyle.com +41 4 4942921 • *Roads normally cleared.*

Mürren 56 B2
1650m, 44 lifts, Dec-Jun • Interlaken (18km) +41 33 8568686 www.muerren.ch *No road access to resort. Park in Strechelberg (1500 free parking places) and take the two-stage cable car.*

Saas Fee 56 B2
1800m, 26 lifts, Dec-May • Brig (35km) +41 27 9581858 www.saas-fee.ch *Roads normally cleared but chains accessibility recommended due to altitude. Car free resort, car parking at entry costs approx £6 per 24 hours.*

Samnaun 57 B5
1846m, 42 lifts, Dec-Apr • Scuol (30km) +41 81 8685858 www.samnaun.ch *Roads normally cleared but access to snow chains recommended.*

St Moritz 57 B4
1856m, 54 lifts, Nov-May • Chur (89km) +41 82 81 8373333 www.stmoritz.ch *Roads normally cleared but due to altitude chains accessibility recommended.*

Verbier 56 B2
1500m, 98 lifts, Nov-Apr • Martigny (27km) +41 27 7753888 www.verbier.ch *Heavily used roads normally cleared.*

Villars 56 B2
1253m, 53 lifts, Dec-Apr • Montreux (35km) +41 24 4953232 www.villars.ch *Roads normally cleared but chains accessibility recommended for ascent from N9 motorway.*

Wengen 56 B2
1280m, 44 lifts, Dec-Apr • Interlaken (12km) +41 33 8551414 www.wengen.com *No road access to resort. Park car at Lauterbrunnen in valley (roads normally clear to there) and take mountain railway.*

Zermatt 56 B2
1620m, 73 lifts, Jan-Dec • Brig (42km) +41 27 9670181 www.zermatt.ch *Cars not permitted in resort, park in Täsch (3km) and take shuttle train. Road to Täsch normally cleared.*

Ski resort data compiled by Snow-Hunter Ltd. 1998 (Fax: 01463 741273 Email: info@snowhunt.demon.co.uk).
To the best of the Publisher's knowledge the information in this table was correct at the time of going to press. No responsibility can be accepted for any errors or their consequences.

Distance table

Distances are shown in kilometres. They are based on main routes as far as possible and are not necessarily the shortest. Journeys involving ferry crossings are shown in blue.

Example: the distance between Dublin and Göteborg is 477 kilometres, and part of the journey is by ferry

Calais
548 **Dublin**
726 346 **Edinburgh**
575 1123 1301 **Frankfurt**
1342 477 176 1067 **Göteborg**
760 477 1486 485 582 **Hamburg**

Key to route planning maps

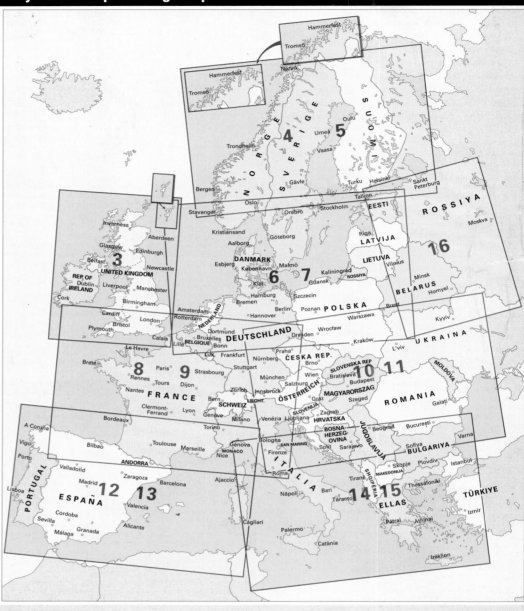

Amsterdam
2945 **Athínai**
1505 3192 **Barcelona**
1484 3742 2803 **Bergen**
650 2412 1863 1309 **Berlin**
197 2895 1308 1586 764 **Bruxelles**
2245 1219 2644 3037 1707 2181 **Bucuresti**
1420 1530 1999 2212 882 1358 852 **Budapest**
367 3100 1269 1783 956 215 2398 1573 **Calais**
533 3630 1817 270 1504 763 3021 2196 548 **Dublin**
1093 3826 1995 176 1696 941 3124 2299 726 346 **Edinburgh**
441 2499 1313 1508 550 383 1804 979 575 1123 1301 **Frankfurt**
1029 3080 2362 819 668 1145 1734 1550 1342 477 176 1067 **Göteborg**
447 2719 1780 1023 286 563 2014 1189 760 477 1486 485 582 **Hamburg**
1560 2539 2338 1063 475 1239 1834 1009 1431 1318 1236 1598 505 1113 **Helsinki**
2756 1145 2990 3653 2223 2706 690 1341 2911 3537 3657 2314 2891 2530 2350 **Istanbul**
965 2782 2090 1103 370 1081 2077 1252 1278 752 479 795 284 518 803 2593 **København**
256 2684 1376 1427 566 198 1983 1158 390 938 1116 180 986 404 1517 2499 714 **Köln**
2331 4460 1268 3723 2869 3141 3917 3222 2069 2617 2795 2400 3282 2700 3817 4342 3014 2339 **Lisboa**
480 3200 1387 458 1074 333 2591 1766 118 430 608 693 122 878 1991 3107 1188 508 2187 **London**
406 2661 1190 1613 749 209 2052 1227 424 972 1150 240 1172 590 1703 2472 900 186 2160 542 **Luxembourg**
1790 3809 617 3183 2364 1600 3262 2622 1528 1634 2254 1930 2742 2160 3276 3589 2473 1798 651 1646 1628 **Madrid**
1210 2683 509 2435 1541 1030 2154 1505 1063 1588 1789 1023 1994 1412 2525 2479 1722 1006 1777 1162 822 1126 **Marseille**
1085 2182 1038 2141 1060 890 1668 992 1072 1620 1798 683 1700 1118 1993 1428 868 2315 1190 679 1655 538 **Milano**
2457 2930 3655 2223 1821 2585 1761 2099 2800 3348 3526 2312 1665 2115 1160 2605 2325 2387 4875 2918 2852 4224 3270 3027 **Moskva**
839 2106 1340 1788 594 789 1497 672 994 1524 1720 398 1347 765 1069 1907 969 580 2545 1094 555 2010 1011 473 2305 **München**
1347 3372 2680 503 960 1463 2667 1842 1660 773 729 1385 316 900 697 3089 590 1304 3604 1778 1490 3063 2312 2018 1823 1559 **Oslo**
510 2917 988 1922 1051 320 2307 1482 281 829 1007 591 1481 899 2012 2727 1209 495 1821 399 351 1280 782 857 2903 810 1799 **Paris**
950 2067 1750 1675 345 888 1362 537 1097 1635 1816 512 1013 652 770 1878 715 690 2870 1205 753 2329 1399 853 1853 388 1305 1061 **Praha**
1691 1140 1385 2706 1502 1520 1904 1263 1678 2226 2404 1289 2265 1683 1977 2237 1993 1474 2653 1796 1285 2002 876 606 3362 918 2583 1389 1309 **Roma**
2347 4223 1031 3736 2894 3150 3709 3010 2078 2626 2804 2344 3295 2713 3826 4034 3023 2318 401 2196 2178 550 1540 2078 4774 2371 3613 1830 2781 2446 **Sevilla**
2206 828 2453 3103 1673 2156 391 790 2361 2891 3087 1764 2341 1980 1800 550 2043 1949 3706 2461 1922 3037 1929 1443 2252 1367 2632 2177 1328 1687 3484 **Sofiya**
1393 3418 2726 1063 1006 1509 2713 1888 1673 2254 1069 1431 505 946 167 3185 590 1350 3650 1824 1536 3109 2358 2064 1228 1600 530 1845 1351 2629 3659 2677 **Stockholm**
1256 2128 2366 1909 606 1350 1473 648 1542 2110 2268 1136 1274 886 361 1989 956 1152 3480 1345 2960 2015 1469 1245 996 1506 1677 616 1853 3397 1439 1612 **Warszawa**
1168 1772 1856 1970 640 1114 1067 242 1308 1954 2034 731 1308 947 1088 1583 1010 916 3100 1524 993 2473 1353 818 2137 430 1600 1240 295 1126 2876 1033 1646 727 **Wien**
816 2426 1030 1938 863 619 1810 985 804 1352 1530 464 1497 915 2164 2323 1433 589 2296 922 410 1647 699 292 2552 303 1815 592 691 898 2061 1173 1861 1307 743 **Zürich**

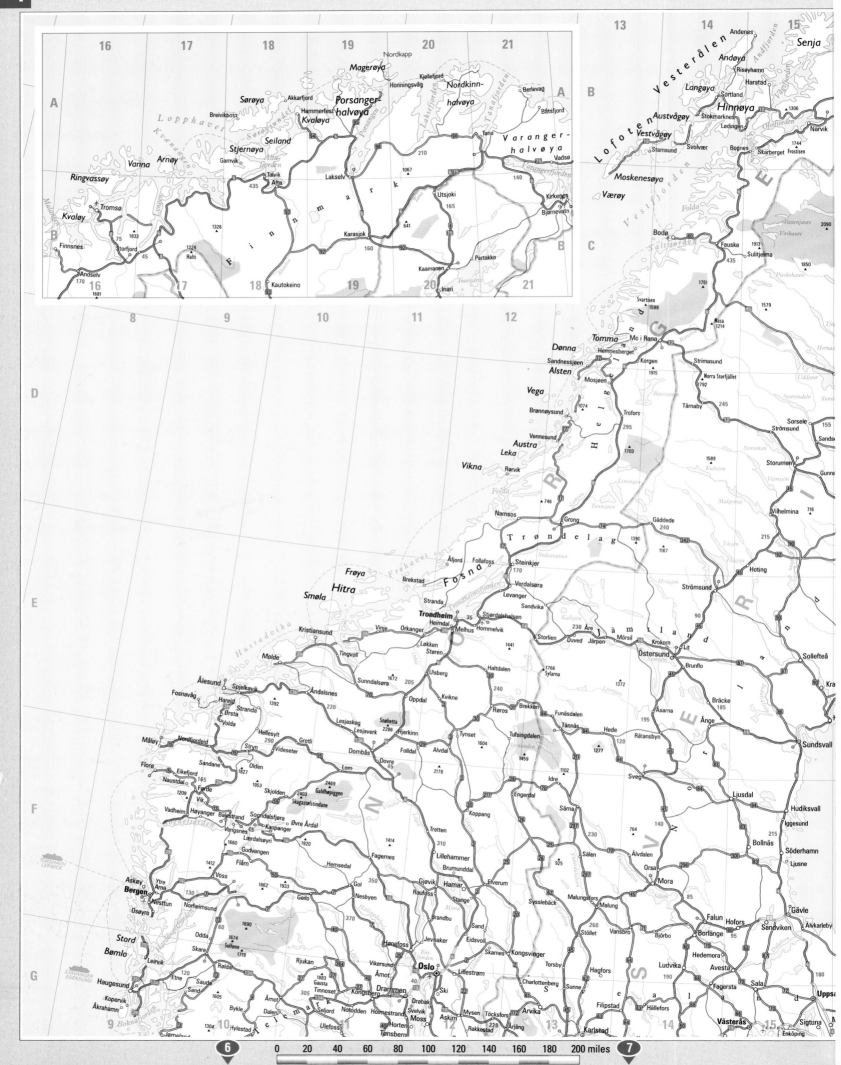

0 20 40 60 80 100 120 140 160 180 200 miles

0   40   80   120   160   200   240 kilometres

Oslo · Stavanger · Kristiansand · Göteborg · Borås

København · Malmö · Århus · Ålborg · DANMARK · Sjælland · Fyn · Lolland · Falster

HAMBURG · Kiel · Lübeck · Rostock · Schwerin · Bremen · Bremerhaven · Hannover · Braunschweig · BERLIN · Magdeburg · Leipzig · Erfurt · Potsdam

Oldenburg · Osnabrück · Münster · Dortmund · Essen · Duisburg · Düsseldorf · Köln · Bonn · Koblenz · Wiesbaden · Frankfurt · Kassel · Paderborn

NEDERLAND · AMSTERDAM · ROTTERDAM · s-Gravenhage · Utrecht · Groningen · Enschede · Arnhem · Nijmegen · Eindhoven · Maastricht · Breda · Tilburg

BELGIQUE · BRUXELLES · Antwerpen · Gent · Brugge · Liège · Charleroi · Namur · Lille · Calais · Dunkerque · Amiens

Skagerrak · Kattegat · Nordfriesische Inseln · Ostfriesische Inseln · Westfriesche Eilanden · Deutsche Bucht

DEUTSCHLAND

Scale: 0 20 40 60 80 100 120 140 160 180 200 miles

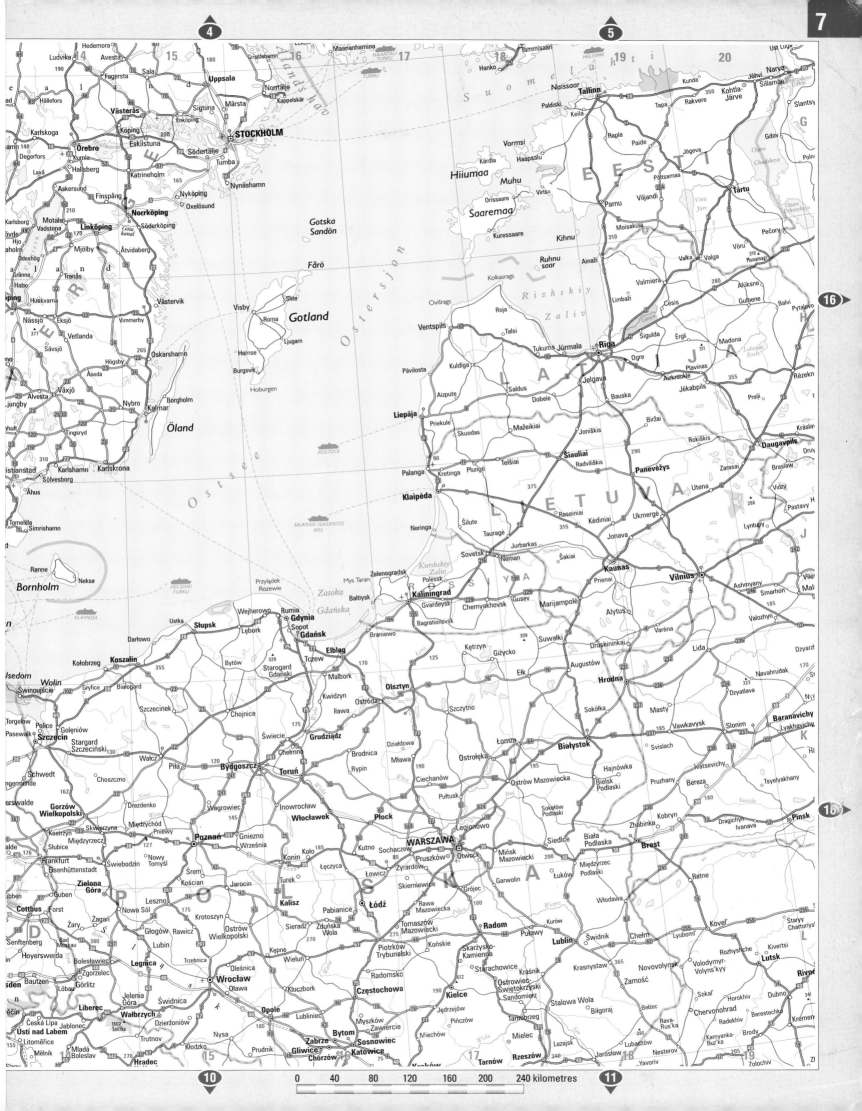

Map (British Isles, France, Northern Spain)

Regions / Seas

CELTIC SEA · George's St. Channel · Bristol Channel · English Channel · La Manche · Baie de la Seine · Golfe de Gascogne · Costa Verde · Costa Montañesa · Costa Vasca · Côte des Landes · Côte d'Argent · FRANCE · ESPAÑA · ANDORRA

Selected places (England & Wales)

Kinsale · Cobh · Fishguard · Haverfordwest · Milford Haven · Pembroke · Tenby · Llanelli · Swansea · Port Talbot · Neath · Merthyr Tydfil · Rhondda · Cwmbran · Newport · Cardiff · Barry · Weston-super-Mare · Bristol · Bath · Frome · Shepton Mallet · Glastonbury · Bridgwater · Taunton · Minehead · Ilfracombe · Barnstaple · Bideford · Bude · Okehampton · Launceston · Bodmin · Newquay · Redruth · Penzance · Truro · St. Austell · Falmouth · Lizard Pt. · Land's End · Isles of Scilly · Plymouth · Torbay · Dartmouth · Newton Abbot · Torquay · Exeter · Exmouth · Sidmouth · Bridport · Weymouth · Dorchester · Bournemouth · Poole · Swanage · Isle of Wight · Newport · Portsmouth · Southampton · Havant · Worthing · Brighton · Eastbourne · Hastings · Bexhill · Newhaven · Winchester · Salisbury · Yeovil · Andover · Basingstoke · Woking · Guildford · Dorking · Reigate · Crawley · Tunbridge Wells · Tonbridge · Maidstone · Ashford · Folkestone · Dover · Canterbury · Ramsgate · Margate · North Foreland · Gillingham · Chatham · Rochester · LONDON · Southend-on-Sea · Clacton-on-Sea · Harwich · Felixstowe · Ipswich · Colchester · Chelmsford · Basildon · Watford · St. Albans · Luton · Stevenage · Harlow · Bedford · Milton Keynes · Northampton · Cambridge · Sudbury · Bury St. Edmunds · Saxmundham · Aylesbury · High Wycombe · Reading · Slough · Newbury · Abingdon · Oxford · Witney · Cheltenham · Gloucester · Cirencester · Swindon · Stratford-upon-Avon · Hereford · Abergavenny · Monmouth · Brecon · Llandovery · Carmarthen · Llandeilo

France

Calais · Dunkerque · Boulogne-sur-Mer · Le Touquet-Paris-Plage · Berck · Montreuil · Hesdin · St-Pol-sur-Ternoise · Arras · Lens · Béthune · Lille · Tourcoing · Roubaix · Hazebrouck · Cassel · St-Omer · Oostende · Zeebrugge · Knokke · Abbeville · St-Valery-en-Caux · Dieppe · Fécamp · Le Havre · Bolbec · Yvetot · Rouen · Beauvais · Amiens · Doullens · Albert · Breteuil · Clermont · Creil · Senlis · Pontoise · St-Denis · PARIS · Versailles · Créteil · Meaux · Étampes · Melun · Fontainebleau · Nemours · Montargis · Pithiviers · Artenay · Orléans · Châteauneuf-sur-Loire · Gien · Briare · Cosne-Cours-sur-Loire · Vierzon · Bourges · Issoudun · Châteauroux · La Châtre · St-Amand-Mont-Rond · Montluçon · Blois · Vendôme · Amboise · Tours · Loches · Chinon · Saumur · Angers · Nantes · Cholet · St-Nazaire · La Baule · Pornic · Î. de Noirmoutier · Î. d'Yeu · La Roche-sur-Yon · Les Sables-d'Olonne · Luçon · Fontenay-le-Comte · Niort · La Rochelle · Î. de Ré · Rochefort · Î. d'Oléron · Royan · Saintes · Cognac · Angoulême · Limoges · Brive-la-Gaillarde · Tulle · Périgueux · Bergerac · Bordeaux · Arcachon · C. Ferret · Mimizan · Mont-de-Marsan · Dax · Bayonne · Biarritz · Donostia-San Sebastián · Pau · Lourdes · Tarbes · Toulouse · Auch · Montauban · Albi · Cahors · Agen · Rodez · Carcassonne

Spain

Vivero · Ribadeo · Luarca · Avilés · Gijón · Oviedo · Santander · Torrelavega · Bilbao · Barakaldo · Vitoria-Gasteiz · Pamplona · Logroño · Burgos · León · Ponferrada · Astorga · Benavente · Bragança

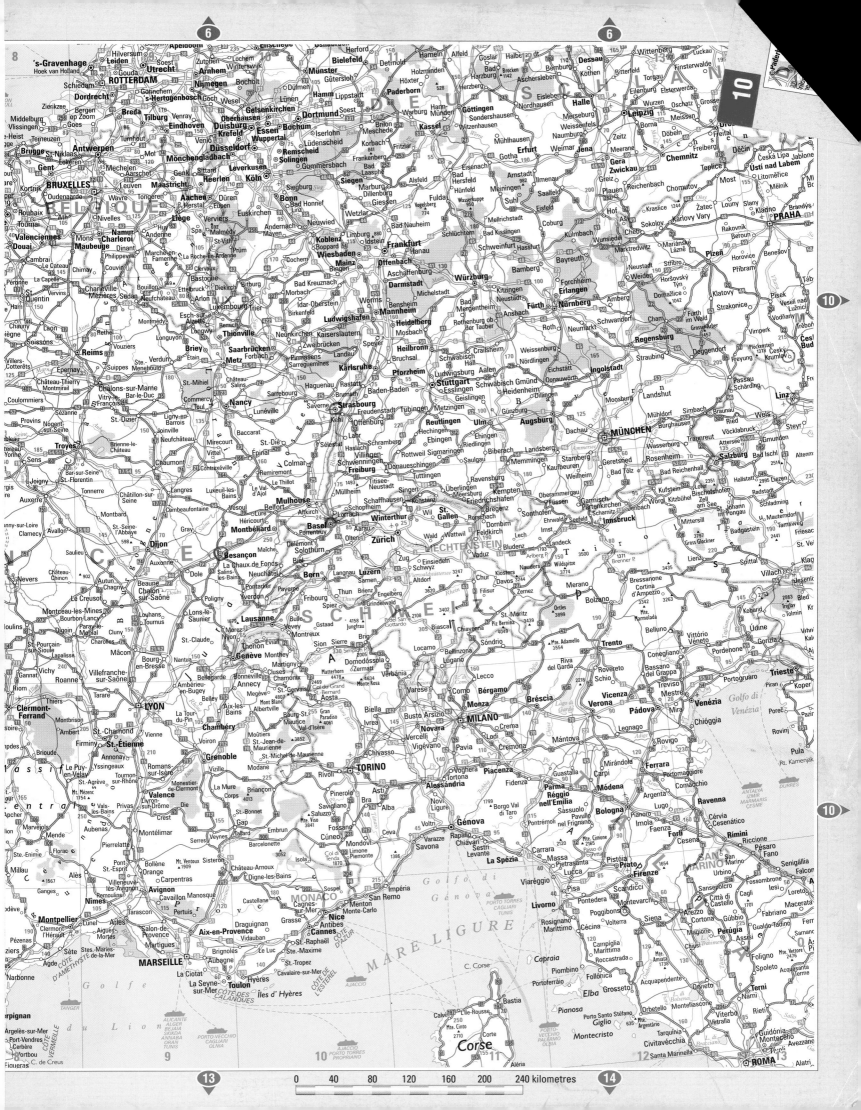

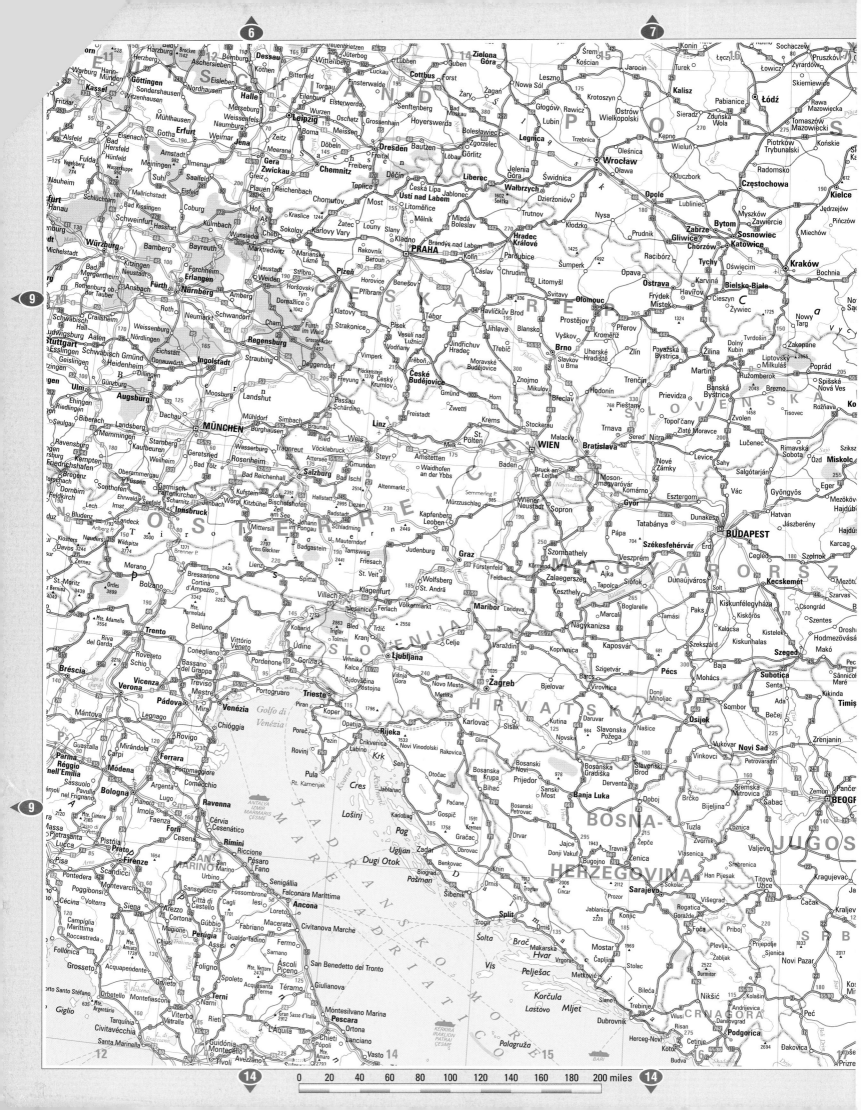

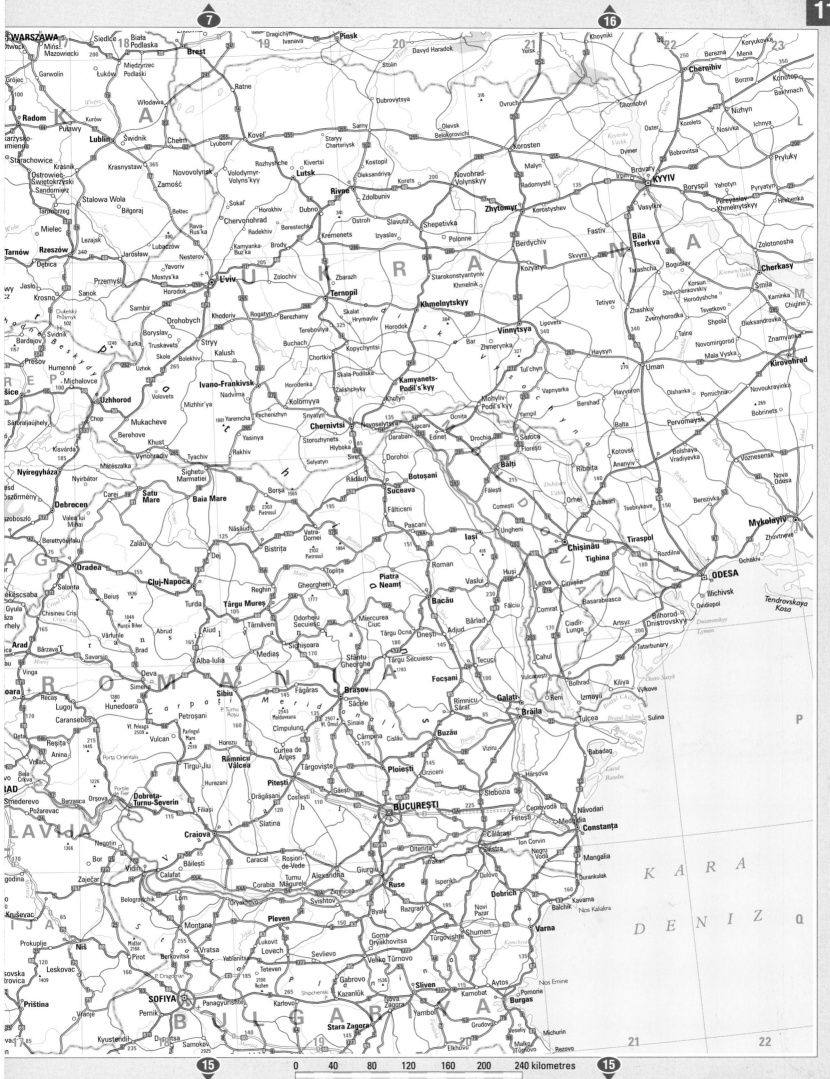

0 20 40 60 80 100 120 140 160 180 200 miles

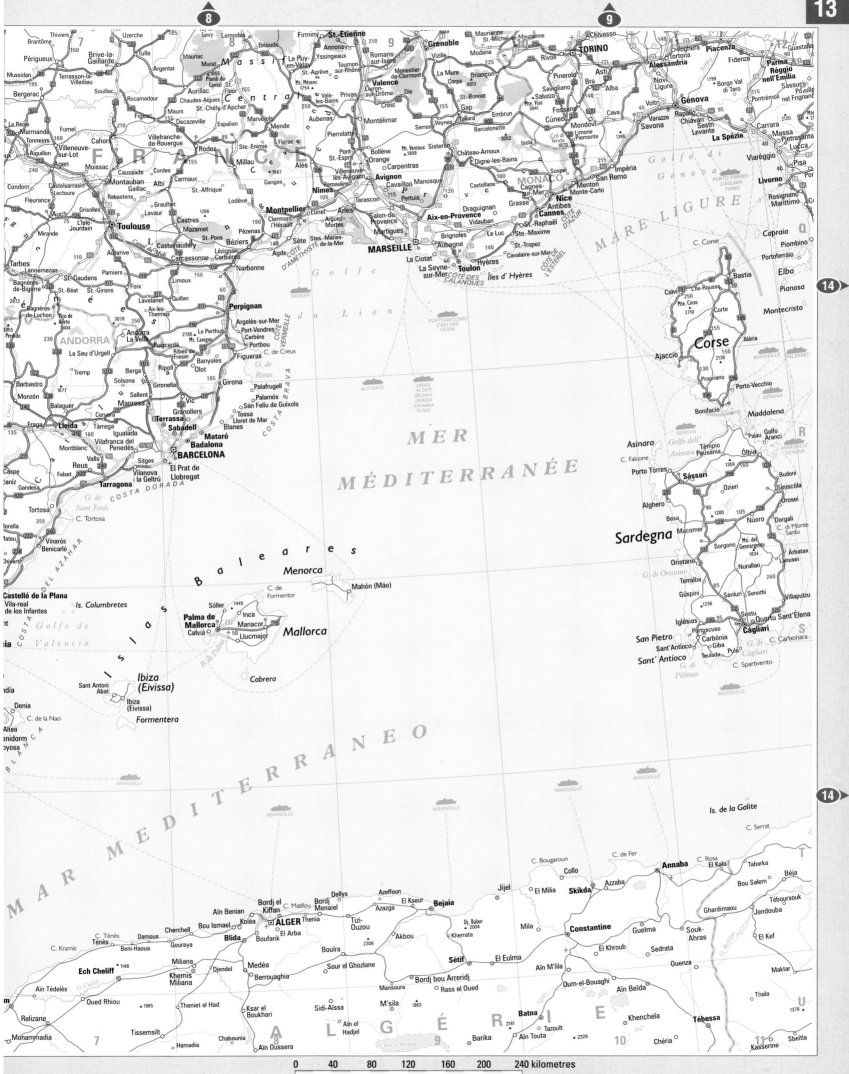

13 14 15 16

Voltri Génova Borgo Val di Taro Reggio nell'Emilia Módena Portomaggiore
Varazze Rapallo Pontrémoli Sássuolo Argenta Comácchio
Savona Chiávari nel Frignano Bologna Pianoro Lugo Ravenna
Sestri Levante Carrara Mte. Cimone Imola Faenza Cérvia Cesenático
La Spézia Massa Passo di Pistóia Forlí Cesena Rímini
Viaréggio Pietrasanta Prato Firenze Riccione
Lucca Pésaro Fano
Pisa San Marino Senigállia Falconara Maríttima
Livorno Scandicci Urbino Ancona
Pontedera Montevarchi Sansepolcro Fossombrone Íesi Loreto
Rosignano Poggibonsi Arezzo Città di Castello Cagli Fabriano Macerata Civitanova Marche
Maríttimo Cécina Volterra Siena Cortona Magione Perúgia Gualdo Tadino Fermo
Campíglia Maríttima Roccastrada Assisi Sarnano Áscoli Piceno San Benedetto del Tronto
Piombino Mte. Amiata Chiusi Foligno Mte. Vettore Téramo Giulianova
Elba Grosseto Acquapendente Spoleto Acquasanta Terme Montesilvano Marina
Pianosa Orvieto Terni Narni Gran Sasso d'Italia Pescara
Porto Santo Stéfano Montefiascone Viterbo Rieti L'Aquila Chieti Ortona
Giglio Tarquínia Vetralla Pópoli Lanciano
Montecristo Civitavécchia Mte. Amaro Vasto
Santa Marinella Guidónia Montecélio Avezzano Sulmona Térmoli
Vatican City Tívoli Sannicandro Gargánico Vieste
Lido di Óstia ROMA Sora Agnone Apricena Monte Sant'Ángelo
Pomézia Velletri Frosinone Isérnia San Severo Manfredónia
Aprília Cisterna di Latina Cassino Campobasso Lucera Fóggia
Ánzio Latina Fondi Venafro Barletta Trani Bitonto
Terracina Fórmia Benevento Cerignola Andria Corato Biscéglie Molfetta Bari
Gaeta Mondragone Cápua Ariano Irpino Lavello Mola di Bari
Ísole Ponziane Marcianise Aversa Caserta Rionero in Vúlture Gravina in Púglia Altamura Monópoli
Ventotene Pozzuoli Avellino Potenza Putignano Fasano
Íschia NÁPOLI Ébali Matera Ginosa Martina Franca Ostuni Brindisi
Castellammare di Stábia Salerno Battipáglia Montescaglioso Francavilla Fontana
Sorrento Sala Consilina Pisticci Táranto Mesagne Lecce
Capri Agrópoli Polla Squinzano
Castellabate Vallo della Lucánia Sapri Policoro Manduria Nardò Galatina
Pisciotta Maratea Lauria Gallípoli Máglie
Práia a Mare Golfo di Táranto Casarano C. Santa Maria di Leuca
Castrovillari Gagliano del Capo
Trebisacce
Coríglino Cálabro Rossano Cariati
Cetraro Páola Ciró Marina
Rende Cosenza
Amantea San Giovanni in Fiore Crotone
Nicastro Tiriolo Cutro
Sambiase Catanzaro
Vibo Valéntia Máida
Tropea Soverato
Rosarno Palmi
Caulónia
Taurianova Siderno
Scilla Locri
Messina Réggio di Calábria
Mélito di Porto Salvo C. Spartivento

Corse Corte Mte. Cinto
Bastia
Calvi L'Ile-Rousse
Ajaccio
Propriano
Porto-Vecchio
Bonifacio
Maddalena
Tempio Palau Golfo Aranci
Ólbia
Ozieri Budoni
Siniscóla
Núoro Orosei
Sardegna
Dorgali
Árbatax
Nurallao Lanusei
Senorbi
Villaputzu
Quartu Sant'Élena Sestu
C. Carbonara

MAR TIRRENO

MAR ADRIÁTICO

Pula Cres Losinj Krupa Prijedor Derventa
Rt. Kamenjak Pag Gospic Bihac Banja Luka Doboj Brcko
Jablanac Bosanski Petrovac Tuzla
Zadar Obrovac Drvar Jajce Travnik Zenica Vlasenica
Dugi Otok Benkovac Donji Vakuf Bugojno Sarajevo
Pasman Biograd BOSNA-HERZEGOVINA Goražde
Šibenik Prozor
Šolta Trogir Drniš Jablanica Konjic
Split Brac Makarska Mostar
Hvar Vrgorac Čapljina Stolac
Vis Korčula Peljesac Metković Bileca
Lastovo Mljet Slano Trebinje Vilusi
Palagruza Dubrovnik Risan Cetin
Herceg-Novi Kotor Budva

MALTA Gozo Valletta Rabat

Ísole Eólie Strómboli Salina Lípari Vulcano
Ústica
Palermo Cefalù Milazzo Barcellona Pozzo di Gotto
Ísole Égadi Castellammare del Golfo Términi Imerese
Trápani Érice Bagheria Patti Messina
Favignana Paceco Partinico Alcamo Castelbuono Mistretta Tortorici
Marsala Calatafimi Corleone Taormina
Castelvetrano Lercara Friddi Giarre
Mazara del Vallo Mussomeli Enna Adrano Acireale
Menfi Caltanissetta Regalbuto Paternò Catánia
Sciacca Raffadali Canicattì Piazza Armerina Scordia Lentini
Porto Empédocle Favara Caltagirone Augusta
Agrigento Licata Gela Sortino Siracusa
Sicília Ragusa Avola
Vittória Módica Pachino
Ispica C. Passero

Pantelleria Ísole Pelagie Linosa Lampione Lampedusa

Bizerte C. Blanc Menzel-Bourguiba Mateur
Ariana La Marsa Kelibia
Manouba Tunis Ben Arous Ra's Mustafá Menzel-Temime
Tébourba Bardo Korba
Nabeul Hammamet
El Fahs Zaghouan Akouda
Hamman Sousse Kalaa-Kebira Sousse
Kairouan Msaken Monastir
Moknine Mahdia
Menzel Chaker Ksour-Essaf
Rass Kaboudia Chebba
Djebiniana El Djem
Sfax Sakiet Ezzit Is. Kerkenna

Golfe de Tunis Golfe de Hammamet

MAR MEDITE

MAR IÓNIO

0 20 40 60 80 100 120 140 160 180 200 miles

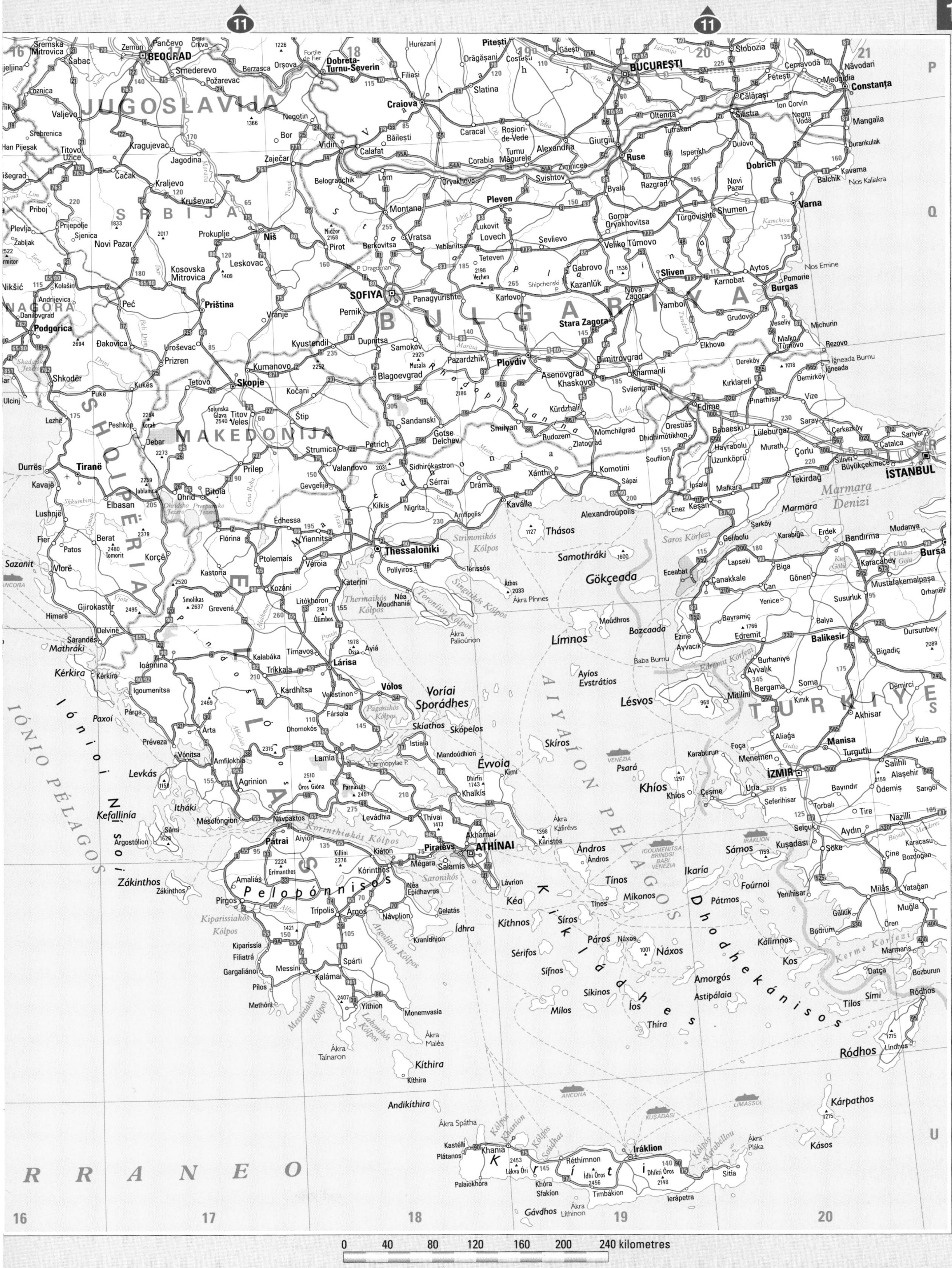
11
11
16
17
18
19
20
21
P
Q
S
T
U
JUGOSLAVIJA
SRBIJA
MAKEDONIJA
SHQIPËRIA
BULGARIYA
ELLAS
TÜRKIYE
BEOGRAD
Zemun
Pančevo
Smederevo
Šabac
Valjevo
Požarevac
Kragujevac
Jagodina
Čačak
Kraljevo
Kruševac
Niš
Prokuplje
Leskovac
Pirot
Novi Pazar
Kosovska Mitrovica
Priština
Peć
Podgorica
Vranje
Uroševac
Prizren
Kumanovo
Skopje
Tetovo
Titov Veles
Štip
Kočani
Strumica
Prilep
Bitola
Ohrid
Shkodër
Tiranë
Durrës
Elbasan
Berat
Korçë
Vlorë
Gjirokastër
Sarandë
Negotin
Bor
Zaječar
Vidin
Calafat
Craiova
Drobeta-Turnu-Severin
Slatina
Piteşti
Găeşti
BUCUREŞTI
Slobozia
Cernavodă
Năvodari
Constanţa
Mangalia
Călăraşi
Olteniţa
Silistra
Giurgiu
Ruse
Alexandria
Turnu Măgurele
Roşiori-de-Vede
Caracal
Corabia
Zimnicea
Svishtov
Lom
Montana
Vratsa
Pleven
Lovech
Veliko Tŭrnovo
Gabrovo
Sevlievo
Kazanlŭk
Sliven
Yambol
Burgas
Varna
Shumen
Tŭrgovishte
Razgrad
Dobrich
Balchik
SOFIYA
Pernik
Kyustendil
Dupnitsa
Samokov
Blagoevgrad
Sandanski
Gotse Delchev
Pazardzhik
Plovdiv
Asenovgrad
Khaskovo
Kŭrdzhali
Dimitrovgrad
Kharmanli
Stara Zagora
Nova Zagora
Elkhovo
Karnobat
Kırklareli
Edirne
Lüleburgaz
Çorlu
Tekirdağ
İSTANBUL
Keşan
Gelibolu
Çanakkale
Bandırma
Bursa
Balıkesir
Edremit
Ayvalık
Bergama
Manisa
Akhisar
İZMIR
Kuşadası
Aydın
Muğla
Bodrum
Marmaris
Ödemiş
Marmara Denizi
Saros Körfezi
Thessaloníki
Kavála
Xánthi
Komotini
Alexandroúpolis
Dráma
Sérrai
Kilkís
Édhessa
Véroia
Kozáni
Kastoriá
Flórina
Ptolemaís
Kateríni
Lárisa
Tríkkala
Kardhítsa
Vólos
Lamía
Ioánnina
Préveza
Árta
Agrinion
Mesolóngion
Pátrai
Kórinthos
Árgos
Návplion
Trípolis
Kalámai
Spárti
Pírgos
Khalkís
Thívai
Piraiévs
ATHÍNAI
Kérkira
Levkás
Kefallinía
Itháki
Zákinthos
Thásos
Samothráki
Gökçeada
Límnos
Lésvos
Khíos
Sámos
Ikaría
Pátmos
Kálimnos
Kos
Rodhos
Ródhos
Kárpathos
Kásos
Vorίai Sporádhes
Skíros
Évvoia
Ándros
Tínos
Míkonos
Náxos
Páros
Síros
Kéa
Kíthnos
Sérifos
Sífnos
Mílos
Thíra
Amorgós
Astipálaia
Kíthira
Andikíthira
Iráklion
Réthimnon
Khaniá
Kriti
Ierápetra
Sitía
Gávdhos
Kikládhes
Dhodhekánisos
Pelopónnisos
Aiyaíon Pélagos
Iónio Pélagos
Thermaïkós Kólpos
Korinthiakós Kólpos
Saronikós
RRANEO
0 40 80 120 160 200 240 kilometres

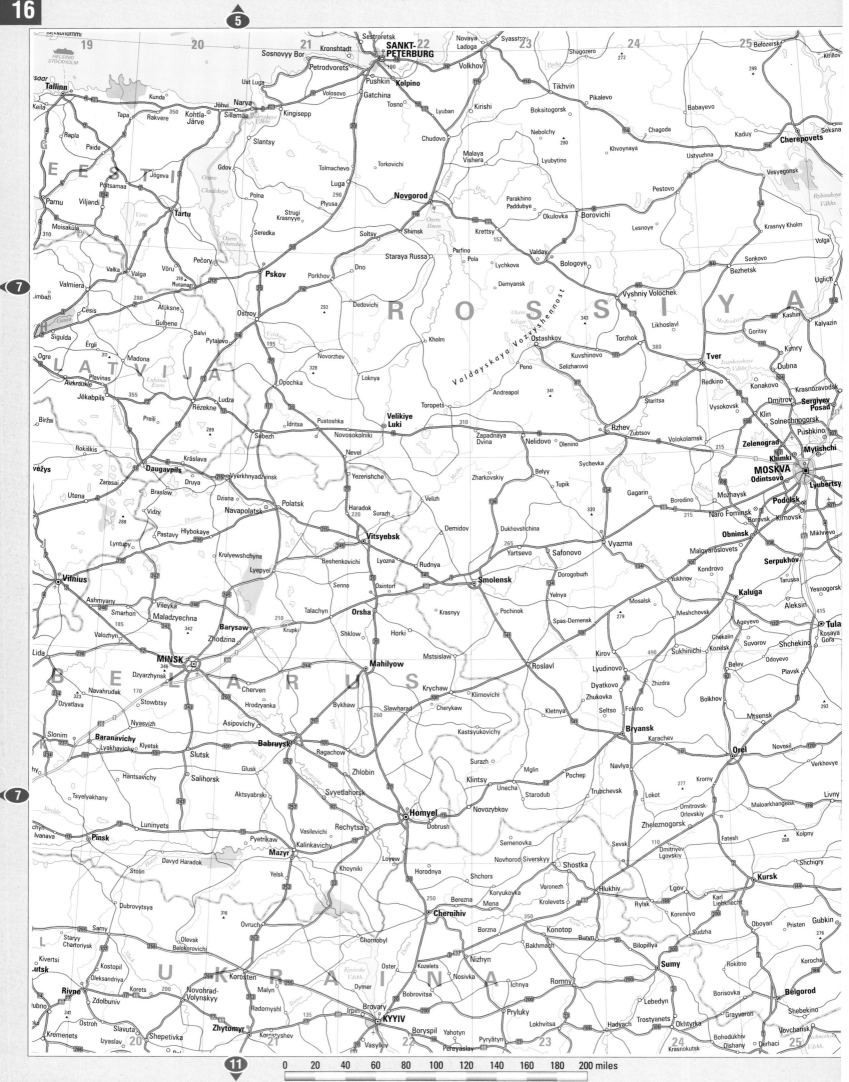

ISLAND

NORGE

SVERIGE

SUOMI

ROSSIYA

Hammerfest

Tromsø

Narvik

Oulu

Trondheim

Umeå

Vaasa

Gävle 22-23

Turku

Sankt Peterburg

○ Helsinki

Bergen

Oslo 20-21

Örebro

Stockholm

Tallinn

EESTI

18-19

Stavanger

Kristiansand

Göteborg

26-27

Riga

LATVIJA

Inverness

Aberdeen

Aalborg

LIETUVA

Glasgow

Edinburgh

24-25

DANMARK

Vilnius

Newcastle

Esbjerg

København

Malmö

Kaliningrad ROSSIYA

Minsk

REP OF IRELAND

UNITED KINGDOM

Dublin

Belfast

Liverpool

Manchester

28-29

Kiel

30-31

Hamburg

Szczecin

32-33

Gdansk

BELARUS

Homyel

Cork

Birmingham

Bremen

Berlin

Poznan

POLSKA

Brest

Cardiff

Amsterdam

NEDERLAND

Hannover

Waszawa

London

Rotterdam

Dortmund

36-37

Leipzig

38-39

40-41

Bristol

Plymouth

34-35

Antwerpen

Düsseldorf

Dresden

Wrocław

Calais

Bruxelles

Köln DEUTSCHLAND

Lille

BELGIQUE

Kraków

LVIV

UKRAINA

Le Havre

LUX.

Frankfurt

Praha

Brest

42-43

44-45

46-47

Nürnberg

ČESKA REPUBLIKA

Brno

50-51

Rennes

Paris

Stuttgart

48-49

Wien

SLOVENSKA REP

Nantes

Tours

Strasbourg

München

Bratislava

MOLDOVA

Dijon

Salzburg

Budapest

52-53

FRANCE

54-55

Zürich

56-57

Innsbruck

ÖSTERREICH

MAGYARORSZAG

ROMANIA

Galați

Clermont-Ferrand

Bern

LIECHTENSTEIN

Graz

60-61

Szeged

Lyon

Genève

SCHWEIZ

58-59

SLOVENIJA

Zagreb

Timişoara

Bucureşti

Bordeaux

Milano

Ljubljana

HRVATSKA

62-63

64-65

Torino

Venézia

70-71

Beograd

La Coruña

Génova

Bologna

68-69

BOSNA-HERCEGOVINA

JUGOSLAVIJA

Vigo

Toulouse

66-67

Firenze

Sarajevo

Sofiya

BULGARIYA

72-73

74-75

Nice

MONACO

SAN MARINO

Split

Plovdiv

Porto

Valladolid

Marseille

ITALIA

MAKEDONIJA

PORTUGAL

ANDORRA

76-77

Zaragoza

SHQIPËRIA

Skopje

78-79

80-81

Barcelona

90-91

Thessaloníki

Lisboa

ESPAÑA

Madrid

Roma

Ajaccio

88-89

Nápoli

Bari

Tiranë

Valencia

82-83

Palma

Táranto

ELLAS

84-85

Córdoba

Sevilla

86-87

Alicante

96

92-93

Pátrai

Athínai

Málaga

Granada

Cágliari

Palermo

94-95

Catània

Iráklion

4
4
1
2
3
4
A
B
C
1
2
3
4
BERGEN
Solsvik
Hetlevik
Eidsvåg
Haus
Arna
Trengereid
Espeland
Haukeland
Alvøy
Nesttun
Store Sotra
Telavåg
Fana
Syfteland
Osøyra
Fusa
Strandvik
Sævareid
Tysse
Norheimsund
Øystese
Vikøy
Indre Ålvik
Utne
Kinsarvik
Eidfjord
Hardangervidda
1250
Dyranut
Viveli
Hardanger
Herand
Lofthus
Ullensvang
Jondal
Strandebarm
Eikelandsosen
Holdhus
Hallaskar
Hardangervidda
Hårteigen 1691
Sandhaug
Nasjonalpark
Litlos
Florø
Torshavn
Lerwick
Krossfjorden
Bjørnafjorden
Austevoll
Huftarøy
Møkster
Selbjørn
Hanstholm
Egersund
Stavanger
Tysnes
Tysnesøy
Gjermundshamn
Hatlestrand
Varaldsøy
Løfallstrand
Kvinnherad
Ølve
Onarheim
Folgefonn
Sørfjorden
Hardangerfjorden
59
Tyssedal
Odda
Skare
N
O
Fitjar
Jektevik
Stord
Uskedal
Husnes
Fjæra
Rubbestadneset
Bremnes
Litlabø
Leirvik
Sunde
Sæbøvik
Halsnøy
Skånevik
Utåker
Åkra
120
Røldal
Haukelifjell
Edland
Haukeligrend
Songavatn
Bømlo
Lykling
Mosterhamn
Valevåg
Valestrand
Utbjoa
Etne
Saudasjøen
Sauda
Nesflaten
Bjåen
Bømlo
Espevær
Førde
Buavåg
Bømlafjorden
Austre Vikebygd
Ølen
Sandeid
Sveio
Skjold
Vikedal
Imsland
Solheimsvik
Suldal
Sand
Snønuten 1605
Hovden
Haugesund
Førde
Vårenes
Visnes
Utvik
Fiskå
Tysvær
Nedstrand
Stranda
Jelsa
Erfjord
Ullatun
Vedavågen
Kopervik
Åkrehamn
Karmøy
Vestre Bokn
Ombo
Hjelmelandsvågen
Vindsvik
Tøtlandsvik
Vadla
Blåfjellhytta
Bykle
SETESDAL
Flateland
Valle
Rjuven
Skudeneshavn
Boknafjorden
Hesby
Finnøy
Nilsebu
Årdal
Rennesøy
Utstein kloster
Talgje
Fiskå
Bergen
Ystebøhamn
Mosterøy
Vikevåg
NJARDARHEIM VEIDEMARK
Hylestad
Øyuvsbu
Tau
Jørpeland
Lysefjorden
Lysebotn
Randaberg
Hundvåg
Adneram
Stavanger
Vaulen
Hommersåk
Fidjeland
Newcastle
Sola
Oanes
Forsand
Espedal
Sinnes
Sandnes
Lauvvik
Helle
Dirdal
Ganddal
Oltedal
Figgjo
Ålgård
Kleppe
Øvre Sirdal
Ljosland
Åkernes
Bryne
Orre
JÆREN
Øvrebygd
Bue
Nærbø
Varhaug
Tonstad
Knaben
Netlandsnes
Åseral
Bjerkreim
Vigrestad
DALANE
Haughom
Sirdalsvatn
Ogna
Helleland
Kvinlog
Heskestad
Sirevåg
Hellvik
240
Moi
Eiken
Grindheim
Bergen
Egersund
Eigerøya
Gyland
Sira
Lundevatn
Bjelland
Sokndal
Hauge
Loga
Kvinesdal
Hægebostad
Flekkefjord
Åna-Sira
Kvås
Konsmo
Laudal
Hanstholm
Øye
Kirkehamn
Vigmostad
Listafjorden
Herad
Lista
Lyngdal
Rom
Øyslebø
Vestbygd
Vanse
Farsund
Spind
Spangereid
Vigeland
Holum
Mandal
Lindesnes
6
0
5
10
15
20
25
30
35
40 miles
6

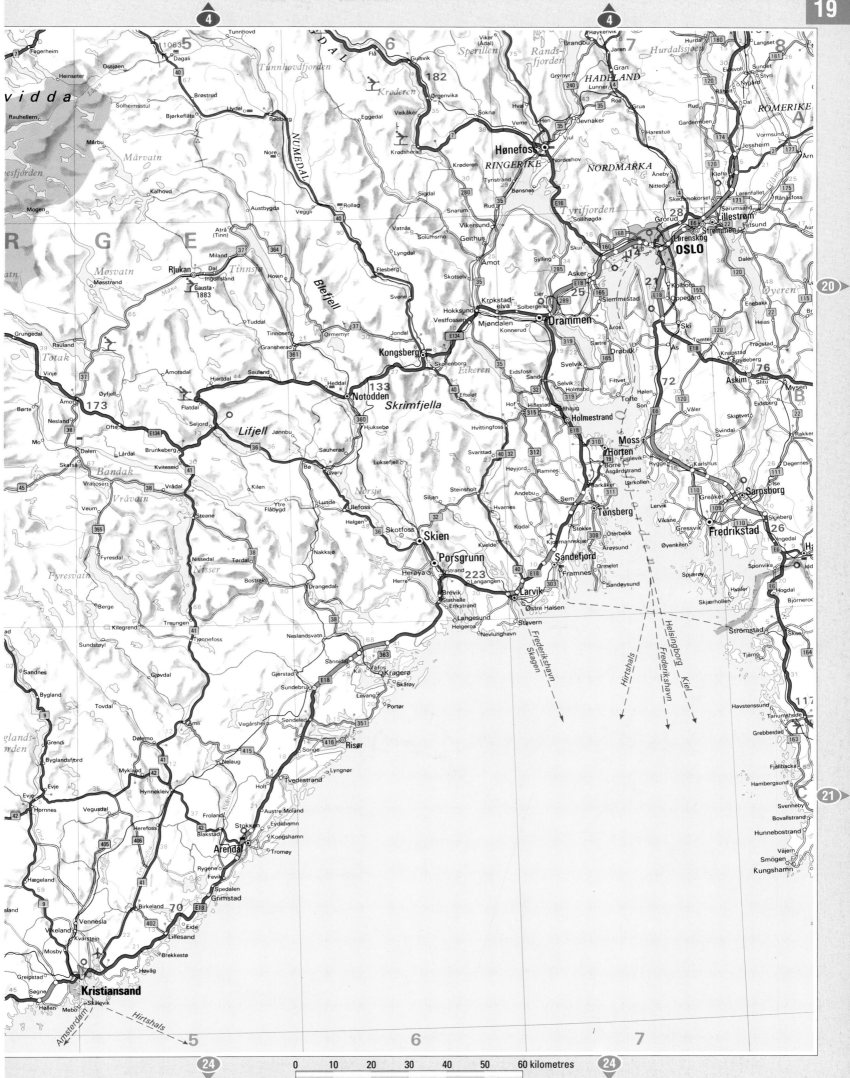

0 10 20 30 40 50 60 kilometres

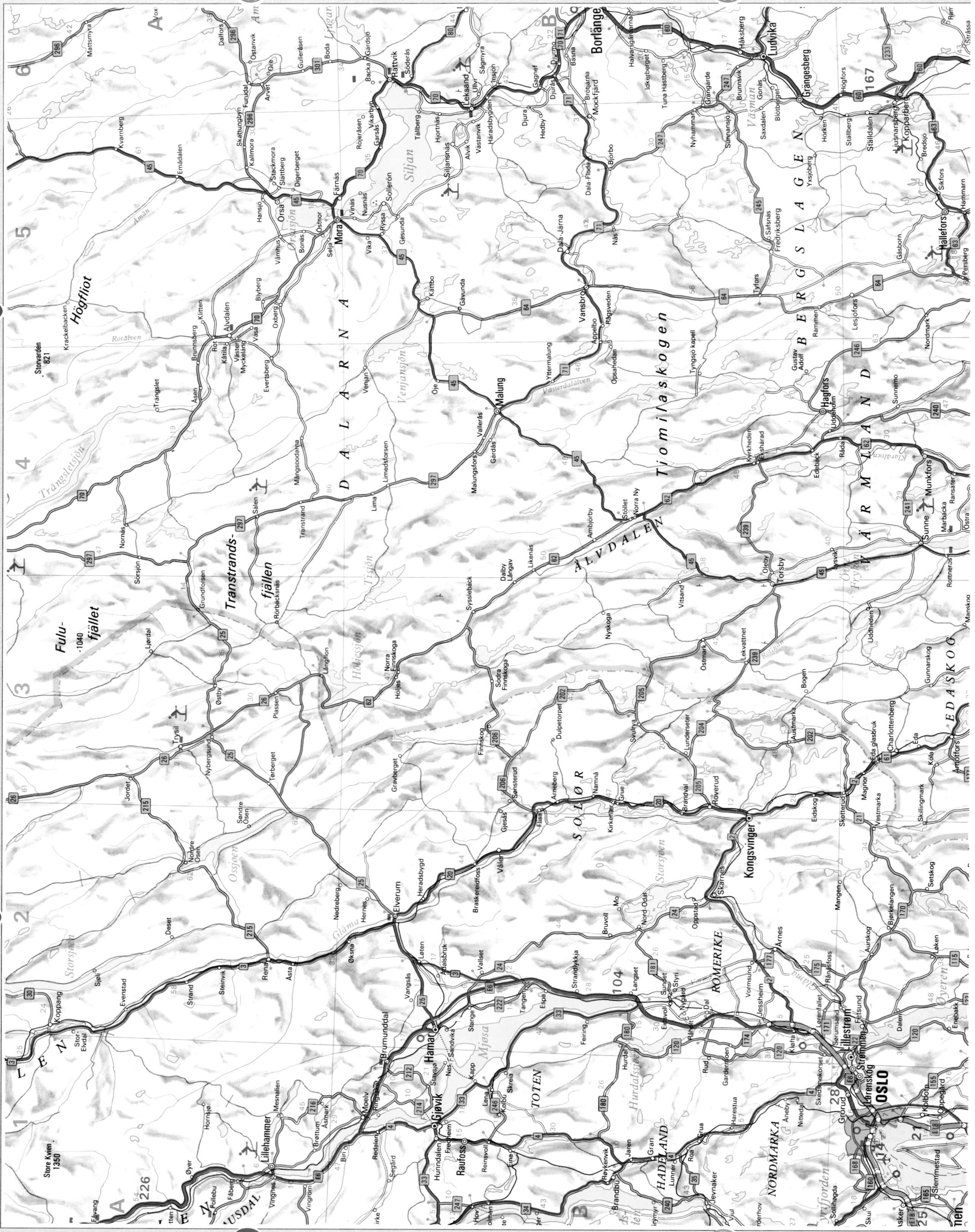

OSLO

Borlänge

Mora

Lillehammer

Hamar

Gjøvik

Elverum

Kongsvinger

Lillestrøm

Grängesberg

Leksand

Rättvik

Älvdalen

Malung

Vansbro

Hagfors

Sunne

Trysil

Rena

Brumunddal

Raufoss

DALARNA

VÄRMLAND

BERGSLAGEN

Tiomilaskogen

Transtrands-fjället

Fulu-fjället
1040

Högfliot

Storvarden
821

Store Kvien
1350

Siljan

Älvdalen

SOLØR

ROMERIKE

HADELAND

NORDMARKA

EDASKOG

TOTEN

Map

Region names: NÄRKE, Tiveden, VÄSTERGÖTLAND, BOHUSLÄN, DALSLAND, VÄRMLANDSNÄS, Dalbosjön, Hökensås, Kinnekulle, Kroppefjäll, Kynnefjäll, Vänern, Vättern

Principal towns: Örebro, Kumla, Hallsberg, Karlskoga, Degerfors, Laxå, Motala, Mjölby, Tranås, Karlstad, Kristinehamn, Filipstad, Lindesberg, Skoghall, Grums, Säffle, Åmål, Arvika, Karlsborg, Hjo, Tibro, Skövde, Skara, Lidköping, Mariestad, Tidaholm, Falköping, Vara, Herrljunga, Vårgårda, Alingsås, Vänersborg, Trollhättan, Mellerud, Uddevalla, Stenungsund, Kungälv, Lysekil, Orust, Tjörn, Halden, Strömstad, Fredrikstad, Sarpsborg, Moss, Horten, Tønsberg

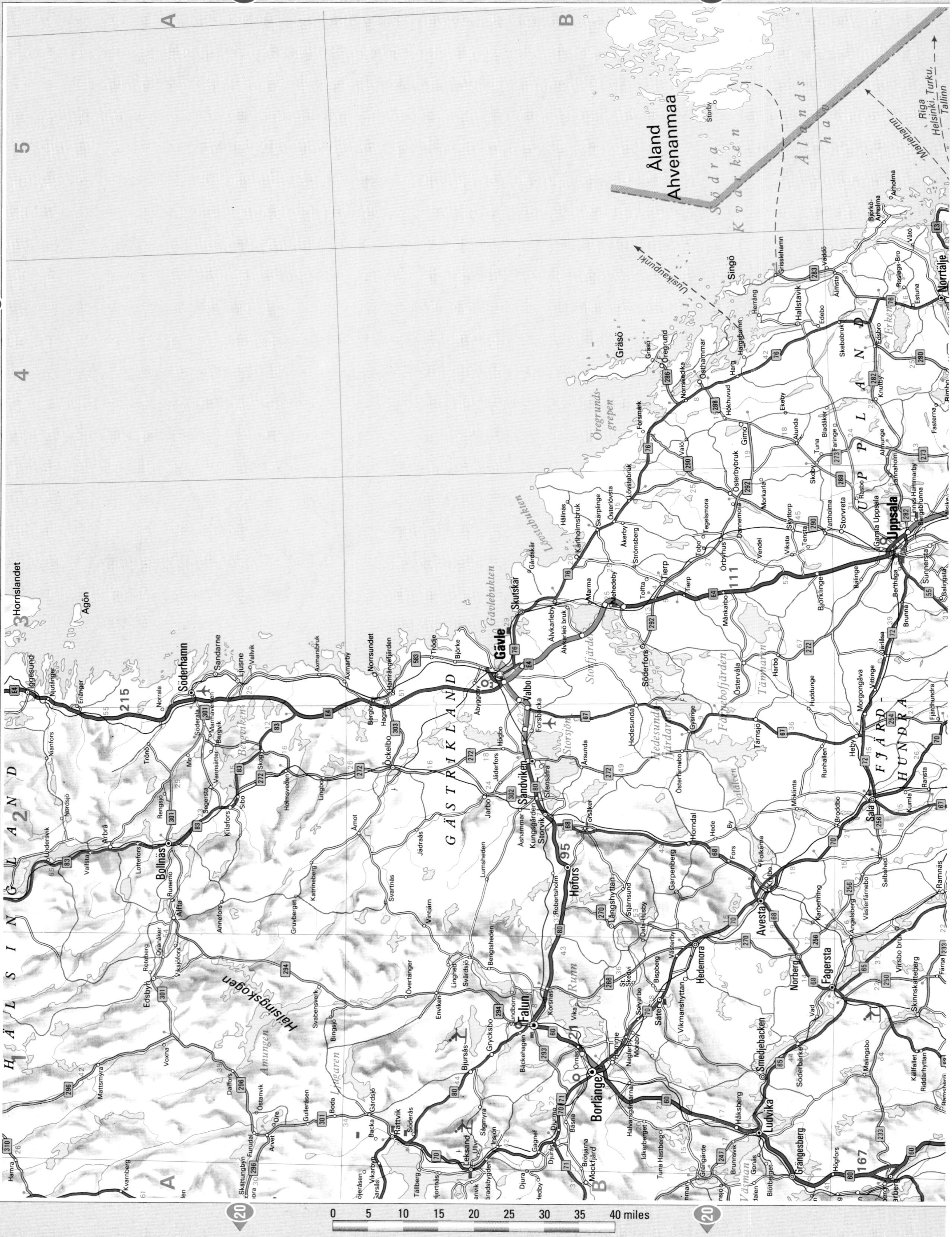

A B

5 5 4

Åland
Ahvenanmaa

Södra Kvarken

Ålands hav

Norra Kvarken

Märketkummel

Riga, Turku,
Helsinki, Tallinn

Storby

Uiskaupuki

Singö

Gräsö

Öregrundsgrepen

Öregrund
Östhammar
Forsmark
Hallnäs
Hargshamn
Herräng
Hallstavik
Edebo
Grisslehamn
Väddö
Björkö-Arholma
Arholma
Väto
Roslags-Bro
Edsbro
Estuna
Norrtälje

Hornslandet
Agön

HÄLSINGLAND

Iggesund
Njutånger
Enånger
Söderhamn
Sandarne
Ljusne
Vallvik
Norrala
Marmaverken
Bergvik
Söderala
Mo
Trönö
Rengsjö
Segersta
Nianfors
Kilafors
Växbo
Arbrå
Vallsta
Lottefors
Undersvik
Bollnäs
Runemo
Alfta
Rötberg
Ovanåker
Edsbyn
Viksjöfors
Voxna
Mattsmyra
Dalfors
Ostanvik
Furudal
Skattungbyn
Hanra
Kvarnberg

Bergvik
Berg
Hagsta
Ockelbo
Åmot
Lingbo
Holmsveden
Svartnäs
Vintjärn
Jädraås
Katrineberg
Gruvberget
Anneforsen
Svabensverk
Bingsjö
Gärdsjö
Backa
Rättvik
Söderås
Tällberg
Leksand
Siljansnäs
Björka
Ärteråsen

Ljusne
Valbyn
Hamrångefjärden
Norrsundet
Björke
Trödje
Skutskär
Älvkarleby
Älvkarleö bruk
Marma
Mehedeby
Skärplinge
Karlholmsbruk
Lövstabruk
Österlövsta
Åkerby
Strömsberg
Tierp
Toftá
Örbyhus
Tobo
Tegelsmora
Danemora
Österbybruk
Gimo
Morkarla
Alunda
Ekeby
Skoby
Tuna
Taringe
Bladåker
Almunge
Knutby
Faringe
Fasterna

GÄSTRIKLAND

Gävle
Gävlebukten
Abyggeby
Valbo
Forsbacka
Hedesunda
Gysinge
Tärnsjö
Heby
Huddunge
Runhällen
Harbo

Storfjärden
Lostabukten

Sandviken
Jäderfors
Järbo
Storvik
Gråsäker
Kungsgården
Åshammar
Stensätra
Årsunda
Österfärnebo
Mårdsjö
Hökhuvud
Valö

UPPLAND

Vendel
Viksta
Vattholma
Björklinge
Bälinge
Storvreta
Gamla Uppsala
Uppsala
Bergsbrunna
Sunnersta

Hofors
Torsåker
Långshyttan
Robertsholm
Garpenberg
Hörndal
Hede
By
Mökinta
Folkärna
Fors
Broddbo
Sala
Kumla
Ransta
Vittinge
Morgongåva

FJÄRDHUNDRA

Avesta
Karbenning
Norberg
Angelsberg
Västerfärnebo
Saltbohed
Krylbo

Falun
Bjursås
Sundborn
Korsnäs
Enviken
Svärdsjö
Linghed
Ornäs
Borlänge
Naglarby
Moräbo
Säter
St. Skedvi
Gustafs
Vikmanshyttan
Hedemora
Garpenberg

Amungen
Orsjön
Runn
Väsman
Ljungaren

Halvarsgårdarna
Idkerberget
Tuna Hästberg
Bäsna
Djurmo
Gagnef
Mockfjärd
Brötjärna
Djura
Siljansbygden
Hjortnäs
Sågmyra
Bjursås

Smedjebacken
Söderbärke
Malingsbo
Kalhället
Riddarhyttan
Skinnskatteberg

Norberg
Fagersta
Västanfors
Vad
Virsbo bruk
Ängelsberg

Ludvika
Grängesberg
Högfors
Blötberget
Gonäs
Brunnsvik
Grängshammar
Grangärde
Nyhammar
Saxdalen

167
95
111
215
20

0 5 10 15 20 25 30 35 40 miles

C · D

STOCKHOLM

Södertälje
Eskilstuna
Västerås
Örebro
Norrköping
Linköping
Nyköping
Oxelösund
Finspång
Katrineholm
Strängnäs
Enköping
Märsta
Köping
Arboga
Kungsör
Mjölby

Nynäshamn
Västerhaninge
Tumba
Tullinge
Åkersberga
Saltsjöbaden
Gustavsberg
Vallentuna
Uppl.-Väsby
Kallhäll

Gotska
Sandön

Fårö
Holmudden

Visby
Gdansk

Gdansk

S Ö D E R M A N L A N D
V Ä S T M A N L A N D
Ö S T E R G Ö T L A N D
K I N D A
R E K A R N E
VIKBOLANDET

Mälaren
Hjälmaren
Roxen
Glan
Sommen
Vättern
Yxningen
Krabbfjärden

0 10 20 30 40 50 60 kilometres

26 67 A B 26

180 190 Alingsås
160 Örust
Tjörn
Stenungsund 169
Kungälv 45 65 95 19
168 155
Mölnlycke
MöIndal
GÖTEBORG
Kungsbacka
Varberg
Falkenberg 175
153
156

Kiel
København

Harwich
Newcastle

Kattegat

Anholt

Læsø
Østerbyhavn
Vesterøhavn
Byrum

Læsø Rende

Ålborg Bugt

Grenaa
DJURSLAND

Larvik
Oslo

Grenen
Skagen
Gammel Skagen
Hulsig
Ålbæk
Bunken
Ålbæk Bugt
Tannis Bugt

Frederikshavn
Strandby
Sæby
Voerså
Aså

Mariager Fjord
Randers Fjord

Oslo
Moss

Nr. Bindslev
Sindal
Tversted
Tornby
Hirtshals

Hjørring
Tårs
Vrå
Lendum
Jerslev
Dronninglund
Hals
Limfjorden

Randers
21

Kristiansand

Løkken
Brønderslev
Åbybro
Nørresundby
Ålborg
17
Hobro
Hadsund
Assens
Mariager
Gjerlev
32

Blokhus
Pandrup
Kås
Fjerritslev
Brovst
Halvrimmen
Nibe
Gjøl
Svenstrup
Arden
56
29

Torshavn
Egersund
Bergen

Lild Strand
Aggersund
Løgstør
Ranum
Farsø
Års
Ålestrup
Viborg
Bjerringbro

Vigsø Bugt
Hanstholm
Klitmøller
Vorupør
Nors
Thisted
Sundby
Mors
Nykøbing
Durup
Roslev
Skive
Højslev
Stoholm
26
34

Amsterdam

Nissum Bredning
Thyborøn
Lemvig
Struer
Holstebro
513
28

Skagerrak

Hirtshals

A B

0 5 10 15 20 25 30 35 40 miles

21 19

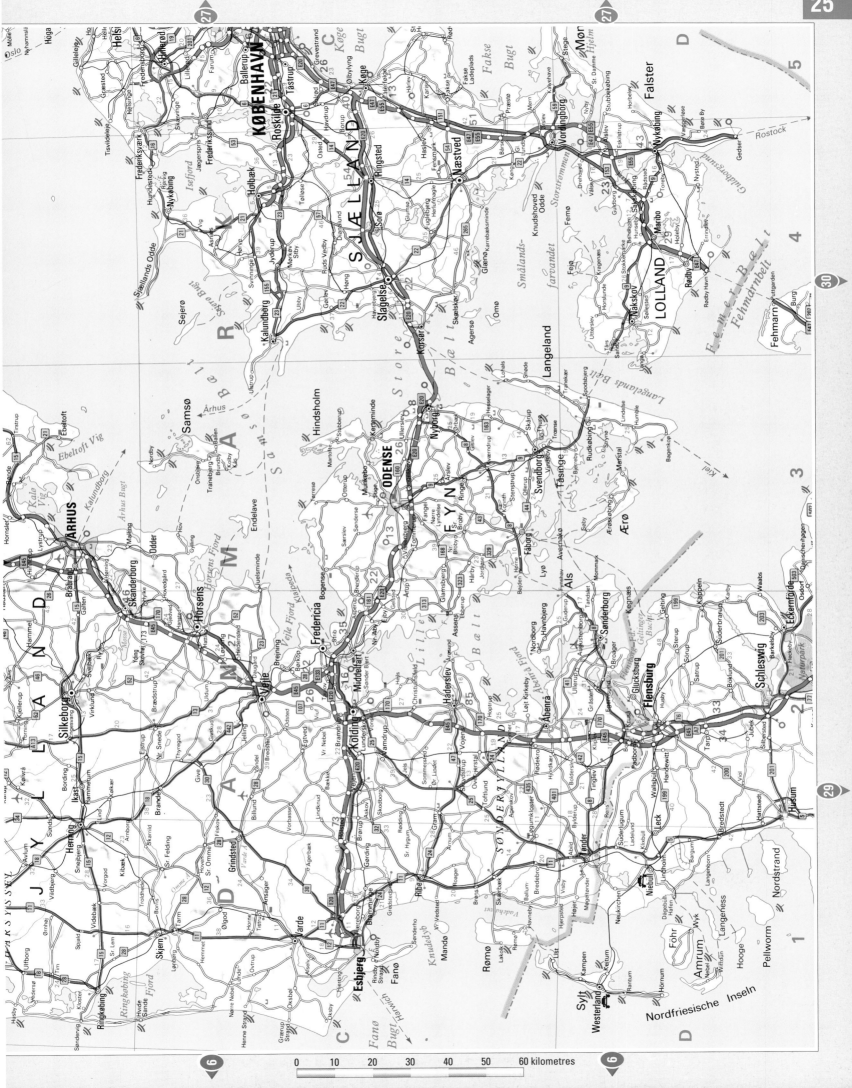

A | B | C

Major towns: Kalmar, Växjö, Jönköping, Huskvarna, Borås, Halmstad, Falkenberg, Värnamo, Ljungby, Almhult, Nybro, Oskarshamn, Mönsterås, Västervik, Vimmerby, Eksjö, Nässjö, Vetlanda, Tranås, Mjölby, Åtvidaberg, Trollhättan, Alingsås, Falköping, Tidaholm, Ulricehamn, Gislaved, Mölnlycke, Lerum

Regions: ÖSTERGÖTLAND, KINDA, SMÅLAND, NJUDUNG, VÄREND, MÖRE, SVERIGE, SJUHÄRADSBYGDEN, VÄSTERGÖTLAND, SUNNERBO

Waters: Vättern, Yxningen, Sommen, Bolmen, Möckeln, Åsnen, Mjörn, Vidöstern, Laholmsbukten, Skagerrak

0 5 10 15 20 25 30 35 40 miles

BORNHOLM

Ertholmene

Hammeren
Sandvig
Allinge
Rø
Gudhjem
Svaneke
Klemensker
Hasle
Tejn
Ør. Marie
Arsdale
Nexø
Nyker
Rønne
Åkirkeby
Pedersker
Snogebæk
Dueodde

Bornholmsgattet

København
Sassnitz
Mukran
Swinoujscie

Gdynia

Swinoujscie
Sassnitz
Travemünde Rostock
Swinoujscie
Rønne

Karlskrona
Rødeby
Jämjö
Lyckeby
Nättraby
Ramdala
Sandö
Johannishus
Hasslö
Aspö

Ronneby
Bräkne-Hoby
Asarum
Karlshamn
Mörrum
Sölvesborg
Mjällby
Hörvik
Nogersund

Bromölla
Kristianstad
Åhus
Fjälkinge
Köpingebro
Yngsjö
Vintskovle

Simrishamn
Baskemölla
Kivik
Brösarp
Maglehem
Sankt Olof
Onslunda
Gärsnäs
Hammenhög
Borrby
Kåseberga
Tomelilla

Ystad
Svarte
Herrestad
Abbekås
Skillinge

Hässleholm
Osby
Broby
Hanaskog
Glimåkra

Perstorp
Tyringe
Hörby
Sjöbo
Tollarp
Degeberga
Vollsjö
Lövestad
Fränninge

Klippan
Ljungbyhed
Eslöv
Höör
Billinge
Hörby
Marieholm

Helsingborg
Åstorp
Bjuv
Kvidinge
Svalöv
Kågeröd
Teckomatorp
Lund
Kävlinge
Furulund
Lomma

Ängelholm
Båstad
Laholm
Hallandsås

Höganäs
Helsingør
Hornbæk
Humlebæk
Rungsted

KØBENHAVN
Landskrona
Saltholm
Amager
MALMÖ
Trelleborg
Vellinge
Skanör
Höllviksnäs
Smygehamn
Anderslöv
Klagstorp
Beddinge strand

Skurup
Svedala
Bara
Dalby
Staffanstorp
Genarp
Veberöd

Møn
Stege
Borre
Hjelm Bugt
Køge Bugt

Göteborg
Oslo

Gilleleje
Hillerød

Skälderviken
Kattegat

GÖINGE
SKÅNE

Hanöbukten

Mien
Möckeln

Helsingør

0 10 20 30 40 50 60 kilometres

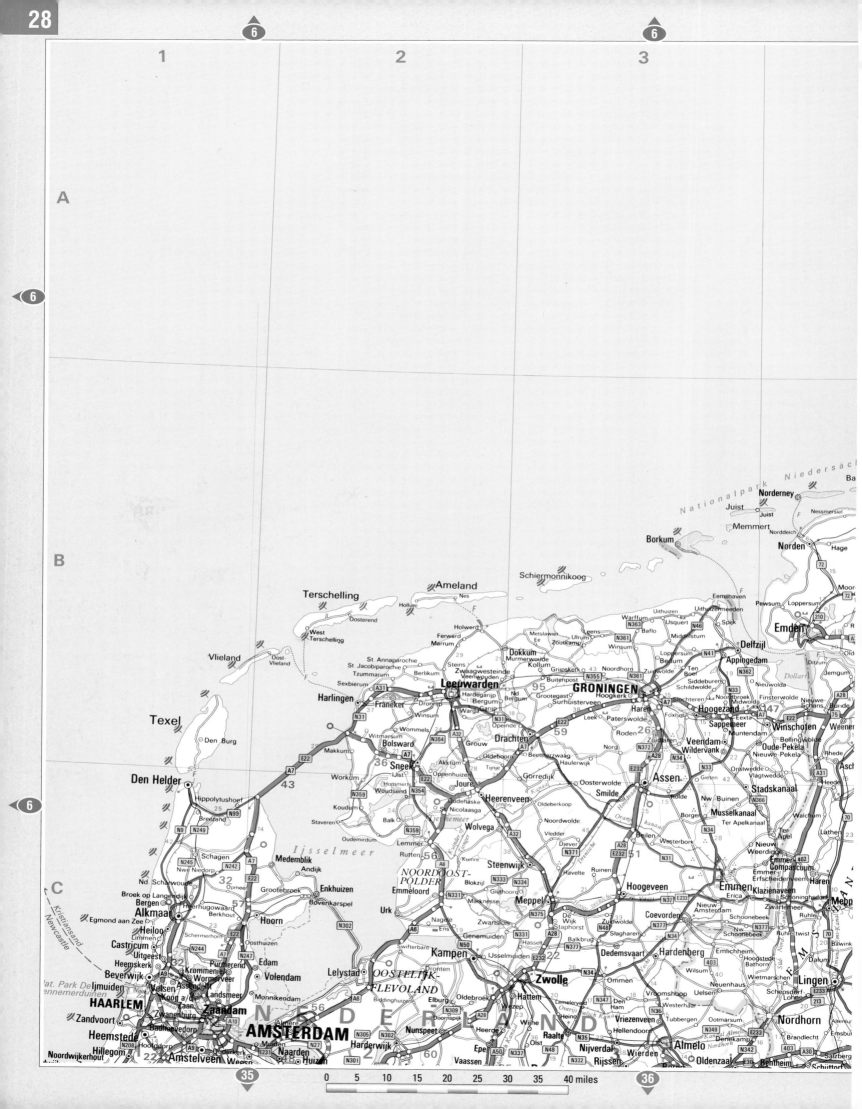

1 2 3

A

B

C

Nationalpark Niedersäc...

Norderney

Juist
Memmert Norddeich Nessmersiel

Borkum Norden Hage

Terschelling Ameland Nes Schiermonnikoog Eemshaven Pewsum Loppersum Emden

West
Terschelling
Oost-
Vlieland Holwerd Ferwerd Marrum Metslawier Ulrum Zoutkamp Warffum Uithuizen Uithuizermeeden Baflo Middelstum Usquert Spijk 72

Vlieland St. Annaparochie Steins Dokkum Murmerwoude Kollum Leens Noordhorn Loppersum Bedum Ten Boer Delfzijl Ditzum Jemgum

St. Jacobiparochie Zwaagwesteinde Winsum Grijpskerk 43 N361 Siddeburen Schildwolde Nieuwolda N362 Dollard Jemgum

Texel Tzummarum Berlikum Veenwouden Buitenpost N355 Zuidhorn GRONINGEN Hoogkerk Haren Slochteren Noordbroek Finsterwolde Nieuwe- Schans Bunde A28

Den Burg Harlingen Franeker Dronrijp Hardegarijp Bergum Nd Bergum Surhuisterveen 38 Leek Paterswolde Haren Foxhol Hoogezand 47 Sappemeer Winschoten Weener Rhede A31

Sexbierum A31 Leeuwarden Winsum Garijp N31 Opeinde Drachten 59 Roden 26 Zuidlaren Veendam Wildervank Oude-Pekela Nieuwe-Pekela Asch

Witmarsum Wommels A32 Warga Grouw Oldeboorn A7 Norg N372 Muntendam Onstwedde Vlagtwedde Heede

Makkum Bolsward N354 Akkrum Beetsterzwaag Haulerwijk E232 Assen Gieten 42 Musselkanaal N366 Walchum 70

Sneck 36 IJlst Oppenhuizen Tijnje Gorredijk Oosterwolde Smilde Rolde Nw Buinen Borger Ter Apelkanaal Ter Apel

Den Helder Workum Woudsend N354 Joure Heerenveen Oldeberkoop Noordwolde N34 Beilen Westerbork Nieuw- Weerdinge Lathen 23

Hippolytushoef 25 N99 Koudum Oudehaske St. Nicolaasga Jonge Vledder Djever N371 A28 E232 51 Emmer- Compascuum A31

Breezand N9 N249 Staveren Balk Oudemirdum Lemmer N359 Wolvega A32 Ruinen N31 Emmen Erfscheidenveen Haren Emms

Schagen 14 Ijsselmeer Rutten Kuinre Steenwijk Havelte Hoogeveen Nieuw Amsterdam Klazienaveen Zwartemeer Mepp

N245 N242 A7 Medemblik Andijk NOORDOOST-POLDER Blokzijl N333 N334 N375 Havelte N37 E233 Emmen Erica Ruhlertwist

Nd. Scharwoude Opmeer 32 E22 Grootebroek Enkhuizen Emmeloord N331 Giethoorn 21 De Wijk Zuidwolde Coevorden Nw Schoonebeek Lingen

Broek op Langendijk Bergen 57 Heerhugowaard Berkhout Bovenkarspel Urk Nagele Meppel Balkbrug N48 N377 N34 Emlichheim 403 Hooglte Bathorn

Alkmaar Hoorn N302 Ens 19 Zwartsluis Genemuiden A28 Staphorst N377 Dedemsvaart Hardenberg Wilsum 40 Wietmarschen Nordhorn

Heiloo Schermerhorn Oosthuizen N244 N247 Edam Swifterbant Kampen N50 IJsselmuiden Hasselt N377 Ommen Uelsen Neuenhaus 213

Castricum Purmerend Volendam Lelystad OOSTELIJK- FLEVOLAND Dronten Oldebroek Elburg N34 Vroomshoop Den Ham N36 Westerhaar Lingen

Egmond aan Zee 32 Beverwijk A9 Krommenie Wormerveer Monnikendam Biddinghuizen N309 Wezep Heino N347 Vriezenveen Tubbergen Ootmarsum Nordhorn

Limmen Heemskerk Velsen Zaan Koog a/d Zaan NEDERLAND 56 A6 Harderwijk N305 N302 Nunspeet Heerde Wijhe Hellendoorn Almelo E233

HAARLEM Zandvoort Badhoevedorp Zaandam AMSTERDAM Almere Epe A50 N48 Nijverdal Wierden Bornheim Oldenzaal

Heemstede N208 Hoofddorp Landsmeer 305 N302 N337 Raalte Olst N35 Rijssen N342 403 Brandlecht Emsbü

Noordwijkerhout Hillegom 122 Amstelveen Weesp Naarden Huizen N27 N301 Nunspeet N337 Vaassen Epe N332 Rijssen Oldenzaal E30 Schüttorf

0 5 10 15 20 25 30 35 40 miles

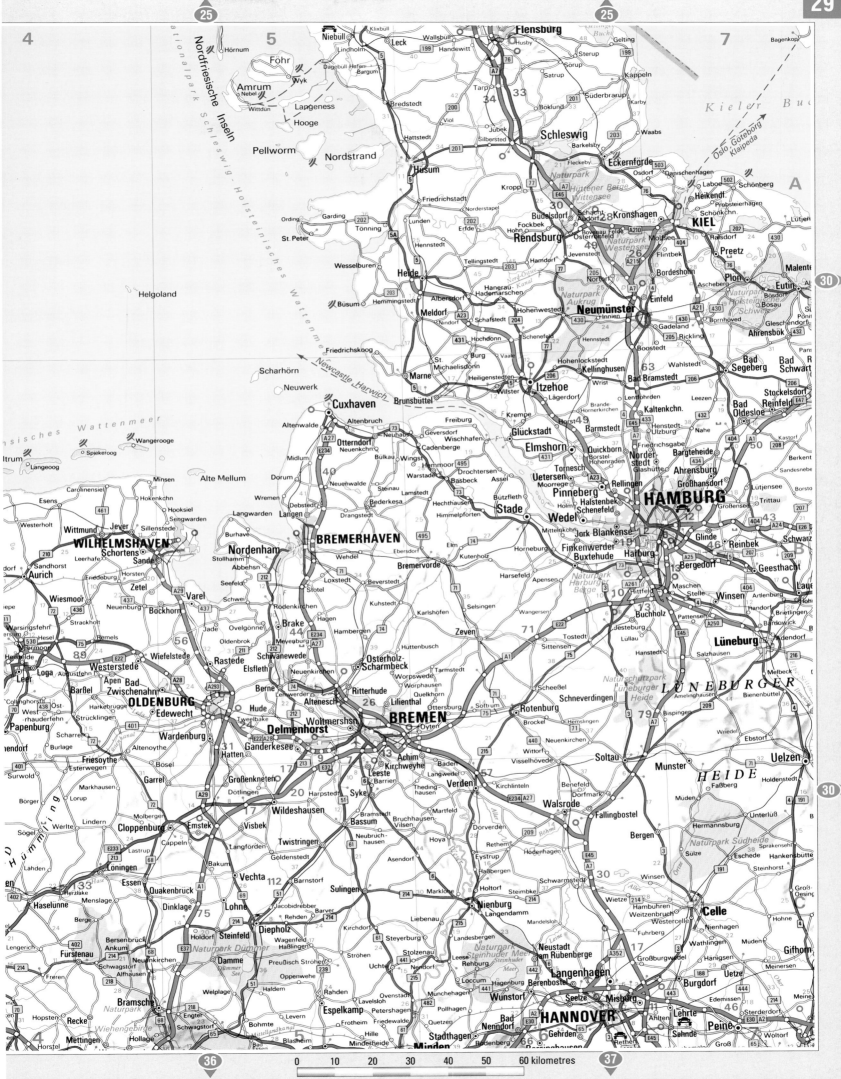

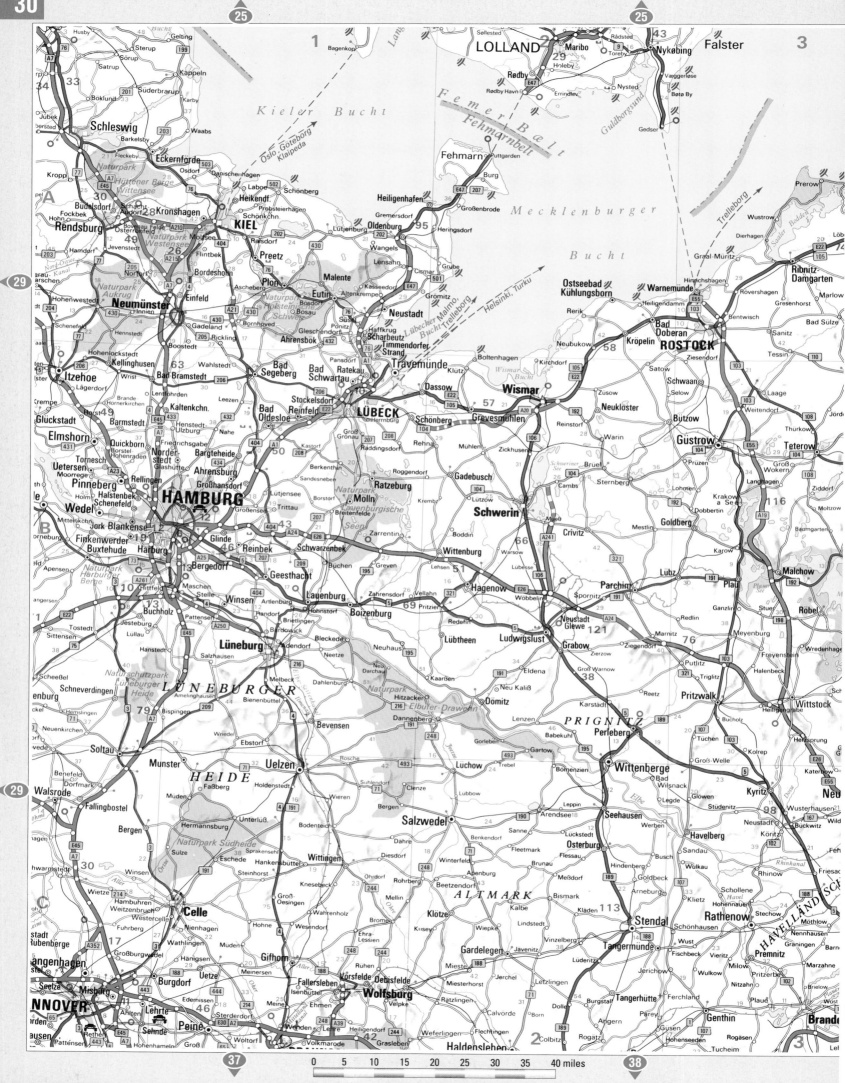

ØSTERSØEN

Trelleborg
Rønne
Klaipeda

Dranske · Altenkirchen
Kloster · Wiek
Neuendorf · Trent
Sagard
Sassnitz
Neu Mukran
Gingst · Bergen · Binz
Samtens · 51 · Sellin · Göhren
Stralsund · Putbus · Garz · Thießow
Brandshagen · Zudar
Richtenberg · Reinberg
Barth · Franzburg
Greifswalder Bodden
Grimmen · Peenemünde · Lubmin
Tribsees · Greifswald · Kemnitz · Zinnowitz · Koserow
Rakow · Poggendorf · Wolgast
Gnoien · Loitz · Görmin · Lassan · Oderbucht
Dargun · Demmin · Jarmen · Gutzkow · Murchin · Usedom
Neukalen · Tutow · Anklam · Bansin · Heringsdorf · Ahlbeck
Kummerower See · Leopoldshagen · Mönkebude · Swinoujście
Malchin · Burow · Sarnow · Rathebur · Ueckermünde · Lubin · Wolin
Stavenhagen · Altentreptow · Ferdinandshof · Eggesin · Nw. Warpno
Faulenrost · Friedland · Wilhelmsburg · Ahlbeck · Stepnica
Rosenow · Rossow · Rothemühl · Hintersee · Trzebież
Neubrandenburg · Schönbeck · Torgelow · Dobra · Police
Waren · Klein Plasten · Strasburg · Jatznick · Rothenklempenow · Tanowo · Goleniów
Penzlin · Burg Stargard · Woldegk · Pasewalk · Löcknitz · Lubczyna
Neustrelitz · Möllenbeck · Bredenfelde · Fürstenwerder · Dedelow · Grambow · Brussow · SZCZECIN (STETTIN)
Wesenberg · Feldberg · Schönermark · Göritz · Kleptow · Krackow · Oleszna
Mirow · Triepkendorf · Hardenbeck · Boitzenburg · Schmölln · Storkow · Penkun · Sommersdorf · Gartz
Ravensbrück · Lychen · Mittenwalde · Bietikow · Prenzlau · Gramzow · Kasekow · Gryfino
Fürstenberg · Densow · Stegelitz · Passow · Widuchowa · Banie
Zechlin · Rheinsberg · Templin · Milmersdorf · Pölßen · Vierraden
Gransee · Groß-Dölln · Joachimsthal · Greiffenberg · Schwedt · Krajnik Dolny · Swobnica
Zehdenick · Friedrichswalde · Felchow · Piasek · Grzybno
Altruppin · Lindow · Herzberg · Falkenthal · Angermünde · Chojna · Trzcińsko-Zdrój
ruppin · Löwenberg · Gollin · Ziethen · Parstein · Cedynia · Moryń · Myślibórz
Liebenwalde · Groß Schönebeck · Oderberg · Str. Rudnica · Różańsko · Strzelce Krajeńskie
Zerpenschleuse · Finow · Eberswalde · Hohenwutzen · Siekierki · Barnówko · Drezdenko
Sömmerfeld · Klosterfelde · Falkenberg · Biesenthal · Mieszkowice · Gorzów Wielkopolski
Oranienburg · Kremmen · Germendorf · Bernau · Bad Freienwalde · Boleszkowice · Dębno · Witnica · Santok
Velten · Birkenwerder · Mühlenbeck · Wriezen · Altlewin · Neutrebbin · Sarbinowo
Hohen Neuendorf · Hennigsdorf · Werneuchen · Prötzel · Marxwalde · Letschin · Górzyca · Skwierzyna
Falkensee · BERLIN · Seefeld · Altlandsberg · Strausberg · Buckow · Seelow · Kietz · Kostrzyn · Krzeszyce · Międzych
Nauen · Wustermark · MÄRKISCHE SCHWEIZ · Müncheberg · Słońsk · Lubniewice · Przytoczna
POTSDAM · Teltow · Woltersdorf · Rüdersdorf · Petershagen · Herzfelde · Podelzig · Ośno · Sulęcin · Międzyrzecz
Werder · Erkner · Beerfelde · Steinhöfel · Lisów · Trzemeszno Lubuskie
Blankenfelde · Furstenwalde · Frankfurt · Słubice · Łagów · Boczów
Bad Saarow · Rzepin · Torzym · Mostki · Bróice

Kolobrzeg · Ustronie Morskie · Sarbinowo
Mrzeżyno · Dobrzyca
Niechorze · Rewal · Dygowo · Wrzosowo
Pobierowo · Trzebiatów · Gościno · Karlino
Dziwnów · Golańcz Pomorska · Cerkwica · Gorawino
Międzywodzie · Kamień Pomorski · Świerzno · Rymań · Sławoborze
Naturpark Wollin · Kołczewo · Gryfice · Płoty · Resko · Świdwin
Międzyzdroje · Wolin · Golczewo · Moracz · Starogard · Bierzwina
Przybiernów · Nowogard · Wierzbięcin · Dobra · Łobez
Babigoszcz · Maszewo · Chociwel · Ińsko · Drawsko Pomorskie
Miękowo · Mosty · Kania · Węgorzyno · Złocz
Przemocze · Stargard Szczeciński · Dobrzany · Pozrzadło Wlp.
Kobylanka · Kluczewo · Suchań · Recz · Ciemnik · Kalisz Pomorski
Kołbacz · Wierzbno · Dolice · Wapnica · Drawno
Linie · Lubiatowo · Suliszewo · Choszczno · Zieleniewo
Pyrzyce · Mostkowo · Krzęcin · Bierzwnik · Dobiegniew
Lipiany · Bobrówko · Pełczyce · Kłodawa · Goszczanowo
Row · Murzynowo

60 kilometres

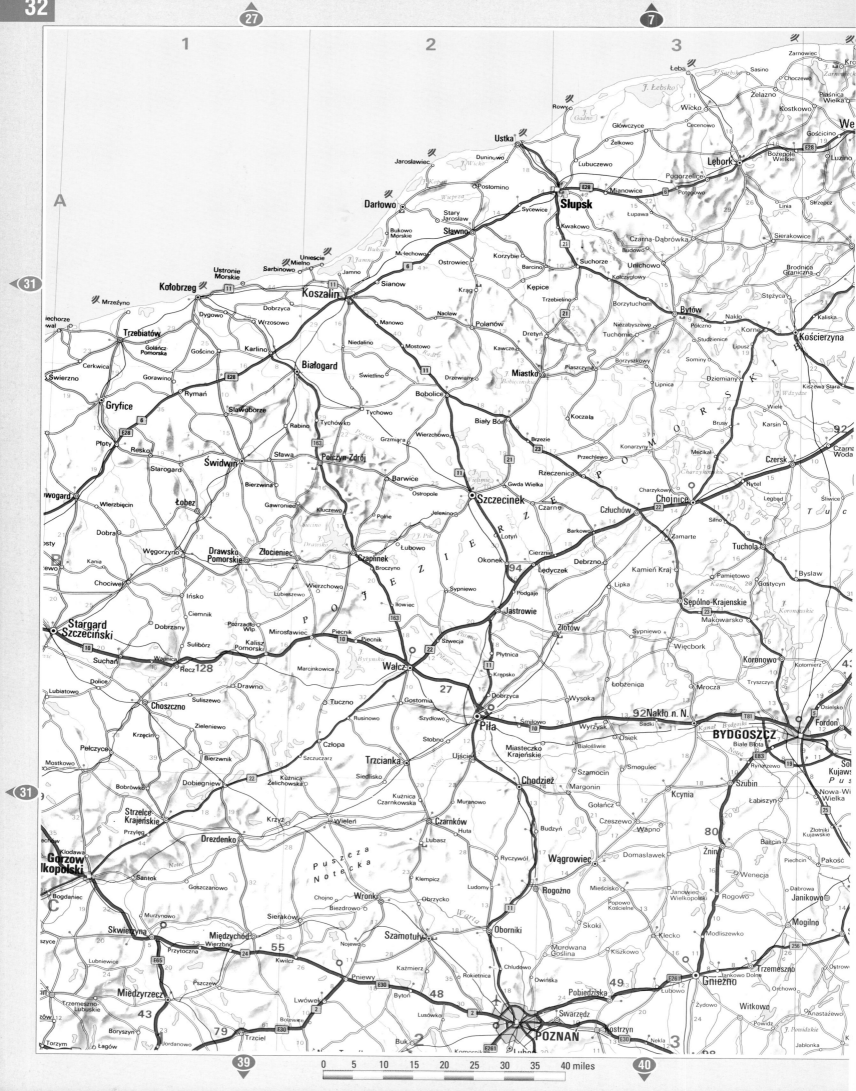

A

B

C

0 5 10 15 20 25 30 35 40 miles

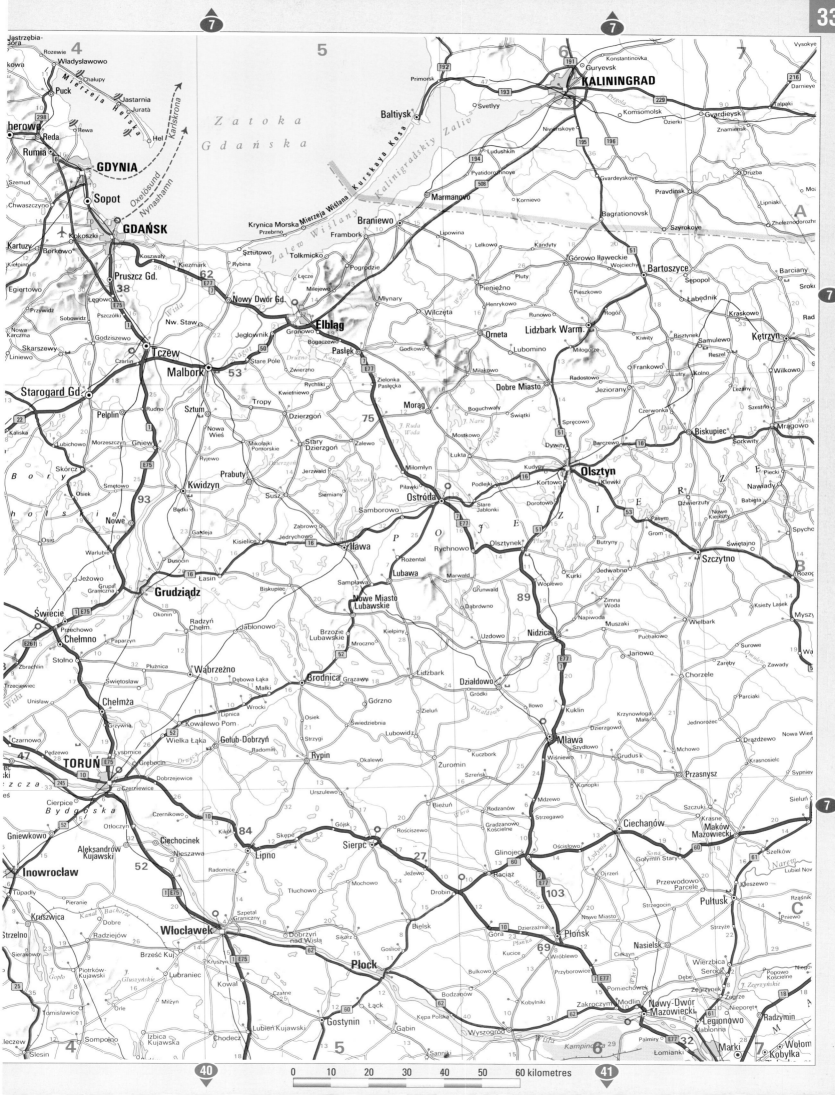

3   6

2   3

Attleborough
East Harling
Hempnall
Kenninghall
Loddon
Broads
Beccles
Lowestoft
Thetford
Diss
Harleston
Palgrave
Store Street
Kessingland
Garboldisham
Stanton
Brampton
Wrentham
Edmunds
Scole
Stradbroke
Southwold
Eye
Laxfield
Yoxford
Blythburgh
Haughley
Debenham
Framlingham
Saxmundham
Stowmarket
Earl Soham
Leiston
Needham Market
Wickham Market
Lavenham
Monks Eleigh
Claydon
Melton
Aldeburgh
Bramford
Orford
Cornard
Hadleigh
IPSWICH
Orford Ness
Nayland
Chelmondiston
Trimley
Felixstowe
Esbjerg
Göteborg
Hamburg
Manningtree
Shotley Gate
Harwich
Hoek van Holland
Brightlingsea
Thorpe-le-Soken
The Naze
Walton-on-the-Naze
Wivenhoe
Little Clacton
Frinton
West Mersea
Tollesbury
Mersea Island
Clacton-on-Sea
Bradwell on Sea
Tillingham
Southminster
Burnham-on-Crouch

B

's GR (Den H
Harwich
Hull
Ouddorp
Brouwershaven
Schou
Haamstede
Zierikzee
Domburg
Seroosekerke
Noord Beveland
Westkapelle
Walcheren
Arnemuiden
Middelburg
Oost en West-Souburg
Gravenpolder
Vlissingen
Zuid Beveland
Wester-

Leysdown on Sea
Minster
Sheppey
Whitstable
Herne Bay
Margate
North Foreland
bourne
Faversham
Isle of Thanet
Broadstairs
Ramsgate
Blean
Minster
Oostende
Breskens
Knokke
Heist
Sluiskil
Blankenberge
Zeebrugge
Uitkerke
N61
Oostburg
Schoondijke
Aardenburg
Canterbury
Wingham
Ash
Sandwich
Deal
Ramsgate Dover
Middelkerke
Bredene
Oostende
St. Andries
Brugge
St. Kruis
Maldegem
Zelzate
Eeklo
Wachteke
Ashford
Eastry
Aylesham
St. Margaret's-at-Cliffe
South Foreland
Nieuwpoort
Oudenburg
St. Michiels
Oedelem
Knesselare
Waarschoot
Sleidinge
Dover
Oostende
De Panne
Veurne
Oostkamp
Zomergem
Evergem
GENT
Densole
Lydden
Hythe
Folkestone
Channel Tunnel
Malo-les-Bains
St. Pol-sur-Mer
Koksijde
Diksmuide
Torhout
Wingene
Drongen
Heusden
Lympne
Dymchurch
Calais
Marck
Gravelines
Dunkerque
Bergues
Woumen
Zarren
Staden
Lichtervelde
Tielt
Nevele
Denze
Melle
New Romney
Cap Gris-Nez
Wissant
Bourbourg
Hondschoote
Merkem
Roeselare
Izegem
Ruiselede
Meulebeke
Petegem
Oosterzele
Dungeness
Guînes
Ardres
Audruicq
Watten
Wormhoudt
Elverdinge
Vlamertinge
Moorslede
Dadizele
Harelbeke
Waregem
Zottegem
Strait of Dover
Ambleteuse
Oye-Plage
Nordausques
Poperinge
Ieper
Menen
Wevelgem
Kortrijk
Oudenaarde
Nederbrakel
Wimereux
Marquise
Wimille
St. Omer
Arques
Ballleul
Wervik
Lauwe
Berchem
Geraardsbergen
Boulogne-sur-Mer
le Portel
Escoeuilles
Lumbres
Hazebrouck
Comines
Mouscron
Ronse
Lessines
Desvres
Wizernes
Aire-sur-la-Lys
Merville
Armentières
Tourcoing
Dottignies
Anseroeul
Samer
Thérouanne
Estrée Blanche
St. Venant
Estaires
Hauburdin
ROUBAIX
Frasnes-lez-Buissenal
Ath
Hardelot Plage
Fauquembergues
Norrent Fontes
Beuvry
LILLE
Tournai
Leuze
Lens
Le Touquet Paris Plage
Hucqueliers
Fruges
Béthune
Seclin
Cysoing
Antoing
Péruwelz
Baudour
Étaples
Merlimont Plage
Montreuil
Heuchin
Bruay-en-Artois
Divion
Carvin
Orchies
St. Amand-les-Eaux
Condé-sur-l'Escaut
Mons
Berck-Plage
Anvin
Blangy
Houdain
Noeux-les-Mines
Harnes
Fiines-lez-Raches
Quiévrain
Hornu
Wasmes
Fort Mahon Plage
Maresquel
St. Pol-sur-Ternoise
Tincques
Liévin
Hénin-Beaumont
Douai
Somain
Dechy
Aniche
Valenciennes
Dour
Rue
le Crotoy
Crécy-en-Ponthieu
Hesdin
le Parcq
Aubigny
Vitry-en-Artois
Bouchain
Denain
Douchy
St. Valery sur Somme
Auxi-le-Château
Frévent
Arras
Haspres
le Quesnoy
Hautmont
Cayeux-s.-Mer
Nouvion
Bernaville
Avesnes-le-Comte
Beaumetz lès Loges
Marquion
Aulnoye-Aymeries
Ault
Mers-les-Bains
Abbeville
St. Riquier
Doullens
Beauval
Sapignies
Bapaume
Solesmes
le Cateau
Le Tréport
Criel-Plage
Fressenville
Beauval
Acheux en Amiénois
Puisieux
Vaulx-Vraucourt
Cambrai
Caudry
Landrecies

C

44   45

0 5 10 15 20 25 30 35 40 miles

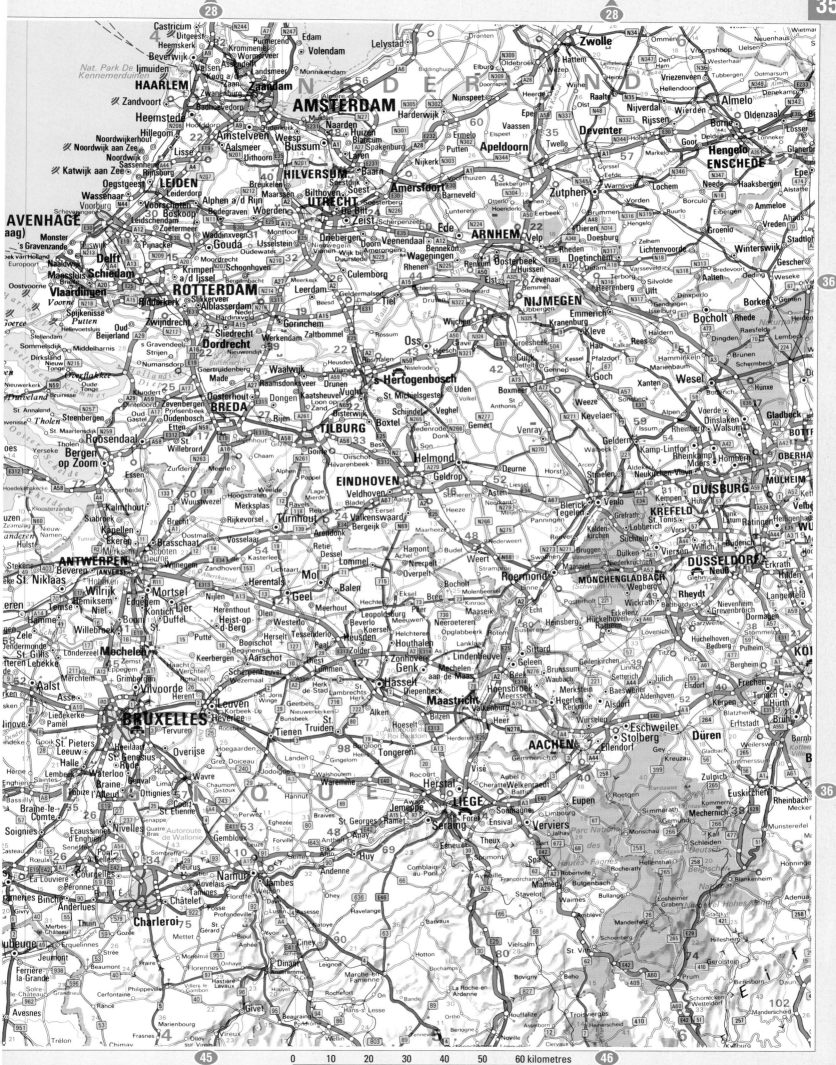

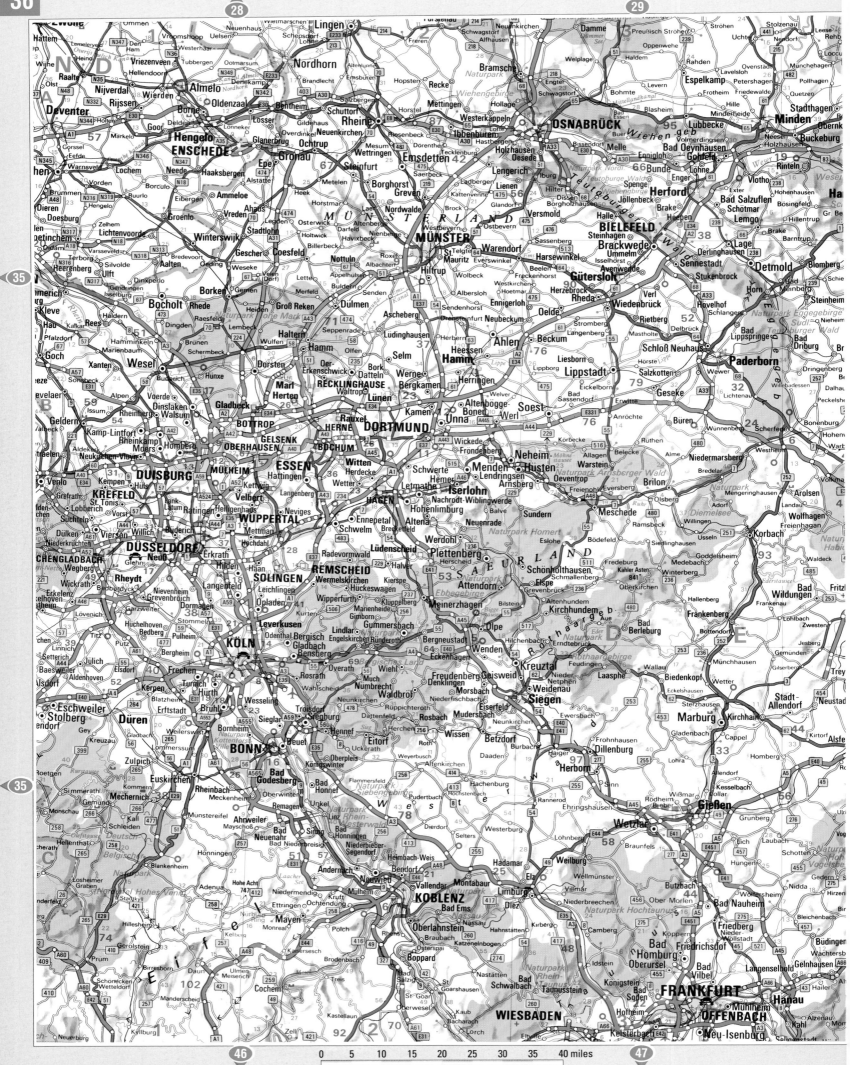

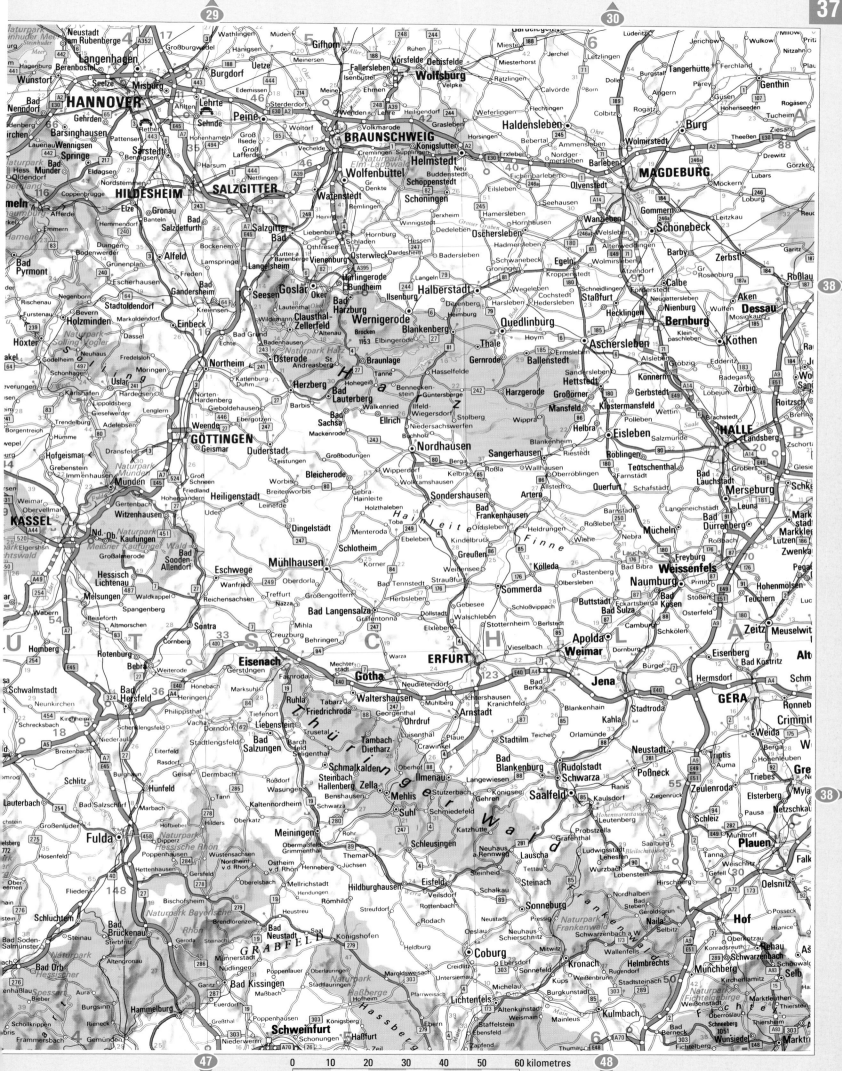

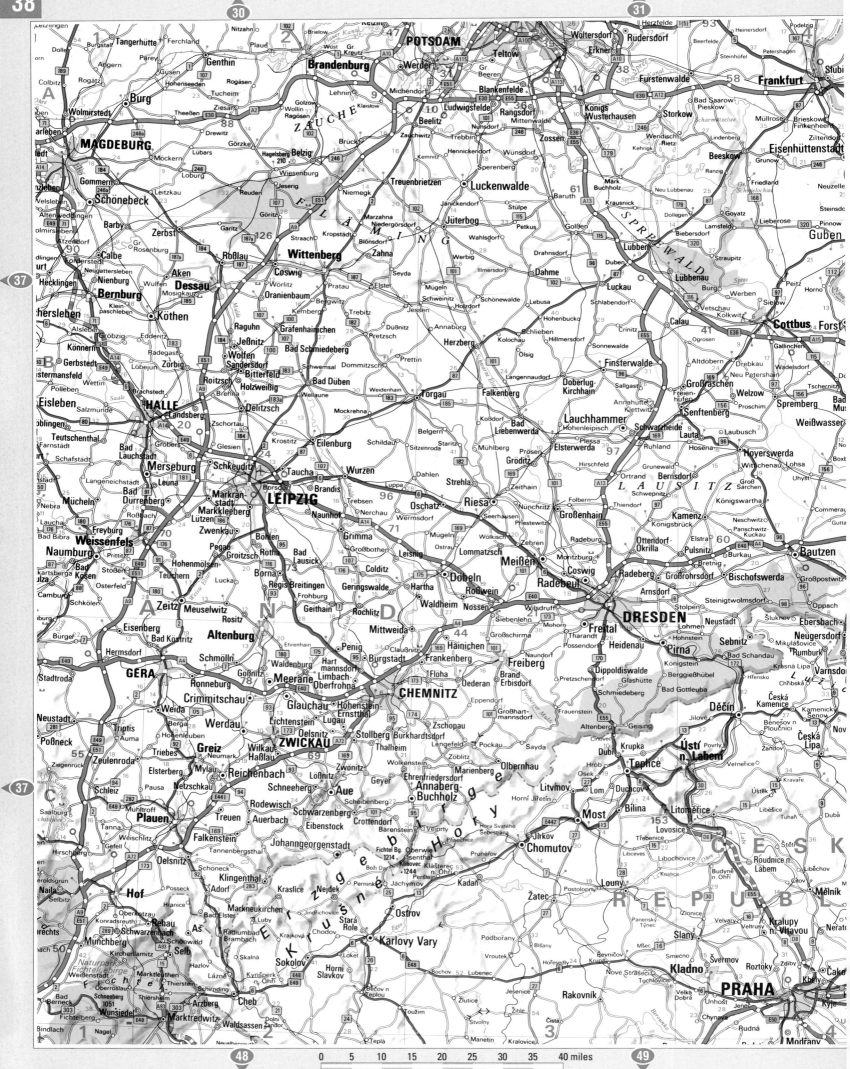

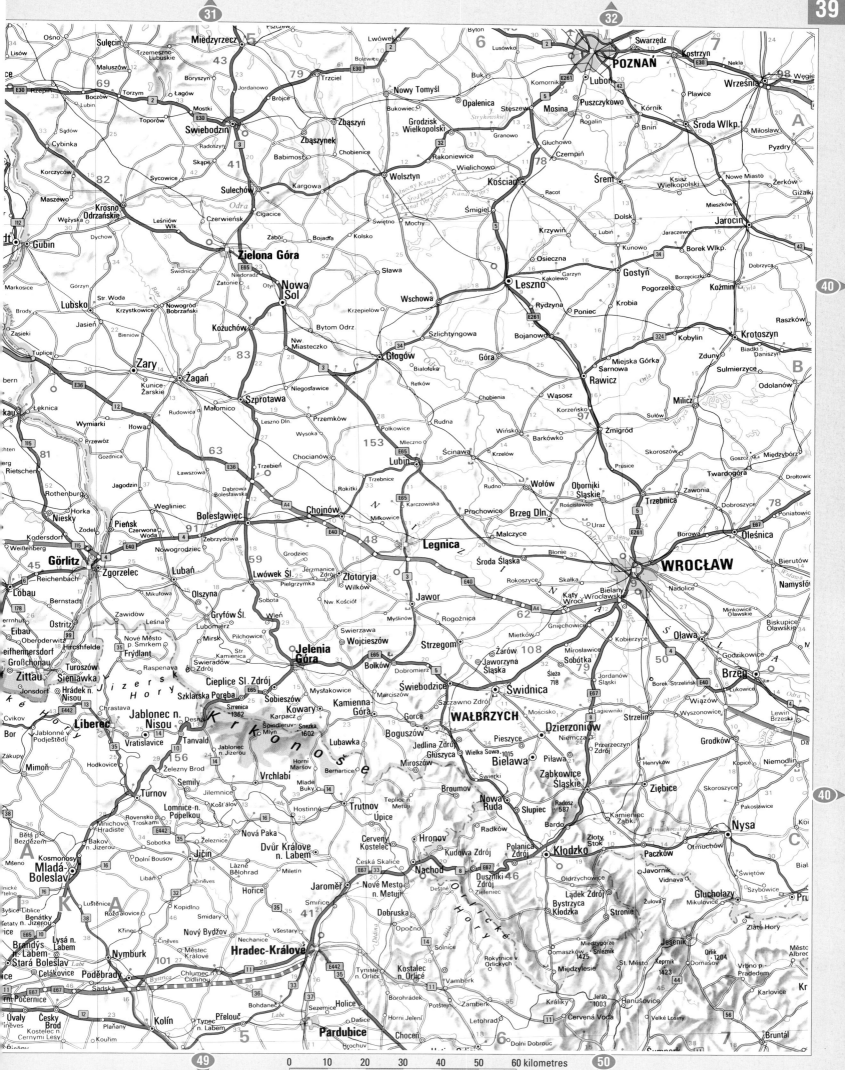

POZNAŃ · WROCŁAW · ŁÓDŹ · KALISZ · CZĘSTOCHOWA · KATOWICE · OPOLE

0 5 10 15 20 25 30 35 40 miles

33 · E77 · 4 · Pomiechówek · 5 · Urle · 6 · 7

WARSZAWA

Kraków · Nowa Huta

Łowicz · Skierniewice · Sochaczew · Żyrardów · Pruszków · Piastów · Milanówek · Grodzisk Maz. · Brwinów · Grójec · Mszczonów · Tarczyn · Piaseczno · Konstancin · Otwock · Karczew · Góra Kalwaria · Warka · Białobrzegi · Nowe Miasto nad Pilicą · Radom · Kozienice · Dęblin · Puławy · Lublin · Świdnik

Tomaszów Mazowiecki · Opoczno · Przysucha · Końskie · Szydłowiec · Skarżysko-Kamienna · Starachowice · Ostrowiec Świętokrzyski · Ożarów · Opatów · Sandomierz · Tarnobrzeg · Stalowa Wola · Nisko · Kraśnik · Kraśnik Fabryczny · Lubartów · Kock · Łuków · Radzyń Podlaski · Siedlce · Sokołów Podlaski · Węgrów · Mińsk Mazowiecki

Kielce · Jędrzejów · Miechów · Busko Zdrój · Pińczów · Staszów · Mielec · Dębica · Tarnów · Rzeszów · Leżajsk · Łańcut · Przeworsk · Janów Lubelski · Biłgoraj

Puszcza Świętokrzyska · Góry Świętokrzyskie · Łysica 612 · Puszcza Sandomierska · Puszcza Kozienicka · Kampinoska P.N.

0 · 10 · 20 · 30 · 40 · 50 · 60 kilometres

51 · 4 · 5 · 11

1 2 3

A

Alderney

Weymouth Poole

Guernsey
Herm
St. Peter Port
Sark

CHANNEL ISLANDS

des

Plymouth
Rosslare *Cork*

CÔTE DE GRANIT ROSE
Ploumanach Trégastel Plougrescant
Île de Bréhat
Perros Guirec
Pleubian
Pte. de l'Arcouest
Ploubazlanec

Golfe de St. M

Pleumeur Bodou
788
Lézardrieux
786
Tréguier
Paimpol
CÔTE D'EME
Cap Frêh

Île de Batz
Roscoff
Primel-Trégastel
Trébeurden
Plouézec
St. Efflam
St. Michel en Grève
La Roche Derrien
Plouha
St. Quay-Portrieux
Sables-d'Or-les-Pins
Erquy
786
St. Cas

St. Pol-de-Léon
Carantec
Plougasnou Locquirec
Lannion
767
Pontrieux
Bégard
Lanvollon
Binic
Étables-sur-Mer
Pordic
Le Val-André
Pléneuf-Val-André
786
Matignon

CÔTE DU LÉON
Brignogan
Plouescat
Cléder
58
Taulé
Plestin-les-Grèves
Plouaret
147
Louargat
Guingamp
12(81)
Châtelaudren
Plouagat
Yffiniac
St. Brieuc
Les Rosaires
12
786
Lamballe

Kerlouan
Plouguerneau
786
Plouédern
788
Morlaix
Plouigneau
Belle-Isle-en-Terre
Moustéru
E50
Bourbriac
767
Quintin
168
12(81)
Jugon

Portsall
Lannilis
Le Folgoet
Lesneven
Landivisiau
61
712
Pleyber-Christ
21
Lannéanou
Plougonver
53
Kérien
790
Ploeuc-sur-Lié
Moncontour
E50
Broons

Île d'Ouessant
Porspoder
Ploudalmézeau
Lanildut
Plabennec
788
E50
572(81)
764
Ploudiry
785
St. Sauveur
P.N.R. Armorique
Huelgoat
Callac
787
St. Nicolas du-Pélem
Corlay
Uzel
Collinée
768

Lampaul
St. Renan
Gouesnou
Guipavas
770
Landerneau
32
384
27
Poullaouen
Mael-Carhaix
14
Plémet-la-Pierre
45
Merdrignac

BREST
le Relecq-Kerhuon
E60
165
Daoulas
B
Brasparts
Carhaix-Plouguer
R
164
Rostrenen
Plouguernevel
Gouarec
E
164
Mur-de-Bretagne
St. Mé le-Gra

Le Conquet
789
Plougastel-Daoulas
Le Faou
791
78
Pont-de-Buis
Pleyben
36
769
Glomel
26
764
Cléguérec
767
Loudéac
La Chèze
Ménéac

Pte. de St. Mathieu
Camaret
887
P.N.R. d'Armorique
Châteaulin
164
Châteauneuf-du-Faou
Spézet
Gourin
168
T
La Trinité Porhoët
76

Crozon
Morgat
34
Douarnenez
Baie de Douarnenez
Locronan
28
33
Briec
Roudouallec
27
Plouray
Guémené-sur-Scorff
Noyal Pontivy
Rohan
Me

Plogoff
Pont-Croix
22
765
Audierne
Coray
Scaër
Guiscriff
Le Faouët
Kernascléden
Pontivy
764
Ploërmel
166

Pte. du Raz
Plouhinec
Landudec
784
Quimper
782
22
Bannalec
769
Plouay
Bubry
16B
767
Moréac
24
Josselin
12

Plozévet
Plogastel St. Germain
Rosporden
765
68
Arzano
Baud
Locminé
24
Ploërmel

Plonéour-Lanvern
785
Fouesnant
783
E60
Quimperlé
15
Languidic
24
St. Jean Brévelay
Sérent
Malestroit

Pont-l'Abbé
Bénodet
Concarneau
783
Riec-s-Bélon
Pont Scorff
Camors
Pluvigner
28
Questembert
77

St. Guénolé
Penmarch
Loctudy
Trégunc
Nevez
Môelan
Hennebont
Landévant
Grand-Champ
767
Elven
774
Roche en Te

Pte. de Penmarch
Guilvinec
Lesconil
Port-Manech
Clohars-Carnoët
Le Pouldu
Lanester
Lorient
Ste Anne d'Auray
Vannes

CÔTE DE CORNOUAILLE
Iles de Glénan
Ploemeur
Larmor-Plage
Port-Louis
165
166

Belz
781
768
Auray
18
165
52

Île de Groix
Groix

3   3

4   5   6

44

Baie de la Seine

Poole   Portsmouth

Rosslare

Cap de la Hague
Auderville

Beaumont Hague
Octeville   **Cherbourg**   Tourlaville
St Pierre-Église   Barfleur
Quettehou   St Vaast-la-Hougue
Diélette
Les Pieux   Valognes   Quinéville
Bricquebec   Montebourg
Carteret   Barneville   Ste Mère-Église
Barneville Plage   Portbail   St Sauveur-le-Vicomte
    Utah Beach
La Haye-du-Puits   Grandcamp-Maisy
Sainteny   Carentan   Isigny
Lessay   Périers   Ste Marie-du-Mont
St Sauveur-Lendelin   St Jean-de-Daye
Coutances   Marigny   Balleroy
Coutainville   Canisy   **St Lô**   Caumont l'Éventé

Omaha Beach   Gold Beach   Juno Beach   Sword Beach
CÔTE DE NACRE
Port-en-Bessin   Arromanches   Courseulles-sur-Mer   St Aubin-sur-Mer
Vierville   St Laurent   Luc-sur-Mer   Ouistreham
Bayeux   Creully   Langrune   Lion-s-M   Riva-Bella
Littry la Mine   Tilly-sur-Seulles   Blainville-sur-Orne   Cabourg   Dives
Caen   Fleury-sur-Orne   Moult

Portsmouth   Cork
Portsmouth

Fécamp   St Valéry-en-Caux
Veulettes-sur-Mer   Cany-Barville
St Pierre-en-Port   Valmont   Doudev
Yport   Héricourt-en-Caux
Étretat   Cap d'Antifer   Goderville   Fauville-en-Caux   Yvetot
Heuqueville   Criquetot-l'Esneval   Bolbec   Alvimare
Montivilliers   St Romain de Colbosc   Lillebonne   Caudebec-en-Caux
Ste Adresse   Harfleur   Tancarville   Quilleboeuf La Maill
LE HAVRE
Honfleur   Villerville   Berville   Pont-l'Évêque   Pont-Audemer
CÔTE FLEURIE   Trouville   Deauville   Blonville
Houlgate   Villers-sur-Mer   Cormeilles   Lieurey
Dozulé   Le Breuil-en-Auge   Montfort-sur-Risle
Lisieux   121   Thiberville   Bernay

Jersey   St Helier
Poole   Plateau Minquiers
Malo   Jersey   Plymouth Portsmouth   Cork

St Malo   Iles Chausey
Donville-les-Bains   St Pair-sur-Mer   **Granville**
Jullouville   Carolles   Sartilly
La Haye-Pesnel   Villedieu-les-Poêles
Bréhal   Gavray   Percy   Tessy-s-Vire
Brécey   Vire   St Sever-Calvados
Sourdeval   Mortain

La Boissière   Orbec   Broglie
Livarot   Gacé   L'Aigle
Mézidon   St Pierre-sur-Dives   Vimoutiers
Potigny   La Ferté Fresnel
Bretteville-sur-Laize   **Falaise**   Trun   Exmes
Villers-Bocage   Aunay-sur-Odon   St Laurent de Condé
Torigni-sur-Vire   St Martin des Besaces   Thury Harcourt
Condé-sur-Noireau   Pont d'Ouilly   Putanges   Ecouché
Vassy   Briouze   Messei   Ranes
Pont Farcy   **Flers**   Tinchebray   **Argentan**
Ste Gauburge-Ste Colombe   Le Merlerault
Nonant le-Pin   Courtomer   Tourouvre
Barenton   Domfront   Mortrée   Sées   Bazoches-sur-Hoène
Bagnoles-de-l'Orne   La Ferté-Macé   Carrouges   Mortag-au-Perc
Juvigny sous-Andaine   Couterne   Couptrain
St Hilaire-du-Harcouët   Ceaucé   Le Mêle sur-Sarthe
Le Teilleul   Passais   Pré-en-Pail   **Alençon**
Parc Naturel Régional   de Normandie

St Malo   **St Malo**   Dinard   Paramé   St Servan
Cancale   Le Vivier-sur-Mer   Mont St Michel
Lancieux   St Briac   Châteauneuf   St Broladre   Ducey
Pléboulle   Dol-de-Bretagne   Pontorson   Avranches   Pontaubault
Plancoët   Le Vieux Bourg   St James
Combourg   Pleine Fougères   St Brice-en-Coglès   Louvigné-du-Désert
Dinan   Evran   Antrain   Landivy   Gorron
Caulnes   Tinténiac   Romagné   Ambrières-le-Grand
Bécherel   Hédé   **Fougères**   Villaines-la-Juhel
St Aubin-d'Aubigné   Dompierre-du-Chemin   **Mayenne**
St Aubin-du-Cormier   Ernée   152   Fresnay-sur-Sarthe
Montauban   Liffré   Taillis   St Georges Buttavent   Sillé-le-Guillaume
Bédée   St Gilles   St M'Hervé   Evron   Beaumont-sur-Sarthe   Ballon
Montfort   Mordelles   **RENNES**   **Vitré**   Montsûrs   Ste Suzanne   Conlie   Domfront
St Jacques-de-la-Lande   Châteaubourg   Louverne   Argentré   Parennes   Bonnétable
Bruz   Châteaugiron   Argentré   La Gravelle   **Laval**   146   St Denis-d'Orques
Guichen   Piré s-Seiche   Loiron   Vaiges   **LE MANS**
Maxent   Corps Nuds   Janzé   St Poix   Meslay-du-Maine   Brûlon   Loué   Parigné-l'Évêque
Guer   Retiers   Cossé le-Vivien   87   Circuit automobile   Le Grand Lucé
Maure de-Bretagne   La Guerche-de-Bretagne   Grez en-Bouère   Sablé-sur-Sarthe   Arnag   La Suze sur-Sarthe
Le Sel de Bretagne   Craon   Bierne   Noyen   Ecommoy
Messac   Bain-de-Bretagne   St Aignan sur-Roe   Château-Gontier   Miré   Malicorne-sur-Sarthe   Pontvallain   Mayet
Pipriac   Martigné Ferchaud   Renazé   Châteauneuf sur-Sarthe   Château-du-Loir
La Gacilly   Rougé   Pouancé   Segré   89   La Flèche   Le Lude
Le Grand-Fougeray   Teillay   Champigné   Cérans Foulletourte
Redon   Châteaubriant   Moisdon-la-Rivière   La Chapelle Glain   Durtal
St Nicolas-de-Redon   Derval   St Julien-de-Vouvantes   Vern-d'Anjou   Durtal
Allaire   Guémené Penfao   Le Lion d'Angers   Feneu   Seiches-sur-le-Loir   Château-la-Vallière

4   5   6

52   53

44

0   10   20   30   40   50   60 kilometres

1

A

St-Valery-sur-Somme
Cayeux-s.-Mer
940
Noyelles
928
Doullens
3
Ault
940
Abbeville
St Riquier
Beauval
925
Puisieux
Mers-les-Bains
Fressenville
32
925
Pont-Rémy
Acheux-en-Amienois
Albert
Le Tréport
A28
30
Criel-Plage
Eu
1015
Flixecourt
901
Villers-Bocage
47
Criel-sur-Mer
Biville
Gamaches
Le Translay
Oisemont
Corbie
Newhaven
Bouttencourt
Picquigny
Ailly-sur-Somme
AMIENS
Villers-Bretonneux
Dieppe
Neuville
Envermeu
Blangy
Senarpont
Longueau
Rosières-en-Santerre
Varengeville
Arques-la-Bataille
Fresnoy
Londinières
Salouël
E44
28
Quiberville
St-Valéry-en-Caux
Offranville
A28
Conty
St Sauflieu
Moreuil
934
Bouchoir
Veulettes-sur-Mer
Veules-les-Roses
925
Fontaine-le-Dun
Bacqueville
Torcy-le-Petit
915
Les Grandes-Ventes
Aumale
Grandvilliers
Feuquières
Crèvecoeur le Grand
Montdidier
930
Fécamp
Yport
925
Cany-Barville
Doudeville
Yerville
St Saëns
Neufchâtel-en-Bray
112
Formerie
901
Marseille en-Beauvaisis
A16
Breteuil
Étretat
Cap d'Antifer
926
Héricourt-en-Caux
Les Hayons
Gaillefontaine
44
Songeons
St Just-en-Chaussée
Ferrières
Wavignies
Cork
Portsmouth
940
Criquetot-l'Esneval
Goderville
Fauville-en-Caux
Yvetot
A29
Limésy
Clères
Buchy
St Samson-la-Poterie
133
930
Crillon
Froissy
43
Montivilliers
910
Bolbec
E44
Alvimare
131
86
Pavilly
Malaunay
A28
Quincampoix
Argueil
La Feuillie
Gournay-en-Bray
916
915
Auneuil
Clermont
E46
Ste Adresse
LE HAVRE
Harfleur
A15 E5
Tancarville
Lillebonne
490
Caudebec-en-Caux
Barentin
A151
Mt. St Aignan
Bois-Guillaume
ROUEN
31
E46
St Samson
Beauvais
Noailles
Mouy
Liancourt
B
Honfleur
178
Quilleboeuf La Mailleraye
Duclair
A150
Maromme
Darnétal
Lyons-la-Forêt
916
915
Persan
l'Isle-Adam
Nogent-sur-Oise
Creil
Senlis
COTE FLEURIE
Villerville
513
Berville
182
A131
913
P.N.R.
de Brotonne
Jumièges
982
Sotteville
138
Boos
Pt Couronne
Pleury-sur-Andelle
Gisors
Chaumont-en-Vexin
St Clair-l'Epte
983
Méru
Neuilly-en-Thelle
Chambly
Chantilly
924
Trouville
Deauville
579
180
Bourneville
120
Grd. Couronne
Oissel
914
316
Sérifontaine
981
Marines
Magny-en-Vexin
915
Beaumont-sur-Oise
A1
Blonville
Beuzeville
Montfort-sur-Risle
Bourgtheroulde
Pont-de-l'Arche
Ecouis
Vesly
181
927
Pontoise
Taverny
Luzarches
309
49
Houlgate
Cabourg
Dives
177
Pont-l'Evêque
810
Lieurey
Elbeuf
840
Étrépagny
14 bis
124
Les Andelys
Magny-en-Vexin
L'Isle-Adam
322
Dammartin-en-Goële
E15 E19
513
25
Autoroute
A13
175
Dozulé
Le Breil-en-Auge
579
510
Brionne
130
E402
Bourg-Achard
138
Louviers
133
Gaillon
Acquigny
Vernon
La Roche-Guyon
183
Meulan
Conflans
Montmorency
ST Denis
NANTERRE
BOBIGNY
LE RAINCY
Normandie
Lisieux
121
Thiberville
834
La Rivière-Thibouville
Le Neubourg
154
Autheuil
316
E5
15
A13
Gasny
Bonnières
Mantes-la-Jolie
Limay
Les Mureaux
190
Triel
A150
ARGENTEUIL
ST GERMAIN
A14
PARIS
NOGENT-s.-M.
Mézidon
St Pierre-sur-Dives
579
519
Bernay
Beaumont-le-Roger
Beaumesnil
13
Pacy-sur-Eure
Évreux
28
13
Mantes-la-Ville
70
113
Maule
Poissy
113
St GERMAIN
CRETEIL
La Ferrière
Moul
Livarot
Orbec
140
Broglie
La Barre-en-Ouche
830
Conches-en-Ouche
52
St André de-l'Eure
833
Ivry-la-Bataille
Septeuil
307
VERSAILLES
ANTONY
Trappes
VILLENEUVE-ST G.
Brie-Robert
A
Vimoutiers
819
La Neuve-Lyre
840
140
Damville
154
933
Anet
928
Houdan
Montfort-l'Amaury
191
10
Orsay
Ris-Orangis
JUVISY-s.-O.
Falaise
916
979
Trun
La Ferté Fresnel
Rugles
830
833
Breteuil
12
188
Nonancourt
Montfort-l'Amaury
90
P.N.R.
Limours
A10
EVRY
Corbeil-Essonnes
M
158
Exmes
Gacé
919
930
Verneuil-sur-Avre
12
Dreux
Laons
929
Rambouillet
188
Montlhéry
Arpajon
Brétigny-sur-Orge
88
A6
Argentan
26
Le Merlerault
932
L'Aigle
26
Ste Gauburge Ste Colombe
939
Brezolles
Le Boullay Mivoye
Nogent-le-Roi
St Arnoult
988
Ballancourt
la-Ferté Alais
E15
158
Nonant-le-Pin
Courtomer
Moulins-la-Marche
Tourouvre
Ste Anne
Châteauneuf-en-Thymerais
Tremblay
Maintenon
906
Epernon
Gallardon
A11
Ablis
Dourdan
Étréchy
Rânes
908
Sées
Bazoches sur Hoëne
Mortagne-au-Perche
Longny-au-Perche
Senonches
Digny
35
Jouy
191
Auneau
Monnerville
Maisse
909
E402
Mêle-sur-Sarthe
512
Courville
Illiers-Combray
939
Dangers
154
Chartres
E50
838
Sainville
191
Étampes
837
Milly-la-Forêt
E15
Alençon
A28
311
Bellême
Rémalard
Thiron
921
Thivars
Allones
Ouarville
A10
Angerville
73
116
Méréville
Sermaises
Malesherbes
948
Nemours
43
Fresnay sur Sarthe
Mamers
938
955
Nogent-le-Rotrou
Champrond-en-Gâtine
Vovés
154
Ymonville
A10
Janville
Sermaises
152
Puiseaux
403
Sillé-le-Guillaume
138
Marolles-les-Braults
Le Theil
120
122
Brou
955
Bonnétable
301
Ballon
La Ferté-Bernard
A11
Authon-du-Perche
La Bazoche Gouet
927
Chapelle Royale
921
Bonneval
10
Orgères-en-Beauce
Pithiviers
Bazoches-du-Gâtinais
948
403
Château-Landon
Conlie
Domfront
304
Tuffé
Montmirail
927
28
Courtalain
Châteaudun
Patay
Artenay
Chilleurs-aux-Bois
Beaune-la-Rolande
975
arennes
Sillé-le-Guillaume
Gonnerre
23
302
Vibraye
Droué
Cloyes
955
Chevilly
O R L
E
A
Pannes
LE MANS
157
Boulaire
St Calais
Mondoublau
143
St Péravy-la-Colombe
Meung-sur-Loire
Orléans
Fleury-les-Aubrais
152
Fay-aux-Loges
E60
Bellegarde
87
A11
E501
Arnage
Parigné-l'Evêque
60
St Jean-de-la-R.
La Chapelle
St Jean de-la-R.
Châteauneuf-sur-Loire
Loury
Ladon
961
Noyen
La Suze-sur-Sarthe
Le Grand Lucé
Bessé-sur-Braye
Savigny-sur-Braye
157
Vendôme
Morée
Ouzouer-le-Marché
951
Beaugency
Olivet
20
Jargeau
Sandillon
951
Sully
La Flèche
Malicorne-sur-Sarthe
Cérans-Foulletourte
23
40
957
Oucques
Marchenoir
924
Meung-sur-Messas
Cléry
La Ferté
952
Pontvallain
Mayet
Château-du-Loir
La Chartre-sur-le-Loir
Montoire-sur-le-Loir
Villetrun
L'homme
Pontijou
924
A10
Tavers
Josnes le-Potier
Tigy
les Bordes
Ouzouer-sur-Vernis

0 5 10 15 20 25 30 35 40 miles

0 10 20 30 40 50 60 kilometres

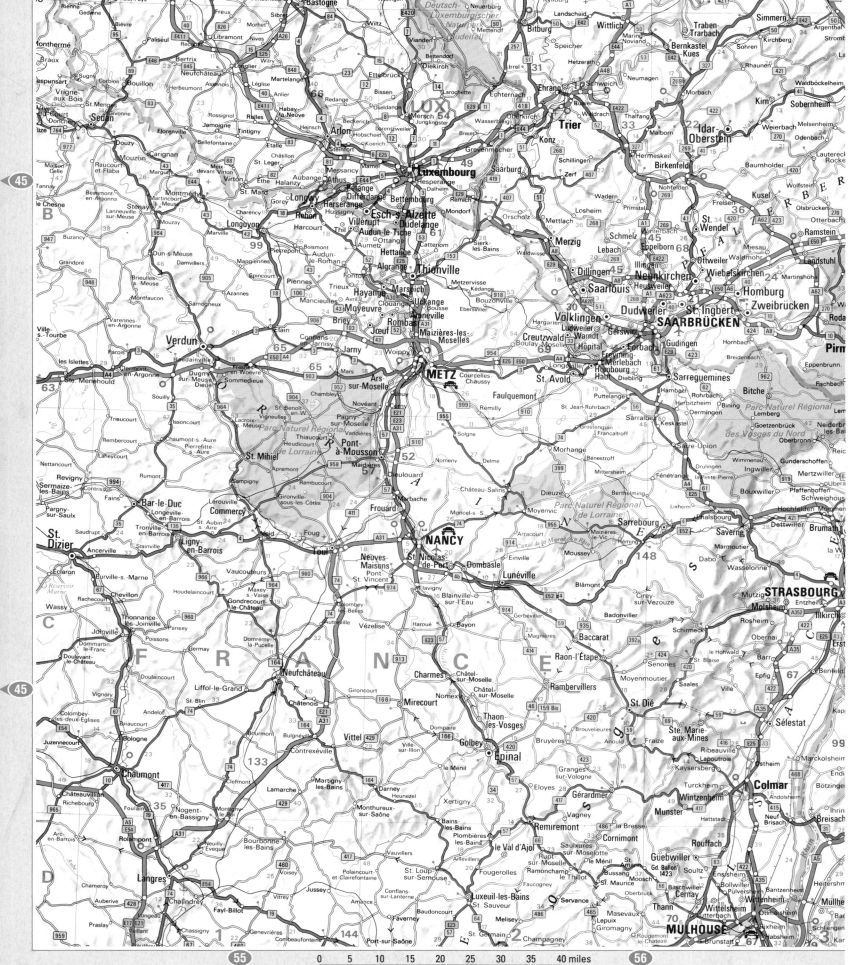

0 5 10 15 20 25 30 35 40 miles

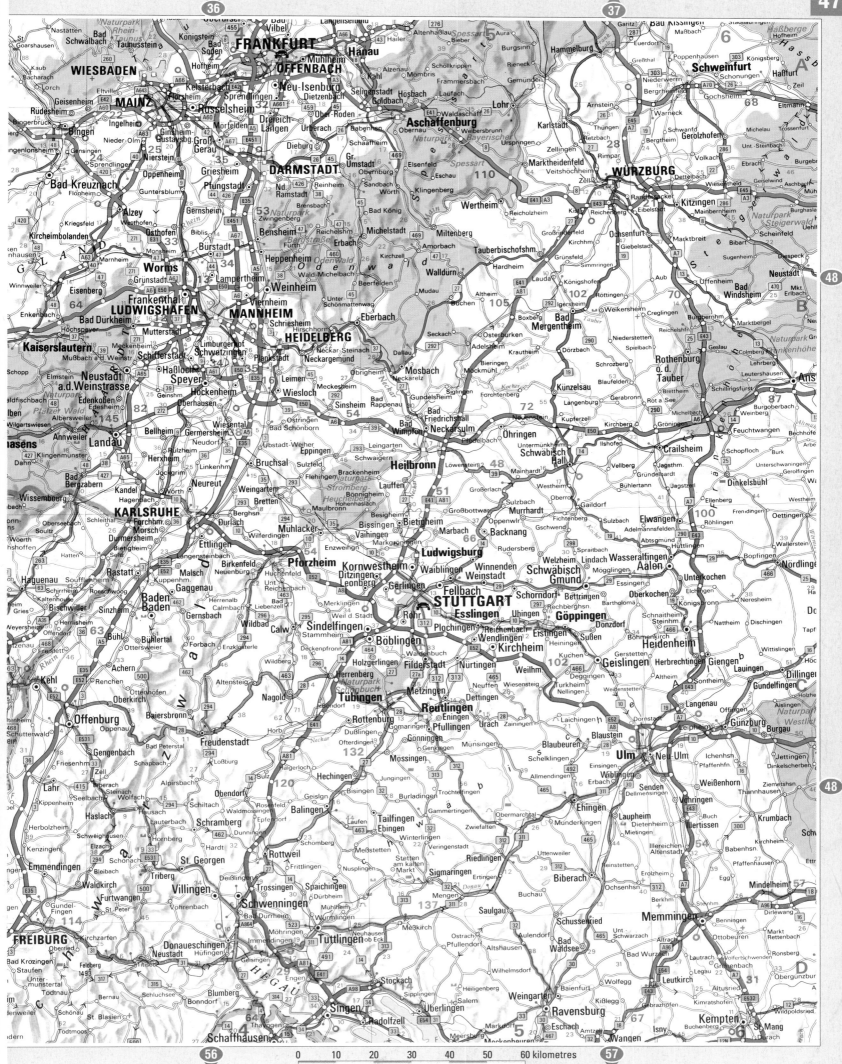

FRANKFURT
WIESBADEN
OFFENBACH
Hanau
Schweinfurt
MAINZ
Rüsselsheim
Aschaffenburg
WÜRZBURG
DARMSTADT
Bad Kreuznach
Worms
Kitzingen
LUDWIGSHAFEN
MANNHEIM
Neustadt
Kaiserslautern
HEIDELBERG
Bad Mergentheim
Rothenburg o.d. Tauber
Neustadt
a.d.Weinstrasse
Speyer
Landau
Heilbronn
Schwäbisch Hall
Crailsheim
KARLSRUHE
Pforzheim
Ludwigsburg
Aalen
Rastatt
STUTTGART
Schwäbisch Gmünd
Esslingen
Göppingen
Heidenheim
Baden-Baden
Sindelfingen
Böblingen
KIRCHHEIM
Geislingen
Giengen
Tübingen
Ulm
Neu-Ulm
Offenburg
Reutlingen
Freudenstadt
Günzburg
Memmingen
Balingen
FREIBURG
Rottweil
Sigmaringen
Biberach
Villingen
Schwenningen
Tuttlingen
Ravensburg
Kempten
Schaffhausen
Singen
Radolfzell

0   10   20   30   40   50   60 kilometres

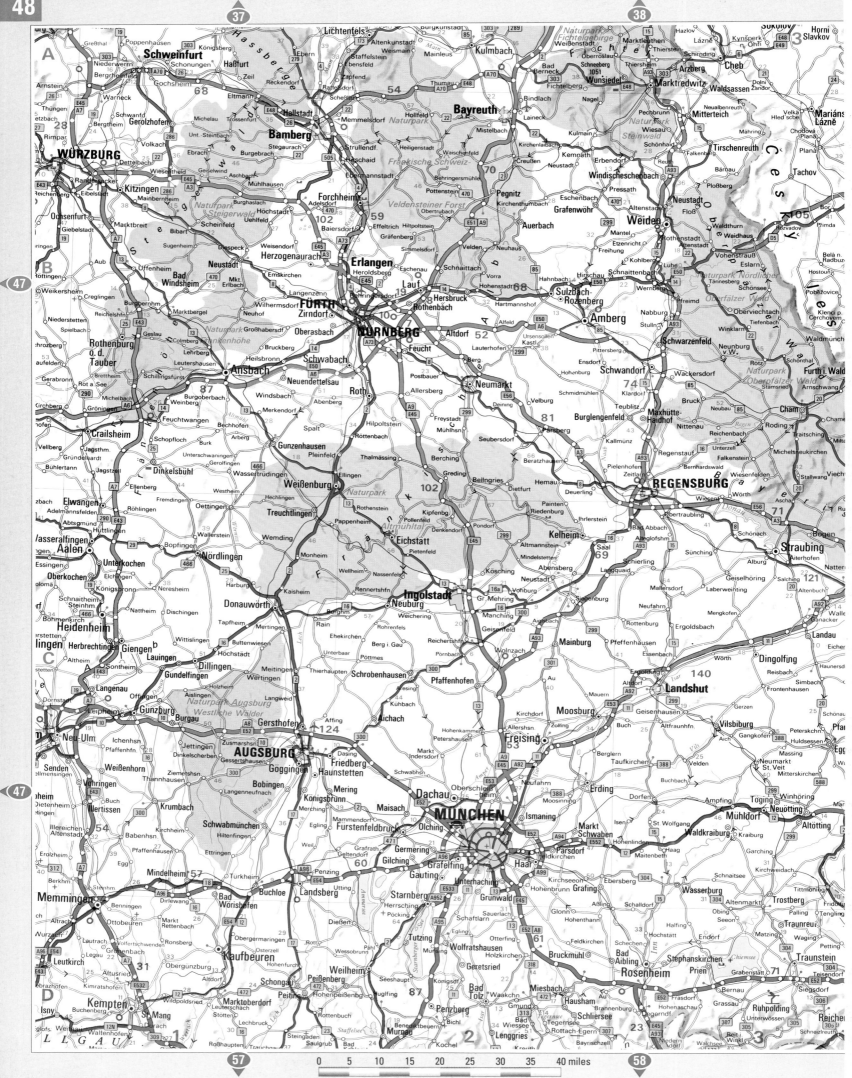

38   39   6

Bochov 52 Lubenec   Nové Strašeci Tuchlovice   Kladno   Kjely
Béčov n   Žlutice   Jesenice   Nové Straseci   **PRAHA**   Horní Počernice   Sadská   Bohdaneč
Teplou   Žihle   Rakovník   Velka   Jeneč   Úvaly   Český   Kolín   Týnec   Přelouč   Sea
Toužim   Čista   Dobrá   Unhošť   Brod   n. Labem   Labe
Stvolny   Chynava   Rudná   Uhříněves   Plaňany
Tepla   Manětin   Kralovice   Radotín   Modřany   Říčany   Zásmuky   Nové Dvory   Heřmanův   17
Dolní Bělá   Plasy   Zdice   Beroun   Zbraslav   Senohraby   Kostelec n   Kouřim   Kutná   Čáslav   Městec   Ronov n
Úněšov   Kaznějov   Révnice   Dobřichovice   Jílové   Černými Lesy   Hora   Uhlířské-   Doubravou   Slatiňany
Černošín   Stříbro   Radnice   Zbiroh   Mýto   Davle   u Prahy   Janovice   Čeština   Golčův   Vilémov
Utery   Město   Kozolupy   Brasy   Hostomice   Novy   Pyšely   Zbraslavice   Jeníkov   Habry   Trhova
Pernarec   Toušków   88   Hořovice   Jince   Knín   Poříčí n   Chotěboř   Kamenice
Nýřany   **PLZEŇ**   Rokycany   Strašice   Dobříš   Sázavou   Benešov   Ledeč n   Světlá n   139   Česká
Kladruby   Stary   Příbram   Sázavou   Sázavou   Přibyslav   Bělá
Chotěšov   Plzenec   Mirošov   Milín   Krásna Hora   Neveklov   Divišov   Dolní   18   Havlíčkův
Holýšov   Stod   Přeštice   Spálené   Vltavou   Bystřice   Kralovice   Brod
Merklin   Poříčí   Sedlčany   Jankov   Náčeradec   Čechtice   Humpolec
Staňkov   Blovice   Nové   Votice   Lukavec   Štoky
Horšovský   Kolovec   Mitrovice   Kamýk   Miličín   Červená   Větrný   Jihlava
Týn   Švihov   Petrovice   Vltavou   Mladá   Ratibořské   Řečice   Jeníkov   Luka n
Dražénov   Nepomuk   Březnice   Milevsko   Vožice   Hory   Pacov   Horní   Jihlavou
Domažlice   Klatovy   Kasejovice   Mirotice   Opařany   Čechtice   Cerekev   Batelov   Třešť
Kout na   Plánice   Sedlice   Bernartice   Tábor   Černovice   Pelhřimov   Stonařov   Okřišk
Šumavě   Velký   Mirovice   Zvíkovské   Chýnov   Kamenice   Počátky   Žirovnice
Kdyně   Nalžovské   Bor   Blatná   Podhradí   Stare Sedlo   Malšice   Sezimovo-   n. Lipou   Předín
Nýrsko   Hory   Horažďovice   Ústí   Planá n   Kunžak   23   Telč   Želatavá
Strakonice   Písek   Bechyně   Luznicí   Kardašova   23
Sušice   Kraselov   Albrechtice   246   Sudoměřice   Řečice   Jarošov n   Studená   Třešť
Hartmanice   Rabi   v Vltavou   u Bechyně   Soběslav   Nežárkou   Budeč   163
Kašperské   Drahonice   Veselí   Tučapy   Dačice   38
Vimperk   Volyné   Protivín   n. Luznicí   Deštná   Nová
Kvilda   Stachy   Temelín   Ševětín   Jindřichův   Bystřice   Slavonice   Jemnice   Mo
Bavorov   Týn n   Hradec   Budě
Srní   Vláchovo   Vltavou   Lišov   Lomnice n   Strmilov
Frauenau   Březí   Vodňany   Luznicí   Stráž n   Dačice
Prachatice   Husinec   Netolice   Hluboká n   Nezarkou   Třeboň   Litschau   Dobersberg
Regen   Horni   Vltavou   Chlum u   Kautzen
Klingenbrunn   Vltavice   **České Budějovice**   Trhové   Třeboně
St. Oswald   Volary   Sviny   Nová   Waidhofen
Grafenau   Smědec   Křemže   Ledenice   Suchdol   Bystřice   a.d. Thaya
Philippsreut   Kamenny   Borovany   n Luznicí   Heidenreichstein   Raabs
Freyung   Chvalšiny   Újezd   Brand   Geras   a d Wild
Altreichenau   Velešín   Nové   Gmünd   Schrems   Großsiegharts
Jandelsbrunn   Český   Hrady   České   Hohenau   303   Gopfritz   a.d. Thaya
Ulrichsberg   Krumlov   Horni   Velenice   Schwarzenau   a d Wild
Aigen i M   Větřní   Stropnice   Vitis   Allentsteig   Horn
Frymburk   Benešov   Weitra   Jagenbach   Großglobnitz
Vyšší   Kaplice   n. Cernou   St. Martin   303
Dolni   St. Oswald   119   Großpertholz   Zwettl   Rudmanns   Gfohl
Brod   Dvořiště   b. Freist   Karlstift   Großgerungs   Langenlois
Leopold   Rainbach   41   Lichtenau   Lengenfeld
schlag   Mühlkreis   Liebenau   Arbesbach   Grafenschlag
Vorderweißenbach   Sandl   Weißenkchn   Krems a.d.
Kollerschlag   Weinsberg   Martinsbg   i. d. W.   Donau
Oepping   Bad   Freistadt   1039   217   Spitz
Rohrbach   Leonfelden   Unterweißenbach   Weinzierl   Rohre
Haslach   Zwettl   Ottenschlag   St Georgen   Mautern
a.d. Mühl   a d Rodl   Weitersfelden   a W   333
Helfenbg   Reichenau   Königswiesen   Pöggstall   Aggsbach
Rohrbach   i. Mühlkreis   124   Laimbach   Markt   Dort
Neumarkt   St Leonhard   216   Melk   St. Pölten
Neufelden   i. Mühlkreis   b. Freistadt   a Ostrong   Aggsbach
Altenfelden   Oberneukirchen   Hagenberg   Loosdorf
Aschach   Neumarkt   Bad   Pabneukirchen   Pochlarn
a.d.D.   i. Mühlkn.   Pregarten Zell   Kreuzen   Persenbeug
Gallneukirchen   Waldhsn   Ybbs a.d. Donau   170
Peuerbach   124   Tragwein   i Str G   215   St Leonhard
Feldkirchen   Wilhering   Ottensheim   Greinsbg   Grein   i Forst   Ob Grafendf
a.d. Donau   Eferding   Perg   Baumgartenbg   Wieselburg   29
129   Alkoven   Leonding   **LINZ**   Persenbeug   Kilb   Rabenstein
Kallham   Hörsching   Mauthausen   Enns   Donau   Traisen
Gries   Traun   St. Florian   Markt   Aschbach   Amstetten   A1   40   Kirchberg
kirchen   Riedau   Markt   Enns   Markt   a d P.
Braunau   Ried i   Eberschwang   Wels   St. Valentin   Haag   St Anton
Innkreis   Haag   Wels   Neuhofen   Strengbg   Wolfsbach   121   Scheibbs   a d J.
Weng   Aspach   Meggenhof   Kremsmünster   St. Peter   Purgstall   39   Randegg
Aurolzmünster   Kematen   Sierning   i. d. Au   Frankenfels
Mauer-   Hohenhart   Steinhaus   144   Grünburg   Steyr   Maria   Waidhofen   Gresten   Kirchberg
kirchen   St. Johann   a.d. Traun   Neustadtl   a.d. Ybbs   a.d. P.
Lambach   Kematen   Losenstein   Ternberg   Ybbsitz   Gaming   Lunz
Ampflwang   Schwanenstadt   Bad   Garsten   Randegg   a See   Hohenberg
Schalchen   Ungenach   Hall   Wartberg   Weyer   St Georgen   a R   214
Mundering   Vöcklamarkt   Vorchdf   Micheldf   Kirchdorf   Gaflenz   Opponitz   Annaberg
Frankenburg   Kirchdorf   a d Krems   Windischgarsten   Lunz   St Aegyd
Oberndorf   Mattsee   Timelkam   Vöcklabruck   Gmunden   a d Krems   Göstlinger Alpen   a N
b. Salzburg   Seewalchen   Lenzing   Pettenbach   Pyhrnbach   Altenmkt   Schwarza
Wallersee   Frankenmarkt   Grünau   Klaus a.d.   a d Ybbs   i Geb
Neu-   St. Georgen   i. A   Attersee   Ternberg   Windischgarsten
markt   Köstendorf   Altmünster   Weyregg   Almtal   Pyhrnbach   Hollenstein   Göstling   Gußwerk
Seekirchen   Neukirchen   Ebensee   Sengsen-   a d Ybbs   Mariazell   21
Anthering   a W   Strobl   gebirge   Palfau   Gams b
Freilassing   Elixhausen   128   Kammersee   Totesgebirge   St. Gallen   Weißenbach   Wildalpen
Anger   Mondsee   Traunsee   Windischgarsten   Göstling   Kapellen
SALZBURG   St. Gilgen   Hinterstoder   St. Georgen   a R   Lunz   Mürzsteg
Bad   St. Wolfgang   Wolfgangsee   a d Ybbs   Mürz
Bischofswiesen   Hallein   **Bad Ischl**   124   Totesgebirge   Gösting

58   0 10 20 30 40 50 60 kilometres   59

39 40

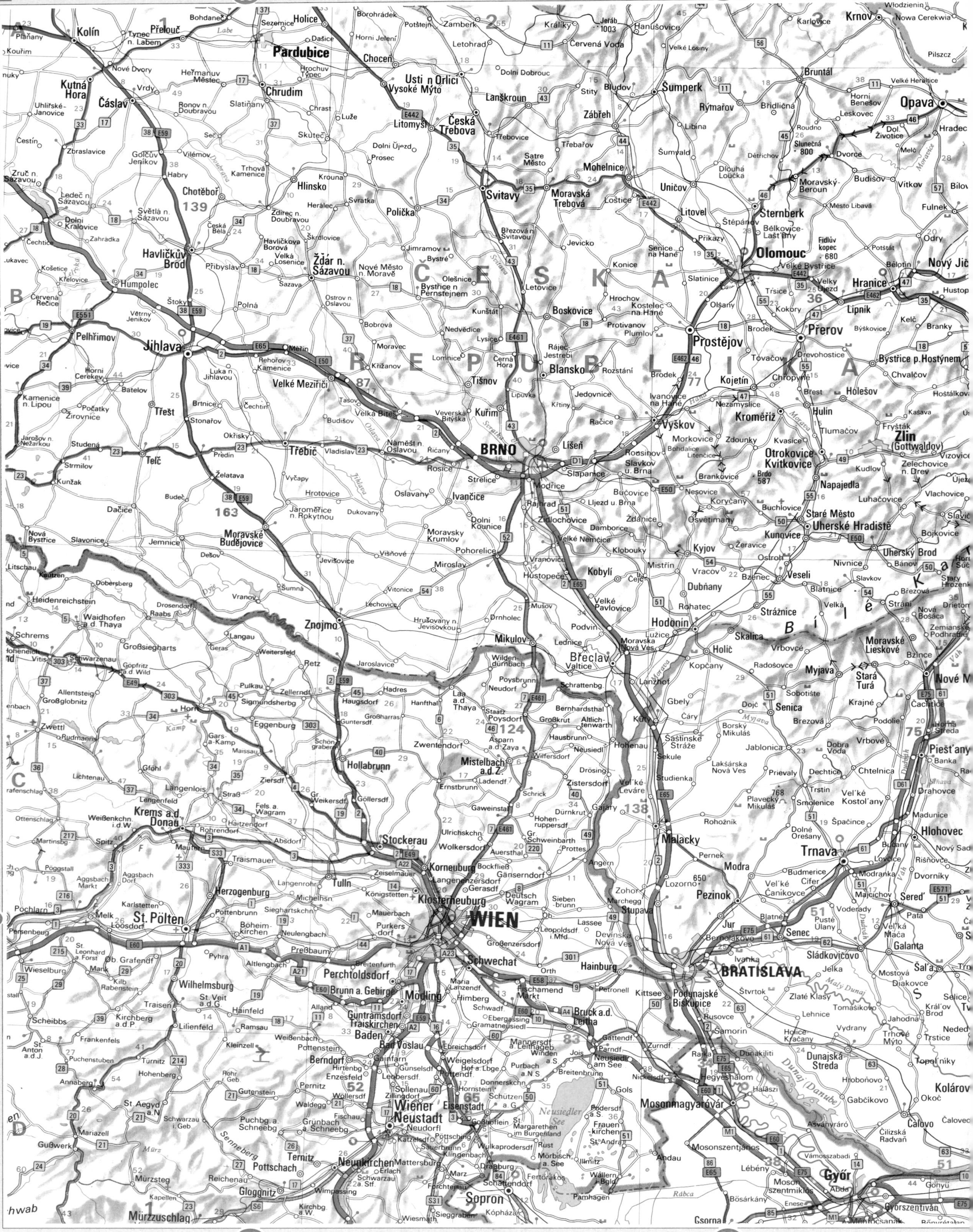

0 5 10 15 20 25 30 35 40 miles

49 49 59 60

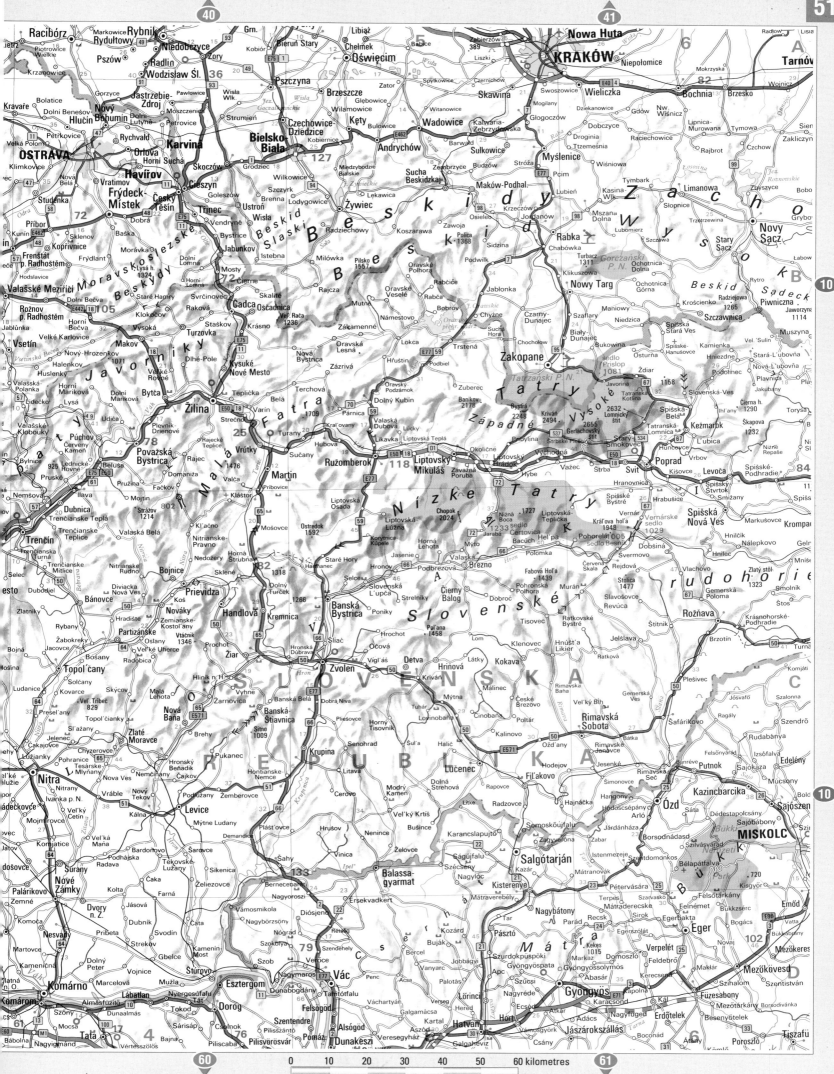

42

43

Le Pouldu
Carnoet
Landevant
Lanester
Lorient
Ploemeur
Pluvigner
Grand-Champ
Landévant
Teillay
Rougé
Châteaubriant
171
178
Renazé
Pouancé
863
775
Larmor-Plage
Groix
Port-Louis
165
Belz
Ste Anne
d'Auray
767
Elven
774
Questembert
La Gacily
E3
171
Moisdon-
la-Rivière
16
24
St-Julien-de-Vouvantes
St Mars-
la-Jaille
Le Louroux-
Béconnais
N
163
Île de Groix
781
768
Auray
166
Vannes
873
Rochefort
en Terre
177
Redon
St Nicolas
de-Redon
Derval
Guémené
Penfao
Nozay
137
Riaillé
Joué
sur-Erdre
23
La Chapelle-
Glain
Candé
St Sig
E
Carnac
La
Trinité
780
Locmariaquer
Noyalo
Muzillac
165
Allaire
773
Plessé
Nort-
sur-Erdre
Héric
A11
Ligné
Ancenis
90
Ingra
St Pierre
Quiberon
Port
Navalo
Sarzeau
165
La Roche
Bernard
Missillac
St Gildas
des-Bois
Blain
137
Bouvron
Oudon
751
A821
Varades
La Pommeraye
A
St Gildas
de-Rhuys
Herbignac
19
P.N.R.
de Brière
St
Joachim
773
Savenay
E60
165
Le Temple
de-Bretagne
La Chapelle-
sur-Erdre
178
Champtoceaux
St-Florent-
le-Vieil
752
Jallais
Quiberon
Île de Houat
774
Piriac-sur-Mer
Guérande
171
Montoir
Trignac
Donges
Orvault
NANTES
Le Loroux-Bottereau
Gesté
Beaupréau
Belle Île
Le Palais
Bangor
Île de Hœdic
La Turballe
Le Croisic
La Baule
171
St.
Nazaire
92
Paimbœuf
St Etienne
de-Montluc
277
723
St Père
en-Retz
Le Pellerin
Bouguenais
723
Vertou
178
137
149
Vallet
Montfaucon
Cholet
160
Locmaria
Le Pouliguen
Pornichet
St Marc
St Brevin-
les-Pins
Mindin
St Michel
Chef-Chef
213
Préfailles
Pornic
Arthon
Pont-
St Martin
Bouaye
Lac de
Grand-
Lieu
751
Aigrefeuille
s. Maine
Clisson
Torfou
753
La Bruffière
Mortagne
sur-Sèvre
160
La Bernerie-
en-Retz
13
758
St Philbert-
de-Grand-Lieu
60
262
937
A83
E3
Montaigu
La Gaubretière
St Laurent
sur-Sèvre
Les
Herbiers
Baie de
Bourgneuf
Bourgneuf-
en-Retz
13
Machecoul
Villevigne
Rocheservière
753
Chavagnes-
en-Paillers
763
St Fulgent
St Michel
Mont-Mercure
Noirmoutier
en-l'Île
La Guérinière
38B
758
Beauvoir-
sur-Mer
La
Garnache
Touvois
Legé
Les Lucs
sur-Boulogne
24
Belleville
sur Vie
Les
Essarts
147
137
Île de
Noirmoutier
Barbâtre
La Barre
de-Monts
22
948
Challans
753
La Ferrière
St Christophe-
du-Ligneron
Palluau
18
Le Poiré-
sur-Vie
948
978
937
160
49
St Jean
de-Monts
38
16
St Hilaire-
de-Riez
Aizenay
La Roche-
sur-Yon
La Chaize-
le-Vicomte
28
Chantonnay
Port-Joinville
Sion-sur-l'Océan
St Gilles-Croix-
de-Vie
Beaulieu-
s/s la Roche
P
Bourg-sous-
la-Roche
948
949B
Île d'Yeu
St Martin-
de-Brem
160
La Mothe-
Achard
Aubigny
Lay
949
Bournezeau
La C
St Gemme
la-Plaine
22
148
38
747
746
Mareuil-
sur-Lay
E3
Ste Hermine
B
Les Sables-
d'Olonne
13
Olonne-s/ Mer
949
Luçon
949
Nalliers
Talmont
17
Moutiers
les-Mauxfaits
Jard-s-Mer
Longeville
Angles
14
Triaize
Chaille
les Marais
Parc N
L'Aiguillon-
sur-Mer
746
La Tranche
sur-Mer
St Michel-
l'Herm
35
Marans
137
Pertuis Breton
E3
Nuaillé
d'Aunis
Ars-en-Ré
735
St Martin-
de-Ré
La Flotte
Nieul-
sur-Mer
11
Dompierre-s.-M
Île de Ré
Rivedoux
Plage
La
Pallice
La Rochelle
Aigrefeuille-
d'Aunis
33
Aytré
Pertuis
d'Antioche
Ciré
d'Aunis
St Denis
d'Oléron
Île d'Aix
Chatelaillon
Plage
137
E602
St Georges
Fouras
Roche
St Pierre
Port-des-
Barques
734
Île d'Oléron
Le Château
St Agnan
S
Bourcefranc
St Trojan
Marennes
733
728
Ronce-les-Bains
La Tremblade
Cadeuil
39
21
14
A
Pte. de la Coubre
25
St Palais-
sur-Mer
St Georg
de-Didonn
Royan
Pte. de Grave
Le Verdon-
sur-Mer
Mescher
s.-G
Soulac-s.-Mer
Gironde
215
Montalivet-
les-Bains
St Vivien du oc
Vendays-
Montalivet
Lespa

CÔTE SAUVAGE

CÔTE D'AMOUR

CÔTE DE JADE

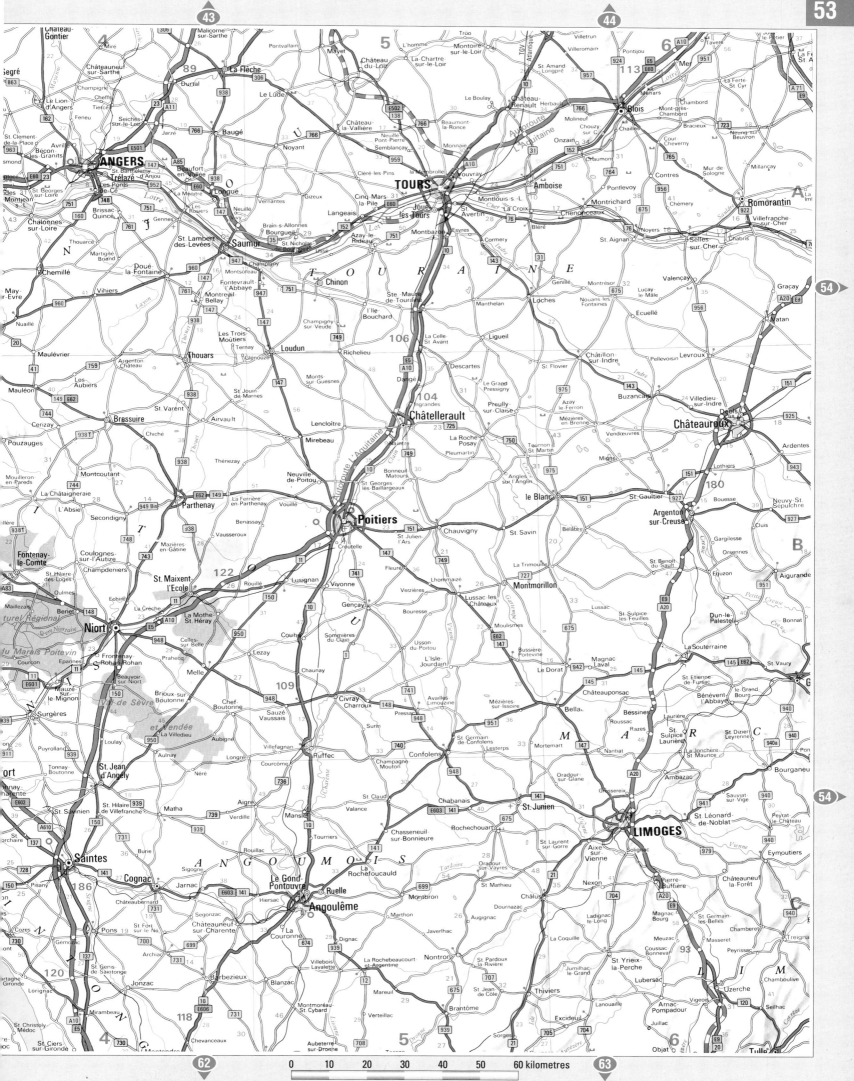

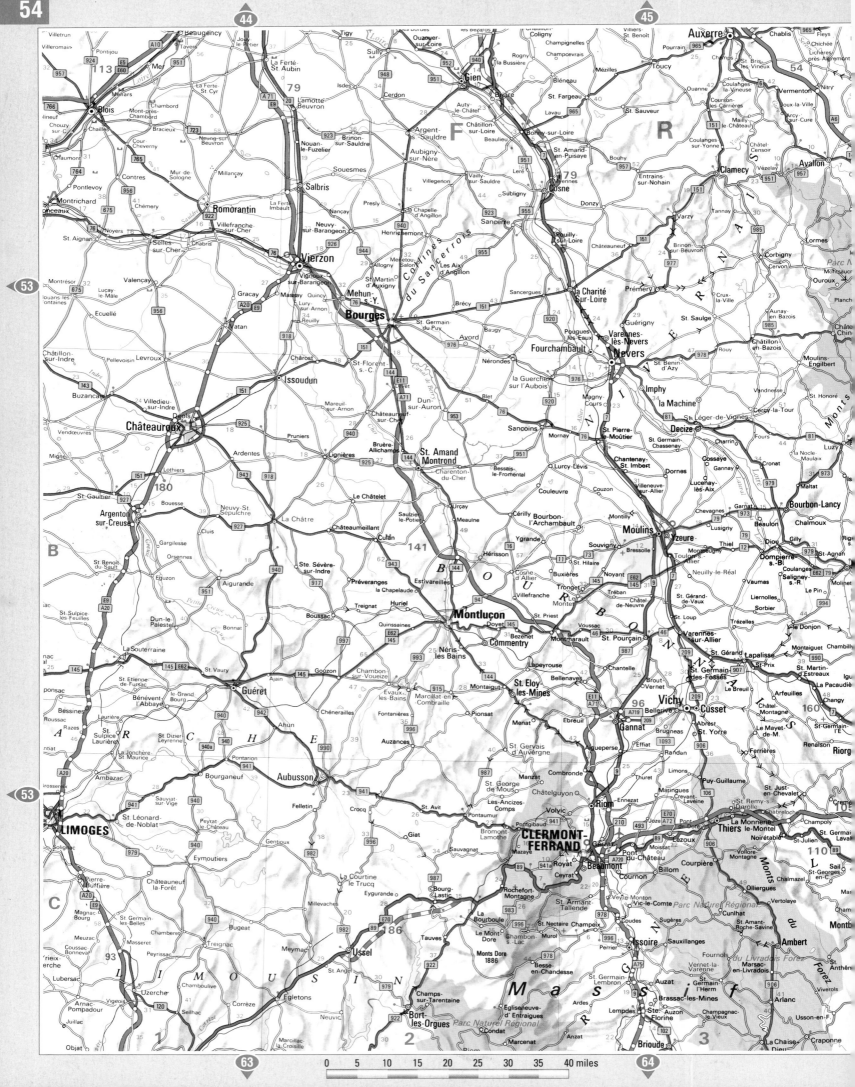

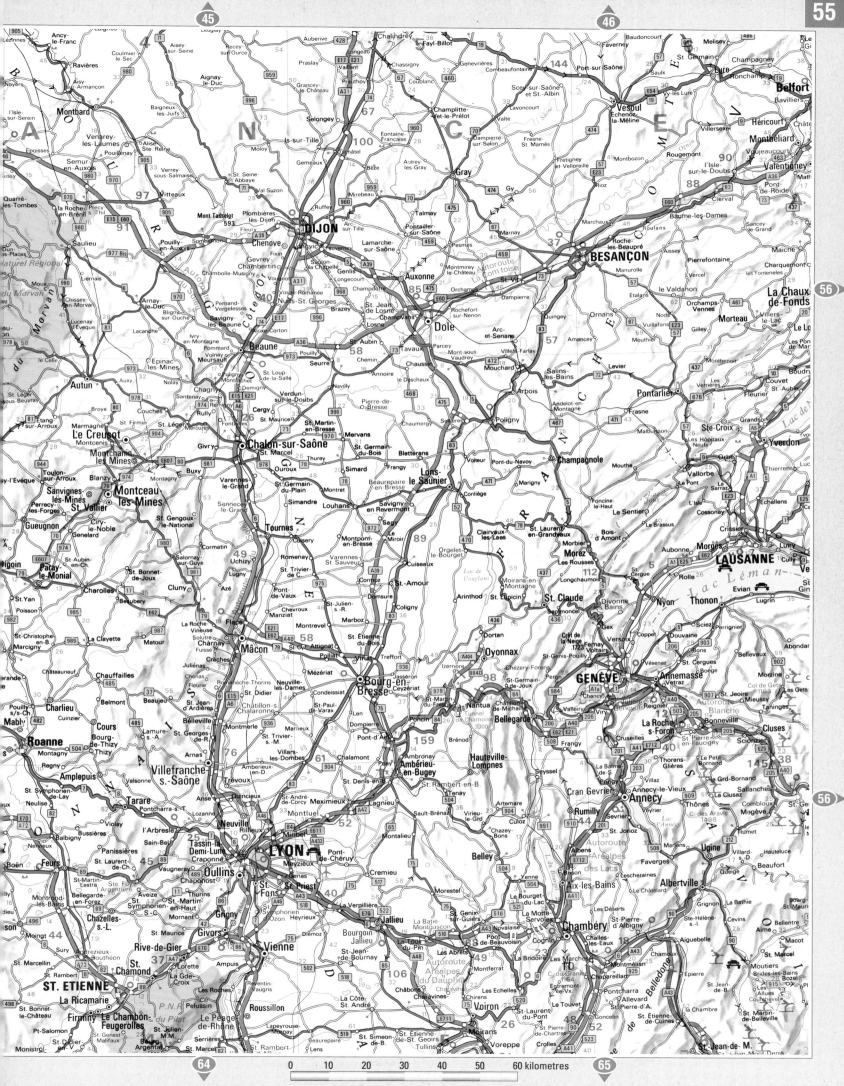

46 47

MULHOUSE

Belfort

BASEL

Schaffhausen

Neuhausen a: Rheinfall

Waldshut

Lörrach
Rheinfelden

Vesoul

Montbéliard
Sochaux

Porrentruy

Delémont

Aarau
Olten
Zofingen

Baden
Wettingen

Dietikon
Wohlen

ZÜRICH

Winterthur

Küsnacht
Thalwil
Horgen
Wädenswil

Solothurn
Grenchen

Biel
(Bienne)

La Chaux-de-Fonds

Morteau
Le Locle

Langenthal
Burgdorf

Sursee
Zug

Luzern
Emmen
Kriens

Schwyz

Neuchâtel

BERN
Köniz

Langnau

Stans

Altdorf

Pontarlier

Yverdon

Fribourg

Payerne

Thun
Spiez
Interlaken

Brienz

Meiringen

Andermatt

Göschenen

Airolo

Bulle

Gruyères

Frutigen

Grindelwald

Jungfrau
4159

Lausanne

Vevey
Montreux

Château-d'Oex
Gstaad

Nyon
Thonon

Evian

Aigle

Sion

Sierre

Brig

Visp

Domodóssola

Annemasse

Annecy

Martigny-Ville

Zermatt

Matterhorn
4482

Monte Rosa
4638

Verbania
Intra

Varese

Cluses

Chamonix

Mont Blanc
4810

Aosta

Biella

Albertville

Ivrea

Novara

Gallarate

0 5 10 15 20 25 30 35 40 miles

66 66

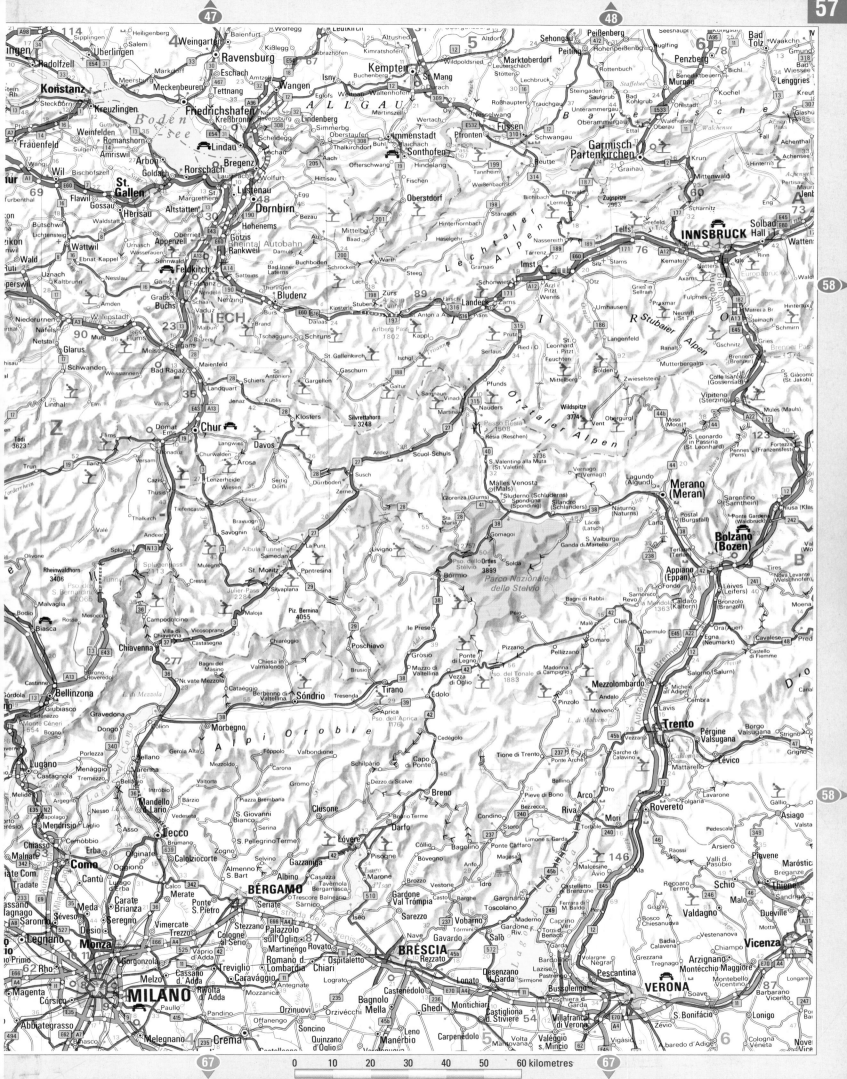

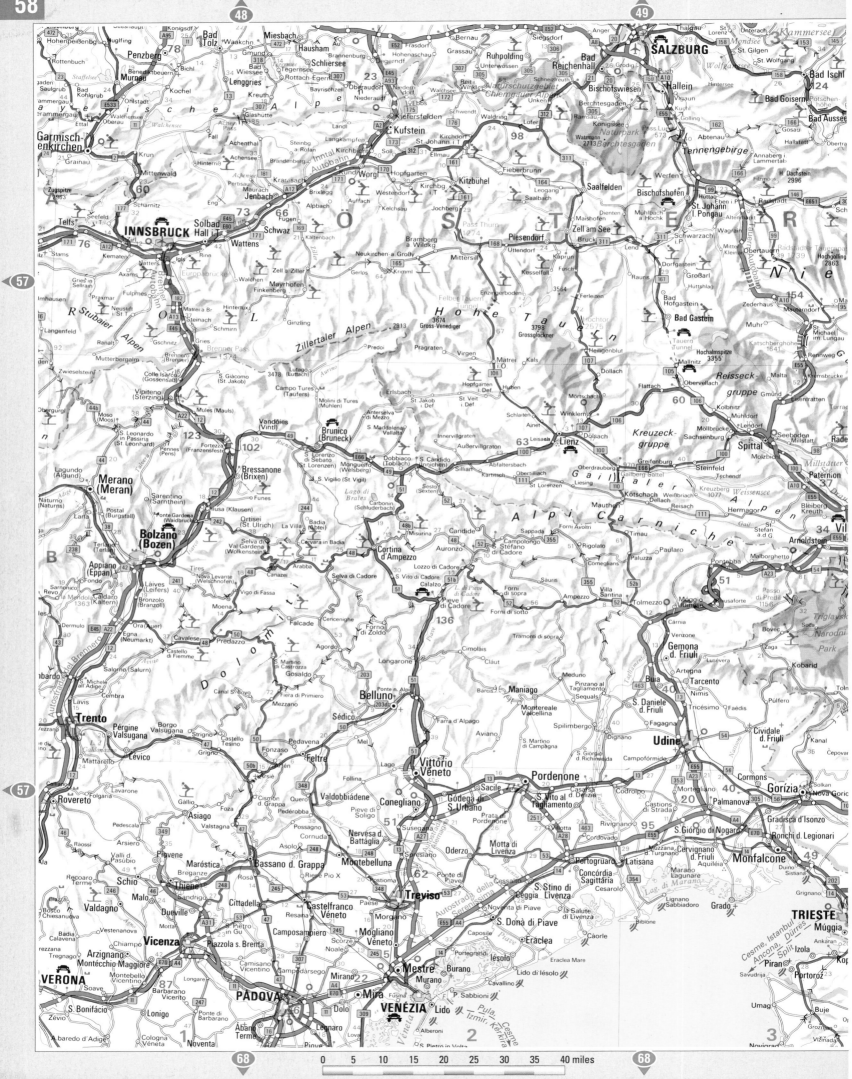

GRAZ

Klagenfurt

Maribor

Ljubljana

Zagreb

Karlovac

Leoben

Bruck a.d. Mur

Kapfenberg

Szombathely

Sopron

Neunkirchen

Fürstenfeld

Murska Sobata

Varaždin

Ptuj

Celje

Kranj

Novo Mesto

Jesenice

St. Veit

Wolfsberg

Judenburg

Knittelfeld

Fohnsdorf

Leibnitz

Deutschlandsberg

Voitsberg

Köflach

Gratkorn

Frohnleiten

Mürzzuschlag

Kindberg

Eisenerz

Liezen

Admont

Windischgarsten

Totesgebirge

Sengsengebirge

Ennstaler Alpen

Hochschwab

Eisenerzer Alpen

Rottenmanner Tauern

Wolzer Tauern

Seetaler Alpen

Karawanken

Savinjske Alpe

Julijske Alpe

Pohorje

Gorjanci

Medvednica

Ivanščica

SLOVENIJA

Triglav 2864

Ssüd Autobahn

Pyhrn Autobahn

Murau

Tamsweg

Friesach

Straßburg

Feldkirchen i. K.

Velden

Villach

Postojna

Idrija

Kočevje

Ribnica

Trbovlje

Zagorje

Hrastnik

Laško

Velenje

Slovenjgradec

Ravne

Dravograd

Bleiburg

Völkermarkt

Ferlach

Radovljica

Bled

Kamnik

Domžale

Škofja Loka

Opatija

Sisak

Petrinja

Samobor

Velika Gorica

Dugo Selo

Trofaiach

St. Michael

Zeltweg

Pölstal

Weiz

Hartberg

Fehring

Feldbach

Bad Gleichenberg

Gleisdorf

Furstenfeld

Güssing

Oberwart

Pinkafeld

Friedberg

Aspang

Gloggnitz

Ternitz

Mariazell

Kapellen

Wartberg

Turnau

Thörl

Mürzsteg

Schwarzau

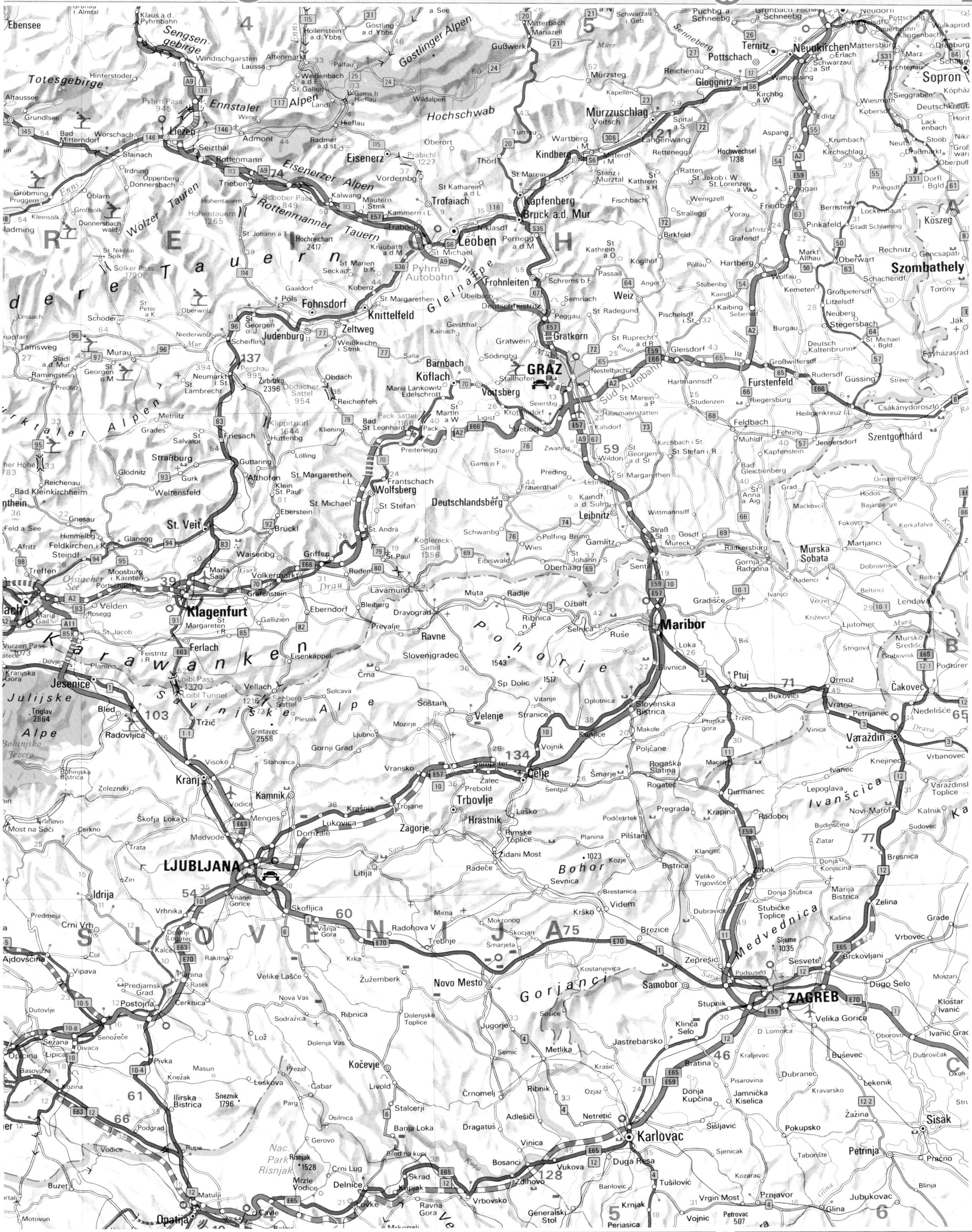

0 10 20 30 40 50 60 kilometres

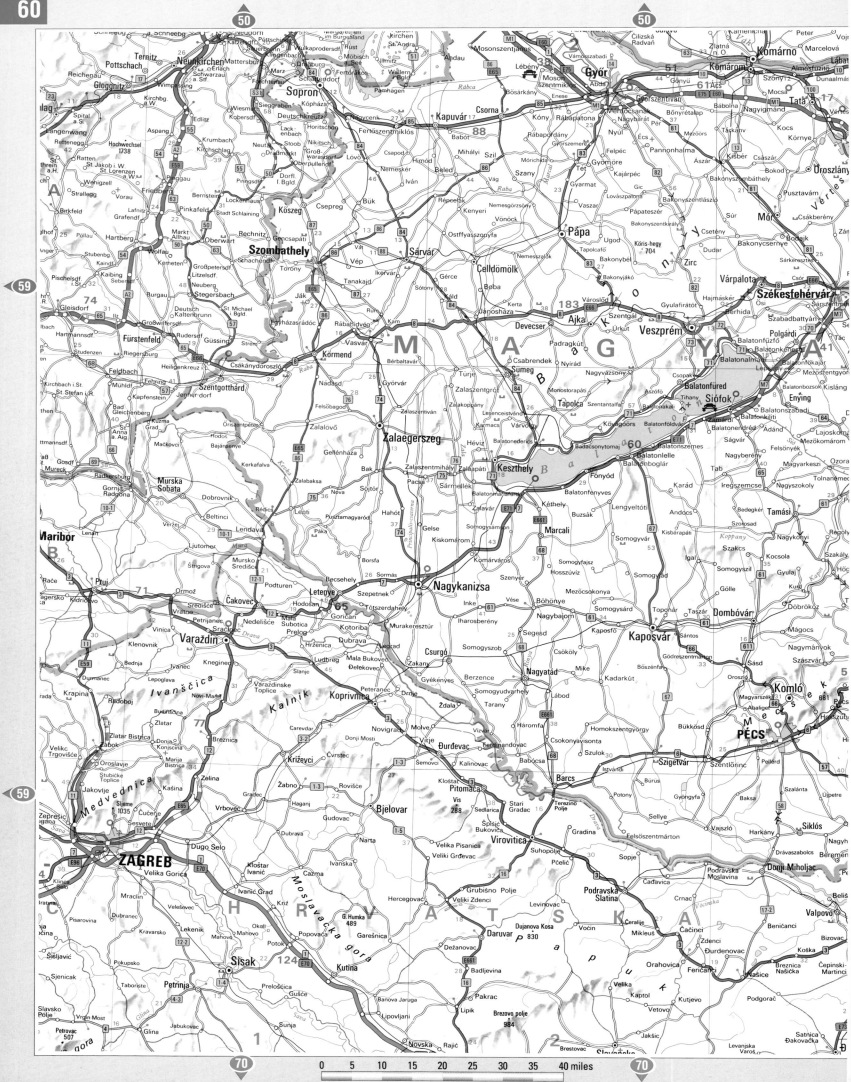

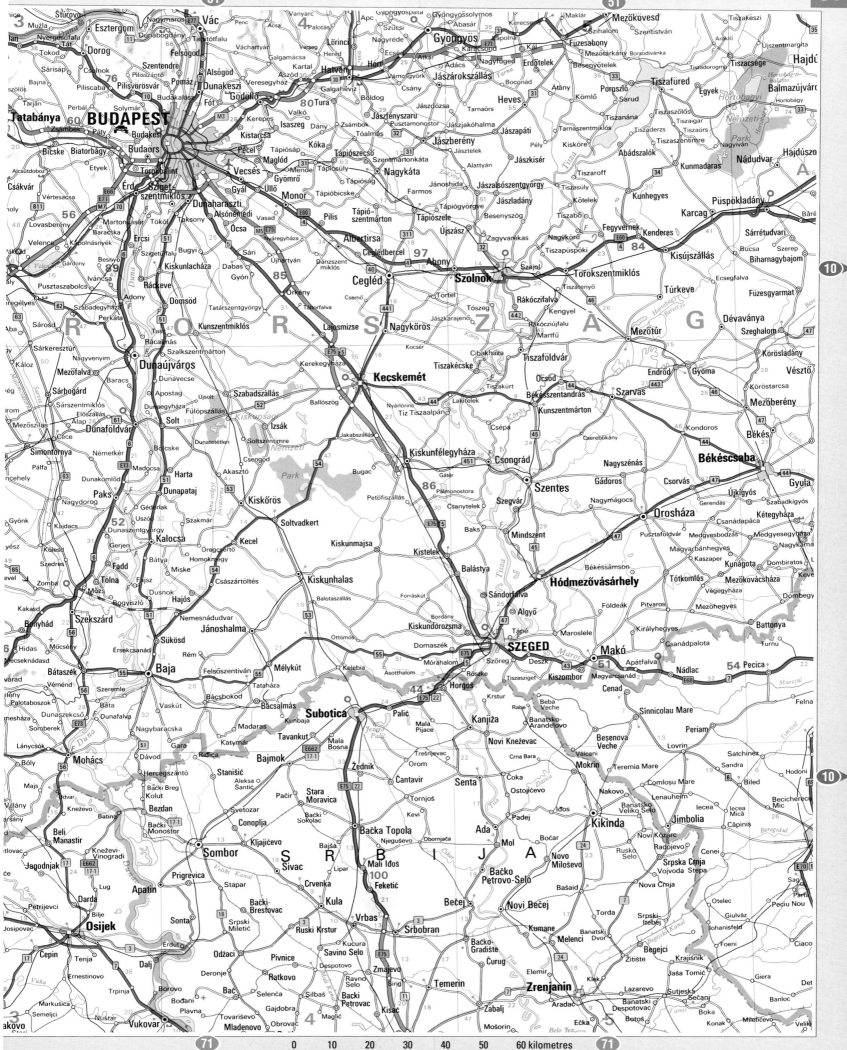

1   2

A

B

C

BORDEAUX

Pessac · Gradignan · Villenave-d'Ornon · Mérignac · St Médard-en-Jalles

Libourne · St André-de-Cubzac · Blaye · Pauillac · Lesparre-Médoc · Hourtin

Arcachon · La Teste · Gujan-Mestras · Biganos · Andernos-les-Bains · Lanton · Audenge · Arès

Cap Ferret · Pyla-sur-Mer · Cazaux

Biscarosse · Biscarosse-Plage · Parentis-en-Born · Sanguinet · Le Muret · Mano · Belin · Belhade · Hostens · Bazas

Mimizan · Mimizan-Plage · Labouheyre · Commensacq · Trensacq · Luxey · Sore · Liposthey · Pissos · Moustey · Sabres · Labrit · Morcenx

Contis-Plage · Lit-et-Mixe · Mézos · St Julien en Born · Onesse-et-Laharie · Cap-de-Pin · Roquefort

St Girons · St Girons-Plage · Souquet · Rion-des-Landes · Castets · Léon · Ygos-St-Saturnin · St Justin · Gabarret · Lapeyrade

Mont-de-Marsan · Villeneuve-de-Marsan · Tartas · Meilhan · Souprosse · Grenade-sur-l'Adour · Le Houga · Nogaro · Eauze

Vieux-Boucau · Azur · Magescq · St Paul · Mugron · St Sever · Aire-sur-l'Adour · Riscle · Manciet

Hossegor · Soorts · Tosse · Soustons · **Dax** · Montfort-en-Chalosse · Pomarez · Hagetmau · Samadet · Geaune

Capbreton · Labenne · St Vincent-de-Tyrosse · St Geours-de-Maremne · St Lon-les-Mines · Puyoô · Tilh · Amou · Sarron · Garlin

Boucau · Tarnos · Peyrehorade · Port-de-Lanne · Habas · Sault-de-Navailles · Arzacq-Arraziguet

Biarritz · **Anglet** · **Bayonne** · Bidart · Guéthary · St Jean-de-Luz · Ustaritz · Bidache · Salies-de-Béarn · Orthez · Arthez · Lacq · Mourenx Ville-Nouvelle · Lagor · Artix

St Pée · Espelette · Cambo-les-Bains · Hasparren · Sauveterre · Escos · Navarrenx · Monein · **Pau** · Jurançon · Bizanos · Assat · Nay · **Tarbes**

DONOSTIA-SAN SEBASTIÁN · Fuenterrabia · Irún · Hendaye · Béhobie · Pasajes · Rentería · Oyarzun · Hernani · Andoain · Lasarte · Urnieta · Ascain · Sare · Vera de Bidasoa · Lesaca · Urdax · Mauléon-Licharre · Oloron-Ste-Marie · Gan · Lourdes

Lequeitio · Ondárroa · Motrico · Deva · Zumaya · Guetaria · Zarauz · **Eibar** · Elgóibar · Placencia · Azcoitia · Azpeitia · Régil · Tolosa · Villabona · Villafranca de Oria · Beasain · Goizueta · Zubieta · Elizondo · Maya de Baztán · St Jean-Pied-de-Port · Arette · Aramits · Accous · Laruns · Eaux-Bonnes · Argelès-Gazost

Vergara · Zumárraga · Oñate · Aranzazu · Idiazábal · Cegama · Ataun · Alsasua · Betelu · Leiza · Olagüe · Roncesvalles · Burguete · Valcarlos · Pic d'Anie 2504 · Pic d'Orhy 2015

CÔTE DES LANDES · CÔTE D'ARGENT · CÔTE BASQUE

Parc Naturel Régional des Landes de Gascogne

Étang de Lacanau · Lac d'Hourtin-Carcans · Étang de Cazaux et de Sanguinet · Étang de Biscarosse et de Parentis

Autoroute de la Côte Basque

0 5 10 15 20 25 30 35 40 miles

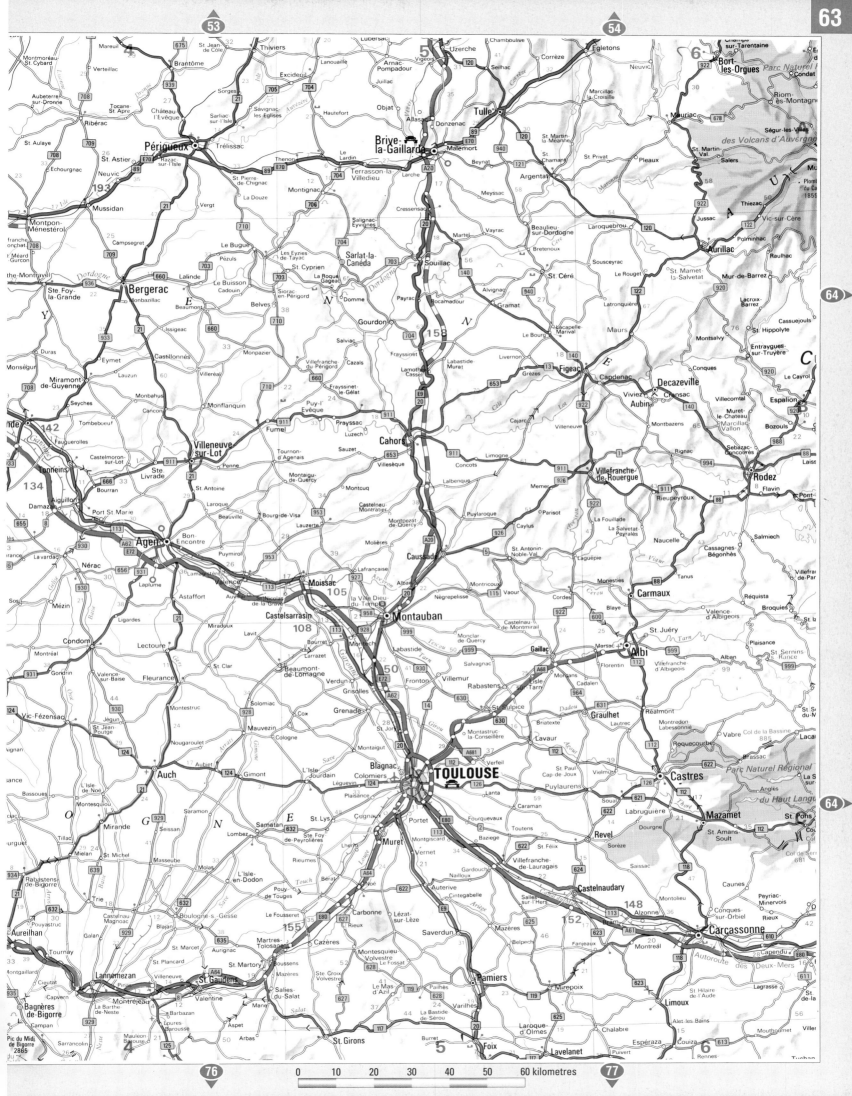

0   10   20   30   40   50   60 kilometres

St. Etienne

Massif Central

Parc Naturel Régional des Volcans d'Auvergne

Bort-les-Orgues
Mauriac
Murat
Aurillac
St. Flour
Langeac
Le Puy-en-Velay
Yssingeaux
Brioude
Aubenas
Mende
St. Chély-d'Apcher
Marvejols
Figeac
Decazeville
Rodez
Villefranche-de-Rouergue
Millau
Séverac-le-Château
Florac
Méjean
Parc National des Cévennes
La Grand-Combe
Alès
Uzès
Carmaux
Albi
St. Affrique
Lodève
Nîmes
Beaucaire
Castres
Mazamet
Parc Naturel Régional du Haut Languedoc
Montpellier
Lunel
St. Gilles
Revel
Castelnaudary
Bédarieux
Pézenas
Béziers
Sète
Frontignan
Carcassonne
Narbonne
Limoux
Sigean

Côte d'Améthyste

Parc Naturel de Camargue

55
56

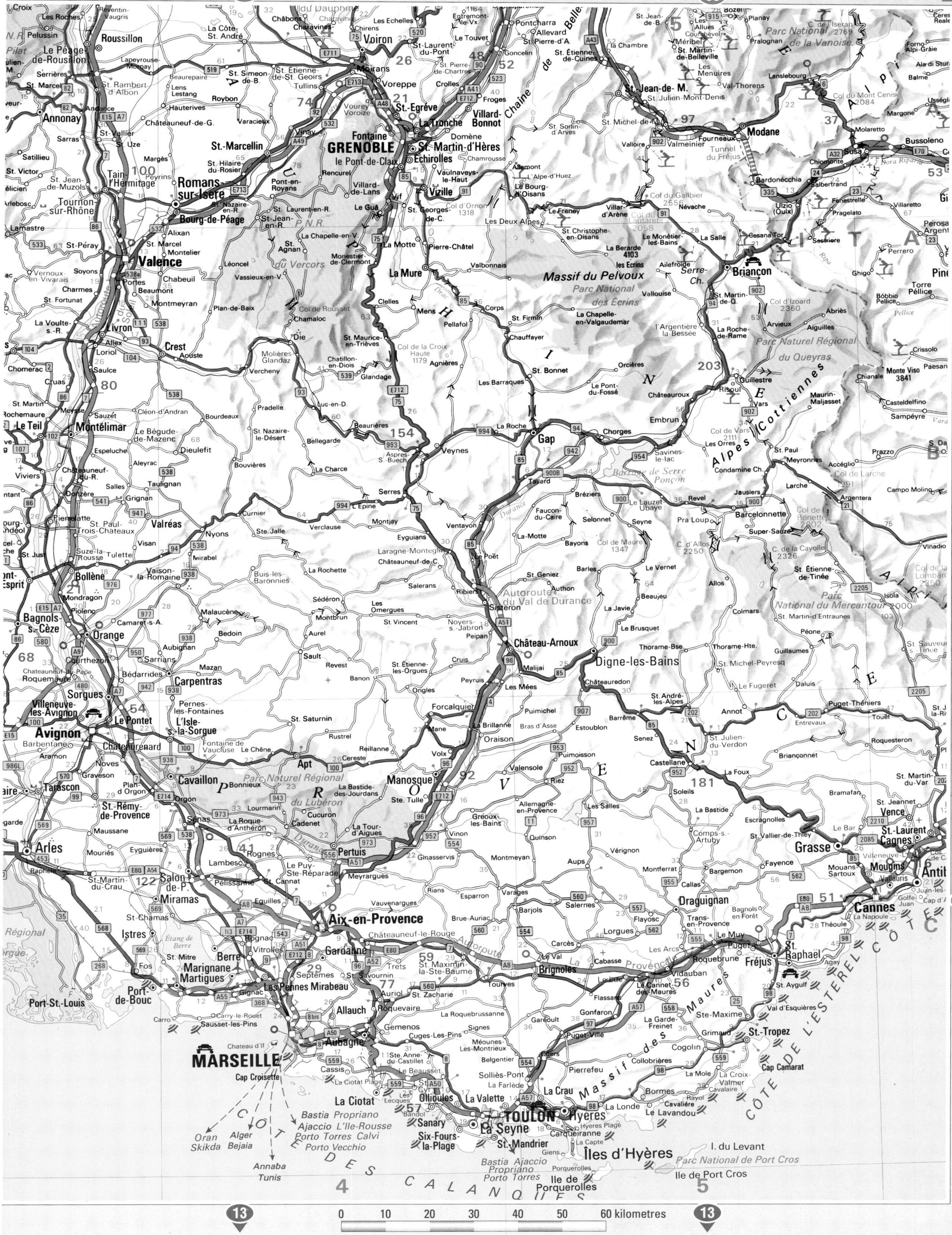

66
66
13
13

56 56 
65 65 65

Parc National de la Vanoise
Parc Naturel Régional du Queyras
Parc National du Mercantour
Alpes Cottiennes
Alpi Graie
Alpi Marittime

FRANCE

TORINO
GÉNOVA
NICE
MONACO
Vercelli
Novara
Pavia
Voghera
Asti
Alessándria
Tortona
Savona
San Remo
Impéria
Cannes
Grasse
Antibes
Vigévano

Modane
Susa
Bussoleno
Bardonecchia
Briançon
Argentière
Guillestre
Barcelonnette
Cúneo
Mondovi
Fossano
Saluzzo
Savigliano
Carmagnola
Pinerolo
Rivoli
Collegno
Moncalieri
Nichelino
Chieri
Chivasso
Settimo Torinese
Venaria Reale
Caselle Torinese
Lanzo Torinese
Ciriè
Giaveno
Bra
Alba
Acqui Terme
Canelli
Nizza Monferrato
Casale Monferrato
Mortara
Garlasco
Novi Ligure
Serravalle Scrivia
Gavi
Ovada
Bolzaneto
Pegli
Voltri
Arenzano
Varazze
Celle Ligure
Albisola Marina
Vado Ligure
Spotorno
Noli
Finale Ligure
Loano
Pietra Ligure
Albenga
Alássio
Laiguéglia
Diano Marina
Porto Maurízio
Taggia
Bordighera
Ventimiglia
Menton
Monte Carlo
Villefranche
Cagnes
Vallauris
Mougins
St-Raphael
Fréjus
St-Tropez
Vence
St-Martin-Vésubie
Tende
Breil
Sospel
Dolceácqua

Monte Viso 3841
Punta Marguareis 2651
Colle di Tenda
Col du Mont Cenis 2084
Col d'Izoard 2360
Col de la Bonette 2802
Col de Larche 1991
Col de la Cayolle 2326
Col de la Lombarde 2350

Golfo di Génova

Autostrada dei Vini
Autostrada dei Trafori
Autostrada dei Fiori

CÔTE D'AZUR
CÔTE DE L'ESTEREL

Barcelona
Tunis, Olbia, Porto Torres, L'Ile Rousse
Palermo
Bastia
Ajaccio, Calvi
L'Ile Rousse, Propriano

0 5 10 15 20 25 30 35 40 miles

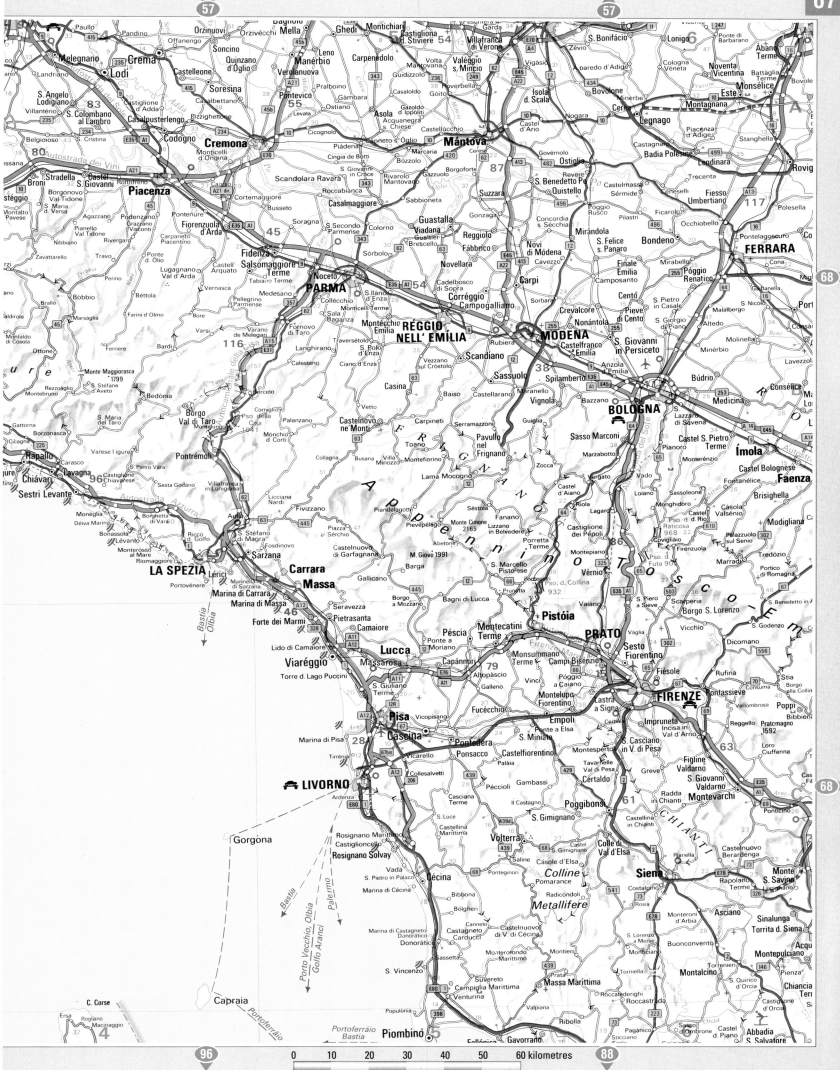

70
70

Buzet · Mrzle Vodice · Skrad · Delnice · Kupjak · Zdihovo · Bajnovic · Tušilović · Kozarac · Blinja
Opřtalj · Matulji · Lovke · Ravna Gora · Vrbovsko · Generalski Stol · Krnjak · Vrgin Most · Prnjavor · Glina · Jutukovec
Motovun · Opatija · Pavle · Baker · Mrkopalj · Ogulin · Tounj · Perjasica · Vojnic · Petrovac 507 · Miholjsko · Topusko · Gornji Klasnić · Dragotina · Prevršac
Vranja · Lovran · RIJEKA (FIUME) · Bijela Lasica 1533 · Jasenak · Josipdol · Poloj · Veljun · Primišlje · Maljevac · Velika Kladuša · Vinograd · Gvozdansko · Medumajdan
Pazin · Susnjevica · Kraljevica · Višečica 1428 · Drežnica · Brinje · Ličke Jesenice · Saborsko · Cetin Grad · Slunj · Mala Kladuša · Krakača · Mrazovac · Bosanski Novi
Kršan · Moščenička Draga · Omišalj · Krk · Novi Vinodolski · Žutu Lovka · Plaški · Plavča · Rakovica · Drežnik-Grad · Cazin · Zmajevac · Ostrošovac · Bosanska Krupa
Plomin · Brestova · Porozina · Malinska · Crikvenica · Bribir · Senj · Otočac · Vrhovine · Plitvice · Plitvička Jezera · Titova Korenica · Otoka · Dubovik
Labin · Svetvinčenat · Krk · Selce · Šilo · Dragozetica · Punat · Baška · Švica · Krasno · Leščе · Bihać · Ripač · Gudavac
Barban · Rabac · Mihohnić · Čupina · Jurjevo · Konačišta 1494 · M. Bajnac 1699 · Gornji Kosinj · Perušić · Bunić · Zavalje · Melinovac · Krnjeuša · Nebljusi
Pula · Medulin · Cres · Prvić · Sv. Grgur · Lukovo · Stari Grad · Lipovo Polje · Donje Pazarište · Klanac · Lički Osik · Podolac · Donji Lapac · Borićevac · Osječenica 1795
Premtura · Vrana · Belej · Goli · Jablanac · Lun · Novalja · Karlobag · Lukovo Šugorje · Bušane · Gospić · Ribnik · Udbina · Kulenvakuf · Vrtoče
Martinščica · Osor · Nerezine · Čunski · Rab · Prizna · Cesarica · Brušane · Medak · Gornja Ploča · Raduč · Mazin · Kremen 1591 · Bruvno · Donji Srb · Drvar
Lošinj · Mali Lošinj · Veli Lošinj · Ilovik · Pag · Skarda · Maun · Pag · Košljun · Barić Draga · Kruščica · Vaganjski Vrh 1758 · Sv. Rok · Gračac · Bukovi vrh 1401 · Kučina Kosa 1443
Silba · Olib · Ist · Vir · Povljana · Ražanac · Nac. Park Paklenica · Jasenice · Žegar · Plavno · Strmica · Resanovci
Premuda · Škrda · Molat · Sestrunj · Privlaka · Nin · Starigrad-Paklenica · Posedarje · Novigrad · Obrovac · Zrmanja-Vrelo · Kupirovo
Rivanj · Petrčane · Poličnik · Poljak · Murvica · Medvide · Mokro Polje · Padene · Knin · Vrlika
Ancona · Božava · Ugljan · Zadar · Preko · Zemunik · Benkovac · Macure · Kistanje · Karalić · Siveric · Umljan
Dugi Otok · Bibinje · Sukošan · Miranje · Devrske · Ervenik · Oklaj · Drniš
Pašman · Sali · Pašman · Turanj · Biograd · Pakoštane · Stankovici · Bribir · Drniš
Žut · Tkon · Crvena Luka · Vransko jez. · Mala Cista · Skradin · Gulin · Planjane · Nevest
Kornat · Murter · Pirovac · Tijesno · Proklajansko jez. · Vodice · Šibenik · Kladnjice
Kaprije · Kakan · Vodice · Zlarin · Krapanj · Ledevica
Kurba · Žirje · Zablaće · Primošten · Boraja · Kaštel Stari
Rogoznica · D. Seget · Marina · Trogir · Čiovo
Mali Drvenik · Veliki Drvenik · Maslinica · Grohote · Šolta
Vis · Svetac · Komiža · Bisevo · Viski kanal

S Benedetto del Tronto · Grottammare · Cupra Marittima · Pedaso · Fermo · Porto S. Giorgio · Lido di Fermo · S. Elpidio a Mare · Porto S. Elpidio · Civitanova Marche · Civitanova Alta · Porto Potenza Picena · Recanati

S T R I A · Kvarner · Kvarnerić · Velebitski kanal · Velebit · Virsko more · Zadarski kanal · Ravni kotari · Bukovica · Zrmanja · Krka · Splitski k. · Viski kan.

VELIKA KAPELA · MALA KAPELA · VELEBIT · DINARA · Petrova Gora · Zrinska Gora · Grmeč

0 10 20 30 40 50 60 kilometres

BOSNA-

HERCEGOVINA

Split · Šibenik · Mostar · Banja Luka · Slavonski Brod · Doboj · Zenica · Sarajevo

Zrinska gora · Kozara Nac. Park · Prosara · Borja planina · Vranica · Cincar · Čvrsnica · Prenj · Bjelašnica · Treskavica · Dinara

Velika Kladuša · Vrgin Most · Glina · Jabukovac · Dragotina · Gornji Klasnić · Žirovac · Gvozdansko · Varoška Rijeka · Dvor · Mrazovac · Bosanski Novi · Bosanska Kostajnica · Bosanska Dubica · Orahovo · Vrbaška · Bosanska Gradiška · Nova Topola · Laktaši

Petrovac 507 · Glina · Sunja · Novska · Rajić · Okučani · Cernik · Brestovac · Slavonska Požega · Pleternica · Ruševo · Đakovačka · Đako

Lipik · Brezovo polje 984 · Nova Gradiška · Staro Petrovo Selo · Bátrina · Brodski Stupnik · Sibinj · Andrijevci · Velika Kopanica

Slavonski Brod · Novo Selo · Donja Dubica · Bosanski Šamac · Odžak · Polje · Modriča · Gradačac

Turija · Bosanska Krupa · Otoka · Agići · Ljubija · Prijedor · Kozarac · Lisina 978 · Kozara 847 · Ivanjska

Bihać · Ripač · Gudavac · Stari Majdan · Stratinska · Bistrica · Banja Luka · Jagare · Čelinac · Šnjegotina · Maslovare · Borci · Derventa · Kulina · Podnovlje · Botajica

Kremen 1591 · Bruvno · Donji Lapac · Kulen Vakuf · Osječenica 1795 · Kolunić · Bosanski Petrovac · Jasenovac · Ključ · Gornje Ratkovo · Cađavica · Krupa · Javorani · Kotor Varoš · Teslić · Tešanj · Maglaj · Žepče · Zavidovići · Ozimica · V. Ostravica 917 · Mirićina

Gračac · Donji Srb · Drvar · Kupirovo · Klecovača 1961 · Mrkonjić Grad · Barevo · Jezero · Jajce · Vrbljani · Šipovo · Baraći · Očauš 1383 · Borja planina · Manjača 1360 · Tvrtkovac 1304 · Vranduk · Banovići

Ervenik · Plavno · Strmica · Bosansko Grahovo · Preodac · Rore · Šator 1872 · Vitorog 1907 · Turbe · Travnik · Tetovo · Zenica · Lipnica 1458 · Vareš · Kakanj · Zgošća · Busovača · Breza

Mokro Polje · Knin · Vrbnik · Kijevo · Kozanci · Golja 1891 · Glamoč · Donji Vakuf · Kruščica · Bugojno · Kupres 1593 · Fojnica · Gromiljak · Visoko · Kiseljak · Kreševo · Vogošća · SAR

Kistanje · Oklaj · Vrlika · Troglav 1913 · Priluka · Livno · Gornji Vakuf · Idovac 1956 · Rumboci · Prozor · Makljen 1123 · Lisin 1744 · Tarčin · Hadžići · Hrasnica

Skradin · Siverić · Drniš · Kričke · Kljake · Svilaja 1509 · Hrvace · Obrovac Sinjski · Konj 1849 · Podhum · Prisoje · Duvno · Jezero Šćit · Jablanica · Ostrožac · Konjic · Bradina · Bjelašnica 2067

Šibenik 155 · Krapanj · Primorski Dolac · Planjane · Muć · Sinj · Brnaze · Kamensko · Aržano · Midena 907 · Ljubuša · V. Vran 2074 · Čvrsnica · Blidinje Jezero · Kom 1779 · Kalinovik

Nevest · Prapatnica · Kaštel Stari · Klis · Solin · Dugopolje · Trilj · Ugljane · Blato · Studenci · Vir · V. Vlajna 1780 · Posušje · Glavatičevo · Obalj

Mali Drvenik · Veliki · Šolta · Trogir · Čiovo · SPLIT · Krilo · Gata · Krčko · Lovreč · Grabovac · Imotski · Sovići · Kočerin · Vrapčići · Mostar · Čivan · Ulog 2039

Zadar · Ancona · Trieste · Splitski kanal · Brački kanal · Dugi Rat · Omiš · Brela · Baška Voda · Zagvozd · Posušje · Broćanac · Grude · Drinovci · Lištica · Potoci · Brasina 1897 · Kifino Selo · Nevesinje

Hvarski kanal · Milna · Nerežišća · Supetar · Postira · Selca · Sumartin · Makarska · Tučepi · Podgora · Kozica · Vrgorac · Vitina · Ljubuški · Blagaj · Čitluk · Buna · Snijeznica 1262

Viski kanal · Brač · Bol · Starigrad · Hvar · Jelsa · Drvenik · Gradac · Crveni Grm · Čapljina · Tasovčići · Stolac · Bjelašnica · Baba 1737

Komiža · Vis · Šćedro · Korčulanski kanal · Sv. Ilija 961 · Kučišće · Trpanj · Ploče · Komin · Metković · Gabela · Deranske Jezero · Bregava · Zovi Do

Vela Luka · Blato · Korčula · Orebić · Opuzen · Neum · Hutovo · Kobilja glava 1419 · Vid

0 5 10 15 20 25 30 35 40 miles

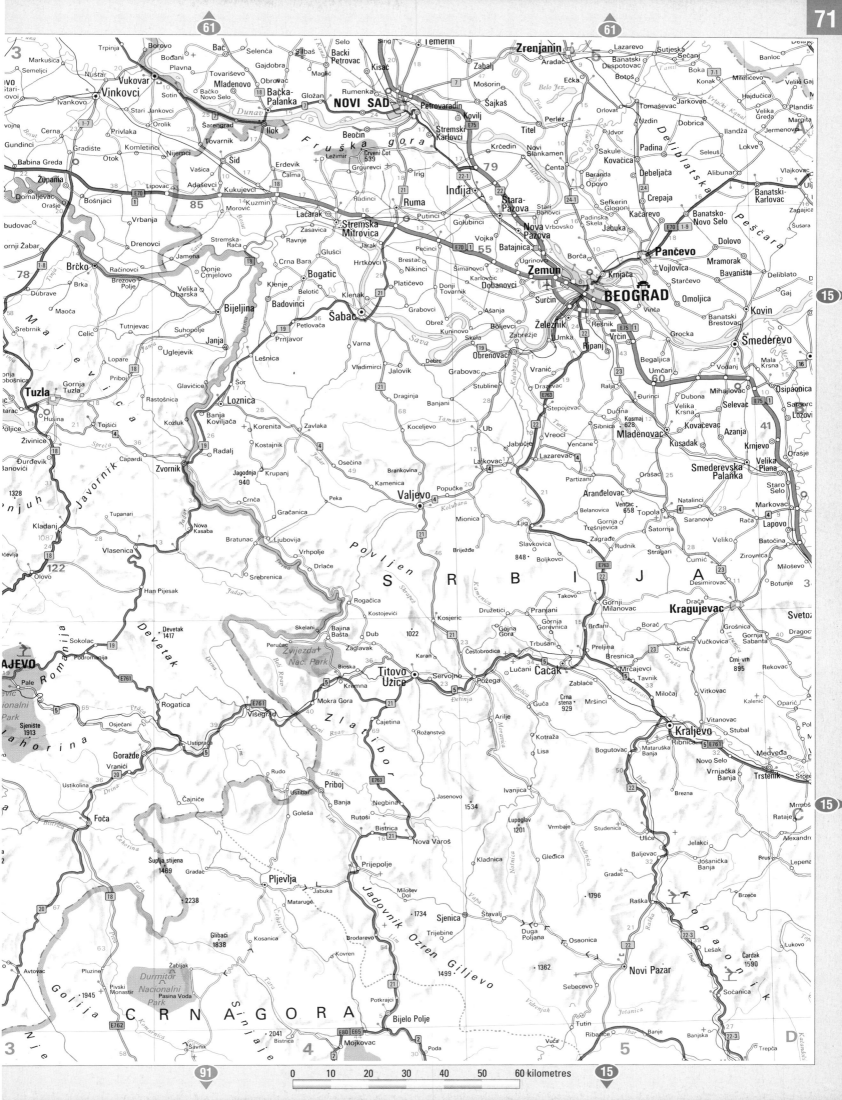

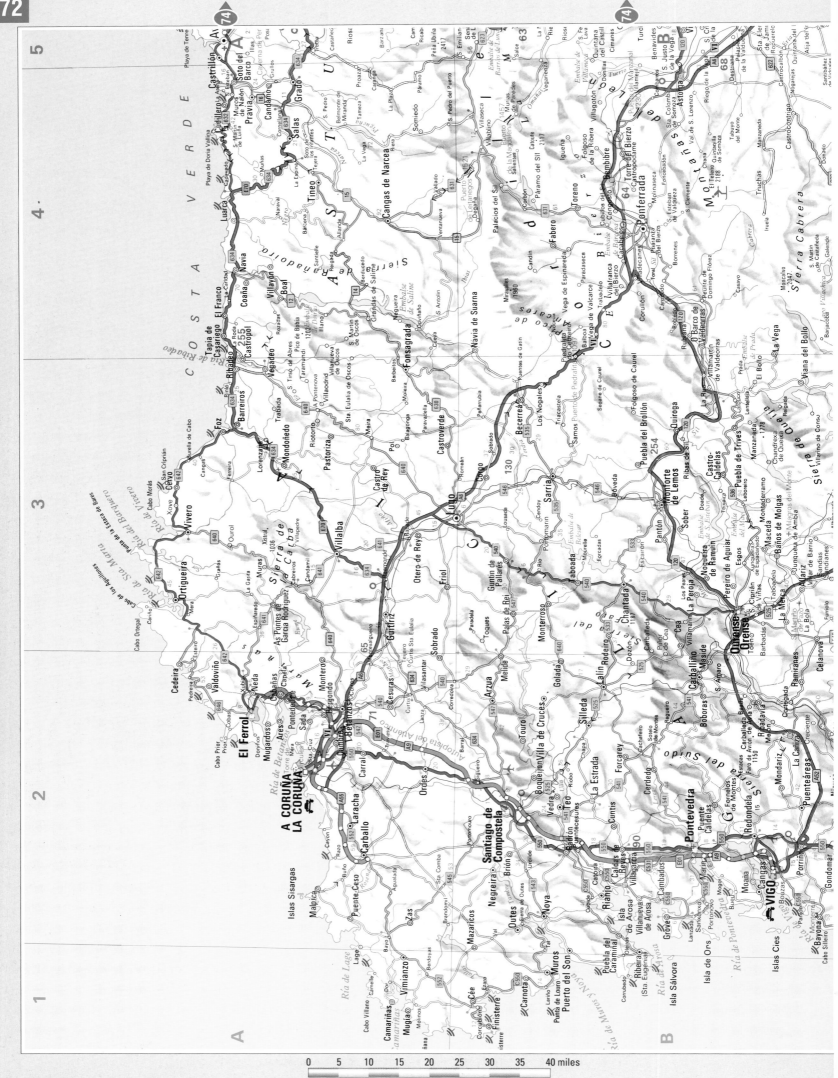

0 5 10 15 20 25 30 35 40 miles

PORTO, Braga, Guimarães, Vila Real, Bragança, Chaves, Mirandela, Viana do Castelo, Aveiro, Coimbra, Guarda, Ciudad Rodrigo, Covilhã, Viseu, Lamego, Penafiel, Felgueiras, Amarante

0 10 20 30 40 50 60 kilometres

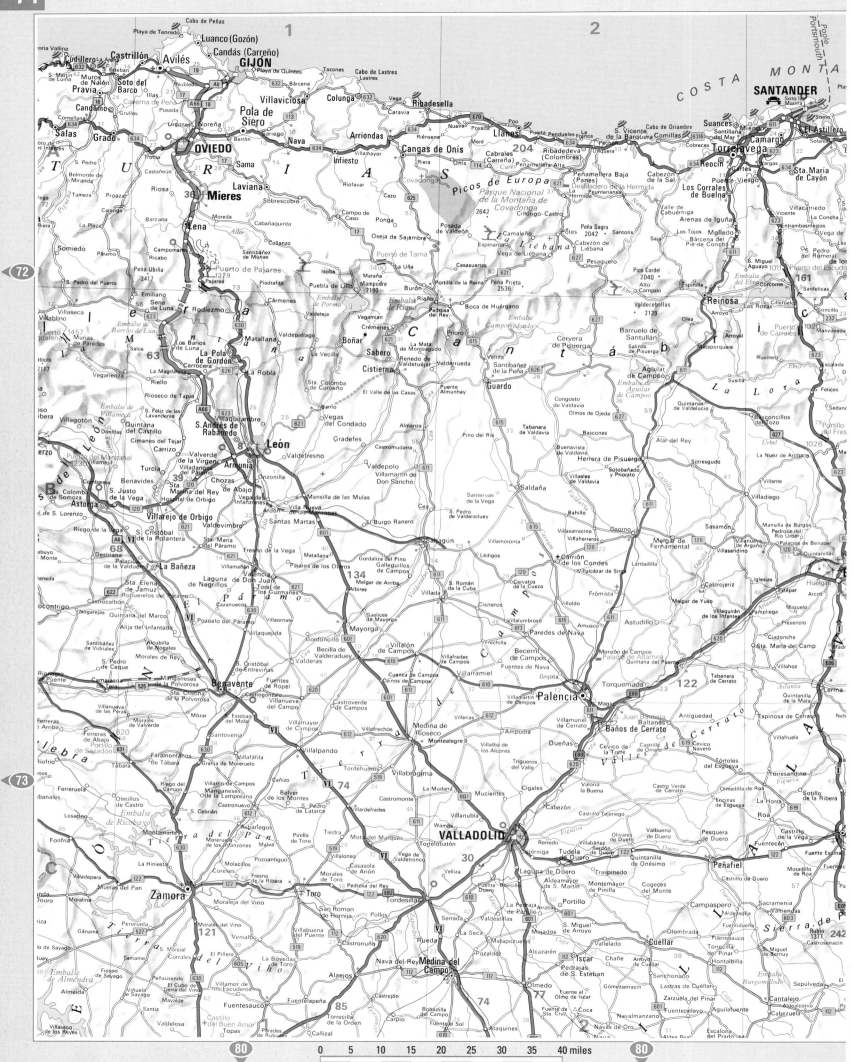

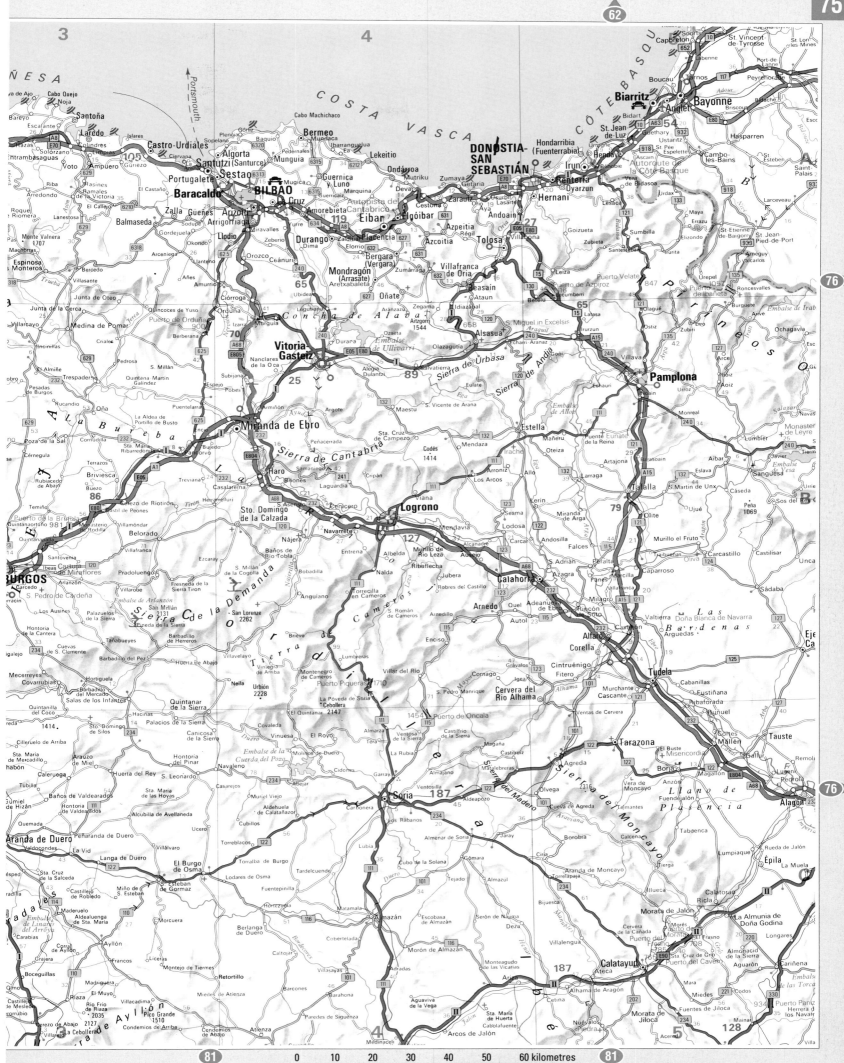

Pyrineos Occidentales

Pamplona
Lourdes
Bagnères-de-Bigorre
St-Gaudens
Montréjeau
Parc National des Pyrénées
Jaca
Sabiñánigo
Huesca
Barbastro
Monzón
Binéfar
Balaguer
Lleida-Lérida
Fraga
Ejea de los Caballeros
Tudela
ZARAGOZA
Autopista del Nordeste
Caspe
Mequinenza
Los Monegros
Sierra de Alcubierre
Alcañiz
Andorra
Montalbán
Daroca
Calamocha
Monreal del Campo
Tortosa
Amposta

Parque Nacional del Valle de Ordesa
Embalse de Mequinenza
Embalse de Ribarroja

0 5 10 15 20 25 30 35 40 miles

63 64 6

Mazeres
Ste Croix Volvestre
Salies-du-Salat
Le Mas d'Azil
Pamiers
Mirepoix
Limoux
Thézar
Lagrasse
St Laurent-de-la-Cabrerisse
Gruissan
Port-la-Nouvelle

119
623
611
E15
Durban Corbières
Les Cabanes-de-Lapalme

St Girons
Burret
Foix
Nalzen
Lavelanet
Laroque-d'Olmes
Chalabre
Espéraza
Quillan
Couiza
Rennes-les-Bains
St Hilaire-de-l'Aude
Alet-les-Bains
Bélesta
Mouthoumet
Villeneuve
Tuchan
Paziols
Maury
Leucate
Les Cabanes-de-Fitou
Autoroutes la Catalane

117
627
20
179 Saurat
Pic des 3 Seigneurs 2199
Tarascon-sur-Ariège
Ussat-les-Bains
Les Cabannes
Vicdessos
Ax-les-Thermes
Formiguères
2471
Sournia
Estagel
Millas
Rivesaltes
Le Barcarès
St Laurent-de-la-Salanque

Pic de Montvalier 2839
Salau
Pic de Montcalm 3141
Tabescán
Pic Carlit 2921
Col de Puymorens 1915
Font-Romeu
Olette
Prades
Vinca
Vernet-les-Bains
Mt.Canigou 2785
Perpignan
Canet-Plage
Elne
Argelès
Côte Vermeille

El Serrat
Ordino
ANDORRA
Encamp
Andorra-la-Vella
Les Escaldes
St Julia de Loria
Puigcerdá
Bourg-Madame
Saillagouse
Col de la Perche
Amélie-les-Bains-Palalda
Arles
Céret
Le Boulou
Le Perthus
Port Vendres
Cap Béar
Banyuls-s-Mer
Cèrbere
Port Bou

Parque Nacional de Aigües Tortas y Lago de San Mauricio
Esterri de Aneu
Sort
Llavorsi
Seo de Urgel
La Cerdaña
Pirineos Orientales
La Molina
Bellvèr de Cerdaña
Ribas de Freser
Nuria
Puigmal 2913
Setcasas
Mollo
Camprodón
S. Juan de las Abadesas
La Junquera
Massanet de Cabrenys
Espolla
Colera
Llansá
Puerto de Llansá
Cadaqués
Cabo Creus
Costa Brava

Orgañá
Garganta de Orgaña
Guardiola de Berga
La Pobla de Lillet
Ripoll
Olot
Besalú
Figueras
Castello de Ampurias
Rosas
Pedro Pescador
Golfo de Rosas

Berga
Gironella
Puigreig
Serchs
Borredá
S. Quirico de Besora
Torelló
Manlleu
Roda de Ter
Bañolas
Ampurias
La Escala
Estartit

Solsona
Cardona
Navás
Balsareny
Sallent
Suria
Sampedor
Vich
Taradell
Viladrau
Sta. Coloma de Farners
Girona-Gerona
Cassá de la Selva
La Bisbal
Palafrugell
Palamós
Playa de Aro
S. Feliu de Guixols

Artesa de Segre
Agramunt
Guisona
Calaf
Manresa
S. Vicente de Castellet
Castellar del Vallés
Sierra de Montseny 1704
S. Celoni
Hostalrich
Arbucias
Sils
Blanes
Lloret de Mar
Tossa de Mar
Costa del Mediterráneo

Cervera
Tárrega
Igualada
Capellades
Tarrasa
SABADELL
Granollers
Caldas de Montbúy
Mataró
Arenys de Mar
Canet de Mar
Calella
Malgrat

Bellpuig
Santa Coloma de Queralt
Montblanch
Esparraguera
Olesa de Montserrat
Martorell
Rubi
S. Cugat del Vallés
Molins de Rey
Badalona
BARCELONA
HOSPITALET
Premiá de Mar

Valls
Villafranca del Panadés
S. Sadurni de Noya
Gelida
S. Feliu
Cornella
San Baudillo
Prat de Llobregat
Gavá
Castelldefels
Costa de Garraf

Reus
Vendrell
Cubellas
Sitges
Villanueva y Geltrú
Costa Dorada
Mahón Genova
Ibiza, Palma
Palma

Cambrils
Tarragona
Salou
Cabo de Salou
Playa de la Canonja
Arco de Bará
Torre de Escipiones

Golfo de San Jorge
Cabo de Tortosa

A 13
B
C

4 5 6

83 83

0 10 20 30 40 50 60 kilometres

A

B

C

1 2 3

LISBOA

Coimbra · Figueira da Foz · Lavos · Soure · Pombal · Leiria · Batalha · Nazaré · Alcobaça · Caldas da Rainha · Óbidos · Peniche · Torres Vedras · Santarém · Cartaxo · Almeirim · Chamusca · Tomar · Abrantes · Nisa · Portalegre · Estremoz · Évora · Setúbal · Sesimbra · Grândola

Figueiró dos Vinhos · Castelo Branco · Castanheira de Pêra · Lousã · Miranda do Corvo · Penela · Pedrógão Grande · Sertã · Proença-a-Nova · Sobreira Formosa · Sarzedas · Vila Velha de Ródão · Vila de Rei · Ferreira do Zêzere · Vila Nova de Ourém · Fátima · Torres Novas · Golegã · Entroncamento · Mação · Gavião · Ponte de Sor · Alter do Chão · Crato · Arraiolos · Montemor-o-Novo · Vendas Novas · Alcácovas · Alcácer do Sal · Torrão · Reguengos

Aveiro · Ílhavo · Vagos · Mira · Cantanhede · Águeda · Mealhada · Anadia · Penacova · Tondela · Nelas · Mangualde · Viseu · Covilhã · Tortozendo · Fundão

Serra de Caramulo · Serra da Estrela · Serra da Guardunha · Serra de Aire · Serra Mendro

Costa do Sol · Cascais · Estoril · Oeiras · Algés · Amadora · Sintra · Odivelas · Loures · Sacavém · Moscavide · Montijo · Barreiro · Almada · Seixal · Alhos Vedros · Moita · Palmela

Baía de Setúbal

Barragem de Castelo do Bode · Barragem do Cabril · Barragem de Santa Luzia · Barragem da Bouça · Barragem de Montargil · Barragem do Maranhão · Barragem do Divor · Barragem de Vale de Gaio · Barragem do Pego do Altar · Barragem de Odivelas

0 5 10 15 20 25 30 35 40 miles

Guarda · Ciudad Rodrigo · Béjar · Sierra de Ávila

Sierra de Gata · Sierra de Peña de Francia · Piedrahíta · Arenas de S. Pedro · Candeleda

Moraleja · Coria · Plasencia · Jaraíz de la Vera · Oropesa · Calera y Chozas

Torrejoncillo · Malpartida de Plasencia · Navalmoral de la Mata · Belvis de la Jara

Ceclavín · Garrovillas · Casar de Cáceres · Embalse de Valdecañas · Guadalupe

Alcántara · Brozas · Cáceres · Trujillo · Madroñera · Logrosán

Valencia de Alcántara · Arroyo de la Luz · Malpartida de Cáceres · Zorita

S. Vicente de Alcántara · Sierra de San Pedro · Torremocha · Aldea del Cano · Montánchez

Alburquerque · Puebla de Obando · Alcuéscar · Almoharín · Miajadas · Madrigalejo · Herrera del Duque

La Roca de la Sierra · La Nava de Santiago · Villanueva de la Serena · Orellana la Vieja · Talarrubias · Puebla de Alcocer · Siruela

Campo Maior · Montijo · Mérida · Don Benito · Campanario · Embalse de Zújar

Elvas · BADAJOZ · Talavera la Real · Almendralejo · Guareña · Castuera · Cabeza del Buey

Olivenza · Valverde de Leganés · Sta. Marta · Villafranca de los Barros · Hornachos · Zalamea de la Serena · Belalcázar · Monterrubio de la Serena

Barcarrota · Feria · Fuente del Maestre · Zafra · Los Santos de Maimona · Campillo de Llerena · Hinojosa del Duque

Burguillos del Cerro · Jerez de los Caballeros · Medina de las Torres · Bienvenida · Berlanga · Peñarroya-Pueblonuevo · Bélmez

Oliva de la Frontera · Valencia del Ventoso · Fuente de Cantos · Llerena · Granja de Torrehermosa · Azuaga · Fuente Obejuna · Espiel

Fregenal de la Sierra · Montemolín · Fuente del Arco · Sierra de los Santos

74 74 74 77 2

85 100 26 29 82 63

73 79 86 79

A
Almeida
Viñuela de Sayago
Villaseco de los Reyes
Ledesma
Villaseco
La Mata de Ledesma
Sando
Rollán
Barbadillo
Villasdardo
Villamor de los Escuderos
Fuentesauco
Mayalde
Santiz
Valdelosa
Castillo del Buen Amor
Topas
Parades de Rubiales
Cañizal
Villamor de
Tierra del Vino
Fuentelapeña
Cástrejón
Bobadilla del Campo
Carpio
Fuente el Sol
Torrecilla de la Orden
Madrigal de las Altas Torres
Olmedo
Fuente el Olmo de Iscar
Coca
Fuente de Sta. Cruz
Ataquines
Gómezserracín
Lastras de Cuéllar
Zarzuela del Pinar
Sepúlveda
Cantalejo
Aldealcorvo
Aldealengua
Navalmanzano
Fuentepelayo
Fuenterrebollo
Aguilafuente
Cabezuela
Turégano
La Velilla
Pedraza
Arconada
Matilla de los Caños del Río
Calzada de Valdunciel
Arcediano
Pedrosillo
Arabayona
Cantalpino
Aldearrubia
Villaflores
Palaciosrubios
Rasueros
Villanueva del Aceral
Arévalo
Sinlabajos
Santiuste de S.J. Bautista
Santiuste de Pedraza
La Salceda
Villaseco
Peña de Cabra
Las Veguillas
Salamanca
Encinas de Abajo
Aldeaseca de la Frontera
Flores de Ávila
Fontiveros
Nava de Arévalo
Cantiveros
Sta. María la Real de Nieva
Nava de la Asunción
Bernardos
Carbonero el Mayor
Abades
Garcillán
Segovia

B
Peña de Francia
El Cabaco
Los Santos
Tamames
Escurial de la Sierra
El Casar
La Alberca
Sotoserrano
Sequeros
Santibáñez de la Sierra
Arroyomuerto
Endrinal
Linares de Riofrío
Fuenterroble de Salvatierra
Frades
Galinduste
Guijuelo
Cespedosa
Gallegos del Solmirón
El Mirón
Tórtoles
Muñotello
Villatoro
La Serrota 2294
Riofrío
Muñana
Avila
Cardeñosa
Mingorría
S. Rafael
Velayos
Maello
Villacastín
Las Navas del Marqués
Navalperal de Pinares
S. Bartolomé de Pinares
El Hoyo de Pinares
Robledo de Chavela
Valdemorillo
Valle de los Caídos
Sta. María de la Alameda
S. Lorenzo de El Escorial
El Escorial
Galapagar
Torrelodones
Las Rozas
El Pardo
Guadalix de la Sierra
Manzanares
Collado-Villalba
Hoyo de Manzanares
Becedas
Béjar
Candelario
El Cerro
Hervás
El Barco de Ávila
Medinilla
La Horcajada
Puerto del Congosto
Piedrahíta
S. Martín de la Vega
Navacepeda
Hoyos del Espino
Cuevas del Valle
Parador de Gredos
Cepeda la Mora
Navarredonda de la Sierra
Venta del Obispo
Serranillos
Navalacruz
Burgohondo
Navalmoral
Cebreros
Navalosa
Navaluenga
El Tiemblo
Embalse del Burguillo
Navas del Rey
Pozuelo de Alarcón
Majadahonda

E
Peña de Francia
Oliva de Plasencia
Jarilla
Yuste
Piornal
Garganta la Olla
Barrado
El Torno
Navaconcejo
Jerte
Cabezuela del Valle
Tornavacas
Jaraiz de la Vera
Cuacos
Losar de la Vera
Jarandilla
Villanueva de la Vera
Valverde de la Vera
Madrigal de la Vera
Candeleda
Navalcán
Parrillas
Ramacastañas
Poyales del Hoyo
Arenas de S. Pedro
Mombeltrán
Cuevas del Valle
Sta. Cruz del Valle
S. Esteban del Valle
Lanzahita
Pedro Bernardo
Casavieja
La Adrada
Sotillo de Adrada
La Iglesuela
Almendral de la Cañada
Casillas
Cadalso de los Vidrios
Cenicientos
Almorox
Rozas
S. Martín de Valdeiglesias
Villa del Prado
Aldea del Fresno
Villamanta
Méntrida
Villamantilla
Navalcarnero
El Álamo
Villaviciosa de Odón
Móstoles
Leganés
Getafe
Buenaventura
Montesclaros
Pelahustán
Nombela
Escalona
La Torre de Esteban Hambrán
Casarrubios del Monte
Valmojado
Griñón
Marrupe
El Real de S. Vicente
Quismondo
Maqueda
Novés
Val de Sto. Domingo
Fuensalida
Camarena
Alcabón
Carmena
Gerindote
Rielves
Torrijos
Bargas
Magán
Villaseca de la Sagra
Olías del Rey
Mocejón
Yuncos
Illescas
Nuevo
Cedillo del Condado
Pantoja
Esquivias
Borox
Alameda de la Sagra
Numancia de la Sagra

S
Gredos

C
Plasencia
Malpartida de Plasencia
Talayuela
Casatejada
Majadas
La Calzada de Oropesa
Oropesa
Lagartera
Calera y Chozas
Calzada de Oropesa
Navalmoral de la Mata
Peraleda de la Mata
El Gordo
El Puente del Arzobispo
Valdeverdeja
Velada
Las Ventas de S. Julián
Cuartos
Segurilla
Cebolla
Domingo Pérez
Talavera de la Reina
La Pueblanueva
Malpica de Tajo
La Mata
Montearagón
Escalonilla
El Carpio de Tajo
Burujón
La Puebla de Montalbán
Guadamur
Polán
Noez
Gálvez
San Martín de Montalbán
Pulgar
Cuerva
Ajofrín
Sonseca
Orgaz
Mazarambroz
Arisgotas
Menasalbas
Navahermosa
Los Navalucillos
Los Navalmorales
San Bartolomé de las Abiertas
Aldeanueva de Barbarroya
Alcaudete de la Jara
S. Martín de Pusa
Santa Ana de Pusa
El Campillo de la Jara
Belvis de la Jara
La Nava de Ricomalillo
Torrecilla de la Jara
Sevilleja de la Jara
Puerto de S. Vicente
S. Vicente 807
La Estrella
Villar del Pedroso
Carrascalejo
Valdelacasa de Tajo
Mesas de Ibor
Peraleda de S. Román
Bohonal de Ibor
Belvís de Monroy
Almaraz
Serrejón
Torrejón el Rubio
Embalse de Torrejón
Embalse de Valdecañas
Puerto de Mirabete 665
Jaraicejo
Deleitosa
Castañar de Ibor
Robledollano
Navezuelas
Cabañas del Castillo
Torrecillas de la Tiesa
Aldeacentenera
Puerto de S. Vicente
Cuerva
Robledo del Mazo
Navaltoril
Robledo del Buey
Corral de Cantos
Navillas
S. Pablo
Piedra Escrita
Montes de Toledo 1419
Sierra de Chorito 1012
Los Yébenes
Marjaliza
El Molinillo
Retuerta de Bullaque
El Bullaque
Sierra de la Calderina 1208
Fuente el Fresno
Urda

D
Guareña
Don Benito
Santa Marta de Magasca
Trujillo
Madroñera
La Cumbre
Herguijuela
Garciaz
Plasenzuela
Conquista de la Sierra
Logrosán
Guadalupe
Cañamero
Alía
Puerto del Rey
Berzocana
Salvatierra de Santiago
Ruanes
Ibahernando
Sta. Cruz de la Sierra
Sta. Ana
Zorita
Abertura
Alcollarín
Escurial
Almoharín
El Campo
Miajadas
Madrigalejo
Peloche
Herrera del Duque
Villar de Rena
Gargáligas
Casas de Don Pedro
Navalvillar de Pela
Orellana la Vieja
Talarrubias
Garbayuela
Agudo
Castilblanco
Valdecaballeros de García Sola
Embalse de García Sola
Embalse del Cíjara
Helechosa
Villarta de los Montes
Alcoba
El Robledo
Porzuna
Fernancaballero
Malagón
Magacela
Campanario
La Coronada
La Haba
Villanueva de la Serena
Orellana la Vieja
Puebla de Alcocer
Siruela
Fuenlabrada de los Montes
Horcajo de los Montes
Arroba
Puebla de Don Rodrigo
Picón
Carrión de Calatrava
Ciudad Real
Miguelturra
Pozuelo de Calatrava
Almagro
Las Cruces
Manchita
Oliva de Mérida
Medellín
Valdetorres
Sta. Amalia
Villagonzalo
Guareña
Peñalsordo
Zarza-Capilla
Chillón
Garlitos
Sacerueja
Valdemanco de Esteras
Gargantiel
Abenójar
Pozuelos de Calatrava
Cabezarados
Corral de Calatrava
Ballesteros de Calatrava
Granátula
Valenzuela

Scale: 0 5 10 15 20 25 30 35 40 miles

MADRID

Guadalajara
Alcalá de Henares
Torrejón de Ardoz
S. Fernando de Henares
Velilla de Antonio
Arganda
Morata de Tajuña
S. Martín de la Vega
Valdemoro
Ciempozuelos
Chinchón
Villarejo de Salvanés
Colmenar de Oreja
Aranjuez
Noblejas
Ocaña
Dosbarrios
Huerta de Valdecarabanos
La Guardia
Villanueva de Bogas
Tembleque
Romeral
Lillo
Villacañas
La Puebla de Almoradiel
Quintanar de la Orden
La Villa de Don Fadrique
Miguel Esteban
Quero
El Toboso
Mota del Cuervo
Villafranca de los Caballeros
Alcázar de S. Juan
Campo de Criptana
Pedro Muñoz
Herencia
Puerto Lápice
Socuéllamos
Tomelloso
Argamasilla de Alba
Manzanares
Membrilla
La Solana
Bolaños de Calatrava

Sierra de Ayllón
Riaza
Río Frío de Riaza 2035
Pico Grande 1510
Villacadima
Miedes de Atienza
Barcones
Barahona
Aguaviva de la Vega
Sta. María de Huerta
Afhamal de Aragón
Cetina
Miedes
Codos
Morata de Jiloca
Fuentes de Jiloca
Puerto Paniza
Herrera de los Navarro
Villarroya
Badules
Daroca
Pelarda 1091
Ferreruela
Bádenas
Villel
Arcos de Jalón
Medinaceli
Salinas
Nuévalos
Piedra
Acered
Campillo de Aragón
Pico Almenara 1438
Cubel
Gallocanta
Laguna de Gallocanta
Tornos
Bello
Odón
Calamocha
Caminreal
Bañón
Monreal del Campo
Pozuel del Campo
Villafranca del Campo
Bueña
Sta. Eulalia
Cella
Albarracín
Montes Universales
Guadalaviar
Villar del Cobo
Frías de Albarracín
Bezas
Javalón 1695
Terriente
Toril
Moscardón
Saldón
Valdecuenca
Cañete
Salvacañete
Ademuz
Arcos
Landete
Aras de Alpuente
Talayuelas
Garaballa
Camporrobles
Fuenterrobles
Utiel
Venta del Moro
Los Isidros
Villargordo del Cabriel
Mira
Sinarcas

Sigüenza
Atienza
Jadraque
Brihuea
Cifuentes
Molina de Aragón
Cuenca
Tarancón
La Roda
Albacete
Chinchilla de Monte-Aragón
Tomelloso
Villarrobledo

0 10 20 30 40 50 60 kilometres

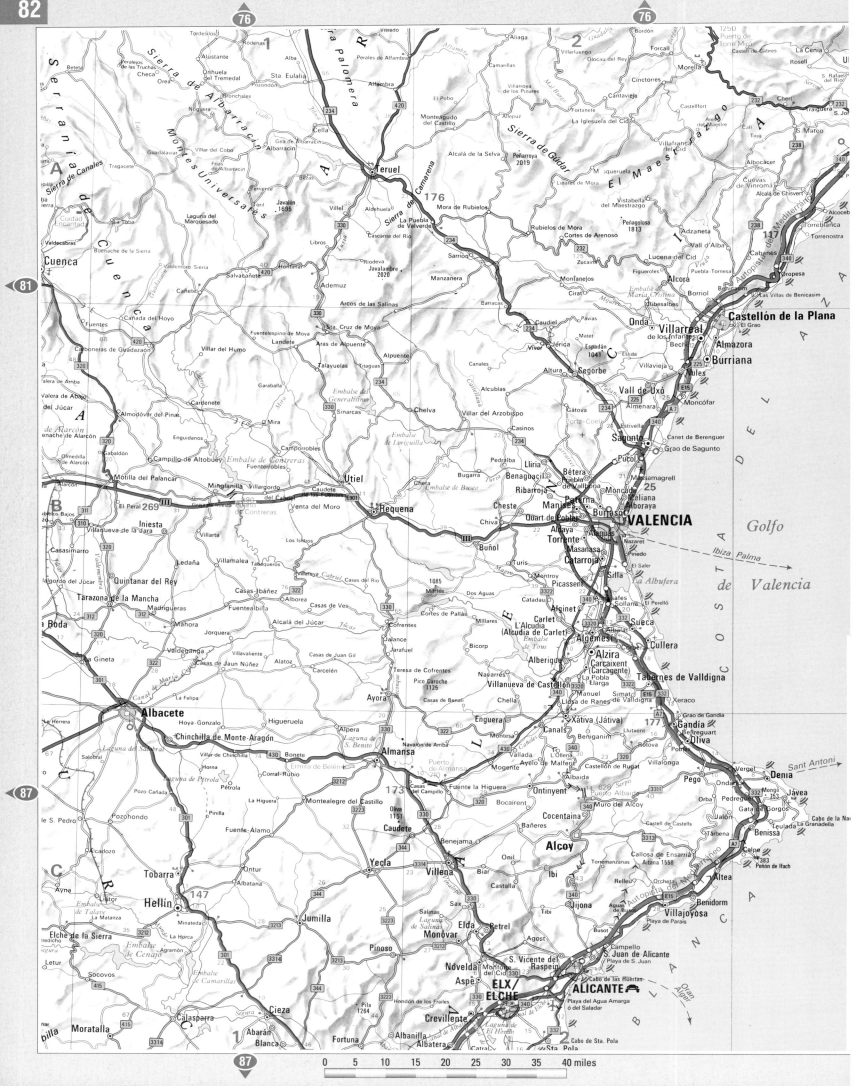

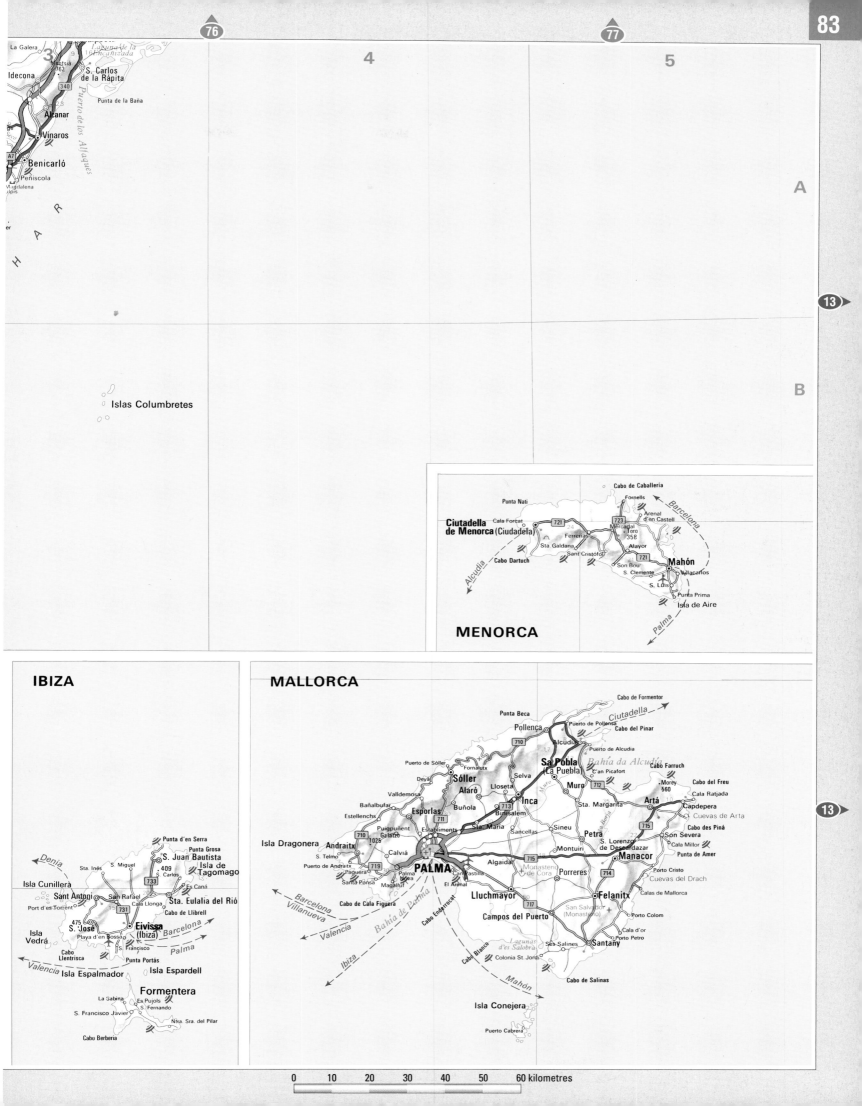

A

B

C

Baía de Setúbal

Golfo de Cádiz

Nossa Senhora do Cabo
Cabo de Espichel
Santana
Altanm
Praia de Tróia
Portinho da Arrabida
Sesimbra
Palma
Albèrge
S. Cristóvão
S. Braz do Reguedoura
S. Manços
Monsaraz
Higuera
436
Comporta
Alcáçovas
Aguiar
Torre de Coelheiros
Monte do Trigo
Reguengos
256
2
Mourão
S. Leonardo
Villanueva del Fresno
Torroal
Casa Branca
Vale de Réis
Viana Alentejo
Oriola
S. Marcos de Campo
Luz
385
Granja
Valencia de Mombuey
65
E01
1
IP1
120
A2
Porto de Rei
5
João da Loura
Vila Nova da Baronia
Portel
406 18
Amieira
Alqueva
Estrela
Póvoa
Almareleja
261
Grândola
Barragem do Pego do Altar
Torrão
Vila Ruiva
Serra Mendro
Vidigueira
Vera Cruz
Moura
Sto. Amador
Safara
Praia de Melides
Melides
120
E01
S. Lourenço
Sta. Margarida do Sado
Figueira dos Cavaleiros
Alfundão
Odivelas
Cuba
E802
IP2
Pedrogão
255
Sto. Aleixo
Costa de Sto. André
Azinheira dos Bairros
48
259
Peroguarda
S. Matias
Sóbral da Adica
Sto. André
S. Bartolomé da Serra
121
Ferreira do Alentejo
Canhestros
IP8 121
Beja
Baleizao
Brinches
Pias
Picos
Cabo de Sines
261
Santiago do Cacém
Abela
Ermidas
IP1
Ervidel
2
18 Sta. Clara de Louredo
260
Quintos
Salvada
Serpa
Aldeia Nova
433
215
Sines
120
Cravadas
S. Domingos
Alvalade
261
Montes Velhos
Braz
Vale de Vargo
Rosal de la Frontera
Arocl
Morgavel
Barragem de Campilhas
Mina de Juliana
Albernoa
122
Sta. Iria
Vila Verde de Filcalho
Alcalaboza
637
Porto Covo
Taganheira
Vale de Agua
Aljustrel
Trindade
Cercal
Campilhas
263
Messejana
Vale de Açor
265
Guadiana
Sta. Barbara de Casa
S. Telmo
Conceição
E802
Algodor
Amendoeira
Cobres
Paymoyo
Cabezas Rubias
Malagón
Vila Nova de Milfontes
120
S. Luiz
Colos
Sta. Luzia
Garvão
Barragem Monte da Rocha
Entradas
IP2
50
Alcaria Ruiva
123
Corte de Pinto
163
263
26
123
Castro Verde
S. Marcos da Ataboeira
Mina de S. Domingos
Tharsis
Alosno
Odemira
123
S. Martinho das Amoreiras
Ourique
Penilhos
Mertola
Morianes
Herrerias
Cavaleiro
Barragem de Sta. Clara
Rosário
Sta. Barbara de Padrões
Embalse de Chanza
Puebla de Guzmán
151
Gomes Aires
S. João dos Caldeireiros
122
Sant'Ana de Cambas
Praia da Zambugueira
Sta. Clara-a-Velha
Sta. Ana de Serra
Sta. Clara-a-Nova
267
S. Sebastião
Espirito Santo
El Granado
El Almendro
Villanueva de los Castillejos
S. Bartolom de la Torre
S. Teotónio
Mira
Saboia
Almodóvar
2
65
S. Pedro de Solis
Via Gloria
34
Alcoutim
Sanlúcar de Guadiana
Odeceixe
120
IP1
Dogueno
Giões
Pereiro
Tariquejo
Gi
Monte Clérigo
266
Almeixial
124
Martim-Longo
S. Silvestre de Guzmán
Aljezur
Serra de Monchique
Foia 902
S. Marcos da Serra
E1
Arade
Mû 575
S. Barnabé
Vaqueiros
Odeleite
Villablanca
Arrifana
Marmelete
Monchique
Cachopo
122
Odeleite
61
Alferce
Serra do Caldeirão
Vale de Rosa
Peralva
Azinhal
Lepe
Cartaya
Alfambra
Barragem do Arade
S. Bartolomeu de Messines
Barranco do Velho
ALGARVE
Pozo del Camino
431
La Redondela
El Rompido
La Bota
IC4
120
Barragem da Bravura
124
Alte
33
Salir
Castro Marim
Ayamonte
Isla-Cristina
Silves
Algoz
2 S. Braz de Alportel
Monte Gordo
Isla Canela
Bordeira
268
Bensafrim
124
Tunes
Paderne
Loulé
270
S. Romão
270
Sta. Catarina
125
Vila Real de S. Antonio
Punta de
Portimão
125
Alcantarilha
IC4
Sta. Estêvão
Cacela
Odiáxere
45
Lagoa
Péra
Albufeira
125
IP1
85
Tavira
Vila do Bispo
125
Alvor
Praia da Rocha
Praia de Carvoeiro
Armação de Pêra
Praia da Oura
Falésia
Almansil
S. João da Venda
Estói
Pechão
Luz
Moncarapacho
32
Budens
Burgau
Luz
Lagos
Ponta da Piedade
Praia da Dona Ana
Quarteira
Sotavento
268
Baía de Lagos
Olhos de Agua
Praia de Faro
Olhão
Cabo de São Vicente
Sagres
Barlavento
Faro
Ilha da Armona
Ponta de Sagres
Ilha da Barreta
Ilha da Culatra
Cabo de Sta. Maria

0 5 10 15 20 25 30 35 40 miles

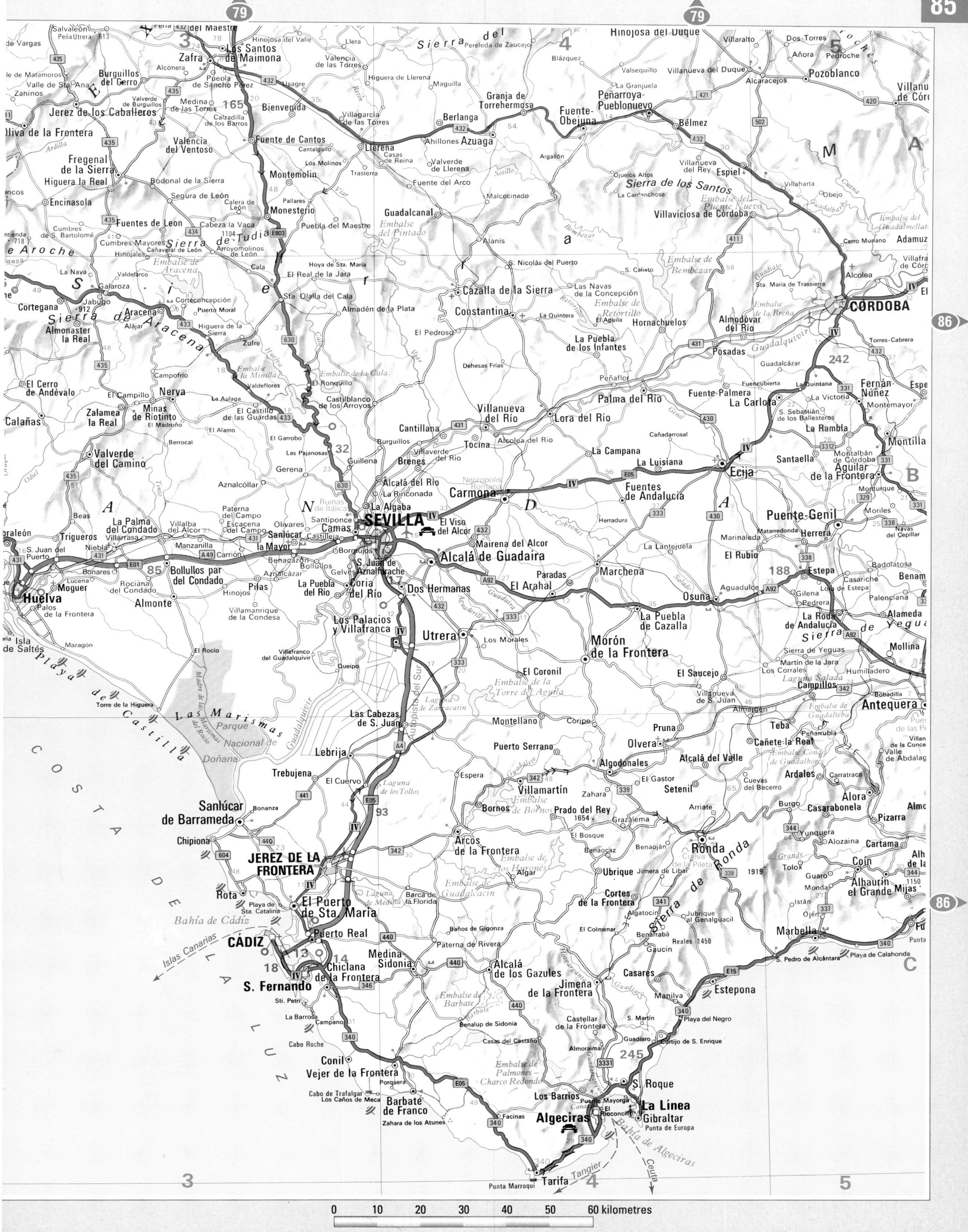

79
Zafra
Los Santos de Maimona
Jerez de los Caballeros
Oliva de la Frontera
Fregenal de la Sierra
Higuera la Real
Encinasola
Fuentes de Leon
Fuente de Cantos
Llerena
Berlanga
Azuaga
Granja de Torrehermosa
Fuente-Obejuna
Peñarroya-Pueblonuevo
Hinojosa del Duque
Villanueva del Duque
Pozoblanco
Bélmez
Espiel
Villaviciosa de Córdoba
Sierra de los Santos
Monesterio
Guadalcanal
Sierra de Tudia
Cortegana
Aracena
Sierra de Aracena
Almonaster la Real
Cazalla de la Sierra
Constantina
Hornachuelos
Almodóvar del Río
CÓRDOBA
86
Posadas
Palma del Río
La Carlota
Fernán-Núñez
Montilla
Santaella
Aguilar de la Frontera
Puente-Genil
Herrera
Estepa
Osuna
Ecija
La Luisiana
Fuentes de Andalucía
La Campana
Lora del Río
Villanueva del Río
Cantillana
Nerva
Minas de Riotinto
Zalamea la Real
Valverde del Camino
Calañas
Trigueros
La Palma del Condado
Sanlúcar la Mayor
SEVILLA
Carmona
Alcalá de Guadaira
Dos Hermanas
Marchena
El Arahal
Paradas
Huelva
Moguer
Bollullos par del Condado
Almonte
Los Palacios y Villafranca
Utrera
Morón de la Frontera
El Saucejo
Antequera
Olvera
Ronda
Playa de Castilla
Las Marismas
Parque Nacional de Doñana
COSTA DE LA LUZ
Lebrija
Las Cabezas de S. Juan
Trebujena
Sanlúcar de Barrameda
Chipiona
Rota
JEREZ DE LA FRONTERA
El Puerto de Sta. María
Bahía de Cádiz
CÁDIZ
Islas Canarias
Puerto Real
S. Fernando
Chiclana de la Frontera
Medina Sidonia
Arcos de la Frontera
Villamartín
Bornos
Prado del Rey
Grazalema
Ubrique
Alcalá de los Gazules
Jimena de la Frontera
Sierra de Ronda
Marbella
Estepona
Coín
Alhaurín el Grande
Conil
Vejer de la Frontera
Barbate de Franco
Cabo de Trafalgar
Algeciras
S. Roque
La Línea
Gibraltar
Punta de Europa
Bahía de Algeciras
Tarifa
Punta Marroquí
Tangier
Ceuta
0 10 20 30 40 50 60 kilometres

80 81 85 85

Map: Andalucía / Central Spain region

Siruela • Garlitos • Peñalsordo • Zarza-Capilla • Chillón • Almadén • Cabeza del Buey • Belalcázar • Villanueva del Duque • Pozoblanco • Bélmez • Espiel • Villaviciosa de Córdoba

Sacerruela • Valdemanco de Esteras • Abenójar • Gargantiel • Fontanosas • Tirteafuera • Villamayor de Calatrava • Sta. Eufemia • S. Benito • Guadalmez • Almadenejos • Alamillo

Ciudad Real • Miguelturra • Pozuelos de Calatrava • Almagro • Ballesteros de Calatrava • Granátula de Calatrava • Aldea del Rey • Corral de Calatrava • Cabezarados • La Solana • Alhambra • Carrizosa • Bolaños de Calatrava • Valenzuela de Calatrava • Moral de Calatrava • S. Carlos del Val • Pozo de la Serna • Alcubillas

Argamasilla de Calatrava • Almodóvar del Campo • Brazatortas • Cabezarrubias del Puerto • Hinojosas de Calatrava • Villanueva de S. Carlos • Valdepeñas • Villanueva de los Infantes • Cózar

Puertollano • Mestanza • Solana del Pino • El Hoyo • S. Lorenzo de Calatrava • Sta. Cruz de Mudela • Torrenueva • Torre de Juan Abad • Castellar

Valle de Alcudia • Sierra de Alcudia • Sierra Mestanza • Sierra Madrona • El Viso del Marqués • Almuradiel • Aldeaquemada • Embalse de Guadalmena

Rosa del Duque • El Viso • Dos-Torres • Añora • Pedroche • Torrecampo • Conquista • Cardeña • El Centenillo • La Carolina • Carboneros • Isabela • Santisteban del Puerto • Sorihuela del Guadalimar • Beas del Guadalimar

Los Pedroches • Villaralto • Alcaracejos • Villaharta • Cerro Muriano • Adamuz • Virgen de la Cabeza • Baños de la Encina • Vilches • Chiclana de Segura • Castellar de Santisteban

Sierra de los Santos • Embalse del Puente Nuevo • Villanueva del Rey • Obejo • Villafranca de Córdoba • Montoro • Marmolejo • Andújar • Villanueva de la Reina • Bailén • Guarromán • Navas de S. Juan • Iznatoraf • Villanueva del Arzobispo

Embalse de Bembézar • Embalse del Guadalmellato • Alcolea • Pedro Abad • El Carpio • Villa del Río • Arjonilla • Lopera • Arjona • Higuera de Arjona • Cazalilla • Torreblascopedro • Lupión • Mengíbar • Linares • Ibros • Sabiote • Sto. Tomé • Cazorla • La Iruela

Almodóvar del Río • CÓRDOBA • Bujalance • Cañete de las Torres • Porcuna • Higuera de Calatrava • Escañuela • Villadompardo • Fuerte del Rey • Begíjar • Baeza • Úbeda • Torreperogil • Chilluévar • Quesada

Posadas • Guadalcázar • Torres-Cabrera • Valenzuela • Santiago de Calatrava • Torredonjimeno • Jamilena • Jaén • Mancha Real • Albánchez de Úbeda • Jimena • Bedmar • Jódar • Cabañas

Fuente-Palmera • La Carlota • Fuencubierta • La Quintana • Fernán-Núñez • Espejo • Castro del Río • Martos • Torre del Campo • La Guardia de Jaén • Pegalajar • Belmez de la Moraleda • Cabra del Sto. Cristo • Pozo Alcón

Écija • La Victoria • San Sebastián de los Ballesteros • Montemayor • La Rambla • Montalbán de Córdoba • Nueva-Carteya • Baena • Alcaudete • Noguerones • Los Villares • Fuensanta de Martos • Carchelejo • Huelma • Arbuniel • Sierra de Magina • Alicún de Ortega • Dehesas de Guadix

Luisiana • Santaella • Aguilar de la Frontera • Montilla • Albendín • Doña Mencía • Luque • Fuente-Tójar • Castillo de Locubín • Valdepeñas de Jaén • Campillo de Arenas • Guadahortuna • Villanueva de las Torres • Pedro-Martínez

Aguadulce • Puente-Genil • Herrera • El Rubio • Estepa • Moriles • Montalbán • Cabra • Zuheros • Zagrilla • Priego de Córdoba • Alcalá la Real • La Rábita • Fraíles • Montillana • Benalúa de las Villas • Colomera • Piñar • Moreda • Huélago • Fonelas • Gorafe • Gor

Osuna • Gilena • Pedrera • Casariche • Lora de Estepa • Palenciana • Benamejí • Encinas Reales • Rute • El Higueral • Algarinejo • Montefrío • Illora • Moclín • Pinos-Puente • Iznalloz • Deifontes • Domingo Pérez • Torre-Cardela • Campotéjar • Puerto Carretero • Puerto de Zegar • Dehesas Viejas • Bogarre • Diezma • Purullena • Benalúa de Guadix • Guadix • Alcudia de Guadix

La Roda de Andalucía • Alameda • Cuevas de S. Marcos • Cuevas Bajas • Villanueva de Tapia • Villanueva de Mesía • Huétor-Tájar • Loja • Salar • Moraleda de Zafayona • Chimeneas • Santafé • Chauchina • Fuente Vaqueros • Atarfe • Albolote • Maracena • Granada • Jeres del Marquesado • Lacalahorra • Aldeire • Cogollos de Guadix

Campillos • Bobadilla • Mollina • Humilladero • Archidona • Rincona • Pedroso • Villanueva de Trabuco • Sta. Cruz de Alhama • Ventas de Huelma • Agrón • Churriana • Cenes • Armilla • Güéjar-Sierra • Güevéjar

Villanueva de S. Juan • Almargen • El Saucejo • Martín de la Jara • Los Corrales • Antequera • Villanueva de la Concepción • Valle de Abdalajís • Villanueva del Rosario • Alfarnate • Zafarraya • Atenas del Rey • Jayena • Alhama de Granada • Dúrcal • Padul • Zubia • Ogíhares • Dílar • Nigüelas • Trevélez • Mecina-Bombarón • Ugíjar

Teba • Ardales • Carratraca • Casabermeja • Colmenar • Riogordo • Periana • Canillas de Aceituno • Sedella • Cómpeta • Órgiva • Cáñar • Lanjarón • Pampaneira • Pitres • Busquístar • Válor • Cádiar • Alcolea • Laujar

Alcalá del Valle • Setenil • Cañete la Real • Cuevas del Becerro • Burgo • Casarabonela • Pizarra • Almogía • Benamargosa • Algarrobo • Torrox • Frigiliana • Ítrabo • Molvízar • Lújar • Albuñol • Berja

Ronda • Arriate • Álora • Alozaina • Yunquera • Coín • Cártama • Alhaurín de la Torre • Churriana • Vélez-Málaga • Torre del Mar • Nerja • Almuñécar • Salobreña • Motril • Castell de Ferro • Adra

Marbella • S. Pedro de Alcántara • Fuengirola • Benalmádena • Torremolinos • Mijas • Alhaurín el Grande • Monda • Istán • Ojén • MÁLAGA • Rincón de la Victoria • Playa de Calahonda • Punta de Calaburras

Sierra Nevada • Mulhacén 3478 • Pico Veleta 3392 • Alpujarras

COSTA DEL SOL • Melilla • C

0 5 10 15 20 25 30 35 40 miles

81 82 82

4 5 6

Ossa de Montiel · El Bonillo · Lezuza · La Herrera · Albacete · Hoya-Gonzalo · Higueruela · Alpera · 330 · Montesa · Canals · Benigànim
de Ruidera · Tiriez · Chinchilla de Monte-Aragón · Villar de Chinchilla · 430 · Bonete · Almansa · 322 · Vallada · Ayelo de Malferit · 340
Balazote · Salobral · Horna · Corral-Rubio · Ermita de Belén · Puerto de Almansa · 710 · Mogente · L'Ollería · Albaida · Puer
322 · S. Pedro · 3212 · Casas del Campillo · Fuente la Higuera · 320 · Bocairent · 340 · Mur
3214 · El Ballestero · Pozo Cañada · Pétrola · Montealegre del Castillo · 173 · 330 · Benejama · Cocentaina
Viveros · Robledo · 301 · La Higuera · 3223 · Oliva 1151 · Caudete · 28 · Bañeres
Villanueva de la Fuente · Masegoso · Peñas de S. Pedro · Pinilla · Fuente-Álamo · 344 · Alcoy
Montiel · Povedilla · Peñascosa · Alcadozo · Ontur · 330 · Onil · Ibi
Alcaraz · Paterna del Madera · Bogarra · Albatana · Yecla · 3314 · Villena · Biar · Castalla · Jijona
246 · Cerro de Almenara · 798 · Tobarra · Ayna · 344 · Sax · 330 · Tibi
Bienservida · Riopar · Hellín · Jumilla · 3223 · Elda · Petrel · Agost
Génave · Villaverde de Guadalimar · Molinicos · La Horca · 3213 · Pinoso · Monóvar · S. Vicente del Raspeig
Siles · Elche de la Sierra · El Entredicho · Minateda · Novelda · Monforte del Cid · 330
La Puerta de Segura · Yeste · Embalse de Cenajo · Agramón · 3314 · 3213 · Aspe · ELX/ELCHE · ALICA
Orcera · Letur · Embalse de Camarillas · 344 · Hondón de los Frailes · Crevillente
Parolis · Socovos · Cieza · Pila 1264 · Albatera · Sta. Pola
Cortijos Nuevos · Turrilla · Sabinar · Calasparra · Abarán · Fortuna · Albanilla · Cabo de St
Hornos · Nerpio · Moratalla · Blanca · 301 · Orihuela · Dolores
Santiago de la Espade · Cehegín · Archena · Callosa de Segura · Redován · Guardamar del Segura
Caravaca · Ceutí · Molina de Segura · Almoradí · Rojales
Bullas · Mula · Alguazas · Santomera Bigastro · Benejúzar
Puebla de Don Fadrique · Pliego · Alcantarilla · Monteagudo · S. Miguel de Salinas
La Sagra 2381 · Doña Inés · MURCIA · Torrevieja
Huéscar · Royos · Alhama de Murcia · Librilla · Sangonera · Puerto de Cadena 372 · Sucina
Castril · Topares · Casas Nuevas · Corvera · San Pedro del Pinatar
Galera · Zarcilla de Totana · Aledo · S. Javier · Santiago de la Ribera
Cortes de Baza · Orce · Totana · 80 · Torre-Pacheco · Mar Menor
Benamaurel · Vélez Blanco · Lorca · Fuente-Álamo de Murcia · La Manga
Baza · Vélez Rubio · Sierra de María · Mazarrón · Los Nietos · Cabo de Palos
Cúllar de Baza · 203 · Chirivel · Purias · CARTAGENA · La Unión
Oria · Puerto Lumbreras · Sierra de la Almenara · Portmán · Playa Negrete
Caniles · Albox · Águilas · Cabo Cope · Golfo de Mazarrón · Escombreras
Cantoria · Huércal-Overa · Cabo Tiñoso
Tíjola · Purchena · Zurgena · Cuevas del Almanzora · Playa de Perches
Serón · Macael · Albánchez · Vera · Palomares
Bacares · Sierra de los Filabres 2168 · Antas · Garrucha
Lubrín · Mojácar
Uleila del Campo · Los Gallardos
Gérgal · Sorbas · Carboneras · Playa de la Torre Vieja
Tabernas · Lucainena de las Torres · S. Cabrera
251 · Sierra de Alhamilla · Níjar · Campo de Níjar · Fernán Pérez
Cañjayar · Gádor · Rioja · 344 · Las Negras
Almería · 242 · El Alquián · Sierra de Gata · Cabo de Gata
Roquetas de Mar · Golfo de Almería · El Cabo de Gata · S. José

0 10 20 30 40 50 60 kilometres

67
68
96
96
14
14

Campiglia Marittima
Massa Marittima
Montalcino
S. Quirico d'Orcia
Pienza
Chianciano Terme
Chiusi
146
220
S. Maria d'Angeli
Assisi
Bastia
Spello
Venturina
Roccatederighi
Roccastrada
73
Castiglione d'Orcia
Sarteano
Città d. Pieve
Piegaro
Cerqueto
Deruta
Bettona
19
75
Folig
Populónia
Piombino
E80
1
114
398
18
Valpiana
Ribolla
73
19
Paganico
Sticciano Scalo
Sasso d'Ombrone
Orcia
Castel d. Piano
Abbadia S. Salvatore
Radicófani
Piazze
Monteleone d'Orvieto
Casalina
Bevagna
Collepepe
Montefalco
Cannara
Portoferráio
na
Cavo
Follónica
Gavorrano
31
Vetulónia
Montepescali
Cinigiano
Campagnático
Arcidosso
Piancastagnáio
S. Casciano d. Bagni
Ficulle
Fratta Todina
Bastardo
Rio Marina
Batignano
49
79bis
Prodo
Todi
Massa Martana
S. Giacomo
Próchio
Porto Azzurro
Castiglione della Pescáia
Grosseto
322
Terme di Roselle
Istia d'Ombrone
Arcille
Cana
S. Caterina
S. Fiora
Castell Azzara
Roccalbegna
Acquapendente
143
E35
A1
71
Baschi
Capretta
448
Acquasparta
San Gemini
Terni
rina
Campo
Marina di Grosseto
Principina a Mare
Rispecia
Scansano
Saturnia
Sorano
Onano
2
S. Lorenzo Nuovo
74
71
Orvieto
205
E45
3bis
Amélia
209
Elba
ARCIPELAGO
TOSCANO
Marina di Alberese
E80
1
Magliano in Toscana
230
Manciano
Pitigliano
Grotte di Castro
Látera
Lago di Bolsena
Bolsena
Bagnorégio
Guardea
22
Narni
19
A
Fonteblanda
Talamone
32
Farnese
Ischia di Castro
Valentano
Montefiascone
Zeppanoni
Marta
71
Attigliano
26
204
Soriano nel Cimino
Orte
Otricoli
Lugnola
Contigliano
96
Albinia
74
33
Canino
Arena di Castro
Viterbo
Bagnaia
Vignanello
Vetralla
L. di Vico
Caprarola
Cívita Castellana
Orte
E35
A1
Magliano Sabina
Cantalupo in Sabina
Póggio Mirteto
S. R
Porto Santo Stefano
Orbetello
Orbetello Scalo
Capalbio
Tuscania
Ronciglione
Sutri
Castel S. Elia
S. Oreste
56
Gíglio
Giglio Porto
Montalto di Castro
Monte Romano
E80
Blera
Caprarola
Bassano di Sutri
Nepi
Montecristo
Giannutri
Tarquinia
Marina di Tarquinia
Allumiere
Tolfa
Manziana
Bracciano
L. di Bracciano
Anguillara Sabazia
Trevignano Romano
Campagnano di Roma
Capena
Monte Libretti
Palombara Sabina
A1 dir
Faro in Sabina
Civitavécchia
Autostrada Azzurra
Riaro
A1 dir
A1
Mentana
Santa Marinella
Santa Severa
77
Cervéteri
la Storia
Guidonia
Tívoli
62
65
Olbia Golfo Aranci
Arbatax
Cagliari
Ladispoli
Palidoro
Città d. Vaticano
Tomba di Neroné
Bagni di Tivoli
ROMA
Maccarese
Fregene
A12
Torrenova
Finocc
A1 dir
Pa
Fiumicino
Acilia
8
GRA
Marino
Frascáti
21
Decima
Lido di Óstia
Lido di Castel Fusano
Albano Laziale
Genzano di Roma
Rocca di Pap
207
Pomézia
Lanuvio
B
Tor Vaiánica
601
Aprília
Cister di Lati
207
148
Lavinio-Lido di Enea
Lido di Cincinnato
Nettuno
Ánzio
21

C

M A R E   T I R R E N O

1
2
3

0 5 10 15 20 25 30 35 40 miles

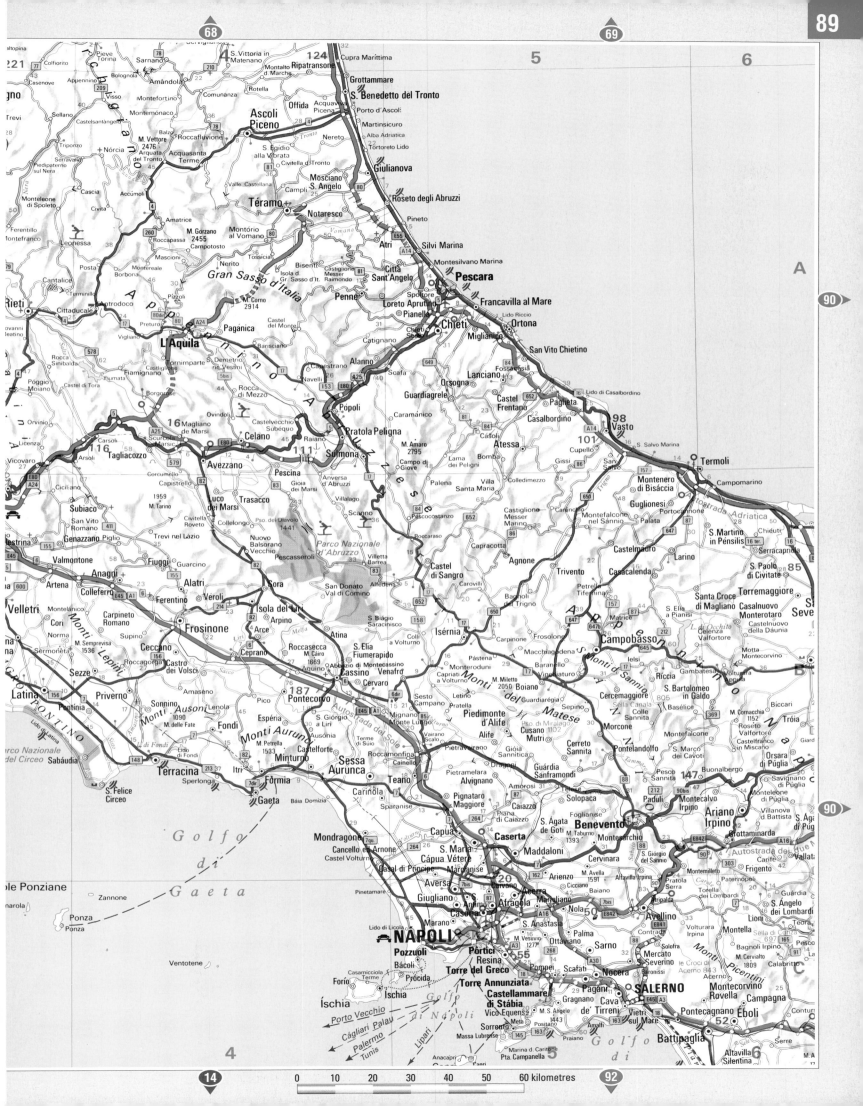

A 1 2 3

69 70

Korčulanski kanal

Svetac

Komiža

Vela Luka Prigradica

Bisevo Blato Brna Smokvica

Korčula

Ubli *Lastrovski kanal*

Sušac

Lastovo

B

J A D R A N S K O   M

villa al Mare

89

do Riccio

Ortona

San Vito Chietino

652 16 Lido di Casalbordino

Paglieta

98

Casalbordino Vasto

A14

101 Cupello 16 S. Salvo Marina

Gissi 86 San Salvo Termoli

olledimezzo 650 Montenero di Bisáccia Campomarino

tiglione 157 Carunchio Guglionesi Portocannone Autostrada Adriatica

Montefalcone nel Sánnio Palata

38 647 87 S. Martino in Pénsilis Chiéuti 16 Isole Trémiti

Castelmauro 30 16 ter.

Trivento 22 Larino Serracapriola E55 Lago di Lésina Lesina Lago di Varano Rodi Gargánico Peschici Manacore

Casacalenda S. Paolo di Civitate Poggio Imperiale Ischitella Vico del Gargano Vieste

Petrella Tifernina 85 Torremaggiore Apricena Sannicandro Gargánico Carpino

C 647 Santa Croce di Magliano Casalnuovo Monterotaro San Marco in Lamis 89 Pugnochiuso

Frosolone Matrice 87 S. Elia a Pianisi Castelnuovo della Dáunia Rignano Gargánico Báia d. Zágare

Campobasso 212 Celenza Valfortore 160 San Giovanni Rotondo Mattinata

Macchiagodena 645 Lago di Occhito 22 Monte Sant'Angelo 15

Baranello Ielsi Motta Montecorvino Arpinova Manfredónia

Vinchiaturo 31 Ríccia Gambatesa Volturara Appula 36 Lucera 89 Lido di Siponto

Guardiarégia Cercemaggiore S. Bartolomeo in Galdo 17 13 *M A R*

Sepino Sella Canala 805 Basélice M. Cornacchia Carapelle FÓGGIA A14

Matese Colle Sannita 1152 Tróia 22 29 Zapponeta

Miralago Morcone 369 Roseto Valfortore 160 Carapelle 545 44 159 Margherita di Savóia

Mutri Montefalcone Castelfranco in Miscano Giardinetto 161 132

Cerreto Sannita S. Marco dei Cavoti Orsara di Púglia 90 Castelluccio de' sauri Orta Nova Stornara 57 Trinitápoli Barletta

Pontelandolfo 843 Buonalbergo Savignano di Púglia Bovino Áscoli Satriano Cerignola S. Ferdinando di Púglia 16 13 Trani

Guárdia Sanframondi 147 Montecorvino Deliceto Accadia E842 A14 98 Canosa di Púglia 72 Biscéglie

89 88 212 90bis Paduli Montecalvo Irpino Monteleone di Púglia Ándria E55 Molfetta

S. Agata de' Goti Benevento Ariano Irpino S. Agata di Púglia 129 Candela 378 Corato Giovinazzo S. Spirito

Foglianise M. Taburno Villanova d. Battista Rocchetta S. António 93 Minervino Murge 170 Ruvo di Púglia Terlizzi

addaloni 1393 Montesarchio E842 Brottaminarda A16 Autostrada dei due Mari Lacedónia 97 Bitonto Palo del Colle BARI

Cervinara S. Giorgio del Sannio 4 303 Carife Vallata Melfi Posta Piana 170dir Ruvo di Púglia 96 Modugno

Arienzo M. Avella 90 Pratola Serra Montemiletto Frigento Bísaccia Rapolla 170 Grumo Áppula Bitetto Capurso

Cicciano 1591 Altavilla Irpina 303 Paternopoli Aquilonia M. Vulture Rionero in Vúlture Venosa Spinazzola 378 Adelfia

Baiano 7bis Aripalda Guárdia dei Lombardi 1327 Ripacándida Montemilone 97 Sannicandro di Bari

Nola 50 Avellino E841 Lioni Andretta Palazzo S. Gervásio 169 Acquaviva delle Fonti Casa

nastasia Palma Contrada Montella Voltura Irpina S. Ángelo dei Lombardi Calitri Atella 93 Forenza Cassano delle Murge 132

Ottaviano Solofra 165 Bagnoli Irpino Teora Pescopagano Genzano di Lucánia Altamura Gioia del Colle

Sarno 32 Mercato Severino le Croci di Acerno M. Cerviálto 91 Laviano 34 S. Fele Ruvo del Monte 271

268 Baronissi 1809 Calabritto Bella Avigliano Acerenza 99 Santéramo in Colle 100

Scafati A30 Montecorvino Rovella Acerno Muro Lucano Pietragalla 169 Oppido Lucano Gravina in Púglia E843

Nocera SALERNO Campagna S. Gregorio Ruoti Cancellara 98 Váglio Basilicata Irsina A14

Pagani Contursi Magno Piterno Tolve Grassano Matera

Cava de' Tirreni E45 A3 Montecorvino 25 Buccino Potenza 407 Tricárico 175 Laterza Castellaneta

1443 Pontecagnano 52 Éboli E847 55 Tito Trivigno Gróttole Ginosa

Amalfi 163 Vietri sul Mare Serre Trivigno 1143 109 S. Giuliano Miglionico Palagi

Golfo di 1 Battipaglia Altavilla Silentina Auletta 19 ter. Caggiano Pso. Croce di Garaguso 2 3

92 93

0 5 10 15 20 25 30 35 40 miles

70 71

A
6 · 2041
Bistrica

Sv. Ilija 961
Korčula
Ploče
Komin 13
Metković
17
Opuzen 11
4
Trpanj
Orebić
Kučište
Viganj
Lumbarda
Janjina Žuljana
Neum
953

Deransko Jezero
20
Kobilja glava 1419
Ljubinje 6
Ravno

V i d u š a

Bjelašnica
Bileća
5
Viego s
1721
Šavnik
58
18
Moračka Kapa 2227
2253
Kolašin

C R N A G O R A
Nikšić
E762
Gornje Polje
Vilusi 6
Brocanac
Liverovici
Mojkovac
70
Moračka

Maganik

Prekornica

B
E762
Danilovgrad
Spuž
39
19
E65
E80
Bioče
Ubli
Podgorica

Miljet
Miljet
Govedari
Šipanska Luka
Korita
Šipan
Slano
2 E65
Trsteno
51
Zaton
166
27
Staza P 490
Srebreno
Cavtat
Čilipi 49
Snježnica 1234
Orjen 1895
Gruda
2
Dubrovnik

Trebinjica
Trebinje 17
Lastva
20

Risan 31
Perast
Lepetani
Dobrota
Igalo
Hercegnovi
Tivat
Kotor
Cevo
15
2
Cetinje
2-3
45
Tuzi
E762
Mahala
Golubovci
Bajze
2 56
Ostri rt
29
Na Park Lovćen
Rijeka Crnojevica
Lovćen

O R E

102
Budva
Sveti Stefan
Petrovac
Virpazar
Skadarsko Jezero
Koplik
18
24
Sutorman 844
Rumija
Sutomore
E752
Bar
Stari Bar
Kostanica
Ostros
Shkodër
Bari Ancona
Pečurice
Krute
Sukobin
Murican 14
15
Ulcinj
Sveti Nikola
Velipoje
Bushati

Pellg i Drin

Kep i Rodonit
Gji i Lalzës

M A R E   A D R I A T I C O

C
Kep i Palit

Trieste Ancona
Durrës
Bari Brindisi
Gji i Durrësit

Cesme, Durrës, Bar
Kérkira Igoumenitsa

15

Mola di Bari
Noicáttaro
43 E55 16
Polignano a Mare
Rutigliano
Monópoli
Conversano
Turi
Castellana Grotte
Putignano
Fasano
114
Torre Canne
Savelletri
Villanova
Noci
Alberobello
172
Locorotondo
172dir
22
Ostuni
E55 379
Martina Franca
Cisternino
16
Carovigno
Móttola
Céglie Messápico
S. Vito de Normanni
Villa Castelli
Pta. Penne
Durrës
Crispiano
Brindisi
Massafra
106dir
Francavilla Fontana
69
Mesagne
Montemesola
7
93

Durrës
Cesme, Kérkira, Vlorë
Igoumenitsa, Pátrai

5 6

0 10 20 30 40 50 60 kilometres

15

A

14

B

14

C

1

2

Cágliari
Tunis

Livorno
Genova

Cágliari
Tunis

Ustica Nápoli

Capo Gallo
Mondello

Capo S. Vito

Isola delle
Femmine

S. Vito
lo Capo

Terrasini

E90
A29

113

Capaci

PALERMO

Golfo
di
Castellammare

Carini

Montelepre

Ficarazzi

Bagheria

Golfo di
Términi Imerese

Pizzolungo

Érice

Valdérice

M. Spáragio
1110

Scopello

Balestrate

63

186

Mónreale

Casteldáccia

Cefalù
di Ci

Trápani

187

121

Altofonte

Misilmeri

Trabia

Términi
Imerese

A20

E90 113

Tusa

Paceco

38

113

Fulgatore

Castellammare
del Golfo

Alcamo

S. Cipirello

Partinico

Bolognetta

46

Cáccamo

E90

59

Campofelice
di Roccella

Castelbuono

Isole Égadi

42

A29 dir.

Calatafimi

Camporeale

Piana
degli Albanesi

118

Marineo

Villafrati

Ciminna

285

Cerda

A19

Collesano
1979

Le Madonie

286

Geraci Sio

Maréttimo

Vita

188A

A29

E90

Roccamena

Mezziuso

Rca. Busambra
1613

Ticari

Montemaggiore
Belsito

120

Caltavuturo

Pzo.
Carbonara

Petralia
Sottana

Gan

Favignana
Favignana

Salemi

119

I

144

Gibellina

624

Corleone

Pla.
Imbriaca
718

Roccapalumba

Lercara
Friddi

121

Alia

32

Valledolmo

Pla. Madonne

36

Stagnone

Marsala

188

Strasatti

Trinita

119

14.7

S. Ninfa

Pa tanna

188

Salaparuta

S. Margherita
di Belice

188C

Campofiorito

Prizzi

188

189

Vallelunga
Pratameno

62

Resuttano

Pla. di
Recattivo
832

Alimena

Villarosa

42

Capo Granitola

Granitola

Campobello
di Mazara

115

E931

Mení

16

34

188

Misilbesi

Chiusa
Sclafani

25

Palazzo
Adriano

118

S. Stéfano
Quisquina

Villalba

37

S I C

Enna

1171

Mazara
del Vallo

E90
A29

Castelvetrano

E931

115

8

Bivona

39

S. Carlo

Alessándria
della Rocca

M. Cammarata
1580

Cammarata

Marianópoli

S. Caterina
Villarmosa

122 bis

122

Marinella

Caltabellotta

115

Búrgio

Casteltérmini

Mússomeli

C

Capo S. Marco

386

Cianciana

Cattólica
Eraclea

S. Biágio
Plátani

Campofranco

S. Cataldo

Caltanissetta
A

Sciacca

28

Ribera

Montedoro

Serradifalco

Pietraperzia

191

Raffadali

Aragona

640

Racalmuto

Canicattì

122

32

Montallegro

Siculiana

122

19

118

189

Castrofilippo

Délia

190

Sommatino

20

Barra

Agrigento

Favara

123

Naro

Ravanusa

14

Riesi

Ma

Porto
Empédocle

Pla. di
Rocca Corvo

24

115

E931

Camastra

Campobello
di Licata

Palma
di Montechiaro

162

Licata

Falconara

20

E931

115

Butera

Gela

MARE MEDITERRANEO

Golfo di G

0 5 10 15 20 25 30 35 40 miles

3   4

S. Eufémia

Catanza

Strómboli

Napoli

Isole Eolie o Lipari

Girifalco
Borgia
Lido di Squillace
Squillace
Pta. d. Staletti

Panarea

Briático
Pizzo
Filadélfia
Olivadi
Soverato

Salina

Tropea
Vibo Valéntia
S. Nicola da Crissa
Chiaravalle Centrale

Capo Vaticano
M. Poro 710
Ióppolo
Mileto
Soriano Cálabro
Simbário
Badolato

Lípari

Nicótera
Dinami
Serra S. Bruno
M. Pecorara 1423
Mongiana
Pietra Spada 1335
Pso. d.

Lípari

Golfo di Gióia
Rosarno
Laureana di Borrello
Fabrízia
Stilo
Guardavalle

Vulcano

Gióia Táuro
Polistena
Cinquefrondi
Pso. Croce Ferrata 1110
Monasterace Marina

Capo Barbi
Palmi
Seminara
Cittanova
Mámmola
Grotteria
Gioiosa Iónica
Caulónia

Capo d'Orlando
Gioiosa Marea
Capo Calavà
Bagnara Cálabra
Óppido
Taurianova
Roccella Iónica

Barcellona Pozzo di Gotto
Scilla
S. Eufémia d'Aspromonte
Delianuova
Plati
Siderno
Marina di Gioiosa Iónica

S Ágata di Militello
Brolo
Patti
Milazzo
Villafranca Tirrena
Spadafora
Torre di Faro
Villa S. Giovanni
Aspromonte 1956
Montalto
Gerace
Locri

Capo di Milazzo
Golfo di Patti
MESSINA
REGGIO DI CALABRIA
Laganadi
Gambárie
S. Luca
Careri

Stéfano amastra
Naso
Falcone
S. Lucia del Mela
Castroreale
Pzo. Poverello 1279
Scaletta Zanclea
Cardeto
Sella Entrata
Bovalino Marina

Caronia
Longi
Tortorici
Ucría
Floresta
Mazzarra S Andrea
Novara di Sicília
Montalbano Elicona
Pta. di Péllaro
Montebello Iónico
Bova
Bianco

Mistretta
S Fratello
S. Doménica Vittória
M Soro 1847
Francavilla di Sicília
S. Teresa di Riva
Lazzaro
Bova Marina
Brancaleone Marina

Capizzi
Colle di Contrasto 1120
Randazzo
Passopisciaro
Castiglione di Sicília
Taormina
Mélito di Porto Salvo
Capo Spartivento

Nicosia
Cerami
Troina
Bronte
Linguaglossa
Piedimonte Etneo
Giardini

Gagliano Castelferrato
Maletto
M. Etna 3340
Máscali
Fiumefreddo di Sicília

Leonforte
Regalbuto
Adrano
Biancavilla
Zafferana Etnea
Riposto
Giarre

Agira
Centúripe
S. Maria di Lícodia
Nicolosi
Trecastagni
Acireale

Calascibetta
Catenanuova
Paternò
Belpasso
Aci Catena
Aci Castello

Pérgusa
Raddusa
Misterbianco
Motta S. Anastásia
CATÁNIA
Lido di Pláia
Otranto Ravenna

Valguarnera Caropepe
Castel di Iúdica
Gerbini
Golfo di Catánia

Aidone
Ramacca
Piana di Catánia

Mirabella Imbáccari
Palagonía

S. Michele di Ganzaria
Mineo
58

Caltagirone
Scórdia
Lentini
Carlentini
Capo S. Croce
Augusta

Niscemi
Grammichele
Militello in Val di Catánia
Francofonte
Villasmundo
Melilli
Golfo di Augusta

Licodia Eubea
Vizzini
Buccheri
Sortino
Priolo Gargallo
Otranto

Monterosso Almo
M. Láuro 986
Ferla
Solarino

Acate
Chiaramonte Gulfi
Giarratana
Floridia
Siracusa

Vittória
Palazzolo Acréide
Canicattini Bagni
Capo Murro di Porco

Cómiso
Ragusa
Cassibile

Scoglitti
Módica
Noto
Ávola

S. Croce Camerina
Scicli
Rosolini
Golfo di Noto

Donnalucata
Íspica
Marzamemi

Sampieri
Pachino

Pozzallo
Capo Pássero
Portopalo

93

14

A

B

C

3   4   5

0 10 20 30 40 50 60 kilometres

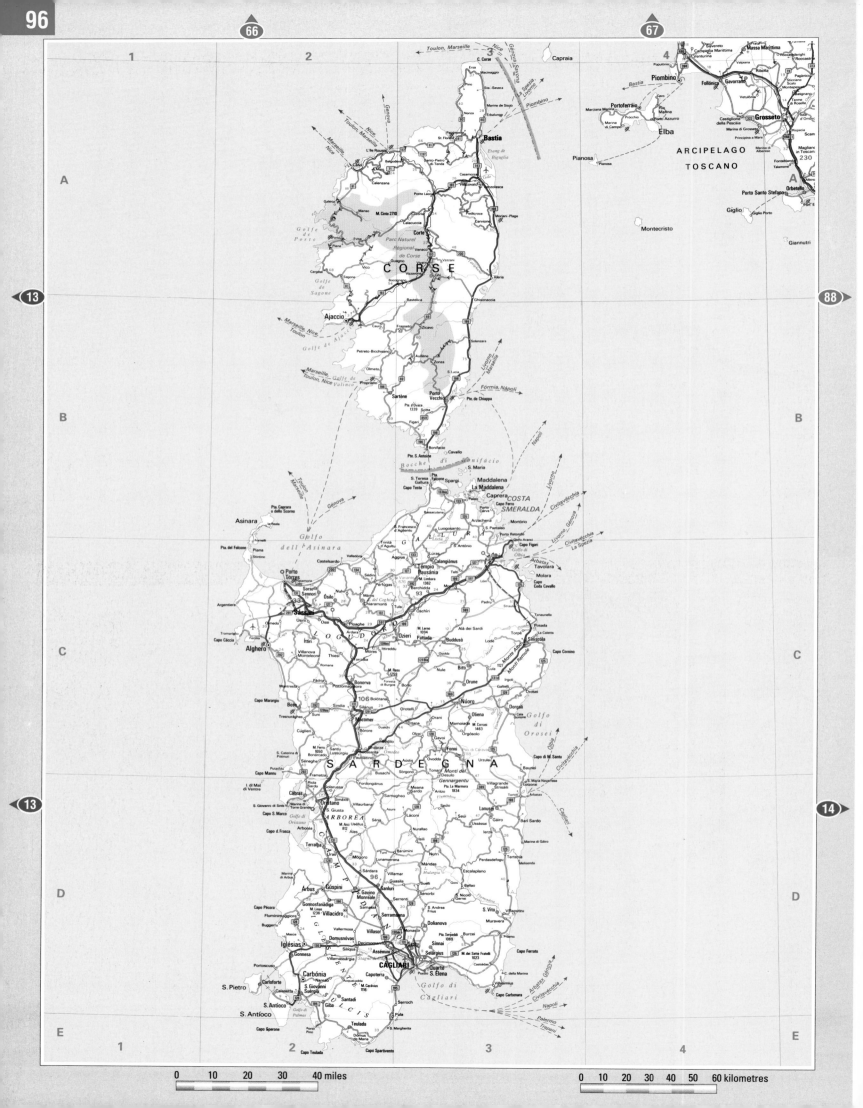

Legend to city plans

Motorway		Rail/bus station	
Through route		Underground/Metro station	
Secondary road		Abbey/cathedral	
Other road		Church of interest	
Limited access / pedestrian road		Hospital	
Parking		Police station	
Motorway number		Post office	
National road number		Tourist information centre	
European road number			
Destination		Place of interest	
Car ferry			

- Motorway
- Through route
- Secondary road
- Other road
- Limited access / pedestrian road
- P Parking
- A7 Motorway number
- 447 National road number
- E45 European road number
- BOLOGNA Destination
- Car ferry

- Rail/bus station
- Underground/Metro station
- Abbey/cathedral
- Church of interest
- Hospital
- POL Police station
- Post office
- i Tourist information centre
- Theatre
- Place of interest

Legend to approach maps

- A103 Toll motorway – with motorway road number
- E51 Toll-free motorway – with European road number
- Motorway service area
- 14 Major route – dual/single carriageway
- 96 Secondary route – dual/single carriageway
- Other road

- Car ferry
- Railway
- 234 Height above sea level – in metres
- Airport
- Airfield
- City plan coverage area

City plan locator

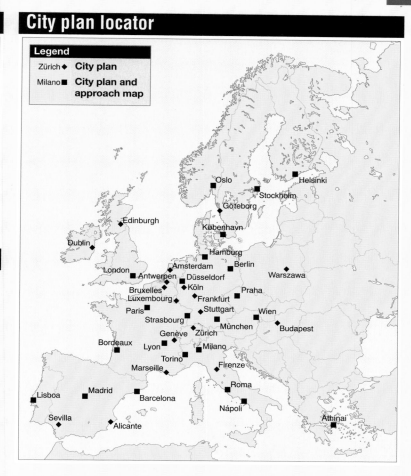

Legend

- Zürich ◆ City plan
- Milano ■ City plan and approach map

Alicante

0 km 0.5

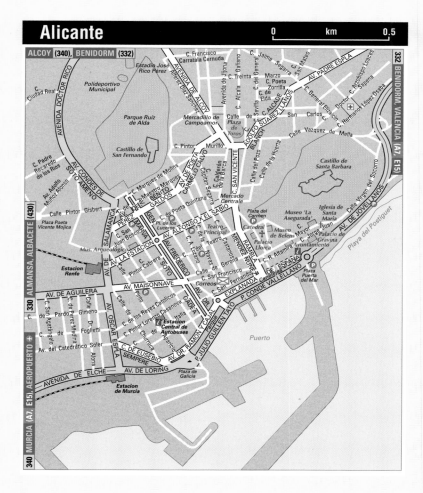

Antwerpen

0 km 1

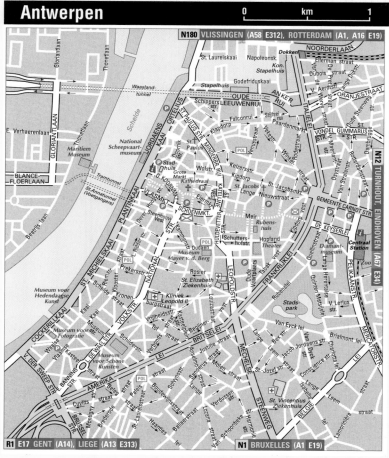

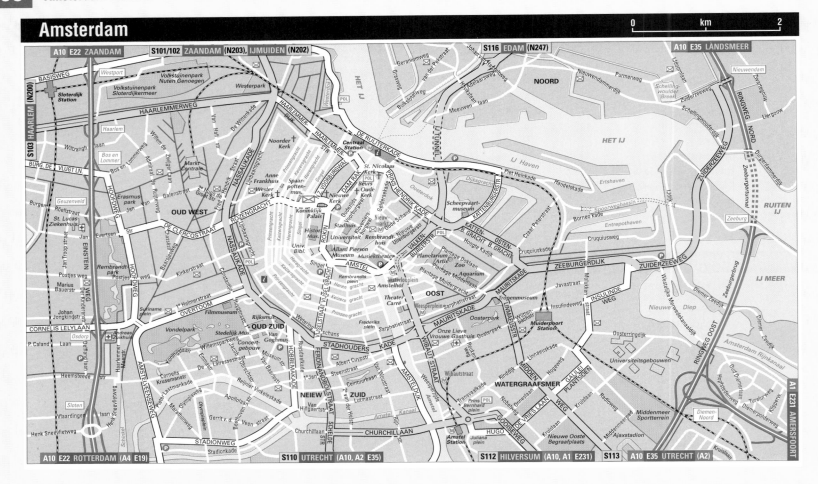

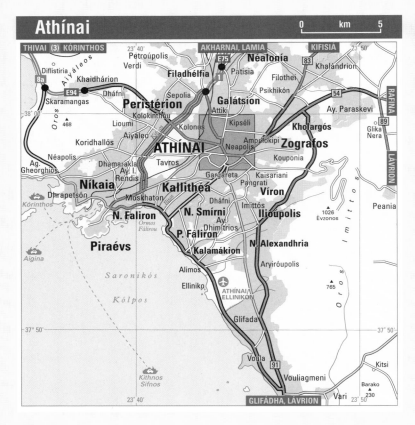

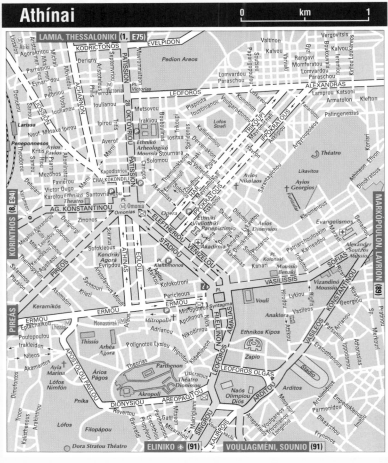

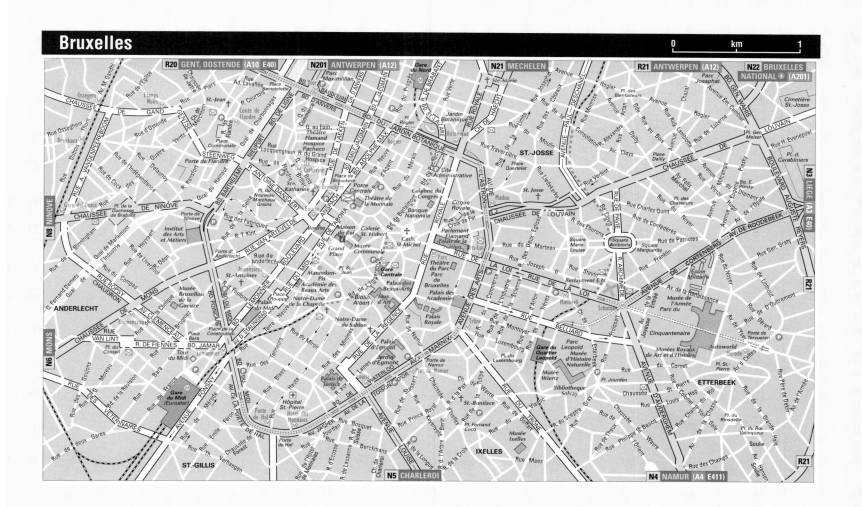

Berlin

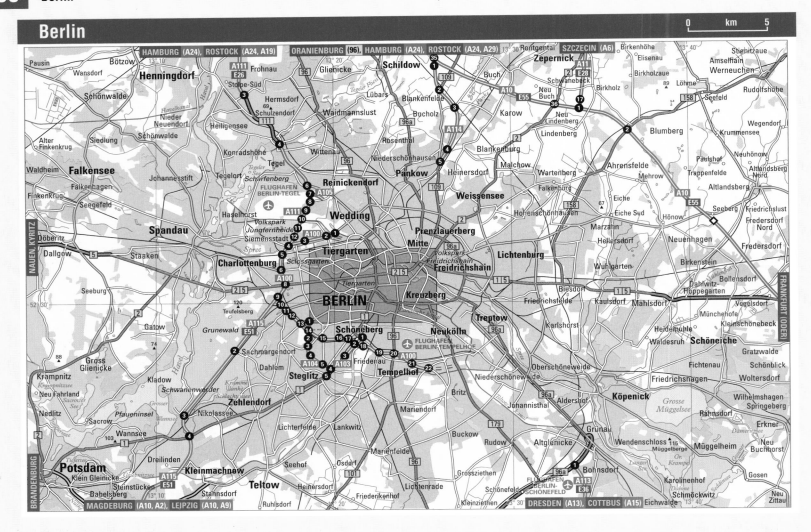

Berlin

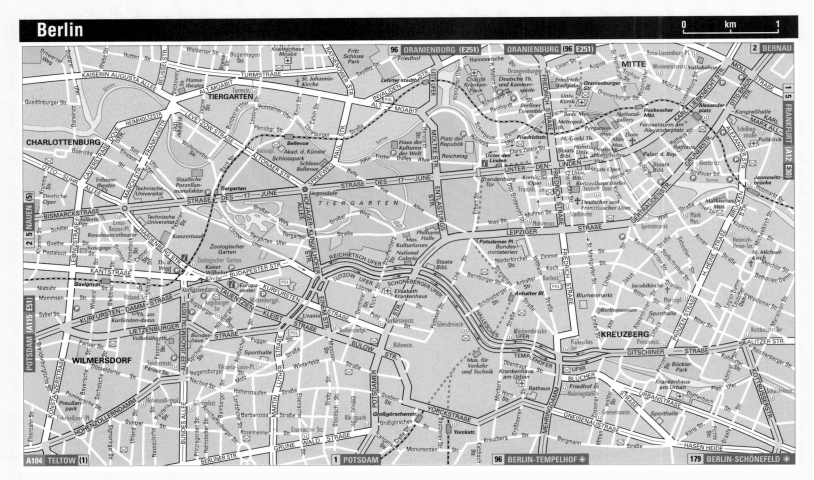

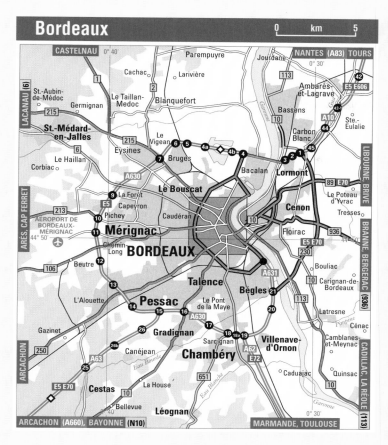

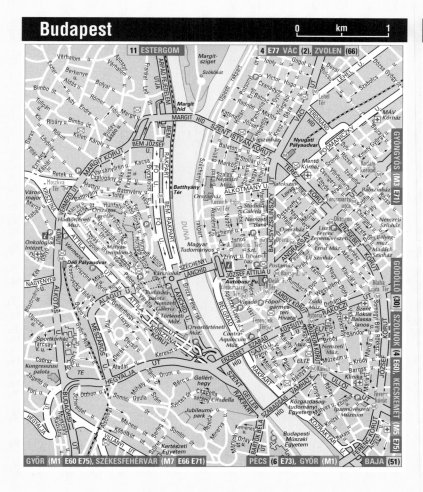

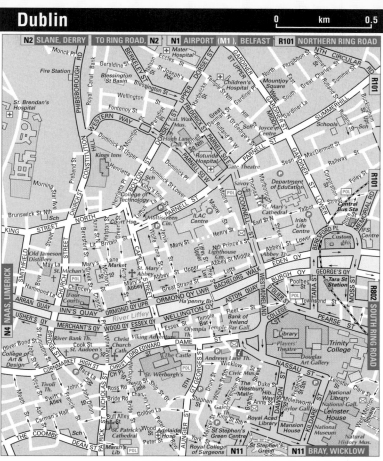

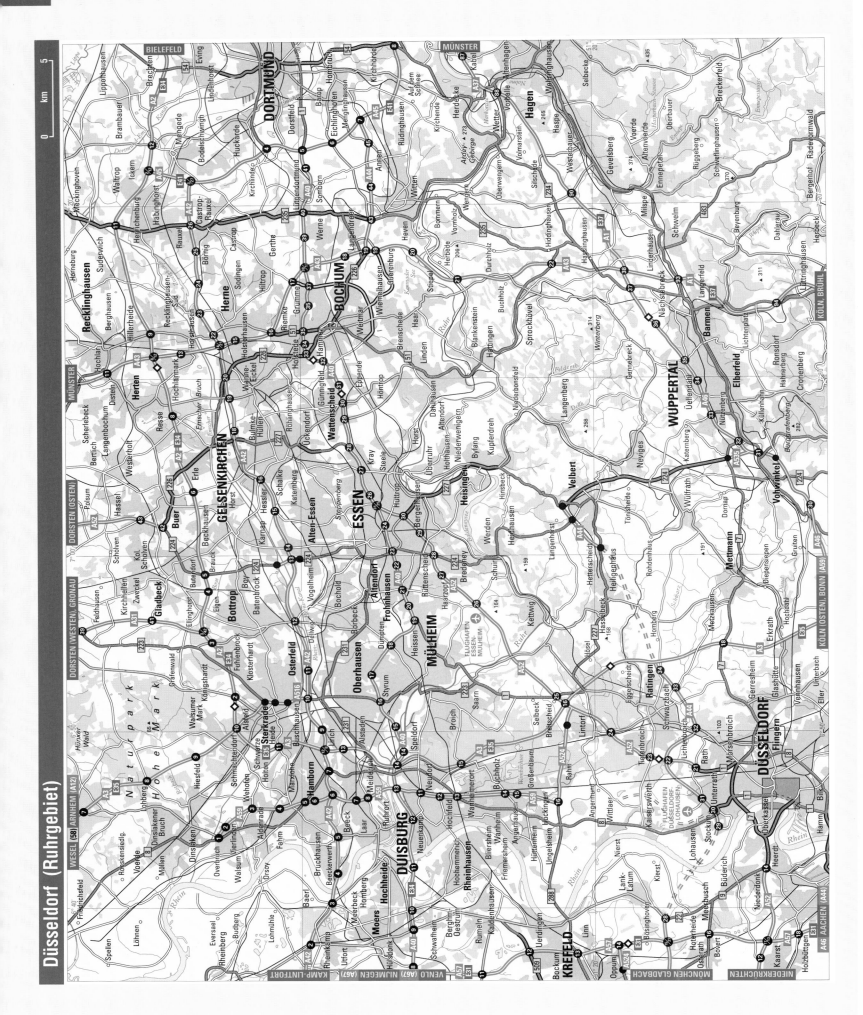

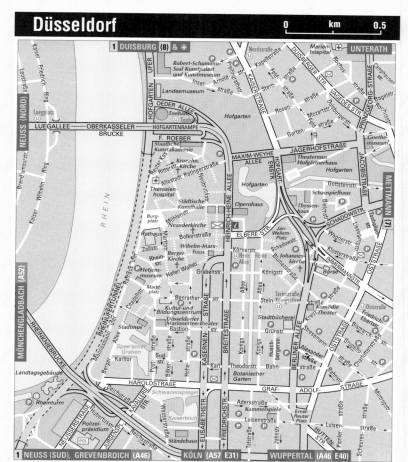

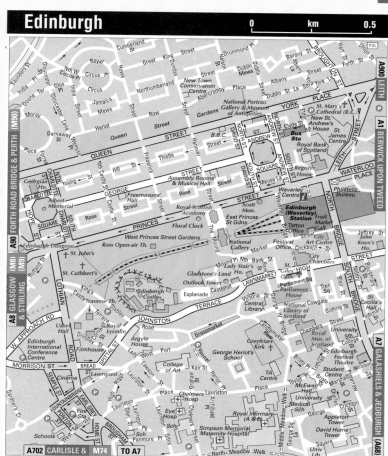

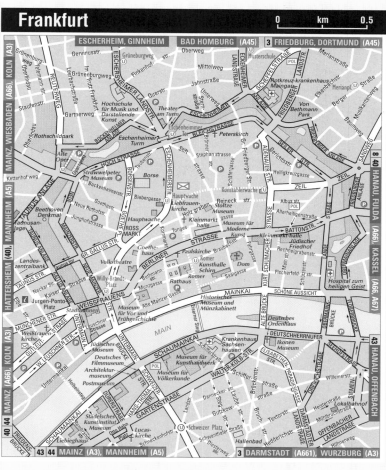

Genève

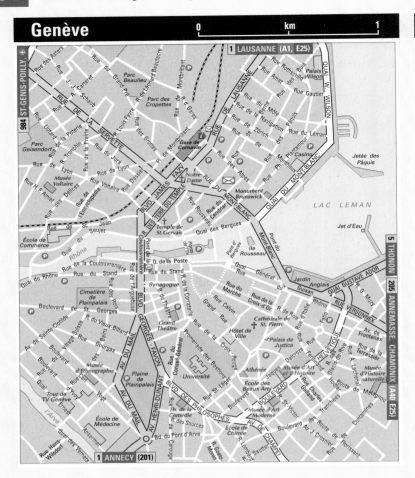

Göteborg

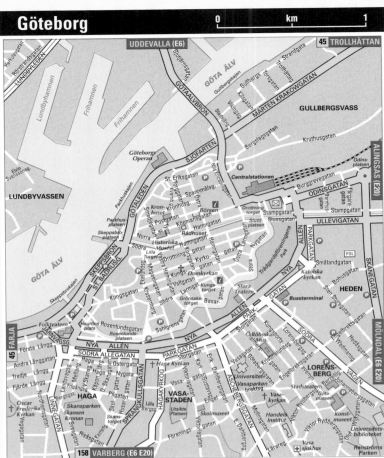

Hamburg

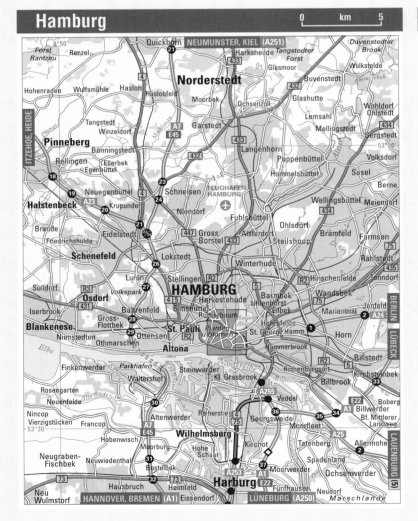

Hamburg

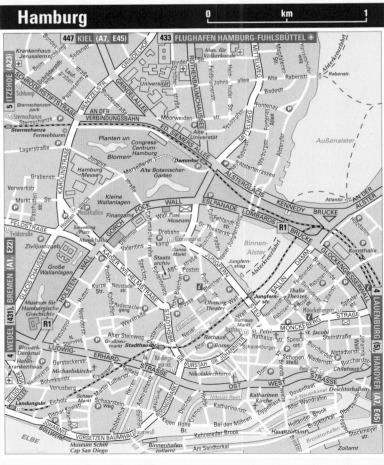

Helsinki

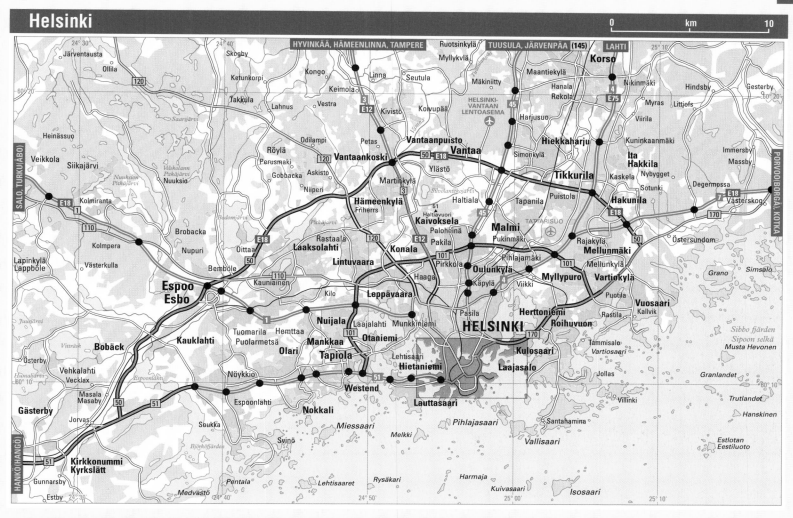

Helsinki

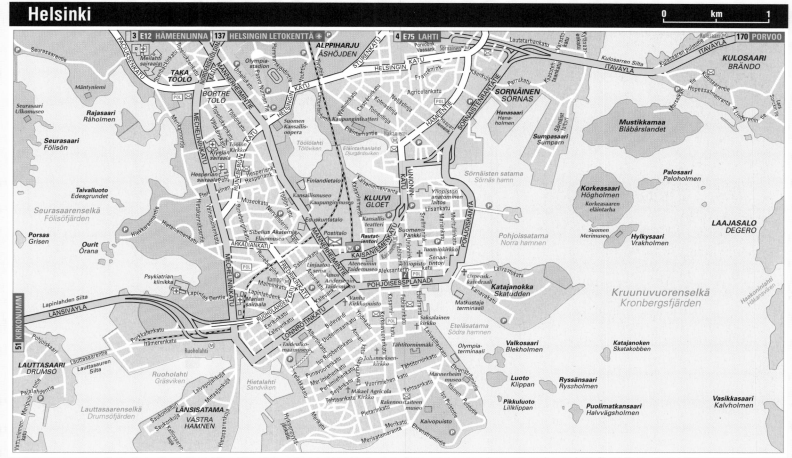

København

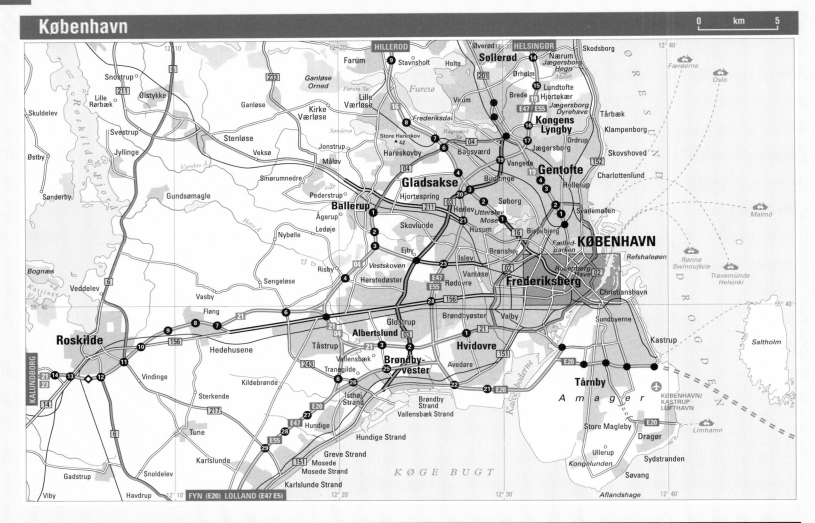

København

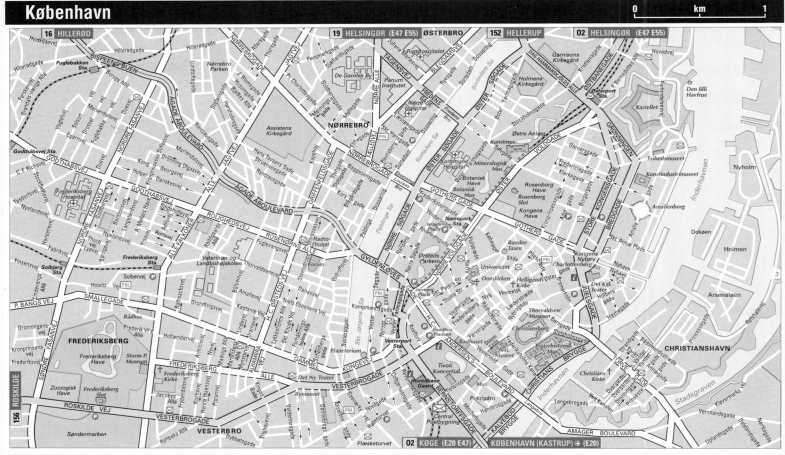

Köln

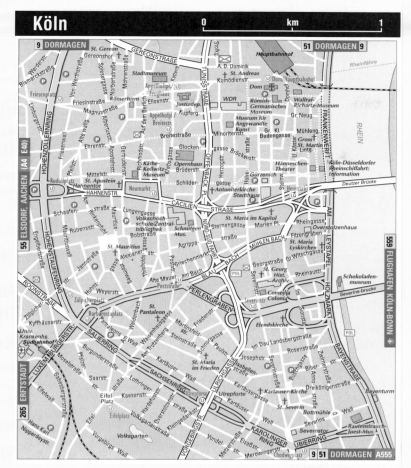

Luxembourg

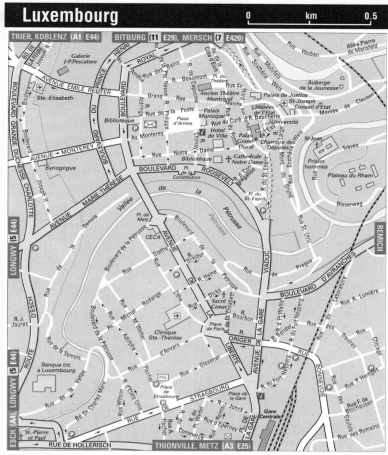

Lisboa

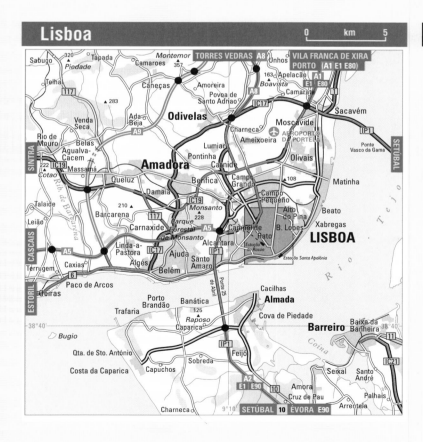

Lisboa

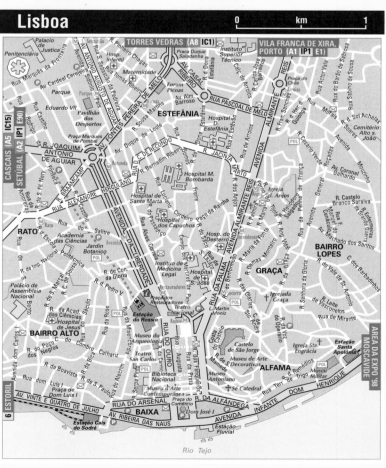

London

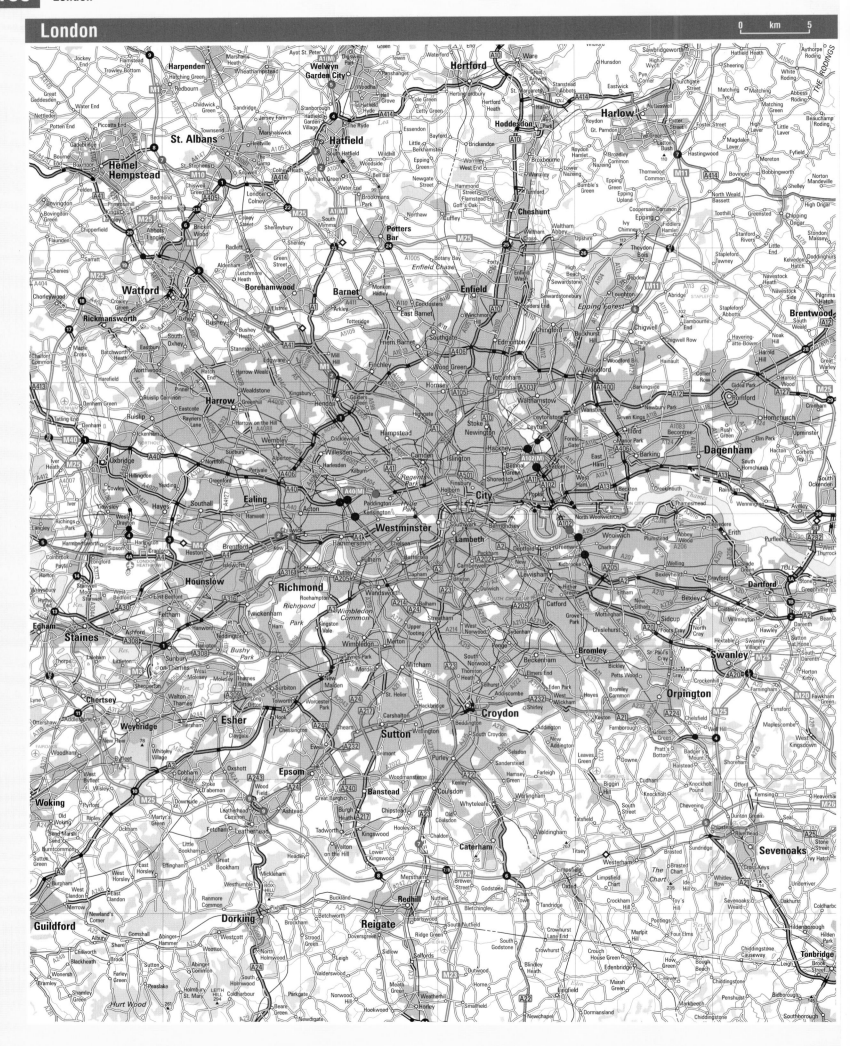

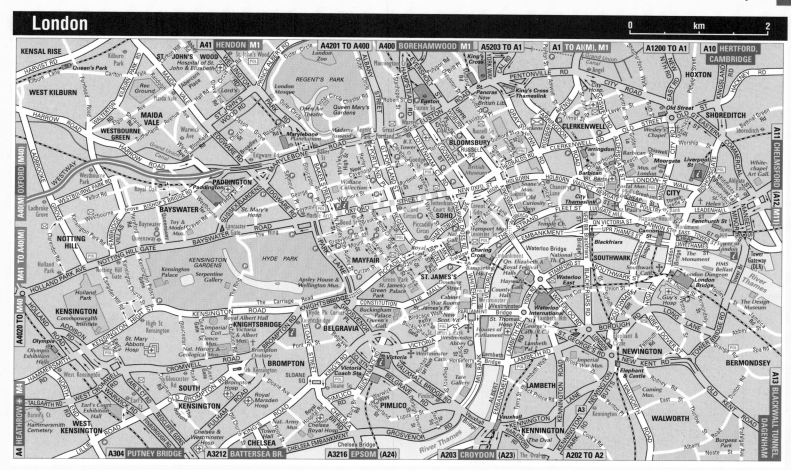

London

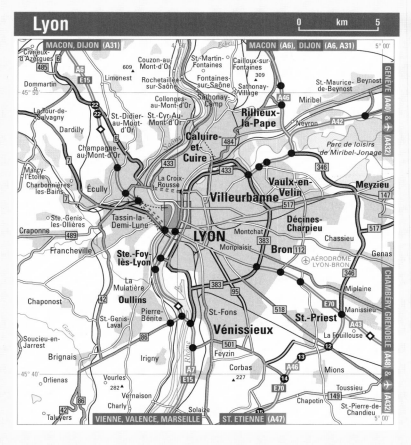

Lyon

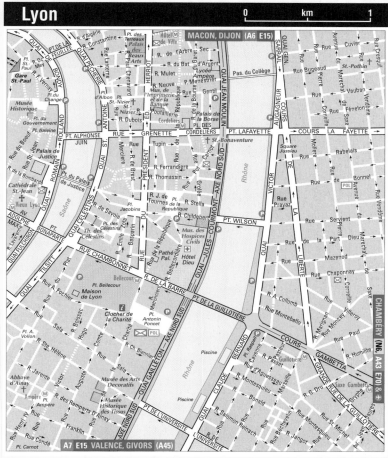

Lyon

Madrid

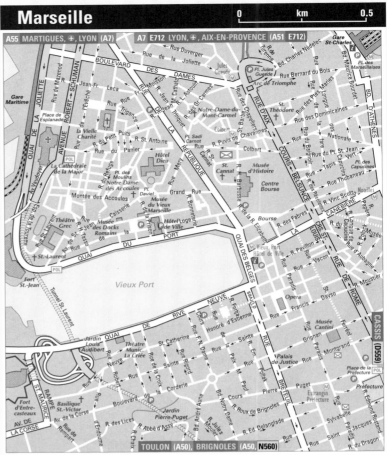

Marseille

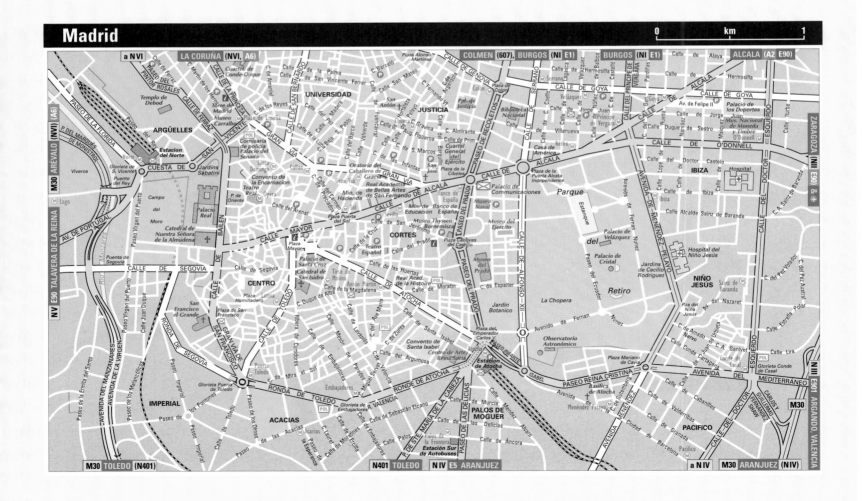

Madrid

Milano

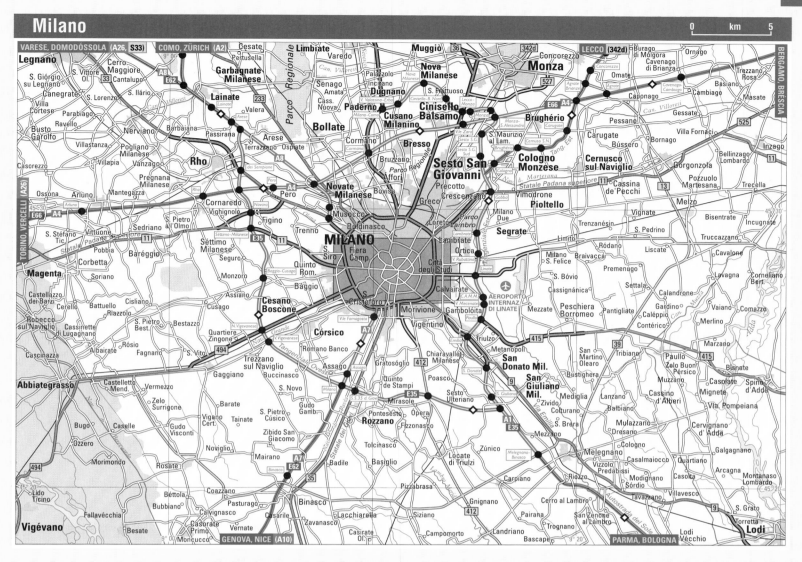

Milano

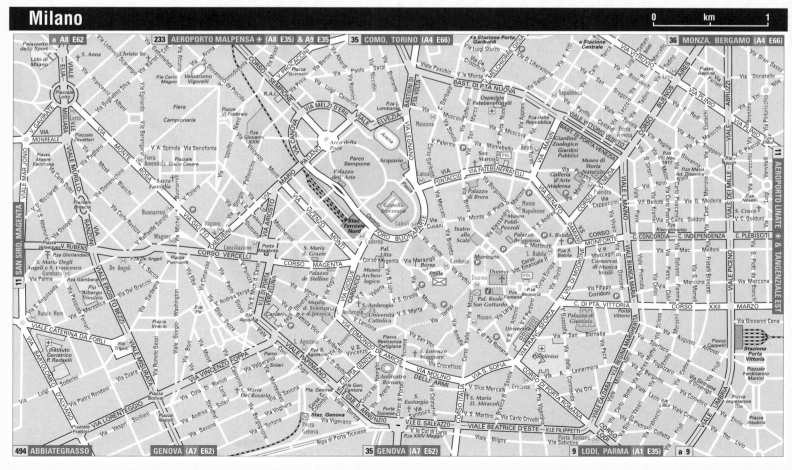

München

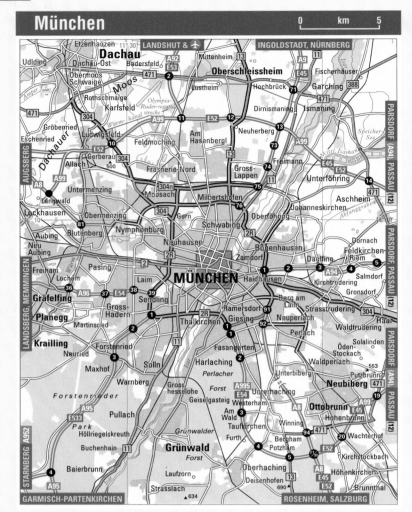

München

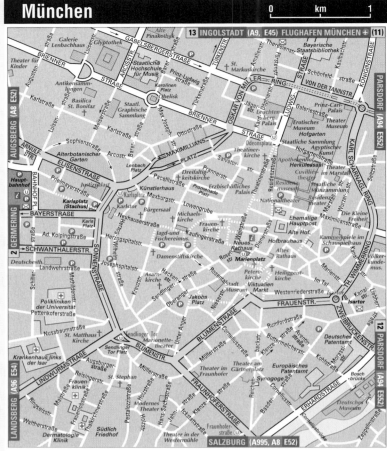

Nápoli

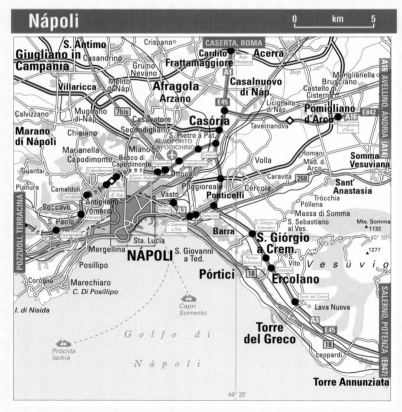

Nápoli

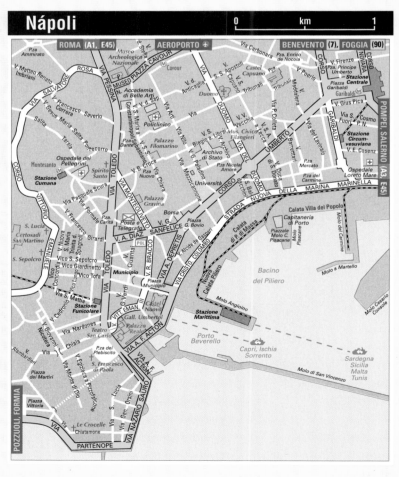

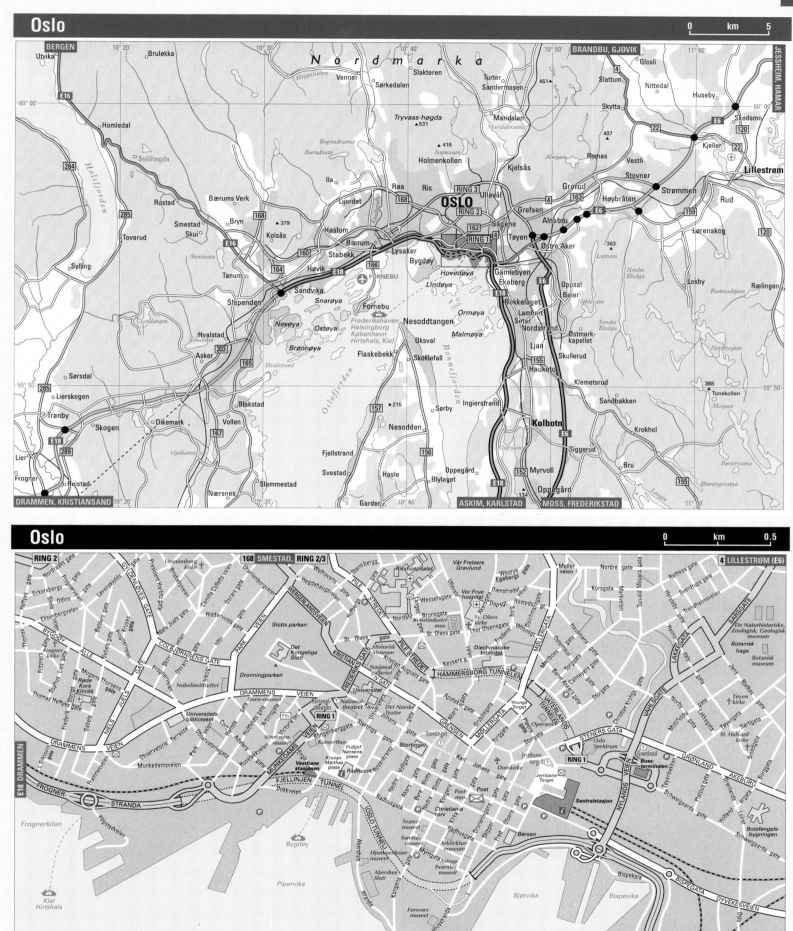

Paris

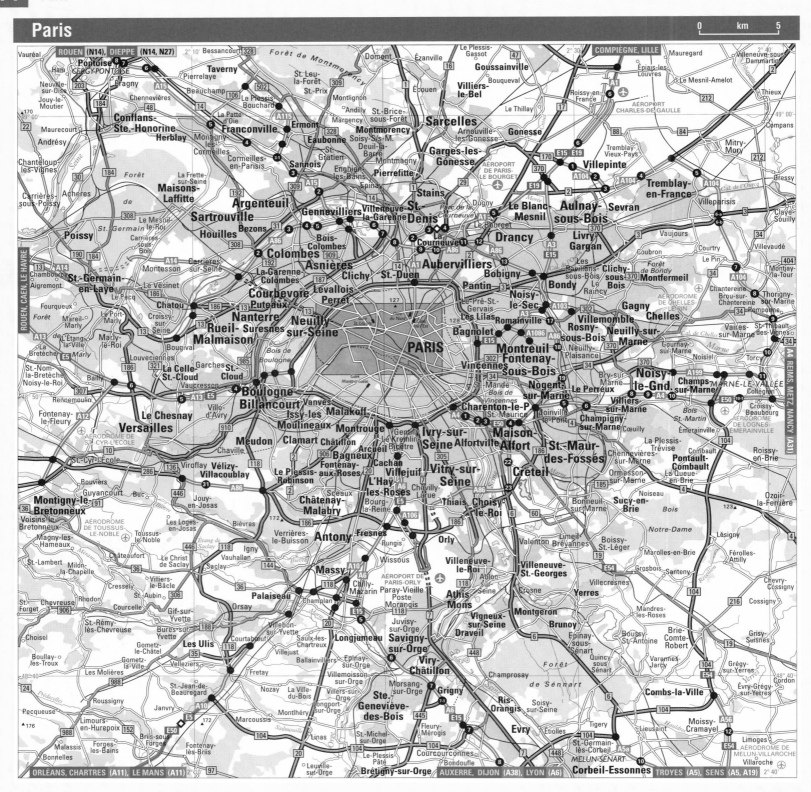

Paris

0 — km — 1

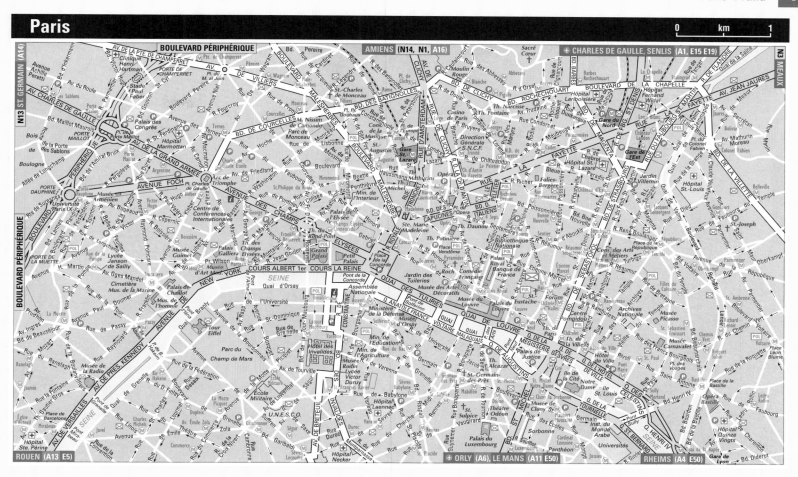

Praha

0 — km — 5

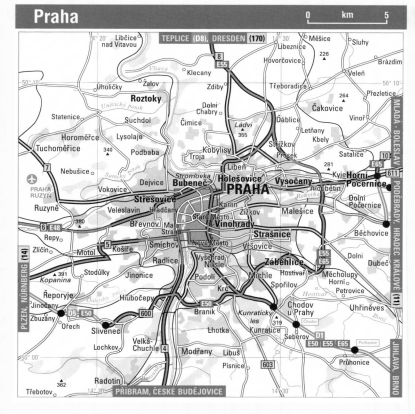

Praha

0 — km — 1

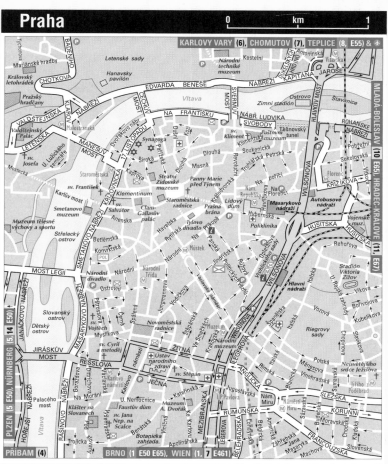

Roma

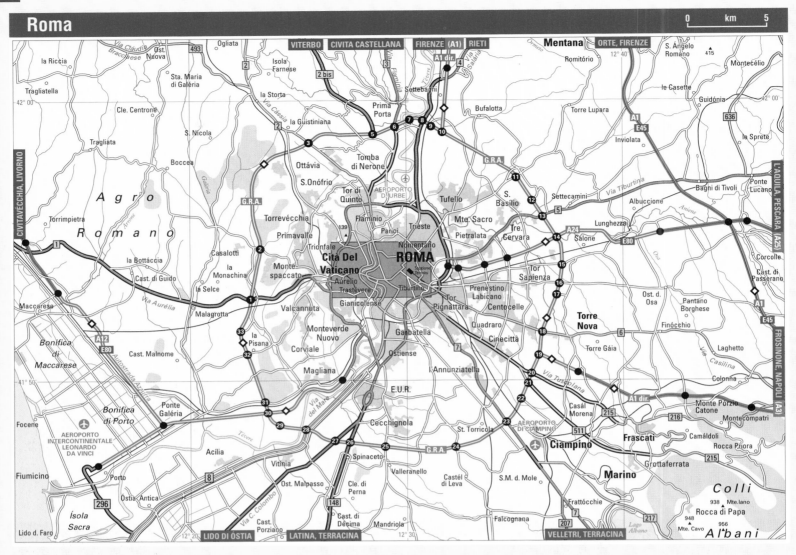

Roma

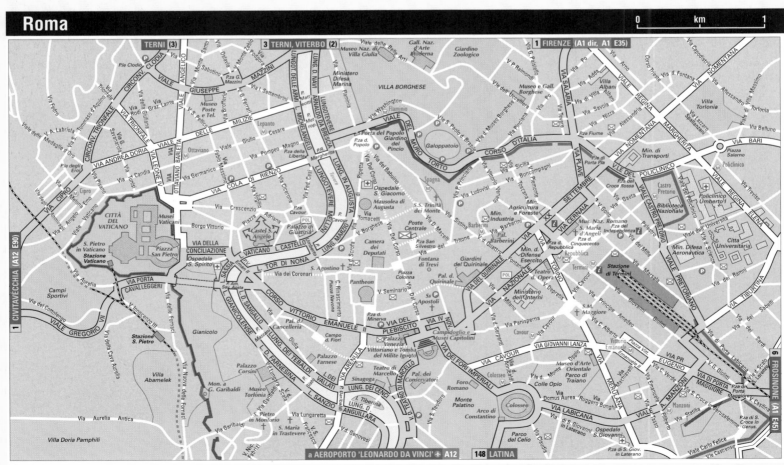

Stockholm

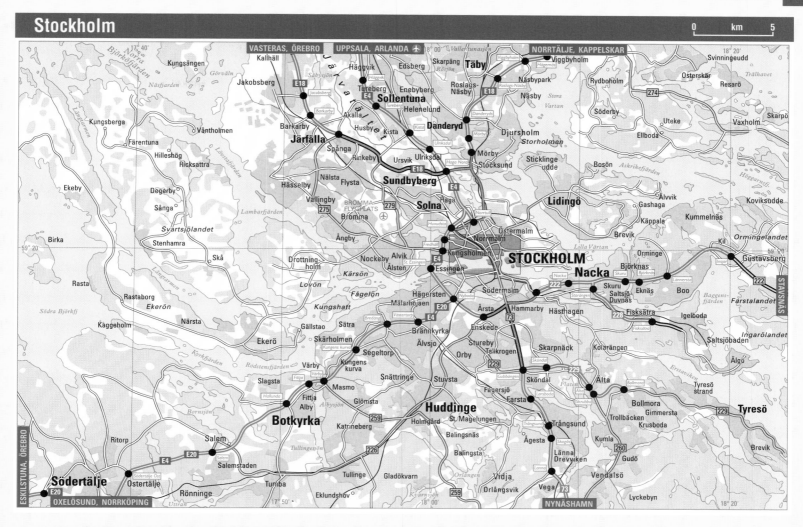

0 km 5

Stockholm

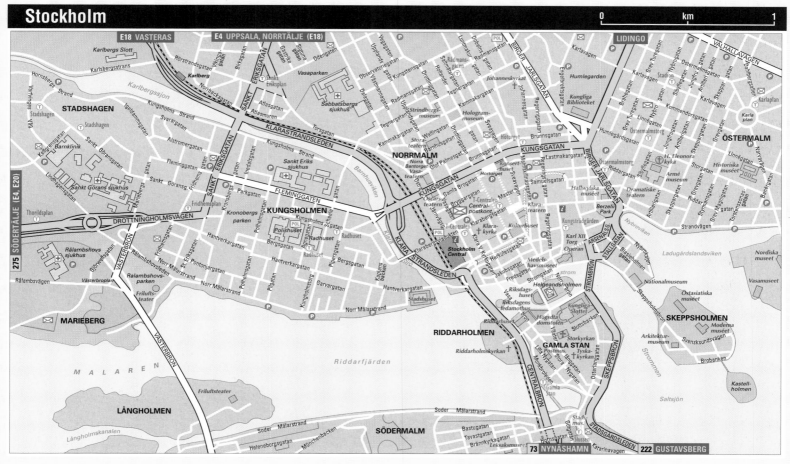

0 km 1

Strasbourg

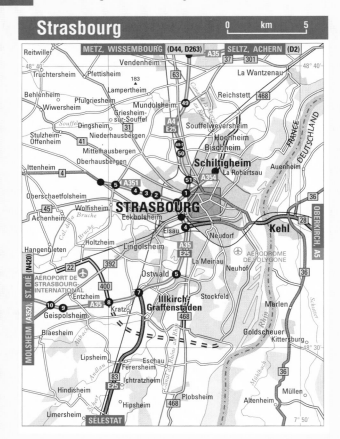

Strasbourg

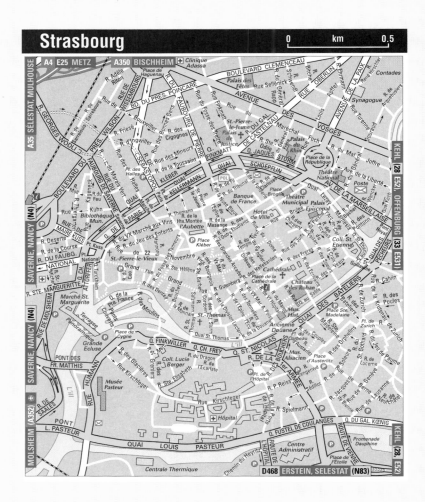

Sevilla

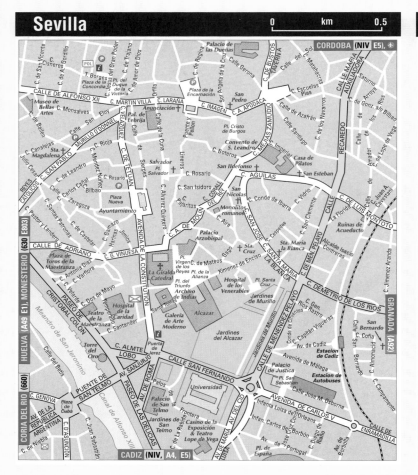

Stuttgart

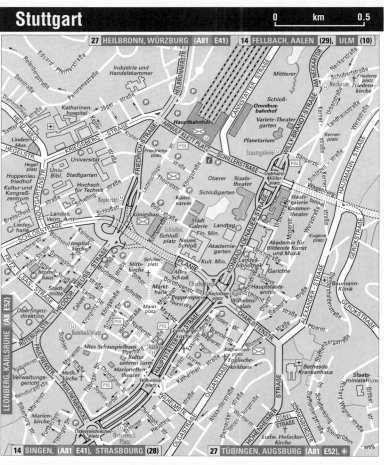

Torino

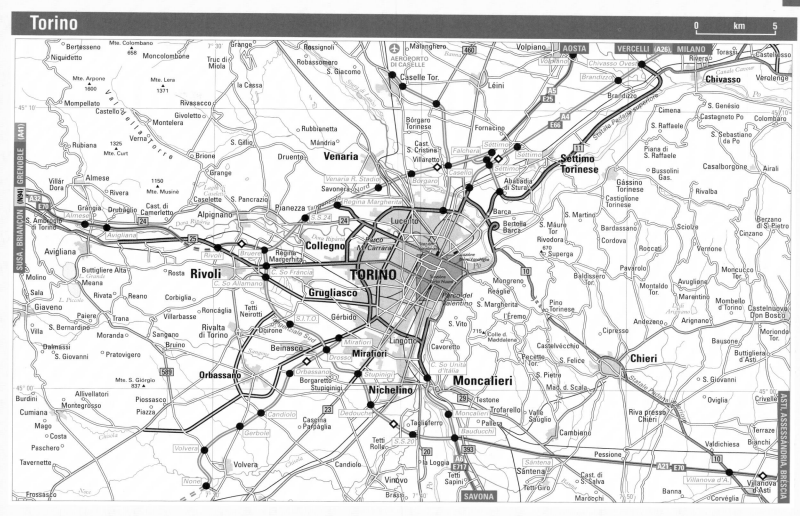

Torino

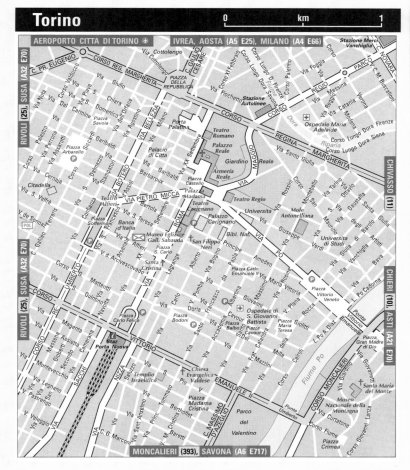

Warszawa

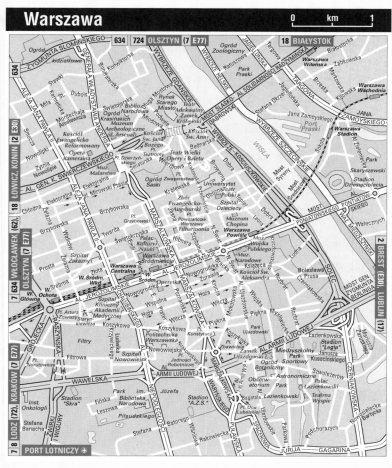

Wien

0 — km — 1

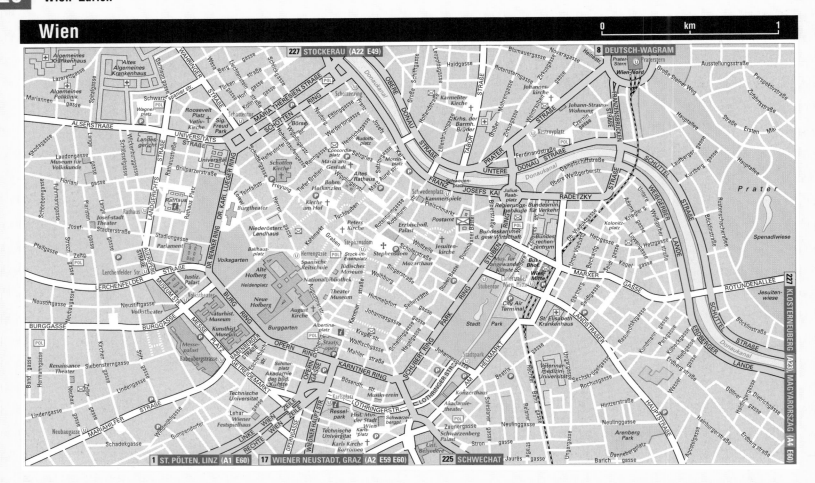

Wien

0 — km — 5

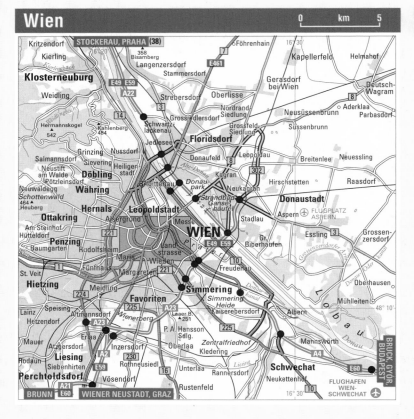

Zürich

0 — km — 0.5

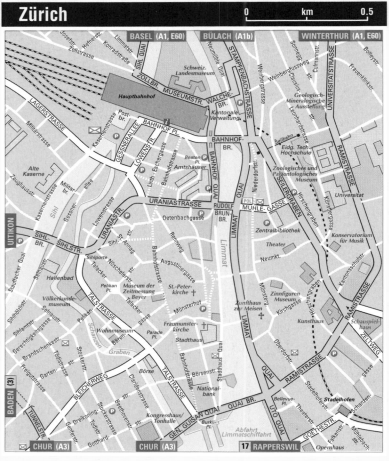

GB	F		D	I
Austria	Autriche	A	Österreich	Austria
Albania	Albanie	AL	Albanien	Albania
Andorra	Andorre	AND	Andorra	Andorra
Belgium	Belgique	B	Belgien	Belgio
Bulgaria	Bulgarie	BG	Bulgarien	Bulgaria
Bosnia-Hercegovina	Bosnia-Herzegovine	BIH	Bosnien-Herzegowina	Bosnia-Herzegovina
Belarus	Belarus	BY	Weißrussland	Bielorussia
Switzerland	Suisse	CH	Schweiz	Svizzera
Czech Republic	République Tchèque	CZ	Tschechische Republik	Repubblica Ceca
Germany	Allemagne	D	Deutschland	Germania
Denmark	Danemark	DK	Dänemark	Danimarca
Spain	Espagne	E	Spanien	Spagna
Estonia	Estonie	EST	Estland	Estonia
Finland	Finlande	FIN	Finnland	Finlandia
France	France	F	Frankreich	Francia
Liechtenstein	Liechtenstein	FL	Liechtenstein	Liechtenstein
United Kingdom	Royaume Uni	GB	Großbritannien und Nordirland	Regno Unito
Gibraltar	Gibraltar	GBZ	Gibraltar	Gibilterra
Greece	Grèce	GR	Greichenland	Grecia
Hungary	Hongrie	H	Ungarn	Ungheria
Croatia	Croatie	HR	Kroatien	Croazia
Italy	Italie	I	Italien	Italia
Ireland	Irlande	IRL	Irland	Irlanda
Luxembourg	Luxembourg	L	Luxemburg	Lussemburgo
Lithuania	Lituanie	LT	Litauen	Lituania
Latvia	Lettonie	LV	Lettland	Lettonia
Monaco	Monaco	MC	Monaco	Monaco
Moldavia	Moldavie	MD	Moldawien	Moldavia
Macedonia	Macédoine	MK	Makedonien	Macedonia
Norway	Norvège	N	Norwegen	Norvegia
Netherlands	Pays-Bas	NL	Niederlande	Paesi Bassi
Portugal	Portugal	P	Portugal	Portogallo
Poland	Pologne	PL	Polen	Polonia
Romania	Roumanie	RO	Rumanien	Romania
Russia	Russie	RUS	Russland	Russia
San Marino	Saint-Marin	RSM	San Marino	San Marino
Sweden	Suède	S	Schweden	Svezia
Slovak Republic	République Slovaque	SK	Slowak Republik	Repubblica Slovacca
Slovenia	Slovénie	SLO	Slowenien	Slovenia
Turkey	Turquie	TR	Türkei	Turchia
Ukraine	Ukraine	UA	Ukraine	Ucraina
Yugoslavia	Yougoslavie	YU	Jugoslawien	Jugoslavia

A

A Coruña E 72 A2
A Pontenova E 72 A3
A-Ver-o-Mar P 73 C2
Aach D 57 A4
Aachen D 35 C6
Aalen D 47 C6
Aalsmeer NL 35 A4
Aalst B 35 C4
Aalst NL 35 B5
Aalten NL 36 B1
Äänekoski FIN 5 E19
Aarau CH 56 A3
Aarberg CH 56 A2
Aarburg CH 56 A2
Aardenburg NL 34 B3
Aarschot B 35 C4
Aba H 61 A3
Abádanes E 81 B4
Abades E 80 B2
Abádszalók H 61 A5
Abaliget H 60 B3
Abano Terme I 58 C1
Abarán E 87 A5
Abasár H 51 D6
Abbadia S. Salvatore I 88 A2
Abbehausen D 29 B5
Abbekäs S 27 D2
Abbeville F 34 C1
Abbiategrasso I 57 C3
Abda H 60 A2
Abejar E 75 C4
Abela P 84 B1
Abenberg D 48 B1
Abenojar E 80 D2
Åbenrå DK 25 C2
Abensberg D 48 C2
Aberaeron GB 3 K4
Aberdeen GB 3 H5
Aberdyfi GB 3 K4
Aberfeldy GB 3 H5
Abergavenny GB 3 L5
Abertura E 79 B5
Aberystwyth GB 3 K4
Abetone I 67 B5
Abfaltersbach A 58 B2
Abiego E 76 A2
Abild DK 25 D1
Abingdon GB 3 L6
Abiul P 78 B2
Abla E 87 B4
Ablis F 44 C2
Abondance F 56 B1
Abony H 61 A5
Abrantes P 78 B2
Abrest F 54 B3
Abriès F 65 B5
Abrud RO 11 N18
Absdorf A 50 C1
Abtenau A 58 A3
Abtsgmünd D 47 C6
Abusejo E 73 D4
Åby, *Kronoberg* S 26 C3
Åby, *Östergötland* S 23 D2
Åbybro DK 24 A2
Åbyfors S 26 B3
Åbyggeby S 22 B3
Åbytorp S 23 C1
Acate I 95 B3
Accadia I 90 C2
Accéglio I 66 B1
Accettura I 92 A3
Acciaroli I 92 A2
Accous F 62 C3
Accúmoli I 89 A4
Acedera E 79 B5
Acehuche E 79 B4
Acered E 81 A5
Acerenza I 90 D2
Acerno I 90 D2
Acerra I 89 C5
Aceuchal E 79 C4
Achel B 35 B5
Achene B 35 C5
Achensee A 58 A1
Achenthal A 58 A1
Achern D 47 C4
Acheux en Amienois F 44 A3
Achim D 29 B6
Aci Castello I 95 B4
Aci Catena I 95 B4
Acilia I 88 B3
Acireale I 95 B4
Acquacadda I 96 D2
Acqualagna I 68 C2
Acquanegra sul Chiese I 67 A5
Acquapendente I 88 A2
Acquasanta Terme I 89 A4
Acquasparta I 88 A3
Acquaviva I 68 C1
Acquaviva delle Fonti I 90 D3
Acquaviva Picena I 89 A4
Acqui Terme I 66 B3
Acquigny F 44 B2
Acri I 92 B3
Ács H 60 A3
Acsa H 51 D5
Acy-en-Multien F 45 B3
Ada HR 61 C5
Adács H 61 A5
Adalsbruk N 20 B2
Adamów PL 41 B6
Adamuz E 86 A2
Ádánd H 60 B3
Adanero E 80 B2
Adaševci YU 71 A4
Adeanueva de Ebro E 75 B5
Adegem B 34 B3
Adelboden CH 56 B2
Adelebsen D 37 B4
Adélfia I 90 C3
Adelmannsfelden D 47 C6
Adelsdorf D 48 B1
Adelsheim D 47 B5
Adelsö S 23 C3
Ademuz E 82 A1
Adenau D 36 C1
Adendorf D 30 B1
Adinkerke B 34 B2
Adjud RO 11 N20
Adlešiči SLO 59 C5
Adliswil CH 56 A3
Admont A 59 A4
Adneran N 18 B3
Adolfsberg S 23 C1
Adony H 61 A3
Adorf, *Hessen* D 36 B3
Adorf, *Sachsen* D 38 C2
Adra E 86 C3
Adradas E 75 C4
Adraga P 78 C1
Adrano I 95 B3
Ádria I 68 A2
Adzaneta E 82 A2
Ærøskøbing DK 25 D3
Aesch CH 56 A2
Afferde D 37 A4
Affing D 48 C1
Affoltern CH 56 A3
Åfjord N 4 E12
Afragola I 89 C5
Afritz A 59 B3
Agay F 66 C1
Agazzano I 67 B4
Agde F 64 C2
Agen F 63 B4
Ager E 76 A3
Agerbæk DK 25 C1
Agerskov DK 25 C2
Ageyevo RUS 16 J25
Agger DK 24 B1
Aggersund DK 24 A2
Ággius I 96 C3
Aggsbach Dorf A 50 C1
Aggsbach Markt A 49 C6
Agiči BIH 70 B1
Agira I 95 B3
Agnesberg S 24 A5
Agnières F 65 B4
Agno CH 56 C3
Agnone I 89 B5
Agordo I 58 B2
Agost E 82 C2
Agramón E 87 A5
Agramunt E 77 B4
Agreda E 75 C5
Agrigento I 94 B2
Agrinion GR 15 S17
Agrón E 86 B3
Agrópoli I 92 A1
Agua Longa P 73 C2
Aguadulce, *Almería* E 87 C4
Aguadulce, *Sevilla* E 85 B5
Agualada E 72 A2
Aguarón E 76 B1
Aguas E 76 A2
Aguas Belas P 78 B2
Aguas de Busot E 82 C2
Aguas de Moura P 78 C2
Aguas Santas P 73 C2
Aguaviva E 76 C2
Aguaviva de la Vega E 75 C4
Agudo E 80 D2
Agueda P 73 D2
Aguessac F 64 B2
Agugliano I 68 C3
Aguiar P 78 C3
Aguiàr da Beira P 73 D3
Aguilafuente E 80 A2
Aguilar de Campóo E 74 B2
Aguilar de la Frontera E 86 B2
Aguilas E 87 B5
Aguinaliu E 76 A3
Ahaus D 36 A2
Ahigal E 79 A4
Ahigal de Villarino E 73 C4
Ahillones E 85 A4
Ahlbeck D 31 B5
Ahlen D 36 B2
Ahlten D 37 A4
Ahrensbök D 30 A1
Ahrensburg D 29 B7
Ahrweiler D 36 C2
Ahun F 54 B2
Åhus S 27 D3
Aibar E 75 B5
Aich D 48 C3
Aicha D 49 C4
Aichach D 48 C2
Aidone I 95 B3
Aiello Cálabro I 92 B3
Aigen i. M. A 49 C4
Aigle CH 56 B1
Aiglsbach D 48 C2
Aignan F 62 C4
Aignay-le-Duc F 55 A4
Aigre F 53 C5
Aigrefeuille-d'Aunis F 52 B4
Aigrefeuille-sur-Maine F 52 A3
Aiguablava E 77 B6
Aiguebelle F 55 C6
Aigueperse F 54 B3
Aigues-Mortes F 64 C3
Aigues-Vives F 64 C1
Aiguilles F 65 B5
Aiguillon F 63 B4
Aigurande F 54 B1
Ailefroide F 65 B5
Aillant-sur-Tholon F 45 D4
Aillevillers F 46 D2
Ailly-sur-Somme F 44 B3
Aimargues F 64 C3
Aime F 56 C1
Ainaži LV 7 H19
Ainet A 58 B2
Ainsa E 76 A3
Airasca I 66 B2
Aire-sur-l'Adour F 62 C3
Aire-sur-la-Lys F 34 C2
Airole I 66 C2
Airolo CH 56 B3
Airvault F 53 B4
Aisey-sur-Seine F 55 A4
Aislingen D 48 C1
Aissey F 55 A6
Aisy-sur-Armançon F 55 A4
Aiterhofen D 48 C3
Aiud RO 11 N18
Aix-en-Othe F 45 C4
Aix-en-Provence F 65 C4
Aix-les-Bains F 55 C5
Aixe-sur-Vienne F 53 C6
Aiyion GR 15 S18
Aizenay F 52 B3
Aizkraukle LV 7 H19
Aizpute LV 7 H17
Ajaccio F 96 B2
Ajain F 54 B2
Ajdovščina SLO 59 C3
Ajka H 60 A2
Ajofrin E 80 C3
Ajuda P 79 C3
Åkarp S 27 D2
Akasztó H 61 B4
Aken D 38 B2
Åkerby S 22 B3
Åkernes N 18 C4
Åkers styckebruk S 23 C3
Åkersberga S 23 C4
Akharnaí GR 15 S18
Akhisar TR 15 S20
Åkirkeby DK 27 D3
Akkarfjord N 4 A18
Akkrum NL 28 B2
Åkra N 18 B3
Åkrehamn N 18 B2
Aktsyabrski BY 16 K21
Ala I 57 C6
Alà dei Sardi I 96 C3
Ala di Stura I 66 A2
Alaejos E 74 C1
Alafors S 24 A5
Alagna Valsésia I 56 C2
Alagón E 76 B1
Alaguas E 82 B2
Alájar E 85 B3
Alakurtti RUS 5 C22
Alameda E 86 B2
Alameda de la Sagra E 80 B3
Alamedilla E 86 B3
Alamillo E 86 A2
Alaminos E 81 B4
Alandroal P 78 C3
Alange E 79 C4
Alanís E 85 A4
Alanno I 89 A4
Alap H 61 B3
Alar del Rey E 74 B2
Alaraz E 80 B1
Alarcón E 81 C4
Alaró, *Mallorca* E 83
Alaşehir TR 15 S21
Alássio I 66 B3
Alatoz E 82 B1
Alatri I 89 B4
Alattyán H 61 A5
Alavus FIN 5 E18
Alayor, *Menorca* E 83
Alba E 82 A1
Alba I 66 B3
Alba Adriatica I 89 A4
Alba de Tormes E 80 B1
Alba-Iulia RO 11 N18
Albacete E 81 D5
Albachten D 36 B2
Albæk DK 24 A3
Albafarrech E 76 B3
Albages E 76 B3
Albaida E 82 C2
Albais F 63 B5
Albala del Caudillo E 79 B4
Albaladejo E 87 A4
Albalat E 82 B2
Albalate de Cinca E 76 B3
Albalete de Zorita E 81 B4
Albalete del Arzobispo E 76 B2
Alban F 64 C1
Albanà E 77 A5
Albánchez E 87 B4
Albanchez de Ubeda E 86 B3
Albanilla E 87 A5
Albano Laziale I 88 B3
Albaredo d'Adige I 67 A6
Albarracin E 82 A1
Albatana E 82 C1
Albatera E 87 A6
Albbruck D 56 A3
Albedin E 86 B2
Albelda E 75 B4
Albenga I 66 B3
Albens F 55 C5
Alberga S 23 D2
Albergaria-a-Nova P 73 D2
Albergaria-a-Velha P 73 D2
Albergaria dos Doze P 78 B2
Alberge P 78 C2
Albergueria E 73 B3
Albergueria de Argañán E 79 A4
Alberique E 82 B2
Albernoa P 84 B2
Alberobello I 91 D4
Alberoni I 58 C2
Albersdorf D 29 A6
Albersloh D 36 B2
Albersweiler D 47 B4
Albert F 44 A3
Albertirsa H 61 A4
Albertville F 55 C6
Albi F 63 C6
Albidona I 93 B3
Albinia I 88 A2
Albino I 57 C4
Albires E 74 B1
Albisola Marina I 66 B3
Alblasserdam NL 35 B4
Albocácer E 82 A3
Albolote E 86 B3
Albondón E 86 C3
Alboraya E 82 B2
Alborea E 82 B1
Ålborg DK 24 A2
Albox E 87 B4
Albrechtice n. Vitavou CZ 49 B5
Albufeira P 84 B1
Albuñol E 86 C3
Albuñuelas E 86 C3
Alburg D 48 C3
Alburquerque E 79 B4
Alcácer do Sal P 78 C2
Alcáçovas P 78 C2
Alcadozo E 87 A5
Alcafoces P 79 B3
Alcainça P 78 C1
Alcains P 78 B3
Alcalá de Chisvert E 82 A3
Alcalá de Guadaira E 85 B4
Alcalá de Gurrea E 76 A2
Alcalá de Henares E 81 B3
Alcalá de la Selva E 82 A2
Alcalá de los Gazules E 85 C4
Alcalá del Júcar E 82 B1
Alcala del Rio E 85 B4
Alcalá del Valle E 85 C4
Alcalá la Real E 86 B3
Alcamo I 94 B1
Alcampel E 76 B3
Alcanadre E 75 B4
Alcanar E 83 A3
Alcanede P 78 B2
Alcañices E 73 C4
Alcañiz E 76 B2
Alcántara E 79 B4
Alcantarilha P 84 B1
Alcantarilla E 87 B5
Alcaracejos E 86 A2
Alcaraz E 87 A4
Alcaria Ruiva P 84 B2
Alcarraz E 76 B3
Alcaudete E 86 B2
Alcaudete de la Jara E 80 C2
Alcázar de San Juan E 81 C3
Alcazarén E 74 C2
Alcoba E 80 C2
Alcobaça P 78 B1
Alcobendas E 81 B3
Alcoceber E 82 A3
Alcocer E 81 B4
Alcochete P 78 C2
Alcoentre P 78 B2
Alcohujate E 81 B4
Alcolea, *Almería* E 86 C4
Alcolea, *Córdoba* E 86 B2
Alcolea de Calatrava E 80 D2
Alcolea de Cinca E 76 B3
Alcolea de Tajo E 80 C1
Alcolea del Pinar E 81 A4
Alcolea del Rio E 85 B4
Alcollarin E 79 B5
Alconchel E 79 C3
Alconera E 79 C4
Alcontar E 87 B4
Alcora E 82 A2
Alcorcón E 80 B3
Alcorisa E 76 C2
Alcoutim P 84 B2
Alcover E 77 B4
Alcoy E 82 C2
Alcsútdoboz H 61 A3
Alcubierre E 76 B2
Alcubilla de Avellaneda E 75 C3
Alcubilla de Nogales E 74 B1
Alcubillas E 86 A3
Alcublas E 82 B2
Alcudia, *Mallorca* E 83
Alcudia de Guadix E 86 B3
Alcuéscar E 79 B4
Aldaya E 82 B2
Aldea E 76 C3
Aldea de Trujillo E 79 B5
Aldea del Cano E 79 B4
Aldea del Fresno E 80 B2
Aldea del Obispo E 73 D4
Aldea del Obispo P 73 D4
Aldea del Rey E 86 A3
Aldea Real E 80 A2
Aldeacentenera E 79 B5
Aldeadávila de la Ribera E 73 C4
Aldealcorvo E 74 C3
Aldealuenga de Sta. Maria E 75 C3
Aldeamayor de San Martin E 74 C2
Aldeanueva de Barbarroya E 80 C1
Aldeanueva de S. Bartolomé E 80 C1
Aldeanueva del Camino E 79 A5
Aldeanueva del Codonal E 80 A2
Aldeapozo E 75 C4
Aldeaquemada E 86 A3
Aldearrubia E 80 A1
Aldeaseca de la Frontera E 80 B1
Aldeasoña E 74 C2
Aldeatejada E 80 B1
Aldehuela E 82 A1
Aldehuela de Calatañazor E 75 C4
Aldehuela de Yeltes E 73 D4
Aldeia da Serra P 78 C3
Aldeia do Bispo P 79 A4
Aldeia do Mato P 78 B2
Aldeia Gavinha P 78 B1
Aldeia Nova P 84 B2
Aldeire E 86 B3
Aldekerk D 35 B6
Aldenhoven D 35 C6
Aldersbach D 49 C4
Åled S 26 C1
Aledo E 87 B5
Alegia Dulantzi E 75 B4
Aleksa Šantić HR 61 C4
Aleksandrów PL 40 B3
Aleksandrów Kujawski PL 33 C4
Aleksin RUS 16 J25
Ålem S 26 C5
Alençon F 43 B6
Alenquer P 78 B1
Alenya F 77 A6
Aleria F 96 A3
Alès F 64 B3
Áles I 96 D2
Alessándria I 66 B3
Alessándria della Rocca I 94 B2
Alessano I 93 B5
Ålestrup DK 24 B2
Ålesund N 4 E10
Alet-les-Bains F 77 A5
Alexandria RO 11 Q19
Alexandroúpolis GR 15 R19
Aleyrac F 65 B3
Alézio I 93 A5
Alfacar E 86 B3
Alfaiates P 79 A4
Alfajarin E 76 B2
Alfambra E 82 A1
Alfambra P 84 B1
Alfândega da Fé P 73 C4
Alfarela de Jafes P 73 C3
Alfarelos P 78 A2
Alfarim P 78 C1
Alfarnate E 86 C2
Alfaro E 75 B5
Alfarrás E 76 B3
Alfedena I 89 B5
Alfeizarão P 78 B1
Alfeld, *Bayern* D 48 B2
Alfeld, *Niedersachsen* D 37 B4
Alfena P 73 C2
Alferce P 84 B1
Alfhausen D 29 C4
Alfonsine I 68 B2
Alforja E 77 B3
Alfta S 22 A2
Alfundão P 84 A1
Algaida, *Mallorca* E 83
Algar, *Cádiz* E 85 C4
Algar, *Murcia* E 87 B6
Ålgarås S 21 D5
Ålgård N 18 C2
Algarinejo E 86 B2
Algarrobo E 86 C2
Algatocin E 85 C4
Algeciras E 85 C4
Algemesí E 82 B2
Algés P 78 C1
Algete E 81 B3
Alghero I 96 C2
Älghult S 26 B4
Alginet E 82 B2
Algodonales E 85 C4
Algodor E 80 C3
Algodor P 84 B2
Algora E 81 B4
Algorta E 75 A4
Algoz P 84 B1
Algrange F 46 B2
Alguaire E 76 B3
Alguazas E 87 A5
Algyö H 61 B5
Alhama de Almeria E 87 C4
Alhama de Aragón E 75 C5
Alhama de Granada E 86 C3
Alhama de Murcia E 87 B5
Alhambra E 81 D3
Alhandra P 78 C1
Alhaurin de la Torre E 86 C2
Alhaurin el Grande E 86 C2
Alhendin E 86 B3
Alhóndiga E 81 B4
Alhos Vedros P 78 C1
Ali Terme I 95 B4
Alia E 80 C1
Ália I 94 B2
Aliaga E 76 C2
Aliağa TR 15 S20
Alibunar YU 71 A5
Alicante E 82 C2
Alicún de Ortega E 86 B3
Alife I 89 B5
Alija del Infantado E 74 B1
Alijó P 73 C3
Alimena I 94 B3
Aliña E 77 A4
Alingsås S 26 B1
Alise-Ste. Reine F 55 A4
Aliseda E 79 B4
Alixan F 65 B4
Aljaraque E 84 B2
Aljariz E 72 B3
Aljezur P 84 B1
Aljorra E 87 B5
Aljubarrota P 78 B2
Aljucen E 79 B4
Aljustrel P 84 B1
Alken B 35 C5
Alkmaar NL 28 C1
Alkoven A 49 C5
Allagen D 36 B3
Allaines F 44 C2
Allaire F 52 A2
Allanche F 64 A1
Alland A 50 C2
Allariz E 72 A4
Allassac F 63 A5
Allauch F 65 C4
Allègre F 64 A2
Allemagne-en-Provence F 65 C5
Allemont F 65 A5
Allendorf D 36 C3
Allentsteig A 49 C6
Allepuz E 82 A2
Allersberg D 48 B2
Allershausen D 48 C2
Allevard F 65 A5
Allex F 65 B3
Allingåbro DK 24 B3
Allinge DK 27 D3
Allmendingen D 47 C5
Allo E 75 B4
Allogny F 54 A2
Allones F 44 C2
Allons F 62 B3
Allos F 65 B5
Allstedt D 37 B6
Allumiere I 88 A2
Almaceda P 78 B3
Almacelles E 76 B3
Almachar E 86 C2
Almada P 78 C1
Almadén E 86 A2
Almadén de la Plata E 85 B3
Almadenejos E 86 A2
Almadrones E 81 B4
Almagro E 80 D3
Almajano E 75 C4
Almansa E 82 C1
Almansil P 84 B1
Almanza E 74 B1
Almaraz E 79 B5
Almarza E 75 C4
Almazán E 75 C4
Almazul E 75 C4
Alme D 36 B3
Almedinilla E 86 B2
Almeida E 73 D4
Almeida P 73 D4
Almeirim P 78 B2
Almelo NL 36 A1
Almenar E 76 B3
Almenar de Soria E 75 C4
Almenara E 82 B2
Almendra P 73 D3
Almendral E 79 C4
Almendral de la Cañada E 80 B2
Almendralejo E 79 C4
Almenno S. Bart I 57 C4
Almere NL 35 A5
Almería E 87 C4
Almerimar E 87 C4
Almese I 66 A2
Almexial P 84 B2
Älmhult S 26 C3
Almodôvar P 84 B1
Almodóvar del Campo E 86 A2
Almodóvar del Pinar E 81 C5
Almodóvar del Rio E 85 B4
Almofala P 73 D3
Almogia E 86 C2
Almoharin E 79 B4
Almonacid de la Sierra E 76 B1
Almonacid de Toledo E 80 C3
Almonaster la Real E 85 B3
Almonte E 85 B3
Almoradí E 87 A6
Almoraima E 85 C4
Almorox E 80 B2
Almoster P 78 B2
Ålmsta S 22 C4
Almudena E 87 A5
Almudévar E 76 A2
Almuñécar E 86 C3
Almunge S 22 C4
Almuradiel E 86 A3
Alnwick GB 3 J6
Alora E 86 C2
Alos de Isil E 77 A4
Alosno E 84 B2
Aloxe-Corton F 55 A4
Alozaina E 86 C2
Alpbach A 58 A1
Alpedrete E 81 B3
Alpen D 35 B6
Alpera E 82 C1
Alphen NL 35 B4
Alphen a/d Rijn NL 35 A4
Alpiarça P 78 B2
Alpignano I 66 A2
Alpirsbach D 47 C4
Alpuente E 82 B1
Alqueva P 84 A2
Alquézar E 76 A3
Alsasua E 75 B4
Alsdorf D 35 C6
Alselv DK 25 C1
Alsfeld D 37 C4
Alsike S 22 C3
Alsleben D 37 B6
Alsógod H 61 A4
Alsónémedi H 61 A4
Alstätte D 36 A1
Alsterbro S 26 C4
Alta N 4 B18
Altamura I 90 D3
Altarejos E 81 C4
Altaussee A 59 A3
Altavilla Irpina I 89 B5
Altavilla Silentina I 92 A2
Altdöbern D 38 B4
Altdorf CH 56 B3
Altdorf, *Bayern* D 48 B2
Altdorf, *Bayern* D 48 C3
Altdorf, *Bayern* D 48 D1
Alte P 84 B1
Altea E 82 C2
Altedo I 68 B1
Alteglofsheim D 48 C3
Altena D 36 B2
Altenau D 37 B5
Altenberg D 38 C3
Altenberge D 36 A2
Altenbögge-Bönen D 36 B2
Altenbruch D 29 B5
Altenbuch D 48 C3
Altenburg D 38 C2
Altenesch D 29 B5
Altenfelden A 49 C4
Altengronau D 37 C4
Altenhaßlau D 36 C4
Altenheim D 47 C3
Altenhundem D 36 B3
Altenkirchen, *Mecklenburg-Vorpommern* D 31 A4
Altenkirchen, *Radom* D 36 C2
Altenkrempe D 30 A1
Altenkunstadt D 48 A2
Altenlünne D 36 A2
Altenmarkt, *Salzburg* A 58 A3
Altenmarkt, *Steiermark* A 59 A4
Altenmarkt D 48 C3
Altenoythe D 29 B4
Altensteig D 47 C4
Altentreptow D 31 B4
Altenwalde D 29 B5
Altenweddingen D 37 A6
Alter do Chão P 78 B3
Altfraunhofen D 48 C3
Altheim A 49 C4
Altheim, *Baden-Württemberg* D 47 B5
Altheim, *Baden-Württemberg* D 47 C6
Althofen A 59 B4
Altkirch F 56 A2
Altlandsberg D 31 C4
Altlengbach A 50 C1
Altlewin D 31 C5
Altlichtenwarth A 50 C2

Altmannstein D 48 C2
Altmorschen D 37 B4
Altmünster A 49 D4
Alto Campoó E 74 A2
Altofonte I 94 A2
Altomonte I 92 B3
Altopáscio I 67 C5
Altötting D 48 C3
Altrach D 47 D6
Altreichenau D 49 C4
Altruppin D 31 C3
Altshausen D 47 D5
Altstätten CH 57 A4
Altura E 82 B2
Altusried D 47 D5
Alūksne LV 16 H20
Alunda S 22 B4
Alustante E 81 B5
Alvaiazere P 78 B2
Alvalade P 84 B1
Älvängen S 24 A5
Alvarenga P 73 D2
Alvares P 78 A2
Alvdal N 4 E12
Älvdalen S 20 A5
Alverca P 78 C1
Alvesta S 26 C3
Alvignac F 63 B5
Alvignano I 89 B5
Alvik S 20 B5
Alvimare F 44 B1
Alviobeira P 78 B2
Alvito P 84 A2
Älvkarleby S 22 B3
Älvkarleö bruk S 22 B3
Alvor P 84 B1
Alvorge P 78 B2
Alvøy N 18 A2
Alvsbacka S 21 C4
Älvsbyn S 5 D17
Älvsered S 26 B1
Alytus LT 7 J19
Alzénau D 47 A5
Alzey D 47 B4
Alzira E 82 B2
Alzonne F 63 C6
Amadora P 78 C1
Amagne F 45 B5
Åmål S 21 C3
Amalfi I 89 C5
Amaliás GR 15 T17
Amance F 46 D2
Amancey F 55 A6
Amandola I 68 D3
Amantea I 92 B3
Amarante P 73 C2
Amares P 73 C2
Amaseno I 89 B4
Amatrice I 89 A4
Ambarnyy RUS 5 D23
Ambazac F 53 C6
Amberg D 48 B2
Ambérieu-en-Bugey F 55 C5
Ambérieux-en-Dombes F 55 C4
Amberloup B 46 A1
Ambert F 54 C3
Ambés F 62 A3
Ambjörby S 20 B4
Ambjörnarp S 26 B2
Ambleteuse F 34 C1
Amblève B 35 C6
Amboise F 53 A5
Ambrières-le-Grand F 43 B5
Ambronay F 55 B5
Amden CH 57 A4
Amélia I 88 A3
Amélie-les-Bains-Palalda F 77 A5
Amelinghausen D 29 B7
Amendoa P 78 B2
Amendoeira P 84 B2
Amendolara I 93 B3
Amer E 77 A5
Amerongen NL 35 A5
Amersfoort NL 35 A5
Amfilokhía GR 15 S17
Amfípolis GR 15 R18
Amieira, *Évora* P 84 A2
Amieira, *Portalegre* P 78 B3
Amieiro P 78 A2
Amiens F 44 B3
Amigny-Rouy F 45 B4
Åminne S 26 B2
Åmli N 19 C5
Åmmeberg S 21 D5
Ammeloe D 36 A1
Ammensleben D 37 A6
Amneville F 46 B2
Amorbach D 47 B5
Amorebieta E 75 A4
Amorosa P 73 C2
Amorosi I 89 B5
Åmot, *Buskerud* N 19 B6
Åmot, *Telemark* N 19 B4
Åmot S 22 B2
Åmotfors S 20 C3
Åmotsdal N 19 B5
Amou F 62 C3
Ampezzo I 58 B2
Ampfing D 48 C3
Ampflwang A 49 C4
Amplepuis F 55 C4
Ampolla E 76 C3
Amposta E 76 C3
Ampudia E 74 C2
Ampuero E 75 A3
Ampuis F 55 C4
Amriswil CH 57 A4
Amstelveen NL 35 A4
Amsterdam NL 35 A5
Amstetten A 49 C5
Amtzell D 57 A4
Amurrio E 75 A4
Amusco E 74 B2
An Uaimh IRL 3 K3
Ana Sira N 18 C3
Anacapri I 92 A1
Anadia P 78 A2
Anadon E 76 C1
Anagni I 89 B4
Ananyiv UA 11 N21
Änäset S 5 D17
Anastaźewo PL 32 C4
Anay B 35 C5
Anaya de Alba E 80 B1
Ança P 78 A2
Ancede P 73 C2
Ancenis F 52 A3
Ancerville F 45 C6
Anchuras E 80 C2
Ancona I 68 C3
Ancora P 73 C2
Ancy-le-Franc F 45 D5
Andalo I 57 B5
Åndalsnes N 4 E10
Andance F 65 A3
Andau A 50 D3
Andebu N 19 B7
Andeer CH 57 B4
Andelfingen CH 56 A3
Andelot F 46 C1
Andelot-en-Montagne F 55 B5
Andenes N 4 B15
Andenne B 35 C5
Anderlues B 35 C4
Andermatt CH 56 B3
Andernach D 36 C2
Andernos-les-Bains F 62 B2
Anderslöv S 27 D2
Anderstorp S 26 B2
Andijk NL 28 C2
Andoain E 75 A4
Andocs H 60 B2
Andolsheim F 46 C3
Andorf A 49 C4
Andorno Micca I 56 C3
Andorra E 76 C2
Andorra-la-Vella AND 77 A4
Andosilla E 75 B5
Andover GB 3 L6
Andraitx, *Mallorca* E 83
Andreapol RUS 16 H23
Andréspol PL 40 B3
Andrest F 62 C4
Andretta I 90 D2
Andrezieux-Bouthéon F 55 C4
Andria I 90 C3
Andrijevci HR 70 A3
Andrijevica YU 15 Q16
Ándros GR 15 T19
Andrychów PL 51 B5
Andselv N 5 B16
Andújar E 86 A2
Anduze F 64 B2
Åneby N 19 A7
Aneby S 26 B3
Añes E 75 A3
Anet F 44 C2
Anfo I 57 C5
Ang S 26 B3
Ånge S 4 E14
Angeja P 73 D2
Ängelholm S 27 C1
Ängelsberg S 22 C2
Anger A 59 A5
Anger D 49 D3
Angera I 56 C3
Angermünde D 31 B5
Angern A 50 C2
Angern D 37 A6
Angers F 53 A4
Angerville F 44 C2
Anghiari I 68 C2
Anglés E 77 B5
Anglés, *Tarn* F 64 C1
Anglés, *Vendée* F 52 B3
Angles sur l'Anglin F 53 B5
Anglesola E 77 B4
Anglet F 62 C2
Anglure F 45 C4
Angoulême F 53 C5
Angsö S 23 C2
Angües E 76 A2
Anguiano E 75 B4
Anguillara Sabazia I 88 A3
Anguillara Véneta I 68 A1
Anhée B 35 C4
Anholt DK 24 B4
Aniane F 64 C2
Aniche F 34 C3
Ånimskog S 21 D3
Anina RO 11 P17
Anizy-le-Château F 45 B4
Anjalankoski FIN 5 F20
Ankaran SLO 58 C3
Ankarsrum S 26 B5
Anklam D 31 B4
Ankum D 29 C4
Anlier B 46 B1
Annaberg A 49 D6
Annaberg-Buchholz D 38 C3
Annaberg in Lammertal A 58 A3
Annaburg D 38 B3
Annahütte D 38 B3
Annan GB 3 J5
Anneberg, *Halland* S 24 A5
Anneberg, *Jönköping* S 26 B3
Annecy F 55 C6
Annecy-le-Vieux F 55 C6
Annefors S 22 A2
Annelund S 26 B2
Annemasse F 55 B6
Annerstad S 26 C2
Annoire F 55 B5
Annonay F 65 A3
Annopol PL 41 C5
Annot F 65 C5
Annweiler D 47 B3
Añora E 86 A2
Anould F 46 C2
Anquela del Ducado E 81 B4
Anröchte D 36 B3
Ans DK 25 B2
Ansager DK 25 C1
Ansbach D 48 B1
Anse F 55 C4
Anseremme B 35 C4
Anserœul B 34 C3
Ansião P 78 B2
Ansó E 76 A2
Antas E 87 B5
Antegnate I 57 C4
Antequera E 86 B2
Anterselva di Mezzo I 58 B2
Antheit B 35 C5
Anthering A 49 D4
Antibes F 66 C2
Antiesenhofen A 49 C4
Antigüedad E 74 C2
Antillo I 95 B4
Antoing B 34 C3
Antonin PL 40 B1
Antony F 44 C3
Antraigues F 64 B3
Antrain F 43 B4
Antrim GB 3 J3
Antrodoco I 89 A4
Antronapiana I 56 B3
Antuzede P 78 A2
Antwerpen B 35 B4
Anvers (Antwerpen) B 35 B4
Anversa d'Abruzzi I 89 B4
Anvin F 34 C2
Anzat F 64 A2
Anzi I 92 A2
Ánzio I 88 B3
Anzoiti E 75 A4
Anzola d'Emilia I 67 B6
Anzón E 75 C5
Aoiz E 76 A1
Aosta I 56 C2
Apalhão P 78 B3
Apátfalva H 61 B5
Apatin HR 61 C3
Apatity RUS 5 C23
Apc H 51 D5
Apécchio I 68 C2
Apeldoorn NL 35 A5
Apen D 29 B4
Apenburg D 30 C2
Apensen D 29 B6
Apiro I 68 C3
Apolda D 37 B6
Apostag H 61 B3
Appelbo S 20 B5
Appelhülsen D 36 B2
Appennino I 68 D3
Appenzell CH 57 A4
Appiano (Eppan) I 57 B6
Appingedam NL 28 B3
Appoigny F 45 D4
Apremont F 46 C1
Aprica I 57 B5
Apricena I 90 C2
Aprigliano I 92 B3
Aprília I 88 B3
Apt F 65 C4
Apúlia P 73 C2
Aquiléia I 58 C3
Aquilonia I 90 D2
Aquino I 89 B4
Arabayona E 80 A1
Arabba I 58 B1
Aracena E 85 B3
Arad RO 11 N17
Aradac HR 61 C5
Aragona I 94 B2
Aramits F 62 C3
Aramon F 65 C3
Aranda de Duero E 74 C3
Aranda de Moncayo E 75 C5
Arandelovac YU 71 B5
Aranjuez E 81 B3
Aránzazu E 75 B4
Aranzueque E 81 B3
Aras de Alpuente E 82 B1
Arauzo de Miel E 75 C3
Arazede P 78 A2
Arbas F 76 A3
Arbatax I 96 D3
Arbeca E 77 B3
Arberg D 48 B1
Arbesbach A 49 C5
Arboga S 23 C1
Arbois F 55 B5
Arbon CH 57 A4
Arboréa I 96 D2
Arbório I 56 C3
Arbós E 77 B4
Arbrå S 22 A2
Arbroath GB 3 H5
Arbucias E 77 B5
Arbuniel E 86 B3
Árbus I 96 D2
Arc-en-Barrois F 45 D5
Arc-et-Senans F 55 A5
Arc-sur-Tille F 55 A5
Arcachon F 62 B2
Arce E 76 A1
Arce I 89 B4
Arcediano E 80 A1
Arcen NL 35 B6
Arceniega E 75 A3
Arces F 45 C4
Arcévia I 68 C2
Archena E 87 A5
Archiac F 53 C4
Archidona E 86 B2
Archivel E 87 A5
Arcille I 88 A2
Arcis-sur-Aube F 45 C5
Arco I 57 C5
Arcodosso I 88 A2
Arcones E 74 C3
Arcos E 74 B3
Arcos de Jalón E 81 A4
Arcos de la Frontera E 85 C4
Arcos de la Sierra E 81 B4
Arcos de las Salinas E 82 A1
Arcos de Valdevez P 73 C2
Arcusa E 76 A3
Arcy-sur-Cure F 54 A3
Årdal N 18 B3
Årdala S 21 D4
Ardales E 86 C2
Ardara I 96 C2
Ardee IRL 3 K3
Arden Stby DK 24 B2
Ardentes F 54 B1
Ardenza I 67 C5
Ardes F 54 C3
Ardez CH 57 B5
Ardisa E 76 A2
Ardón E 74 B1
Ardooie B 34 C3
Ardres F 34 C1
Ardrossan GB 3 J4
Åre S 4 E13
Areia Branca P 78 B1
Aremark N 21 C2
Arenal d'en Castell, *Menorca* E 83
Arenales de la Moscarda E 81 C3
Arenas E 86 C2
Arenas de Iguña E 74 A2
Arenas de S. Juan E 81 C3
Arenas de San Pedro E 80 B1
Arenas del Rey E 86 C3
Arendal N 19 C5
Arendonk B 35 B5
Arendsee D 30 C2
Arengosse F 62 B3
Arentorp S 21 D3
Arenys de Mar E 77 B5
Arenys de Munt E 77 B5
Arenzano I 66 B3
Areo E 77 A4
Ares E 72 A2
Arès F 62 B2
Ares del Maestre E 82 A2
Aresing D 48 C2
Arette F 62 C3
Aretxabaleta E 75 A4
Arevalillo E 80 B1
Arévalo E 80 A2
Arez P 78 B3
Arezzo I 68 C1
Arfeuilles F 54 B3
Argallón E 85 A4
Argamasilla de Alba E 81 C3
Argamasilla de Calatrava E 86 A2
Arganda E 81 B3
Arganil P 78 A2
Argegno I 57 C4
Argelès F 77 A6
Argelès-Gazost F 62 C3
Argent-sur-Sauldre F 54 A2
Argenta I 68 B1
Argentan F 43 B5
Argentat F 63 A5
Argentera I 66 B1
Argenteuil F 44 C3
Argenthal D 46 B3
Argentiera I 96 C2
Argenton-Château F 53 B4
Argenton-sur-Creuse F 53 B6
Argentona E 77 B5
Argentré F 43 B5
Argentré-du-Plessis F 43 B4
Árgos GR 15 T18
Argostólion GR 15 S17
Argote E 75 B4
Arguedas E 75 B5
Argueil F 44 B2
Arholma S 22 C5
Århus DK 25 B3
Ariano Irpino I 90 C2
Ariano nel Polésine I 68 B2
Arienzo I 89 B5
Arilje YU 71 C5
Ariño E 76 B2
Arinthod F 55 B5
Arisdorf CH 56 A2
Arisgotas E 80 C3
Aritzo I 96 D3
Arive E 76 A1
Ariza E 75 C4
Årjäng S 21 C3
Arjeplog S 5 C16
Arjona E 86 B2
Arjonilla E 86 B2
Arkelstorp S 27 C3
Arklow IRL 3 K3
Arkösund S 23 D2
Ärla S 23 C2
Arlanc F 54 C3
Arlanzón E 75 B3
Arlebosc F 65 A3
Arlena di Castro I 88 A2
Arles, *Bouches-du-Rhône* F 65 C3
Arles, *Pyrénées-Orientales* F 77 A5
Arló H 51 C6
Arlon B 46 B1
Arma di Tággia I 66 C2
Armação de Pera P 84 B1
Armadale GB 3 H4
Armagh GB 3 J3
Armamar P 73 C3
Armeno I 56 C3
Armenteros E 80 B1
Armentières F 34 C2
Armilla E 86 B3
Armiñón E 75 B4
Armuña de Tajuña E 81 B3
Armunia E 74 B1
Arna N 18 A2
Arnac-Pompadour F 63 A5
Arnadillo E 75 B4
Arnage F 43 C6
Arnas F 55 B4
Årnäs S 21 D4
Arnay-le-Duc F 55 A4
Arnborg DK 25 B1
Arnbruck D 49 B3
Arneberg N 20 B3
Arneburg D 30 C2
Arnedo E 75 B4
Arnéguy F 62 C2
Arnemuiden NL 34 B3
Arnés E 76 C3
Årnes N 20 B2
Arnhem NL 35 A5
Arnoldstein A 58 B3
Arnsberg D 36 B3
Arnschwang D 48 B3
Arnsdorf D 38 B3
Arnstadt D 37 C5
Arnstein D 47 B5
Arnstorf D 49 C3
Arnum DK 25 C1
Aroche E 85 B3
Arolla CH 56 B2
Arolsen D 36 B4
Arona I 56 C3
Åros N 19 B7
Arosa CH 57 B4
Arosa P 73 C2
Årøsund DK 25 C2
Arouca P 73 D2
Årøysund N 19 B7
Arpajon F 44 C3
Arpino I 89 B4
Arpinova I 90 C2
Arquata del Tronto I 89 A4
Arques F 34 C2
Arques-la-Bataille F 44 B2
Arquillos E 86 A3
Arrabaes P 73 C3
Arrabal, *Pontevedra* E 73 B2
Arrabal, *Valladolid* E 74 C2
Arraiolos P 78 C2
Arrancourt F 46 C2
Arras F 34 C2
Arreau F 76 A3
Arredondo E 75 A3
Arrens F 76 A2
Arriate E 85 C4
Arrifana P 84 B1
Arrigorriaga E 75 A4
Arriondas E 74 A1
Arroba E 80 C2
Arromanches F 43 A5
Arronches P 79 B3
Arroniz E 75 B4
Arroya E 74 B2
Arroya de Cuéllar E 74 C2
Arroyal E 74 B2
Arroyo de la Luz E 79 B4
Arroyo de S. Servan E 79 C4
Arroyo del Ojanco E 86 A4
Arroyomolinos E 79 B4
Arroyomolinos de León E 85 A3
Arroyomuerto E 73 D4
Arruda dos Vinhos P 78 C1
Ars DK 24 B2
Ars-en-Ré F 52 B3
Ars-sur-Moselle F 46 B2
Arsac F 62 B3
Årsdale DK 27 D4
Arsiè I 58 C1
Arsiero I 58 C1
Årslev DK 25 C3
Arsoli I 89 A4
Årsunda S 22 B2
Árta GR 15 S17
Artajona E 75 B5
Artegna I 58 B3
Artemare F 55 C5
Arten I 58 B1
Artena I 89 B3
Artenay F 44 C2
Artern D 37 B6
Artés E 77 B4
Artesa de Sagro E 77 B4
Arth CH 56 A3
Arthez F 62 C3
Arthon F 52 A3
Artigas E 77 A5
Artix F 62 C3
Artlenburg D 30 B1
Artsyz UA 11 N21
Arudy F 62 C3
Årup DK 25 C3
Arvet S 22 A1
Arveyres F 62 B3
Arvidsjaur S 5 D16
Arvieux F 65 B5
Arvika S 21 C3
Åryd, *Blekinge* S 27 C4
Åryd, *Kronoberg* S 26 C3
Arzachena I 96 B3
Arzacq Arraziguet F 62 C3
Arzano F 42 C2
Aržano HR 70 C1
Arzberg D 48 A3
Arzignano I 57 C6
Arzila P 78 A2
Arzl im Pitztal A 57 A5
Arzua E 72 B2
As B 35 B5
Aš CZ 38 C2
Ås N 19 B7
As Pontes de Garcia Rodriguez E 72 A3
Aså DK 24 A3
Åsa S 24 A5
Ašanja YU 71 B5
Åsarna S 4 E14
Åsarp S 26 A2
Asarum S 27 C3
Asasp F 62 C3
Åsbro S 21 C6
Asby S 26 B4
Ascain F 62 C2
Ascea I 92 A2
Ascha D 48 B3
Aschach a.d. Donau A 49 C5
Aschaffenburg D 47 B5
Aschbach D 48 B1
Aschbach Markt A 49 C5
Ascheberg, *Nordrhein-Westfalen* D 36 B2
Ascheberg, *Schleswig-Holstein* D 30 A1
Aschendorf D 28 B4
Aschersleben D 37 B6
Aschheim D 48 C2
Asciano I 68 C1
Ascó E 76 B3
Áscoli Piceno I 89 A4
Áscoli Satriano I 90 C2
Ascona CH 56 B3
Ascoux F 44 C3
Åseda S 26 B4
Åsen S 20 A4
Asendorf D 29 C6
Asenovgrad BG 15 Q19
Åsensbruk S 21 D3
Åseral N 18 C4
Asfeld F 45 B5
Åsgårdstrand N 19 B7
Åshammar S 22 B2
Ashbourne GB 3 K6
Ashford GB 3 L7
Ashington GB 3 J6
Ashmyany BY 7 J19
Asiago I 58 C1
Asipovichy BY 16 K21
Askeby S 23 D1
Asker N 19 B7
Askersund S 21 D5
Askim N 21 C2
Askim S 24 A4
Åsköping S 23 C2
Askov DK 25 C2
Askøy N 4 F9
Åsljunga S 27 C2
Åsmark N 20 A1
Asnæs DK 25 C4
Asola I 67 A5
Asolo I 58 C1
Asotthalom H 61 B4
Aspach A 49 C4
Aspang A 59 A6
Aspariegos E 74 C1
Asparn a.d. Zaya A 50 C2
Aspe E 82 C2
Äsperöd S 27 D2
Asperup DK 25 C2
Aspet F 63 C4
Äspö S 27 C4
Asprès-sur-Buech F 65 B4
Assat F 62 C3
Asse B 35 C4
Assel D 29 B6
Asselborn L 46 A1
Assémini I 96 D2
Assen NL 28 B3
Assendelft NL 28 C1
Assenede B 34 B3
Assenois B 46 B1
Assens, *Aarhus Amt.* DK 24 B3
Assens, *Fyns Amt.* DK 25 C2
Assent B 35 C5
Assesse B 35 C5
Assisi I 68 C2
Aßling D 48 C2
Asso I 57 C4
Ássoro I 94 B3
Assumar P 78 B3
Åsta N 20 A2
Astaffort F 63 B4
Asten NL 35 B5
Asti I 66 B3
Astorga E 72 B4
Åstorp S 27 C1
Astudillo E 74 B2
Asványráró H 50 D3
Ászár H 60 A2
Aszód H 61 A4
Aszófő H 60 B2
Atalaia P 78 B3
Atalho P 78 C2
Átány H 61 A5
Atanzón E 81 B3
Ataquines E 80 A2
Atarfe E 86 B3
Ataun E 75 A4
Ateca E 75 C5
Atella I 90 D2
Atessa I 89 A5
Ath B 34 C3
Athies F 45 B3
Athies-sous-Laon F 45 B4
Athínai GR 15 T18
Athis F 45 B5
Athlone IRL 3 K3
Athus B 46 B1
Athy IRL 3 K3
Atienza E 81 A4
Atina I 89 B4
Atkár H 61 A4
Atrå N 19 B5
Ätran S 26 B1
Atri I 89 A4
Atripalda I 89 C5
Attendorn D 36 B2
Attichy F 45 B4
Attigliano I 88 A3
Attignat F 55 B5
Attigny F 45 B5
Attnang-Puchheim A 49 D4
Åtvidaberg S 23 D1
Atzendorf D 37 B6
Au A 57 A4
Au, *Bayern* D 48 C2
Au, *Bayern* D 48 C3
Aub D 47 B6
Aubagne F 65 C4
Aubange B 46 B1
Aubel B 35 C5
Aubenas F 64 B3
Aubenton F 45 B5
Auberive F 45 D6
Aubeterre-sur-Dronne F 63 A4
Aubiet F 63 C4
Aubignan F 65 B4
Aubigné F 53 B4
Aubigny, *Pas-de-Calais* F 34 C2
Aubigny, *Vendée* F 52 B3
Aubigny-au-Bac F 34 C3
Aubigny-sur-Nère F 54 A2
Aubin F 63 B6
Aubonne CH 55 B6
Aubusson F 54 C2
Auch F 63 C4
Audenge F 62 B2
Auderville F 43 A4
Audierne F 42 B1
Audincourt F 56 A1
Audruicq F 34 C2
Audun-le-Roman F 46 B1
Audun-le-Tiche F 46 B1
Aue, *Sachsen* D 38 C2
Aue, *Westfalen* D 36 B3
Auerbach, *Bayern* D 48 B2
Auerbach, *Sachsen* D 38 C2
Auersthal A 50 C2
Auffach A 58 A2
Augignac F 53 C5
Augsburg D 48 C1
Augusta I 95 B4
Augustenborg DK 25 D2
Augustfehn D 29 B4
Augustów PL 7 K18
Aulendorf D 47 D5
Auletta I 92 A2
Aulla I 67 B4
Aullène F 96 B3
Aulnay F 53 B4
Aulnoye-Aymeries F 34 C3
Ault F 44 A2
Aulus-les-Bains F 77 A4
Auma D 37 C6
Aumale F 44 B2
Aumetz F 46 B1
Aumont-Aubrac F 64 B2
Aunay-en-Bazois F 54 A3
Aunay-sur-Odon F 43 A5
Auneau F 44 C2
Auneuil F 44 B3
Auning DK 24 B3
Aups F 65 C5
Aura D 37 C4
Auray F 52 A2
Aureilhan F 63 C4
Aurel F 65 B4
Aurich D 29 B4
Aurignac F 63 C4
Aurillac F 64 B1
Auriol F 65 C4
Aurolzmünster A 49 C4
Auronzo I 58 B2
Auros F 62 B3
Auroux F 64 B2
Aurskog N 20 C2
Ause E 75 B4
Ausni I 96 D2
Ausonia I 89 B4
Außervillgraton A 58 B2
Austad N 18 C4
Austbygda N 19 A5
Austevoll N 18 A2
Aústis I 96 C3
Austmarka N 20 B3
Austre Moland N 19 C5
Austre Vikebygd N 18 B2
Auterive F 63 C5
Autheuil F 44 B2
Authon F 65 B5
Authon-du-Perche F 44 C1
Autol E 75 B4
Autreville F 46 C1
Autrey-lès-Gray F 55 A5
Autun F 55 B4
Auty-le-Châtel F 54 A2
Auvelais B 35 C4
Auvillar F 63 B4
Auxerre F 45 D4
Auxi-le-Château F 34 C2
Auxon F 45 C4
Auxonne F 55 A5
Auxy F 55 B4
Auzances F 54 B2
Auzat F 54 C3
Auzon F 64 A2
Availles-Limouzine F 53 B5
Avallon F 54 A3
Aveiras de Cima P 78 B2
Aveiro P 73 D2
Aveize F 55 C4
Avelgem B 34 C3
Avellino I 89 C5
Avenay F 45 B5
Avenches CH 56 B2
Avenwedde D 36 B3
Aversa I 89 C5
Avesnes F 45 A4
Avesnes-le-Comte F 34 C2
Avesta S 22 B2
Avetrana I 93 A4
Avezzano I 89 A4
Aviano I 58 B2
Aviemore GB 3 H5
Avigliana I 66 A2
Avigliano I 90 D2
Avignon F 65 C3
Ávila E 80 B2
Avilés E 74 A1
Avintes P 73 C2
Avinyo E 77 B4
Ávio I 57 C5
Aviz P 78 B3
Avize F 45 C5
Avlum DK 25 B1
Ávola I 95 C4
Avord F 54 A2
Avranches F 43 B4
Avril F 46 B1
Avrillé F 53 A4
Avtovac BIH 71 C3
Awans B 35 C5
Ax-les-Thermes F 77 A4
Axams A 57 A6
Axat F 77 A5
Axel NL 34 B3
Axmarby S 22 B3
Axmarsbruk S 22 A3
Axvall S 21 D4
Ay F 45 B5
Aya E 75 A4
Ayamonte E 84 B2
Aydın TR 15 T20
Ayelo de Malferit E 82 C2
Ayer CH 56 B2
Ayerbe E 76 A2
Ayette F 34 C2
Ayiá GR 15 S18
Aylesbury GB 3 L6
Ayllón E 75 C3
Ayna E 87 A4
Ayora E 82 B1
Ayr GB 3 J4
Aytona E 76 B3
Aytos BG 15 Q20
Aytré F 52 B3
Ayvacık TR 15 S20
Ayvalık TR 15 S20
Aywaille B 35 C5
Azagra E 75 B5
Azaila E 76 B2
Azambuja P 78 B2
Azambujeira P 78 B2
Azanja YU 71 B5
Azannes F 46 B1
Azanuy E 76 B3
Azaruja P 78 C3
Azay-le-Ferron F 53 B6
Azay-le-Rideau F 53 A5
Azcoitia E 75 A4
Azé F 55 B4
Azeiteiros P 78 B3
Azenha de Cima P 78 B3
Azenhas do Mar P 78 C1
Azinhaga P 78 B2
Azinhal P 84 B2
Azinheira dos Bairros P 84 A1
Aznalcázar E 85 B3
Aznalcóllar E 85 B3
Azóia P 78 B2
Azpeitia E 75 A4
Azuaga E 85 A4
Azuara E 76 B2
Azuqueca de Henares E 81 B3
Azur F 62 C2

B

Baad A 57 A5
Baamonde E 72 A3
Baar CH 56 A3
Baarn NL 35 A5
Babadag RO 11 P21
Babaeski TR 15 R20
Babayevo RUS 16 G24
Babekuhl D 30 B2
Babenhausen D 48 C1
Babennen D 47 B4
Babice PL 51 A5
Babieta PL 33 B7
Babigoszcz PL 31 B5
Babimost PL 39 A5
Babina Greda HR 71 A3
Babinac HR 60 C1
Babócsa H 60 B2
Bábolna H 60 A3
Baborów PL 40 C2
Babót H 60 A2
Babruysk BY 16 K21
Babsk PL 41 B4
Bač HR 61 C4
Bacares E 87 B4
Bacău RO 11 N20
Baccarat F 46 C2
Bacharach D 47 A3
Backa S 22 B1
Bačka Palanka YU 71 A4
Bačka Topola HR 61 C4
Backaryd S 27 C4
Bäckebo S 26 C5
Bäckefors S 21 D3
Bäckehagen S 22 B1
Bäckhammar S 21 C5
Bački Breg HR 61 C3
Bački-Brestovac HR 61 C4
Bački Monoštor HR 61 C3
Bački Petrovac HR 61 C4
Bački Sokolac HR 61 C4
Backnang D 47 C5
Bačko Gradište HR 61 C5
Bačko Novo Selo YU 71 A4
Bačko Petrovo-Selo HR 61 C5
Bácoli I 89 C5
Bacqueville F 44 B1
Bácsalmás H 61 B4
Bácsbokod H 61 B4
Bacúch SK 51 C5
Bad Abbach D 48 C3
Bad Aibling D 48 D3
Bad Aussee A 58 A3
Bad Bergzabern D 47 B3
Bad Berka D 37 C6
Bad Berleburg D 36 B3
Bad Berneck D 48 A2
Bad Bibra D 37 B6
Bad Blankenburg D 37 C6
Bad Bramstedt D 29 B6
Bad Brückenau D 37 C4
Bad Camberg D 36 C3
Bad Doberan D 30 A2
Bad Driburg D 36 B4
Bad Düben D 38 B2
Bad Dürkheim D 47 B4
Bad Dürrenberg D 38 B2
Bad Dürrheim D 47 C4
Bad Elster D 38 C2
Bad Ems D 36 C2
Bad Essen D 36 A3
Bad Frankenhausen D 37 B6
Bad Freienwalde D 31 C5
Bad Friedrichshall D 47 B5
Bad Gandersheim D 37 B5
Bad Gleichenberg A 59 B5

Beroun CZ 49 B5
Berre F 65 C4
Berrocal E 85 B3
Berrón E 74 A1
Bersenbrück D 29 C4
Bershad' UA 11 M21
Berthåga S 22 C3
Berthelming F 46 C2
Bertinoro I 68 B2
Bertogne B 46 A1
Bertrix B 46 B1
Berville F 44 B1
Berwick-upon-Tweed GB 3 J5
Berzasca RO 11 P17
Berzence H 60 B2
Berzocana E 79 B5
Besalú E 77 A5
Besançon F 55 A6
Besenova Veche RO 61 B5
Besenyötelek H 61 A5
Besenyszög H 61 A5
Beshenkovichi BY 16 J21
Besigheim D 47 C5
Běšiny CZ 49 B4
Besle F 52 A3
Besnyő H 61 A3
Bessais-le-Fromental F 54 B2
Bessan F 64 C2
Besse-en-Chandesse F 54 C2
Bessé-sur-Braye F 44 D1
Bessèges F 64 B3
Bessines F 53 B6
Best NL 35 B5
Bested DK 24 B1
Bestorp S 23 D1
Betanzos E 72 A2
Betelu E 75 A5
Bétera E 82 B2
Beteta E 81 B4
Bétheniville F 45 B5
Béthune F 34 C2
Beton-Bazoches F 45 C4
Bettembourg L 46 B2
Betterdorf L 46 B2
Bettna S 23 D2
Béttola I 67 B4
Bettona I 68 C2
Bettringen D 47 C5
Betz F 45 B3
Betzdorf D 36 C2
Beuatiran F 62 B3
Beuel D 36 C2
Beuvry F 34 C2
Beuzeville F 44 B1
Bevagna I 88 A3
Bevensen D 30 B1
Beveren B 35 B4
Beverley GB 3 K6
Beverlo B 35 B5
Bevern D 37 B4
Beverstedt D 29 B5
Beverungen D 37 B4
Beverwijk NL 35 A4
Bex CH 56 B2
Bexhill GB 3 L7
Beychevelle F 62 A3
Beynat F 63 A5
Bezas E 82 A1
Bezau A 57 A4
Bezdan HR 61 C3
Beze F 55 A5
Bezenet F 54 B2
Bezhetsk RUS 16 H25
Béziers F 64 C2
Bezouce F 64 C3
Bezzecca I 57 C5
Biache St. Vaast F 34 C2
Biadki PL 40 B1
Biała, *Łódź* PL 40 B3
Biała, *Opole* PL 40 C1
Biała Podlaska PL 7 K18
Biała Rawska PL 41 B4
Biale Błota PL 32 B3
Białobrzegi PL 41 B4
Białobtoty PL 40 A1
Białogard PL 32 A2
Białołeka PL 39 B6
Białośliwie PL 32 B3
Bialy Bór PL 32 B2
Bialy-Dunajec PL 51 B6
Białystok PL 7 K18
Biancavilla I 95 B3
Bianco I 95 A5
Biandrate I 56 C3
Biar E 82 C2
Biarritz F 62 C2
Bias F 62 B2
Biasca CH 57 B3
Biatorbágy H 61 A3
Bibart D 48 B1
Bibbiena I 68 C1
Bibbona I 67 C5
Biberach, *Baden-Württemberg* D 47 C4
Biberach, *Baden-Württemberg* D 47 C5
Bibinje HR 69 B5
Bibione I 58 C3
Biblis D 47 B4
Biccari I 90 C2
Bichl D 58 A1
Bichlbach A 57 A5
Bicorp E 82 B2
Bicske H 61 A3
Bidache F 62 C2
Bidart F 62 C2
Biddinghuizen NL 35 A5
Bideford GB 3 L4
Bie S 23 C2
Bieber D 47 A5
Biebersdorf D 38 B3
Biedenkopf D 36 C3
Biel E 76 A2
Biel (Bienne) CH 56 A2
Bielany Wroclawskie PL 39 B6
Bielawa PL 39 C6
Bielawy PL 40 A3
Bielefeld D 36 A3
Biella I 56 C3
Bielsa E 76 A3
Bielsk PL 33 C5
Bielsk Podlaski PL 7 K18
Bielsko-Biala PL 51 B5
Bienenbuttel D 30 B1
Bieniow PL 39 B5
Bienservida E 87 A4
Bienvenida E 79 C4
Bierdzany PL 40 C2
Bieringen D 47 B5
Bierné F 43 C5
Biersted DK 24 A2
Bierun Stary PL 51 A4
Bierutów PL 40 B1
Bierzwina PL 32 B1
Bierzwnik PL 32 B1
Biescas E 76 A2
Biesenthal D 31 C4
Bietigheim, *Baden-Württemberg* D 47 C4
Bietigheim, *Baden-Württemberg* D 47 C5
Bietikow D 31 B4
Bièvre B 45 B6
Biezdrowo PL 32 C2
Bieżuń PL 33 C5
Biga TR 15 R20
Bigadiç TR 15 S21
Biganos F 62 B2
Bigas P 73 D3
Bigastro E 87 A6
Bihać BIH 69 B5
Bijeljina BIH 71 B4
Bijelo Polje YU 71 C4
Bijuesca E 75 C5
Bila Tserkva UA 11 M22
Bilbao E 75 A4
Bilcza PL 41 C4
Bileća BIH 91 B5
Biłgoraj PL 11 L18
Bilhorod-Dnistrovskyy UA 11 N22
Bilina CZ 38 C3
Bilje HR 61 C3
Billdal S 24 A4
Billeberga S 27 D2
Billerbeck D 36 B2
Billesholm S 27 C1
Billinge S 27 D2
Billingsfors S 21 D3
Billom F 54 C3
Billund DK 25 C2
Bilopillya UA 16 L24
Bilovec CZ 51 B4
Bilstein D 36 B3
Bilthoven NL 35 A5
Bilzen B 35 C5
Binaced E 76 B3
Binasco I 66 A4
Binche B 35 C4
Bindlach D 48 B2
Binéfar E 76 B3
Bingen D 47 B3
Bingerbrück D 47 B3
Bingsjö S 22 A1
Binic F 42 B3
Bining F 46 B3
Binisalem, *Mallorca* E 83
Binz D 31 A4
Bioče YU 91 B6
Biograd HR 69 C5
Bionaz I 56 C2
Bioska YU 71 C4
Bioul B 35 C4
Biri N 20 B1
Birkeland N 19 C5
Birkenfeld, *Baden-Württemberg* D 47 C4
Birkenfeld, *Rheinland-Pfalz* D 46 B3
Birkenhead GB 3 K5
Birkenwerder D 31 C4
Birkfeld A 59 A5
Birmingham GB 3 K6
Birnbach D 49 C4
Birr IRL 3 K3
Birresborn D 36 C1
Birstein D 37 C4
Biržai LT 7 H19
Biš SLO 59 B5
Bisáccia I 90 C2
Bisacquino I 94 B2
Bisbal de Falset E 76 B3
Biscanues E 76 A2
Biscarosse F 62 B2
Biscarosse Plage F 62 B2
Bisceglie I 90 C3
Bischofsheim D 37 C4
Bischofshofen A 58 A3
Bischofswerda D 38 B4
Bischofswiesen D 58 A2
Bischofszell CH 57 A4
Bischwiller F 47 C3
Bisenti I 89 A4
Bishop Auckland GB 3 J6
Bisignano I 92 B3
Biskupice PL 40 B2
Biskupice-Oławskie PL 40 C1
Biskupiec, *Olsztyn* PL 33 B6
Biskupiec, *Torun* PL 33 B5
Bismark D 30 C2
Bispberg S 22 B1
Bispingen D 29 B7
Bissen L 46 B2
Bissendorf D 36 A3
Bissingen D 47 C4
Bistango I 66 B3
Bistarac BIH 71 B3
Bistrica BIH 70 B1
Bistrica SLO 59 B5
Bistrica, *Crna Gora* YU 91 B6
Bistrica, *Srbija* YU 71 C4
Bistrița RO 11 N19
Bisztynek PL 33 A6
Bitburg D 46 B2
Bitche F 46 B3
Bitetto I 90 C3
Bitola MK 15 R17
Bitonto I 90 C3
Bitschwiller F 46 D3
Bitterfeld D 38 B2
Bitti I 96 C3
Biville F 44 B2
Bivona I 94 B2
Biwer L 46 B2
Bizanos F 62 C3
Bizovac HR 60 C3
Bjåen N 18 B4
Bjärnum S 27 C2
Bjärred S 27 D2
Bjelland N 18 C4
Bjelovar HR 60 C1
Bjerkreim N 18 C3
Bjerreby DK 25 D3
Bjerringbro DK 24 B2
Björbo S 20 B5
Björke S 22 B3
Bjørkeflåta N 19 A5
Bjørkelangen N 20 C2
Björketorp S 26 B1
Björkfors S 26 A4
Björklinge S 22 B3
Björkö S 24 A4
Björkö-Arholma S 22 C5
Björköby S 26 B3
Björkvik S 23 D2
Björneborg S 21 C5
Bjørnevatn N 4 B21
Björnlunda S 23 C3
Björsäter S 23 D2
Bjursås S 22 B1
Bjurtjärn S 21 C5
Bjuv S 27 C1
Blachownia PL 40 C2
Blackburn GB 3 K5
Blackpool GB 3 K5
Blackstad S 26 B5
Blacy F 45 C5
Bladåker S 22 B4
Bladel NL 35 B5
Blåfjellhytta N 18 B3
Blagaj BIH 70 C2
Blagaj Japra BIH 70 A1
Blagnac F 63 C5
Blagoevgrad BG 15 Q18
Blaichach D 57 A5
Blain F 52 A3
Blainville-sur-l'Eau F 46 C2
Blainville-sur-Orne F 43 A5
Blairgowrie GB 3 H5
Blajan F 63 C4
Blâmont F 46 C2
Blanca E 87 A5
Blancos E 73 C3
Blanes E 77 B5
Blangy, *Pas-de-Calais* F 34 C2
Blangy, *Seine-Maritime* F 44 B2
Blankaholm S 26 B5
Blankenburg D 37 B5
Blankenberge B 34 B3
Blankenfelde D 38 A3
Blankenhain D 37 C6
Blankenheim, *Sachsen-Anhalt* D 37 B6
Blankenheim, *Westfalen* D 36 C1
Blankense D 29 B6
Blanquefort F 62 B3
Blansko CZ 50 B2
Blanzac F 53 C5
Blanzy F 55 B4
Blaricum NL 35 A5
Blascomillán E 80 B1
Blascosancho E 80 B2
Blasheim D 36 A3
Błaszki PL 40 B2
Blatná CZ 49 B4
Blatné SK 50 C3
Blatnice CZ 50 C3
Blato, *Splitsko-Dalmatinska* HR 70 C1
Blato, *Korčula* HR 90 B3
Blatten CH 56 B2
Blatzheim D 36 C1
Blaubeuren D 47 C5
Blaufelden D 47 B5
Blaustein D 47 C5
Blaye, *Gironde* F 62 A3
Blaye, *Tarn* F 63 B6
Blázquez E 79 C5
Bleckede D 30 B1
Blecua E 76 A2
Bled SLO 59 B4
Bleibach D 47 C4
Bleiberg Kreuth A 58 B3
Bleiburg A 59 B4
Bleichenbach D 36 C4
Bleicherode D 37 B5
Bléneau F 54 A2
Blera I 88 A3
Blérancourt F 45 B4
Bléré F 53 A6
Blerick NL 35 B6
Blet F 54 B2
Bletterans F 55 B5
Blidö S 23 C4
Blidsberg S 26 B2
Bligny F 45 B4
Bligny-sur-Ouche F 55 A4
Blikstorp S 21 D5
Blincourt F 44 B3
Bliżyn PL 41 B4
Błogoszów PL 41 C4
Blois F 53 A6
Blokhus DK 24 A2
Blokzijl NL 28 C2
Blombacka S 21 C4
Blomberg D 36 B4
Blomskog S 21 C3
Blomstermåla S 26 C5
Blonie, *Warszawa* PL 41 A4
Blonie, *Wrocław* PL 39 B6
Blönsdorf D 38 B2
Blonville F 43 A6
Blötberget S 20 B6
Blovice CZ 49 B4
Blšany CZ 38 C3
Bludenz A 57 A4
Bludov CZ 50 B2
Blumberg D 47 D4
Blyberg S 20 A5
Bnin PL 39 A7
Bø N 19 B6
Bo S 23 D1
Boa Vista P 78 B2
Boal E 72 A4
Boalt S 27 C3
Boario Terme I 57 C5
Boba H 60 A2
Bobadilla, *Logroño* E 75 B4
Bobadilla, *Málaga* E 86 B2
Bobadilla del Campo E 80 A1
Bobadilla del Monte E 80 B3
Bóbbio I 67 B4
Bóbbio Pellice I 66 B2
Bobigny F 44 C3
Bobingen D 48 C1
Böblingen D 47 C5
Bobolice PL 32 B2
Boboras E 72 B2
Bobrinets UA 11 M23
Bobrov SK 51 B5
Bobrová CZ 50 B2
Bobrovitsa UA 11 L22
Bobrówko PL 31 C6
Boca de Huérgano E 74 B2
Bocairent E 82 C2
Bočar HR 61 C5
Bocas P 73 D3
Bocchigliero I 93 B3
Boceguillas E 75 C3
Bochnia PL 51 B6
Bocholt B 35 B5
Bocholt D 36 B1
Bochov CZ 38 C3
Bochum D 36 B2
Bockara S 26 B5
Bockenem D 37 A5
Bockfließ A 50 C2
Bockhorn D 29 B5
Bocognano F 96 A3
Boconád H 61 A5
Boczów PL 39 A4
Boda, *Kopparberg* S 22 A1
Boda, *Värmland* S 21 C4
Boda Glasbruk S 26 C4
Bodafors S 26 B3
Bodajk H 60 A3
Bodani HR 61 C4
Boddin D 30 B2
Bödefeld D 36 B3
Bodegraven NL 35 A4
Boden S 5 D17
Bodenmais D 49 B4
Bodenteich D 30 C1
Bodenwerder D 37 B4
Bodio CH 57 B3
Bodmin GB 3 L4
Bodø N 4 C14
Bodonal de la Sierra E 85 A3
Bodrum TR 15 T20
Bodzanów PL 33 C6
Bodzanowice PL 40 C2
Bodzechów PL 41 C5
Boecillo E 74 C2
Boege F 55 B6
Boën F 55 C4
Bogaczewo PL 33 A5
Bogajo E 73 D4
Bogarra E 87 A4
Bogarre E 86 B3
Bogatic YU 71 B4
Bogdaniec PL 31 C6
Bogen D 48 C3
Bogen S 20 B3
Bogense DK 25 C3
Bognanco Fonti I 56 B3
Bognes N 4 B15
Bogno CH 57 B4
Bogoria PL 41 C5
Bogsta S 23 D3
Boguchwaly PL 33 B6
Bogucice PL 41 C4
Boguslav UA 11 M22
Boguszów PL 39 C6
Bogutovac YU 71 C5
Bogyiszló H 61 B3
Bohain-en-Vermandois F 45 B4
Bohdalice CZ 50 B3
Bohdaneč CZ 39 C5
Böheimkirchen A 50 C1
Bohinjska Bistrica SLO 59 B3
Böhlen D 38 B2
Böhmenkirch D 47 C5
Bohmte D 36 A3
Bohodukhiv UA 16 L24
Bohonal de Ibor E 80 C1
Böhönye H 60 B2
Boiano I 89 B5
Bois-d'Amont F 55 B6
Bois Guillaume F 44 B2
Boismont F 46 B1
Boisseron F 64 C3
Boitzenburg D 31 B4
Boixols E 77 A4
Boizenburg D 30 B1
Bojadla PL 39 B5
Bojanowo PL 39 B6
Bøjden DK 25 D3
Bojkovice CZ 50 B3
Bojná SK 51 C4
Bojnice SK 51 C4
Boka HR 61 C5
Böklund D 29 A6
Bokod H 60 A3
Böksholm S 26 B4
Boksitogorsk RUS 16 G23
Bol HR 70 C1
Bolaños de Calatrava E 81 D3
Bolatice CZ 51 B4
Bolbec F 44 B1
Bölcske H 61 B3
Bolderslev DK 25 D2
Boldog H 61 A4
Bolea E 76 A2
Bolekhiv UA 11 M18
Bolesławiec PL 39 B5
Boleszkowice PL 31 C5
Bolewice PL 39 A6
Bólgheri I 67 C5
Bolhrad UA 11 P21
Boliden S 5 D17
Bolimów PL 41 A4
Boliqueime P 84 B1
Boljevci YU 71 B5
Boljkovci YU 71 B5
Bolkhov RUS 16 K25
Bolków PL 39 C6
Bollebygd S 26 B1
Bollène F 65 B3
Bólliga E 81 B4
Bolligen CH 56 B2
Bollnäs S 22 A2
Bollullos E 85 B3
Bollullos par del Condado E 85 B3
Bollwiller F 46 D3
Bologna I 67 B6
Bologne F 45 C6
Bolognetta I 94 B2
Bolognola I 68 D3
Bologoye RUS 16 H24
Bolótan I 96 C2
Bolsena I 88 A2
Bolshaya Vradiyevka UA 11 N22
Bolstad S 21 D3
Bolsward NL 28 B2
Boltaña E 76 A3
Boltenhagen D 30 B2
Boltigen CH 56 B2
Bolton GB 3 K5
Bóly H 61 C3
Bolzaneto I 66 B3
Bolzano (Bozen) I 58 B1
Bomba I 89 A5
Bombarral P 78 B1
Bömenzien D 30 C2
Bømlo N 18 B2
Bon-Encontre F 63 B4
Bona S 21 D6
Bonaduz CH 57 B4
Bonanza E 85 C3
Boñar E 74 B1
Bonarcado I 96 C2
Bonares E 85 B3
Bonäs S 20 A5
Bonassola I 67 B4
Bondeno I 67 B6
Bondorf D 47 C4
Bonenburg D 36 B4
Bonete E 82 C1
Bonifacio F 96 B3
Bonigen CH 56 B2
Bonn D 36 C2
Bonnat F 54 B1
Bonndorf D 47 D4
Bonnétable F 44 C1
Bonneuil-les-Eaux F 44 B3
Bonneuil-Matours F 53 B5
Bonneval F 44 C2
Bonneville F 55 B6
Bonnieres F 44 B2
Bonnieux F 65 C4
Bönningheim D 47 B5
Bonny-sur-Loire F 54 A2
Bono E 76 A3
Bono I 96 C3
Bonorva I 96 C2
Bons F 55 B6
Bønsnes N 19 A7
Bonyhád H 61 B3
Bönyrétalap H 60 A2
Boòischot B 35 B4
Boom B 35 B4
Boos F 44 B2
Boostedt D 29 A7
Bopfingen D 48 C1
Boppard D 36 C2
Boqueijon E 72 B2
Bor CZ 48 B3
Bor S 26 B3
Bor YU 11 P18
Borač YU 71 C5
Boran F 44 B3
Borås S 26 B1
Borba P 78 C3
Borbona I 89 A4
Borča YU 71 B5
Borci BIH 70 B2
Borculo NL 35 A6
Bordány H 61 B4
Bordeaux F 62 B3
Bordeira P 84 B1
Bordesholm D 29 A7
Bordighera I 66 C2
Bording DK 25 B2
Bordón E 76 C2
Bore I 67 B4
Borek Strzeliński PL 39 C7
Borek Wielkopolski PL 39 B7
Borello I 68 B2
Borensberg S 23 D1
Borgentreich D 37 B4
Börger D 29 C4
Borger NL 28 C3
Borggård S 23 D1
Borghamn S 21 D5
Borghetta di Vara I 67 B4
Borghetto d'Arróscia I 66 B2
Borghetto Santo Spirito I 66 B3
Borgholm S 26 C5
Borgholzhausen D 36 A3
Borghorst D 36 A2
Bórgia I 93 C3
Borgloon B 35 C5
Børglum DK 24 A2
Borgo a Mozzano I 67 C5
Borgo alla Collina I 68 C1
Borgo Pace I 68 C2
Borgo S. Dalmazzo I 66 B2
Borgo S. Lorenzo I 68 C1
Borgo Val di Taro I 67 B4
Borgo Valsugana I 58 B1
Borgo Vercelli I 66 A3
Borgoforte I 67 A5
Borgofranco d'Ivrea I 56 C2
Borgomanero I 56 C3
Borgomasino I 66 A2
Borgonovo Val Tidone I 67 A4
Borgorose I 89 A4
Borgosésia I 56 C3
Borgstena S 26 B2
Borgvik S 21 C3
Borisovka RUS 16 L25
Borja E 75 C5
Borjas Blancas E 76 B3
Borjas del Campo E 77 B4
Bork D 36 B2
Borken D 36 B1
Børkop DK 25 C2
Borkowo PL 33 A4
Borkum D 28 B3
Borlänge S 22 B1
Bormes F 65 C5
Bórmio I 57 B5
Bormujos E 85 B3
Born D 37 A6
Borna D 38 B2
Borne NL 36 A1
Bornes P 73 C4
Bornheim D 36 C1
Bornhöved D 30 A1
Börnicke D 31 C3
Bornos E 85 C4
Borobia E 75 C5
Borodino RUS 16 J24
Borohrádek CZ 39 C6
Bórore I 96 C2
Boroszów PL 40 C2
Borovany CZ 49 C5
Borovichi RUS 16 G23
Borovo HR 61 C3
Borovsk RUS 16 J25
Borovy CZ 49 B4
Borów PL 41 C5
Borowa PL 39 B7
Borowie PL 41 B5
Borox E 80 B3
Borrby S 27 D3
Borre DK 27 E1
Borre N 19 B7
Borredá E 77 A4
Borrenes E 72 B4
Borriol E 82 A2
Borris DK 25 C1
Borşa RO 11 N19
Borsdorf D 38 B2
Borsfa H 60 B1
Borský Mikuláš SK 50 C3
Borsodivanka H 61 A5
Borsodnádasd H 51 C6
Borstel-Hohenraden D 29 B6
Borstorf D 30 B1
Bort-les-Orgues F 64 A1
Børte N 19 B4
Borup DK 25 C4
Boryslav UA 11 M18
Boryslawice PL 40 A2
Boryspil UA 11 L22
Boryszyn PL 39 A5
Borzeciczki PL 39 B7
Borzecin PL 41 B4
Borzna UA 11 L23
Borzonasca I 67 B4
Borzyszkowy PL 32 A3
Borzytuchom PL 32 A3
Bosa I 96 C2
Bosanci HR 59 C5
Bosanska Dubica BIH 70 A1
Bosanska Gradiška BIH 70 A2
Bosanska Kostajnica BIH 70 A1
Bosanska Krupa BIH 70 B1
Bosanski Novi BIH 70 A1
Bosanski Petrovac BIH 70 B1
Bosanski Šamac BIH 70 A3
Bosansko-Grahovo BIH 70 B1
Bošany SK 51 C4
Bősárkány H 60 A2
Bosau D 30 A1
Bosco Chiesanuova I 57 C6
Bösdorf D 30 A1
Bösel D 29 B4
Bösingfeld D 36 A4
Boskoop NL 35 A4
Boskovice CZ 50 B2
Bošnjaci HR 71 A3
Bosost E 76 A3
Bossolasco I 66 B3
Boston GB 3 K6
Bostrak N 19 B5
Böszénfa H 60 B2
Bot E 76 B3
Botajica BIH 70 B3
Bøte By DK 25 D4
Boticas P 73 C3
Botoš YU 71 A5
Botoşani RO 11 N20
Botricello I 93 C3
Bottendorf D 36 B3
Bottna S 21 D2
Bottnaryd S 26 B2
Bottrop D 36 B1
Botunje YU 71 B6
Bötzingen D 46 C3
Bouaye F 52 A3
Bouça P 73 C3
Boucau F 62 C2
Bouchain F 34 C3
Bouchoir F 44 B3
Boucoiran F 64 B3
Boudreville F 45 D5
Boudry CH 56 B1
Bouesse F 54 B1
Bouguenais F 52 A3
Bouhy F 54 A3
Bouillon B 45 B6
Bouilly F 45 C5
Bouin F 52 B3
Boulay-Moselle F 46 B2
Boule-d'Amont F 77 A5
Boulogne-sur-Gesse F 63 C4
Boulogne-sur-Mer F 34 C1
Bouloire F 44 D1
Boulzicourt F 45 B5
Bouquemaison F 34 C2
Bourbon-l'Archambault F 54 B3
Bourbon-Lancy F 54 B3
Bourbonne-les-Bains F 46 D1
Bourbourg F 34 C2
Bourbriac F 42 B2
Bourcefranc F 52 C3
Bourdeaux F 65 B4
Bouresse F 53 B5
Bourg, *Aisne* F 45 B4
Bourg, *Gironde* F 62 A3
Bourg-Achard F 44 B1
Bourg-Argental F 64 A3
Bourg-de-Péage F 65 A4
Bourg-de-Thizy F 55 B4
Bourg-de-Visa F 63 B4
Bourg-en-Bresse F 55 B5
Bourg-Lastic F 54 C2
Bourg-Madame F 77 A4
Bourg-sous-la-Roche F 52 B3
Bourg-St-Andéol F 65 B3
Bourg-St. Maurice F 56 C1
Bourganeuf F 54 C1
Bourges F 54 A2
Bourgneuf-en-Retz F 52 A3
Bourgogne F 45 B5
Bourgoin-Jallieu F 55 C5
Bourgtheroulde F 44 B1
Bourgueil F 53 A5
Bourmont F 46 C1
Bournemouth GB 3 L6
Bourneville F 44 B1
Bournezeau F 52 B3
Bouro P 73 C2
Bourran F 63 B4
Bourret F 63 C5
Bourron-Marlotte F 44 C3
Boussac F 54 B2
Bousse F 46 B2
Boussens F 63 C4
Bouttencourt F 44 B2
Bouvières F 65 B4
Bouvron F 52 A3
Bouxwiller F 46 C3
Bouzas E 72 B2
Bouzonville F 46 B2
Bouzy F 45 B5
Bov DK 25 D2
Bova I 95 B4
Bova Marina I 95 B4
Bovalino Marina I 95 A5
Bovallstrand S 21 D2
Bovec SLO 58 B3
Bóveda E 72 B3
Bóvegno I 57 C5
Bovenau D 29 A6
Bovenkarspel NL 28 C2
Boves F 44 B3
Bóves I 66 B2
Bovigny B 35 C5
Bovino I 90 C2
Bøvlingbjerg DK 24 B1
Bovolenta I 68 A1
Bovolone I 67 A6
Boxberg, *Baden-Württemberg* D 47 B5
Boxberg, *Sachsen* D 38 B4
Boxholm S 21 D6
Boxmeer NL 35 B5
Boxtel NL 35 B5
Bozava HR 69 B4
Bozburun TR 15 T21
Bozdoğan TR 15 T21
Bozel F 56 C1
Bożepol Wielkie PL 32 A3
Boži Dar CZ 38 C2
Bozouls F 64 B1
Bózzolo I 67 A5
Bra I 66 B2
Braås S 26 B4
Brabrand DK 25 B3
Bracciano I 88 A3
Brachstedt D 38 B2
Bracieux F 54 A1
Bräcke S 4 E14
Brackenheim D 47 B5
Bräckne-Hoby S 27 C4
Brackwede D 36 B3
Brad RO 11 N18
Bradford GB 3 K6
Bradina BIH 70 C3
Brædstrup DK 25 C2
Braemar GB 3 H5
Braga P 73 C2
Bragança P 73 C4
Brăila RO 11 P20
Brain-s-Allonnes F 53 A5
Braine F 45 B4
Braine-l'Alleud B 35 C4
Braine-le-Comte B 35 C4
Braives B 35 C5
Brake, *Niedersachsen* D 29 B5
Brake, *Nordrhein-Westfalen* D 36 A3
Brakel B 35 C3
Brålanda S 21 D3
Bralin PL 40 B1
Brallo I 67 B4
Bram F 63 C6
Bramafan F 66 C1
Bramberg am Wildkogel A 58 A2
Bramdrup DK 25 C2
Bramminge DK 25 C1
Bramsche D 36 A2
Bramstedt D 29 C5
Branca I 68 C2
Brancaleone Marina I 95 B5
Brand, *Nieder Östereich* A 49 C6
Brand, *Vorarlberg* A 57 A4
Brand-Erbisdorf D 38 C3
Brandbu N 20 B1
Brande DK 25 C2
Brande-Hornerkirchen D 29 B6
Brandenberg A 58 A1
Brandenburg D 38 A2
Brandis D 38 B2
Brandlecht D 36 A2
Brandomil E 72 A2
Brandshagen D 31 A4
Brandval N 20 B3
Brandýs n. Labem-Stará Boleslav CZ 39 C4
Braniewo PL 33 A5
Brankovice CZ 50 B3
Brankovina YU 71 B4
Branky CZ 50 B3
Bränna S 21 D3
Brannenburg D 48 D3
Brantôme F 63 A4
Bras S 21 D2
Bras d'Asse F 65 C5
Braskereidfoss N 20 B2
Braslaw BY 16 J20
Braşov RO 11 P19
Brasparts F 42 B2
Brassac F 64 C1
Brassac-les-Mines F 54 C3
Brasschaat B 35 B4
Brastad S 21 D2
Břasy CZ 49 B4
Brąszewice PL 40 B2
Bräte N 21 C2
Bratina HR 59 C5
Bratislava SK 50 C3
Brattfors S 21 C5
Bratunac BIH 71 B4
Braubach D 36 C2
Braunau A 49 C4
Braunfels D 36 C3
Braunlage D 37 B5
Braunschweig D 37 A5
Braux F 45 B5
Bravuogn CH 57 B4
Bray IRL 3 K3
Bray Dunes F 34 B2
Bray-sur-Seine F 45 C4
Bray-sur-Somme F 45 B3
Braz P 84 B2
Brazatortas E 86 A2
Brazey F 55 A5
Brčko BIH 71 B3
Brckovljani HR 60 C1
Brdani YU 71 C5
Brdów PL 40 A2
Brea de Tajo E 81 B3
Brécey F 43 B4
Brechin GB 3 H5
Brecht B 35 B4
Brecketfeld D 36 B2
Břeclav CZ 50 C2
Brecon GB 3 L5
Brécy F 54 A2
Breda E 77 B5
Breda NL 35 B4
Bredaryd S 26 B2
Bredebro DK 25 C1
Bredelar D 36 B3
Bredene B 34 B2
Bredenfelde D 31 B4
Bredevoort NL 36 B1
Bredsjö S 20 C5
Bredstedt D 29 A5
Bredsten DK 25 C2
Bree B 35 B5
Breezand NL 28 C1
Breganze I 58 C1
Bregenz A 57 A4
Bréhal F 43 B4
Brehna D 38 B2
Brehy SK 51 C4
Breidenbach F 46 B3
Breil F 66 C2
Breisach D 46 C3
Breitenbach CH 56 A2
Breitenbach D 37 C4
Breitenberg D 49 C4
Breitenbrunn A 50 D2
Breitenfelde D 30 B1
Breitenfurt A 50 C2
Breitenworbis D 37 B5
Breivikbotn N 4 A18
Brejning DK 25 C2
Brekken N 4 E12
Brekkesto N 19 C5
Brekkstad N 4 E11
Brela HR 70 C1
Bremen D 29 B5
Bremerhaven D 29 B5
Bremervörde D 29 B6
Bremgarten CH 56 A3
Bremnes N 18 B2
Brenderup DK 25 C2
Brendlorenzen D 37 C5
Brenes E 85 B4
Brenna PL 51 B4
Brenner I 58 A1
Breno I 57 C5
Brénod F 55 B5
Brensbach D 47 B4
Brescello I 67 B5
Bréscia I 57 C5
Breskens NL 34 B3
Bresles F 44 B3
Bresnica YU 71 C5
Bressana I 66 A4
Bressanone (Brixen) I 58 B1
Bressole F 54 B3
Bressuire F 53 B4
Brest BY 7 K18
Brest CZ 50 B3
Brest F 42 B1
Brestac YU 71 B4
Brestanica SLO 59 B5

Brestova HR 69 A4
Brestovac HR 70 A2
Bretenoux F 63 B5
Breteuil, *Eure* F 44 C1
Breteuil, *Oise* F 44 B3
Brétigny-sur-Orge F 44 C3
Bretnig D 38 B4
Bretten D 47 B4
Bretteville-sur-Laize F 43 A5
Brettheim D 47 B6
Breuil-Cervinia I 56 C2
Breukelen NL 35 A5
Breven S 23 C1
Brevik N 19 B6
Breza BIH 70 B3
Brežice SLO 59 C5
Bréziers F 65 B5
Brezna YU 71 C5
Breznica HR 60 B1
Breznica Našička HR 60 C3
Březnice CZ 49 B4
Brezno SK 51 C5
Brezolles F 44 C2
Brezová CZ 50 C3
Březová n Svitavou CZ 50 B2
Brezovo Polje BIH 71 B3
Briançon F 65 B5
Brianconnet F 65 C5
Briare F 54 A2
Briatexte F 63 C5
Briático I 92 C3
Briaucourt F 45 C6
Bribir, *Primorsko-Goransko* HR 69 A4
Bribir, *Sibenska* HR 69 C5
Bricquebec F 43 A4
Brides-les-Bains F 56 C1
Bridgend GB 3 L5
Bridgwater GB 3 L5
Bridlična CZ 50 B3
Bridnogan F 42 B1
Bridport GB 3 L5
Brie-Comte-Robert F 44 C3
Briec F 42 B2
Brielle NL 35 B4
Brielow D 30 C3
Brienne-le-Château F 45 C5
Brienz CH 56 B3
Brienza I 92 A2
Brieskow Finkenheerd D 38 A4
Brietlingen D 30 B1
Brieulles-sur-Meuse F 45 B6
Brieva E 75 B4
Briey F 46 B1
Brig CH 56 B3
Brighton GB 3 L6
Brignoles F 65 C5
Brihuega E 81 B4
Briježde YU 71 B5
Brijuni HR 69 B3
Brilon D 36 B3
Brinches P 84 A2
Brindisi I 91 D4
Brinje HR 69 A5
Brinon-sur-Beuvron F 54 A3
Brinon-sur-Sauldre F 54 A2
Brión E 72 B2
Briones E 75 B4
Brionne F 44 B1
Brionon-sur-Armançon F 45 D4
Brioude F 64 A2
Brioux-sur-Boutonne F 53 B4
Briouze F 43 B5
Briscous F 62 C2
Brisighella I 68 B1
Brison F 55 C5
Brissac-Quincé F 53 A4
Brissago CH 56 B3
Bristol GB 3 L5
Brive-la-Gaillarde F 63 A5
Briviesca E 75 B3
Brixlegg A 58 A1
Brka BIH 71 B3
Brna HR 90 B3
Brnaze HR 70 C1
Brno CZ 50 B2
Bro S 21 D2
Broager DK 25 D2
Broaryd S 26 B2
Broby S 27 C3
Bročanac BIH 70 C2
Bročanac YU 91 B5
Brocas F 62 B3
Brock D 36 A2
Brockel D 29 B6
Broczyno PL 32 B2
Brod na Kupi HR 59 C4
Brodarevo YU 71 C4
Broddbo S 22 C2
Brodek CZ 50 B3
Brodenbach D 36 C2
Brodick GB 3 J4
Brodnica PL 33 B5
Brodnica Graniczna PL 32 A4
Brodski Stupnik HR 70 A2
Brody PL 39 B4
Brody UA 11 L19
Broek op Langendijk NL 28 C1
Broglie F 44 B1
Brójce PL 39 A5
Brokind S 23 D1
Brolo I 95 A3
Brome D 30 C1
Bromölla S 27 C3
Bromont-Lamothe F 54 C2
Brömsebro S 27 C4
Bronchales E 82 A1
Bronco E 79 A4
Brønderslev DK 24 A2
Broni I 67 A4
Brønnøysund N 4 D13
Brøns DK 25 C1
Bronte I 95 B3
Bronzolo (Branzoll) I 58 B1
Broons F 42 B3
Broquies F 64 B1
Brørup DK 25 C2
Brösarp S 27 D3
Brøstrud N 19 A5
Broszków PL 41 A6
Brotas P 78 C2
Brötjärna S 20 B6
Broto E 76 A2
Brøttum N 20 A1
Brou F 44 C2
Broumov CZ 39 C6
Broussy le Grand F 45 C4
Brout-Vernet F 54 B3
Brouvelieures F 46 C2
Brouwershaven NL 34 B3
Brovary UA 11 L22
Brovst DK 24 A2
Broye F 55 B4
Brozas E 79 B4
Brozzo I 57 C5
Brtnice CZ 50 B1
Bruay-en-Artois F 34 C2
Bruch E 77 B4
Bruchhausen-Vilsen D 29 C5
Bruchsal D 47 B4
Bruck A 58 A2
Bruck, *Bayern* D 48 B3
Brück, *Brandenburg* D 38 A2
Bruck a.d. Leitha A 50 C2
Bruck a.d. Mur A 59 A5
Bruckberg D 48 B1
Brückl A 59 B4
Bruckmühl D 48 D2
Brue-Auriac F 65 C4
Brüel D 30 B2
Bruère-Allichamps F 54 B2
Brugg CH 56 A3
Brugge B 34 B3
Brüggen D 35 B6
Brugneas F 54 B3
Brühl D 36 C1
Bruinisse NL 35 B4
Brûlon F 43 C5
Brumano I 57 C4
Brumath F 46 C3
Brummen NL 35 A6
Brumunddal N 20 B1
Brunau D 30 C2
Brundby DK 25 C3
Brunehamel F 45 B5
Brünen D 36 B1
Brunflo S 4 E14
Brunico (Bruneck) I 58 B1
Brunkeberg N 19 B5
Brunn a. Gebirge A 50 C2
Brunna S 22 C3
Brunnen CH 56 B3
Brunnsberg S 20 A4
Brunnsvik S 20 B6
Brunsbüttel D 29 B6
Brunssum NL 35 C5
Brunstatt F 56 A2
Bruntál CZ 50 B3
Brus YU 71 C6
Brušane HR 69 B5
Brusasco I 66 A3
Brusio CH 57 B5
Brusque F 64 C1
Brusson I 56 C2
Brüssow D 31 B5
Brusy PL 32 B3
Bruvno HR 69 B5
Bruvoll N 20 B2
Bruxelles B 35 C4
Bruyères F 46 C2
Bruz F 43 B4
Bruzaholm S 26 B4
Brwinow PL 41 A4
Bryansk RUS 16 K24
Bryne N 18 C2
Brzeče YU 71 C5
Brzeg PL 40 C1
Brzeg Dolny PL 39 B6
Brzegi PL 41 C4
Brześć Kuj PL 33 C4
Brzesko Nowe PL 41 C4
Brzeszcze PL 51 B5
Brzezie PL 32 B2
Brzeziny, *Kalisz* PL 40 B3
Brzeziny, *Skierniewice* PL 40 B2
Brzeźnica Nowa PL 40 B3
Brzotin SK 51 C6
Brzozie Lubawskie PL 33 B5
Brzozów PL 41 A4
Bua S 24 A5
Buarcos P 78 A2
Buaveg N 18 B2
Bubbio I 66 B3
Bubry F 42 C2
Bučany SK 50 C3
Buccheri I 95 B3
Buccino I 90 D2
Bucelas P 78 C1
Buch, *Bayern* D 47 C6
Buch, *Bayern* D 48 C3
Buchach UA 11 M19
Buchau D 47 C5
Buchbach D 48 C3
Buchboden A 57 A4
Buchen, *Baden-Württemberg* D 47 B5
Büchen, *Schleswig-Holstein* D 30 B1
Buchenberg D 57 A5
Buchères F 45 C5
Buchholz, *Niedersachsen* D 29 B6
Buchholz, *Thüringen* D 37 B5
Buchloe D 48 C1
Buchlovice CZ 50 B3
Bucholz D 30 B3
Buchs CH 57 A4
Buchy F 44 B2
Bückeburg D 36 A4
Buckie GB 3 H5
Buckow D 31 C5
Bückwitz D 30 C3
Bučovice CZ 50 B2
Bucureşti RO 11 P20
Bucy F 45 B4
Bucy-lés-Pierreport F 45 B4
Buczek PL 40 B3
Budakalasz H 61 A4
Budakesi H 61 A3
Budaörs H 61 A3
Budapest H 61 A3
Buddusò I 96 C3
Bude GB 3 L4
Budec CZ 50 B1
Budel NL 35 B5
Büdelsdorf D 29 A6
Budens P 84 B1
Büderich D 36 B1
Budia E 81 B4
Büdingen D 36 C4
Budinščina HR 60 B1
Budišov, *Jihomoravský* CZ 50 B2
Budišov, *Severomoravsky* CZ 50 B3
Budmerice SK 50 C3
Budowo PL 32 A3
Búdrio I 68 B1
Budva YU 91 B5
Budyně n. Ohří CZ 38 C4
Budziszewice PL 41 B3
Budzów PL 51 B5
Budzyń PL 32 C3
Bue N 18 C2
Bueña E 76 C1
Buenache de Alarcón E 81 C4
Buenache de la Sierra E 81 B5
Buenaventura E 80 B2
Buenavista de Valdavia E 74 B2
Buendia E 81 B4
Buer D 36 A3
Bueu E 72 B2
Buezo E 75 B3
Bugac H 61 B4
Bugeat F 54 C1
Buggerru I 96 D2
Bugojno BIH 70 B2
Bugyi H 61 A4
Bühl, *Baden-Württemberg* D 47 C4
Bühl, *Bayern* D 57 A5
Bühlertal D 47 C4
Bühlertann D 47 B5
Buia I 58 B3
Builth Wells GB 3 K5
Buis-les-Baronnies F 65 B4
Buitenpost NL 28 B3
Buitrago E 81 B3
Buják H 51 D5
Bujalance E 86 B2
Bujaraloz E 76 B2
Buje HR 58 C3
Bujedo E 75 B3
Bük H 60 A1
Buk PL 39 A6
Bükkösd H 60 B2
Bukovici SLO 59 B5
Bukowiec PL 39 A6
Bukowina PL 51 B6
Bukowno PL 40 C3
Bukowo Morskie PL 32 A2
Bülach CH 56 A3
Buldern D 36 B2
Bulgnéville F 46 C1
Bülkau D 29 B5
Bulkowo PL 33 C6
Bullange B 35 C6
Bullas E 87 A5
Bulle CH 56 B2
Bully F 34 C2
Bulowice PL 51 B5
Bunclody IRL 3 K3
Buncrana IRL 3 J3
Bunde, *Niedersachsen* D 28 B4
Bünde, *Nordrhein-Westfalen* D 36 A3
Bundheim D 37 B5
Bundoran IRL 3 J2
Bunič HR 69 B5
Buño E 72 A2
Buñol E 82 B2
Buñola, *Mallorca* E 83
Bunsbeek B 35 C4
Buñuel E 75 C5
Buonabitácolo I 92 A2
Buonalbergo I 90 C1
Buonconvento I 67 C6
Buonvicino I 92 B2
Burano I 58 C2
Burbach D 36 C3
Burbáguena E 81 A5
Burcei I 96 D3
Bureå S 5 D17
Burella de Cabo E 72 A3
Büren D 36 B3
Büren an der Aare CH 56 A2
Burg, *Cottbus* D 38 B4
Burg, *Magdeburg* D 37 A6
Burg, *Schleswig-Holstein* D 29 B6
Burg, *Schleswig-Holstein* D 30 A2
Burg Stargard D 31 B4
Burgas BG 15 Q20
Burgau A 59 A6
Burgau D 48 C1
Burgau P 84 B1
Burgbernheim D 47 B6
Burgdorf CH 56 A2
Burgdorf D 29 C7
Burgebrach D 48 B1
Bürgel D 37 C6
Burghaslach D 48 B1
Burghaun D 37 C4
Burghausen D 49 C3
Burgheim D 48 C2
Búrgio I 94 B2
Burgkunstadt D 37 C6
Burglengenfeld D 48 B3
Burgo E 85 C5
Burgo P 73 D2
Burgoberbach D 48 B1
Burgohondo E 80 B2
Burgos E 75 B3
Burgsinn D 47 A5
Burgstädt D 38 C2
Burgstall D 37 A6
Burguete E 76 A1
Burgui E 76 A2
Burguillos E 85 B4
Burguillos de Toledo E 80 C3
Burguillos del Cerro E 79 C4
Burhaniye TR 15 S20
Burhave D 29 B5
Burie F 53 C4
Burjaso E 82 B2
Burk D 48 B1
Burkau D 38 B4
Burkhardtsdorf D 38 C2
Burladingen D 47 C5
Burlage D 29 B4
Burnley GB 3 K5
Burón E 74 A1
Buronzo I 56 C3
Burow D 31 B4
Burret F 77 A4
Burriana E 82 B2
Burs A 57 A4
Burseryd S 26 B2
Bürstadt D 47 B4
Burujón E 80 C2
Bürüs H 60 C2
Bury GB 3 K5
Bury St. Edmunds GB 3 K7
Buryn UA 16 L23
Burzenin PL 40 B2
Busachi I 96 C2
Busalla I 66 B3
Busana I 67 B5
Busano I 66 A2
Busca I 66 B2
Busch D 30 C2
Buševec HR 60 C1
Bušince SK 51 C5
Buskhyttan S 23 D2
Busko Zdrój PL 41 C4
Busot E 82 C2
Busovača BIH 70 B2
Busquistar E 86 C3
Bussang F 46 D2
Busseto I 67 B5
Bussière-Poitevine F 53 B5
Bussières F 55 C4
Bussolengo I 57 C5
Bussoleno I 66 A2
Bussum NL 35 A5
Busto Arsizio I 57 C3
Büsum D 29 A5
Butera I 94 B3
Butgenbach B 35 C6
Butryny PL 33 B6
Bütschwil CH 57 A4
Buttenwiesen D 48 C1
Buttstädt D 37 B6
Butzbach D 36 C3
Bützfleth D 29 B6
Bützow D 30 B2
Buxières F 54 B2
Buxtehude D 29 B6
Buxton GB 3 K6
Buxy F 55 B4
Büyükçekmece TR 15 R21
Buzancais F 53 B6
Buzancy F 45 B5
Buzău RO 11 P20
Buzet HR 59 C3
Buzsák H 60 B2
Buzy F 62 C3
By S 22 B2
Byala BG 11 Q19
Bychawa PL 41 B6
Byczyna PL 40 B2
Bydgoszcz PL 32 B3
Bygland N 19 C4
Byglandsfjord N 19 C4
Bykhaw BY 16 K22
Bykle N 18 B4
Bylderup DK 25 D2
Bylnice CZ 51 B4
Byrum DK 24 A3
Byšice Liblice CZ 39 C4
Byske S 5 D17
Býškovice CZ 50 B3
Byslaw PL 32 B3
Bystré CZ 50 B2
Bystrice, *Stredočeský* CZ 51 B4
Bystřice, *Stredočeský* CZ 49 B5
Bystřice n Pernstejnem CZ 50 B2
Bystřice p. Hostýnem CZ 50 B3
Bystrzyca Klodzka PL 39 C6
Bytča SK 51 B4
Bytom PL 40 C2
Bytom Odrz PL 39 B5
Byton PL 32 C2
Bytów PL 32 A3
Bzenec CZ 50 C3
Bzince SK 50 C3

C

C'an Pastilla, *Mallorca* E 83
C'an Picafort, *Mallorca* E 83
Ca'Pisani I 68 B2
Cabacos P 78 B2
Cabanac-et-Villagrains F 62 B3
Cabañaquinta E 74 A1
Cabañas E 72 A2
Cabanas P 84 B2
Cabañas de Yepes E 81 C3
Cabañas del Castillo E 79 B5
Cabanellas E 77 A5
Cabanes E 82 A3
Cabanillas E 75 B5
Cabar HR 59 C4
Cabasse F 65 C5
Cabeceiras de Basto P 73 C2
Cabeço de Vide P 78 B3
Cabella Ligure I 66 B4
Cabeza del Buey E 79 C5
Cabeza la Vaca E 85 A3
Cabezamesada E 81 C3
Cabezarados E 80 D2
Cabezarrubias del Puerto E 86 A2
Cabezas del Villar E 80 B1
Cabezas Rubias E 84 B2
Cabezón E 74 C2
Cabezón de la Sal E 74 A2
Cabezón de Liébana E 74 A2
Cabezuela E 74 C3
Cabezuela del Valle E 79 A5
Cabolafuenta E 81 A4
Cabourg F 43 A5
Cabra E 86 B2
Cabra P 73 D3
Cabra del Sto. Cristo E 86 B3
Cabrales (Carreña) E 74 A2
Cábras I 96 D2
Cabreiro P 73 C2
Cabreiros E 72 A3
Cabrejas E 81 B4
Cabrela P 78 C2
Cabrières F 64 C2
Cacabelos E 72 B4
Čačak YU 71 C5
Cáccamo I 94 B2
Caccuri I 93 B3
Cacela P 84 B2
Cáceres E 79 B4
Cachafeiro E 72 B2
Cachopo P 84 B2
Cachtice SK 50 C3
Cacin E 86 B3
Čačinci HR 60 C2
Cadafais P 78 C1
Cadalen F 63 C6
Cadalso E 79 A4
Cadaqués E 77 A6
Cadaval P 78 B1
Cadavedo E 72 A4
Čadavica BIH 70 B1
Čadavica HR 60 C2
Čadca SK 51 B4
Cadéac F 76 A3
Cadelbosco di Sopra I 67 B5
Cadenazzo CH 57 B3
Cadenberge D 29 B6
Cadenet F 65 C4
Cadeuil F 52 C4
Cadillac F 62 B3
Cádiz E 85 C3
Cadouin F 63 B4
Cadrete E 76 B2
Caen F 43 A5
Caernarfon GB 3 K4
Cafede P 78 B3
Caggiano I 92 A2
Cagli I 68 C2
Cágliari I 96 D3
Cagnano Varano I 90 C2
Caher IRL 3 K3
Caherciveen IRL 3 L1
Cahors F 63 B5
Cahul MD 11 P21
Caianello I 89 B5
Caiazzo I 89 B5
Cairnryan GB 3 J4
Cáiro Montenotte I 66 B3
Caivano I 89 C5
Caixans E 77 A4
Cajarc F 63 B5
Cajetina YU 71 C4
Čajkov SK 51 C4
Čajniče BIH 71 C4
Čaka SK 51 C4
Čakajovce SK 51 C4
Čakovec HR 60 B1
Čakovice CZ 38 C4
Cala E 85 B3
Cala d'Or, *Mallorca* E 83
Cala Foreat, *Menorca* E 83
Cala Gonone I 96 C3
Cala Llonga, *Ibiza* E 83
Cala Millor, *Mallorca* E 83
Cala Ratjada, *Mallorca* E 83
Calabritto I 90 D2
Calaceite E 76 B3
Calacuccia F 96 A3
Calaf E 77 B4
Calafat RO 11 Q18
Calafell E 77 B4
Calahonda E 86 C3
Calahorra E 75 B5
Calais F 34 C1
Calalzo I 58 B2
Calamocha E 76 C1
Calamonte E 79 C4
Calañas E 85 B3
Calanda E 76 C2
Calangiánus I 96 C3
Călăraşi RO 11 P20
Calas de Mallorca, *Mallorca* E 83
Calascibetta I 95 B3
Calasetta I 96 D2
Calasparra E 87 A5
Calatafimi I 94 B1
Calatayud E 75 C5
Calatorao E 75 C5
Calau D 38 B3
Calbe D 37 B6
Calcena E 75 C5
Calcinelli I 68 C2
Calco I 57 C4
Caldaro (Kaltern) I 57 B6
Caldarola I 68 C3
Caldas da Rainha P 78 B1
Caldas de Bohi E 76 A3
Caldas de Malavella E 77 B5
Caldas de Montbúy E 77 B5
Caldas de Reyes E 72 B2
Caldas de San Jorge P 73 D2
Caldas de Vizela P 73 C2
Caldaso de los Vidrios E 80 B2
Calders E 77 B4
Caldirola I 67 B4
Calella, *Barcelona* E 77 B5
Calella, *Gerona* E 77 B6
Calenzana F 96 A2
Calera de León E 85 A3
Calera y Chozas E 80 C2
Caleruega E 75 C3
Caleruela E 80 C1
Calestano I 67 B5
Calimera I 93 A5
Calitri I 90 D2
Calizzano I 66 B3
Callac F 42 B2
Callas F 65 C5
Calliano, *Piemonte* I 66 A3
Calliano, *Trentino Alto Adige* I 57 C6
Callosa de Ensarriá E 82 C2
Callosa de Segura E 87 A6
Callús E 77 B4
Čalma YU 71 A4
Calmbach D 47 C4
Calolziocorte I 57 C4
Calonge E 77 B6
Čalovec SK 50 D3
Čalovo SK 50 D3
Calpe E 82 C3
Caltabellotta I 94 B2
Caltagirone I 95 B3
Caltanissetta I 94 B3
Caltavuturo I 94 B2
Caltojar E 75 C4
Caluso I 66 A2
Calvario E 73 C2
Calvello I 92 A2
Calvi F 96 A2
Calviá, *Mallorca* E 83
Calvisson F 64 C3
Calvörde D 37 A6
Calw D 47 C4
Calzada de Calatrava E 86 A3
Calzada de Valdunciel E 80 A1
Calzadilla de los Barros E 79 C4
Camaiore I 67 C5
Camaldoli I 68 C1
Camarasa E 76 B3
Camarena E 80 B2
Camarès F 64 C1
Camaret F 42 B1
Camaret-sur-Aigues F 65 B3
Camargo E 74 A3
Camarillas E 82 A2
Camariñas E 72 A1
Camarma E 81 B3
Camarzana de Tera E 73 B4
Camas E 85 B3
Camastra I 94 B2
Cambados E 72 B2
Cambarinho P 73 D2
Cambil E 86 B3
Cambo-les-Bains F 62 C2
Cambrai F 34 C3
Cambre E 72 A2
Cambridge GB 3 K7
Cambrils E 77 B4
Cambs D 30 B2
Camburg D 37 B6
Cameleño E 74 A2
Camelle E 72 A1
Camerano I 68 C3
Camerino I 68 C3
Camerota I 92 A2
Cami Salentina I 93 A5
Camigliatello Silano I 93 B3
Caminha P 73 C2
Caminomorisco E 79 A4
Caminreal E 81 B5
Camisano Vicentino I 58 C1
Cammarata I 94 B2
Camogli I 66 B4
Camors F 42 C3
Campagna I 90 D2
Campagnano di Roma I 88 A3
Campagnático I 88 A2
Campan F 63 C4
Campana I 93 B3
Campanario E 79 C5
Campanillas E 86 C2
Campano E 85 C3
Campaspero E 74 C2
Campbeltown GB 3 J4
Campello E 82 C2
Campelos P 78 B1
Campi Bisénzio I 67 C6
Campico López E 87 B5
Campíglia Maríttima I 67 C5
Campillo E 80 B1
Campillo de Altobuey E 81 C5
Campillo de Aragón E 81 A5
Campillo de Arenas E 86 B3
Campillo de Llerena E 79 C5
Campillos E 86 B2
Câmpina RO 11 P19
Campli I 89 A4
Campo E 76 A3
Campo P 73 C2
Campo de Bacerros E 73 B3
Campo de Caso E 74 A1
Campo de Criptana E 81 C3
Campo di Giove I 89 A5
Campo Ligure I 66 B3
Campo Maior P 79 B3
Campo Molino I 66 B2
Campo Real E 81 B3
Campo Tures (Taufers) I 58 B1
Campobasso I 89 B5
Campobello di Licata I 94 B2
Campobello di Mazara I 94 B1
Campodársego I 58 C1
Campodolcino I 57 B4
Campofelice di Roccella I 94 B2
Campofiorito I 94 B2
Campofórmide I 58 B3
Campofranco I 94 B2
Campofrio E 85 B3
Campogalliano I 67 B5
Campolongo I 58 B2
Campomanes E 74 A1
Campomarino I 90 C2
Camporeale I 94 B2
Camporeggiano I 68 C2
Camporrells E 76 B3
Camporrobles E 82 B1
Campos P 73 C3
Campos del Puerto, *Mallorca* E 83
Camposa P 73 C2
Camposampiero I 58 C1
Camposanto I 67 B6
Camposines E 76 B3
Campotéjar E 86 B3
Campotosto I 89 A4
Camprodon E 77 A5
Campsegret F 63 B4
Camuñas E 81 C3
Çan TR 15 R20
Cana I 88 A2
Cañada del Hoyo E 81 C5
Cañadajuncosa E 81 C4
Cañadarrosal E 85 B4
Çanakkale TR 15 R20
Canal San Bovo I 58 B1
Canale I 66 B2
Canales E 82 B2
Canals E 82 C2
Cañamero E 80 C1
Cañar E 86 C3
Cañate la Real E 85 C4
Cañaveral E 79 B4
Cañaveral de León E 85 B3
Cañaveras E 81 B4
Canazei I 58 B1
Cancale F 43 B4
Cancellara I 90 D2
Cancello ed Arnone I 89 B4
Cancon F 63 B4
Canda E 73 B4
Candamil E 72 A3
Candamo E 72 A4
Candanchu E 76 A2
Candás (Carreño) E 74 A1
Candasnos E 76 B3
Candé F 52 A3
Candela I 90 C2
Candelario E 79 A5
Candeleda E 80 B1
Cándia Lomellina I 66 A3
Candide I 58 B2
Candin E 72 B4
Candosa P 78 A3
Canecas P 78 C1
Canelli I 66 B3
Canena E 86 A3
Canencia E 80 B3
Canet de Berenguer E 82 B2
Canet de Mar E 77 B5
Canet-Plage F 77 A6
Cañete E 81 B5
Cañete de las Torres E 86 B2
Canfranc E 76 A2
Cangas, *Lugo* E 72 A3
Cangas, *Pontevedra* E 72 B2
Cangas de Narcea E 74 A1
Cangas de Onis E 74 A1
Canha P 78 C2
Canhestros P 84 A1
Canicatti I 94 B2
Canicattini Bagni I 95 B4
Canicosa de la Sierra E 75 C3
Canidelo P 73 C2
Caniles E 87 B4
Canillas de Aceituno E 86 C2
Canino I 88 A2
Canisy F 43 A4
Cañizal E 80 A1
Cañizo E 74 C1
Canjayer E 87 B4
Cannara I 68 C2
Cánnero Riviera I 56 B3
Cannes F 66 C2
Canneto I 67 C5
Canneto sull'Oglio I 67 A5
Cannobio I 56 B3
Canosa di Púglia I 90 C3
Canove I 66 B3
Cantalapiedra E 80 A1
Cantalejo E 74 C3
Cantalgallo E 85 A3
Cantalice I 89 A3
Cantalpino E 80 A1
Cantalupo in Sabina I 88 A3
Cantanhede P 78 A2
Cantavieja E 82 A2
Čantavir HR 61 C4
Cantenac F 62 A3
Canterbury GB 3 L7
Cantiano I 68 C2
Cantillana E 85 B4
Cantiveros E 80 B2
Cantoria E 87 B4
Cantù I 57 C4
Cany-Barville F 44 B1
Canyet E 77 B5
Càorle I 58 C2
Caorso I 67 A4
Cap d'Ail F 66 C2
Cap d'Antibes F 66 C2
Cap-de-Pin F 62 B3
Cap Ferret F 62 B2
Capáccio I 92 A2
Capaci I 94 A2
Capalbio I 88 A2
Capánnori I 67 C5
Capardi BIH 71 B3
Caparroso E 75 B5
Capbreton F 62 C2
Capdella E 77 A4
Capdenac F 63 B6
Capdepera, *Mallorca* E 83
Capela E 72 A2
Capelins P 78 C3
Capellades E 77 B4
Capena I 88 A3
Capendu F 64 C1
Capestang F 64 C2
Capestrano I 89 A4
Capileira E 86 C3
Capinha P 78 A3
Capistrello I 89 B4
Capizzi I 95 B3
Čaplje BIH 70 B1
Čapljina BIH 70 C2
Capo d'Orlando I 95 A3
Capo di Ponte I 57 B5
Capor SK 51 C4
Caposile I 58 C2
Capoterra I 96 D2
Cappel D 36 C3
Cappeln D 29 C5
Capracotta I 89 B5
Caprànica I 88 A3
Caprarola I 88 A3
Capretta I 88 A3
Capri I 92 A1
Capriati a Volturno I 89 B5
Caprino Veronese I 57 C5
Captieux F 62 B3
Capua I 89 B5
Capurso I 90 C3
Capvern F 63 C4
Carabaña E 81 B3
Carabias E 75 C3
Caracal RO 11 P19
Caracenilla E 81 B4
Caráglio I 66 B2
Carálps E 77 A5
Caraman F 63 C5
Caramánico I 89 A5
Caranga E 72 A4
Caranguejeira P 78 B2
Caransebeş RO 11 P18
Carantec F 42 B2
Carapelle I 90 C2
Carasco I 67 B4
Carate Brianza I 57 C4
Caravaca E 87 A5
Caravággio I 57 C4
Caravia E 74 A1
Carbajo E 79 B3
Carballeda E 72 B3
Carballeda de Avia E 72 B2
Carballiño E 72 B2
Carballo E 72 A2
Carbon-Blanc F 62 B3
Carbonera E 75 C4
Carboneras E 87 B5
Carboneras de Guadazaón E 81 C5
Carbonero el Mayor E 80 A2
Carboneros E 86 A3
Carbónia I 96 D2
Carbonin (Schluderbach) I 58 B2
Carbonne F 63 C5
Carcaboso E 79 A4
Carcabuey E 86 B2
Carcaixent E 82 B2
Carcans F 62 A2
Carcans-Plage F 62 A2
Carcar E 75 B5
Cárcare I 66 B3
Carcassonne F 64 C1
Carcastillo E 75 B5
Carcedo E 75 B3
Carcelén E 82 B1
Carcès F 65 C5
Carchelejo E 86 B3
Cardedeu E 77 B5
Cardeña E 86 A2
Cardenete E 82 B1
Cardeñosa E 80 B2
Cardeto I 95 A4
Cardiff GB 3 L5
Cardigan GB 3 K4
Cardona E 77 B4
Cardosos P 78 B2
Carei RO 11 N18
Carentan F 43 A4
Carentoir F 43 C3
Careri I 95 A5
Caréssio I 66 B3
Carevdar HR 60 B1
Cargese F 96 A2

Carhaix-Plouguer F 42 B2
Caria P 78 A3
Cariati I 93 B3
Carife I 90 C2
Carignan F 45 B6
Carignano I 66 B2
Cariñena E 76 B1
Carini I 94 A2
Cariño E 72 A3
Carinola I 89 B4
Carlentini I 95 B4
Carlepont F 45 B4
Carlet E 82 B2
Carlisle GB 3 J5
Carloforte I 96 D2
Carlópoli I 93 B3
Carlow IRL 3 K3
Carmagnola I 66 B2
Carmarthen GB 3 L4
Carmaux F 63 B6
Carmena E 80 C2
Cármenes E 74 B1
Carmine I 66 B2
Carmona E 85 B4
Carmonita E 79 B4
Carnac F 52 A1
Cárnia I 58 B3
Carnon Plage F 64 C2
Carnota E 72 B1
Carolei I 92 B3
Carolinensiel D 29 B4
Carolles F 43 B4
Carona I 57 B4
Caronia I 95 A3
Carovigno I 91 D4
Carovilli I 89 B5
Carpaneto Piacentino I 67 B4
Carpegna I 68 C2
Carpenédolo I 67 A5
Carpentras F 65 B4
Carpi I 67 B5
Carpignano Sésia I 56 C3
Carpineti I 67 B5
Carpineto Romano I 89 B4
Carpino I 90 C2
Carpinone I 89 B5
Carpio E 80 A1
Carpio Medianero E 80 B1
Carquefou F 52 A3
Carqueiranne F 65 C5
Carraceda de Anciães P 73 C3
Carral E 72 A2
Carranque E 80 B3
Carrapichana P 73 D3
Carrara I 67 B5
Carrascalejo E 80 C1
Carrascosa del Campo E 81 B4
Carratraca E 86 C2
Carrazedo de Montenegro P 73 C3
Carregal do Sal P 78 A2
Carrick-on-Suir IRL 3 K3
Carrión E 85 B3
Carrión de Calatrava E 80 C3
Carrión de los Condes E 74 B2
Carrizo E 74 B1
Carrizosa E 86 A4
Carro F 65 C4
Carrocera E 74 B1
Carrouge CH 56 B1
Carrouges F 43 B5
Carrù I 66 B2
Carry-le-Rouet F 65 C4
Carsoli I 89 A4
Cartagena E 87 B6
Cártama E 86 C2
Cartaret F 43 A4
Cartaxo P 78 B2
Cartaya E 84 B2
Cartes E 74 A2
Carucedo E 72 B4
Carunchio I 89 B5
Carviçães P 73 C4
Carvin F 34 C2
Carvoeira, *Lisboa* P 78 B1
Carvoeira, *Lisboa* P 78 C1
Čáry SK 50 C3
Casa Branca, *Portalegre* P 78 C3
Casa Branca, *Setúbal* P 78 C2
Casa Castalda I 68 C2
Casabermeja E 86 C2
Casacalenda I 89 B5
Casal di Principe I 89 B4
Casalabate I 93 A5
Casalareina E 75 B4
Casalbordino I 89 A5
Casalborgone I 66 A2
Casalbuono I 92 A2
Casalbuttano I 67 A4
Casale Monferrato I 66 A3
Casalgrasso I 66 B2
Casalina I 88 A3
Casalmaggiore I 67 B5
Casalnuovo Monterotaro I 90 C2
Casaloldo I 67 A5
Casalpusterlengo I 67 A4
Casamássima I 90 D3
Casamicciola Terme I 89 C4
Casamozza F 96 A3
Casanova I 66 B2
Casar de Cáceres E 79 B4
Casar de Palomero E 79 A4
Casar de Talamanca E 81 B3
Casarabonela E 86 C2
Casarano I 93 A5
Casarejos E 75 C3
Casares E 85 C4
Casares de las Hurdes E 79 A4
Casariche E 86 B2
Casarrubios del Monte E 80 B2
Casarsa d. Delizia I 58 C2
Casas de Benall E 82 B2
Casas de Don Pedro E 80 C1
Casas de Haro E 81 C4
Casas de Jaun Núñez E 82 B1
Casas de Juan Gil E 82 B1
Casas de Millán E 79 B4
Casas de Reina E 85 A4
Casas de Ves E 82 B1
Casas del Campillo E 82 C2
Casas del Castaño E 85 C4
Casas del Rio E 82 B1
Casas-Ibáñez E 82 B1
Casas Nuevas E 87 B5
Casasimarro E 81 C4
Casasola E 80 B2
Casasola de Arión E 74 C1
Casasuertes E 74 A2
Casatejada E 79 B5
Casavieja E 80 B2
Casayo E 72 B4
Casazza I 57 C4
Cascais P 78 C1
Cascante E 75 B5
Cascante del Rio E 82 A1
Cascia I 89 A4
Casciana Terme I 67 C5
Cáscina I 67 C5
Cáseda E 76 A1
Casella I 66 B4
Caselle Torinese I 66 A2
Casemurate I 68 B2
Casenove I 68 D2
Caseras E 76 B3
Caserta I 89 B5
Casével P 84 B1
Casillas E 80 B2
Casillas de Coria E 79 B4
Casina I 67 B5
Casinos E 82 B2
Čáslav CZ 50 B1
Casola Valsénio I 68 B1
Cásole d'Elsa I 67 C6
Casoli I 89 A5
Casória I 89 C5
Caspe E 76 B2
Cassa de la Selva E 77 B5
Cassagnas F 64 B2
Cassagnes-Bégonhès F 64 B1
Cassano allo Iónio I 92 B3
Cassano d'Adda I 57 C4
Cassano delle Murge I 90 D3
Cassano Magnago I 56 C3
Cassano Spinola I 66 B3
Cassel F 34 C2
Cassíbile I 95 C4
Cassine I 66 B3
Cassino I 89 B4
Cassis F 65 C4
Cassolnovo I 66 A3
Cassuejouls F 64 B1
Castagnaro I 67 A6
Castagneto Carducci I 67 C5
Castagnola CH 57 B3
Castalla E 82 C2
Castalserás E 76 C2
Castañar de Ibor E 80 C1
Castañedo E 74 A1
Castanheira de Pêra P 78 A2
Cástano Primo I 56 C3
Castasegna CH 57 B4
Casteau B 35 C4
Castéggio I 66 A4
Casteição P 73 D3
Castejón E 75 B5
Castejón de Monegros E 76 B2
Castejón de Sos E 76 A3
Castejón de Valdejasa E 76 B2
Castel Bolognese I 68 B1
Castel d. Piano I 88 A2
Castel d'Aiano I 67 B6
Castel d'Ario I 67 A5
Castel de Cabra E 76 C2
Castel del Monte I 89 A4
Castel di Iúdica I 95 B3
Castel di Rio I 68 B1
Castel di Sangro I 89 B5
Castel di Tora I 89 A3
Castel Frentano I 89 A5
Castel San Gimignano I 67 C6
Castel San Giovanni I 67 A4
Castel San Pietro Terme I 68 B1
Castel Sant'Elia I 88 A3
Castel Volturno I 89 B4
Castelbuono I 94 B3
Casteldáccia I 94 A2
Casteldelfino I 66 B2
Castelfidardo I 68 C3
Castelfiorentino I 67 C5
Castelforte I 89 B4
Castelfranco Emilia I 67 B6
Castelfranco in Miscano I 90 C2
Castelfranco Véneto I 58 C1
Casteljaloux F 62 B4
Castell Arquato I 67 B4
Castell de Cabres E 82 A3
Castell de Castells E 82 C2
Castell de Ferro E 86 C3
Castell y Vilar E 77 B4
Castell'Azzara I 88 A2
Castella-Monte I 56 C2
Castellabate I 92 A1
Castellammare del Golfo I 94 A1
Castellammare di Stábia I 89 C5
Castellana Grotte I 91 D4
Castellane F 65 C5
Castellaneta I 90 D3
Castellar E 86 A3
Castellar de la Frontera E 85 C4
Castellar de Nuch E 77 A5
Castellar del Santisteban E 86 A3
Castellar del Vallés E 77 B5
Castellarano I 67 B5
Castellazzo Bórmida I 66 B3
Castelldans E 76 B3
Castelleone I 67 A4
Castellet y Gornals E 77 B4
Castelletto di Brenzone I 57 C5
Castellfort E 82 A2
Castellfullit de la Roca E 77 A5
Castellfullit de Ruibregós E 77 B4
Castellina in Chianti I 67 C6
Castellina Marittima I 67 C5
Castello de Ampurias E 77 A6
Castelló de Farfaña E 76 B3
Castello di Fiemme I 58 B1
Castello Tesino I 58 B1
Castelloli E 77 B4
Castellón de la Plana E 82 B2
Castellón de Rugat E 82 C2
Castellote E 76 C2
Castelltersol E 77 B5
Castellúcchio I 67 A5
Castellúccio de' Sauri I 90 C2
Castelluccio Inferiore I 92 A3
Castelmassa I 67 A6
Castelmáuro I 89 B5
Castelmoron-sur-Lot F 63 B4
Castelnau F 64 C2
Castelnau-de-Médoc F 62 A3
Castelnau-de-Montmirail F 63 C5
Castelnau-Magnoac F 63 C4
Castelnau-Montratier F 63 B5
Castelnaudary F 63 C5
Castelnou E 76 B2
Castelnovo ne'Monti I 67 B5
Castelnuovo Berardenga I 68 C1
Castelnuovo della Dáunia I 90 C2
Castelnuovo di Garfagnana I 67 B5
Castelnuovo di V. di Cécina I 67 C5
Castelnuovo Don Bosco I 66 A2
Castelnuovo Scrivia I 66 B3
Castelo Branco, *Bragança* P 73 C4
Castelo Branco, *Castelo Branco* P 78 B3
Castelo de Paiva (Sobrado) P 73 C2
Castelo de Vide P 78 B3
Castelo do Neiva P 73 C2
Castelo Mendo P 73 D4
Castelraimondo I 68 C3
Castelsantángelo I 89 A4
Castelsaraceno I 92 A2
Castelsardo I 96 C2
Castelsarrasin F 63 B5
Casteltérmini I 94 B2
Castelvecchio Subéquo I 89 A4
Castelvetrano I 94 B1
Castenédolo I 57 C5
Castets F 62 C2
Castiádas I 96 D3
Castiglion Fibocchi I 68 C1
Castiglion Fiorentino I 68 C1
Castigliona d. Stiviere I 57 C5
Castiglioncello I 67 C5
Castiglione I 89 A4
Castiglione Chiavarese I 67 B4
Castiglione d'Adda I 67 A4
Castiglione d'Orcia I 68 C1
Castiglione dei Pepoli I 67 B6
Castiglione del Lago I 68 C2
Castiglione della Pescaia I 88 A1
Castiglione di Sicilia I 95 B4
Castiglione Messer Marino I 89 B5
Castiglione Messer Raimondo I 89 A4
Castil de Peones E 75 B3
Castilblanco E 80 C1
Castilblanco de los Arroyos E 85 B3
Castilfrio de la Sierra E 75 C4
Castilgaleu E 76 A3
Castilisar E 76 A1
Castillar de la Ribera E 77 A4
Castilleja E 85 B3
Castillejar E 87 B4
Castillejo de Martin Viejo E 73 D4
Castillejo de Mesleón E 75 C3
Castillejo de Robledo E 75 C3
Castillo de Bayuela E 80 B2
Castillo de Locubin E 86 B3
Castillon-en-Couserans F 77 A4
Castillon-la-Bataille F 62 B3
Castillonnès F 63 B4
Castillonroy E 76 B3
Castilruiz E 75 C4
Castinne CH 57 B4
Castions di Strada I 58 C3
Castirla F 96 A3
Castlebar IRL 3 K2
Castleblaney IRL 3 J3
Castletown GB 3 J4
Casto I 57 C5
Castrejón E 74 C1
Castrelo del Valle E 73 B3
Castres F 63 C6
Castricum NL 28 C1
Castries F 64 C2
Castrignano del Capo I 93 B5
Castril E 87 B4
Castrillo de Duero E 74 C3
Castrillo de la Vega E 74 C3
Castrillo de Onielo E 74 C2
Castrillón E 72 A5
Castro-Caldelas E 72 B3
Castro Daire P 73 D3
Castro de Rey E 72 A3
Castro dei Volsci I 89 B4
Castro del Rio E 86 B2
Castro Laboreiro P 73 B2
Castro Marim P 84 B2
Castro Marina I 93 B5
Castro-Urdiales E 75 A3
Castro Verde P 84 B1
Castro Verde de Cerrato E 74 C2
Castrocabón E 72 B5
Castrocaro Terme I 68 B1
Castrocontrigo E 72 B4
Castrofilippo I 94 B2
Castrogonzaio E 74 B1
Castrojeriz E 74 B2
Castromonte E 74 C1
Castromudarra E 74 B1
Castronuevo E 74 C1
Castronuño E 74 C1
Castropodame E 72 B4
Castropol E 72 A4
Castroreale I 95 A4
Castroserracin E 74 C3
Castroverde E 72 A3
Castroverde de Campos E 74 C1
Castrovillari I 92 B3
Castuera E 79 C5
Čata SK 51 D4
Catadau E 82 B2
Cataéggio I 57 B4
Çatalca TR 15 R21
Catánia I 95 B4
Catanzaro I 93 C3
Catanzaro Lido I 93 C3
Catarruchos P 78 A2
Catenanuova I 95 B3
Cati E 82 A3
Catignano I 89 A4
Catillon-sur-Sambre F 45 A4
Catoira E 72 B2
Catral E 87 A6
Cattenom F 46 B2
Cattólica I 68 C2
Cattólica Eraclea I 94 B2
Caudebec-en-Caux F 44 B1
Caudete E 82 C2
Caudete de las Fuentes E 82 B1
Caudiel E 82 B2
Caudiès-de-Feneuillèdes F 77 A5
Caudry F 45 A4
Caulnes F 43 B3
Caulónia I 93 C3
Caumont-l'Evente F 43 A5
Caunes F 64 C1
Cauro F 96 B2
Caussade F 63 B5
Causse-de-la-Selle F 64 C2
Cauterets F 76 A2
Cava de Tirreni I 89 C5
Cavaglia I 66 A3
Cavaillon F 65 C4
Cavalaire F 65 C5
Cavaleiro P 84 B1
Cavalese I 58 B1
Cavalière F 65 C5
Cavallermaggiore I 66 B2
Cavallino I 58 C2
Cavan IRL 3 K3
Cavárzere I 68 A2
Cavernais P 73 D3
Cavezzo I 67 B6
Cavignac F 62 A3
Cavle HR 69 A4
Cavo I 88 A1
Cavour I 66 B2
Cavtat HR 91 B5
Cayeux-sur-Mer F 34 C1
Caylus F 63 B5
Cayon E 72 A2
Cazalilla E 86 B3
Cazalla de la Sierra E 85 B4
Cazals F 63 B5
Cazanuecos E 74 B1
Cazaubon F 62 C3
Cazaux F 62 B2
Cazères F 63 C5
Cazin BIH 69 B5
Cazis CH 57 B4
Čazma HR 60 C1
Cazo E 74 A1
Cazorla E 86 B4
Cazouls-lès-Béziers F 64 C2
Cea, *León* E 74 B1
Cea, *Orense* E 72 B3
Ceananus Mor IRL 3 K3
Ceánuri E 75 A4
Ceauce F 43 B5
Cebolla E 80 C2
Cebreros E 80 B2
Ceccano I 89 B4
Cece H 61 B3
Cecenowo PL 32 A3
Čechtice CZ 49 B6
Čechtin CZ 50 B1
Cécina I 67 C5
Ceclavin E 79 B4
Cedégolo I 57 B5
Cedeira E 72 A2
Cedillo E 78 B3
Cedillo del Condado E 80 B3
Cedynia PL 31 C5
Cée E 72 B1
Cefalù I 94 A3
Céggia I 58 C2
Cegléd H 61 A4
Ceglédbercel H 61 A4
Céglie Messápico I 91 D4
Cehegin E 87 A5
Ceilhes et Rocozels F 64 C2
Ceinos de Campos E 74 B1
Ceira P 78 A2
Čejč CZ 50 C2
Celákovice CZ 39 C4
Celano I 89 A4
Celanova E 72 B3
Celenza Valfortore I 90 C1
Čelić BIH 71 B3
Čelinac BIH 70 B2
Celje SLO 59 B5
Cella E 82 A1
Celldömölk H 60 A2
Celle D 29 C7
Celle Ligure I 66 B3
Celles B 35 C5
Celles-sur-Belle F 53 B4
Cellino I 93 A4
Celorico da Beira P 73 D3
Celorico de Basto P 73 C2
Cembra I 57 B6
Cenad RO 61 B5
Cencenighe I 58 B1
Cendoy E 72 B3
Cendras F 64 B3
Cenes E 86 B3
Ceneselli I 67 A6
Cenicero E 75 B4
Cenicientos E 80 B2
Čenta YU 71 A5
Centallo I 66 B2
Centellas E 77 B5
Cento I 67 B6
Centóia I 68 C1
Centúripe I 95 B3
Cepeda la Mora E 80 B1
Cepin HR 61 C3
Cepinski Martinci HR 60 C3
Cepovan SLO 59 B3
Ceprano I 89 B4
Čeralije HR 60 C2
Cerami I 95 B3
Cerano I 56 C3
Cérans Foulletourte F 43 C6
Ceraso I 92 A2
Cerbaia I 67 C6
Cerbère F 77 A6
Cercadillo E 81 A4
Cercal, *Lisboa* P 78 B1
Cercal, *Setúbal* P 84 B1
Cerceda E 80 B3
Cercemaggiore I 89 B5
Cercy-la-Tour F 54 B3
Cerda I 94 B2
Cerdedo E 72 B2
Cerdeira P 73 D3
Cerdon F 54 A2
Cerea I 67 A6
Ceres I 66 A2
Cerese I 67 A5
Ceresole-Reale I 56 C2
Cereste F 65 C4
Céret F 77 A5
Cerezo de Abajo E 81 A3
Cerezo de Riotirón E 75 B3
Cerfontaine B 35 C4
Cergy F 55 B4
Cerignola I 90 C2
Cérilly F 54 B2
Cerisiers F 45 C4
Cerizay F 53 B4
Çerkezköy TR 15 R20
Cerknica SLO 59 C4
Cerkno SLO 59 B4
Cerkwica PL 31 A3
Cerna HR 71 A3
Černá Hora CZ 50 B2
Cerná v. Pošumavi CZ 49 C5
Cernavodă RO 11 P21
Cernay F 46 D3
Cernay-en-Dormois F 45 B5
Cérnegula E 75 B3
Cernik HR 70 A2
Cernóbbio I 57 C4
Černošín CZ 49 B3
Cernovice CZ 49 B5
Cerovo SK 51 C5
Cerqueto I 88 A3
Cerralbo E 73 D4
Cerreto d'Esi I 68 C3
Cerreto Sannita I 89 B5
Cerro Muriano E 86 A2
Certaldo I 67 C6
Certosa di Pésio I 66 B2
Cerva P 73 C3
Cervaro I 89 B4
Cervatos de la Cueza E 74 B2
Červena Řečice CZ 49 B6
Červená-Skala SK 51 C6
Cervená Voda CZ 50 A2
Cerveny Kostelec CZ 39 C6
Cervera E 77 B4
Cervera de la Cañada E 75 C5
Cervera de Pisuerga E 74 B2
Cervera del Llano E 81 C4
Cervera del Rio Alhama E 75 B5
Cervéteri I 88 B3
Cerviá E 76 B3
Cérvia I 68 B2
Cervignano d. Friuli I 58 C3
Cervinara I 89 B5
Cervione F 96 A3
Cervo E 72 A3
Cervon F 54 A3
Cesana Tor. I 65 B5
Cesana Torinese I 66 B1
Cesarica HR 69 B5
Cesaró I 95 B3
Cesena I 68 B2
Cesenático I 68 B2
Cēsis LV 7 H19
Česká Belá CZ 50 B2
Česká Kamenice CZ 38 C4
Česká Lípa CZ 38 C4
Česká Skalice CZ 39 C6
Česká Třebova CZ 50 B2
České Brezovo SK 51 C5
České Budějovice CZ 49 C5
Ceské Velenice CZ 49 C5
Český Brod CZ 49 A5
Český Krumlov CZ 49 C5
Český Tesín CZ 51 B4
Çeşme TR 15 S20
Cessalto I 58 C2
Cessenon F 64 C2
Cestín CZ 49 B6
Čestobrodica YU 71 C5
Cestona E 75 A4
Cesuras E 72 A2
Cetin Grad HR 69 A5
Cetina E 75 C5
Cetinje YU 91 B5
Cetraro I 92 B2
Ceuti E 87 A5
Ceva I 66 B3
Cevico de la Torre E 74 C2
Cevico Navero E 74 C2
Cevins F 56 C1
Cévio CH 56 B3
Cevo YU 91 B5
Ceyrat F 54 C3
Ceyzériat F 55 B5
Chaam NL 35 B4
Chabanais F 53 C5
Chabeuil F 65 B4
Chablis F 45 D4
Châbons F 55 C5
Chabówka PL 51 B5
Chabreloche F 54 C3
Chabris F 54 A1
Chagny F 55 B4
Chagoda RUS 16 G24
Chaherrero E 80 B2
Chailland F 43 B5
Chaillé-les-Marais F 52 B4
Chailles F 53 A6
Chailley F 45 C4
Chalabre F 77 A5
Chalais F 62 A4
Chalamont F 55 B5
Chalindrey F 46 D1
Challans F 52 B3
Challes-les-Eaux F 55 C5
Chalmazel F 54 C3
Chalmoux F 54 B3
Chalon-sur-Saône F 55 B4
Chalonnes-sur-Loire F 53 A4
Châlons-sur-Marne F 45 C5
Chalupy PL 33 A4
Châlus F 53 C5
Cham CH 56 A3
Cham D 48 B3
Chamaloc F 65 B4
Chamberet F 54 C1
Chambéry F 55 C5
Chambilly F 54 B4
Chambley F 46 B1
Chambly F 44 B3
Chambolle-Musigny F 55 A4
Chambon-s-Lac F 54 C2
Chambon-sur-Voueize F 54 B2
Chambord F 54 A1
Chamborigaud F 64 B2
Chamboulive F 54 C1
Chamerau D 48 B3
Chameroy F 45 D6
Chamonix F 56 C1
Chamoux F 55 C6
Champagnac-le-Vieux F 64 A2
Champagney F 56 A1
Champagnole F 55 B5
Champagny-Mouton F 53 B5
Champaubert F 45 C4
Champcevrais F 54 A2
Champdeniers F 53 B4
Champdieu F 55 C4
Champdôtre F 55 A5
Champeix F 54 C3
Champéry CH 56 B1
Champigne F 53 A4
Champignelles F 45 D4
Champigny F 53 A5
Champigny-sur-Veude F 53 A5
Champlitte-et-le-Prélot F 55 A5
Champoluc I 56 C2
Champoly F 54 C3
Champorcher I 56 C2
Champrond-en-Gatine F 44 C2
Champs F 54 A3
Champs-sur-Tarentaine F 54 C2
Champtoce-sur-Loire F 52 A4
Champtoceaux F 52 A3
Champvans F 55 A5
Chamrousse F 65 A4
Chamusca P 78 B2
Chana E 72 B4
Chanac F 64 B2
Chanaleilles F 64 B2
Chancy F 55 B6
Chandrexa de Queixa E 72 B3
Chañe E 74 C2
Changy F 54 B3
Chantada E 72 B3
Chantelle F 54 B3
Chantenay St. Imbert F 54 B3
Chanteuges F 64 A2
Chantilly F 44 B3
Chantonnay F 52 B3
Chão de Codes P 78 B2
Chaource F 45 C5
Chapa E 72 B2
Chapareillan F 55 C6
Chapelle Royale F 44 C2
Chaponost F 55 C4
Charavines F 55 C5
Charency F 46 B1
Charenton-du-Cher F 54 B2
Charleroi B 35 C4
Charleville-Mézières F 45 B5
Charlieu F 55 B4
Charlottenberg S 20 C3
Charly F 45 C4
Charmes, *Ardèche* F 65 B3
Charmes, *Vosges* F 46 C2
Charmey CH 56 B2
Chàrnay F 55 B4
Charny F 45 D4
Charolles F 55 B4
Chârost F 54 B2
Charquemont F 56 A1
Charrin F 54 B3
Charroux F 53 B5
Chartres F 44 C2
Charzykow PL 32 B3
Chasseneuil-sur-Bonnieure F 53 C5
Chassigny F 55 A5
Château-Arnoux F 65 B5
Château-Chinon F 54 A3
Château-d'Oex CH 56 B2
Château-du-Loir F 53 A5
Château-Gontier F 43 C5
Château-l'Evêque F 63 A4
Château-la-Vallière F 53 A5
Château-Landon F 45 C3
Château-Porcien F 45 B5
Château-Renault F 53 A5
Château-Salins F 46 C2
Château-Thierry F 45 B4
Châteaubernard F 53 C4
Châteaubourg F 43 B4
Châteaubriant F 43 C4
Châteaudun F 44 C2
Châteaugiron F 43 B4
Châteaulin F 42 B1
Châteaumeillant F 54 B2
Châteauneuf, *Nièvre* F 54 A3
Châteauneuf, *Saône-et-Loire* F 55 B4
Châteauneuf-d'Ille-et-Vilaine F 43 B4
Châteauneuf-de-Chábre F 65 B4
Châteauneuf de Galaure F 65 A3
Châteauneuf-du-Faou F 42 B2
Châteauneuf-du-Pape F 65 B3
Châteauneuf-du-Rhône F 65 B3
Châteauneuf-en-Thymerais F 44 C2
Châteauneuf la-Forêt F 54 C1
Châteauneuf-le-Rouge F 65 C4
Châteauneuf-sur-Charente F 53 C4
Châteauneuf-sur-Cher F 54 B2
Châteauneuf-sur-Loire F 44 D3
Châteauneuf-sur-Sarthe F 53 A4
Châteauponsac F 53 B6
Châteauredon F 65 B5
Chateaurenard, *Bouches-du-Rhône* F 65 C3
Châteaurenard, *Loiret* F 45 D3
Châteauroux, *Hautes-Alpes* F 65 B5
Châteauroux, *Indre* F 53 B6
Châteauvillain F 45 C5
Châtel-Censoir F 54 A3
Châtel-de-Neuvre F 54 B3
Châtel-Montagne F 54 B3
Châtel-St-Denis CH 56 B1
Châtel-sur-Moselle F 46 C2
Chatelaillon-Plage F 52 B3
Châtelaudren F 42 B3
Châtelet B 35 C4
Châtelguyon F 54 C3
Châtellerault F 53 B5
Châtenois, *Terr. de Belfort* F 56 A1
Châtenois, *Vosges* F 46 C1
Chatham GB 3 L7
Châtillon B 46 B1
Châtillon I 56 C2
Châtillon-Coligny F 45 D3
Châtillon-de-Michaille F 55 B5
Châtillon-en-Bazois F 54 A3
Châtillon-en-Diois F 65 B4
Châtillon-s-Chalaronne F 55 B4
Châtillon-sur-Indre F 53 B6
Châtillon-sur-Loire F 54 A2
Châtillon-sur-Marne F 45 B4
Châtillon-sur-Seine F 45 D5
Châtres F 45 C4
Chauchina E 86 B3
Chaudes-Aigues F 64 B2
Chaudeyrac F 64 B2
Chaudrey F 45 C5
Chauffailles F 55 B4
Chauffayer F 65 B5
Chaulnes F 45 B3
Chaument Gistoux B 35 C4
Chaumergy F 55 B5
Chaumont, *Cher* F 53 A6
Chaumont, *Haute-Marne* F 45 C6
Chaumont-en-Vexin F 44 B2
Chaumont-Porcien F 45 B5
Chaumont-sur-Aure F 46 C1
Chaunay F 53 B5
Chauny F 45 B4
Chaussin F 55 B5
Chauvigny F 53 B5
Chavagnes-en-Paillers F 52 B3
Chavanges F 45 C5
Chaves P 73 C3
Chavignon F 45 B4
Chazelles-s.L. F 55 C4
Chazey-Bons F 55 C5
Cheb CZ 48 A3
Checa E 81 B5
Checiny PL 41 C4
Chef-Boutonne F 53 B4
Cheffes F 53 A4
Chekalin RUS 16 J25
Cheles E 79 C3
Chella E 82 B2
Chełm PL 11 L18
Chełmek PL 51 A5
Chełmno, *Konin* PL 40 A2
Chełmno, *Torun* PL 33 B4
Chelmsford GB 3 L7
Chełmźa PL 33 B4
Cheltenham GB 3 L5
Chelva E 82 B2
Chémery F 53 A6
Chemillé F 53 A4
Chemin F 55 B5
Chemnitz D 38 C2
Chénas F 55 B4
Chénerailles F 54 B2
Chenonceaux F 53 A6
Chenove F 55 A4
Cheny F 45 D4
Chera E 82 B2
Cheradi I 93 A4
Cherasco I 66 B2
Cheratte B 35 C5
Cherbourg F 43 A4
Cherchiara di Calábria I 92 B3
Cherepovets RUS 16 G25
Cherkasy UA 11 M23
Chernihiv UA 16 L22
Chernivtsi UA 11 M19
Chernyakhovsk RUS 7 J17
Chéroy F 45 C3
Chert E 82 A3
Cherta E 76 C3
Cherven BY 16 K21
Chervonohrad UA 11 L19
Chéry F 45 B4
Cherykaw BY 16 K22
Chessy-lès-Pres F 45 C4
Chester GB 3 K5
Chesterfield GB 3 K6
Chevagnes F 54 B3
Chevanceaux F 62 A3
Chevenez CH 56 A2
Chevillon F 45 C6
Chevilly F 44 C2
Chevroux F 55 B4
Chézery-Forens F 55 B5
Chezy-sur-Marne F 45 C4
Chialamberto I 66 A2
Chiampo I 57 C6
Chianale I 66 B2
Chianciano Terme I 68 C1

Chiaramonte Gulfi I 95 B3
Chiaramonti I 96 C2
Chiaravalle I 68 C3
Chiaravalle Centrale I 93 C3
Chiaréggio I 57 B4
Chiari I 57 C4
Chiaromonte I 92 A3
Chiasso CH 57 C4
Chiávari I 67 B4
Chiavenna I 57 B4
Chiché F 53 B4
Chichée F 45 D4
Chiclana de la Frontera E 85 C3
Chiclana de Segura E 86 A3
Chieri I 66 A2
Chiesa in Valmalenco I 57 B4
Chieti I 89 A5
Chieti Scalo I 89 A5
Chiéuti I 90 C2
Chièvres B 34 C3
Chigirin UA 11 M23
Chillarón de Cuenca E 81 B4
Chillarón del Rey E 81 B4
Chilleurs-aux-Bois F 44 C3
Chillón E 86 A2
Chilluevar E 86 B3
Chiloeches E 81 B3
Chimay B 45 A5
Chimeneas E 86 B3
Chinchilla de Monte Aragón E 82 C1
Chinchón E 81 B3
Chinon F 53 A5
Chióggia I 68 A2
Chiomonte I 66 A1
Chipiona E 85 C3
Chirac F 64 B2
Chirens F 55 C5
Chirivel E 87 B4
Chişinău MD 11 N21
Chisineu Criş RO 11 N17
Chissey-en-Morvan F 55 A4
Chiusa (Klausen) I 58 B1
Chiusa di Pésio I 66 B2
Chiusa Sclafani I 94 B2
Chiusaforte I 58 B3
Chiusi I 68 C1
Chivasso I 66 A2
Chlewiska PL 41 B4
Chludowo PL 32 C2
Chlum u. Trebone CZ 49 C5
Chlumec n. Cidlinou CZ 39 C5
Chmiel PL 41 B6
Chmielnik PL 41 C4
Chmielów PL 41 C5
Chobienia PL 39 B6
Chobienice PL 39 A5
Chocen CZ 50 A2
Chocholow PL 51 B5
Chocianów PL 39 B5
Chociwel PL 31 B6
Choczewo PL 32 A3
Chodaków PL 41 A4
Chodecz PL 40 A3
Chodel PL 41 B6
Chodov CZ 38 C2
Chodová Planá CZ 48 B3
Chodów PL 41 A6
Chodziez PL 32 C2
Chojna PL 31 C5
Chojnice PL 32 B3
Chojno PL 32 C2
Chojnów PL 39 B5
Cholet F 52 A4
Chomerac F 65 B3
Chomutov CZ 38 C3
Chop UA 11 M18
Chorges F 65 B5
Chornobyl UA 11 L22
Chortkiv UA 11 M19
Chorzele PL 33 B6
Chorzów PL 40 C2
Choszczno PL 31 B6
Chotcza PL 41 B5
Chotěbor CZ 50 B1
Chotěšov CZ 49 B4
Chouilly F 45 B5
Chouzy-sur-Cisse F 53 A6
Chozas de Abajo E 74 B1
Chrast, *Vychodočeský* CZ 50 B1
Chrást, *Zapadočeský* CZ 49 B4
Chrastava CZ 39 C5
Chřibská CZ 38 C4
Christiansfeld DK 25 C2
Chropyne CZ 50 B3
Chrudim CZ 50 B1
Chrzanów PL 40 C3
Chtelnica SK 50 C3
Chudovo RUS 16 G22
Chueca E 80 C3
Chur CH 57 B4
Churriana, *Granada* E 86 B3
Churriana, *Málaga* E 86 C2
Churwalden CH 57 B4
Chvalčov CZ 50 B3
Chvalšiny CZ 49 C5
Chwaszczyno PL 33 A4
Chynava CZ 49 A5
Chýnov CZ 49 B5
Chynów PL 41 B5
Chyzerovce SK 51 C4
Chyżne PL 51 B5
Ciadîr-Lunga MD 11 N21
Ciadoncha E 74 B3
Cianciana I 94 B2
Ciano d'Enza I 67 B5
Cibakhaza H 61 B5
Ciborro P 78 C2
Cicagna I 67 B4
Cicciano I 89 C5
Ciciliano I 89 B3
Cicognolo I 67 A5
Cidadelhe P 73 D3
Cidones E 75 C4
Ciechanów PL 33 C6
Ciechocinek PL 33 C4
Cieksyn PL 33 C6
Cielądz PL 41 B4
Ciemnik PL 32 B1
Ciempozuelos E 81 B3
Cienin Kościelny PL 40 A2
Ciepielów PL 41 B5
Cieplice Sl. Zdrój PL 39 C5
Cierne SK 51 B4
Čierny Balog SK 51 C5
Cierp F 76 A3
Cierpice PL 33 C4
Ciervana E 75 A3
Cierznie PL 32 B3
Cieszyn PL 51 B4
Cieutat F 63 C4
Cieza E 87 A5
Ciężkowice PL 40 C3
Cifer SK 50 C3
Cifuentes E 81 B4
Cigacice PL 39 A5
Cigales E 74 C2
Cigliano I 66 A3
Čilipi HR 91 B5
Čilizská Radvaň SK 50 D3
Cillas E 81 B5
Cilleros E 79 A4
Cilleros el Hondo E 80 B1
Cilleruelo E 74 B3
Cilleruelo de Arriba E 75 C3
Cillorigo-Castro E 74 A2
Cimalmotto CH 56 B3
Cimanes del Tejar E 74 B1
Ciminna I 94 B2
Cimişlia MD 11 N21
Cimoláis I 58 B2
Cîmpulung RO 11 P19
Cinctorres E 82 A2
Çine TR 15 T21
Činěves CZ 39 C5
Ciney B 35 C5
Cinfães P 73 C2
Cingia de Botti I 67 A5
Cingoli I 68 C3
Cinigiano I 88 A2
Cinobaňa SK 51 C5
Cinovec CZ 38 C3
Cinq-Mars-la-Pile F 53 A5
Cinquefrondi I 92 C3
Cintegabelle F 63 C5
Cintruénigo E 75 B5
Ciórroga E 75 A4
Ciperez E 73 D4
Cirat E 82 A2
Ciré-d'Aunis F 52 B4
Cirella I 92 B2
Cirencester GB 3 L6
Cirey-sur-Vezouze F 46 C2
Ciria E 75 C5
Ciriè I 66 A2
Cirigliano I 92 A3
Cirò I 93 B4
Cirò Marina I 93 B4
Ciry-le-Noble F 55 B4
Cislău RO 11 P20
Cismar D 30 A1
Cismon del Grappa I 58 C1
Cisneros E 74 B2
Cissac-Médoc F 62 A3
Čista CZ 49 A4
Cisterna di Latina I 89 B3
Cistérniga E 74 C2
Cisternino I 91 D4
Cistierna E 74 B1
Čitluk BIH 70 C2
Citov CZ 38 C4
Città del Vaticano I 88 B3
Città della Pieve I 68 D2
Città di Castello I 68 C2
Città Sant'Angelo I 89 A5
Cittadella I 58 C1
Cittaducale I 89 A3
Cittanova I 95 A5
Ciudad Real E 80 D3
Ciudad Rodrigo E 73 D4
Ciutadella de Menorca, *Menorca* E 83
Cividale del Friuli I 58 B3
Cívita I 89 A4
Cívita Castellana I 88 A3
Civitanova Alta I 68 C3
Civitanova Marche I 69 C3
Civitavécchia I 88 A2
Civitella di Romagna I 68 B1
Civitella di Tronto I 89 A4
Civitella Roveto I 89 B4
Civray F 53 B5
Clacton-on-Sea GB 3 L7
Clairvaux-les-Laes F 55 B5
Clamecy F 54 A3
Claremorris IRL 3 K2
Claußnitz D 38 C2
Clausthal-Zellerfeld D 37 B5
Cláut I 58 B2
Claye-Souilly F 44 C3
Cléder F 42 B1
Clefmont F 46 C1
Cléguérec F 42 B2
Clelles F 65 B4
Clenze D 30 C1
Cléon-d'Andran F 65 B3
Cléré-les-Pins F 53 A5
Clères F 44 B2
Clérey F 45 C5
Clermont F 44 B3
Clermont-en-Argonne F 45 B6
Clermont-Ferrand F 54 C3
Clermont-l'Hérault F 64 C2
Clerval F 56 A1
Clervaux L 46 A2
Clèry F 44 D2
Cles I 57 B6
Cléty F 34 C2
Clisson F 52 A3
Clohars-Carnoët F 42 C2
Clones IRL 3 J3
Clonmel IRL 3 K3
Cloppenburg D 29 C5
Clouange F 46 B2
Cloyes F 44 C2
Cluis F 54 B1
Cluj-Napoca RO 11 N18
Cluny F 55 B4
Cluses F 56 B1
Clusone I 57 C4
Ćmielów PL 41 C5
Cndeleda E 80 B1
Coaña E 72 A4
Cobas E 72 A2
Cobertelade E 75 C4
Cobeta E 81 B4
Cóbh IRL 3 L2
Cobreces E 74 A2
Coburg D 37 C5
Coca E 80 A2
Cocentaina E 82 C2
Cochem D 36 C2
Cochstedt D 37 B6
Codigoro I 68 B2
Codogno I 67 A4
Codos E 76 B1
Codroipo I 58 C2
Coelhoso P 73 C4
Coesfeld D 36 B2
Coevorden NL 28 C3
Cofrentes E 82 B1
Cogeces del Monte E 74 C2
Cognac F 53 C4
Cogne I 56 C2
Cognin F 55 C5
Cogolin F 65 C5
Cogollos de Guadix E 86 B3
Cogollos-Vega E 86 B3
Cogolludo E 81 B3
Coimbra P 78 A2
Coín E 86 C2
Coirós E 72 A2
Čoka HR 61 C5
Col SLO 59 C4
Colares P 78 C1
Colbitz D 37 A6
Colchester GB 3 L7
Colditz D 38 B2
Coldstream GB 3 J5
Colera E 77 A6
Coleraine GB 3 J3
Colfiorito I 68 C2
Colico I 57 B4
Colindres E 75 A3
Coll de Nargó E 77 A4
Collado-Mediano E 80 B2
Collado-Villalba E 80 B3
Collagna I 67 B5
Collanzo E 74 A1
Collat F 64 A2
Colle di Val d'Elsa I 67 C6
Colle Isarco (Gossensaß) I 58 B1
Colle Sannita I 89 B5
Colleccio I 67 B5
Colledimezzo I 89 B5
Colleferro I 89 B4
Collegno I 66 A2
Collelongo I 89 B4
Collepasso I 93 A5
Collepepe I 88 A3
Collesalvetti I 67 C5
Collesano I 94 B2
Collet F 64 B2
Colli a Volturno I 89 B5
Collinée F 42 B3
Collinghorst D 29 B4
Cóllio I 57 C5
Collobrières F 65 C5
Colmar F 46 C3
Colmars F 65 B5
Colmberg D 48 B1
Colmenar, *Guadalajara* E 81 A3
Colmenar, *Málaga* E 86 C2
Colmenar de Oreja E 81 B3
Colmenar Viejo E 80 B3
Colobraro I 93 A3
Cologna Véneta I 67 A6
Cologne F 63 C4
Cologne al Serio I 57 C4
Colombey-les-Belles F 46 C1
Colombey-les-deux-Eglises F 45 C5
Colombier CH 56 B1
Colomera E 86 B3
Colomés E 77 A5
Colomiers F 63 C5
Colonia St. Jordi, *Mallorca* E 83
Colorno I 67 B5
Colos P 84 B1
Colunga E 74 A1
Comácchio I 68 B2
Comarruga E 77 B4
Combarros E 72 B4
Combeaufontaine F 55 A5
Comblain-au-Pont B 35 C5
Combloux F 56 C1
Combourg F 43 B4
Combronde F 54 C3
Comeglians I 58 B2
Comillas E 74 A2
Comines F 34 C3
Cómiso I 95 C3
Comlosu Mare RO 61 C5
Commensacq F 62 B3
Commentry F 54 B2
Commerau D 38 B4
Commercy F 46 C1
Como I 57 C4
Cómpeta E 86 C3
Compiègne F 45 B3
Comporta P 78 C2
Comps-sur-Artuby F 65 C5
Comrat MD 11 N21
Comunanza I 89 A4
Cona, *Emilia Romagna* I 68 B1
Cona, *Veneto* I 68 A2
Concarneau F 42 C2
Conceição P 84 B1
Conches-en-Ouche F 44 C1
Concordia Sagittária I 58 C2
Concordia sulla Sécchia I 67 B5
Concots F 63 B5
Condamine Châtelard F 65 B5
Condat F 64 A1
Condé-en-Brie F 45 B4
Condé-sur-l'Escaut F 34 C3
Conde-sur-Marne F 45 B5
Condé-sur-Noireau F 43 B5
Condeissiat F 55 B5
Condeixa P 78 A2
Condemios de Abajo E 81 A3
Condemios de Arriba E 81 A3
Condino I 57 C5
Condom F 63 C4
Condove I 66 A2
Conegliano I 58 C2
Conflans F 44 B3
Conflans-en-Jarnisy F 46 B1
Conflans-sur-Lanterne F 46 D2
Confolens F 53 B5
Congeniès F 64 C3
Congosto E 72 B4
Congosto de Valdavia E 74 B2
Congostrina E 81 A3
Conil de la Frontera E 85 C3
Conlie F 43 B5
Conliège F 55 B5
Connantre F 45 C4
Connaux F 65 B3
Connerre F 44 C1
Conoplja HR 61 C4
Conques F 64 B1
Conques-sur-Orbiel F 64 C1
Conquista E 86 A2
Conquista de la Sierra E 79 B5
Consándolo I 68 B1
Consélice I 68 B1
Conselve I 68 A1
Consolacão P 78 B1
Constancia P 78 B2
Constanța RO 11 P21
Constanti E 77 B4
Constantina E 85 B4
Consuegra E 81 C3
Consuma I 68 C1
Contarina I 68 A2
Conthey CH 56 B2
Contigliano I 88 A3
Contis-Plage F 62 B2
Contrada I 89 C5
Contres F 53 A6
Contrexéville F 46 C1
Contrisson F 45 C5
Controne I 92 A2
Conturisi I 90 D2
Conty F 44 B3
Conversano I 91 D4
Conwy GB 3 K5
Copertino I 93 A4
Copparo I 68 B1
Coppenbrugge D 37 A4
Coppet CH 55 B6
Corabia RO 11 Q19
Córaci I 92 B3
Coraliči BIH 69 B5
Corato I 90 C3
Coray F 42 B2
Corbeil-Essonnes F 44 C3
Corbeny F 45 B4
Corbie F 44 B3
Corbigny F 54 A3
Corbion B 45 B6
Corbón F 43 B5
Corby GB 3 K6
Corconne F 64 C2
Corconte E 74 A3
Corcubión E 72 B1
Corcumello I 89 B4
Cordes F 63 B5
Córdoba E 86 B2
Cordobilla de Lácara E 79 B4
Cordovado I 58 C2
Corella E 75 B5
Coreses E 74 C1
Corga de Lobão P 73 D2
Corgo P 72 B3
Cori I 89 B3
Coria E 79 B4
Coria del Rio E 85 B3
Corigliano Cálabro I 93 B3
Corinaldo I 68 C3
Cório I 66 A2
Coripe E 85 C4
Cork IRL 3 L2
Corlay F 42 B2
Corleone I 94 B2
Corleto Monforte I 92 A2
Corleto Perticara I 92 A3
Çorlu TR 15 R20
Cormatin F 55 B4
Cormeilles F 44 B1
Cormery F 53 A5
Cormons I 58 C3
Cormoz F 55 B5
Cornago E 75 B4
Cornberg D 37 B4
Cornella E 77 B5
Cornellana E 72 A4
Cornești MD 11 N21
Corniglio I 67 B5
Cornimont F 46 D2
Corniolo I 68 C1
Cornuda I 58 C1
Cornudella E 76 B3
Cornudilla E 75 B3
Cornus F 64 C2
Corny F 46 B2
Corps F 65 B4
Corps Nuds F 43 C4
Corral de Almaguer E 81 C3
Corral de Ayllon E 75 C3
Corral de Calatrava E 80 D2
Corral-Rubio E 82 C1
Corrales E 74 C1
Corredoira E 72 A2
Corréggio I 67 B5
Corrèze F 63 A5
Corridónia I 68 C3
Corrubedo E 72 B1
Córsico I 57 C4
Corte F 96 A3
Corte de Peleas E 79 C4
Corte do Pinto P 84 B2
Corteconcepción E 85 B3
Cortegaca P 73 D2
Cortegada E 72 B2
Cortegana E 85 B3
Cortemaggiore I 67 A4
Cortemilia I 66 B3
Cortes E 75 C5
Cortes de Aragón E 76 C2
Cortes de Arenoso E 82 A2
Cortes de Baza E 87 B4
Cortes de la Frontera E 85 C4
Cortes de Pallás E 82 B2
Cortiçadas P 78 C2
Cortico P 73 C3
Cortijo de Arriba E 80 C2
Cortijo de S. Enrique E 85 C4
Cortijos Nuevos E 87 A4
Cortina d'Ampezzo I 58 B2
Cortona I 68 C1
Coruche P 78 C2
Corullón E 72 B4
Corvara in Badia I 58 B1
Corvera E 87 B5
Cos de Cagnes F 66 C2
Cosenza I 92 B3
Coslada E 81 B3
Cosne F 54 A2
Cosne d'Allier F 54 B2
Cossato I 56 C3
Cossaye F 54 B3
Cossé-le-Vivien F 43 C5
Cossonay CH 56 B1
Costa da Caparica P 78 C1
Costa de Santo André P 84 A1
Costa Nova P 73 D2
Costalpino I 67 C6
Costești RO 11 P19
Costigliole Saluzzo I 66 B2
Costraros F 64 B2
Coswig, *Sachsen* D 38 B3
Coswig, *Sachsen-Anhalt* D 38 B2
Cotronei I 93 B3
Cottbus D 38 B4
Coublanc F 55 A5
Couches F 55 B4
Couço P 78 C2
Coucouron F 64 B2
Coucy-le-Château-Auffrique F 45 B4
Coudes F 54 C3
Couhe F 53 B5
Couilly F 45 C3
Couiza F 77 A5
Coulanges F 54 B3
Coulanges-la-Vineuse F 54 A3
Coulanges-sur-Yonne F 54 A3
Couleuvre F 54 B2
Coulmier-le-Sec F 55 A4
Coulognes-sur-l'Autize F 53 B4
Coulommiers F 45 C4
Coupéville F 45 C5
Couptrain F 43 B5
Cour-Cheverny F 53 A6
Coura P 73 C2
Courcelles B 35 C4
Courcelles-Chaussy F 46 B2
Courchevel F 56 C1
Courcôme F 53 C5
Courçon F 53 B4
Courgenay CH 56 A2
Courmayeur I 56 C1
Courniou F 64 C1
Cournon F 54 C3
Cournonterral F 64 C2
Courpière F 54 C3
Courrendlin CH 56 A2
Cours F 55 B4
Coursan F 64 C2
Courseulles-sur-Mer F 43 A5
Courson-les-Carrières F 54 A3
Court St. Etienne B 35 C4
Courtalain F 44 C2
Courtenay F 45 C4
Courthezon F 65 B3
Courtomer F 44 C1
Courville F 44 C2
Coussac-Bonneval F 53 C6
Coutainville F 43 A4
Coutances F 43 A4
Couterne F 43 B5
Coutras F 62 A3
Couvet CH 56 B1
Couvin B 45 A5
Couzon F 54 B3
Covaleda E 75 C4
Covarrubias E 75 B3
Covas P 73 C2
Coventry GB 3 K6
Coviglíaio I 67 B6
Covilhã P 78 A3
Cox F 63 C5
Cózar E 86 A3
Cozes F 53 C4
Craco I 93 A3
Crailsheim D 47 B6
Craiova RO 11 P18
Cramant F 45 C4
Cran Gevrier F 55 C6
Cransac F 63 B6
Craon F 43 C5
Craonne F 45 B4
Craponne, *Haute-Loire* F 64 A2
Craponne, *Rhône* F 55 C4
Crato P 78 B3
Cravadas P 84 B1
Crawinkel D 37 C5
Crawley GB 3 L6
Crèches F 55 B4
Creciente E 72 B2
Crécy F 45 B4
Crécy-en-Brie F 45 C3
Crécy-en-Ponthieu F 34 C1
Creglingen D 47 B6
Creidlitz D 37 C5
Creil F 44 B3
Creissels F 64 B2
Crema I 67 A4
Cremeaux F 54 C3
Crémenes E 74 B1
Cremieu F 55 C5
Cremlingen D 37 A5
Cremona I 67 A5
Creney F 45 C5
Créon F 62 B3
Crepaja YU 71 A5
Crépy F 45 B4
Crépy-en-Valois F 45 B3
Cres HR 69 B4
Crescentino I 66 A3
Crespino I 68 B1
Crespos E 80 B2
Cressensac F 63 A5
Cresta CH 57 B4
Créteil F 44 C3
Creully F 43 A5
Creußen D 48 B2
Creutzwald F 46 B2
Creuzburg D 37 B5
Crevalcore I 67 B6
Crevant-Laveine F 54 C3
Crèvecœur le Grand F 44 B3
Crevillente E 82 C2
Crévola d'Ossola I 56 B3
Crewe GB 3 K5
Criales E 75 B3
Criel-Plage F 44 A2
Criel-sur-Mer F 44 A2
Crikvenica HR 69 A4
Crillon F 44 B2
Crimmitschau D 38 C2
Crinitz D 38 B3
Cripán E 75 B4
Criquetot-l'Esneval F 44 B1
Crispiano I 93 B3
Crissier CH 56 B1
Crissolo I 66 B2
Cristóbal E 80 B1
Crivitz D 30 B2
Črna SLO 59 B4
Crna Bara HR 61 C5
Crna Bara YU 71 B4
Crnac HR 60 C2
Crnča YU 71 B4
Crni Lug BIH 70 B1
Crni Lug HR 59 C4
Crni Vrh SLO 59 C4
Črnomelj SLO 59 C5
Crocetta I 66 B2
Crocq F 54 C2
Crodo I 56 B3
Crolles F 65 A4
Cromer GB 3 K7
Cronat F 54 B3
Cropalati I 93 B3
Crópani I 93 C3
Crotone I 93 B4
Crottendorf D 38 C2
Croutelle F 53 B5
Crouy F 45 B4
Crozon F 42 B1
Cruas F 65 B3
Crúcoli I 93 B3
Cruis F 65 B4
Cruseilles F 55 B6
Crux-la-Ville F 54 A3
Crvena Luka HR 69 C5
Crveni Grm BIH 70 C2
Crvenka HR 61 C4
Červeny Kamen SK 51 B4
Csabrendek H 60 A2
Csákánydoroszló H 60 B1
Csákberény H 60 A3
Csákvár H 61 A3
Csanádpalota H 61 B5
Csány H 61 A4
Csanytelek H 61 B5
Csapod H 60 A1
Császár H 60 A3
Császártöltés H 61 B4
Csemö H 61 A4
Csengöd H 61 B4
Csépa H 61 B5
Csepreg H 60 A1
Cserebökény H 61 B5
Csetény H 60 A3
Csökölý H 60 B2
Csokonyavisonta H 60 B2
Csolnok H 61 A3
Csongrád H 61 B5
Csopak H 60 B2
Csór H 60 A3
Csorna H 60 A2
Csorvás H 61 B5
Csurgó H 60 B2
Cuacos E 79 A5
Cualedro E 73 C3
Cuanca de Campos E 74 B1
Cuaternos E 79 A5
Cuba P 84 A2
Cubellas E 77 B4
Cubide E 72 B2
Cubillos E 75 C4
Cubillos del Sil E 72 B4
Cubo de la Solana E 75 C4
Cucuron F 65 C4
Cudillero E 72 A4
Cuéllar E 74 C2
Cuenca E 81 B4
Cuers F 65 C5
Cuerva E 80 C2
Cueva de Agreda E 75 C5
Cuevas Bajas E 86 B2
Cuevas de S. Marcos E 86 B2
Cuevas de San Clemente E 75 B3
Cuevas de Vinromá E 82 A3
Cuevas del Almanzora E 87 B5
Cuevas del Becerro E 85 C4
Cuevas del Campo E 86 B4
Cuevas del Valle E 80 B1
Cueya E 72 A4
Cuges-les-Pins F 65 C4
Cúglieri I 96 C2
Cugnaux F 63 C5
Cuijk NL 35 B5
Cuinzier F 55 B4
Cuise F 45 B3
Cuiseaux F 55 B5
Cuisery F 55 B5
Cuitadilla E 77 B4
Culan F 54 B2
Culemborg NL 35 B5
Cúllar de Baza E 87 B4
Cullera E 82 B2
Cully CH 56 B1
Culoz F 55 C5
Cumbres de S. Bartolomé E 85 A3
Cumbres Mayores E 85 A3
Cumiana I 66 B2
Čumic YU 71 B5
Cumnock GB 3 J4
Cúneo I 66 B2
Cunlhat F 54 C3
Čunski HR 69 B4
Cuntis E 72 B2
Cuorgnè I 56 C2
Cupello I 89 A5
Čupina HR 69 A4
Cupra Marittima I 69 C3
Cupramontana I 68 C3
Curnier F 65 B4
Curtea de Argeș RO 11 P19
Curtis E 72 A2
Curtis Santa Eulalia E 72 A2
Čurug HR 61 C5
Cusano Mutri I 89 B5
Cusset F 54 B3
Cussy F 55 A4
Custóras P 73 C2
Cutanda E 76 C1
Cutro I 93 B3
Cutrofiano I 93 A5
Cuts F 45 B4
Cuvilly F 44 B3
Cuxhaven D 29 B5
Čvikov CZ 39 C4
Čvrstec HR 60 B1
Cwmbran GB 3 L5
Cybinka PL 39 A4
Cykarzew Stary PL 40 C3
Cysoing F 34 C3
Czajków PL 40 B2
Czaplinek PL 32 B2
Czarlin PL 33 A4
Czarna-Dąbrówka PL 32 A3
Czarna Woda PL 32 B4
Czarnca PL 41 C3
Czarne, *Słupsk* PL 32 B2
Czarne, *Włocławek* PL 33 C5
Czarnków PL 32 C2
Czarnów PL 41 C1
Czarnowasy PL 40 C1
Czarnowo PL 33 B4
Czarnozyly PL 40 B2
Czarny-Dunajec PL 51 B5
Czechowice-Dziedzice PL 51 B5
Czeladz PL 40 C3
Czempiń PL 39 A6
Czermno PL 41 B4
Czernichow PL 51 B5
Czerniejów PL 41 B6
Czerniewice PL 33 B4
Czernikowo PL 33 C4
Czersk PL 32 B3
Czerwieńsk PL 39 A5
Czerwionka PL 40 C2
Czerwona Woda PL 38 B4
Czerwonka PL 33 B6
Częstochowa PL 40 C3
Czeszewo PL 32 C3
Człopa PL 32 B2
Człuchów PL 32 B3

D

Daaden D 36 C2
Dabas H 61 A4
Dabie, *Konin* PL 40 A2
Dabie, *Siedlce* PL 41 B6
Dabo F 46 C3
Dąbroszyn PL 40 A2
Dabrowa, *Bydgoszcz* PL 32 C3
Dąbrowa, *Opole* PL 40 C1
Dabrowa Boleslawska PL 39 B5
Dabrowa Górna PL 40 C3
Dąbrowa Tarnowska PL 41 C4
Dabrowno PL 33 B6
Dachau D 48 C2
Dačice CZ 50 B1
Dadizele B 34 C3
Dagali N 19 A5
Dägebüll Hafen D 25 D1
Dagmersellen CH 56 A2
Dahlen D 38 B3
Dahlenburg D 30 B1
Dahme D 38 B3
Dahn D 47 B3
Dähre D 30 C1
Daimiel E 81 C3
Đakovica YU 15 Q17
Đakovo HR 70 A3
Dal, *Akershus* N 20 B2
Dal, *Telemark* N 19 B5
Dala-Floda S 20 B5
Dala-Husby S 22 B1
Dala-Järna S 20 B5
Dalaas A 57 A5
Dalarö S 23 C4
Dalby S 27 D2
Dalby Långav S 20 B3
Dalen, *Akershus* N 20 C2
Dalen, *Telemark* N 19 B5
Dalfors S 22 A1
Dalhausen D 37 B4
Dalheim L 46 B2
Dalias E 87 C4
Dalj HR 61 C3
Dallau D 47 B5
Dals Långed S 21 D3
Dals Rostock S 21 D3
Dalsjöfors S 26 B2
Dalskog S 21 D3
Dalstorp S 26 B2
Daluis F 65 B5
Dalum D 28 C4
Dalum S 26 B2
Damazan F 63 B4
Damborce CZ 50 B2
Dammartin-en-Goële F 44 B3
Damme D 29 C5
Dampierre F 55 A5
Dampierre-sur-Salon F 55 A5
Damüls A 57 A4
Damville F 44 C2
Damvillers F 46 B1
Dangé St. Romaine F 53 B5
Dångebo S 26 C4
Dangers F 44 C2
Dangeul F 44 C1
Danilovgrad YU 91 B6
Danischenhagen D 29 A7
Daniszyn PL 40 B1
Danjoutin F 56 A1
Dannemarie F 56 A2
Dannemora S 22 B3
Dannenberg D 30 B2
Dány H 61 A4
Dánzszentmiklós H 61 A4
Daoulas F 42 B1
Darabani RO 11 M20
Darda HR 61 C3
Dardesheim D 37 B5
Darfeld D 36 A2
Darfo I 57 C5
Dargun D 31 B3
Darlington GB 3 J6
Darlowo PL 32 A2
Darmstadt D 47 B4
Darnétal F 44 B2
Darney F 46 C2
Daroca E 81 A5
Darque P 73 C2
Dartmouth GB 3 L5
Daruvar HR 60 C2
Dašice CZ 50 A1
Dasing D 48 C2
Dassel D 37 B4
Dassow D 30 B1
Daszyna PL 40 A3
Datça TR 15 T20
Datteln D 36 B2
Dattenfeld D 36 C2
Daugard DK 25 C2
Daugavpils LV 16 J20
Daun D 36 C1
Dave B 35 C4
Davle CZ 49 B5
Dávod H 61 C3
Davor HR 70 A2
Davos CH 57 B4
Davyd Haradok BY 16 K20
Dax F 62 C2
De Bilt NL 35 A5
De Panne B 34 B2
De Wijk NL 28 C3
Deauville F 43 A6
Debar MK 15 R17
Dębe PL 33 C6
Debe Wielkie PL 41 A5
Debeljača YU 71 A5
Dębica PL 41 C5
Dęblin PL 41 B5
Dębno PL 31 C5
Dębołęka PL 40 B2
Dębowa Łaka PL 33 B5
Debrecen H 11 N17
Debrzno PL 32 B3
Debstedt D 29 B5
Decazeville F 63 B6
Dechtice SK 50 C3
Dechy F 34 C3
Decima I 88 B3

Elgershausen D 37 B4
Elgin GB 3 H5
Elgóibar E 75 A4
Elizondo E 75 A5
Ełk PL 7 K18
Elkhovo BG 15 Q20
Ellenberg D 47 B6
Ellezelles B 34 C3
Ellingen D 48 B1
Ellmau A 58 A2
Ellös S 21 D2
Ellrich D 37 B5
Elm CH 57 B4
Elm D 29 B6
Elmshorn D 29 B6
Elmstein D 47 B3
Elne F 77 A5
Elorrio E 75 A4
Előszállás H 61 B3
Eloyes F 46 C2
Elsdorf D 35 C6
Elsenfeld D 47 B5
Elsfleth D 29 B5
Elspe D 36 B3
Elspeet NL 35 A5
Elst NL 35 B5
Elster D 38 B2
Elsterberg D 38 C2
Elsterwerda D 38 B3
Elstra D 38 B4
Eltmann D 48 B1
Eltville D 47 A4
Elvas P 79 C3
Elven F 42 C3
Elverdinge B 34 C2
Elverum N 20 B2
Elwangen D 47 C6
Elx E 82 C2
Elxleben D 37 B5
Ely GB 3 K7
Elz D 36 C3
Elzach D 47 C4
Elze D 37 A4
Emådalen S 20 A5
Embrun F 65 B5
Embún E 76 A2
Emden D 28 B4
Emlichheim D 28 C3
Emmaboda S 26 C4
Emmaljunga S 27 C2
Emmeloord NL 28 C2
Emmen CH 56 A3
Emmen NL 28 C3
Emmendingen D 47 C3
Emmer-Compascuum NL 28 C4
Emmer-Erfscheidenveen NL 28 C4
Emmerich D 35 B6
Emmern D 37 A4
Empoli I 67 C5
Emsbüren D 36 A2
Emsdetten D 36 A2
Emsfors S 26 B5
Emskirchen D 48 B1
Emstek D 29 C5
Encamp AND 77 A4
Encarnaçao P 78 C1
Encinas de Abajo E 80 B1
Encinas de Esgueva E 74 C2
Encinas Reales E 86 B2
Encinasola E 85 A3
Encio E 75 B3
Enciso E 75 B4
Endingen D 46 C3
Endorf D 48 D3
Endrinal E 80 B1
Endröd H 61 B5
Enebakk N 20 C2
Eneryda S 26 C3
Enese H 60 A2
Enez TR 15 R20
Eng A 58 A1
Engelberg CH 56 B3
Engelhartszell A 49 C4
Engelskirchen D 36 C2
Engen D 47 D4
Enger D 36 A3
Engerdal N 4 F12
Engesvang DK 25 B2
Enghien B 35 C4
Englmar D 49 B3
Engter D 36 A3
Enguera E 82 C2
Enguidanos E 81 C5
Eningen D 47 C5
Enkenbach D 47 B3
Enkhuizen NL 28 C2
Enköping S 23 C3
Enkstrand N 19 B6
Enna I 95 B3
Ennepetal D 36 B2
Ennezat F 54 C3
Ennigerloh D 36 B3
Ennigloh D 36 A3
Enningdal N 21 D2
Ennis IRL 3 K2
Enniscorthy IRL 3 K3
Enniskillen GB 3 J3
Enns A 49 C5
Eno FIN 5 E22
Enontekiö FIN 5 B18
Ens NL 28 C2
Enschede NL 36 A1
Ensdorf D 48 B2
Ensisheim F 46 D3
Ensival B 35 C5
Enstaberga S 23 D2
Entlebuch CH 56 B3
Entrácque I 66 B2
Entradas P 84 B1
Entrains-sur-Nohain F 54 A3
Entrambasaguas E 75 A3
Entrambasmestas E 74 A3
Entraygues-sur-Truyère F 64 B1
Entre-os-Rios P 73 C2
Entremont-le-Vieux F 55 C5
Entrevaux F 65 C5
Entrin Bajo E 79 C4
Entroncamento P 78 B2
Entzheim F 46 C3
Envermeu F 44 B2
Enviken S 22 B1
Enying H 60 B3
Enzesfeld A 50 D2
Enzingerboden A 58 A2
Enzklösterle D 47 C4
Enzweihagen D 47 C4
Épagny F 45 B4
Epannes F 53 B4
Epe D 36 A2
Epe NL 35 A5
Epehy F 45 A4
Épernay F 45 B4
Epernon F 44 C2
Epfendorf D 47 C4
Epfig F 46 C3
Epierre F 55 C6
Épila E 76 B1
Epinac-les-Mines F 55 B4
Épinal F 46 C2
Episcopia I 92 A3
Epoisses F 55 A4
Eppegem B 35 C4
Eppelborn D 46 B2
Eppenbrunn D 46 B3
Eppendorf D 38 C3
Eppingen D 47 B4
Eraclea I 58 C2
Eraclea Mare I 58 C2
Erba I 57 C4
Erbach, *Baden-Württemberg* D 47 C5
Erbach, *Hessen* D 47 B4
Erbalunga F 96 A3
Erbendorf D 48 B3
Érchie I 93 A4
Ercsi H 61 A3
Érd H 61 A3
Erdek TR 15 R20
Erdevik YU 71 A4
Erding D 48 C2
Erdötelek H 61 A5
Erdut HR 61 C4
Erfde D 29 A6
Erfjord N 18 B3
Erftstadt D 36 C1
Erfurt D 37 C5
Ērgli LV 7 H19
Ergolding D 48 C3
Ergoldsbach D 48 C3
Erica NL 28 C3
Érice I 94 A1
Ericeira P 78 C1
Eriksmåla S 26 C4
Erikstad S 21 D3
Eringsboda S 27 C4
Eriswil CH 56 A2
Erkelenz D 35 B6
Erkner D 31 C4
Erkrath D 36 B1
Erla E 76 A2
Erlach A 50 D2
Erlangen D 48 B2
Erli I 66 B3
Erlsbach A 58 B2
Ermelo NL 35 A5
Ermenonville F 44 B3
Ermezinde P 73 C2
Ermidas P 84 B1
Ermsleben D 37 B6
Erndtebrück D 36 C3
Ernée F 43 B5
Ernestinovo HR 61 C3
Ernstbrunn A 50 C2
Erolzheim D 47 C6
Erquelinnes B 35 C4
Erquy F 42 B3
Erra P 78 C2
Errazu E 75 A5
Errindlev DK 25 D4
Erro E 75 B5
Ersa F 96 A3
Érsekcsanád H 61 B3
Érsekvadkert H 51 D5
Erstein F 46 C3
Erstfeld CH 56 B3
Ertebølle DK 24 B2
Ertingen D 47 C5
Ervedal, *Coimbra* P 78 A2
Ervedal, *Portalegre* P 78 B3
Ervenik HR 69 B5
Ervidel P 84 B1
Ervy F 45 C4
Erwitte D 36 B3
Erxleben D 37 A6
Es Caná, *Ibiza* E 83
Es Pujols, *Formentera* E 83
Esbjerg DK 25 C1
Esbly F 45 C3
Escacena del Campo E 85 B3
Escairon E 72 B3
Escalada E 74 B3
Escalante E 75 A3
Escalaplano I 96 D3
Escalona E 80 B2
Escalona del Prado E 80 A2
Escalonilla E 80 C2
Escalos de Baixo P 78 B3
Escalos de Cima P 78 B3
Escamilla E 81 B4
Escañuela E 86 B2
Escároz E 76 A1
Escatrón E 76 B2
Esch-sur-Alzette L 46 B1
Eschach D 57 A4
Eschau D 47 B5
Eschede D 30 C1
Eschenau D 48 B2
Eschenbach D 48 B2
Eschenz CH 57 A3
Escherhausen D 37 B4
Eschwege D 37 B5
Eschweiler D 35 C6
Escobasa de Almazán E 75 C4
Escoeuilles F 34 C1
Escombreras E 87 B6
Escos F 62 C2
Escource F 62 B2
Escragnolles F 65 C5
Escurial E 79 B5
Escurial de la Sierra E 73 D5
Esens D 29 B4
Esgos E 72 B3
Eskilsäter S 21 D4
Eskilstrup DK 25 D4
Eskilstuna S 23 C2
Eslarn D 48 B3
Eslava E 75 B5
Eslida E 82 B2
Eslohe D 36 B3
Eslöv S 27 D2
Esnes F 45 A4
Espa N 20 B2
Espalion F 64 B1
Espaly-St.-Marcel F 64 A2
Esparragalejo E 79 C4
Esparragosa del Caudillo E 80 D1
Esparragosa de la Serena E 79 C5
Esparraguera E 77 B4
Esparron F 65 C4
Espedal N 18 C3
Espejo, *Alava* E 75 B3
Espejo, *Córdoba* E 86 B2
Espeland N 18 A2
Espelette F 62 C2
Espelkamp D 36 A3
Espeluche F 65 B3
Espeluy E 86 A3
Espera E 85 C4
Esperança P 79 B3
Espéraza F 77 A5
Espéria I 89 B4
Espiel E 85 A4
Espinama E 74 A2
Espiñaredo E 72 A3
Espinelvas E 77 B5
Espinhal P 78 A2
Espinho P 73 C2
Espinilla E 74 A2
Espinosa de Cerrato E 74 C3
Espinosa de los Monteros E 75 A3
Espirito Santo P 84 B2
Espluga de Francolí E 77 B4
Esplús E 76 B3
Espolla E 77 A5
Espoo FIN 5 F19
Esporlas, *Mallorca* E 83
Esposende P 73 C2
Espot E 77 A4
Espunyola E 77 A4
Esquedas E 76 A2
Esquivias E 80 B3
Essen B 35 B4
Essen, *Niedersachsen* D 29 C4
Essen, *Nordrhein-Westfalen* D 36 B2
Essenbach D 48 C3
Essertaux F 44 B3
Essingen D 47 C6
Esslingen D 47 C5
Essoyes F 45 C5
Establiments, *Mallorca* E 83
Estacas E 72 B2
Estadilla E 76 A3
Estagel F 77 A5
Estaires F 34 C2
Estang F 62 C3
Estany E 77 B5
Estarreja P 73 D2
Estartit E 77 A6
Estavayer-le-Lac CH 56 B1
Este I 68 A1
Esteiro E 72 A2
Estela P 73 C2
Estella E 75 B4
Estellenchs, *Mallorca* E 83
Estepa E 86 B2
Estépar E 74 B3
Estepona E 85 C4
Esternay F 45 C4
Esterri de Aneu E 77 A4
Esterwegen D 29 C4
Estissac F 45 C4
Estivadas E 73 B3
Estivareilles F 54 B2
Estivella E 82 B2
Estói P 84 B2
Estopiñán E 76 B3
Estoril P 78 C1
Estoublon F 65 C5
Estrée-Blanche F 34 C2
Estrées-St. Denis F 44 B3
Estrela P 84 A2
Estremera E 81 B3
Estremoz P 78 C3
Estuna S 22 C4
Esyres F 53 A5
Esztergom H 51 D4
Etables-sur-Mer F 42 B3
Étain F 46 B1
Étalans F 55 A6
Etalle B 46 B1
Étampes F 44 C3
Etang-sur-Arroux F 55 B4
Étaples F 34 C1
Etauliers F 62 A3
Ethe B 46 B1
Etne N 18 B2
Etoges F 45 C4
Étréaupont F 45 B4
Étréchy F 44 C3
Etrépagny F 44 B2
Étretat F 44 B1
Étroeungt F 45 A4
Étroubles I 56 C2
Ettal D 57 A6
Ettelbrück L 46 B2
Etten NL 35 B4
Ettenheim D 47 C3
Ettlingen D 47 C4
Ettringen, *Bayern* D 48 C1
Ettringen, *Rheinland-Pfalz* D 36 C2
Etyek H 61 A3
Etzenricht D 48 B3
Eu F 44 A2
Euerdorf D 37 C5
Eulate E 75 B4
Eupen B 35 C6
Europoort NL 35 B4
Eurville-sur-Marne F 45 C6
Euskirchen D 36 C1
Eutin D 30 A1
Euvy F 45 C5
Evaux-les-Bains F 54 B2
Evenstad N 20 A2
Evergem B 34 B3
Everöd S 27 D3
Eversberg D 36 B3
Everswinkel D 36 B2
Evertsberg S 20 A4
Évian F 56 B1
Evisa F 96 A2
Evje N 19 C4
Evolène CH 56 B2
Évora P 78 C3
Evoramonte P 78 C3
Evran F 43 B4
Evrecy F 43 A5
Évreux F 44 B2
Evron F 43 B5
Évry F 44 C3
Ewersbach D 36 C3
Excideuil F 63 A5
Exeter GB 3 L5
Exmes F 44 C1
Exmouth GB 3 L5
Exter D 36 A3
Extremo P 73 C2
Eydehamn N 19 C5
Eyguians F 65 B4
Eyguières F 65 C3
Eygurande F 54 C2
Eylie F 76 A3
Eymet F 63 B4
Eymoutiers F 54 C1
Eystrup D 29 C6
Ezaro E 72 B1
Ezine TR 15 S20
Ezmoriz P 73 D2

F

Fabara E 76 B3
Fábbrico I 67 B5
Fåberg N 20 A1
Fabero E 72 B4
Fåborg DK 25 C3
Fabrègues F 64 C2
Fabriano I 68 C2
Fabrizia I 92 C3
Facha P 73 C2
Facinas E 85 C4
Fačkov SK 51 B4
Facture F 62 B3
Fadagosa P 78 B3
Fadd H 61 B3
Faédis I 58 B3
Faenza I 68 B1
Fafe P 73 C2
Fagagna I 58 B3
Făgăras RO 11 P19
Fågelfors S 26 B4
Fågelmara S 27 C4
Fågelsta S 21 D6
Fagerheim N 19 A4
Fagerhult S 26 B4
Fagernes N 4 F11
Fagersanna S 21 D5
Fagersta S 22 B1
Fåglavik S 21 D3
Fagnano Castello I 92 B3
Fahrwangen CH 56 A3
Faido CH 56 B3
Fains F 45 C6
Fajsz H 61 B3
Fakse DK 25 C5
Fakse Ladeplads DK 25 C5
Falaise F 43 B5
Falcade I 58 B1
Falces E 75 B5
Fălciu RO 11 N21
Falconara I 94 B3
Falconara Marittima I 68 C3
Falcone I 95 A4
Falerum S 23 D2
Falésia P 84 B1
Fălesti MD 11 N20
Falkenberg, *Bayern* D 48 B3
Falkenberg, *Brandenburg* D 31 C4
Falkenberg, *Brandenburg* D 38 B3
Falkenberg S 26 C1
Falkensee D 31 C4
Falkenstein, *Bayern* D 48 B3
Falkenstein, *Sachsen* D 38 C2
Falkenthal D 31 C4
Falköping S 21 D4
Fall D 58 A1
Falla S 23 D1
Fallersleben D 37 A5
Fallingbostel D 29 C6
Falmouth GB 3 L4
Falset E 76 B3
Falsterbo S 27 D1
Fălticeni RO 11 N20
Falun S 22 B1
Fana N 18 A2
Fanano I 67 B5
Fangel DK 25 C3
Fanjeaux F 63 C6
Fano I 68 C3
Fanthyttan S 23 C1
Fara in Sabina I 88 A3
Fara Novarese I 56 C3
Faramontanos de Tábara E 74 C1
Farasdues E 76 A1
Fårbo S 26 B5
Farga Moles E 77 A4
Färgelanda S 21 D2
Fargniers F 45 B4
Faringe S 22 C4
Farini d'Olmo I 67 B4
Fariza E 73 C4
Färjestaden S 26 C5
Farlete E 76 B2
Färlöv S 27 C3
Farmos H 61 A4
Färna S 22 C1
Farná SK 51 C4
Färnäs S 20 A5
Farnese I 88 A2
Farnroda D 37 C5
Farnstädt D 37 B6
Faro P 84 B2
Farra d'Alpago I 58 B2
Fársala GR 15 S18
Farsø DK 24 B2
Farstorp S 26 B4
Farsund N 18 C3
Farum DK 25 C5
Fårup DK 24 B2
Fasano I 91 D4
Faßberg D 30 C1
Fasterna S 22 C4
Fastiv UA 11 L21
Fatarella E 76 B3
Fatesh RUS 16 K24
Fátima P 78 B2
Faucogney F 46 D2
Faucon-du-Caire F 65 B5
Fauguerolles F 63 B4
Faulenrost D 31 B3
Faulquemont F 46 B2
Fauquembergues F 34 C2
Fauske N 4 C14
Fauverney F 55 A5
Fauville-en-Caux F 44 B1
Favaro I 94 B2
Faverges F 55 C6
Faverney F 46 D2
Favignana I 94 B1
Fay-aux-Loges F 44 D3
Fayence F 65 C5
Fayl-Billot F 46 D1
Fayón E 76 B3
Fécamp F 44 B1
Fegen S 26 B2
Fegyvernek H 61 A5
Fehrbellin D 31 C3
Fehring A 59 B6
Feiring N 20 B2
Feistritz i. Rosental A 59 B4
Feketić HR 61 C4
Felanitx, *Mallorca* E 83
Felchow D 31 B5
Feld a. See A 59 B3
Feldbach A 59 B5
Feldberg D 31 B3
Felde D 29 A6
Feldebrö H 51 D6
Feldkirch A 57 A4
Feldkirchen, *Bayern* D 48 C2
Feldkirchen, *Bayern* D 48 D2
Feldkirchen a.d. Donau A 49 C5
Feldkirchen i. Kärnten A 59 B4
Felgueiras P 73 C2
Felitto I 92 A2
Félix E 87 C4
Felixstowe GB 3 L7
Felizzano I 66 B3
Fellbach D 47 C5
Felletin F 54 C2
Fellingsbro S 23 C1
Felnémet H 51 D6
Felpéc H 60 A2
Fels a. Wagram A 50 C1
Felsöbagod H 60 B1
Felsögöd H 61 A4
Felsönyék H 60 B3
Felsöszentiván H 61 B4
Felsöszentmárton H 60 C2
Feltre I 58 B1
Fenestrelle I 66 A2
Fénetrange F 46 C3
Feneu F 53 A4
Fengersfors S 21 D3
Fenis I 56 C2
Fensmark DK 25 C4
Ferchland D 30 C3
Ferdinandovac HR 60 B2
Ferdinandshof D 31 B4
Fère-Champenoise F 45 C5
Fère-en-Tardenois F 45 B4
Ferentillo I 89 A3
Ferentino I 89 B4
Feria E 79 C4
Feričanci HR 60 C2
Ferla I 95 B3
Ferlach A 59 B4
Ferleiten A 58 A2
Fermil P 73 C2
Fermo I 68 C3
Fermoselle E 73 C4
Fermoy IRL 3 K2
Fernán-Núnez E 86 B2
Fernán Peréz E 87 C4
Fernancabellero E 80 C3
Fernão Ferro P 78 C1
Fernay-Voltaire F 55 B6
Ferpécle CH 56 B2
Ferrals F 64 C1
Ferrandina I 93 A3
Ferrara I 68 B1
Ferrara di M. Baldo I 57 C5
Ferreira E 72 A3
Ferreira do Alentejo P 84 A1
Ferreira do Zêzere P 78 B2
Ferreras de Abajo E 73 C4
Ferreras de Arriba E 73 C4
Ferrerias, *Menorca* E 83
Ferreruela, *Teruel* E 76 B1
Ferreruela, *Zamora* E 73 C4
Ferret CH 56 C2
Ferrette F 56 A2
Ferriere I 67 B4
Ferrière-la-Grande F 35 C3
Ferrières, *Allier* F 54 B3
Ferrières, *Loiret* F 45 C3
Ferrières, *Oise* F 44 B3
Ferrières-St.-Mary F 64 A2
Fertörakos H 60 A1
Fertöszentmiklós H 60 A1
Ferwerd NL 28 B2
Festieux F 45 B4
Fetești RO 11 P20
Fetsund N 20 C2
Feucht D 48 B2
Feuchten A 57 A5
Feuchtwangen D 48 B1
Feudingen D 36 C3
Feuquières F 44 B2
Feurs F 55 C4
Fevik N 19 C5
Fiamignano I 89 A4
Fiano I 66 A2
Ficarazzi I 94 A2
Ficarolo I 67 B6
Fichtelberg D 48 A2
Fichtenberg D 47 C5
Ficulle I 88 A3
Fidenza I 67 B5
Fidjeland N 18 C3
Fieberbrunn A 58 A2
Fier AL 15 R16
Fiera di Primiero I 58 B1
Fiesch CH 56 B3
Fiésole I 67 C6
Fiesso Umbertiano I 68 B1
Figari F 96 B3
Figeac F 63 B5
Figeholm S 26 B5
Figgjo N 18 C2
Figline Valdarno I 67 C6
Figols E 76 A3
Figueira da Foz P 78 A2
Figueira de Castelo Rodrigo P 73 D4
Figueira dos Caveleiros P 84 A1
Figueiredo P 78 B3
Figueiredo de Alva P 73 D3
Figueiró dos Vinhos P 78 B2
Figueras E 77 A5
Figueroles E 82 A2
Figueruela de Arriba E 73 C4
Fil'akovo SK 51 C5
Filadélfia I 92 C3
Filderstat D 47 C5
Filiași RO 11 P18
Filiatrá GR 15 T17
Filipstad S 21 C5
Filisur CH 57 B4
Filottrano I 68 C3
Filskov DK 25 C2
Filtvet N 19 B7
Filzmoos A 58 A3
Finale Emilia I 67 B6
Finale Ligure I 66 B3
Finana E 87 B4
Finisterre E 72 B1
Finkenberg A 58 A1
Finkenwerder D 29 B6
Finnerödja S 21 D5
Finnskog N 20 B3
Finnsnes N 5 B16
Finocchio I 88 B3
Finow D 31 C4
Finsjö S 26 B5
Finsland N 18 C4
Finspång S 23 D1
Finsterwalde D 38 B3
Finsterwolde NL 28 B4
Fiorenzuola d'Arda I 67 B4
Firenze I 67 C6
Firenzuola I 67 B6
Firminy F 64 A3
Firmo I 92 B3
Fischamend Markt A 50 C2
Fischau A 50 D2
Fischbach A 59 A5
Fischbach D 46 B3
Fischbeck D 30 C3
Fischen D 57 A5
Fishguard GB 3 L4
Fiskebäckskil S 21 D2
Fismes F 45 B4
Fitero E 75 B5
Fiuggi I 89 B4
Fiumata I 89 A4
Fiumefreddo Brúzio I 92 B3
Fiumefreddo di Sicília I 95 B4
Fiumicino I 88 B3
Fivizzano I 67 B5
Fixin F 55 A4
Fjaera N 18 B3
Fjälkinge S 27 C3
Fjällbacka S 21 D2
Fjärdhundra S 22 C2
Fjell bru N 21 C2
Fjellerup DK 24 B3
Fjerritslev DK 24 A2
Fjugesta S 21 C5
Flå N 19 A6
Flace F 55 B4
Flåm N 4 F10
Flamatt CH 56 B2
Flammersfeld D 36 C2
Flassá E 77 A5
Flassans F 65 C5
Flatdal N 19 B5
Flateland N 18 B4
Flattach A 58 B3
Flavigny F 46 C2
Flavin F 64 B1
Flavy-le-Martel F 45 B4
Flawil CH 57 A4
Flayosc F 65 C5
Flechtingen D 37 A6
Fleckeby D 29 A6
Fleetmark D 30 C2
Flehingen D 47 B4
Flekkefjord N 18 C3
Flen S 23 C2
Flensburg D 25 D2
Flerohopp S 26 C4
Flers F 43 B5
Flesberg N 19 B6
Flessau D 30 C2
Fleurance F 63 C4
Fleuré F 53 B5
Fleurie F 55 B4
Fleurier CH 56 B1
Fleurus B 35 C4
Fleury, *Côte-d'Or* F 55 A4
Fleury, *Hérault* F 64 C2
Fleury, *Yonne* F 45 D4
Fleury-les-Aubrais F 44 D2
Fleury-sur-Andelle F 44 B2
Fleury-sur-Orne F 43 A5
Fleys F 45 D4
Flieden D 37 C4
Flims CH 57 B4
Flines-lès-Raches F 34 C3
Flintbeck D 29 A7
Flirsch A 57 A5
Flisa N 20 B3
Flisby S 26 B3
Fliseryd S 26 B5
Flix E 76 B3
Flixecourt F 44 A3
Flize F 45 B5
Flobecq B 34 C3
Floby S 26 A2
Floda S 26 B1
Flogny F 45 D4
Flöha D 38 C3
Flonheim D 47 B4
Florac F 64 B2
Floreffe B 35 C4
Florennes B 35 C4
Florensac F 64 C2
Florentin F 63 C6
Florenville B 46 B1
Flores de Avila E 80 B1
Floresta I 95 B3
Florești MD 11 N21
Florídia I 95 B4
Flórina GR 15 R17
Florø N 4 F9
Flörsheim D 47 A4
Floß D 48 B3
Flühli CH 56 B3
Flumet F 56 C1
Fluminimaggiore I 96 D2
Flums CH 57 A4
Flygsfors S 26 C4
Foča BIH 71 C3
Foça TR 15 S20
Fockbek D 29 A6
Focșani RO 11 P20
Fogdö S 23 C2
Fóggia I 90 C2
Foglianise I 89 B5
Fohnsdorf A 59 A4
Foiano della Chiana I 68 C1
Foix F 77 A4
Fojnica BIH 70 C2
Fokino RUS 16 K24
Fokovci SLO 60 B1
Folbern D 38 B3
Földeák H 61 B5
Folembray F 45 B4
Folgaria I 57 C6
Folgosinho P 73 D3
Folgoso de Caurel E 72 B3
Folgoso de la Ribera E 72 B4
Foligno I 88 A3
Folkärna S 22 B2
Folkestone GB 3 L7
Follafoss N 4 E12
Folldal N 4 E11
Follebu N 20 A1
Follina I 58 C2
Follónica I 88 A1
Foncebadón E 72 B4
Foncine-le-Haut F 55 B6
Fondi I 89 B4
Fondo I 57 B6
Fonelas E 86 B3
Fonfria, *Teruel* E 76 B1
Fonfria, *Zamora* E 73 C4
Fonni I 96 C3
Fonsagrada E 72 A3
Font-Romeu F 77 A5
Fontaine F 65 A4
Fontaine de Vaucluse F 65 C4
Fontaine-Française F 55 A5
Fontaine-l'Evêque B 35 C4
Fontaine-le-Dun F 44 B1
Fontainebleau F 45 C3
Fontaines F 55 A4
Fontan F 66 C2
Fontanarejo E 80 C2
Fontane I 66 B2
Fontanélice I 68 B1
Fontanières F 54 B2
Fontanosas E 86 A2
Fontebланda I 88 A2
Fontenay-le-Comte F 53 B4
Fontenay-Trésigny F 45 C3
Fontevrault-l'Abbaye F 53 A5
Fontiveros E 80 B2
Fontoy F 46 B1
Fontpédrouse F 77 A5
Fontrubí E 77 B4
Fonyód H 60 B2
Fonz E 76 A3
Fonzaso I 58 B1
Fóppolo I 57 B4
Forbach D 47 C4
Forbach F 46 B2
Forcadas E 72 B3
Forcall E 82 A2
Forcalquier F 65 C4
Forcarey E 72 B2
Forchheim, *Baden-Württemberg* D 47 C4
Forchheim, *Bayern* D 48 B2
Forchtenau A 60 A1
Forchtenberg D 47 B5
Førde, *Hordaland* N 18 B2
Førde, *Sogn og Fjordane* N 4 F9
Förderstedt D 37 B6
Fordon PL 32 B4
Fordongiánus I 96 D2
Forenza I 90 D2
Foresta di Burgos I 96 C2
Forêt B 35 C5
Forfar GB 3 H5
Forges-les-Eaux F 44 B2
Foria I 92 A2
Forio I 89 C4
Forjães P 73 C2
Forlì I 68 B2
Forlimpopoli I 68 B2
Forlösa S 26 C5
Formazza I 56 B3
Formerie F 44 B2
Fórmia I 89 B4
Formigliana I 56 C3
Formiguères F 77 A5
Fornalutx, *Mallorca* E 83
Fornelli I 96 B2
Fornells, *Menorca* E 83
Fornelos de Montes E 72 B2
Fornes E 86 C3
Forni Avoltri I 58 B2
Forni di Sopra I 58 B2
Forni di Sotto I 58 B2
Forno I 56 C3
Forno Alpi-Gráie I 66 A2
Forno di Zoldo I 58 B2
Fornos de Algodres P 73 D3
Fornovo di Taro I 67 B5
Forráskút H 61 B4
Fors S 22 B2
Forsand N 18 C3
Forsbacka S 22 B2
Forserum S 26 B3
Forshaga S 21 C4
Forsheda S 26 B2
Förslövsholm S 27 C1
Forsmark S 22 B4
Forssa FIN 5 F18
Forssa S 23 D2
Forst D 38 B4
Forsvik S 21 D5
Fort Augustus GB 3 H4
Fort Mahon Plage F 34 C1
Fort William GB 3 H4
Fortanete E 82 A2
Forte dei Marmi I 67 C5
Fortezza (Franzensfeste) I 58 B1
Fortuna E 87 A5
Forville B 35 C4
Fos F 76 A3
Fosdinovo I 67 B5
Fosnavåg N 4 E9
Fosowskie PL 40 C2
Fossacesia I 89 A5
Fossano I 66 B2
Fossato di Vico I 68 C2
Fosse B 35 C4
Fossombrone I 68 C2
Fót H 61 A4
Fouchères F 45 C5
Fouesnant F 42 C1
Foug F 46 C1
Fougères F 43 B4
Fougerolles F 46 D2
Foulain F 45 C6
Fouras F 52 C3
Fourchambault F 54 A3
Fourmies F 45 A5
Fourneaux F 65 A5
Fournels F 64 B2
Fournols F 54 C3
Fourques F 77 A5
Fourquevaux F 63 C5
Fours F 54 B3
Foxhol NL 28 B3
Foz E 72 A3
Foz do Arelho P 78 B1
Foz do Douro P 73 C2
Foz do Giraldo P 78 B3
Foz do Lizandro P 78 C1
Foza I 58 C1
Frabosa Soprana I 66 B2
Frades E 80 B1
Fraga E 76 B3
Fragagnano I 93 A4
Frailes E 86 B3
Fraire B 35 C4
Fraize F 46 C3
Frambork PL 33 A5
Frameries B 34 C3
Frammersbach D 47 A5
Framnes N 19 B7
Frampol PL 41 C6
França P 73 C4
Francaltroff F 46 C2
Francavilla al Mare I 89 A5
Francavilla di Sicília I 95 B4
Francavilla Fontana I 93 A4
Francavilla in Sinni I 92 A3
Franco P 73 C3
Francofonte I 95 B3
Francos E 75 C3
Frändefors S 21 D3

Franeker NL 28 B2
Frangy F 55 B5
Frankenau D 36 B3
Frankenberg, *Hessen* D 36 B3
Frankenberg, *Sachsen* D 38 C3
Frankenburg A 49 C4
Frankenfels A 50 D1
Frankenmarkt A 49 D4
Frankenthal D 47 B4
Frankfurt, *Brandenburg* D 38 A4
Frankfurt, *Hessen* D 47 A4
Frankowo PL 33 A6
Frantschach A 59 B4
Franzburg D 31 A3
Frascati I 88 B3
Frasdorf D 48 D3
Fraserburgh GB 3 H5
Frasne F 55 B6
Frasnes B 45 A5
Frasnes-lez-Buissenal B 34 C3
Frasseto F 96 B3
Frastanz A 57 A4
Fratel P 78 B3
Fratta Todina I 88 A3
Frauenau D 49 C4
Frauenfeld CH 57 A3
Frauenkirchen A 50 D2
Frauenstein D 38 C3
Frauental A 59 B5
Frayssinet F 63 B5
Frayssinet-le-Gélat F 63 B5
Frechas P 73 C3
Frechen D 36 C1
Freckenhorst D 36 B2
Fredeburg D 36 B3
Fredelsloh D 37 B4
Freden D 37 B4
Fredensborg DK 25 C5
Fredericia DK 25 C2
Frederiks DK 24 B2
Frederikshavn DK 24 A3
Frederikssund DK 25 C5
Frederiksværk DK 25 C5
Fredheim N 20 B1
Fredriksberg S 20 B5
Fredriksdal S 26 B3
Fredrikstad N 21 C1
Fregenal de la Sierra E 85 A3
Fregene I 88 B3
Freiberg D 38 C3
Freiburg, *Baden-Württemberg* D 47 D3
Freiburg, *Niedersachsen* D 29 B6
Freienhagen D 36 B4
Freienhufen D 38 B3
Freienohl D 36 B3
Freihung D 48 B2
Freilessing D 49 D3
Freisach A 59 B4
Freisen D 46 B3
Freising D 48 C2
Freistadt A 49 C5
Freistett D 47 C3
Freital D 38 C3
Freixedas P 73 D3
Freixo de Espada a Cinta P 73 C4
Fréjus F 65 C5
Frelsen D 46 B3
Fremdingen D 48 C1
Frenštat p. Radhoštěm CZ 51 B4
Freren D 29 C4
Fresnay-sur-Sarthe F 43 B6
Fresne-St.Mamès F 55 A5
Fresneda de la Sierra E 81 B4
Fresneda de la Sierra Tiron E 75 B3
Fresnedillas E 80 B2
Fresnes-en-Woevre F 46 B1
Fresno Alhándiga E 80 B1
Fresno de la Ribera E 74 C1
Fresno de la Vega E 74 B1
Fresno de Sayago E 73 C5
Fresnoy F 44 B2
Fresnoy-le-Grand F 45 B4
Fressenville F 44 A2
Fretigney et Velloreille F 55 A5
Freudenberg D 36 C2
Freudenstadt D 47 C4
Freux B 46 B1
Frévent F 34 C2
Freyburg D 37 B6
Freyenstein D 30 B3
Freyming-Merlebach F 46 B2
Freystadt D 48 B2
Freyung D 49 C4
Frias de Albarracin E 82 A1
Fribourg CH 56 B2
Frick CH 56 A3
Fridafors S 27 C3
Fridolfing D 48 C3
Friedberg A 59 A6
Friedberg, *Bayern* D 48 C1
Friedberg, *Hessen* D 36 C3
Friedeburg D 29 B4
Friedenshorst D 31 C3
Friedewalde D 36 A3
Friedland, *Brandenburg* D 38 A4
Friedland, *Mecklenburg-Vorpommern* D 31 B4
Friedland, *Niedersachsen* D 37 B4
Friedrichroda D 37 C5
Friedrichsdof D 36 C3
Friedrichsgabe D 29 B6
Friedrichshafen D 57 A4
Friedrichskoog D 29 A5
Friedrichstadt D 29 A6
Friedrichswalde D 31 B4
Friesack D 30 C3
Friesen F 56 A2
Friesenheim D 47 C3
Friesoythe D 29 B4
Frigento I 90 C2
Frigiliana E 86 C3
Frillesås S 24 A5
Frinnaryd S 26 B3
Friol E 72 A3
Fristad S 26 B2
Fritsla S 26 B1
Frittlingen D 47 C4
Fritzlar D 37 B4
Frödinge S 26 B5
Froges F 65 A4
Frohburg D 38 B2
Frohnhausen D 36 C3
Frohnleiten A 59 A5
Froissy F 44 B3
Frome GB 3 L5
Fromentières F 45 C4
Frómista E 74 B2
Fröndenberg D 36 B2
Fronsac F 62 B3
Front I 66 A2
Fronteira P 78 B3
Frontenay-Rohan-Rohan F 53 B4
Frontenhausen D 48 C3
Frontignan F 64 C2
Fronton F 63 C5
Fröseke S 26 C4
Frosinone I 89 B4
Frosolone I 89 B5
Frøstrup DK 24 A1
Frotheim D 36 A3
Frouard F 46 C2
Frövi S 23 C1
Froyennes F 34 C3
Fruges F 34 C2
Frutigen CH 56 B2
Frýdeck-Mistek CZ 51 B4
Frýdlant, *Severočeský* CZ 39 C5
Frydlant, *Severomoravsky* CZ 51 B4
Frymburk CZ 49 C5
Fryšták CZ 50 B3
Fucécchio I 67 C5
Fuencaliente E 80 C3
Fuencemillán E 81 B3
Fuencubierta E 85 B5
Fuendejalón E 75 C5
Fuengirola E 86 C2
Fuenlabrada E 80 B3
Fuenlabrada de los Montes E 80 C2
Fuensalida E 80 B2
Fuensanta E 87 B5
Fuensanta de Martos E 86 B3
Fuenta-Alamo de Murcia E 87 B5
Fuente al Olmo de Iscar E 74 C2
Fuente-Álamo E 82 C1
Fuente de Cantos E 85 A3
Fuente de San Esteban E 73 D4
Fuente de Sta. Cruz E 80 A2
Fuente del Arco E 85 A4
Fuente del Conde E 86 B2
Fuente del Maestre E 79 C4
Fuente el Fresno E 80 C3
Fuente el Saz E 81 B3
Fuente el Sol E 80 A2
Fuente Espina E 74 C3
Fuente la Higuera E 82 C2
Fuente Obejuna E 85 A4
Fuente-Palmera E 85 B4
Fuente-Tójar E 86 B2
Fuente Vaqueros E 86 B3
Fuentealbilla E 82 B1
Fuentecén E 74 C3
Fuenteguinaldo E 79 A4
Fuentelapeña E 74 C1
Fuentelcésped E 75 C3
Fuentelespino de Haro E 81 C4
Fuentelespino de Moya E 82 B1
Fuentenovilla E 81 B3
Fuentepelayo E 80 A2
Fuentepinilla E 75 C4
Fuenterroble de Salvatierra E 80 B1
Fuenterrobles E 82 B1
Fuentes E 81 C4
Fuentes de Andalucia E 85 B4
Fuentes de Ebro E 76 B2
Fuentes de Jiloca E 75 C5
Fuentes de la Alcarria E 81 B4
Fuentes de León E 85 A3
Fuentes de Nava E 74 B2
Fuentes de Oñoro E 73 D4
Fuentes de Ropel E 74 B1
Fuentesauco, *Segovia* E 74 C2
Fuentesauco, *Zamora* E 74 C1
Fuentespalda E 76 C3
Fuentidueña E 74 C3
Fuentidueña de Tajo E 81 B3
Fuerte del Rey E 86 B3
Fügen A 58 A1
Fuglebjerg DK 25 C4
Fuglevik N 19 B7
Fuhrberg D 29 C6
Fuissé F 55 B4
Fulda D 37 C4
Fulgatore I 94 B1
Fulioala E 77 B4
Fully CH 56 B2
Fulnek CZ 50 B3
Fülöpszállás H 61 B4
Fulpmes A 58 A1
Fumay F 45 B5
Fumel F 63 B4
Funäsdalen S 4 E13
Fundão P 78 A3
Funes E 75 B5
Funes I 58 B1
Furadouro P 73 D2
Furriolo E 72 B3
Fürstenau, *Niedersachsen* D 29 C4
Furstenau, *Nordrhein-Westfalen* D 37 B4
Fürstenberg D 31 B4
Fürstenfeld A 59 A6
Fürstenfeldbruck D 48 C2
Fürstenstein D 49 C4
Fürstenwalde D 38 A4
Fürstenwerder D 31 B4
Fürstenzell D 49 C4
Fürth, *Bayern* D 48 B1
Fürth, *Hessen* D 47 B4
Furth i. Wald D 49 B3
Furtwangen D 47 C4
Furuby S 26 C4
Furudal S 22 A1
Furulund S 27 D2
Furusjö S 26 B2
Fusa N 18 A2
Fuscaldo I 92 B3
Fusch A 58 A2
Fusina I 58 C2
Fusio CH 56 B3
Füssen D 57 A5
Fustiñana E 75 B5
Füzesabony H 51 D6
Fyé F 45 D4
Fynshav DK 25 D2
Fyresdal N 19 B5

G

Gaaldorf A 59 A4
Gabaldón E 81 C5
Gabarret F 62 C4
Gabčíkovo SK 50 D3
Gabela BIH 70 C2
Gabia la Grande E 86 B3
Gabin PL 40 A3
Gabriac F 64 B1
Gabrovo BG 15 Q19
Gaby I 56 C2
Gacé F 44 C1
Gacko BIH 71 C3
Gäddede S 4 D14
Gadebusch D 30 B2
Gadeland D 29 A7
Gadmen CH 56 B3
Gádor E 87 C4
Gádoros H 61 B5
Gael F 43 B3
Găeşti RO 11 P19
Gaeta I 89 B4
Gafanhoeira P 78 C2
Gaflenz A 49 D5
Gagarin RUS 16 J24
Gaggenau D 47 C4
Gagliano Castelferrato I 95 B3
Gagliano del Capo I 93 B5
Gagnef S 22 B1
Gaibanella I 68 B1
Gaildorf D 47 B5
Gaillac F 63 C5
Gaillac-d'Aveyron F 64 B1
Gaillefontaine F 44 B2
Gaillon F 44 B2
Gainfarn A 50 D2
Gainsborough GB 3 K6
Gáiro I 96 D3
Gaj YU 71 B6
Gajanejos E 81 B4
Gajary SK 50 C2
Gajdobra HR 61 C4
Galan F 63 C4
Galanta SK 50 C3
Galapagar E 80 B2
Galápagos E 81 B3
Galaroza E 85 B3
Galashiels GB 3 J5
Galatás GR 15 T18
Galaţi RO 11 P21
Galatina I 93 A5
Galátone I 93 A5
Galeata I 68 C1
Galende E 72 B4
Galera E 87 B4
Galéria F 96 A2
Galgaheviz H 61 A4
Galgamácsa H 61 A4
Galgon F 62 B3
Galices P 78 A3
Galinduste E 80 B1
Galisteo E 79 B4
Galków PL 40 B3
Gallarate I 56 C3
Gallardon F 44 C2
Gallegos de Argañán E 73 D4
Gallegos del Solmirón E 80 B1
Galleguillos de Campos E 74 B1
Galleno I 67 C5
Galliate I 56 C3
Gallicano I 67 B5
Gallinchen D 38 B4
Gállio I 58 C1
Gallípoli I 93 A4
Gällivare S 5 C17
Gallizien A 59 B4
Gallneukirchen A 49 C5
Gällstad S 26 B2
Gallur E 76 B1
Galtelli I 96 C3
Galten DK 25 B2
Galtür A 57 B5
Galveias P 78 B2
Gálvez E 80 C2
Galway IRL 3 K2
Gamaches F 44 B2
Gámbara I 67 A5
Gambárie I 95 A4
Gambassi I 67 C5
Gambatesa I 90 C1
Gambolò I 66 A3
Gaming A 49 D6
Gamla Uppsala S 22 C3
Gamleby S 26 B5
Gamlitz A 59 B5
Gammel Lundby DK 25 C4
Gammel Skagen DK 24 A3
Gammelstad S 5 D18
Gammertingen D 47 C5
Gams CH 57 A4
Gams b. Hieflau A 59 A4
Gams o. Frauental A 59 B5
Gamvik N 4 A18
Gan F 62 C3
Ganacker D 48 C3
Gáname E 73 C4
Ganda di Martello I 57 B5
Gandarela P 73 C2
Ganddal N 18 C2
Ganderkesee D 29 B5
Gandesa E 76 B3
Gandía E 82 C2
Gandrup DK 24 A3
Ganges F 64 C2
Gånghester S 26 B2
Gangi I 94 B3
Gangkofen D 48 C3
Gannat F 54 B3
Gannay F 54 B3
Gänserndorf A 50 C2
Ganzlin D 30 B3
Gap F 65 B5
Gara H 61 B4
Garaballa E 82 B1
Garaguso I 92 A3
Garbayuela E 80 C1
Garbów PL 41 B6
Garching D 48 C3
Garciaz E 79 B5
Garcihernández E 80 B1
Garcillán E 80 B2
Garcinarro E 81 B4
Garda I 57 C5
Gardanne F 65 C4
Gärdås S 20 B4
Gårdby S 26 C5
Gardeja PL 33 B4
Gardelegen D 30 C2
Gardermoen N 20 B2
Garding D 29 A5
Gardone Riviera I 57 C5
Gardone Val Trómpia I 57 C5
Gárdony H 61 A3
Gardouch F 63 C5
Gärdsjö, *Kopparberg* S 22 B1
Gärdsjö, *Skaraborg* S 21 D5
Gårdskär S 22 B3
Garein F 62 B3
Garéoult F 65 C5
Garešnica HR 60 C1
Gargaliánoi GR 15 T17
Gargaligas E 79 B5
Gargallo E 76 C2
Garganta la Olla E 79 A5
Gargantiel E 86 A2
Gargellen A 57 B4
Gargilesse F 54 B1
Gargnano I 57 C5
Gárgoles de Abajo E 81 B4
Garijp NL 28 B2
Garitz, *Bayern* D 37 C5
Garitz, *Sachsen-Anhalt* D 38 B2
Garlasco I 66 A3
Garlin F 62 C3
Garlitos E 80 D1
Garmisch-Partenkirchen D 57 A6
Garnat F 54 B3
Garpenberg S 22 B2
Garphyttan S 21 C5
Garray E 75 C4
Garrel D 29 C5
Garriguella E 77 A6
Garrovillas E 79 B4
Garrucha E 87 B5
Gars-a-Kamp A 50 C1
Garsås S 20 B5
Gärsnäs S 27 D3
Garsten A 49 C5
Gartow D 30 B2
Gartz D 31 B5
Garvão P 84 B1
Garwolin PL 41 B5
Garz D 31 A4
Garzweiler D 36 B1
Garzyn PL 39 B6
Gåsborn S 20 C5
Gaschurn A 57 B5
Gascueña E 81 B4
Gasny F 44 B2
Gata E 79 A4
Gata HR 70 C1
Gata de Gorgos E 82 C3
Gatarroja E 82 B2
Gatchina RUS 16 G22
Gátér H 61 B4
Gateshead GB 3 J6
Gátova E 82 B2
Gattendorf A 50 C2
Gatteo a Mare I 68 B2
Gattinara I 56 C3
Gattorna I 67 B4
Gaucin E 85 C4
Gaurain-Ramecroix B 34 C3
Gauting D 48 C2
Gava E 77 B5
Gavardo I 57 C5
Gavarnie F 76 A2
Gavi I 66 B3
Gavião P 78 B3
Gavirate I 56 C3
Gävle S 22 B3
Gavoi I 96 C3
Gavorrano I 88 A1
Gavray F 43 B4
Gävunda S 20 B5
Gaweinstal A 50 C2
Gawroniec PL 32 B1
Gazoldo degli Ippoliti I 67 A5
Gazzaniga I 57 C4
Gazzuolo I 67 A5
Gbelce SK 51 D4
Gbely SK 50 C3
Gdańsk PL 33 A4
Gdov RUS 16 G20
Gdów PL 51 B6
Gdynia PL 33 A4
Gea de Albarracin E 82 A1
Geaune F 62 C3
Gebesee D 37 B5
Gebra-Hainleite D 37 B5
Gebrazhöfen D 47 D5
Géderlak H 61 B3
Gedern D 36 C4
Gedinne B 45 B5
Gèdre F 76 A3
Gedser DK 25 D4
Gedsted DK 24 B2
Geel B 35 B5
Geertruidenberg NL 35 B4
Geesthacht D 30 B1
Geetbets B 35 C5
Gefell D 37 C6
Gehrden D 37 A4
Gehren D 37 C6
Geilenkirchen D 35 C6
Geilo N 4 F11
Geinsheim D 47 B4
Geisa D 37 C4
Geiselhöring D 48 C3
Geiselwind D 48 B1
Geisenfeld D 48 C2
Geisenhausen D 48 C3
Geisenheim D 47 B4
Geising D 38 C3
Geisingen D 47 D4
Geislingen, *Baden-Württemberg* D 47 C4
Geislingen, *Baden-Württemberg* D 47 C5
Geismar D 37 B4
Geistthal A 59 A5
Geisweid D 36 C3
Geithain D 38 B2
Geithus N 19 B6
Gela I 94 B3
Geldermalsen NL 35 B5
Geldern D 35 B6
Geldrop NL 35 B5
Geleen NL 35 C5
Gelibolu TR 15 R20
Gelida E 77 B4
Gellénháza H 60 B1
Gelnhausen D 36 C4
Gelsa E 76 B2
Gelse H 60 B2
Gelsenkirchen D 36 B2
Gelsted DK 25 C2
Geltendorf D 48 C2
Gelterkinden CH 56 A2
Gelting D 25 D2
Gelves E 85 B3
Gembloux B 35 C4
Gemeaux F 55 A5
Gemen D 36 B1
Gemenos F 65 C4
Gemerská Poloma SK 51 C6
Gemerská Ves SK 51 C6
Gemert NL 35 B5
Gemla S 26 C3
Gemmenich B 35 C5
Gemona del Friuli I 58 B3
Gémozac F 53 C4
Gemund D 35 C6
Gemünden, *Bayern* D 47 A5
Gemünden, *Hessen* D 36 C3
Genappe B 35 C4
Genarp S 27 D2
Genas F 55 C4
Génave E 87 A4
Genazzano I 89 B3
Gençay F 53 B5
Gencsapáti H 60 A1
Gendringen NL 35 B6
Genelard F 55 B4
Genemuiden NL 28 C3
Generalski Stol HR 69 A5
Genevad S 26 C2
Genève CH 55 B6
Genevriéres F 55 A5
Gengenbach D 47 C4
Genillé F 53 A6
Genk B 35 C5
Genkingen D 47 C5
Genlis F 55 A5
Gennep NL 35 B5
Genner DK 25 C2
Gennes F 53 A4
Genola I 66 B2
Genolhac F 64 B2
Génova I 66 B3
Genowefa PL 40 A2
Gensingen D 47 B3
Gent B 34 B3
Genthin D 38 A2
Gentioux F 54 C1
Genval B 35 C4
Genzano di Lucánia I 90 D3
Genzano di Roma I 88 B3
Georgenthal D 37 C5
Gera D 38 C2
Geraardsbergen B 34 C3
Gerabronn D 47 B5
Gerace I 95 A5
Geraci Siculo I 94 B3
Gérardmer F 46 C2
Geras A 50 C1
Gerasdorf A 50 C2
Gerbéviller F 46 C2
Gerbini I 95 B3
Gerbstedt D 37 B6
Gérce H 60 A2
Gerena E 85 B3
Geretsried D 48 D2
Gérgal E 87 B4
Gerindote E 80 C2
Geringswalde D 38 B2
Gerjen H 61 B3
Gerlingen D 47 C5
Gerlos A 58 A2
Germay F 46 C1
Germendorf D 31 C4
Germering D 48 C2
Germersheim D 47 B4
Gernrode D 37 B6
Gernsbach D 47 C4
Gernsheim D 47 B4
Geroda D 37 C4
Gerola Alta I 57 B4
Geroldsgrun D 37 C6
Gerolfingen D 48 B1
Gerolstein D 36 C1
Gerolzhofen D 48 B1
Gerona E 77 B5
Gerovo HR 59 C4
Gersfeld D 37 C4
Gerstetten D 47 C6
Gersthofen D 48 C1
Gerstungen D 37 C5
Gerswalde D 31 B4
Gerswil D 46 B2
Gertenbach D 37 B4
Gerzat F 54 C3
Gerzen D 48 C3
Gescher D 36 B1
Geseke D 36 B3
Geslau D 47 B6
Gespunsart F 45 B5
Gessertshausen D 48 C1
Gesté F 52 A3
Gesunda S 20 B5
Getafe E 80 B3
Getaria E 75 A4
Getinge S 26 C1
Geversdorf D 29 B6
Gevgelija MK 15 R18
Gevora del Caudillo E 79 C4
Gevrey-Chambertin F 55 A4
Gex F 55 B6
Gey D 35 C6
Geyer D 38 C2
Gföhl A 50 C1
Ghedi I 57 C5
Gheorgheni RO 11 N19
Ghi F 96 A3
Ghigo I 66 B2
Ghilarza I 96 C2
Ghisonaccia F 96 A3
Giardinetto I 90 C2
Giardini I 95 B4
Giarratana I 95 B3
Giarre I 95 B4
Giat F 54 C2
Giaveno I 66 A2
Giazza I 57 C6
Giba I 96 D2
Gibellina I 94 B1
Gibraleón E 85 B3
Gibraltar GBZ 85 C4
Gic H 60 A2
Giebelstadt D 47 B5
Gieboldehausen D 37 B5
Gielniów PL 41 B4
Gielow D 31 B3
Gien F 54 A2
Giengen D 47 C6
Giens F 65 C5
Gieselwerder D 37 B4
Gießen D 36 C3
Gieten NL 28 B3
Giethoorn NL 28 C3
Gifhorn D 30 C1
Giglio Porto I 88 A1
Gignac, *Aude* F 64 C2
Gignac, *Bouches-du-Rhône* F 65 C4
Gijón E 74 A1
Gilching D 48 C2
Gildehaus D 36 A2
Gilena E 86 B2
Gillberga S 21 C3
Gilleleje DK 27 C1
Gilley, *Doubs* F 56 A1
Gilley, *Saône-et-Loire* F 54 B3
Gillingham GB 3 L7
Gilocourt F 45 B3
Gilserberg D 36 C4
Gilze NL 35 B4
Gimborn D 36 B2
Gimo S 22 B4
Gimont F 63 C4
Ginasservis F 65 C4
Gingelom B 35 C5
Gingst D 31 A4
Ginosa I 93 A3
Ginsheim-Gustavsberg D 47 B4
Ginzling A 58 A1
Giöes P 84 B2
Gioia dei Marsi I 89 B4
Gióia del Colle I 90 D3
Gióia Sannitica I 89 B5
Gióia Táuro I 92 C2
Gioiosa Iónica I 95 A5
Gioiosa Marea I 95 A3
Giovinazzo I 90 C3
Girifalco I 93 C3
Giromagny F 46 D2
Girona see Gerona E 77 B5
Gironcourt F 46 C1
Gironella E 77 A4
Gironville-sous-les-Côtes F 46 C1
Girvan GB 3 J4
Gislaved S 26 B2
Gislev DK 25 C3
Gislövsläge S 27 D2
Gisors F 44 B2
Gissi I 89 A5
Gisslarbo S 23 C1
Gistad S 23 D1
Gistel B 34 B2
Gistrup DK 24 B3
Giubiasco CH 57 B4
Giugliano I 89 C5
Giulianova I 89 A4
Giurgiu RO 11 Q19
Give DK 25 C2
Givet F 45 A5
Givonne F 45 B6
Givors F 55 C4
Givry B 35 C4
Givry F 55 B4
Givskud DK 25 C2
Giżałki PL 40 A1
Gizeux F 53 A5
Giżycko PL 7 J17
Gizzeria I 92 C3
Gizzeria Lido I 92 C3
Gjedved DK 25 C2
Gjerlev DK 24 B3
Gjermundshamn N 18 A2
Gjerrild DK 24 B3
Gjerstad N 19 C6
Gjesås N 20 B3
Gjirokastër AL 15 R17
Gjøl DK 24 A2
Gjøvdal N 19 C5
Gjøvik N 20 B1
Gladbach D 36 C1
Gladbeck D 36 B1
Gladenbach D 36 C3
Glamoč BIH 70 B1
Glamsbjerg DK 25 C3
Glandage F 65 B4
Glandorf D 36 A2
Glanegg A 59 B4
Glanerbrug NL 36 A1
Glanshammar S 23 C1
Glarus CH 57 A4
Glasgow GB 3 J4
Glashütte, *Bayern* D 58 A1
Glashütte, *Hamburg* D 29 B7
Glashütte, *Sachsen* D 38 C3
Glastonbury GB 3 L5
Glattfelden CH 56 A3
Glauchau D 38 C2
Glava S 21 C3
Glavagglasbruk S 21 C3
Glavatičevo BIH 70 C3
Glavičice BIH 71 B4
Glebowice PL 51 B5
Gledica YU 71 C5
Glehn D 35 B6
Gleisdorf A 59 A5
Glénouze F 53 B4
Glenrothes GB 3 H5
Gleschendorf D 30 A1
Glesien D 38 B2
Gletsch CH 56 B3
Glimåkra S 27 C3
Glina HR 70 A1
Glinde D 29 B7
Glinojeck PL 33 C6
Gliwice PL 40 C2
Glöditz A 59 B4
Gloggnitz A 59 A5
Głogoczów PL 51 B5
Glogonj YU 71 B5
Glogów PL 39 B6
Głogów Małopolski PL 41 C5
Głogówek PL 40 C1
Glomel F 42 B2
Glommen S 26 C1
Glommersträsk S 5 D16
Glonn D 48 D2
Glorenza (Glurns) I 57 B5
Gloria P 78 B2
Glöstorp S 24 A4
Gloucester GB 3 L5
Glovelier CH 56 A2
Głowaczów PL 41 B5
Główczyce PL 32 A3
Glöwen D 30 C3
Głowno PL 40 B3
Gložan YU 71 A4
Głubczyce PL 40 C1
Głuchołazy PL 40 C1
Głuchów PL 41 B4
Głuchowo PL 39 A6
Glücksburg D 25 D2
Glückstadt D 29 B6
Glumsø DK 25 C4
Glušci YU 71 B4
Glusk BY 16 K21
Gluszyca PL 39 C6
Glyngøre DK 24 B1
Gmünd, *Karnten* A 58 B3
Gmünd, *Nieder Östereich* A 49 C5
Gmund D 48 D2
Gmunden A 49 D4
Gnesau A 59 B3
Gnesta S 23 C3
Gniechowice PL 39 C6
Gniew PL 33 B4
Gniewkowo PL 33 C4
Gniezno PL 32 C3
Gnoien D 31 B3
Gnojno PL 41 C4
Gnosjö S 26 B2
Goch D 35 B6
Gochsheim D 48 A1
Goddelsheim D 36 B3
Gódega di S. Urbano I 58 C2
Godegård S 23 D1
Godelheim D 37 B4
Goderville F 44 B1
Godiasco I 66 B4
Godkowo PL 33 A5
Gödöllo H 61 A4
Gödreszentmárton H 60 B2
Godzikowice PL 40 C1
Godziszewo PL 33 A4
Goes NL 34 B3
Goetzenbrück F 46 C3
Göggingen D 48 C1
Góglio I 56 B3
Gogolin PL 40 C2
Gohfeld D 36 A3
Göhren D 31 A4
Goirle NL 35 B5
Góis P 78 A2
Góito I 67 A5
Goizueta E 75 A5
Gojna Gora YU 71 C5
Gójsk PL 33 C5
Gol N 4 F11
Golada E 72 B2
Golańcz PL 32 C3
Golańcz-Pomorska PL 31 A6
Golbey F 46 C2
Golčuv Jenikov CZ 50 B1
Golczewo PL 31 B5
Goldach CH 57 A4
Goldbach D 47 A5
Goldbeck D 30 C2
Goldberg D 30 B3
Goldenstedt D 29 C5
Golega P 78 B2
Goleniów PL 31 B5
Goleša YU 71 C4
Golfo Aranci I 96 C3
Golina PL 40 A2
Gölle H 60 B3
Göllersdorf A 50 C2
Gollin D 31 B4
Golling A 58 A3
Gollocanta E 81 B5
Gols A 50 D2
Golspie GB 3 H5
Golßen D 38 B3
Golub-Dobrzyń PL 33 B5
Golubinci YU 71 B5
Golubovci YU 91 B6
Goluchów PL 40 B1
Golynim Stary PL 33 C6
Golzow D 38 A2
Gomagoi I 57 B5
Gómara E 75 C4
Gomaringen D 47 C5
Gomes Aires P 84 B1
Gómezserracin E 74 C2
Gommern D 37 A6
Gomulin PL 40 B3
Gonäs S 20 B6
Goncelin F 65 A5
Gończyce PL 41 B5
Gondomar E 72 B2
Gondomar P 73 C2
Gondrecourt-le-Château F 46 C1
Gondrin F 63 C4
Gönen TR 15 R20
Gonfaron F 65 C5
Goñi E 75 B5
Goni I 96 D3
Gonnesa I 96 D2
Gönningen D 47 C5
Gonnosfanádiga I 96 D2
Gönyü H 60 A2
Gonzaga I 67 B5
Gooik B 35 C4
Goole GB 3 K6
Goor NL 35 A6
Göpfritz a. d. Wild A 50 C1
Goppenstein CH 56 B2
Göppingen D 47 C5
Gor E 86 B4
Góra, *Leszno* PL 39 B6
Góra, *Plock* PL 33 C6
Góra Kalwaria PL 41 B5
Góra Pulawska PL 41 B5
Gorafe E 86 B3
Gorawino PL 31 B6
Goražde BIH 71 C3
Gorce PL 39 C6
Gorcy F 46 B1
Gordaliza del Pino E 74 B1
Gordejuela E 75 A3
Gørding DK 25 C1
Górdola CH 57 B3
Gordoncillo E 74 B1
Gorey IRL 3 K3
Gorgonzola I 57 C4
Gorican HR 60 B1
Gorinchem NL 35 B4
Goritsy RUS 16 H25
Göritz, *Brandenburg* D 38 A2
Göritz, *Mecklenburg-Vorpommern* D 31 B4
Gorízia I 58 C3
Gorleben D 30 B2
Gørlev DK 25 C4
Görlitz D 39 B4
Görliz E 75 A4
Görmin D 31 B4
Gorna Oryakhovitsa BG 11 Q19
Gornja Gorevnica YU 71 C5
Gornja Ploča HR 69 B5
Gornja Radgona SLO 59 B5
Gornja Sabanta YU 71 C6
Gornja Trešnjevica YU 71 B5
Gornja Tuzla BIH 71 B3
Gornje Polje YU 91 B5
Gornje Ratkovo BIH 70 B1
Gornji Grad SLO 59 B4
Gornji Klasnic HR 70 A1
Gornji Kosinj HR 69 B5
Gornji Milanovac YU 71 B5
Gornji Podgradci BIH 70 A2
Gornji Vakuf BIH 70 C2
Gornji Žabar BIH 71 B3
Górno PL 41 C4
Górowo Iławeckie PL 33 A6
Gorredijk NL 28 B3
Gorron F 43 B5
Gorssel NL 35 A6
Görzke D 38 A2
Gorzkowice PL 40 B3

Górzno PL 33 B5
Gorzów Śląski PL 40 B2
Gorzów Wielkopolski PL 31 C6
Górzyca PL 31 C5
Gorzyce PL 51 B4
Górzyn PL 39 B4
Gosaldo I 58 B1
Gosau A 58 A3
Göschenen CH 56 B3
Gościcino PL 32 A4
Gościęcin PL 40 C1
Gościeradow PL 41 C6
Gościno PL 32 A1
Gosdorf A 59 B5
Goslar D 37 B5
Goslice PL 33 C5
Gospić HR 69 B5
Gosport GB 3 L6
Gössäter S 21 D4
Gossau CH 57 A4
Goßhoflein A 50 D2
Gößnitz D 38 C2
Gostkow PL 40 B3
Göstling a.d. Ybbs A 49 D5
Gostomia PL 32 B2
Gostycyn PL 32 B3
Gostyń PL 39 B7
Gostynin PL 40 A3
Goszcz PL 40 B1
Goszczanowo PL 32 C1
Göta S 21 D3
Göteborg S 24 A4
Götene S 21 D4
Gotha D 37 C5
Gotse Delchev BG 15 R18
Gottersdorf D 49 C3
Göttingen D 37 B4
Gottwaldov (Zlin) CZ 50 B3
Götzis A 57 A4
Gouda NL 35 A4
Gouesnou F 42 B1
Gourdon F 63 B5
Gourin F 42 B2
Gournay-en-Bray F 44 B2
Goussancourt F 45 B4
Gouveia P 73 D3
Gouzeacourt F 45 A4
Gouzon F 54 B2
Govedari HR 91 B4
Govérnolo I 67 A5
Gowarczów PL 41 B4
Goyatz D 38 A4
Gózd PL 41 B5
Gozdnica PL 39 B5
Gozee B 35 C4
Gr. Poujeaux F 62 A3
Graal-Müritz D 30 A3
Grabenstätt D 48 D3
Grabovac HR 70 C2
Grabovac YU 71 B5
Grabovci YU 71 B4
Grabovnik YU 60 B1
Grabow D 30 B2
Grabow PL 41 B5
Grabów Łęczycki PL 40 A2
Grabów-nad-Prosną PL 40 B2
Grabs CH 57 A4
Gračac HR 69 B5
Gračanica BIH 70 B3
Gračanica YU 71 B4
Graçay F 54 A1
Grad SLO 59 B6
Gradac HR 70 C2
Gradac, *Crna Gora* YU 71 C4
Gradac, *Srbija* YU 71 C5
Gradačac BIH 70 B3
Gradec HR 60 C1
Gradefes E 74 B1
Grades A 59 B4
Gradignan F 62 B3
Gradil P 78 C1
Gradina HR 60 C2
Gradisca d'Isonzo I 58 C3
Gradišče SLO 59 B5
Gradište HR 71 A3
Grado E 72 A4
Grado I 58 C3
Gradzanowo Kościelne PL 33 C6
Græerup Strand DK 25 C1
Græsted DK 25 B5
Grafelfing D 48 C2
Grafenau D 49 C4
Gräfenberg D 48 B2
Grafendorf A 59 A5
Gräfenhainichen D 38 B2
Grafenschlag A 49 C6
Grafenstein A 59 B4
Gräfenthal D 37 C6
Grafentonna D 37 B5
Grafenwöhr D 48 B2
Grafing D 48 C2
Grafling D 49 C3
Grafrath D 48 C2
Gragnano I 89 C5
Grahovo SLO 59 B3
Grainau D 57 A6
Graja de Iniesta E 82 B1
Grajera E 75 C3
Gram DK 25 C2
Gramais A 57 A5
Gramat F 63 B5
Gramatneusiedl A 50 C2
Grambow D 31 B5
Grammichele I 95 B3
Gramzow D 31 B5
Gran N 19 A7
Granada E 86 B3
Granadella E 76 B3
Grañas E 72 A3
Granátula de Calatrava E 86 A3
Grancey-le-Château F 55 A5
Grand-Champ F 42 C3
Grand Couronne F 44 B2
Grandas de Salime E 72 A4
Grandcamp-Maisy F 43 A4
Grandcour CH 56 B1
Grândola P 84 A1
Grandpré F 45 B5
Grandrieu B 35 C4
Grandrieu F 64 B2
Grandson CH 56 B1
Grandvals F 64 B2
Grandvilliers F 44 B2
Grañén E 76 B2
Grangärde S 20 B5
Granges-de-Crouhens F 76 A3
Granges-sur-Vologne F 46 C2
Grängesberg S 20 B6
Gräningen D 30 C3
Granitola I 94 B1
Granja P 84 A2
Granja de Escarpe E 76 B3
Granja de Moreruelo E 74 C1
Granja de Torrehermosa E 79 C5
Gränna S 26 A3
Granollers E 77 B5
Granön S 5 D16
Granowo PL 39 A6
Gransee D 31 B4
Gransherad N 19 B6
Grantham GB 3 K6
Granville F 43 B4
Grao de Gandia E 82 C2
Grao de Sagunto E 82 B2
Grasleben D 37 A6
Graso S 22 B4
Grassano I 90 D3
Grassau D 48 D3
Grasse F 66 C1
Gråsten DK 25 D2
Grästorp S 21 D3
Gratkorn A 59 A5
Gratwein A 59 A5
Graulhet F 63 C6
Graus E 76 A3
Grávalos E 75 B5
Gravberget N 20 B3
Grave NL 35 B5
Gravedona I 57 B4
Gravelines F 34 B2
Gravellona Toce I 56 C3
's Gravendeel NL 35 B4
's Gravenhage NL 35 A4
Gravenpolder NL 34 B3
's Gravenzande NL 35 A4
Graveson F 65 C3
Gravina in Púglia I 90 D3
Gray F 55 A5
Grayvoron RUS 16 L24
Graz A 59 A5
Grazalema E 85 C4
Grazawy PL 33 B5
Grazzano Visconti I 67 B4
Greåker N 21 C2
Great Yarmouth GB 3 K7
Grebbested S 21 D2
Grebenstein D 37 B4
Grębocin PL 33 B4
Greding D 48 B2
Gredstedbro DK 25 C1
Greenock GB 3 J4
Grefrath D 35 B6
Gréggio I 56 C3
Greifenburg A 58 B3
Greiffenberg D 31 B4
Greifswald D 31 A4
Grein A 49 C5
Greipstad N 19 C4
Greiz D 38 C2
Gremersdorf D 30 A1
Grenå DK 24 B3
Grenade F 63 C5
Grenade-sur-l'Adour F 62 C3
Grenchen CH 56 A2
Grendi N 19 C4
Grenen DK 24 A3
Grenoble F 65 A4
Gréoux-les-Bains F 65 C4
Gresenhorst D 30 A3
Gressoney-la-Trinité I 56 C2
Gressoney-St.-Jean I 56 C2
Greßthal D 47 A6
Gressvik N 21 C1
Gresten A 49 D6
Gretna Green GB 3 J5
Greußen D 37 B5
Greve I 67 C6
Greven, *Mecklenburg-Vorpommern* D 30 B1
Greven, *Nordrhein-Westfalen* D 36 A2
Grevená GR 15 R17
Grevenbroich D 36 B1
Grevenbrück D 36 B3
Grevenmacher L 46 B2
Grevesmühlen D 30 B2
Grevestrand DK 25 C5
Grevie S 27 C1
Grez-Doiceau B 35 C4
Grez-en-Bouère F 43 C5
Grèzec F 63 B5
Grezzana I 57 C6
Grgurevci YU 71 A4
Gries A 58 A1
Gries D 47 B6
Gries F 47 C3
Gries in Sellrain A 57 A6
Griesbach D 49 C4
Griesheim D 47 B4
Grieskirchen A 49 C4
Griffen A 59 B4
Grignan F 65 B3
Grignano I 58 C3
Grigno I 58 B1
Grignols F 62 B3
Grignon F 55 C6
Grigny F 55 C4
Grijota E 74 B2
Grijpskerk NL 28 B3
Grillby S 23 C3
Grimaud F 65 C5
Grimbergen B 35 C4
Grimma D 38 B2
Grimmen D 31 A4
Grimmialp CH 56 B2
Grimsås S 26 B2
Grimsby GB 3 K6
Grimslöv S 26 C3
Grimstad N 19 C5
Grimstorp S 26 B3
Grindelwald CH 56 B3
Grindheim N 18 C4
Grindsted DK 25 C1
Griñón E 80 B3
Gripenberg S 26 B3
Gripsholm S 23 C3
Grisolles F 63 C5
Grisslehamn S 22 B4
Gröbers D 38 B2
Gröbming A 59 A3
Gröbzig D 37 B6
Grochów PL 41 A6
Grocka YU 71 B5
Grodig A 58 A3
Gröditz D 38 B3
Gródki PL 33 B6
Grodków PL 39 C7
Grodziec, *Bielsko-Biala* PL 51 B4
Grodziec, *Konin* PL 40 A2
Grodziec, *Legnica* PL 39 B5
Grodzisk Maz. PL 41 A4
Grodzisk Wielkopolski PL 39 A6
Groenlo NL 36 A1
Groesbeek NL 35 B5
Grohote HR 70 C1
Groitzsch D 38 B2
Groix F 42 C2
Grójec PL 41 B4
Grom PL 33 B6
Gromiljck BIH 70 C3
Grömitz D 30 A1
Gromo I 57 C4
Gronau, *Niedersachsen* D 37 A4
Gronau, *Nordrhein-Westfalen* D 36 A2
Grönenbach D 47 D6
Grong N 4 D13
Grönhögen S 27 C5
Gröningen, *Baden-Württemburg* D 47 B6
Groningen, *Sachsen-Anhalt* D 37 B6
Groningen NL 28 B3
Grono Rovereto CH 57 B4
Gronowo PL 33 A5
Grönskåra S 26 B4
Grootebroek NL 28 C2
Grootegast NL 28 B3
Gropello Cairoli I 66 A3
Grorud N 19 B7
Grósio I 57 B5
Grošnica YU 71 C5
Groß Beeren D 38 A3
Groß Berkel D 37 A4
Groß Denkte D 37 A5
Groß-Dölln D 31 C4
Groß-Gerau D 47 B4
Groß Gronau D 30 B1
Groß Ilsede D 37 A5
Groß Kreutz D 38 A2
Groß Lafferde D 37 A5
Groß Mehring D 48 C2
Groß Oesingen D 30 C1
Groß Reken D 36 B2
Groß Rosenburg D 38 B1
Groß Särchen D 38 B4
Groß Schneen D 37 B4
Groß Schönebeck D 31 C4
Groß Schweinbarth A 50 C2
Groß Umstadt D 47 B4
Groß Warnow D 30 B2
Groß Weikersdorf A 50 C2
Groß-Welle D 30 B3
Groß Wokern D 30 B3
Großalmerode D 37 B4
Großarl A 58 A3
Großbodungen D 37 B5
Großbothen D 38 B2
Großbotwar D 47 B5
Großburgwedel D 29 C6
Großchönau D 39 C4
Großenbrode D 30 A2
Großengottern D 37 B5
Großenhain D 38 B3
Grossenkneten D 29 C5
Großenlüder D 37 C4
Großensee D 30 B1
Großenzersdorf A 50 C2
Grossereix F 53 C6
Großerlach D 47 B5
Grosseto I 88 A2
Großgerungs A 49 C5
Großglobnitz A 49 C6
Großhabersdorf D 48 B1
Großhansdorf D 29 B7
Großharras A 50 C2
Großhartmannsdorf D 38 C3
Grosshöchstetten CH 56 B2
Großkrut A 50 C2
Großörner D 37 B6
Großpetersdorf A 60 A1
Großpertholz A 49 C5
Großpostwitz D 38 B4
Großraming A 49 D5
Großräschen D 38 B4
Grossrinderfeld D 47 B5
Großröhrsdorf D 38 B4
Großschirma D 38 C3
Großsiegharts A 50 C1
Großsölk A 59 A3
Großwarasdorf A 60 A1
Großwilfersdorf A 59 A6
Grostenquin F 46 C2
Grosszowice PL 40 C1
Grotli N 4 E10
Grottáglie I 93 A4
Grottaminarda I 90 C2
Grottammare I 89 A4
Grotte di Castro I 88 A2
Grotteria I 95 A5
Gróttole I 90 D3
Grouw NL 28 B2
Grove E 72 B2
Grožnjan HR 68 A3
Grua N 19 A7
Grube D 30 A2
Grubisno Polje HR 60 C2
Gruda HR 91 B5
Grude BIH 70 C2
Grudovo BG 15 Q20
Grudusk PL 33 B6
Grudze PL 41 A3
Grudziadz PL 33 B4
Grue N 20 B3
Gruissan F 64 C2
Grullos E 72 A4
Grumo Appula I 90 C3
Grums S 21 C4
Grünau i. Almtal A 49 D4
Grünbach a. Schneeberg A 50 D1
Grünberg D 36 C3
Grünburg A 49 D5
Gründelhardt D 47 B5
Grundforsen S 20 A3
Grundlsee A 59 A3
Grundsund S 21 D2
Grünenplan D 37 B4
Grunewald D 38 B3
Grungedal N 19 B4
Grunow D 38 A4
Grünsfeld D 47 B5
Grünstadt D 47 B4
Grünwald D 48 C2
Grünwald PL 33 B6
Grupa Graniczna PL 33 B4
Gruvberget S 22 A2
Gruyères CH 56 B2
Gryckbo S 22 B1
Gryfice PL 31 B6
Gryfino PL 31 B5
Gryfów Śląski PL 39 B5
Grymyr N 19 A7
Gryt S 23 D2
Grytgöl S 23 D1
Grythyttan S 21 C5
Grzmiaga PL 32 B2
Grzybno PL 31 B5
Grzybów PL 41 C5
Grzywna PL 33 B4
Gschnitz A 58 A1
Gschwend D 47 C5
Gstaad CH 56 B2
Gsteig CH 56 B2
Guadahortuna E 86 B3
Guadalajara E 81 B3
Guadalaviar E 81 B5
Guadalcanal E 85 A4
Guadalcázar E 85 B5
Guadalix de la Sierra E 80 B3
Guadálmez E 86 A2
Guadalupe E 80 C1
Guadamur E 80 C2
Guadarrama E 80 B2
Guadiaro E 85 C4
Guadix E 86 B3
Guagnano I 93 A4
Guagno F 96 A2
Guajar-Faragüit E 86 C3
Gualchos E 86 C3
Gualdo Tadino I 68 C2
Gualtien I 67 B5
Guarcino I 89 B4
Guarda P 73 D3
Guardamar del Segura E 87 A6
Guardão P 73 D2
Guardavalle I 93 C3
Guardea I 88 A3
Guárdia I 90 D2
Guárdia Sanframondi I 89 B5
Guardiagrele I 89 A5
Guardiarégia I 89 B5
Guardias Viejas E 87 C4
Guardiola de Berga E 77 A4
Guardo E 74 B2
Guareña E 79 C4
Guaro E 85 C5
Guarromán E 86 A3
Guasila I 96 D3
Guastalla I 67 B5
Gúbbio I 68 C2
Gubin PL 39 B4
Gubkin RUS 16 L25
Guča YU 71 C5
Gudavac BIH 70 B1
Gudbjerg DK 25 C3
Güderup DK 25 D2
Gudhem S 21 D4
Gudhjem DK 27 D3
Güdingen D 46 B3
Gudovac HR 60 C1
Gudvangen N 4 F10
Guebwiller F 46 D3
Guéjar-Sierra E 86 B3
Guéméné-Penfao F 52 A3
Güeñes E 75 A3
Guer F 43 C3
Guérande F 52 A2
Guéret F 54 B1
Guérigny F 54 A3
Guernica y Luno E 75 A4
Guerricaiz E 75 A4
Guesa E 76 A1
Guèthary F 62 C2
Gueugnon F 55 B4
Guglionesi I 89 B5
Gühlen Glienicke D 31 B3
Guia P 78 B2
Guichen F 43 C4
Guidizzolo I 67 A5
Guidónia I 88 B3
Guiglia I 67 B5
Guignes F 45 C3
Guijo E 86 A2
Guijo de Coria E 79 A4
Guijo de Granadilla E 79 A4
Guijo de Santa Bábera E 79 A5
Guijuelo E 80 B1
Guildford GB 3 L6
Guillaumes F 65 B5
Guillena E 85 B3
Guillestre F 65 B5
Guilvinec F 42 C1
Guimarães P 73 C2
Guincho P 78 C1
Guînes F 34 C1
Guingamp F 42 B2
Guipavas F 42 B1
Guisando E 80 B1
Guiscard F 45 B4
Guiscriff F 42 B2
Guise F 45 B4
Guisona E 77 B4
Guitiriz E 72 A3
Guîtres F 62 A3
Gujan Mestras F 62 B2
Gulbene LV 16 H20
Guldborg DK 25 D4
Gulin HR 69 C5
Gullabo S 26 C4
Gullaskruv S 26 C4
Gullbrandstorp S 26 C1
Gulleråsen S 22 A1
Gullhaug N 19 B7
Gullholmen S 21 D2
Gullringen S 26 B4
Gullspång S 21 D5
Güllük TR 15 T20
Gulsvik N 19 A6
Gumiel de Hizán E 74 C3
Gummersbach D 36 B2
Gundel-Fingen D 47 C3
Gundelfingen D 48 C1
Gundelsheim D 47 B5
Gundershoffen F 46 C3
Gundinci HR 70 A3
Gunnarn S 4 D15
Gunnarskog S 20 C3
Gunnebo S 26 B5
Gunselsdorf A 50 D2
Güntersberge D 37 B5
Guntersblum D 47 B4
Guntersdorf A 50 C2
Guntín de Pallarés E 72 B3
Guntramsdorf A 50 C2
Guny F 45 B4
Günzburg D 48 C1
Gunzenhausen D 48 B1
Guriezo E 75 A3
Gurk A 59 B4
Gurrea de Gállego E 76 A2
Guryevsk RUS 33 A6
Gušće HR 60 C1
Güsen D 38 A1
Gusev RUS 7 J18
Gúspini I 96 D2
Gusselby S 23 C1
Güssing A 60 A1
Gußwerk A 49 D6
Gustav Adolf S 20 B4
Gustavsberg S 23 C4
Gustavsfors S 21 C3
Güstrow D 30 B3
Gusum S 23 D2
Gutenstein A 50 D1
Gütersloh D 36 B3
Guttannen CH 56 B3
Guttaring A 59 B4
Guttau D 38 B4
Güttingen CH 57 A4
Gützkow D 31 B4
Guzów PL 41 A4
Gvardeyskoye RUS 33 A6
Gvardieysk RUS 33 A7
Gvozdansko HR 70 A1
Gwda Wielka PL 32 B2
Gy F 55 A5
Gyál H 61 A4
Gyarmat H 60 A2
Gye-sur-Seine F 45 C5
Gyékényes H 60 B2
Gyland N 18 C3
Gylling DK 25 C3
Gyögyössolymòs H 51 D5
Gyoma H 61 B5
Gyömöre H 60 A2
Gyömrö H 61 A4
Gyón H 61 A4
Gyöngyfa H 60 C2
Gyöngyös H 51 D5
Gyöngyöspata H 51 D5
Gyönk H 61 B3
Györ H 60 A2
Györszemere H 60 A2
Györzentivan H 60 A2
Györvár H 60 B1
Gypsera CH 56 B2
Gysinge S 22 B2
Gyttorp S 21 C5
Gyula H 11 N17
Gyulafirátót H 60 A2
Gyulaj H 60 B3

H

Haacht B 35 C4
Haag, *Nieder Östereich* A 49 C5
Haag, *Ober Östereich* A 49 C4
Haag D 48 C3
Haaksbergen NL 36 A1
Haamstede NL 34 B3
Haan D 36 B2
Haapajärvi FIN 5 E19
Haapsalu EST 7 G18
Haar D 48 C2
Haarlem NL 35 A4
Habas F 62 C3
Habay-la-Neuve B 46 B1
Habo S 26 B3
Habry CZ 50 B1
Habsheim F 56 A2
Hachenburg D 36 C2
Hacinas E 75 C3
Hadamar D 36 C3
Haderslev DK 25 C2
Hadmersleben D 37 A6
Hadres A 50 C2
Hadsen DK 24 B3
Hadsten DK 25 B3
Hadsund DK 24 B3
Hadyach UA 16 L24
Hadžici BIH 70 C3
Hægebostad N 18 C4
Hægeland N 19 C4
Haffkrug D 30 A1
Haganj HR 60 C1
Hagby S 26 C5
Hage D 28 B4
Hagen, *Niedersachsen* D 29 B5
Hagen, *Nordrhein-Westfalen* D 36 B2
Hagenbach D 47 B4
Hagenberg A 49 C5
Hagenburg D 29 C6
Hagenow D 30 B2
Hagetmau F 62 C3
Hagfors S 20 B4
Hagsta S 22 B3
Haguenau F 47 C3
Hahnbach D 48 B2
Hahnstäten D 36 C3
Hahót H 60 B1
Haiger D 36 C3
Haigerloch D 47 C4
Hailer D 36 C4
Hainburg A 50 C2
Hainfeld A 50 C1
Hainichen D 38 C3
Haitzendorf A 50 C1
Hajdúböszörmény H 11 N17
Hajdučica YU 71 A5
Hajdúszoboszló H 11 N17
Hajmásker H 60 A3
Hajnáčka SK 51 C5
Hajnówka PL 7 K18
Hajós H 61 B4
Håkantorp S 21 D3
Hakkas S 5 C17
Håksberg S 22 B1
Halanzy B 46 B1
Halaszi H 50 D3
Halberstadt D 37 B6
Hald DK 24 B2
Haldem D 36 A3
Halden N 21 C2
Haldensleben D 37 A6
Haldern D 35 B6
Halenbeck D 30 B3
Halenkov CZ 51 B4
Halfing D 48 D3
Halič SK 51 C5
Halifax GB 3 K6
Häljarp S 27 D1
Hallabro S 27 C4
Hällabrottet S 23 C1
Hallaskar N 18 A4
Hällberga S 23 C2
Hällbybrunn S 23 C2
Halle B 35 C4
Halle, *Nordrhein-Westfalen* D 36 A3
Halle, *Sachsen-Anhalt* D 38 B1
Hällefors S 20 C5
Hälleforsnäs S 23 C2
Hallein A 58 A3
Hällekis S 21 D4
Hallenberg D 36 B3
Hallestad S 23 D1
Hällevadsholm S 21 D2
Hällevik S 27 C3
Hällevikstrand S 21 D2
Hållnäs S 22 B3
Hallsberg S 23 C1
Hällsta S 23 C2
Hallstadt D 48 B1
Hallstahammar S 23 C1
Hallstatt A 58 A3
Hallstavik S 22 B4
Halltorp S 26 C5
Halluin F 34 C3
Halmstad S 26 C1
Hals DK 24 B3
Halstenbek D 29 B6
Haltdalen N 4 E12
Haltern D 36 B2
Halvarsgårdarna S 22 B1
Halver D 36 B2
Halvrimmen DK 24 A2
Ham F 45 B4
Hamar N 20 B2
Hambach F 46 B3
Hambergen D 29 B5
Hambergsund S 21 D2
Hambuhren D 29 C6
Hamburg D 29 B7
Hamdorf D 29 A6
Hämeenlinna FIN 5 F19
Hameln D 37 A4
Hamersleben D 37 A6
Hamilton GB 3 J4
Hamina FIN 5 F20
Hamm, *Nordrhein-Westfalen* D 36 B2
Hamm, *Nordrhein-Westfalen* D 36 B2
Hammar S 21 D5
Hammarn S 20 C5
Hamme B 35 B4
Hammel DK 25 B2
Hammelburg D 47 A5
Hammelspring D 31 B4
Hammenhög S 27 D3
Hammeren DK 27 D3
Hammerfest N 4 A18
Hammershøj DK 24 B2
Hammerum DK 25 B2
Hamminkeln D 36 B1
Hamneda S 26 C2
Hamont B 35 B5
Hamrångefjärden S 22 B3
Han Pijesak BIH 71 B3
Hanaskog S 27 C3
Hanau D 47 A4
Handewitt D 25 D2
Handlová SK 51 C4
Handorf D 30 B1
Hanerau-Hademarschen D 29 A6
Hanfthal A 50 C2
Hänigsen D 30 C1
Hanken S 21 D5
Hankensbüttel D 30 C1
Hanko FIN 5 G18
Hannover D 37 A4
Hannut B 35 C5
Hansjö S 20 A5
Hansted DK 25 C2
Hanstedt D 29 B7
Hanstholm DK 24 A1
Hantsavichy BY 16 K20
Hanušovice CZ 39 C6
Haparanda S 5 D19
Haradok BY 16 J21
Harads S 5 C17
Häradsbäck S 26 C3
Häradsbygden S 20 B6
Harbo S 22 B3
Harboør DK 24 B1
Harburg, *Bayern* D 48 C1
Harburg, *Hamburg* D 29 B6
Hårby DK 25 C3
Harcourt F 46 B1
Hardegarijp NL 28 B2
Hardegsen D 37 B4
Hardelot Plage F 34 C1
Hardenbeck D 31 B4
Hardenberg NL 28 C3
Harderwijk NL 35 A5
Hardheim D 47 B5
Hardt D 47 C4
Hareid N 4 E10
Harelbeke B 34 C3
Haren D 28 C4
Haren NL 28 B3
Harestua N 19 A7
Harfleur F 43 A6
Harg S 22 B4
Hargarten F 46 B2
Hargicourt F 45 B4
Hargnies F 45 A5
Hargshamn S 22 B4
Harkány H 60 C3
Harkebrügge D 29 B4
Harlech GB 3 K4
Hårlev DK 25 C5
Harlingen NL 28 B2
Harlingerode D 37 B5
Härlösa S 27 D2
Harlow GB 3 L7
Harmanec SK 51 C5
Harnes F 34 C2
Härnevi S 23 C3
Härnösand S 4 E15
Haro E 75 B4
Háromfa H 60 B2
Haroué F 46 C2
Harplinge S 26 C1
Harpstedt D 29 C5
Harrogate GB 3 K6
Härryda S 24 A5
Harsefeld D 29 B6
Harsewinkel D 36 B3
Hârşova RO 11 P20
Harstad N 4 B15
Harsum D 37 A4
Harta H 61 B4
Hartberg A 59 A5
Hartennes F 45 B4
Hartha D 38 B2
Hartlepool GB 3 J6
Hartmanice CZ 49 B4
Hartmannsdorf A 59 A5
Hartmannsdorf D 38 C2
Hartmannshof D 48 B2
Harwich GB 3 L7
Harzgerode D 37 B6
Häselgehr A 57 A5
Haselünne D 29 C4
Haslach D 47 C4
Haslach a.d. Mühl A 49 C5
Hasle DK 27 D3
Haslev DK 25 C4
Hasnon F 34 C3
Hasparren F 62 C2
Haspres F 34 C3
Haßbergen D 29 C6
Hasselfelde D 37 B5
Hasselfors S 21 C5
Hasselt B 35 C5
Hasselt NL 28 C3
Haßfurt D 48 A1
Hassle S 21 D4
Haßleben D 31 B4
Hässleholm S 27 C2
Hasslö S 27 C4
Haßloch D 47 B4
Hastbergen D 36 A2
Hästholmen S 21 D5
Hastière-Lavaux B 35 C4
Hastings GB 3 L7
Hästveda S 27 C2
Hatlestrand N 18 A2
Hattem NL 35 A6
Hatten D 29 B5
Hatten F 47 C3
Hatting DK 25 C2
Hattingen D 36 B2
Hattstadt F 46 C3
Hattstedt D 29 A6
Hatvan H 61 A4
Hau D 35 B6
Haubourdin F 34 C2
Haudainville F 46 B1
Haudan F 46 B1
Hauge N 18 C3
Haugesund N 18 B2
Haughom N 18 C3
Haugsdorf A 50 C2
Haukeland N 18 A2
Haukeligrend N 18 B4
Haukipudas FIN 5 D19
Haulerwijk NL 28 B3
Haunersdorf D 48 C3
Haunstetten D 48 C1
Hausach D 47 C4
Hausbrunn A 50 C2
Hausham D 48 D2
Hausmannstätten A 59 B5
Haut-Fays B 45 A6
Hautefort F 63 A5
Hauteluce F 56 C1
Hauterives F 65 A4
Hauteville-Lompnes F 55 C5
Hautmont F 34 C3
Hautrage B 34 C3
Hauzenberg D 49 C4
Havant GB 3 L6
Havdrup DK 25 C5
Havelange B 35 C5
Havelberg D 30 C3
Havelte NL 28 C3
Haverfordwest GB 3 L4
Håverud S 21 D3
Havířov CZ 51 B4
Havixbeck D 36 B2
Hävla S 23 D1
Havlíčkova Borová CZ 50 B1
Havlíčkuv Brod CZ 50 B1
Havnbjerg DK 25 C2
Havndal DK 24 B3
Havneby DK 25 C1
Havrebjerg DK 25 C4
Havstenssund S 21 D2
Hawick GB 3 J5
Hayange F 46 B2
Hayrabolu TR 15 R20
Haysyn UA 11 M21
Hayvoron UA 11 M21
Hazas E 75 A3
Hazebrouck F 34 C2
Hazlov CZ 38 C2
Héas F 76 A3
Heberg S 26 C1
Heby S 22 C2
Hechingen D 47 C4
Hechlingen D 48 C1
Hecho E 76 A2
Hechtel B 35 B5
Hechthausen D 29 B6
Heckelberg D 31 C4
Hecklingen D 37 B6
Hedared S 26 B1
Hedby S 20 B5
Heddal N 19 B6
Héde F 43 B4
Hede, *Jämtlands* S 4 E13
Hede, *Kopparberg* S 22 B2
Hedekas S 21 D2
Hedemora S 22 B1
Hedensted DK 25 C2
Hedersleben D 37 B6
Hedesunda S 22 B2
Heede D 28 C4
Heeilaart B 35 C4
Heek D 36 A2
Heemskerk NL 28 C1
Heemstede NL 35 A4
Heepen D 36 A3
Heer NL 35 C5
Heerde NL 35 A6
Heerenberg NL 35 B6
Heerenveen NL 28 C2
Heerhugowaard NL 28 C1
Heerlen NL 35 C5
Heesch NL 35 B5
Heessen D 36 B2
Heeze NL 35 B5
Hegyeshalom H 50 D3
Heias N 21 C2
Heide D 29 A6
Heidelberg D 47 B4
Heiden D 36 B1
Heidenau D 38 C3
Heidenheim D 47 C6
Heidenreichstein A 49 C6
Heikendorf D 30 A1
Heilbronn D 47 B5
Heiligenberg D 47 D5
Heiligenblut A 58 A2
Heiligendamn D 30 A2
Heiligendorf D 37 A5
Heiligengrabe D 30 B3
Heiligenhafen D 30 A1
Heiligenhaus D 36 B1
Heiligenkreuz A 60 A1
Heiligenstadt, *Bayern* D 48 B2
Heiligenstadt, *Thüringen* D 37 B5
Heiligenstedten D 29 B6
Heiloo NL 28 C1
Heilsbronn D 48 B1
Heimbach-Weis D 36 C2
Heimburg D 37 B5
Heimdal N 4 E12
Heinerscheid L 46 A2
Heinersdorf D 31 C5
Heining D 49 C4
Heiningen, *Baden-Würtemberg* D 47 C5
Heiningen, *Niedersachsen* D 37 A5
Heino NL 35 A6
Heinola FIN 5 F20
Heinsberg D 35 B6
Heinsch B 46 B1
Heinseter N 19 A4
Heisfelde D 29 B4
Heist B 34 B3
Heist-op-d-Berg B 35 B4
Heitersheim D 46 D3
Hejls DK 25 C2
Hel PL 33 A4
Hel'pa SK 51 C5
Helbra D 37 B6
Helchteren B 35 B5
Heldburg D 37 C5
Heldrungen D 37 B6
Helechosa E 80 C2
Helfenberg A 49 C5
Helgen N 19 B6
Helgenäs S 26 B5
Helgeroa N 19 C6
Helle N 18 C3
Hellebæk S 27 C1
Helleland N 18 C3
Hellendoorn NL 35 A6
Hellenthal D 35 C6
Hellesylt N 4 E10

Hellevad DK 24 A3
Hellevoetsluis NL 35 B4
Hellín E 82 C1
Hellvik N 18 C2
Helmbrechts D 37 C6
Helmond NL 35 B5
Helmsdale GB 3 G5
Helmstedt D 37 A5
Helsingborg S 27 C1
Helsinge DK 25 B5
Helsingør DK 27 C1
Helsinki FIN 5 F19
Hemau D 48 B2
Hemer D 36 B2
Hemiksem B 35 B4
Héming F 46 C2
Hemmendorf D 37 A4
Hemmet DK 25 C1
Hemmingstedt D 29 A6
Hemmoor D 29 B6
Hemnesberget N 4 C13
Hemsedal N 4 F11
Hemslingen D 29 B6
Hen N 19 A7
Henån S 21 D2
Hendaye F 62 C2
Hendungen D 37 C5
Hengelo, *Gelderland* NL 35 A6
Hengelo, *Overijssel* NL 36 A1
Hengersberg D 49 C4
Hénin-Beaumont F 34 C2
Henndorf a.W. A 49 D4
Henne Strand DK 25 C1
Henneberg D 37 C5
Hennebont F 42 C2
Hennef D 36 C2
Hennickendorf D 38 A3
Hennigsdorf D 31 C4
Hennstedt D 29 A6
Henrichemont F 54 A2
Henryków PL 39 C7
Henrykowo PL 33 A6
Henstedt-Ulzburg D 29 B6
Heppenheim D 47 B4
Herad N 18 C3
Heradsbygd N 20 B2
Herálec CZ 50 B2
Herand N 18 A3
Herbault F 53 A6
Herbern D 36 B2
Herbeumont B 46 B1
Herbignac F 52 A2
Herbisse F 45 C5
Herbitzheim F 46 B3
Herbolzheim D 47 C3
Herborn D 36 C3
Herbrechtingen D 47 C6
Herbsleben D 37 B5
Herby PL 40 C2
Hercegnovi YU 91 B5
Hercegovać HR 60 C2
Hercegszántó H 61 C3
Herchen D 36 C2
Herdecke D 36 B2
Herderen B 35 C5
Heréd H 61 A4
Hereford GB 3 K5
Herefoss N 19 C5
Herencia E 81 C3
Herent B 35 C4
Herentals B 35 B4
Herenthout B 35 B4
Hérépian F 64 C2
Herfølge DK 25 C5
Herford D 36 A3
Hergiswil CH 56 B3
Herguijuela E 79 B5
Héric F 52 A3
Héricourt F 56 A1
Héricourt-en-Caux F 44 B1
Hérimoncourt F 56 A1
Heringen D 37 C5
Heringsdorf, *Mecklenburg-Vorpommern* D 31 B5
Heringsdorf, *Schleswig-Holstein* D 30 A2
Herisau CH 57 A4
Hérisson F 54 B2
Herk-de-Stad B 35 C5
Herlufmagle DK 25 C4
Hermagor A 58 B3
Hermannsburg D 30 C1
Heřmanuv Městec CZ 50 B1
Hermeskeil D 46 B2
Hermisende E 73 C4
Hermonville F 45 B4
Hermsdorf D 37 C6
Hernani E 75 A5
Hernansancho E 80 B2
Herne B 35 C4
Herne D 36 B2
Hernes N 20 B2
Herning DK 25 B1
Heroldsberg D 48 B2
Herøya N 19 B6
Herradura E 85 B4
Herramelluri E 75 B4
Herräng S 22 B4
Herre N 19 B6
Herrenalb D 47 C4
Herrenberg D 47 C4
Herrera E 86 B2
Herrera de Alcántara E 78 B3
Herrera de los Navarros E 76 B1
Herrera de Pisuerga E 74 B2
Herrera del Duque E 80 C1
Herrerias E 84 B2
Herreros del Suso E 80 B1
Herreruela E 79 B4
Herringen D 36 B2
Herrlisheim F 47 C3
Herrljunga S 26 A2
Herrnburg D 30 B1
Herrnhut D 39 B4
Herrsching D 48 D2
Hersbruck D 48 B2
Herscheid D 36 B2
Herseaux B 34 C3
Herselt B 35 B4
Herserange F 46 B1
Herstal B 35 C5
Herten D 36 B2
's Hertogenbosch NL 35 B5
Hervás E 79 A5
Herxheim D 47 B4
Herzberg, *Brandenburg* D 31 C3
Herzberg, *Brandenburg* D 38 B3
Herzberg, *Niedersachsen* D 37 B5
Herzebrock D 36 B3
Herzfelde D 31 C4
Herzlake D 29 C4
Herzogenaurach D 48 B1
Herzogenbuchsee CH 56 A2
Herzogenburg A 50 C1
Herzsprung D 30 B3
Hesby N 18 B2
Hesdin F 34 C2
Hesel D 29 B4
Hésingue F 56 A2
Hesperange L 46 B2
Hess Oldendorf D 37 A4
Hesselager DK 25 C3
Hessen D 37 A5
Heßisch Lichtenau D 37 B4
Hestra S 26 B2
Hetlevik N 18 A2
Hettange F 46 B2
Hettenhausen D 37 C4
Hettstedt D 37 B6
Hetzerath D 46 B2
Heuchin F 34 C2
Heudicourt F 46 C1
Heunezel F 46 C2
Heuqueville F 43 A6
Heusden, *Flandre Orientale* B 34 B3
Heusden, *Limburg* B 35 B5
Heusden NL 35 B5
Heustreu D 37 C5
Heusweiler D 46 B2
Heverlee B 35 C4
Heves H 61 A5
Héviz H 60 B2
Hexham GB 3 J5
Heyrieux F 55 C5
Hidas H 61 B3
Hieflau A 59 A4
Hiersac F 53 C5
High Wycombe GB 3 L6
Higuera de Arjona E 86 B3
Higuera de Calatrava E 86 B2
Higuera de la Serena E 79 C5
Higuera de la Sierra E 85 B3
Higuera de Vargas E 79 C4
Higuera la Real E 85 A3
Higuers de Llerena E 79 C4
Higueruela E 82 C1
Hijar E 76 B2
Hijate E 87 B4
Hilchenbach D 36 B3
Hildburghausen D 37 C5
Hilden D 36 B1
Hilders D 37 C4
Hildesheim D 37 A4
Hilgartsberg D 49 C4
Hillared S 26 B2
Hille D 36 A3
Hillegom NL 35 A4
Hillentrup D 36 A4
Hillerød DK 27 D1
Hillerstorp S 26 B2
Hillesheim D 36 C1
Hillestad N 19 B7
Hillmersdorf D 38 B3
Hilpoltstein D 48 B2
Hiltenfingen D 48 C1
Hilter D 36 A3
Hiltpoltstein D 48 B2
Hiltrup D 36 B2
Hilvarenbeek NL 35 B5
Hilversum NL 35 A5
Himarë AL 15 R16
Himberg A 50 C2
Himesháza H 61 B3
Himmelberg A 59 B4
Himmelpforten D 29 B6
Hímód H 60 A2
Hindås S 26 B1
Hindelang D 57 A5
Hindelbank CH 56 A2
Hindenberg D 30 C2
Hinjosa del Valle E 79 C4
Hinnerup DK 25 B3
Hinojal E 79 B4
Hinojales E 85 A3
Hinojos E 85 B3
Hinojosa del Duque E 79 C5
Hinojosas de Calatrava E 86 A2
Hinrichshagen D 30 A3
Hinterhornbach A 57 A5
Hinterriß A 58 A1
Hintersee A 58 A3
Hintersee D 31 B5
Hinterstoder A 59 A4
Hintertux A 58 A1
Hinwil CH 56 A3
Hippolytushoef NL 28 C1
Hirchhorn D 47 B4
Hirschaid D 48 B1
Hirschau D 48 B2
Hirschberg D 37 C6
Hirschfeld D 38 B3
Hirschfelde D 39 C4
Hirsingue F 56 A2
Hirson F 45 B5
Hirtenberg A 50 D2
Hirtshals DK 24 A2
Hirzenhain D 36 C4
Hishult S 27 C2
Hittarp S 27 C1
Hittfeld D 29 B6
Hittisau A 57 A4
Hitzacker D 30 B2
Hitzkirch CH 56 A3
Hjallerup DK 24 A3
Hjältevad S 26 B4
Hjärnarp S 27 C1
Hjartdal N 19 B5
Hjelmelandsvågen N 18 B3
Hjerkinn N 4 E11
Hjerm DK 24 B1
Hjerpsted DK 25 C1
Hjerting DK 25 C1
Hjo S 21 D5
Hjordkær DK 25 C2
Hjørring DK 24 A2
Hjorted S 26 B5
Hjortkvarn S 23 D1
Hjortnäs S 20 B5
Hjortsberga S 26 C3
Hjuksebø N 19 B6
Hjulsbro S 23 D1
Hlinik n.H. SK 51 C4
Hlinsko CZ 50 B1
Hlohovec SK 50 C3
Hluboká n. Vltavou CZ 49 B5
Hlučin CZ 51 B4
Hlukhiv UA 16 L23
Hlyboka UA 11 M19
Hlybokaye BY 16 J20
Hnilčik SK 51 C6
Hnilec SK 51 C6
Hnúšťa Likier SK 51 C5
Hoboken B 35 B4
Hobro DK 24 B2
Hobscheid L 46 B1
Hochburg Ach A 49 C3
Hochdahl D 36 B1
Hochdonn D 29 A6
Hochdorf CH 56 A3
Hochfelden F 46 C3
Hochspeyer D 47 B3
Höchstadt, *Bayern* D 48 B1
Höchstädt, *Bayern* D 48 C1
Hochstätt D 48 D3
Hochstenbach D 36 C2
Hockenheim D 47 B4
Hodejov SK 51 C5
Hodenhagen D 29 C6
Hodkovice CZ 39 C5
Hódmezövásárhely H 61 B5
Hodonín CZ 50 C3
Hodos SLO 60 B1
Hodošan HR 60 B1
Hodoscsépány H 51 C6
Hodslavice CZ 51 B4
Hoedekenskerke NL 35 B3
Hoegaarden B 35 C4
Hoek van Holland NL 35 B4
Hoenderlo NL 35 A5
Hoensbroek NL 35 C5
Hoeselt B 35 C5
Hoetmar D 36 B2
Hof D 38 C1
Hof N 19 B7
Hof a. Leithageb. A 50 D2
Hofbieber D 37 C4
Hofgeismar D 37 B4
Hofheim, *Bayern* D 37 C5
Hofheim, *Hessen* D 47 A4
Hofkirchen i. M. A 49 C4
Hofors S 22 B2
Höganäs S 27 C1
Högäs S 21 D2
Högbo S 22 B2
Hogdal N 21 C2
Högfors S 20 C6
Högsater S 21 D3
Högsby S 26 B5
Högsjö S 23 C1
Högyész H 60 B3
Hohegeiß D 37 B5
Hohen Neuendorf D 31 C4
Hohenaschau D 48 D3
Hohenau A 50 C2
Hohenberg A 50 D1
Hohenbrunn D 48 C2
Hohenbuck D 38 B3
Hohenburg D 48 B2
Hoheneich A 49 C6
Hohenems A 57 A4
Hohenfurch D 48 D1
Hohengandern D 37 B4
Hohenhameln D 37 A5
Hohenhaslach D 47 B5
Hohenhausen D 36 A3
Hohenkammer D 48 C2
Hohenleipisch D 38 B3
Hohenleuben D 38 C2
Hohenlimburg D 36 B2
Hohenlinden D 48 C3
Hohenlockstedt D 29 B6
Hohenmölsen D 38 B2
Hohennauen D 30 C3
Hohenpeißenberg D 48 D2
Hohenruppersdorf A 50 C2
Hohenseeden D 38 A2
Hohenstadt D 48 B2
Hohenstein-Ernstthal D 38 C2
Hohentauern A 59 A4
Hohentengen D 56 A3
Hohenthann D 48 D2
Hohenwepel D 36 B4
Hohenwested D 29 A6
Hohenwutzen D 31 C5
Hohn D 29 A6
Hohne D 30 C1
Höhnhart A 49 C4
Hohnstein D 38 C4
Hohnstorf D 30 B1
Hohultslätt S 26 C4
Højer DK 25 D1
Højslev Stby DK 24 B2
Hok S 26 B3
Hökåsen S 23 C2
Hokenkirchen D 29 B4
Hökerum S 26 B2
Hökhuvud S 22 B4
Hokksund N 19 B6
Hökön S 26 C3
Holbæk, *Aarhus Amt.* DK 24 B3
Holbæk, *Vestsjællands Amt.* DK 25 C4
Holdenstedt D 30 C1
Holdhus N 18 A2
Holdorf D 29 C5
Holeby DK 25 D4
Hølen N 19 B7
Holešov CZ 50 B3
Holguera E 79 B4
Holíč SK 50 C3
Holice CZ 39 C5
Holice Kračany SK 50 D3
Höljes S 20 B3
Hollabrunn A 50 C2
Hollage D 36 A2
Høllen N 19 C4
Hollenstein a.d. Ybbs A 49 D5
Hollfeld D 48 B2
Hollum NL 28 B2
Höllviksnäs S 27 D1
Holm D 29 B6
Holmedal S 21 C2
Holmegil N 21 C2
Holmestrand N 19 B7
Holmsbu N 19 B7
Holmsjö S 27 C4
Holmsund S 5 E17
Holmsveden S 22 A2
Hölö S 23 C3
Holsby S 26 B4
Holsljunga S 26 B1
Holstebro DK 24 B1
Holsted DK 25 C1
Holt N 19 C5
Holten NL 35 A6
Holtorf D 29 C6
Holtwick D 36 A2
Holum N 18 C4
Holwerd NL 28 B2
Holyhead GB 3 K4
Holýšov CZ 49 B4
Holzdorf D 38 B3
Holzgerlingen D 47 C5
Holzhausen D 36 A3
Holzheim D 48 C1
Holzkirchen D 48 D2
Holzminden D 37 B4
Holzthaleben D 37 B5
Holzweißig D 38 B2
Homberg, *Hessen* D 36 C3
Homberg, *Hessen* D 37 B4
Homberg, *Nordrhein-Westfalen* D 36 B1
Hombleux F 45 B3
Homblières F 45 B4
Hombourg-Hauf F 46 B2
Homburg D 46 B3
Hommelvik N 4 E12
Hommersåk N 18 C2
Hommerts NL 28 C2
Homokmegy H 61 B4
Homokszentgyörgy H 60 B2
Homyel BY 16 K22
Hondarribia E 75 A5
Hondón de los Frailes E 82 C2
Hondschoote F 34 C2
Hönebach D 37 C4
Hønefoss N 19 A7
Honfleur F 43 A6
Høng DK 25 C4
Hönningen D 36 C1
Honningsvåg N 4 A20
Hönö S 24 A4
Honrubia E 81 C4
Hontalbilla E 74 C2
Hontanar E 82 A1
Hontianske-Nemce SK 51 C4
Hontoria de la Cantera E 75 B3
Hontoria de Valdearados E 75 C3
Hontoria del Pinar E 75 C3
Hoofddorp NL 35 A4
Hoogerheide NL 35 B4
Hoogeveen NL 28 C3
Hoogezand NL 28 B3
Hoogkerk NL 28 B3
Hoogstede Bathorn D 28 C3
Hoogstraten B 35 B4
Hooksiel D 29 B5
Höör S 27 D2
Hoorn NL 28 C2
Hopfgarten A 58 A2
Hopfgarten in Defereggen A 58 B2
Hôpital F 46 B2
Hopsten D 36 A2
Hoptrup DK 25 C2
Hor Planá CZ 49 C5
Hora Svatého CZ 38 C3
Horaždovice CZ 49 B4
Hörb D 47 C4
Horbelev DK 25 D5
Hörby S 27 D2
Hørby Stby DK 24 A3
Horcajada de la Torre E 81 B4
Horcajo de los Montes E 80 C2
Horcajo-Medianero E 80 B1
Horcayo de Santiago E 81 C4
Horche E 81 B3
Horda S 26 B3
Hořesedly CZ 38 C3
Horezu RO 11 P19
Horgen CH 56 A3
Horgos HR 61 B4
Hořice CZ 39 C5
Horitschon A 60 A1
Horka D 39 B4
Hörken S 20 B5
Horki BY 16 J22
Hörle S 26 B3
Horn A 50 C1
Horn D 36 B3
Horn S 26 B4
Horna E 82 C1
Horná Lehota SK 51 C5
Horná Streda SK 50 C3
Horná Štrubna SK 51 C4
Horná Súča SK 51 C3
Hornachos E 79 C4
Hornachuelos E 85 B4
Hornbach D 46 B3
Hornbæk, *Aarhus Amt.* DK 24 B2
Hornbæk, *Frederiksværk* DK 27 C1
Hornberg D 47 C4
Hornburg D 37 A5
Horndal S 22 B2
Horne, *Fyns Amt.* DK 25 C3
Horne, *Ribe Amt.* DK 25 C1
Hörnebo S 21 D5
Horneburg D 29 B6
Hornhausen D 37 A6
Horni Bečva CZ 51 B4
Horni Benešov CZ 50 B3
Horni Cerekev CZ 49 B6
Horni Jeleni CZ 39 C6
Horní Jiřetín CZ 38 C3
Horní Lomná CZ 51 B4
Horni Mariková SK 51 B4
Horni Maršov CZ 39 C5
Horni Počernice CZ 49 A5
Horni Slavkov CZ 38 C2
Horni Stropnice CZ 49 C5
Horni Suchá CZ 51 B4
Horni Vltavice CZ 49 C4
Hørning DK 25 B3
Hornnes N 19 C4
Horno D 38 B4
Hornos E 87 A4
Hornsjø N 20 A1
Hornslet DK 25 B3
Hornstein A 50 D2
Hornu B 34 C3
Hörnum D 25 D1
Hornum DK 24 B2
Horný Tisovnik SK 51 C5
Horodenka UA 11 M19
Horodnya UA 16 L22
Horodok, *Chmel'nycka* UA 11 M20
Horodok, *L'vivska* UA 11 M18
Horodyshche UA 11 M22
Horokhiv UA 11 L19
Hořovice CZ 49 B4
Horred S 26 B1
Hörsching A 49 C5
Horsens DK 25 C2
Horsham GB 3 L6
Hørsholm DK 27 D1
Horsingen D 37 A6
Horslunde DK 25 D4
Horšovský Týn CZ 49 B3
Horst D 29 B6
Horst NL 35 B6
Hörste D 36 B3
Horstel D 36 A2
Horsten D 29 B4
Horstmar D 36 A2
Hort H 61 A4
Horta P 73 C3
Horten N 19 B7
Hortezuela E 75 C4
Hortiguela E 75 B3
Hørve DK 25 C4
Hörvik S 27 C3
Hösbach D 47 A5
Hosena D 38 B4
Hosenfeld D 37 C4
Hosingen L 46 A2
Hospenthal CH 56 B3
Hospitalet E 77 B5
Hospitalet del Infante E 76 C3
Hossegor F 62 C2
Hosszuhetény H 60 B3
Hosszúviz H 60 B2
Hoštálkova CZ 50 B3
Hostalric E 77 B5
Hostens F 62 B3
Hostinné CZ 39 C5
Hostomice CZ 49 B5
Hostouň CZ 48 B3
Hoting S 4 D15
Hotton B 35 C5
Houdain F 34 C2
Houdan F 44 C2
Houdelaincourt F 46 C1
Houeillès F 62 B4
Houffalize B 46 A1
Houlgate F 43 A5
Hourtin F 62 A2
Hourtin-Plage F 62 A2
Houthalen B 35 B5
Houyet B 35 C4
Hov DK 25 C3
Hova S 21 D5
Høvåg N 19 C5
Hovden N 18 B4
Hovedgård DK 25 C2
Hovelhof D 36 B3
Hoven DK 25 C1
Hovin N 19 B5
Hovmantorp S 26 C4
Hovsta S 23 C1
Höxter D 37 B4
Hoya D 29 C6
Hoya de Santa Maria E 85 B3
Hoya-Gonzalo E 82 C1
Høyanger N 4 F10
Hoyerswerda D 38 B4
Høyjord N 19 B7
Hoym D 37 B6
Hoyo de Manzanares E 80 B3
Hoyos E 79 A4
Hoyos del Espino E 80 B1
Hrabusiče SK 51 C6
Hradec CZ 50 B3
Hradec-Královė CZ 39 C5
Hrádek n. Nisou CZ 39 C4
Hradište SK 51 C4
Hranice, *Severomoravsky* CZ 50 B3
Hranice, *Západočeský* CZ 38 C2
Hranovnica SK 51 C6
Hrasnica BIH 70 C3
Hrastnik SLO 59 B5
Hrebenka UA 11 L23
Hřensko CZ 38 C4
Hriňová SK 51 C5
Hrkovci YU 71 B4
Hrob CZ 38 C3
Hroboňovo SK 50 D3
Hrochot SK 51 C5
Hrochov CZ 50 B2
Hrochuv Tynec CZ 50 B1
Hrodna BY 7 K18
Hrodzyanka BY 16 K21
Hronov CZ 39 C6
Hronov SK 51 C5
Hronská Dúbrava SK 51 C5
Hronský Beňadik SK 51 C4
Hrotovice CZ 50 B2
Hrušov SK 51 C5
Hrušovany n. Jevisovkou CZ 50 C2
Hřuštin SK 51 B5
Hrvace HR 70 C1
Hrymayliv UA 11 M20
Hrženica HR 60 B1
Huben A 58 B2
Hubova SK 51 B5
Hüchelhoven D 36 B1
Huchenfeld D 47 C4
Hückelhoven-Ratheim D 35 B6
Hückeswagen D 36 B2
Hucqueliers F 34 C1
Huddersfield GB 3 K6
Huddunge S 22 B2
Hude D 29 B5
Hudiksvall S 4 F15
Huélago E 86 B3
Huelgoat F 42 B2
Huelma E 86 B3
Huelva E 85 B3
Huéneja E 86 B4
Huércal de Almeria E 87 C4
Huércal Overa E 87 B5
Huerta de Abajo E 75 B3
Huerta de Valdecarabanos E 81 C3
Huerta del Rey E 75 C3
Huertahernando E 81 B4
Huesa E 86 B3
Huesca E 76 A2
Huéscar E 87 B4
Huete E 81 B4
Huétor-Tajár E 86 B2
Hüfingen D 47 D4
Huglfing D 48 D2
Huissen NL 35 B5
Huittinen FIN 5 F18
Huizen NL 35 A5
Huldsessen D 48 C3
Hulin CZ 50 B3
Hüls D 36 B1
Hulsig DK 24 A3
Hulst NL 35 B4
Hult S 26 B4
Hulterstad S 27 C5
Hultsfred S 26 B4
Humanes E 81 B3
Humble DK 25 D3
Humenné SK 11 M17
Humilladero E 86 B2
Humlebæk DK 27 D1
Humlum DK 24 B1
Hümme D 37 B4
Hummelsta S 23 C2
Humpolec CZ 50 B1
Huncovce SK 51 B6
Hundested DK 25 C4
Hunedoara RO 11 P18
Hünfeld D 37 C4
Hungen D 36 C3
Huningue F 56 A2
Hunndalen N 20 B1
Hunnebostrand S 21 D2
Hunseby DK 25 D4
Hunstanton GB 3 K7
Huntly GB 3 H5
Hünxe D 36 B1
Hurbanova SK 51 D4
Hurdal N 20 B2
Hurezani RO 11 P18
Hürth D 36 C1
Hurup DK 24 B1
Husby D 25 D2
Husby DK 25 B1
Huşi RO 11 N21
Husina BIH 71 B3
Husínec CZ 49 B4
Huskvarna S 26 B3
Huslenky CZ 51 B4
Husnes N 18 B2
Hussigny F 46 B1
Hüsten D 36 B3
Hustopeče, *Jihomoravský* CZ 50 C2
Hustopeče, *Severomoravsky* CZ 50 B3
Husum D 29 A6
Huta PL 32 C2
Huta Zawadzka PL 41 B4
Hüttenberg A 59 B4
Hüttenbusch D 29 B5
Hüttlingen D 47 C6
Hüttshlag A 58 A3
Huttwil CH 56 A2
Huy B 35 C5
Hval N 19 A7
Hvaler N 21 C2
Hvalpsund DK 24 B2
Hvar HR 70 C1
Hvarnes N 19 B6
Hvidbjerg DK 24 B1
Hvide Sande DK 25 C1
Hvittingfoss N 19 B7
Hybe SK 51 B5
Hycklinge S 26 B4
Hyères F 65 C5
Hyeres Plage F 65 C5
Hylestad N 18 B4
Hylke DK 25 C2
Hyllstofta S 27 C2
Hyltebruk S 26 B2
Hynnekleiv N 19 C5
Hyvinkää FIN 5 F19

I

Iaşi RO 11 N20
Ibahernando E 79 B5
Ibarranguelua E 75 A4
Ibbenburen D 36 A2
Ibeas E 75 B3
Ibi E 82 C2
Ibiza E 83
Ibos F 62 C4
Ibros E 86 A3
Iburg D 36 A3
Ichenhausen D 47 C6
Ichnya UA 11 L23
Ichtegem B 34 B3
Ichtershausen D 37 C5
Iciar E 75 A4
Idanha-a-Nova P 79 B3
Idar-Oberstein D 46 B3
Idd N 21 C2
Idiazábal E 75 B4
Idkerberget S 22 B1
Idos YU 61 C5
Idre S 4 F13
Idrija SLO 59 B4
Idritsa RUS 16 H21
Idro I 57 C5
Idstein D 36 C3
Idvor YU 71 A5
Ielsi I 89 B5
Ieper B 34 C2
Ierápetra GR 15 U19
Ierissós GR 15 R18
Ierzu I 96 D3
Iesi I 68 C3
Iésolo I 58 C2
Igal H 60 B2
Igalo YU 91 B5
Igea E 75 B4
Igea Marina I 68 B2
Igelfors S 23 D1
Igersheim D 47 B5
Iglesias E 74 B3
Iglésias I 96 D2
Igls A 58 A1
İğneada TR 15 R21
Igoumenítsa GR 15 S17
Igries E 76 A2
Igualada E 77 B4
Igüeña E 72 B4
Iguerande F 55 B4
Iharosberény H 60 B2
Ihringen D 46 C3
Ihrlerstein D 48 C2
Ii FIN 5 D19
Iisalmi FIN 5 E20
IJlst NL 28 B2
IJmuiden NL 35 A4
IJsselmuiden NL 28 C2
IJsselstein NL 35 A5
IJzendijke NL 34 B3
Ikast DK 25 B2
Ikervár H 60 A1
Il Castagno I 67 C5
Ilandza YU 71 A5
Ilanz CH 57 B4
Ilava SK 51 C4
Ilawa PL 33 B5
Ilche E 76 B3
Ilfeld-Wiegersdorf D 37 B5
Ilfracombe GB 3 L4
Ilhavo P 73 D2
Ilijaš BIH 70 C3
Ilirska Bistrica SLO 59 C4
Iljdza BIH 70 C3
Ilkley GB 3 K6
Illana E 81 B4
Illano E 72 A4
Illas E 72 A5
Illats F 62 B3
Ille-sur-Tét F 77 A5
Illereichen-Altenstadt D 47 C6
Illertissen D 47 C6
Illescas E 80 B3
Illfurth F 56 A2
Illichivsk UA 11 N22
Illiers-Combray F 44 C2
Illingen D 46 B3
Illkirch F 46 C3
Illmersdorf D 38 B3
Illmitz A 50 D2
Illora E 86 B3
Illueca E 75 C5
Ilmajoki FIN 5 E18
Ilmenau D 37 C5
Ilok HR 71 A4
Ilomantsi FIN 5 E22
Ilowiec PL 32 B2
Iłowo PL 33 B6
Ilsenburg D 37 B5
Ilshofen D 47 B5
Ilz A 59 A5
Ilza PL 41 B5
Imatra FIN 5 F21
Imielin PL 40 C3
Immeln S 27 C3
Immendingen D 47 D4
Immenhausen D 37 B4
Immenstadt D 57 A5
Ímola I 68 B1
Imon E 81 A4
Imotski HR 70 C2
Impéria I 66 C3
Imphy F 54 B3
Impruneta I 67 C6
Imsland N 18 B2
Imst A 57 A5
Inari FIN 5 B20
Inca, *Mallorca* E 83
Incinillas E 75 B3
Incisa in Val d'Arno I 67 C6
Indija YU 71 A5
Indre Ålvik N 18 A3
Inerthal CH 57 A3
Infesta P 73 C2
Infiesto E 74 A1
Ingatorp S 26 B4
Ingedal N 21 C2
Ingelheim D 47 B4
Ingelmunster B 34 C3
Ingelstad S 26 C3
Ingolfsland N 19 B5
Ingolstadt D 48 C2
Ingrandes, *Maine-et-Loire* F 52 A4
Ingrandes, *Vienne* F 53 B5
Ingwiller F 46 C3
Iniesta E 81 C5
Inke H 60 B2
Innertkirchen CH 56 B3
Innervillgraten A 58 B2
Innien D 29 A6
Innsbruck A 58 A1
Inowlódz PL 41 B4
Inowroclaw PL 33 C4
Ins CH 56 A2
Insjön S 22 B1
Ińsko PL 32 B1
Instinción E 87 C4
Interlaken CH 56 B2
Intra I 56 C3
Intragna CH 56 B3
Introbio I 57 C4
Invergordon GB 3 H4
Inverness GB 3 H4
Inveruno I 56 C3
Inverurie GB 3 H5
Ioánnina GR 15 S17
Iolanda di Savoia I 68 B1
Ion Corvin RO 11 P20
Ióppolo I 92 C2
İpsala TR 15 R20
Ipswich GB 3 K7
Iráklion GR 15 U19
Irdning A 59 A4
Iregszemcse H 60 B3
Irgoli I 96 C3
Irig YU 71 A4
Ironbridge GB 3 K5
Irpin UA 11 L22
Irrel D 46 B2
Irsina I 90 D3
Iruela E 72 B4
Irun E 75 A5
Irurita E 75 A5
Irurzun E 75 B5
Irvine GB 3 J4
Is-sur-Tille F 55 A5
Isaba E 76 A2
Isabela E 86 A3
Isaszeg H 61 A4
Iscar E 74 C2
Ischgl A 57 A5
Íschia I 89 C4
Ischia di Castro I 88 A2
Ischitella I 90 C2
Isdes F 54 A2
Ise N 21 C2
Iselle I 56 B3
Iseltwald CH 56 B2
Isen D 48 C3
Isenbüttel D 37 A5
Isenthal CH 56 B3
Iseo I 57 C5
Isérables CH 56 B2
Iserlohn D 36 B2
Isérnia I 89 B5
Isigny F 43 A4
Ísili I 96 D3
Isla-Cristina E 84 B2
Islares E 75 A3
Ismaning D 48 C2
Isna P 78 B3
Isny D 57 A5
Isoba E 74 A1
Isola F 66 B2
Isola del Gr. Sasso d'Italia I 89 A4
Isola del Liri I 89 B4
Isola delle Fémmine I 94 A2
Isola delle Scala I 67 A6
Ísola di Capo Rizzuto I 93 C4
Isona E 77 A4
Ispagnac F 64 B2
Isperikh BG 11 Q20
Íspica I 95 C3
Isselburg D 35 B6
Isselhorst D 36 B3
Issigeac F 63 B4
Issime I 56 C2
Issogne I 56 C2
Issoire F 54 C3
Issoncourt F 46 C1
Issoudun F 54 B2
Issum D 35 B6
Issy-l'Evêque F 54 B3
Istán E 86 C2
İSTANBUL TR 15 R21
Istebna PL 51 B4
Istenmezeje H 51 C6
Istia d'Ombrone I 88 A2
Istiaía GR 15 S18
Istres F 65 C3
Istvándi H 60 B2
Itoiz E 76 A1
Ítrabo E 86 C3
Itri I 89 B4
Ittireddu I 96 C2
Íttiri I 96 C2
Itzehoe D 29 B6
Ivalo FIN 5 B20
Iván H 60 A1
Ivanava BY 7 K19
Ivančice CZ 50 B2
Iváncsa H 61 A3

Ivanec HR 60 B1
Ivanić Grad HR 60 C1
Ivanjci SLO 59 B5
Ivanjica YU 71 C5
Ivanjska BIH 70 B2
Ivanka p. N. SK 51 C4
Ivankovo HR 71 A3
Ivano-Frankivsk UA 11 M19
Ivanovice na Hané CZ 50 B3
Ivanska HR 60 C1
Ivatsevichy BY 7 K19
Ivrea I 56 C2
Ivry-en-Montagne F 55 A4
Ivry-la-Bataille F 44 C2
Iwaniska PL 41 C5
Iwuy F 34 C3
Izarra E 75 B4
Izbica Kujawska PL 40 A2
Izeda P 73 C4
Izegem B 34 C3
Izernore F 55 B5
Izmayil UA 11 P21
İZMIR TR 15 S20
Iznájar E 86 B2
Iznalloz E 86 B3
Iznatoraf E 86 A3
Izola SLO 58 C3
Izsák H 61 B4
Izyaslav UA 11 L20

J

Jabalquinto E 86 A3
Jabarrella E 76 A2
Jablanac HR 69 B4
Jablanica BIH 70 C2
Jablonec n. Jizerou CZ 39 C5
Jablonec n. Nisou CZ 39 C5
Jablonica SK 50 C3
Jablonka, *Konin* PL 40 A2
Jablonka, *Nowy Sącz* PL 51 B5
Jablonna PL 41 A4
Jablonne Podještědí CZ 39 C4
Jablonowo PL 33 B5
Jablůnka CZ 51 B3
Jabucje YU 71 B5
Jabugo E 85 B3
Jabuka, *A. P. Vojvodina* YU 71 B5
Jabuka, *Srbija* YU 71 C4
Jabukovac HR 70 A1
Jabunkov CZ 51 B4
Jaca E 76 A2
Jáchymov CZ 38 C2
Jacobidrebber D 29 C5
Jacovce SK 51 C4
Jade D 29 B5
Jäderfors S 22 B2
Jädraås S 22 B2
Jadraque E 81 B4
Jægerspris DK 25 C4
Jaén E 86 B3
Jagare BIH 70 B2
Jagel D 29 A6
Jagenbach A 49 C6
Jagodina YU 11 Q17
Jagodnjak HR 61 C3
Jagstheim D 47 B6
Jagstzell D 47 B6
Jahodna SK 50 C3
Jajce BIH 70 B2
Ják H 60 A1
Jakabszálbs H 61 B4
Jakšić HR 70 A2
Jalance E 82 B1
Jalasjärvi FIN 5 E18
Jalhay B 35 C5
Jallais F 52 A4
Jallieu F 55 C5
Jalón E 82 C2
Jalovik YU 71 B4
Jambes B 35 C4
Jamena YU 71 B4
Jamilena E 86 B3
Jämjö S 27 C4
Jamnička Kiselica HR 59 C5
Jamno PL 32 A2
Jamoigne B 46 B1
Jämsä FIN 5 F19
Jämshög S 27 C3
Janakkala FIN 5 F19
Jandelsbrunn D 49 C4
Jänickendorf D 38 A3
Janikowo PL 32 C4
Janja BIH 71 B4
Janjina HR 91 B4
Janki PL 41 A4
Jankov CZ 49 B5
Jankow PL 40 B1
Jankowo Dolne PL 32 C3
Jánoshalma H 61 B4
Jánosháza H 60 A2
Jánoshida H 61 A5
Janovice n. Uhlavou CZ 49 B4
Janów PL 40 C3
Janów Lubelski PL 41 C6
Janowiec PL 41 C5
Janowiec Wielkopolski PL 32 C3
Janowo PL 33 B6
Janville F 44 C2
Janzé F 43 C4
Jarabá SK 51 C5
Jaraczewo PL 39 B7
Jarafuel E 82 B1
Jaraicejo E 79 B5
Jaraiz de la Vera E 79 A5
Jarak YU 71 B4
Jarandilla E 79 A5
Jaray E 75 C4
Jarbo S 22 B2
Jarczew PL 41 B5
Jard-sur-Mer F 52 B3
Járdánháza H 51 C6
Jaren N 20 B1
Jargeau F 44 D3
Jarkovac YU 71 A5
Järlåsa S 22 C3
Jarmen D 31 B4
Järna S 23 C3
Jarnac F 53 C4
Järnforsen S 26 B4
Jarny F 46 B1
Jarocin PL 40 B1
Jaroměř CZ 39 C5
Jaroměřice n. Rokytnou CZ 50 B1
Jaroslavice CZ 50 C2
Jarosław PL 11 L18
Jaroslawiec PL 32 A2
Jarošov n. Nežarkou CZ 49 B6
Järpås S 21 D3
Järpen S 4 E13
Järvenpää FIN 5 F19
Jarzé F 53 A4
Jaša Tomić HR 61 C5
Jasenak HR 69 A5
Jasenice HR 69 B5
Jasenie SK 51 C5
Jasenovac BIH 70 B1
Jasenovac HR 70 A1
Jasenovo YU 71 C4
Jasień PL 39 B5
Jasło PL 11 M17
Jásova SK 51 D4
Jasseron F 55 B5
Jastarnia PL 33 A4
Jastrebarsko HR 59 C5
Jastrowie PL 32 B2
Jastrzębia-Góra PL 32 A4
Jastrzebie-Zdroj PL 51 B4
Jászalsószentgyorgy H 61 A5
Jászapáti H 61 A5
Jászarokszállás H 61 A4
Jászberény H 61 A4
Jászdózsa H 61 A5
Jászfényszaru H 61 A4
Jászjakóhalma H 61 A5
Jászkarajenö H 61 A5
Jászkisér H 61 A5
Jászladány H 61 A5
Jásztelek H 61 A5
Játar E 86 C3
Jativa (Xátive) E 82 C2
Jatov SK 51 C4
Jatznick D 31 B4
Jauche B 35 C4
Jaulgonne F 45 B4
Jaun CH 56 B2
Jausiers F 65 B5
Jávea E 82 C3
Jävenitz D 30 C2
Javerlhac F 53 C5
Javier E 76 A1
Javorani BIH 70 B2
Javorina SK 51 B5
Javornik CZ 39 C7
Javron F 43 B5
Jawor PL 39 B6
Jaworznia PL 41 C4
Jaworzno PL 40 C3
Jaworzyna Śląska PL 39 C6
Jayena E 86 C3
Jebjerg DK 24 B2
Jedburgh GB 3 J5
Jedlanka PL 41 B6
Jedlina Zdrój PL 39 C6
Jedlinsk PL 41 B5
Jedlnia PL 41 B5
Jedlnia Letnisko PL 41 B5
Jednorożec PL 33 B7
Jedovnice CZ 50 B2
Jędrychow PL 33 B5
Jędrzejów PL 41 C4
Jedwabno PL 33 B6
Jeglownik PL 33 A5
Jégun F 63 C4
Jēkabpils LV 7 H19
Jektevik N 18 B2
Jelakci YU 71 C5
Jelenec SK 51 C4
Jelenia Góra PL 39 C5
Jelenino PL 32 B2
Jelgava LV 7 H18
Jelka SK 50 C3
Jelling DK 25 C2
Jels DK 25 C2
Jelsa HR 70 C1
Jelsa N 18 B3
Jelšava SK 51 C6
Jemeppe B 35 C5
Jemgum D 28 B4
Jemnice CZ 50 B1
Jena D 37 C6
Jenaz CH 57 B4
Jenbach A 58 A1
Jeneč CZ 49 A5
Jennersdorf A 60 B1
Jenny S 26 B5
Jerchel D 30 C2
Jeres del Marquesado E 86 B3
Jerez de la Frontera E 85 C3
Jerez de los Caballeros E 79 C4
Jérica E 82 B2
Jerichow D 30 C3
Jermenovci YU 71 A6
Jerslev DK 24 A3
Jerte E 79 A5
Jerup DK 24 A3
Jerxheim D 37 A5
Jerzmanice PL 39 B5
Jerzmanowice PL 40 C3
Jerzwald PL 33 B5
Jesberg D 36 C4
Jesenice, *Středočesky* CZ 49 A4
Jesenice, *Středočesky* CZ 49 B5
Jesenice SLO 59 B4
Jesenik CZ 39 C7
Jesenké SK 51 C6
Jeserig D 38 A2
Jessen D 38 B2
Jessheim N 20 B2
Jeßnitz D 38 B2
Jesteburg D 29 B6
Jettingen D 48 C1
Jeumont F 35 C4
Jevenstedt D 29 A6
Jever D 29 B4
Jevicko CZ 50 B2
Jevišovice CZ 50 C2
Jevnaker N 19 A7
Jezerane HR 69 A5
Jezero BIH 70 B2
Jeżewo PL 33 C5
Jeziorany PL 33 B6
Jeziorna PL 41 A5
Jezów PL 41 B3
Jezowe PL 41 C6
Jeżowo PL 33 B4
Jičín CZ 39 C5
Jičiněves CZ 39 C5
Jihlava CZ 50 B1
Jijona E 82 C2
Jilemnice CZ 39 C5
Jilové CZ 38 C4
Jilové u. Prahy CZ 49 B5
Jimbolia RO 61 C5
Jimena E 86 B3
Jimena de la Frontera E 85 C4
Jimera de Libar E 85 C4
Jimramov CZ 50 B2
Jince CZ 49 B4
Jindřichovice CZ 38 C2
Jindřichuv Hradec CZ 49 B5
Jirkov CZ 38 C3
Jistebnice CZ 49 B5
Joachimsthal D 31 C4
João da Loura P 78 C2
Jobbágyi H 51 D5
Jochberg A 58 A2
Jöckgrim D 47 B4
Jódar E 86 B3
Jodoigne B 35 C4
Joensuu FIN 5 E21
Jœuf F 46 B1
Jõgeva EST 16 G20
Jogodzin PL 39 B5
Johanngeorgenstadt D 38 C2
Johannishus S 27 C4
Johanniskirchen D 49 C3
Johansfors S 26 C4
John o'Groats GB 3 G5
Jöhvi EST 16 G20
Joigny F 45 D4
Joinville F 45 C6
Jois A 50 D2
Jokkmokk S 5 C16
Jöllenbeck D 36 A3
Jönåker S 23 D2
Jonava LT 7 J19
Jonchery-sur-Vesle F 45 B4
Jondal, *Buskerud* N 19 B6
Jondal, *Hordaland* N 18 A3
Joniškis LT 7 H18
Jönköping S 26 B3
Jønnbu N 19 B6
Jonquières F 64 C3
Jonsberg S 23 D2
Jonsdorf D 39 C4
Jonsered S 24 A5
Jonstorp S 27 C1
Jonzac F 53 C4
Jorba E 77 B4
Jordanów PL 51 B5
Jordanów Śląski PL 39 C6
Jordanowo PL 39 A5
Jordbro S 23 C4
Jördenstorf D 30 B3
Jordet N 20 A3
Jordøse DK 25 C3
Jorjaes P 73 C3
Jork D 29 B6
Jörn S 5 D17
Jørpeland N 18 B3
Jorquera E 82 B1
Jošanička Banja YU 71 C5
Jošavka BIH 70 B2
Josipdol HR 69 A5
Josipovac HR 61 C3
Jössefors S 21 C3
Josselin F 42 C3
Jouarre F 45 C4
Joué-les-Tours F 53 A5
Joué-sur-Erdre F 52 A3
Joure NL 28 C2
Joutseno FIN 5 F21
Joux-la-Ville F 54 A3
Jouy, *Eure-et-Loir* F 44 C2
Jouy, *Moselle* F 46 B2
Jouy-le-Châtel F 45 C4
Jouy-le-Potier F 44 D2
Joyeuse F 64 B3
Joze F 54 C3
Józefów PL 41 B5
Józefow PL 41 A5
Juan-les-Pins F 66 C2
Juankoski FIN 5 E21
Jübek D 29 A6
Jubera E 75 B4
Jubrique al Genalguacil E 85 C4
Jüchsen D 37 C5
Judenburg A 59 A4
Judelsminde DK 25 C3
Jugon F 42 B3
Jugorje SLO 59 C5
Juillac F 63 A5
Juist D 28 B3
Jülich D 35 C6
Juliénas F 55 B4
Jullian F 62 C4
Jullouville F 43 B4
Jumièges F 44 B1
Jumilhac-le-Grand F 53 C6
Jumilla E 82 C1
Juncosa E 77 B3
Juneda E 76 B3
Jung S 21 D4
Jungingen D 47 C5
Junglingster L 46 B2
Juniville F 45 B5
Junosuando S 5 C18
Junqueira P 73 C3
Junquera de Ambia E 72 B3
Junta de la Cerca E 75 B3
Junta de Oteo E 75 A3
Jur SK 50 C3
Jurançon F 62 C3
Jurata PL 33 A4
Jurbarkas LT 7 J18
Jurjevo HR 69 B4
Jūrmala LV 7 H18
Juromenha P 79 C3
Jussac F 64 B1
Jussey F 46 D1
Jussy F 45 B4
Jüterbog D 38 B3
Juuka FIN 5 E21
Juvigny-le-Terte F 43 B4
Juvigny-sous-Andaine F 43 B5
Juvincourt F 45 B4
Juvisy-sur-Orge F 44 C3
Juzennecourt F 45 C5
Jyderup DK 25 C4
Jyväskylä FIN 5 E19

K

Kaamanen FIN 5 B20
Kaarßen D 30 B2
Kaatscheuvel NL 35 B5
Kåbdalis S 5 C16
Kačarevo YU 71 B5
Kadań CZ 38 C3
Kadarkút H 60 B2
Kaduy RUS 16 G25
Kågeröd S 27 D2
Kahl D 47 A5
Kahla D 37 C6
Kaibing A 59 A5
Kainach A 59 A5
Kaindorf A 59 A5
Kaindorf a.d. Sulm A 59 B5
Kaisersesch D 36 C2
Kaiserslautern D 47 B3
Kaisheim D 48 C1
Kajaani FIN 5 D20
Kajárpéc H 60 A2
Kajdacs H 61 B3
Kakanj BIH 70 B3
Kakasd H 61 B3
Kakolewnica Wschodnia PL 41 B6
Kakolewo PL 39 B6
Kál H 61 A5
Kalabáka GR 15 S17
Kalajoki FIN 5 D18
Kalámai GR 15 T18
Kalbe D 30 C2
Kalce SLO 59 C4
Káld H 60 A2
Kaldenkirchen D 35 B6
Kalenic YU 71 C5
Kalety PL 40 C2
Kalevala RUS 5 D22
Kalhovd N 19 A5
Kaliningrad RUS 33 A6
Kalinkavichy BY 16 K21
Kalinovac HR 60 B2
Kalinovik BIH 70 C3
Kalinovo SK 51 C5
Kaliska, *Gdańsk* PL 32 A4
Kaliska, *Gdańsk* PL 33 B4
Kalisz PL 40 B2
Kalisz Pomorski PL 32 B1
Kalix S 5 D18
Kalkar D 35 B6
Kall D 35 C6
Kållered S 24 A5
Källfallet S 22 C1
Kallhäll S 23 C3
Kallham A 49 C4
Kallinge S 27 C4
Kallmora S 20 A5
Kallmünz D 48 B2
Kalmar S 26 C5
Kalmthout B 35 B4
Kálna SK 51 C4
Kalnik HR 60 B1
Kalocsa H 61 B3
Káloz H 61 B3
Kals A 58 A2
Kalsdorf A 59 B5
Kaltbrunn CH 57 A4
Kaltenbach A 58 A1
Kaltenhouse F 47 C3
Kaltenkirchen D 29 B6
Kaltennordheim D 37 C5
Kaluga RUS 16 J25
Kalundborg DK 25 C4
Kalush UA 11 M19
Kaluszyn PL 41 A5
Kalvehave DK 25 C5
Kalwang A 59 A4
Kalwaria-Zebrzydowska PL 51 B5
Kalyazin RUS 16 H25
Kam H 60 A1
Kamen D 36 B2
Kamenica YU 71 B4
Kamenice n. Lipou CZ 49 B6
Kamenický Šenov CZ 38 C4
Kameničná SK 51 D4
Kamenin-Most SK 51 D4
Kamenny Ujezd CZ 49 C5
Kamensko HR 70 C1
Kamenz D 38 B4
Kamień, *Piotrkow Trybunalski* PL 41 B4
Kamień, *Rzeszów* PL 41 C6
Kamień Kraj. PL 32 B3
Kamień Pomorski PL 31 B5
Kamienica Polska PL 40 C3
Kamieniec Zabk PL 39 C6
Kamienna Góra PL 39 C6
Kamiensk PL 40 B3
Kaminka UA 11 M23
Kammern i. Liesingtal A 59 A4
Kamnik SLO 59 B4
Kamp-Lintfort D 35 B6
Kampen D 25 D1
Kampen NL 28 C2
Kampinos PL 41 A4
Kamyanets-Podil's'kyy UA 11 M20
Kamyanka-Buz'ka UA 11 L19
Kamýk n Vltavou CZ 49 B5
Kanal SLO 58 B3
Kandalaksha RUS 5 C23
Kandel D 47 B4
Kandern D 56 A2
Kandersteg CH 56 B2
Kandyty PL 33 A6
Kanfanar HR 69 A3
Kangasala FIN 5 F19
Kania PL 31 B6
Kaniža HR 70 A2
Kanjiža HR 61 B5
Kankaanpää FIN 5 F18
Kannus FIN 5 E18
Kapela HR 60 C1
Kapellen A 59 A5
Kapellen B 35 B4
Kapfenberg A 59 A5
Kapfenstein A 59 B5
Kaplice CZ 49 C5
Kápolna H 51 D6
Kápolnásnyék H 61 A3
Kaposfö H 60 B2
Kaposvár H 60 B2
Kapp N 20 B1
Kappel D 46 C3
Kappeln D 25 D2
Kappelskär S 23 C4
Kappl A 57 A5
Kaprun A 58 A2
Kaptol HR 60 C2
Kapuvár H 60 A2
Karabiğa TR 15 R20
Karaburun TR 15 S20
Karacabey TR 15 R21
Karacasu TR 15 T21
Karachev RUS 16 K24
Karacsond H 61 A5
Karád H 60 B2
Karan YU 71 C4
Karancslapujto H 51 C5
Karasjok N 4 B19
Karbenning S 22 B2
Kårberg S 21 D5
Karby D 29 A6
Karby DK 24 B1
Karby S 23 C4
Karczew PL 41 A5
Karczmiska PL 41 B6
Karczów PL 40 C1
Karczowiska PL 39 B6
Kardašova Rečice CZ 49 B5
Kardhítsa GR 15 S17
Kärdla EST 7 G18
Kargowa PL 39 A5
Käringön S 21 D2
Karise DK 25 C5
Káristos GR 15 S19
Karkkila FIN 5 F19
Karl Liebknecht RUS 16 L24
Karlholmsbruk S 22 B3
Karlino PL 32 A1
Karlobag HR 69 B5
Karlovac HR 59 C5
Karlovčic YU 71 B5
Karlovice CZ 40 C1
Karlovo BG 15 Q19
Karlovy Vary CZ 38 C2
Karlsborg S 21 D5
Karlsby S 23 D1
Karlshafen D 37 B4
Karlshamn S 27 C3
Karlshöfen D 29 B6
Karlshus N 19 B7
Karlskoga S 21 C5
Karlskrona S 27 C4
Karlsruhe D 47 B4
Karlstad S 21 C4
Karlstadt D 47 B5
Karlstetten A 50 C1
Karlstift A 49 C5
Karmacs H 60 B2
Karnobat BG 15 Q20
Karow D 30 B3
Karpacz PL 39 C5
Karrebaeksminde DK 25 C4
Karsin PL 32 B3
Kårsta, *Stockholm* S 23 C4
Kärsta, *Västmanland* S 23 C2
Karstadt D 30 B2
Kartal H 61 A4
Kartitsch A 58 A2
Kartuzy PL 32 A4
Karup DK 25 B2
Karviná CZ 51 B4
Kås DK 24 A2
Kašava CZ 50 B3
Kasejovice CZ 49 B4
Kasekow D 31 B5
Kashin RUS 16 H25
Kašina HR 60 C1
Kasina-Wlk. PL 51 B6
Kaskinen FIN 5 E17
Kašperské Hory CZ 49 B4
Kasseedorf D 30 A1
Kassel D 37 B4
Kaštel Stari HR 70 C1
Kastellaun D 46 A3
Kastélli GR 15 U18
Kasterlee B 35 B4
Kastl D 48 B2
Kastlösa S 26 C5
Kastorf D 30 B1
Kastoría GR 15 R17
Kastsyukovichy BY 16 K23
Katerbow D 30 C3
Katerini GR 15 R18
Kathlenburg-Duhm D 37 B5
Kåtila S 20 A5
Katovice CZ 49 B4
Katowice PL 40 C3
Katrineberg S 22 A2
Katrineholm S 23 D2
Kattarp S 27 C1
Kattbo S 20 B5
Kattenvenne D 36 A2
Kattilstorp S 26 A2
Katwijk aan Zee NL 35 A4
Katy Wroclawskie PL 39 B6
Katymár H 61 B4
Katzelsdorf A 50 D2
Katzenelnbogen D 36 C2
Katzhütte D 37 C6
Kaub D 47 A3
Kaufbeuren D 48 D1
Kauhajoki FIN 5 E18
Kauhava FIN 5 E18
Kaulsdorf D 37 C6
Kaunas LT 7 J18
Kaupanger N 4 F10
Kautokeino N 5 B18
Kautzen A 49 C6
Kavajë AL 15 R16
Kavála GR 15 R19
Kavarna BG 11 Q21
Kävlinge S 27 D2
Kawcze PL 32 A2
Kaxholmen S 26 B3
Kaysersberg F 46 C3
Kazanlŭk BG 15 Q19
Kažár H 51 C5
Kazimierz Dolny PL 41 B5
Kazimierza Wielkiego PL 41 C4
Kaźmierz PL 32 C2
Kbely CZ 49 A5
Kcynia PL 32 C3
Kdyně CZ 49 B4
Kecel H 61 B4
Kecskemét H 61 B4
Kédange F 46 B2
Kėdiniai LT 7 J18
Kedzierzyn PL 40 C2
Keerbergen B 35 B4
Kehl D 47 C3
Kehrigk D 38 A3
Keighley GB 3 K6
Keila EST 7 G19
Keitum D 25 D1
Kelberg D 36 C1
Kelbra D 37 B6
Kelč CZ 50 B3
Kelchsau A 58 A2
Kelebia H 61 B4
Kelheim D 48 C2
Kellinghusen D 29 B6
Kelsterbach D 47 A4
Kem RUS 5 D24
Kematen, *Ober Österreich* A 49 C4
Kematen, *Tirol* A 57 A6
Kematen a.d. kr. A 49 C5
Kemberg D 38 B2
Kembs F 56 A2
Kemeten A 59 A6
Kemi FIN 5 D19
Kemijärvi FIN 5 C20
Kemnath D 48 B2
Kemnitz, *Brandenburg* D 38 A2
Kemnitz, *Mecklenburg-Vorpommern* D 31 A4
Kempen D 35 B6
Kempten D 57 A5
Kemptthal CH 56 A3
Kendal GB 3 J5
Kenderes H 61 A5
Kengyel H 61 A5
Kenyeri H 60 A2
Kenzingen D 47 C3
Kępa Polska PL 33 C5
Kępice PL 32 A2
Kępno PL 40 B2
Kerava FIN 5 F19
Kerecsend H 51 D6
Kerekegyháza H 61 B4
Kerepes H 61 A4
Kérien F 42 B2
Kerkafalva H 60 B1
Kérkira GR 15 S16
Kerkrade NL 35 C5
Kerksken B 35 C3
Kerlöuan F 42 B1
Kernascleden F 42 B2
Kerns CH 56 B3
Kerpen D 36 C1
Kerta H 60 A2
Kerteminde DK 25 C3
Kerzers CH 56 B2
Keşan TR 15 R20
Keskastel F 46 C3
Kessel D 35 B6
Kesselbach D 36 C2
Kessellfall A 58 A2
Kestenga RUS 5 D22
Keszthely H 60 B2
Kéthely H 60 B2
Ketrzyn PL 33 A7
Kettering GB 3 K6
Kettwig D 36 B1
Kęty PL 51 B5
Ketzin D 31 C3
Keuruu FIN 5 E19
Kevelaer D 35 B6
Kevi HR 61 C4
Kežmarok SK 51 B6
Khalkís GR 15 S18
Khaniá GR 15 U18
Kharmanli BG 15 R19
Khaskovo BG 15 R19
Khimki RUS 16 J25
Khíos GR 15 S20
Khmelnik UA 11 M20
Khmelnytskyy UA 11 M20
Khodoriv UA 11 M19
Kholm RUS 16 H22
Khóra Sfakion GR 15 U19
Khotyn UA 11 M20
Khoyniki BY 16 L21
Khust UA 11 M18
Khvoynaya RUS 16 G24
Kınık TR 15 S20
Kırklareli TR 15 R20
Kiáton GR 15 T18
Kibæk DK 25 B1
Kiefersfelden D 58 A2
Kiel D 29 A7
Kielce PL 41 C4
Kiełpino PL 33 A4
Kielpiny PL 33 B5
Kiernoziz PL 41 A3
Kierspe D 36 B2
Kiesen CH 56 B2
Kietrz PL 51 A4
Kietz D 31 C5
Kiezmark PL 33 A4
Kifino Selo BIH 70 C3
Kije PL 41 C4
Kijevo BIH 70 C1
Kikinda YU 61 C5
Kil N 19 C6
Kil, *Örebro* S 21 C6
Kil, *Värmland* S 21 C4
Kila S 21 C3
Kilafors S 22 A2
Kilb Rabenstein A 50 C1
Kildare IRL 3 K3
Kildebrønde DK 25 C5
Kildinstroy RUS 5 B23
Kilegrend N 19 C5
Kilen N 19 B5
Kiliya UA 11 P21
Kilkee IRL 3 K2
Kilkenny IRL 3 K3
Kilkís GR 15 R18
Killarney IRL 3 K2
Killeberg S 26 C3
Kilmarnock GB 3 J4
Kilrush IRL 3 K2
Kilsmo S 23 C1
Kimasozero RUS 5 D22
Kimi GR 15 S19
Kimovsk RUS 16 J25
Kimratshofen D 47 D6
Kimry RUS 16 H25
Kimstad S 23 D1
Kindberg A 59 A5
Kindelbruck D 37 B6
King's Lynn GB 3 K7
Kingisepp RUS 16 G21
Kingston upon Hull GB 3 K6
Kinna S 26 B1
Kinnared S 26 B2
Kinnarp S 26 A2
Kinne-Kleva S 21 D4
Kinrooi B 35 B5
Kinsale IRL 3 L2
Kinsarvik N 18 A3
Kiparissía GR 15 T17
Kipfenburg D 48 C2
Kippenheim D 47 C3
Királyhegyes H 61 B5
Kirberg D 36 C3
Kirchbach i Steiermark A 59 B5
Kirchberg CH 56 A2
Kirchberg, *Baden-Württemberg* D 47 B5
Kirchberg, *Rheinland-Pfalz* D 46 B3
Kirchberg a.d.P. A 50 C1
Kirchberg a. Wechsel A 59 A5
Kirchberg im Tirol A 58 A2
Kirchbichl A 58 A2
Kirchdorf A 58 A2
Kirchdorf, *Bayern* D 48 C2
Kirchdorf, *Bayern* D 49 C4
Kirchdorf, *Mecklenburg-Vorpommern* D 30 B2
Kirchdorf, *Niedersachsen* D 29 C5
Kirchdorf a.d. Krems A 49 D5
Kircheimbolanden D 47 B4
Kirchenlaibach D 48 B2
Kirchenlamitz D 38 C1
Kirchenthumbach D 48 B2
Kirchhain D 36 C3
Kirchheim, *Baden-Württemberg* D 47 C5
Kirchheim, *Bayern* D 47 B5
Kirchheim, *Bayern* D 48 C1
Kirchheim, *Hessen* D 37 C4
Kirchhundem D 36 B3
Kirchlintein D 29 C6
Kirchschlag A 60 A1
Kirchseeon D 48 C2
Kirchweidach D 48 C3
Kirchweyhe D 29 C5
Kirchzarten D 47 D3
Kirchzell D 47 B5
Kirillov RUS 16 G26
Kirishi RUS 16 G23
Kirkcaldy GB 3 H5
Kirkcudbright GB 3 J4
Kirkehamn N 18 C3
Kirkenær N 20 B3
Kirkenes N 4 B22
Kirkkonummi FIN 5 F19
Kirkwall GB 3 G5
Kirn D 46 B3
Kirov RUS 16 J24
Kirovohrad UA 11 M23
Kirovsk RUS 5 C23
Kirtorf D 36 C4
Kiruna S 5 C17
Kisa S 26 B4
Kisač HR 61 C4
Kisbárapáti H 60 B2
Kisbér H 60 A3
Kiseljak BIH 70 C3
Kisielice PL 33 B5
Kiskomárom H 60 B2
Kiskőre H 61 A5
Kiskőrös H 61 B4
Kiskundorozsma H 61 B5
Kiskunfélegyháza H 61 B4
Kiskunhalas H 61 B4
Kiskunlacháza H 61 A4
Kiskunmajsa H 61 B4
Kislang H 60 B3
Kišovce SK 51 B6
Kissleberg S 21 D2
Kißlegg D 47 D5
Kist D 47 B5
Kistanje HR 69 C5
Kistarcsa H 61 A4
Kistelek H 61 B4
Kisterenye H 51 C5
Kisújszállás H 61 A5
Kisvárda H 11 M18
Kiszewa Stara PL 32 B4
Kiszkowo PL 32 C3
Kiszombor H 61 B5
Kitee FIN 5 E22
Kíthira GR 15 T18
Kittendorf D 31 B3
Kittilä FIN 5 C19
Kittsee A 50 C3
Kitzbühel A 58 A2
Kitzingen D 48 B1
Kiuruvesi FIN 5 E20
Kivertsi UA 11 L19
Kivik S 27 D3
Kiwity PL 33 A6
Kjellerup DK 25 B2
Kjøllefjord N 4 A20
Kjopmannskjaer N 19 B7
Kl'ačno SK 51 C4
Kladanj BIH 71 B3
Kläden D 30 C2
Klädesholmen S 24 A4
Kladnica YU 71 C5
Kladnice HR 70 C1
Kladno CZ 38 C4
Kladruby CZ 49 B3
Klagenfurt A 59 B4
Klagstorp S 27 D2
Klaipėda LT 7 J17
Klaistow D 38 A2
Klanac HR 69 B5
Klangec HR 59 B5
Klardorf D 48 B3
Klarup DK 24 A3
Klässbol S 21 C3
Klášterec n. Ohří CZ 38 C3
Kláštor SK 51 C4
Klatovy CZ 49 B4
Klaus a.d. Pyhrnbahn A 49 D5
Klavreström S 26 B4
Klazienaveen NL 28 C4
Klecko PL 32 C3
Kleczew PL 40 A2
Klein Plasten D 31 B3
Klein St. Paul A 59 B4
Kleinpaschleben D 37 B6
Kleinsölk A 59 A3
Kleinzell A 50 D1
Klejtrup DK 24 B2
Klek YU 61 C5
Klemensker DK 27 D3
Klempicz PL 32 C2
Klenak YU 71 B4
Klenci pod Cerchovem CZ 48 B3
Klenje YU 71 B4
Klenovec SK 51 C5
Klenovnik HR 60 B1
Kleppe N 18 C2
Kleptow D 31 B5
Kleszewo PL 33 C7
Kletnya RUS 16 K23
Klettwitz D 38 B3
Kleve D 35 B6
Klewki PL 33 B6
Kliening A 59 B4
Klietz D 30 C3
Klikuszowa PL 51 B6
Klimkovice CZ 51 B4
Klimovichi BY 16 K22
Klin RUS 16 H25
Klinča Selo HR 59 C5
Klingenbach A 50 D2
Klingenberg D 47 B5
Klingenbrunn D 49 C4
Klingenmunster D 47 B4
Klingenthal D 38 C2
Klintsy RUS 16 K23
Klippan S 27 C2
Klis HR 70 C1
Klitmøller DK 24 A1
Klitten S 20 A5
Klixbüll D 25 D1
Kljajićevo HR 61 C4
Kljake HR 70 C1
Ključ BIH 70 B1
Klobouky CZ 50 B2
Klobuck PL 40 C2
Klodawa PL 31 C6
Kłodzko PL 39 C6
Kløfta N 20 B2
Klokočov SK 51 B4
Klomnice PL 40 C3
Kloosterzande NL 35 B4
Kloštar HR 60 C2
Kloštar Ivanić HR 60 C1
Kloster D 31 A4
Kloster DK 25 B1
Klosterfelde D 31 C4
Klösterle A 57 A5
Klostermansfeld D 37 B6
Klosterneuburg A 50 C2
Klosters CH 57 B4
Kloten CH 56 A3
Klötze D 30 C2
Kluczbork PL 40 C2
Kluczewo PL 32 B2
Klundert NL 35 B4
Kluppelberg D 36 B2
Klutz D 30 B2
Klwów PL 41 B4
Klyetsk BY 16 K20
Knaben N 18 C4
Knapstad N 21 C2
Knäred S 26 C2
Knejinec HR 60 B1
Knesebeck D 30 C2
Knesselare B 34 B3
Knežak SLO 59 C4
Kneževi-Vinogradi HR 61 C3
Knezevo HR 61 C3

Knić YU 71 C5
Knin HR 70 B1
Knislinge S 27 C3
Knittelfeld A 59 A4
Knivsta S 23 C3
Knokke B 34 B3
Knurów PL 40 C2
Knutby S 22 C4
Kobarid SLO 58 B3
København DK 25 C5
Kobenz A 59 A4
Kobersdorf A 60 A1
Kobiernice PL 51 B5
Kobierzyce PL 39 C6
Kobiór PL 51 A4
Koblenz CH 56 A3
Koblenz D 36 C2
Kobryn BY 7 K19
Kobylanka PL 31 B5
Kobylí CZ 50 C2
Kobylin PL 39 B7
Kobylniki PL 33 C6
Kobytka PL 41 A5
Kočani MK 15 R18
Koceljevo YU 71 B4
Kočerin BIH 70 C2
Kočevje SLO 59 C4
Kochel D 58 A1
Kochlowy PL 40 B1
Kock PL 41 B6
Kocs H 60 A3
Kocsér H 61 B4
Kocsola H 60 B3
Koczala PL 32 B3
Kodal N 19 B7
Kodersdorf D 39 B4
Kodrab PL 40 B3
Koekelare B 34 B2
Koerich L 46 B1
Koersel B 35 B5
Köflach A 59 A5
Køge DK 25 C5
Koglhof A 59 A5
Kohlberg D 48 B3
Kohtla-Järve EST 16 G20
Köinge S 26 B1
Kojetín CZ 50 B3
Kóka H 61 A4
Kokava SK 51 C5
Kokkola FIN 5 E18
Kokory CZ 50 B3
Kokoski PL 33 A4
Koksijde B 34 B2
Kola RUS 5 B23
Köla S 20 C3
Kolari FIN 5 C18
Kolárovo SK 51 D3
Kolašin YU 91 B6
Kolbäck S 23 C2
Kolbacz PL 31 B5
Kolbiel PL 41 A5
Kolbnitz A 58 B3
Kolbotn N 19 B7
Kolbu N 20 B1
Kolbuszowa PL 41 C5
Kolby Kås DK 25 C3
Kolczewo PL 31 B6
Kolczyglowy PL 32 A3
Kolding DK 25 C2
Kolechowice PL 41 B6
Kölesd H 61 B3
Kolín CZ 49 A6
Kolind DK 24 B3
Kolinec CZ 49 B4
Kølkær DK 25 B2
Kolkwitz D 38 B4
Kölleda D 37 B6
Kollerschlag A 49 C4
Kollum NL 28 B3
Köln D 36 C1
Kolo PL 40 A2
Kolobrzeg PL 31 A6
Kolochau D 38 B3
Kolomyya UA 11 M19
Koloveč CZ 49 B4
Kolpino RUS 5 G22
Kolpny RUS 16 K25
Kolrep D 30 B3
Kolsko PL 39 B5
Kolsva S 23 C1
Kolta SK 51 C4
Kolumna PL 40 B3
Kolunič BIH 70 B1
Koluszki PL 41 B3
Kolut HR 61 C3
Kølvrå DK 25 B2
Komárno SK 51 D4
Komárom H 60 A3
Komárváros H 60 B2
Komin HR 70 C2
Komiža HR 69 C6
Komjatice SK 51 C4
Komletinci HR 71 A3
Komló, *Baranya* H 60 B3
Kömlö, *Heves* H 61 A5
Kommern D 35 C6
Komoča SK 51 D4
Komornik PL 39 A6
Komotini GR 15 R19
Komsomolsk RUS 33 A6
Konak YU 71 A5
Konakovo RUS 16 H25
Konarzyny PL 32 B3
Kondoros H 61 B5
Kondrovo RUS 16 J24
Køng DK 25 C4
Konga S 26 C4
Kongsberg N 19 B6
Kongshamn N 19 C5
Kongsvinger N 20 B2
Konice CZ 50 B2
Konie PL 41 B4
Koniecpol PL 40 C3
Konigs Wusterhausen D 38 A3
Königsberg D 37 C5
Königsbronn D 47 C6
Königsbrück D 38 B3
Königsbrunn D 48 C1
Konigsdorf D 48 D2
Königsee D 37 C6
Königshofen, *Baden-Württemberg* D 47 B5
Konigshofen, *Bayern* D 37 C5
Königslutter D 37 A5
Königssee D 58 A2
Königstein, *Hessen* D 36 C3
Königstein, *Sachsen* D 38 C4
Königstetten A 50 C2
Königswartha D 38 B4
Konigswiesen A 49 C5
Königswinter D 36 C2
Konin PL 40 A2
Köniz CH 56 B2
Konjic BIH 70 C2
Konjice SLO 59 B5
Könnern D 37 B6
Konnerud N 19 B7
Konopnica PL 41 B6
Konotop UA 11 L23
Konradsreuth D 38 C1
Końskie PL 41 B4
Konsmo N 18 C4
Konstantinovka RUS 33 A6
Konstantynów PL 40 B3
Konstanz D 57 A4
Kontich B 35 B4
Kontiolahti FIN 5 E21
Kóny H 60 A2
Konz D 46 B2
Koog a/d Zaan NL 35 A4
Kopčany SK 50 C3
Koper SLO 58 C3
Köpernitz D 31 B3
Kopervik N 18 B2
Kópháza H 60 A1
Kopice PL 40 C1
Kopidlno CZ 39 C5
Köping S 23 C2
Köpinge S 27 D3
Köpingebro S 27 D2
Koplik AL 91 B6
Kopparberg S 20 C5
Köppern D 36 C3
Koppom S 21 C3
Koprivnica HR 60 B1
Kopřivnice CZ 51 B4
Kopstal L 46 B2
Kopychyntsi UA 11 M19
Korbach D 36 B3
Körbecke D 36 B3
Korbeek-Lo B 35 C4
Korçë AL 15 R17
Korčula HR 91 B4
Korczyców PL 39 A4
Korenevo RUS 16 L24
Korenita YU 71 B4
Korets UA 11 L20
Korfantów PL 40 C1
Korgen N 4 C13
Korinth DK 25 C3
Kórinthos GR 15 T18
Korita HR 91 B4
Köritz D 30 C3
Körmend H 60 A1
Korne PL 32 A3
Körner D 37 B5
Korneuburg A 50 C2
Kornievo RUS 33 A6
Kornik PL 39 A7
Kørnsjø N 21 D2
Kornwestheim D 47 C5
Környe H 60 A3
Korocha RUS 16 L25
Koromacno HR 69 B4
Koronowo PL 32 B3
Korosten UA 11 L21
Korostyshev UA 11 L21
Korsberga S 21 D5
Korsnäs S 22 B1
Korsør DK 25 C4
Korsun Shevchenkovskiy UA 11 M22
Kortemark B 34 B3
Kortowo PL 33 B6
Kortrijk B 34 C3
Koryčany CZ 50 B3
Korytnica-Kúpele SK 51 C5
Koryukovka UA 16 L23
Korzeńsko PL 39 B6
Korzybie PL 32 A2
Koš SK 51 C4
Kosanica YU 71 C4
Kosaya Gora RUS 16 J25
Kösching D 48 C2
Kościan PL 39 A6
Kościelec PL 40 A2
Kościerzyna PL 32 A3
Koserow D 31 A5
Košetice CZ 49 B6
Košice SK 11 M17
Kosina PL 41 C6
Kosjeric YU 71 B4
Koška HR 60 C3
Kosljun HR 69 B5
Kosmonosy CZ 39 C4
Kosovska Mitrovica YU 15 Q17
Koßdorf D 38 B3
Košť'álov CZ 39 C5
Kosta S 26 C4
Kostajnica HR 70 A1
Kostajnik YU 71 B4
Kostalec n. Orlicé CZ 39 C6
Kostanica YU 91 B6
Kostanjevica SLO 59 C5
Kostelec n Cernymi Lesy CZ 49 A5
Kostelec na Hané CZ 50 B3
Kostice CZ 50 C2
Kostkowo PL 32 A4
Kostojevići YU 71 B4
Kostopil UA 11 L20
Kostów PL 40 B2
Kostrzyn, *Gorzów Wielkopolski* PL 31 C5
Kostrzyn, *Posnan* PL 39 A7
Kostuchna PL 40 C3
Koszalin PL 32 A2
Koszarawa PL 51 B5
Koszęcin PL 40 C2
Kőszeg H 60 A1
Koszwaly PL 33 A4
Koszyce PL 41 C4
Kötelek H 61 A5
Köthen D 38 B1
Kotka FIN 5 F20
Kotomierz PL 32 B4
Kotor YU 91 B5
Kotor Varoš BIH 70 B2
Kotoriba HR 60 B1
Kotorsko BIH 70 B3
Kotovsk UA 11 N21
Kotraža YU 71 C5
Kötschach A 58 B3
Kötzting D 49 B3
Koudum NL 28 C2
Kouřim CZ 49 A5
Kout na Sumave CZ 49 B4
Kouvola FIN 5 F20
Kovačevac YU 71 B5
Kovačica YU 71 A5
Kövágoors H 60 B2
Kovarce SK 51 C4
Kovdor RUS 5 C22
Kovel' UA 11 L19
Kovilj YU 71 A5
Kovin YU 71 B5
Kovren YU 71 C4
Kowal PL 33 C5
Kowalewo Pom. PL 33 B4
Kowary PL 39 C5
Kowiesy PL 41 A4
Kozanci BIH 70 C1
Kozáni GR 15 R17
Kozarac BIH 70 B1
Kozarac HR 59 C5
Kozárd H 51 D5
Kozelets UA 11 L22
Kozelsk RUS 16 J24
Kozica HR 70 C2
Kozieglowy PL 40 C3
Kozienice PL 41 B5
Kozina SLO 59 C3
Kozje SLO 59 B5
Koźle PL 40 C2
Kozluk BIH 71 B4
Koźmin PL 40 B1
Koźminek PL 40 B2
Kozolupy CZ 49 B4
Kożuchów PL 39 B5
Kožuhe BIH 70 B3
Kozyatyn UA 11 M21
Krackow D 31 B5
Krąg PL 32 A2
Kragenæs DK 25 D4
Kragerø N 19 C6
Kragujevac YU 71 B5
Kraiburg D 48 C3
Krajišnik HR 61 C5
Krajková CZ 38 C2
Krajné SK 50 C3
Krajnik Dolny PL 31 B5
Krakača BIH 69 A5
Kraków PL 51 A5
Krakow a. See D 30 B3
Král'ov Brod SK 50 C3
Kral'ovany SK 51 B5
Králíky CZ 39 C6
Kraljevac HR 59 C5
Kraljevica HR 69 A4
Kraljevo YU 71 C5
Kralovice CZ 49 B4
Kralupy n. Vltavou CZ 38 C4
Kramfors S 4 E15
Kramsach A 58 A1
Kranenburg D 35 B6
Kranichfeld D 37 C6
Kranídhion GR 15 T18
Kranj A 59 B4
Kranjska Gora SLO 59 B3
Krapanj HR 69 C5
Krapina HR 59 B5
Krapkowice PL 40 C1
Kraselov CZ 49 B4
Krašic HR 59 C5
Kraskowo PL 33 A7
Krāslava LV 16 J20
Kraslice CZ 38 C2
Krasná Hora n. Vltavou CZ 49 B5
Krasna Lipa CZ 38 C4
Krasne PL 33 C6
Kraśnik PL 41 C6
Kraśnik Fabryczny PL 41 C6
Krašnja SLO 59 B4
Krasno HR 69 B5
Krásno SK 51 B4
Krasnokutsk UA 16 L24
Krasnosielc PL 33 B7
Krasnozavodsk RUS 16 H26
Krasnystaw PL 11 L18
Krasnyy RUS 16 J22
Krasnyy Kholm RUS 16 G25
Krasocin PL 41 C4
Kratečko HR 60 C1
Kraubath a.d. Mur A 59 A4
Krausnick D 38 A3
Krautheim D 47 B5
Kravaře, *Severočeský* CZ 38 C4
Kraváre, *Severomoravsky* CZ 51 B4
Kravarsko HR 60 C1
Kraznějov CZ 49 B4
Krčedin YU 71 A5
Krefeld D 36 B1
Kreiensen D 37 B4
Krelovice CZ 49 B6
Krembz D 30 B2
Kremenets UA 11 L19
Kremmen D 31 C4
Kremna YU 71 C4
Kremnica SK 51 C4
Krempe D 29 B6
Krems a.d. Donau A 50 C1
Kremsbrücke A 58 B3
Kremsmünster A 49 C5
Křemže CZ 49 C5
Krepa PL 40 B2
Krepsko PL 32 B2
Kreševo BIH 70 C3
Kreßbronn D 57 A4
Kretinga LT 7 J17
Krettsy RUS 16 G23
Kreuth D 58 A1
Kreuzau D 35 C6
Kreuzen A 49 C5
Kreuzlingen CH 57 A4
Kreuztal D 36 C3
Krewelin D 31 C4
Kričke HR 70 C1
Kriegsfeld D 47 B3
Kriens CH 56 A3
Krilo HR 70 C1
Krimml A 58 A2
Krimpen a/d IJssel NL 35 B4
Křinec CZ 39 C5
Kristdala S 26 B5
Kristiansand N 19 C5
Kristianstad S 27 C3
Kristiansund N 4 E10
Kristiinankaupunki FIN 5 E17
Kristinehamn S 21 C5
Krivàň SK 51 C5
Kríž HR 60 C1
Křižanov CZ 50 B2
Križevci HR 60 B1
Križevci SLO 59 B6
Krk HR 69 A4
Krka SLO 59 C4
Krnjača YU 71 B5
Krnjak HR 69 A5
Krnjeuša BIH 70 B1
Krnjevo YU 71 B6
Krnov CZ 40 C1
Krobia PL 39 B6
Krøderen N 19 A6
Krødsherad N 19 A6
Krokek S 23 D2
Krokom S 4 E14
Krokowa PL 32 A4
Krokstadelva N 19 B6
Kroksund N 21 C2
Krolevets UA 16 L23
Kroměříž CZ 50 B3
Krommenie NL 28 C1
Kromy RUS 16 K24
Kronach D 37 C6
Kronshagen D 29 A7
Kronshtadt RUS 5 G21
Kröpelin D 30 A2
Kropp D 29 A6
Kroppenstedt D 37 B6
Kropstädt D 38 B2
Krościenko PL 51 B6
Krośniewice PL 40 A3
Krosno PL 11 M17
Krosno Odrzańskie PL 39 A5
Krostitz D 38 B2
Krotoszyn PL 40 B1
Krottendorf A 59 B5
Krouna CZ 50 B2
Krowiarki PL 40 C2
Kršan HR 69 A4
Krško SLO 59 C5
Krstur HR 61 B5
Křtiny CZ 50 B2
Kruft D 36 C2
Kruishoutem B 34 C3
Krulyewshchyna BY 16 J20
Krumbach A 60 A1
Krumbach D 48 C1
Krun D 57 A6
Krupa BIH 70 B1
Krupá CZ 38 C3
Krupanj YU 71 B4
Krupina SK 51 C5
Krupka CZ 38 C3
Krupki BY 16 J21
Kruså DK 25 D2
Kruščica BIH 70 B2
Kruščica HR 69 B5
Kruševac YU 11 Q17
Kruszwica PL 33 C4
Kruszyn PL 33 C5
Krute YU 91 B6
Krychaw BY 16 K22
Krylbo S 22 B2
Krynica Morska PL 33 A5
Krzanowice PL 51 A4
Krzęcin PL 31 B6
Krzeczów PL 41 B5
Krzelów PL 39 B6
Krzemień PL 41 C6
Krzepice PL 40 C2
Krzepielów PL 39 B6
Krzeszów Graniczny PL 41 C6
Krzeszowice PL 40 C3
Krzeszyce PL 31 C6
Krzewica PL 41 A6
Krzynowlaga Mała PL 33 B6
Krzystkowice PL 39 B5
Krzywin PL 39 B6
Krzyż PL 32 C2
Ksiaz Wielkopolski, *Kielce* PL 41 C4
Ksiaż Wielkopolski, *Poznań* PL 39 A7
Księżpol PL 41 C6
Kśieży Lasek PL 33 B7
Ktodawa PL 40 A2
Küblis CH 57 B4
Kuchary PL 40 B1
Kuchen D 47 C5
Kuchl A 58 A3
Kucice PL 33 C6
Kuciny PL 40 B3
Kuciste HR 91 B4
Kucura HR 61 C4
Kuczbork PL 33 B6
Kudlov CZ 50 B3
Kudowa Zdrój PL 39 C6
Kudypy PL 33 B6
Kufstein A 58 A2
Kuggeboda S 27 C4
Kühbach D 48 C2
Kuhmo FIN 5 D21
Kuhmoinen FIN 5 F19
Kuhstedt D 29 B5
Kuinre NL 28 C2
Kukës AL 15 Q17
Kuklin PL 33 B6
Kukljice HR 69 B5
Kukujevci YU 71 A4
Kula HR 61 C4
Kula TR 15 S21
Kuldīga LV 7 H17
Kulen Vakuf BIH 70 B1
Kulina BIH 70 B3
Kulltorp S 26 B2
Kulmain D 48 B2
Kulmbach D 48 A2
Kumane HR 61 C5
Kumanovo MK 15 Q17
Kumla, *Örebro* S 23 C1
Kumla, *Västmanland* S 22 C2
Kunbaja H 61 B4
Kunda EST 16 G20
Kundl A 58 A2
Kungälv S 24 A4
Kungs-Husby S 23 C3
Kungsängen S 23 C3
Kungsåra S 23 C2
Kungsäter S 26 B1
Kungsbacka S 24 A5
Kungsgården S 22 B2
Kungshamn S 21 D2
Kungsör S 23 C2
Kunhegyes H 61 A5
Kunice Zarskie PL 39 B5
Kunin CZ 51 B3
Kuninovo YU 71 B5
Kunmadaras H 61 A5
Kunovice CZ 50 B3
Kunowo PL 39 B7
Kunštat CZ 50 B2
Kunszentmárton H 61 B5
Kunszentmiklós H 61 A4
Kunžak CZ 49 B6
Künzelsau D 47 B5
Kuolajärvi RUS 5 C21
Kuopio FIN 5 E20
Kupferzell D 47 B5
Kupirovo HR 70 B1
Kupjak HR 59 C4
Kuppenheim D 47 C4
Kupres BIH 70 B2
Küps D 37 C6
Kurd H 60 B3
Kürdzhali BG 15 R19
Kuressaare EST 7 G18
Kurikka FIN 5 E18
Kuřim CZ 50 B2
Kurki PL 33 B6
Kurów PL 41 B6
Kurowice PL 40 B3
Kursk RUS 16 L25
Kürten D 36 B2
Kurylówka PL 41 C6
Kusadak YU 71 B5
Kuşadası TR 15 T20
Kusel D 46 B3
Kusey D 30 C2
Küsnacht CH 56 A3
Kutenholz D 29 B6
Kutina HR 60 C1
Kutjevo HR 60 C2
Kutná Hora CZ 49 B6
Kutno PL 40 A3
Küttingen CH 56 A3
Kúty SK 50 C3
Kuusamo FIN 5 D21
Kuusankoski FIN 5 F20
Kuvshinovo RUS 16 H24
Kuzmin YU 71 A4
Kuźnia Raciborska PL 40 C2
Kuźnica Czarnkowska PL 32 C2
Kuźnica Żelichowska PL 32 C2
Kværndrup DK 25 C3
Kvänum S 21 D4
Kvarnberg S 20 A5
Kvarstein N 18 C4
Kvås N 19 C4
Kvasice CZ 50 B3
Kvibille S 26 C1
Kvicksund S 23 C2
Kvidinge S 27 C2
Kvikne N 4 E12
Kvilda CZ 49 B4
Kville S 21 D2
Kvillsfors S 26 B4
Kvinesdal N 18 C3
Kvinlog N 18 C3
Kvinnherad N 18 B3
Kvissel DK 24 A3
Kviteseid N 19 B5
Kwakowo PL 32 A3
Kwidzyn PL 33 B4
Kwietniewo PL 33 B5
Kwilcz PL 32 C2
Kyje CZ 49 A5
Kyjov CZ 50 B3
Kyle of Lochalsh GB 3 H4
Kyllburg D 46 A2
Kynšperk-n. Ohří CZ 38 C2
Kyritz D 30 C3
Kyrkesund S 21 D2
Kyrkheden S 20 B4
Kyrkhult S 27 C3
Kysucké Nové Mesto SK 51 B4
Kyustendil BG 15 Q18
Kyyiv UA 11 L22
Kyyjärvi FIN 5 E19

L

L'Absie F 53 B4
L'Aigle F 44 C1
L'Aiguillon-sur-Mer F 52 B3
L'Alcudia E 82 B2
L'Alpe-d'Huez F 65 A5
L'Àquila I 89 A4
L'Arbresle F 55 C4
L'Argentière-la-Bessée F 65 B5
L'Epine F 65 B4
L'Escarène F 66 C2
L'homme F 53 A5
L'Hospitalet-du-Larzac F 64 C2
L'Ile Bouchard F 53 A5
L'Ile-Rousse F 96 A2
L'Isle CH 56 B1
L'Isle-Adam F 44 B3
L'Isle-de-Noé F 63 C4
L'Isle-en-Dodon F 63 C4
L'Isle-Jourdain, *Gers* F 63 C5
L'Isle-Jourdain, *Vienne* F 53 B5
L'Isle-sur-la-Sorgue F 65 C4
L'isle-sur-le Doubs F 56 A1
L'Isle-sur-Serein F 55 A4
L'Olleria E 82 C2
L'viv UA 11 M19
La Adrada E 80 B2
La Alameda E 86 A3
La Alberca E 73 D4
La Alberca de Záncara E 81 C4
La Albuera E 79 C4
La Aldea de Portillo de Busto E 75 B3
La Algaba E 85 B3
La Aliseda de Tormes E 80 B1
La Almolda E 76 B2
La Almunia de Doña Godina E 76 B1
La Amarcha E 81 C4
La Ametlla de Mar E 76 C3
La Arena, *Oviedo* E 72 A4
La Arena, *Vizcaya* E 75 A3
La Aulaga E 85 B3
La Balme-de-Sillingy F 55 C6
La Bañeza E 74 B1
La Barre-de-Monts F 52 B2
La Barre-en-Ouche F 44 C1
La Barrosa E 85 C3
La Barthe-de-Neste F 63 C4
La Bassée F 34 C2
La Bastide F 65 C5
La Bastide-de-Sèrou F 63 C5
La Bastide-des-Jourdans F 65 C4
La Bastide Puylaurent F 64 B2
La Bathie F 56 C1
La Batie Montgascon F 55 C5
La Baule F 52 A2
La Bazoche-Gouet F 44 C1
La Berade F 65 B5
La Bernerie-en-Retz F 52 A2
La Bisbal E 77 B6
La Boissière F 43 A6
La Bola E 72 B3
La Bota E 84 B2
La Boullay Mivoye F 44 C2
La Bourboule F 54 C2
La Bóveda de Toro E 74 C1
La Bresse F 46 C2
La Bridoire F 55 C5
La Brigue F 66 B2
La Brillanne F 65 C4
La Bruffière F 52 A3
La Bugeda E 81 B4
La Bussière F 54 A2
La Caillère F 52 B4
La Caletta I 96 C3
La Calmette F 64 C3
La Calzada de Oropesa E 80 C1
La Campana E 85 B4
La Cañada E 80 B2
La Cañiza E 72 B2
La Capelle F 45 B4
La Capte F 65 C5
La Cardanchosa E 85 A4
La Caridad E 72 A4
La Carlota E 85 B5
La Carolina E 86 A3
La Cava E 76 C3
La Cavalerie F 64 B2
La Celle-St. Avant F 53 A5
La Cenia E 82 A3
La Chaise-Dieu F 64 A2
La Chaize-le-Vicomte F 52 B3
La Chalamine B 35 C6
La Chambre F 65 A5
La Chapelaude F 54 B2
La Chapelle F 44 D2
La Chapelle-d'Angillon F 54 A2
La Chapelle-en-Valgaudemar F 65 B5
La Chapelle-en-Vercors F 65 B4
La Chapelle-Glain F 52 A3
La Chapelle la Reine F 44 C3
La Chapelle-Laurent F 64 A2
La Chapelle-sur-Erdre F 52 A3
La Charce F 65 B4
La Charité-sur-Loire F 54 A3
La Chartre-sur-le-Loir F 53 A5
La Châtaigneraie F 53 B4
La Châtre F 54 B2
La Chaussée-sur-Marne F 45 C5
La Chaux-de-Fonds CH 56 A1
La Chêne F 65 C4
La Cheppe F 45 B5
La Chèze F 42 B3
La Ciotat F 65 C4
La Clayette F 55 B4
La Clusaz F 56 C1
La Codosera E 79 B3
La Concha E 74 A3
La Contienda E 85 A3
La Coquille F 53 C5
La Coronada E 79 C5
La Coruña E 72 A2
La Côte-St. André F 65 A4
La Cotinère F 52 C3
La Couronne F 53 C5
La Courtine le Trucq F 54 C2
La Couvertoirade F 64 C2
La Crau F 65 C5
La Crèche F 53 B4
La Croix F 53 A5
La Croix-St. Ouen F 45 B3
La Croix-Valmer F 65 C5
La Cruz E 75 A4
La Cumbre E 79 B5
La Douze F 63 A4
La Escala E 77 A6
La Espina E 72 A4
La Estrada E 72 B2
La Estrella E 80 C1
La Farlède F 65 C5
La Felipa E 81 C5
La Fère F 45 B4
La Ferrière F 52 B3
La Ferrière-en-Parthenay F 53 B4
La-Ferté-Alais F 44 C3
La Ferté-Bernard F 44 C1
La Ferté Chevresis F 45 B4
La Ferte Fresnel F 44 C1
La Ferte Gaucher F 45 C4
La Ferté-Imbault F 54 A1
La Fertè-Mace F 43 B5
La Ferté-Milon F 45 B4
La Ferte-sous-Jouarre F 45 C4
La Ferté-St.Aubin F 54 A1
La Ferté-St.Cyr F 54 A1
La Ferté Vidame F 44 C1
La Ferté Villeneuil F 44 D2
La Feuillie F 44 B2
La Flèche F 53 A4
La Flotte F 52 B3
La Fouillade F 63 B6
La Foux F 65 C5
La Franca E 74 A2
La Fregeneda E 73 D4
La Fresneda E 76 C3
La Gacilly F 43 C3
La Galera E 76 C3
La Garde-Freinet F 65 C5
La Garita E 72 A3
La Garnache F 52 B3
La Garriga E 77 B5
La Garrovilla E 79 C4
La Gaubretière F 52 B3
La Gineta E 81 C5
La Granadella E 82 C3
La Grand-Combe F 64 B3
La Grande-Croix F 55 C4
La Grande Motte F 64 C3
La Granjuela E 79 C5
La Gravelle F 43 B4
La Guardia, *Pontevedra* E 73 C2
La Guardia, *Toledo* E 81 C3
La Guardia de Jaén E 86 B3
La Gudiña E 73 B3
La Guerche-de-Bretagne F 43 C4
La Guerche sur l'Aubois F 54 B2
La Guérinière F 52 B2
La Haba E 79 C5
La Haye-du-Puits F 43 A4
La Haye-Pesnel F 43 B4
La Herlière F 34 C2
La Hermida E 74 A2
La Herrera E 81 D4
La Higuera E 82 C1
La Hiniesta E 74 C1
La Hórca E 87 A5
La Horcajada E 80 B1
La Horra E 74 C3
La Hulpe B 35 C4
La Hutte F 43 B6
La Iglesuela E 80 B2
La Iglesuela del Cid E 82 A2
La Iruela E 86 B4
La Javie F 65 B5
La Jonchère-St. Maurice F 53 B6
La Junquera E 77 A5
La Lantejuela E 85 B4
La Línea E 85 C4
La Londe F 65 C5
La Loupe F 44 C2
La Louviere B 35 C4
La Luisiana E 85 B4
La Machine F 54 B3
La Maddalena I 96 B3
La Magdalena E 74 B1
La Mailleraye F 44 B1
La Maison Bleue F 45 B4
La Malène F 64 B2
La Mamola E 86 C3
La Masadera E 76 B2
La Mata E 80 C2
La Mata de Ledesma E 80 A1
La Mata de Monteagudo E 74 B1
La Matanza E 87 A5
La Meilleraye-de-Bretagne F 52 A3
La Membrolle F 53 A5
La Ménitré F 53 A4
La Merca E 72 B3
La Mezquita E 73 B3
La Mole F 65 C5
La Molina E 77 A4
La Monnerie-le-Montel F 54 C3
La Morera E 79 C4
La Mothe-Achard F 52 B3
La Mothe-St. Héray F 53 B4
La-Motte, *Alpes-de-Haute-Provence* F 65 B5
La Motte, *Isère* F 65 B4
La Motte-Servolex F 55 C5
La Mudarra E 74 C2
La Muela E 76 B1
La Mure F 65 B4
La Napoule F 66 C1
La Nava E 85 B3
La Nava de Ricomalillo E 80 C2
La Nava de Santiago E 79 B4
La Neuve-Lyre F 44 C1
La Neuveville CH 56 A2
La Nocle-Maulaix F 54 B3
La Nuez de Arriba E 74 B3
La Pacaudiѐe F 54 B3
La Pallice F 52 B3
La Palma de Ebro E 76 B3
La Palma del Condado E 85 B3
La Parade F 64 B2
La Parra E 79 C4
La Pedraja de Portillo E 74 C2
La Peraleja E 81 B4
La Peroja E 72 B3
La Petit-Pierre F 46 C3
La Pinilla E 87 B5
La Plaza E 72 A4
La Pobla de Lillet E 77 A4
La Pobla Llarga E 82 B2
La Pola de Gordón E 74 B1
La Pommeraye F 52 A4
La Póveda de Soria E 75 B4
La Preste F 77 A5
La Puebla, *Mallorca* E 83
La Puebla de Almoradie E 81 C3
La Puebla de Cazalla E 85 B4
La Puebla de los Infantes E 85 B4
La Puebla de Montalbán E 80 C2
La Puebla de Roda E 76 A3
La Puebla de Valverde E 82 A2
La Puebla del Rio E 85 B3
La Pueblanueva E 80 C2
La Puerta de Segura E 87 A4
La Punt CH 57 B4
La Quintana E 86 B2
La Quintera E 85 B4
La Rábita E 86 B2
La Rambla E 86 B2
La Reale I 96 B2
La Redondela E 84 B2
La Réole F 62 B3
La Ricamarie F 64 A3
La Riera, *Oviedo* E 74 A1
La Riera, *Tarragona* E 77 B4
La Rinconada E 85 B4
La Riviere-Thibouville F 44 B1
La Robla E 74 B1
La Roca de la Sierra E 79 B4
La Roche CH 56 B2
La Roche F 65 B4
La Roche Bernard F 52 A2
La Roche-Chalais F 62 A4
La Roche-de-Rame F 65 B5
La Roche Derrien F 42 B2
La Roche-en-Ardenne B 35 C5
La Roche-en-Brénil F 55 A4
La Roche-Guyon F 44 B2
La Roche-Posay F 53 B5
La Roche-s-Foron F 55 B6
La Roche-sur-Yon F 52 B3
La Roche-Vineuse F 55 B4
La Rochebeaucourt-et-Argentine F 53 C5
La Rochefoucauld F 53 C5
La Rochelle F 52 B3
La Rochette F 65 B4
La Roda, *Albacete* E 81 C4
La Roda, *Oviedo* E 72 A4
La Roda de Andalucia E 86 B2
La Roque F 64 B2
La Roque-d'Anthéron F 65 C4
La Roque Gageac F 63 B5
La Roquebrussanne F 65 C4
La Rua E 72 B3
La Rubia E 75 C4
La Sabina, *Formentera* E 83
La Sagrada E 73 D4
La Salceda E 80 A3
La Salle F 65 B5
La Salute di Livenza I 58 C2

La Salvetat-Peyralès F 63 B6
La Salvetat-sur-Agout F 64 C1
La Sarraz CH 56 B1
La Seca E 74 C2
La Selva E 77 B4
La Serra E 77 B4
La Seyne F 65 C4
La Solana E 81 D3
La Souterraine F 53 B6
La Spezia I 67 B4
La Storta I 88 B3
La-Suze-sur-Sarthe F 43 C6
La Teste F 62 B2
La Thuile I 56 C1
La Toba E 81 B5
La Toledana E 80 C2
La Torre de Esteban Habrán E 80 B2
La Torresaviñán E 81 B4
La Tour d'Aigues F 65 C4
La Tour du-Pin F 55 C5
La Tranche-sur-Mer F 52 B3
La Tremblade F 52 C3
La Trimouille F 53 B6
La Trinité F 52 A1
La Trinité-Porhoët F 42 B3
La Trinite-Victor F 66 C2
La Tronche F 65 A4
La Turballe F 52 A2
La Turbie F 66 C2
La Uña E 74 A1
La Unión E 87 B6
La Valette F 65 C4
La Vecilla E 74 B1
La Vega, *Orense* E 72 B4
La Vega, *Oviedo* E 72 A4
La Velilla E 80 A3
La Ventosa E 81 B4
La Verna I 68 C1
La Verpillière F 55 C5
La Victoria E 86 B2
La Vid E 75 C3
La Villa I 58 B1
La Villa de Don Fadrique E 81 C3
La Ville Dieu-du-Temple F 63 B5
La Villedieu F 53 B4
La Voulte-sur-Rhône F 65 B3
La Wantzenau F 47 C3
La Zoma E 76 C2
Laa a.d. Thaya A 50 C2
Laage D 30 B3
Laasphe D 36 C3
Labastide F 63 C5
Labastide-Murat F 63 B5
Lábatan H 61 A3
Łabednik PL 33 A6
Labegude F 64 B3
Labenne F 62 C2
Laberweinting D 48 C3
Labin HR 69 A4
Łabiszyn PL 32 C3
Lablachère F 64 B3
Lábod H 60 B2
Laboe D 30 A1
Labouheyre F 62 B3
Labrède F 62 B3
Labrit F 62 B3
Labros E 81 A5
Labruguière F 63 C6
Labrujo P 73 C2
Lacalahorra E 86 B3
Lacanau F 62 B2
Lacanau-Océan F 62 A2
Lacanche F 55 A4
Lacapelle-Marival F 63 B5
Laćarak YU 71 A4
Lacaune F 64 C1
Lacedónia I 90 C2
Láces (Latsch) I 57 B5
Lachen CH 56 A3
Lack PL 33 C5
Läckeby S 26 C5
Lackenbach A 60 A1
Läckö S 21 D4
Láconi I 96 D3
Lacq F 62 C3
Lacroix-Barrez F 64 B1
Lacroix-sur-Meuse F 46 C1
Ladbergen D 29 C4
Lądek Zdrój PL 39 C6
Ladelund D 25 D2
Ladendorf A 50 C2
Ladignac-le-Long F 53 C6
Ladispoli I 88 B3
Ladoeiro P 79 B3
Ladon F 44 D3
Laer D 36 A2
Lærdalsøyri N 4 F10
Laferté-sur-Aube F 45 C5
Lafnitz A 59 A6
Lafrançaise F 63 B5
Lagan S 26 C2
Laganadi I 95 A4
Lagares, *Coimbra* P 78 A3
Lagares, *Porto* P 73 C2
Lagaro I 67 B6
Lagartera E 80 C1
Lage D 36 B3
Lage E 72 A2
Lage Mierde NL 35 B5
Lägerdorf D 29 B6
Łagiewniki PL 39 C6
Láglio I 57 C4
Lagnieu F 55 C5
Lagny, *Oise* F 45 B3
Lagny, *Seine-et-Marne* F 45 C3
Lagny-le-Sec F 45 B3
Lago, *Calabria* I 92 B3
Lago, *Veneto* I 58 C2
Lagoa P 84 B1
Lagoaça P 73 C4
Lagonegro I 92 A2
Lagor F 62 C3
Lagorce F 64 B3
Lagos P 84 B1
Lagosanto I 68 B2
Łagów, *Kielce* PL 41 C5
Łagów, *Zielona Góra* PL 39 A5
Lagrasse F 64 C1
Laguarres E 76 A3
Laguépie F 63 B5
Laguerdia E 75 B4
Laguiole F 64 B1
Laguna de Duero E 74 C2
Laguna de Negrillos E 74 B1
Laguna del Marquesado E 81 B5
Lagundo (Algund) I 57 B6
Lagunilla E 79 A4
Laharie F 62 B3
Lahden D 29 C4
Laheycourt F 45 C6
Laholm S 26 C2
Lahr D 47 C3
Lahti FIN 5 F19
Laichingen D 47 C5
Laifour F 45 B5
Laignes F 45 D5
Laiguéglia I 66 C3
Laimbach a. Ostrong A 49 C6
Laina E 81 A4
Laineck D 48 B2
Lairg GB 3 G4
Laissac F 64 B1
Láives (Leifers) I 58 B1
Lajkovaci YU 71 B5
Lajoskomárom H 60 B3
Lajosmizse H 61 A4
Lakitelek H 61 B5
Lakolk DK 25 C1
Lakšárska Nová Ves SK 50 C3
Lakselv N 4 A19
Laktaši BIH 70 B2
Lalande F 62 B3
Lalbenque F 63 B5
Lalevade F 64 B3
Lalin E 72 B2
Lalinde F 63 B4
Lalling D 49 C4
Lam D 49 B4
Lama dei Peligni I 89 A5
Lama Mocogno I 67 B5
Lamagistére F 63 B4
Lamarche F 46 C1
Lamarche-sur-Saône F 55 A5
Lamarosa P 78 B2
Lamarque F 62 A3
Lamas P 73 D2
Lamas de Moaro P 73 B2
Lamastre F 65 B3
Lambach A 49 C4
Lamballe F 42 B3
Lambesc F 65 C4
Lamego P 73 C3
Lamía GR 15 S18
Lammhult S 26 B3
Lamothe-Cassel F 63 B5
Lamothe-Montravel F 63 B4
Lamotte-Beuvron F 54 A2
Lampertheim D 47 B4
Lamprechtshausen A 49 D3
Lamsfeld D 38 B4
Lamspringe D 37 B5
Lamstedt D 29 B6
Lamure-sur-Azergues F 55 B4
Lana I 57 B6
Lanaja E 76 B2
Lanarce F 64 B3
Lancaster GB 3 J5
Lanciano I 89 A5
Lancieux F 43 B3
Łańcut PL 41 C6
Landau, *Bayern* D 48 C3
Landau, *Hessen* D 36 B4
Landau, *Rheinland-Pfalz* D 47 B4
Landeck A 57 A5
Landen B 35 C5
Landerneau F 42 B1
Landeryd S 26 B2
Landesbergen D 29 C6
Landete E 82 B1
Landévant F 42 C2
Landévennec F 42 B1
Landivisiau F 42 B1
Landivy F 43 B4
Landl, *Steiermark* A 59 A4
Landl, *Tirol* A 58 A2
Landos F 64 B2
Landouzy F 45 B5
Landquart CH 57 B4
Landrecies F 45 A4
Landreville F 45 C5
Landriano I 67 A4
Landsberg, *Bayern* D 48 C1
Landsberg, *Sachsen-Anhalt* D 38 B2
Landsbro S 26 B3
Landscheid D 46 B2
Landshut D 48 C3
Landskrona S 27 D1
Landsmeer NL 35 A4
Landstuhl D 46 B3
Landvetter S 24 A5
Lanestor F 42 C2
Lanestosa E 75 A3
Langå DK 24 B2
Langa de Duero E 75 C3
Langangen N 19 B6
Långared S 26 A1
Långås S 26 C1
Långasjö S 26 C4
Langau A 50 C1
Langeac F 64 A2
Langeais F 53 A5
Langeln D 37 B5
Langelsheim D 37 B5
Langen D 29 B5
Langenau D 47 C6
Langenberg, *Nordrhein-Westfalen* D 36 B2
Langenberg, *Nordrhein-Westfalen* D 36 B3
Langenbruck CH 56 A2
Langenburg D 47 B5
Langendamm D 29 C6
Langeneichstädt D 37 B6
Langenenzersdorf A 50 C2
Längenfeld A 57 A5
Langenfeld D 36 B1
Langenhagen D 29 C6
Langenhorn D 25 D1
Langenlois A 50 C1
Langenlonsheim D 47 B3
Langennaudorf D 38 B3
Langenneufnach D 48 C1
Langenrohr A 50 C2
Langenselbold D 36 C4
Langensteinbach D 47 C4
Langenthal CH 56 A2
Langenwang A 59 A5
Langenzenn D 48 B1
Langeoog D 29 B4
Langeskov DK 25 C3
Langesund N 19 B6
Langewiesen D 37 C5
Långflon S 20 A3
Langförden D 29 C5
Langhagen D 30 B3
Länghem S 26 B2
Langhirano I 67 B5
Langkampfen A 58 A2
Langnau CH 56 B2
Langø DK 25 D4
Langogne F 64 B2
Langon F 62 B3
Langquaid D 48 C3
Langres F 46 D1
Langrune-sur-Mer F 43 A5
Långserud S 21 C3
Langset N 20 B2
Långshyttan S 22 B2
Languidic F 42 C2
Langwarden D 29 B5
Langwedel D 29 C6
Langweid D 48 C1
Langwies CH 57 B4
Lanheses P 73 C2
Lanildut F 42 B1
Lanjarón E 86 C3
Lank-Latum D 36 B1
Lanklaar B 35 B5
Lanmeur F 42 B2
Lanna S 26 B2
Lannabruk S 21 C5
Lännaholm S 22 C3
Lannéanou F 42 B2
Lannemezan F 63 C4
Lanneuville-sur-Meuse F 45 B6
Lannilis F 42 B1
Lannion F 42 B2
Lanouaille F 63 A5
Lansargues F 64 C3
Lanškroun CZ 50 B2
Lanslebourg F 66 A1
Lanta F 63 C5
Lantadilla E 74 B2
Lanton F 62 B2
Lanusei I 96 D3
Lanuvio I 88 B3
Lanvollon F 42 B3
Lánycsók H 61 B3
Lanza E 72 A2
Lanzada E 72 B2
Lanzahita E 80 B2
Lanzhof CZ 50 C2
Lanzo Torinese I 66 A2
Laon F 45 B4
Laons F 44 C2
Lapalisse F 54 B3
Lapanouse F 64 B1
Łapczyna Wola PL 41 C3
Lapegrade F 62 B3
Lapeyrouse F 54 B2
Lapeyrouse-Mornay F 65 A3
Laplume F 63 B4
Lapoutroie F 46 C3
Lapovo YU 71 B6
Lappeenranta FIN 5 F21
Lapseki TR 15 R20
Lapua FIN 5 E18
Laracha E 72 A2
Laragne-Montéglin F 65 B4
Larceveau F 62 C2
Larche, *Alpes-de-Haute-Provence* F 65 B5
Larche, *Corrèze* F 63 A5
Lårdal N 19 B5
Laredo E 75 A3
Laren NL 35 A5
Largentière F 64 B3
Lariño E 72 B1
Larino I 90 C1
Lárisa GR 15 S18
Larkollen N 19 B7
Larmor-Plage F 42 C2
Larne GB 3 J4
Laroche F 45 D4
Larochette L 46 B2
Laroque F 63 B4
Laroque d'Olmes F 77 A4
Laroquebrou F 63 B6
Larouco E 73 B3
Larraga E 75 B5
Larrau F 62 C3
Larrazet F 63 C5
Laruns F 62 C3
Larva E 86 B3
Larvik N 19 B7
Las Antillas E 84 B2
Las Cabezadas E 81 A3
Las Cabezas de S. Juan E 85 C4
Las Correderas E 86 A3
Las Cuevas de Cañart E 76 C2
Las Herencias E 80 C2
Las Labores E 81 C3
Las Machorras E 75 A3
Las Masucas E 77 B4
Las Mesas E 81 C4
Las Navas E 86 B2
Las Navas de la Concepción E 85 B4
Las Navas del Marques E 80 B2
Las Negras E 87 C5
Las Pajanosas E 85 B3
Las Pedroñeras E 81 C4
Las Planas E 77 A5
Las Quintanillas E 74 B3
Las Rozas, *Madrid* E 80 B3
Las Rozas, *Santander* E 74 B3
Las Uces E 73 C4
Las Veguillas E 80 B1
Las Ventas con Peña Aguilera E 80 C2
Las Ventas de S. Julián E 80 B1
Las Vilas de Turbó E 76 A3
Las Villas de Benicasim E 82 A3
Lasarte E 75 A4
Łasin PL 33 B5
Łask PL 40 B3
Łaskarzew PL 41 B5
Laško SLO 59 B5
Lasocin PL 41 A3
Laspaules E 76 A3
Laspuña E 76 A3
Lassan D 31 B4
Lassay F 43 B5
Lassee A 50 C2
Lassigny F 45 B3
Lastra a Signa I 67 C6
Lastras de Cuéllar E 74 C2
Lastres E 74 A1
Lästringe S 23 D3
Lastrup D 29 C4
Lastva BIH 91 B5
Latasa E 75 B5
Látera I 88 A2
Laterza I 90 D3
Lathen D 28 C4
Latiano I 93 A4
Latina I 89 B3
Latisana I 58 C3
Látky SK 51 C5
Latowicz PL 41 A5
Latrónico I 92 A3
Latronquière F 63 B6
Latterbach CH 56 B2
Laubach D 36 C3
Laubert F 64 B2
Laubusch D 38 B4
Laucha D 37 B6
Lauchhammer D 38 B3
Lauda D 47 B5
Laudal N 18 C4
Lauenau D 37 A4
Lauenburg D 30 B1
Lauf D 48 B2
Laufach D 47 A5
Läufelfingen CH 56 A2
Laufen CH 56 A2
Laufen, *Baden-Württemberg* D 47 C4
Laufen, *Bayern* D 49 D3
Laufenburg CH 56 A3
Lauffen D 47 B5
Lauingen D 48 C1
Laujar E 86 C4
Laukaa FIN 5 E19
Launceston GB 3 L4
Launois F 45 B5
Laupen CH 56 B2
Laupheim D 47 C5
Laureana di Borrello I 92 C3
Laurenzana I 92 A2
Lauria I 92 A2
Laurière F 53 B6
Laurino I 92 A2
Lausanne CH 56 B1
Lauscha D 37 C6
Laussa A 59 A4
Laussonne F 64 B3
Lauta D 38 B4
Lautenthal D 37 B5
Lauterach A 57 A4
Lauterbach, *Baden-Württemberg* D 47 C4
Lauterbach, *Hessen* D 37 C4
Lauterbrunnen CH 56 B2
Lauterecken D 46 B3
Lauterhofen D 48 B2
Lautrach D 47 D6
Lautrec F 63 C6
Lauvvik N 18 C3
Lauwe B 34 C3
Lauzerte F 63 B5
Lauzun F 63 B4
Lavagna I 67 B4
Laval, *Marne* F 45 B5
Laval, *Mayenne* F 43 B5
Lavamünd A 59 B4
Lavardac F 63 B4
Lavaris P 78 A2
Lavarone I 57 C6
Lavau F 54 A2
Lavaur F 63 C5
Lavelanet F 77 A4
Lavello I 90 C2
Lavelsloh D 36 A3
Laveno I 56 C3
Lavezzola I 68 B1
Laviana E 74 A1
Laviano I 90 D2
Lavilledieu F 64 B3
Lavinio-Lido di Enea I 88 B3
Lavis I 57 B6
Lavit F 63 C4
Lavoncourt F 55 A5
Lavos P 78 A2
Lavre P 78 C2
Lávrion GR 15 T19
Ławszowa PL 39 B5
Laxå S 21 D5
Laza E 73 B3
Lazarevac YU 71 B5
Lazarevo HR 61 C5
Łazek Ordynacki PL 41 C6
Lazise I 57 C5
Łaziska Grn. PL 40 C2
Lázně CZ 38 C2
Lázně Bělohrad CZ 39 C5
Lazy PL 40 C3
Lazzaro I 95 B4
Le Bar F 66 C1
Le Barcarès F 77 A6
Le Barp F 62 B3
Le Béage F 64 B3
Le Beausset F 65 C4
Le Bégude-de-Mazenc F 65 B3
Le Blanc F 53 B6
Le Bleymard F 64 B2
Le Boulay F 53 A5
Le Boulou F 77 A5
Le Bourg F 63 B5
Le Bourg-d'Oisans F 65 A5
Le Bourget-du-Lac F 55 C5
Le Bourgneuf-la-Forêt F 43 B5
Le Bousquet d'Orb F 64 C2
Le Brassus CH 55 B6
Le Breuil F 54 B3
Le Breuil-en-Auge F 44 B1
Le Brusquet F 65 B5
Le Bry CH 56 B2
Le Bugue F 63 B4
Le Buisson F 63 B4
Le Caloy F 62 C3
Le Cannet-des-Maures F 65 C5
Le Canourgue F 64 B2
Le Cap d'Agde F 64 C2
le Castella I 93 C4
Le Cateau-Cambrésis F 45 A4
Le Caylar F 64 C2
Le Cayrol F 64 B1
Le Celle F 55 A4
Le Châble CH 56 B2
Le Chambon-Feugerolles F 64 A3
Le Chambon-sur-Lignon F 64 A3
Le Château F 52 C3
Le Châtelard F 55 C6
Le Châtelet F 54 B2
Le Chatelet-en-Brie F 45 C3
Le Chesne F 45 B5
Le Cheylard F 64 B3
Le Ciotat Plage F 65 C4
Le Conquet F 42 B1
Le Creusot F 55 B4
Le Croisic F 52 A2
Le Crotoy F 34 C1
Le Deschaux F 55 B5
Le Donjon F 54 B3
Le Dorat F 53 B6
Le Faou F 42 B1
Le Faouët F 42 B2
Le Folgoet F 42 B1
Le Fossat F 63 C5
Le Fousseret F 63 C5
Le Freney F 65 A5
Le Fugeret F 65 B5
Le Gault-Soigny F 45 C4
Le Gond-Pontouvre F 53 C5
Le Grand Bornand F 56 C1
Le-Grand-Bourg F 54 B1
Le Grand Fougeray F 43 C4
Le Grand-Lucé F 44 D1
Le Grand Pressigny F 53 B5
Le Grau-du-Roi F 64 C3
Le Guâ F 65 A4
Le Havre F 43 A6
Le Hohwald F 46 C3
Le Houga F 62 C3
Le Lardin F 63 A5
Le Lauzet-Ubaye F 65 B5
Le Lavandou F 65 C5
Le Lion-d'Angers F 53 A4
Le Locle CH 56 A1
Le Loroux-Bottereau F 52 A3
Le Louroux Béconnais F 52 A4
Le Luc F 65 C5
Le Lude F 53 A5
Le Malzieu-Ville F 64 B2
Le Mans F 44 D1
Le Mas-d'Azil F 63 C5
Le Massegros F 64 B2
Le May-sur-Evre F 53 A4
Le Mayet-de Montagne F 54 B3
Le Mèle sur Sarthe F 44 C1
Le Ménil, *Vosges* F 46 C2
Le Ménil, *Vosges* F 46 D2
Le Meriot F 45 C4
Le Merlerault F 44 C1
Le Mesnil-sur-Oger F 45 C5
Le Miroir F 55 B5
Le Monastier F 64 B2
Le Monêtier-les-Bains F 65 B5
Le Mont-Dore F 54 C2
Le Montet F 54 B3
Le Muret F 62 B3
Le Muy F 65 C5
Le Neubourg F 44 B1
Le Nouvion-en-Thiérache F 45 A4
Le Palais F 52 A1
Le Parcq F 34 C2
Le Péage-de-Roussillon F 65 A3
Le Pellerin F 52 A3
Le Perthus F 77 A5
Le Petit Bornand F 55 C6
Le Pin F 54 B3
Le Poët F 65 B4
Le Poirè-sur-Vie F 52 B3
Le Pont CH 55 B6
Le Pont-de-Claix F 65 A4
Le Pont-de-Montvert F 64 B2
Le Pont-du-Fossé F 65 B5
Le Pontet F 65 C3
Le Porge F 62 B2
Le Portel F 34 C1
Le Poujol F 64 C2
Le Pouldu F 42 C2
Le Pouliguen F 52 A2
Le Pouyalet F 62 A3
Le Prese I 57 B5
Le Puy-en-Velay F 64 A2
Le Puy-Ste-Réparade F 65 C4
Le Quesnoy F 34 C3
Le Raincy F 44 C3
Le Relecq-Kerhuon F 42 B1
Le Rouget F 63 B6
Le Rozier F 64 B2
Le Sel de Bretagne F 43 C4
Le Sentier CH 55 B6
Le Teil F 65 B3
Le Teilleul F 43 B5
Le Temple-de-Bretagne F 52 A3
Le Theil F 44 C1
Le Thillot F 46 D2
Le Touquet-Paris-Plage F 34 C1
Le Touvet F 65 A4
Le Translay F 44 B2
Le Transloy F 45 A3
Le Tréport F 44 A2
Le Val F 65 C5
Le-Val-André F 42 B3
Le Val d'Ajol F 46 D2
Le Valdahon F 55 A6
Le Verdon-sur-Mer F 52 C3
Le Vernet F 65 B5
Le Vieux Bourg F 43 B4
Le Vigan F 64 C2
Le Ville I 68 C2
Le Vivier-sur-Mer F 43 B4
Łeba PL 32 A3
Lebach D 46 B2
Lebedyn UA 16 L24
Lebekke B 35 C4
Lébény H 60 A2
Leboreiro E 72 B3
Lębork PL 32 A3
Lebrija E 85 C3
Lebring A 59 B5
Lebusa D 38 B3
Lecce I 93 A5
Lecco I 57 C4
Lécera E 76 B2
Lech A 57 A5
Lechbruck D 57 A5
Lechovice CZ 50 C2
Leciñena E 76 B2
Leck D 25 D1
Lectoure F 63 C4
Lecumberri E 75 A5
Łęcze PL 33 A5
Leczyca PL 40 A3
Ledaña E 81 C5
Ledeč n. Sazavou CZ 49 B6
Ledenice CZ 49 C5
Ledesma E 73 C4
Lédignan F 64 C3
Lédigos E 74 B2
Ledince CZ 50 C2
Lednicke-Rovné SK 51 B4
Ledyczek PL 32 B2
Łędziny PL 40 C3
Leeds GB 3 K6
Leek NL 28 B3
Leens NL 28 B3
Leer D 29 B4
Leerdam NL 35 B5
Leerhafe D 29 B4
Leese D 29 C6
Leeste D 29 C5
Leeuwarden NL 28 B2
Leezen D 30 B1
Leganés E 80 B3
Legau D 47 D6
Legbąd PL 32 B3
Legde D 30 C2
Legden D 36 A2
Legé F 52 B3
Legionowa PL 41 A4
Léglise B 46 B1
Legnago I 67 A6
Legnano I 57 C3
Legnaro I 58 C1
Legnica PL 39 B6
Legowo PL 33 A4
Legrad HR 60 B1
Léguevin F 63 C5
Legutiano E 75 B4
Lehesten D 37 C6
Lehnice SK 50 C3
Lehnin D 38 A2
Lehrberg D 48 B1
Lehre D 37 A5
Lehrte D 37 A4
Lehsen D 30 B2
Leibnitz A 59 B5
Leicester GB 3 K6
Leichlingen D 36 B2
Leiden NL 35 A4
Leiderdorp NL 35 A4
Leidschendam NL 35 A4
Leignon B 35 C5
Leimen D 47 B4
Leinefde D 37 B5
Leingarten D 47 B5
Leini I 66 A2
Leipheim D 47 C6
Leipzig D 38 B2
Leiria P 78 B2
Leirvik N 18 B2
Leisach A 58 B2
Leisnig D 38 B2
Leissigen CH 56 B2
Leitrim IRL 3 K2
Leitzkau D 38 A1
Leiza E 75 A5
Łękawa PL 40 B3
Łekawica PL 51 B5
Lekeitio E 75 A4
Lekenik HR 60 C1
Lekeryd S 26 B3
Łęknica PL 39 B4
Leksand S 20 B6
Lekvattnet S 20 B3
Lelkowo PL 33 A6
Lelów PL 40 C3
Lelystad NL 28 C2
Lem DK 24 B1
Lembach A 49 C4
Lembach F 47 B3
Lembeck D 36 B1
Lembeek B 35 C4
Lemberg F 46 B3
Lembèye F 62 C3
Lemelerveld NL 28 C3
Lemgo D 36 A3
Lemmer NL 28 C2
Lempdes F 64 A2
Lemvig DK 24 B1
Lemwerder D 29 B5
Len F 55 B5
Lena E 74 A1
Lena N 20 B1
Lenauheim RO 61 C5
Lencloitre F 53 B5
Lend A 58 A3
Lendava SLO 60 B1
Lendery RUS 5 E22
Lendinara I 68 A1
Lendorf A 58 B3
Lendringsen D 36 B2
Lendum DK 24 A3
Lengefeld D 38 C3
Lengenfeld A 50 C1
Lengerich, *Niedersachsen* D 29 C4
Lengerich, *Nordrhein-Westfalen* D 36 A2
Lenggries D 58 A1
Lenglern D 37 B4
Lengyeltóti H 60 B2
Lenhovda S 26 C4
Lenk CH 56 B2
Lennartsfors S 21 C2
Leno I 67 A5
Lenola I 89 B4
Lens B 34 C3
Lens F 34 C2
Lens Lestang F 65 A4
Lensahn D 30 A1
Lentellais E 72 B3
Lentföhrden D 29 B6
Lenti H 60 B1
Lentini I 95 B3
Lenzburg CH 56 A3
Lenzen D 30 B2
Lenzerheide CH 57 B4
Lenzing A 49 D4
Leoben A 59 A5
Leobersdorf A 50 D2
Leogang A 58 A2
Léognan F 62 B3
Leominster GB 3 K5
León E 74 B1
Léon F 62 C2
Leonberg D 47 C4
Léoncel F 65 B4
Leonding A 49 C5
Leonessa I 89 A3
Leonforte I 95 B3
Leopoldsburg B 35 B5
Leopoldschlag A 49 C5
Leopoldsdorf i. Mfd. A 50 C2
Leopoldshagen D 31 B4
Leova MD 11 N21
Lepe E 84 B2
Lepetani YU 91 B5
Lepoglava HR 60 B1
Leppävirta FIN 5 E20
Leppin D 30 C2
Lepsény H 60 A3
Lepuix F 46 D2
Léquile I 93 A5
Lercara Friddi I 94 B2
Lerdal S 21 D2
Leré F 54 A2
Lérici I 67 B4
Lérida E 76 B3
Lerin E 75 B5
Lerm-et-Musset F 62 B3
Lerma E 74 B3
Lermoos A 57 A5
Lerouville F 46 C1
Lerum S 24 A5
Lervik N 19 B7
Lerwick GB 3 F6
Lés E 76 A3
Les-Ancizes-Comps F 54 C2
Les Abrets F 55 C5
Les Aix-d'Angillon F 54 A2
Les Allues F 56 C1
Les Andelys F 44 B2
Les Arcs F 65 C5
Les-Aubiers F 53 B4
Les Barraques F 65 B5
Les Bézards F 45 D3
Les Bois CH 56 A1
Les Bordes F 44 D3
Les Cabanes de Fitou F 77 A5
Les Cabanes-de-Lapalme F 77 A5
Les Cabannes F 77 A4
Les Contamines-Montjoie F 56 C1
Les Déserts F 55 C6
Les Diablerets CH 56 B2
Les Echelles F 55 C5
Les Escaldes AND 77 A4
Les-Essarts F 52 B3
Les Estables F 64 B3
Les Eyzies-de-Tayac F 63 B5
Les Fontaines F 44 D2
Les Fonteneles F 56 A1
Les Gets F 56 B1
Les Grandes-Ventes F 44 B2
Les Granges F 45 C5
Les Haudères CH 56 B2
Les Hayons F 44 B2
Les Herbiers F 52 B3
Les Hôpitaux-Neufs F 55 B6
Les Houches F 56 C1
Les Islettes F 45 B5
Les Lecques F 65 C4
Les Lucs-sur-Boulogne F 52 B3
Les Mages F 64 B3
Les Marches F 55 C5
Les Mées F 65 B4
Les Mureaux F 44 C2
Les Omergues F 65 B4
Les Ormes-sur-Voulzie F 45 C4
Les Orres F 65 B5
Les Pennes Mirabeau F 65 C4
Les Pieux F 43 A4
Les Ponts-de-Cé F 53 A4
Les Ponts-de-Martel CH 56 B1
Les Praz F 56 C1
Les Riceys F 45 D5
Les Roches F 55 C4
Les Rosaires F 42 B3
Les Rosiers F 53 A4
Les Rousses F 55 B6
Les Sables-d'Olonne F 52 B3
Les Salles F 65 C5
Les Ternes F 64 B2
Les Trois Moûtiers F 53 A4
Les Vans F 64 B3
Les Verrières CH 56 B1
Les Vignes F 64 B2
Lesaca E 75 A5
Lešak YU 71 C5
Lescar F 62 C3
Lešce HR 69 B5
Lescheraines F 55 C6
Lesconil F 42 C1
Lesdins F 45 B4
Lesenceistvánd H 60 B2
Lesina I 90 C2
Lesjaskog N 4 E11
Lesjaverk N 4 E11
Lesjöfors S 20 C5
Leskova SLO 59 C4
Leskovac YU 15 Q17
Leskovec CZ 50 B3
Leskovice CZ 49 B6
Lesmont F 45 C5
Leśna PL 39 B5
Lesneven F 42 B1
Leśnica PL 40 C2
Lešnica YU 71 B4
Leśniów Wielkoplski PL 39 B5
Lesnoye RUS 16 G24
Lesparre-Médoc F 62 A3
Lespignan F 64 C2
Lesponne F 62 C4
Lessach A 59 A3
Lessay F 43 A4
Lessebo S 26 C4
Lessines B 34 C3
Lesterps F 53 B5
Leszczyny PL 40 C2
Leszno PL 41 A4
Leszno Din PL 39 B5
Letenye H 60 B1
Letino I 89 B5
Letmathe D 36 B2
Letohrad CZ 50 A2
Letovice CZ 50 B2
Letschin D 31 C5
Lette D 36 B2
Letterkenny IRL 3 J3
Letur E 87 A4
Letux E 76 B2
Letzlingen D 30 C2
Léuca I 93 B5
Leucate F 77 A6
Leuglay F 45 D5
Leuk CH 56 B2
Leukerbad CH 56 B2
Leuna D 38 B2
Leutenberg D 37 C6
Leuterschach D 57 A5
Leutershausen D 48 B1
Leutkirch D 47 D6
Leuven B 35 C4
Leuze, *Hainault* B 34 C3
Leuze, *Namur* B 35 C4
Levádhia GR 15 S18
Levang N 19 C6
Levanger N 4 E12
Levanjska Varoš HR 70 A3
Lèvanto I 67 B4
Levata I 67 A5
Leverano I 93 A4
Leverkusen D 36 B2
Levern D 36 A3
Levet F 54 B2
Levice SK 51 C4
Lévico I 58 B1
Levier F 55 B6
Lévignen F 45 B3
Levinovac HR 60 C2
Levoča SK 51 B6
Levroux F 53 B6
Lewin Brzeski PL 40 C1
Leysin CH 56 B2
Lezajsk PL 41 C6
Lezany PL 33 B7
Lézardrieux F 42 B2
Lézat-sur-Lèze F 63 C5
Lezay F 53 B5
Lezhë AL 15 R16
Lézignan-Corbières F 64 C1

Lezignan-la-Cèbe F 64 C2
Ležimir YU 71 A4
Lézinnes F 45 D5
Lezoux F 54 C3
Lezuza E 81 D4
Lgov RUS 16 L24
Lherm F 63 C5
Lhommaizé F 53 B5
Lhuître F 45 C5
Liancourt, *Oise* F 44 B3
Liancourt, *Somme* F 45 B3
Liart F 45 B5
Liatorp S 26 C3
Libáň CZ 39 C5
Libceves CZ 38 C3
Liběchov CZ 38 C4
Liberec CZ 39 C5
Libešice CZ 38 C4
Libiaż PL 40 C3
Libina CZ 50 B3
Libochovice CZ 38 C4
Libourne F 62 B3
Libramont B 46 B1
Librilla E 87 B5
Libros E 82 A1
Licata I 94 B2
Licciana Nardi I 67 B5
Licenza I 89 A3
Liceros E 75 C3
Lich D 36 C3
Lichères-près-Aigremont F 54 A3
Lichfield GB 3 K6
Lichtart B 35 B4
Lichtenau A 49 C6
Lichtenau D 36 B3
Lichtenfels D 37 C6
Lichtensteig CH 57 A4
Lichtenstein D 38 C2
Lichtenvoorde NL 35 B6
Lichtervelde B 34 B3
Licke Jesenice HR 69 A5
Lički Osik HR 69 B5
Licodia Eubea I 95 B3
Lida BY 7 K19
Lidečko CZ 51 B4
Lidhult S 26 C2
Lidköping S 21 D4
Lido I 58 C2
Lido Azzurro I 93 A4
Lido degli Estensi I 68 B2
Lido degli Scacchi I 68 B2
Lido del Savio I 68 B2
Lido della Nazioni I 68 B2
Lido di Camaiore I 67 C5
Lido di Casalbordino I 89 A5
Lido di Castel Fusano I 88 B3
Lido di Cincinnato I 88 B3
Lido di Classe I 68 B2
Lido di Fermo I 69 C3
Lido di Fondi I 89 B4
Lido di Iésolo I 58 C2
Lido di Licola I 89 C5
Lido di Metaponto I 93 A3
Lido di Óstia I 88 B3
Lido di Pláia I 95 B4
Lido di Policoro I 93 A3
Lido di Pomposa I 68 B2
Lido di Scanzano I 93 A3
Lido di Siponto I 90 C2
Lido di Squillace I 93 C3
Lido di Volano I 68 B2
Lido Riccio I 89 A5
Lido Silvana I 93 A4
Lidzbark Warminski PL 33 A6
Lidzbart PL 33 B5
Liebenau A 49 C5
Liebenau D 29 C6
Liebenburg D 37 A5
Liebenstein D 37 C5
Liebenwalde D 31 C4
Lieberose D 38 B4
Lieboch A 59 B5
Liederkerke B 35 C4
Liège B 35 C5
Lieksa FIN 5 E22
Lienen D 36 A2
Lienz A 58 B2
Liepāja LV 7 H17
Lier B 35 B4
Lier N 19 B7
Liernais F 55 A4
Liernolles F 54 B3
Liesborn D 36 B3
Liesing A 58 B2
Liessel NL 35 B5
Liestal CH 56 A2
Liétor E 87 A5
Lieurey F 44 B1
Liévin F 34 C2
Liezen A 59 A4
Liffol-le-Grand F 46 C1
Lifford IRL 3 J3
Liffré F 43 B4
Ligardes F 63 B4
Ligist A 59 B5
Lignano Sabbiadoro I 58 C3
Ligne F 52 A3
Lignières F 54 B2
Ligny-en-Barrois F 46 C1
Ligny-le-Châtel F 45 D4
Ligueil F 53 A5
Likavka SK 51 B5
Likenäs S 20 B4
Likhoslavl RUS 16 H24
Lild Strand DK 24 A1
Lilienfeld A 50 C1
Lilienthal D 29 B5
Lilla Edet S 21 D3
Lilla Tjärby S 26 C2
Lillån S 23 C1
Lille B 35 B4
Lille F 34 C3
Lillebonne F 44 B1
Lillehammer N 20 A1
Lillerød DK 25 C5
Lillers F 34 C2
Lillesand N 19 C5
Lillestrøm N 20 C2
Lillo E 81 C3
Lima S 20 B4
Limal B 35 C4
Limanowa PL 51 B6
Limay F 44 B2
Limbach-Oberfrohna D 38 C2
Limbaži LV 7 H19
Limbourg B 35 C5
Limburg D 36 C3
Limburgerhof D 47 B4
Limedsforsen S 20 B4
Limerick IRL 3 K2
Limésy F 44 B1
Limmared S 26 B2
Limmen NL 28 C1
Limoges F 53 C6
Limogne F 63 B5
Limone Piemonte I 66 B2
Limone s. Garda I 57 C5
Limons F 54 C3
Limours F 44 C3
Limoux F 63 C6
Limpias E 75 A3
Linares E 86 A3
Linares de Mora E 82 A2
Linares de Riofrio E 80 B1
Linas de Broto E 76 A2
Lincoln GB 3 K6
Lind DK 25 B1
Lindach D 47 C5
Lindås S 26 C3
Lindau D 57 A4
Lindelse DK 25 D3
Lindenberg, *Bayern* D 57 A4
Lindenberg, *Brandenburg* D 38 A4
Lindenheuvel NL 35 C5
Lindern D 29 C4
Linderöd S 27 D2
Lindesberg S 23 C1
Lindfors S 21 C4
Lindholm D 25 D1
Lindhos GR 15 T21
Lindknud DK 25 C2
Lindlar D 36 B2
Lindö S 23 D2
Lindome S 24 A5
Lindoso P 73 C2
Lindow D 31 C3
Lindshammar S 26 B4
Lindstedt D 30 C2
Líně CZ 49 B4
Lingbo S 22 A2
Lingen D 28 C4
Linghed S 22 B1
Linguaglossa I 95 B4
Linia PL 32 A3
Linie PL 31 B5
Liniewo PL 33 A4
Linkenheim D 47 B4
Linköping S 23 D1
Linne NL 35 B5
Linneryd S 26 C4
Linnes Hammarby S 22 C3
Linnich D 35 C6
Liñola E 76 B3
Linsdal S 26 C5
Linthal CH 57 B4
Linum D 31 C3
Linz A 49 C5
Linz D 36 C2
Lion-sur-Mer F 43 A5
Lioni I 90 D2
Lipar HR 61 C4
Lipari I 95 A3
Lipcani MD 11 M20
Liperi FIN 5 E21
Lipiany PL 31 B5
Lipica SLO 59 C3
Lipik HR 60 C2
Lipka PL 32 B3
Lipniaki RUS 33 A7
Lipnica PL 32 B3
Lipnica-Murowana PL 51 B6
Lipnik CZ 50 B3
Lipnik PL 41 C5
Lipno PL 33 C5
Liposthey F 62 B3
Lipovac HR 71 A4
Lipovets UA 11 M21
Lipovljani HR 60 C1
Lipovo Polje HR 69 B5
Lipowina PL 33 A5
Lippborg D 36 B3
Lippoldsberg D 37 B4
Lippstadt D 36 B3
Lipsko PL 41 B5
Liptovská-Lúžna SK 51 C5
Liptovská Osada SK 51 C5
Liptovská Teplá SK 51 B5
Liptovská-Teplička SK 51 C6
Liptovský Hrádok SK 51 B5
Liptovský-Mikuláš SK 51 B5
Lipusz PL 32 A3
Lipuvka CZ 50 B2
Liré F 52 A3
Lisa YU 71 C5
Lisboa P 78 C1
Lisburn GB 3 J3
Lišeň CZ 50 B2
Lisia Góra PL 41 C4
Lisięcice PL 40 C1
Lisieux F 44 B1
Lisle-sur-Tarn F 63 C5
Lišnja BIH 70 B2
Lišov CZ 49 B5
Lisów, *Częstochowa* PL 40 C2
Lisów, *Gorzów Wielkopolski* PL 31 C5
Lisów, *Radom* PL 41 B4
Lisse NL 35 A4
Lissy F 44 C3
List D 25 C1
Listerby S 27 C4
Lištica BIH 70 C2
Listowel IRL 3 K2
Listrac-Médoc F 62 A3
Liszki PL 51 A5
Lit S 4 E14
Lit-et-Mixe F 62 B2
Litava SK 51 C5
Litenčice CZ 50 B3
Litija SLO 59 B4
Litke H 51 C5
Litlabø N 18 B2
Litlos N 18 A4
Litókhoron GR 15 R18
Litoměřice CZ 38 C4
Litomyšl CZ 50 B2
Litovel CZ 50 B3
Litschau A 49 C6
Littry-la-Mine F 43 A5
Litvrhov CZ 38 C3
Litzelsdorf A 60 A1
Livarot F 44 B1
Livernon F 63 B5
Liverovici YU 91 B6
Liverpool GB 3 K5
Livigno I 57 B5
Livno BIH 70 C1
Livny RUS 16 K25
Livold SLO 59 C4
Livorno I 67 C5
Livorno Ferraris I 66 A3
Livron F 65 B3
Livry-sur-Louvercy F 45 B5
Lixheim F 46 C3
Lizy-sur-Ourcq F 45 B4
Lizzano I 93 A4
Lizzano in Belvedere I 67 B5
Ljig YU 71 B5
Ljørdal N 20 A3
Ljosland N 18 C4
Ljubija BIH 70 B1
Ljubinje BIH 91 B5
Ljubljana SLO 59 B4
Ljubno SLO 59 B4
Ljung S 26 B2
Ljungby S 26 C2
Ljungbyhed S 27 C2
Ljungbyholm S 26 C5
Ljungsbro S 23 D1
Ljungskile S 21 D2
Ljusdal S 4 F15
Ljusfallshammar S 23 D1
Ljusnarsberg S 20 C5
Ljusne S 22 A3
Ljutomer SLO 60 B1
Lladurs E 77 A4
Llafranch E 77 B6
Llagostera E 77 B5
Llandeilo GB 3 L5
Llandovery GB 3 L5
Llandrindod Wells GB 3 K5
Llandudec F 42 B1
Llandudno GB 3 K5
Llanelli GB 3 L4
Llanes E 74 A2
Llangollen GB 3 K5
Llansá E 77 A6
Llanteno E 75 A3
Lleida-Lérida E 76 B3
Llera E 79 C4
Llerena E 85 A3
Lles E 77 A4
Llesúy E 77 A4
Llinás E 77 A4
Lliria E 82 B2
Llivia F 77 A4
Lljezd u. Brna CZ 50 B2
Llodio E 75 A4
Lloret de Mar E 77 B5
Llosa de Ranes E 82 B2
Lloseta, *Mallorca* E 83
Llowa PL 39 B5
Lluchmayor, *Mallorca* E 83
Llutxent E 82 C2
Lo Pagán E 87 B6
Loano I 66 B3
Loarre E 76 A2
Löbau D 39 B4
Lobberich D 35 B6
Löbejün D 38 B1
Lobenstein D 37 C6
Löberöd S 27 D2
Łobez PL 31 B6
Löbnitz D 31 A3
Lobón E 79 C4
Loburg D 38 A2
Łobżenica PL 32 B3
Locana I 56 C2
Locarno CH 56 B3
Loccum D 29 C6
Loch Baghasdail GB 3 H3
Loch nam Madadh GB 3 H3
Lochau A 57 A4
Lochem NL 35 A6
Loches F 53 A5
Lochgilphead GB 3 H4
Lochinver GB 3 G4
Lockenhaus A 60 A1
Lockerbie GB 3 J5
Löcknitz D 31 B5
Locmaria F 52 A1
Locmariaquer F 52 A2
Locminé F 42 C3
Locorotondo I 91 D4
Locquirec F 42 B2
Locri I 95 A5
Locronan F 42 B1
Loctudy F 42 C1
Lodares de Osma E 75 C4
Löddeköpinge S 27 D2
Lode I 96 C3
Löderup S 27 D3
Lodève F 64 C2
Lodi I 67 A4
Lødingen N 4 B14
Lodosa E 75 B4
Lödöse S 21 D3
Lodygowice PL 51 B5
Łódź PL 40 B3
Loeches E 81 B3
Loenen NL 35 A6
Løfallstrand N 18 A2
Lofer A 58 A2
Loftahammar S 26 B5
Lofthus N 18 A3
Loga D 29 B4
Loga N 18 C3
Lograto I 57 C5
Logroño E 75 B4
Logrosán E 79 B5
Løgstør DK 24 B2
Løgumkloster DK 25 C1
Lohals DK 25 C3
Lohja FIN 5 F19
Löhlbach D 36 B3
Lohmen, *Mecklenburg-Vorpommern* D 30 B3
Lohmen, *Sachsen* D 38 C4
Löhnberg D 36 C3
Lohne, *Niedersachsen* D 29 C5
Löhne, *Nordrhein Westfalen* D 36 A3
Lohr D 47 B5
Lohra D 36 C3
Lohsa D 38 B4
Loiano I 67 B6
Loimaa FIN 5 F18
Loire F 55 C4
Lóiri I 96 C3
Loiron F 43 B5
Loitz D 31 B4
Loivos P 73 C3
Loivos do Monte P 73 C3
Loivre F 45 B4
Loja E 86 B2
Løjt Kirkeby DK 25 C2
Loka SLO 59 B5
Lokca SK 51 B5
Løken N 20 C2
Lokeren B 35 B3
Loket CZ 38 C2
Lokhvitsa UA 16 L23
Løkken DK 24 A2
Løkken N 4 E11
Loknya RUS 16 H22
Lokot RUS 16 K24
Lokve YU 71 A6
Lollar D 36 C3
Lölling A 59 B4
Lom BG 11 Q18
Lom CZ 38 C3
Lom N 4 F11
Lom SK 51 C5
Lombez F 63 C4
Lomello I 66 A3
Łomianki PL 41 A4
Lomma S 27 D2
Lommatzsch D 38 B3
Lommel B 35 B5
Lommerssum D 36 C1
Lomnice CZ 50 B2
Lomnice n. Lužnici CZ 49 B5
Lomnice-n. Popelkou CZ 39 C5
Łomża PL 7 K18
Lönashult S 26 C3
Lonato I 57 C5
Lønborg DK 25 C1
Londerzeel B 35 B4
Londinières F 44 B2
London GB 3 L6
Londonderry GB 3 J3
Longare I 58 C1
Longares E 76 B1
Longarone I 58 B2
Longastrino I 68 B1
Longchamp F 45 C5
Longchamps B 46 A1
Longchaumois F 55 B5
Longeau F 55 A5
Longecourt F 55 A5
Longeville, *Moselle* F 46 B2
Longeville, *Vendée* F 52 B3
Longeville-en-Barrois F 46 C1
Longford IRL 3 K3
Longi I 95 A3
Longlier B 46 B1
Longny-au-Perche F 44 C1
Longobucco I 93 B3
Longré F 53 B4
Longroiva P 73 D3
Longué F 53 A4
Longueau F 44 B3
Longuyon F 46 B1
Longvic F 55 A5
Longvilly B 46 A1
Longwy F 46 B1
Lonigo I 58 C1
Löningen D 29 C4
Łoniów PL 41 C5
Lönneberga S 26 B4
Lonneker NL 36 A1
Lons-le-Saunier F 55 B5
Lönsboda S 27 C3
Lønstrup DK 24 A2
Loon op Zand NL 35 B5
Loone-Plage F 34 C2
Loosdorf A 50 C1
Lopar HR 69 B4
Lopare BIH 71 B3
Lopera E 86 B2
Loppersum D 28 B4
Loppersum NL 28 B4
Łopuszno PL 41 C4
Lor F 45 B5
Lora de Estepa E 86 B2
Lora del Rio E 85 B4
Loranca del Campo E 81 B4
Lorca E 87 B5
Lorch D 47 A3
Lørenfallet N 20 B2
Lørenskog N 19 B7
Lorentzweiler L 46 B2
Lorenzana E 72 A3
Loreo I 68 A2
Loreto I 68 C3
Loreto Aprutino I 89 A4
Lorette F 55 C4
Lorgues F 65 C5
Lorica I 93 B3
Lorient F 42 C2
Lorignac F 53 C4
Lörinci H 61 A4
Loriol F 65 B3
Lormes F 54 A3
Loro Ciuffenna I 68 C1
Lorqui E 87 A5
Lorrach D 56 A2
Lorris F 44 D3
Lorup D 29 C4
Łoś PL 41 B4
Los Alcázares E 87 B6
Los Arcos E 75 B4
Los Ausines E 75 B3
Los Barios de Luna E 74 B1
Los Barrios E 85 C4
Los Caños de Meca E 85 C3
Los Cerricos E 87 B4
Los Corrales E 86 B2
Los Corrales de Buelna E 74 A2
Los Dolores E 87 B6
Los Gallardos E 87 B5
Los Hinojosos E 81 C4
Los Isidros E 82 B1
Los Molinos, *Badajóz* E 85 A3
Los Molinos, *Madrid* E 80 B2
Los Morales E 85 B4
Los Navalmorales E 80 C2
Los Navalucillos E 80 C2
Los Nietos E 87 B6
Los Nogales E 72 B3
Los Palacios y Villafranca E 85 B4
Los Peares E 72 B3
Los Rábanos E 75 C4
Los Santos E 80 B1
Los Santos de la Humosa E 81 B3
Los Santos de Maimona E 79 C4
Los Tijos E 74 A2
Los Villares E 86 B3
Los Yébenes E 80 C3
Losacino E 73 C4
Losar de la Vera E 79 A5
Losenstein A 49 D5
Losheim D 46 B2
Losheimer Graben D 35 C6
Losne F 55 A5
Løsning DK 25 C2
Loßburg D 47 C4
Losser NL 36 A2
Lößnitz D 38 C2
Loštice CZ 50 B2
Løten N 20 B2
Lothiers F 53 B6
Lotorp S 23 D1
Lotte D 36 A2
Lottefors S 22 A2
Lotyń PL 32 B2
Lotzorai I 96 D3
Louargat F 42 B2
Loubaresse F 64 B2
Loudéac F 42 B3
Loudun F 53 A5
Loué F 43 C5
Loughborough GB 3 K6
Loughrea IRL 3 K2
Louhans F 55 B5
Loukhi RUS 5 C23
Loulay F 53 B4
Loulé P 84 B1
Louny CZ 38 C3
Lourdes F 62 C3
Loures P 78 C1
Loures-Barousse F 63 C4
Louriçal P 78 A2
Lourinha P 78 B1
Lourmarin F 65 C4
Loury F 44 D3
Lousa, *Bragança* P 73 C3
Lousa, *Coimbra* P 78 A2
Lousa, *Lisboa* P 78 C1
Lousada E 72 B3
Lousada P 73 C2
Louth GB 3 K7
Louverne F 43 B5
Louvie-Juzon F 62 C3
Louviers F 44 B2
Louvigné-du-Désert F 43 B4
Louvres F 44 B3
Lova I 58 C2
Lovasberény H 61 A3
Lovászpatona H 60 A2
Lovčice SK 50 C3
Lovech BG 11 Q19
Lovendegem B 34 B3
Lovene S 21 D4
Lövenich D 35 B6
Lóvere I 57 C5
Lövestad S 27 D2
Loviisa FIN 5 F20
Lovinobaňa SK 51 C5
Loviste HR 91 A4
Lovke HR 69 A4
Lövnäs S 21 C4
Lövö H 60 A1
Lovosice CZ 38 C4
Lovozero RUS 5 C24
Lovran HR 69 A4
Lovrec HR 70 C1
Lovrin RO 61 C5
Lövstabruk S 22 B3
Löwenberg D 31 C4
Löwenstein D 47 B5
Lowestoft GB 3 K7
Łowicz PL 41 A3
Loxstedt D 29 B5
Loyew BY 16 L22
Lož SLO 59 C4
Lozanne F 55 C4
Loznica YU 71 B4
Lozorno SK 50 C3
Lozovik YU 71 B6
Lozoya E 80 B3
Lozoyuela E 81 B3
Lozzo di Cadore I 58 B2
Luanco (Gozón) E 74 A1
Luarca E 72 A4
Lubaczów PL 11 L18
Lubań PL 39 B5
Lubanów PL 40 B3
Lubars D 38 A2
Lubartów PL 41 B6
Lubasz PL 32 C2
Lubawa PL 33 B5
Lubawka PL 39 C5
Lübbecke D 36 A3
Lübben D 38 B3
Lübbenau D 38 B3
Lübbow D 30 C1
Lubczyna PL 31 B5
Lübeck D 30 B1
Lubenec CZ 38 C3
Lubersac F 53 C6
Lübesse D 30 B2
Lubia E 75 C4
Lubian E 73 B4
Lubiatowo PL 31 B6
Lubichowo PL 33 B4
Lubien Kujawski PL 40 A3
Lubienia PL 41 B5
Lubieszewo PL 32 B1
Lubin, *Legnica* PL 39 B6
Lubiń, *Leszno* PL 39 B6
Lubin, *Szczecin* PL 31 B5
Lubin, *Zielona Góra* PL 39 A4
Lublin PL 41 B6
Lubliniec PL 40 C2
Lubmin D 31 A4
Lubniewice PL 31 C6
Lubochnia PL 41 B4
Lubomierz, *Jelenia Góra* PL 39 B5
Lubomierz, *Nowy Secz* PL 51 B6
Lubomino PL 33 A6
Luboń PL 39 A6
Lubowidz PL 33 B5
Łubowo, *Koszalin* PL 32 B2
Łubowo, *Poznań* PL 32 C3
Lubraniec PL 33 C4
Lubrin E 87 B4
Lubrza PL 40 C1
Lubsko PL 39 B4
Lübtheen D 30 B2
Lubuczewo PL 32 A3
Luby CZ 38 C2
Lübz D 30 B3
Luc F 64 B2
Luc-en-D F 65 B4
Luc-sur-Mer F 43 A5
Lucainena de las Torres E 87 B4
Lučani YU 71 C5
Lúcar E 87 B4
Luçay-le-Mâle F 53 A6
Lucca I 67 C5
Lucena, *Córdoba* E 86 B2
Lucena, *Huelva* E 85 B3
Lucena del Cid E 82 A2
Lucenay-l'Évêque F 55 A4
Lucenay-les-Aix F 54 B3
Lučenec SK 51 C5
Luceni E 76 B1
Lucens CH 56 B1
Lucera I 90 C2
Luceram F 66 C2
Lüchow D 30 C2
Luciana E 80 D2
Lucignano I 68 C1
Lucka D 38 B2
Luckau D 38 B3
Luckenwalde D 38 A3
Lückstedt D 30 C2
Lučky SK 51 B5
Luco dei Marsi I 89 B4
Luçon F 52 B3
Ludanice SK 51 C4
Ludbreg HR 60 B1
Lüdenscheid D 36 B2
Lüderitz D 30 C2
Ludes F 45 B5
Ludgo S 23 D3
Lüdinghausen D 36 B2
Ludlow GB 3 K5
Ludomy PL 32 C2
Ludushkin RUS 33 A6
Ludvigsborg S 27 D2
Ludvika S 22 B1
Ludweiler Warndt D 46 B2
Ludwigsburg D 47 C5
Ludwigsfelde D 38 A3
Ludwigshafen D 47 B4
Ludwigslust D 30 B2
Ludwigsstadt D 37 C6
Ludza LV 16 H20
Luesia E 76 A1
Lug HR 61 C3
Luga RUS 16 G21
Lugagnano Val d'Arda I 67 B4
Lugano CH 57 B3
Lugau D 38 C2
Lugnola I 88 A3
Lugny F 55 B4
Lugo E 72 A3
Lugo I 68 B1
Lugoj RO 11 P17
Lugones E 74 A1
Lugrin F 56 B1
Lugros E 86 B3
Luhačovice CZ 50 B3
Luhe D 48 B3
Luino I 56 C3
Luisenthal D 37 C5
Lújar E 86 C3
Luka n. Jihlavou CZ 50 B1
Lukavac BIH 71 B3
Lukavec CZ 49 B6
Lukavica BIH 70 B3
Lukovica SLO 59 B4
Lukovit BG 11 Q19
Lukovo HR 69 B4
Lukovo YU 71 C6
Lukovo Šugorje HR 69 B5
Luków PL 41 B6
Lukowice PL 40 C1
Luksefjell N 19 B6
Łukta PL 33 B6
Lula I 96 C3
Luleå S 5 D18
Lüleburgaz TR 15 R20
Lüllau D 29 B6
Lumbarda HR 91 B4
Lumbier E 76 A1
Lumbrales E 73 D4
Lumbreras E 75 B4
Lumbres F 34 C2
Lummen B 35 C5
Lumpiaque E 76 B1
Lumsheden S 22 B2
Lun HR 69 B4
Luna E 76 A2
Lunamatrona I 96 D2
Lunano I 68 C2
Lunas F 64 C2
Lund S 27 D2
Lunde DK 25 C1
Lunde N 19 B6
Lunden D 29 A6
Lunderseter N 20 B3
Lunderskov DK 25 C2
Lüneburg D 30 B1
Lunel F 64 C3
Lunel-Viel F 64 C3
Lünen D 36 B2
Lunéville F 46 C2
Lungern CH 56 B3
Lungro I 92 B3
Lungsund S 21 C5
Luninyets BY 16 K20
Lunner N 19 A7
Lunteren NL 35 A5
Lunz a. See A 49 D6
Luogosanto I 96 B3
Łupawa PL 32 A3
Lupión E 86 A3
Luppa D 38 B2
Luque E 86 B2
Lurago d'Erba I 57 C4
Lúras I 96 C3
Lurcy-Lévis F 54 B2
Lure F 56 A1
Lurgan GB 3 J3
Lury-sur-Arnon F 54 A2
Lušci Palanka BIH 70 B1
Lusévera I 58 B3
Lushnjë AL 15 R16
Lusignan F 53 B5
Lusigny F 54 B3
Lusigny-sur-Barse F 45 C5
Luso P 78 A2
Lusówko PL 39 A6
Lussac, *Gironde* F 62 B3
Lussac, *Haute-Vienne* F 53 B6
Lussac-les-Châteaux F 53 B5
Lussan F 64 B3
Lußen D 38 B3
Lustenau A 57 A4
Luštěnice CZ 39 C4
Lustin B 35 C4
Lutago (Luttach) I 58 B1
Luthern Bad CH 56 A2
Lütjenburg D 30 A1
Lütjensee D 30 B1
Lutomiersk PL 40 B3
Luton GB 3 L6
Lutry CH 56 B1
Lutry PL 33 A6
Lutsk UA 11 L19
Lutter a. Barenberge D 37 B5
Lutterbach F 46 D3
Lututów PL 40 B2
Lützen D 38 B2
Lutzow D 30 B2
Luxembourg L 46 B2
Luxeuil-les-Bains F 46 D2
Luxey F 62 B3
Luz, *Évora* P 78 C3
Luz, *Faro* P 84 B1
Luz, *Faro* P 84 B2
Luz-St. Sauveur F 76 A3
Luzarches F 44 B3
Luže CZ 50 B2
Luzech F 63 B5
Luzern CH 56 A3
Lužice CZ 50 C3
Luzino PL 32 A4
Lužjanky SK 51 C4
Luzy F 54 B3
Luzzi I 92 B3
Lwówek PL 32 C2
Lwówek Śląski PL 39 B5
Lyakhavichy BY 16 K20
Lychen D 31 B4
Lychkova RUS 16 H23
Lyckeby S 27 C4
Lycksele S 5 D16
Lyepyel BY 16 J21
Lykling N 18 B2
Lyngdal, *Buskerud* N 19 B6
Lyngdal, *Vest-Agder* N 18 C4
Lyngnør N 19 C6
Lyntupy BY 16 J20
Lyon F 55 C4
Lyons la Forêt F 44 B2
Lyozna BY 16 J22
Lyrestad S 21 D5
Lysá SK 51 B4
Lysá n. Labem CZ 39 C4
Lysebotn N 18 B3
Lysekil S 21 D2
Lysice CZ 50 B2
Lysomice PL 33 B4
Lyss CH 56 A2
Lystrup DK 25 B3
Lysvik S 20 B4
Lyuban RUS 16 G22
Lyubertsy RUS 16 J25
Lyubomľ UA 11 L19
Lyubytino RUS 16 G23
Lyudinovo RUS 16 K24

M

Maarheeze NL 35 B5
Maarianhamina FIN 5 F16
Maarssen NL 35 A5
Maaseik B 35 B5
Maasniel NL 35 B6
Maassluis NL 35 B4
Maastricht NL 35 C5
Mablethorpe GB 3 K7
Mably F 55 B4
Macael E 87 B4
Mação P 78 B2
Macau F 62 B3
Maccagno I 56 B3
Maccarese I 88 B3
Macchiagodena I 89 B5
Macclesfield GB 3 K5
Maceda E 72 B3
Macedo de Cavaleiros P 73 C4
Maceira, *Guarda* P 73 D3
Maceira, *Leiria* P 78 B2
Macelj SLO 59 B5
Macerata I 68 C3
Macerata Féltria I 68 C2
Machault F 45 B5
Machecoul F 52 A3
Mchowo PL 33 B6
Machynlleth GB 3 K5
Macieira P 73 C2
Maciejowice PL 41 B5
Macinaggio F 96 A3
Mackenrode D 37 B5
Mackovci SLO 59 B6
Macomer I 96 C2
Macon B 45 A5
Mâcon F 55 B4
Macot F 56 C1
Macotera E 80 B1
Macroom IRL 3 L2
Macugnaga I 56 C2
Macure HR 69 B5
Madängsholm S 21 D4
Madaras H 61 B4
Maddaloni I 89 B5
Made NL 35 B4
Maderno I 57 C5
Maderuelo E 75 C3
Madocsa H 61 B3
Madona LV 16 H20
Madonna di Campiglio I 57 B5
Madrid E 81 B3
Madridejos E 81 C3
Madrigal de la Vera E 80 B1
Madrigal de las Altas Torres E 80 A1
Madrigalejo, *Burgos* E 74 B3
Madrigalejo, *Cáceres* E 79 B5
Madriguera E 75 C3
Madrigueras E 81 C5
Madroñera E 79 B5
Madunice SK 50 C3
Mael-Carhaix F 42 B2
Maella E 76 B3
Maello E 80 B2
Maestu E 75 B4
Mafra P 78 C1
Magacela E 79 C5
Magallon E 75 C5
Magalluf, *Mallorca* E 83
Magán E 80 C3
Magaña E 75 C4
Magasa I 57 C5
Magaz E 74 C2
Magdeburg D 37 A6
Magenta I 57 C3
Magescq F 62 C2
Magierowa Wola PL 41 B5
Magione I 68 C2
Maglaj BIH 70 B3
Maglehem S 27 D3
Magliano de Marsi I 89 A4
Magliano in Toscana I 88 A2
Magliano Sabina I 88 A3
Maglić HR 61 C4
Máglie I 93 A5
Maglód H 61 A4
Magnac-Bourg F 53 C6
Magnac Laval F 53 B6
Magnieres F 46 C2
Magnor N 20 C3
Magnuszew PL 41 B5
Magny-Cours F 54 B3
Magny-en-Vexin F 44 B2
Mágocs H 60 B3
Magoute P 78 C1
Maguilla E 79 C5
Magyarkeszi H 60 B3
Magyarszék H 60 B3
Mahala YU 91 B6
Mahide E 73 C4
Mahilyow BY 16 K22
Mahon, *Menorca* E 83
Mahora E 81 C5
Mahovo HR 60 C1
Mähring D 48 B3
Maia P 73 C2
Maiaelrayo E 81 A3
Maîche F 56 A1
Maida I 92 C3
Maidières F 46 C2
Maidstone GB 3 L7
Maienfeld CH 57 A4
Maignelay F 44 B3
Maillezais F 53 B4
Mailly-le-Camp F 45 C5
Mailly-le-Château F 54 A3
Mainar E 76 B1
Mainbernheim D 48 B1
Mainburg D 48 C2
Mainhardt D 47 B5
Mainleus D 48 A2
Maintenon F 44 C2
Mainz D 47 A4
Maiorca P 78 A2
Mairena del Alcor E 85 B4

Maisach D 48 C2
Maishofen A 58 A2
Maison-Celle F 45 B5
Maison-Rouge F 45 C4
Maißau A 50 C1
Maisse F 44 C3
Maitenbeth D 48 C3
Maizières-le-Vic F 46 C2
Maizières-les-Moselles F 46 B2
Majadahonda E 80 B3
Majadas E 79 B5
Majcichov SK 50 C3
Majdan Królewski PL 41 C5
Majs H 61 C3
Makarska HR 70 C2
Makkum NL 28 B2
Maklár H 51 D6
Makó H 61 B5
Makole SLO 59 B5
Makoszyce PL 40 C1
Makov SK 51 B4
Maków Mazowiecki PL 33 C7
Maków-Podhal PL 51 B5
Makowarsko PL 32 B3
Mala Bosna HR 61 B4
Mala Bukovec HR 60 B1
Mala Cista HR 69 C5
Mala Kladuša BIH 69 A5
Mala Krsna YU 71 B6
Malá Lehota SK 51 C4
Mala Pijace HR 61 B4
Mala Subotica HR 60 B1
Mala Vyska UA 11 M22
Malacky SK 50 C3
Maladzyechna BY 16 J20
Málaga E 86 C2
Malagón E 80 C3
Malaguilla E 81 B3
Malalbergo I 68 B1
Malanów PL 40 B2
Malaucène F 65 B4
Malaunay F 44 B2
Malaya Vishera RUS 16 G23
Malborghetto I 58 B3
Malbork PL 33 A5
Malborn D 46 B2
Malbouzon F 64 B2
Malbuisson F 55 B6
Malbun FL 57 A4
Malcesine I 57 C5
Malchin D 31 B3
Malching D 49 C4
Malchow D 30 B3
Malcocinado E 85 A4
Malczyce PL 39 B6
Maldegem B 34 B3
Malé I 57 B5
Malemort F 63 A5
Malente D 30 A1
Malerås S 26 C4
Malesco I 56 B3
Malesherbes F 44 C3
Malestroit F 42 C3
Maletto I 95 B3
Malgrat E 77 B5
Malhadas P 73 C4
Mali Idoš HR 61 C4
Mali Lošinj HR 69 B4
Malicorne-sur-Sarthe F 43 C5
Maligny F 45 D4
Malijai F 65 B5
Målilla kyrkby S 26 B4
Målilla station S 26 B4
Málinec SK 51 C5
Malingsbo S 22 C1
Maliniec PL 40 A2
Malinska HR 69 A4
Maljevac HR 69 A5
Malkara TR 15 R20
Malki PL 33 B5
Malko Tŭrnovo BG 15 Q20
Mallaig GB 3 H4
Mallén E 75 C5
Mallersdorf D 48 C3
Málles Venosta (Mals) I 57 B5
Malling DK 25 B3
Mallnitz A 58 A3
Mallow IRL 3 K2
Malmbäck S 26 B3
Malmberget S 5 C17
Malmédy B 35 C5
Malmköping S 23 C2
Malmö S 27 D1
Malmon S 21 D2
Malmslätt S 23 D1
Malnate I 57 C3
Malo I 58 C1
Malo-les-Bains F 34 B2
Maloarkhangelsk RUS 16 K25
Maloja CH 57 B4
Malomico PL 39 B5
Måløy N 4 F9
Maloyaroslovets RUS 16 J25
Malpartida de Cáceres E 79 B4
Malpartida de la Serena E 79 C5
Malpartida de Plasencia E 79 B4
Malpas E 76 A3
Malpica, *Coruña* E 72 A2
Malpica, *Toledo* E 80 C2
Malpica P 78 B3
Malsch D 47 C4
Malšice CZ 49 B5
Malta A 58 B3
Maltat F 54 B3
Malters CH 56 A3
Malung S 20 B4
Malungsfors S 20 B4
Maluszów PL 39 A5
Maluszyn PL 41 C3
Malva E 74 C1
Malvaglia CH 57 B3
Malveira P 78 C1
Malyn UA 11 L21
Mamarrosa P 78 A2
Mamer F 46 B1
Mamers F 44 C1
Mammendorf D 48 C2
Mámmola I 95 A5
Mamoiada I 96 C3
Manacor, *Mallorca* E 83
Manacore I 90 C3
Mancera de Abajo E 80 B1
Mancha Real E 86 B3
Manchester GB 3 K5
Manching D 48 C2
Manchita E 79 C4
Manciano I 88 A2
Mancieulles F 46 B1
Manclet F 62 C4
Mandal N 18 C4
Mandanici I 95 B4
Mándas I 96 D3
Mandatoríccio I 93 B3
Mandayona E 81 B4
Mandello d'Lario I 57 C4
Mandelsloh D 29 C6
Manderfeld B 35 C6
Manderscheid D 46 A2
Mandoúdhion GR 15 S18
Mandúria I 93 A4
Mane, *Alpes-de-Haute-Provence* F 65 C4
Mane, *Haute-Garonne* F 63 C4
Manérbio I 67 A5
Mañeru E 75 B5
Manetin CZ 49 B4
Manfredónia I 90 C2
Mangalia RO 11 Q21
Manganeses de la Lampreana E 74 C1
Manganeses de la Polvorosa E 74 B1
Mangen N 20 C2
Mangiennes F 46 B1
Mångsbodarna S 20 A4
Mangualde P 73 D3
Maniago I 58 B2
Manilva E 85 C4
Maniowy PL 51 B6
Manisa TR 15 S20
Manises E 82 B2
Mank A 50 C1
Månkarbo S 22 B3
Manlleu E 77 A5
Männedorf CH 56 A3
Mannersdorf a. Leithageb. A 50 D2
Mannheim D 47 B4
Mano F 62 B3
Manosque F 65 C4
Manowo PL 32 A2
Manresa E 77 B4
Manresana E 77 B4
Månsarp S 26 B3
Mansfeld D 37 B6
Mansfield GB 3 K6
Mansilla de Burgos E 74 B3
Mansilla de las Mulas E 74 B1
Manskog S 20 C3
Mansle F 53 C5
Manso F 96 A2
Manteigas P 78 A3
Mantel D 48 B3
Mantes-la-Jolie F 44 B2
Mantes-la-Ville F 44 C2
Manthelan F 53 A5
Mantorp S 23 D1
Mántova I 67 A5
Mänttä FIN 5 E19
Manuel E 82 B2
Manurolle F 55 A6
Manzanal de Arriba E 73 B4
Manzanares, *Ciudad Real* E 81 C3
Manzanares, *Madrid* E 80 B3
Manzaneda, *Burgos* E 74 B3
Manzaneda, *León* E 72 B4
Manzaneda, *Orense* E 72 B3
Manzaneque E 80 C3
Manzanera E 82 A2
Manzanilla E 85 B3
Manzat F 54 C2
Manziana I 88 A3
Manziat F 55 B4
Maoča BIH 71 B3
Maovice HR 70 C1
Maqueda E 80 B2
Mara E 75 C5
Maracena E 86 B3
Maraña E 74 A1
Maranchón E 81 A4
Maranello I 67 B5
Marano I 89 C5
Marano Lagunare I 58 C3
Marans F 52 B4
Maratea I 92 B2
Marateca P 78 C2
Marbach, *Baden-Württemberg* D 47 C5
Marbach, *Hessen* D 37 C4
Marbach F 46 C2
Marbäck S 26 B2
Marbacka S 20 C4
Marbella E 86 C2
Marboz F 55 B5
Mårbu N 19 A5
Marburg D 36 C3
Marcali H 60 B2
Marcaña HR 69 B3
Marcaria I 67 A5
Marcelová SK 51 D4
Marcenat F 64 A1
Marchamalo E 81 B3
Marchaux F 55 A6
Marche-en-Famenne B 35 C5
Marchegg A 50 C2
Marchena E 85 B4
Marchenoir F 44 D2
Marcheprime F 62 B3
Marchiennes F 34 C3
Marciac F 63 C4
Marciana Marina I 96 A4
Marcianise I 89 B5
Marcigny F 55 B4
Marcilla E 75 B5
Marcillac-la-Croisille F 63 A6
Marcillac-Vallon F 64 B1
Marcillat-en-Combraille F 54 B2
Marcille-sur-Seine F 45 C4
Marcilly F 55 C4
Marcilly-le-Hayer F 45 C4
Marcinkowice PL 32 B2
Marciszów PL 39 C6
Marck F 34 C1
Marckolsheim F 46 C3
Marco de Canevezes P 73 C2
Marcoing F 45 A4
Mardie F 44 D3
Marennes F 52 C3
Maresquel F 34 C1
Mareuil F 53 C5
Mareuil-sur-Arnon F 54 B2
Mareuil-sur-Lay F 52 B3
Mareuil-sur-Ourcq F 45 B4
Margate GB 3 L7
Margaux F 62 A3
Margerie-Hancourt F 45 C5
Margès F 65 A4
Margherita di Savóia I 90 C3
Margita YU 71 A6
Margny F 45 B3
Margone I 66 A2
Margonin PL 32 C3
Margut B 46 B1
Margut F 45 B6
Maria E 87 B4
Maria Gail A 59 B3
Maria Lankowitz Edelschrott A 59 A5
Maria Lanzendorf A 50 C2
Maria Neustift A 49 D5
Maria Saal A 59 B4
Mariager DK 24 B2
Mariana E 81 B4
Mariannelund S 26 B4
Marianópoli I 94 B2
Mariánské Lázně CZ 48 B3
Mariapfarr A 58 A3
Mariazell A 50 D1
Maribo DK 25 D4
Maribor SLO 59 B5
Marieberg S 23 C1
Mariedamm S 23 D1
Mariefred S 23 C3
Marieholm S 27 D2
Marienbaum D 35 B6
Marienberg D 38 C3
Marienbourg B 45 A5
Marienheide D 36 B2
Mariestad S 21 D4
Marigliano I 89 C5
Marignane F 65 C4
Marigny, *Jura* F 55 B5
Marigny, *Manche* F 43 A4
Marigny le Châtel F 45 C4
Marija Bistrica HR 60 B1
Marijampolė LT 7 J18
Marin E 72 B2
Marina HR 70 C1
Marina d. Caritone I 89 C5
Marina de Cambrils E 77 B4
Marina di Acquappesa I 92 B2
Marina di Alberese I 88 A2
Marina di Amendolara I 93 B3
Marina di Andora I 66 C3
Marina di Árbus I 96 D2
Marina di Camerota I 92 B2
Marina di Campo I 96 A4
Marina di Carrara I 67 B5
Marina di Castagneto Donorático I 67 C5
Marina di Castellaneta I 93 A3
Marina di Cécina I 67 C5
Marina di Gáiro I 96 D3
Marina di Ginosa I 93 A3
Marina di Gioiosa Iónica I 95 A5
Marina di Grosseto I 88 A1
Marina di Massa I 67 B5
Marina di Nováglie I 93 B5
Marina di Pisa I 67 C5
Marina di Ragusa I 95 C3
Marina di Ravenna I 68 B2
Marina di Tarquinia I 88 A2
Marina di Torre Grande I 96 D2
Marina Romea I 68 B2
Marinaleda E 85 B5
Marine de Sisco F 96 A3
Marinella I 94 B1
Marinella di Sarzana I 67 B5
Marineo I 94 B2
Marines F 44 B2
Maring-Noviand D 46 B2
Maringues F 54 C3
Marinha das Ondas P 78 A2
Marinha Grande P 78 B2
Marinhais P 78 C2
Marino I 88 B3
Marjaliza E 80 C3
Markaryd S 27 C2
Markaz H 51 D6
Markdorf D 57 A4
Markelo NL 35 A6
Markgröningen D 47 C5
Markhausen D 29 C4
Marki PL 41 A5
Märkische Buchholz D 38 A3
Markkleeberg D 38 B2
Marklohe D 29 C6
Marknesse NL 28 C2
Markneukirchen D 38 C2
Markoldendorf D 37 B4
Markosice PL 39 B4
Markovac YU 71 B6
Markowice PL 40 C2
Markranstädt D 38 B2
Marksuhl D 37 C5
Markt D 49 C3
Markt Allhau A 59 A6
Markt Bergel D 48 B1
Markt Erlbach D 48 B1
Markt Indersdorf D 48 C2
Markt Rettenbach D 48 D1
Markt Schwaben D 48 C2
Markt St. Florian A 49 C5
Marktbreit D 47 B6
Marktheidenfeld D 47 B5
Marktleuthen D 38 C2
Marktoberdorf D 57 A5
Marktredwitz D 48 A3
Markusica HR 61 C3
Marl D 36 B2
Marle F 45 B4
Marlens F 55 C6
Marlhes F 64 A3
Marlieux F 55 B5
Marlow D 30 A3
Marma S 22 B3
Marmagne F 55 B4
Marmande F 63 B4
Marmanovo RUS 33 A5
Marmaris TR 15 T21
Marmaverken S 22 A2
Marmelete P 84 B1
Marmolejo E 86 A2
Marmoutier F 46 C3
Marnay F 55 A5
Marne D 29 B6
Marnheim D 47 B4
Marnitz D 30 B2
Maroldsweisach D 37 C5
Marolles-les-Braults F 44 C1
Maromme F 44 B2
Marone I 57 C5
Maroslele H 61 B5
Maróstica I 58 C1
Marotta I 68 C3
Marquina E 75 A4
Marquion F 34 C3
Marquise F 34 C1
Marradi I 68 B1
Marrum NL 28 B2
Marrupe E 80 B2
Mars F 46 B1
Marsac F 63 C6
Marsac-en-Livradois F 54 C3
Marságlia I 67 B4
Marsala I 94 B1
Marsciano I 88 A3
Marseillan F 64 C2
Marseille F 65 C4
Marseille en Beauvaisis F 44 B2
Mársico Nuovo I 92 A2
Marsons F 45 C5
Marspich F 46 B2
Marsta S 23 C3
Marstal DK 25 D3
Marstrand S 24 A4
Marta I 88 A2
Martano I 93 A5
Martel F 63 B5
Martelange B 46 B1
Martfeld D 29 C6
Martfű H 61 A5
Marthon F 53 C5
Martiago E 79 A4
Martigné-Briand F 53 A4
Martigné-Ferchaud F 43 C4
Martigny-les-Bains F 46 C1
Martigny-Ville CH 56 B2
Martigues F 65 C4
Martillac F 62 B3
Martim-Longo P 84 B2
Martin SK 51 B4
Martin de la Jara E 86 B2
Martin Muñoz de las Posadas E 80 A2
Martina CH 57 B5
Martina Franca I 91 D4
Martinamor E 80 B1
Martincourt-sur-Meuse F 45 B6
Martinengo I 57 C4
Martinsberg A 49 C6
Martinšćica HR 69 B4
Martinshöhe D 46 B3
Martinsicuro I 89 A4
Martinszell D 57 A5
Mártis I 96 C2
Martjanci SLO 60 B1
Martofte DK 25 C3
Martonvásár H 61 A3
Martorell E 77 B4
Martos E 86 B3
Martovce SK 51 D4
Martres Tolosane F 63 C4
Marugán E 80 B2
Marúggio I 93 A4
Marvão P 78 B3
Marvejols F 64 B2
Marville F 46 B1
Marwald PL 33 B5
Marxwalde D 31 C5
Marz A 60 A1
Marzabotto I 67 B6
Marzahna D 38 B2
Marzahne D 30 C3
Marzamemi I 95 C4
Marzocca I 68 C3
Mas de Barberáns E 76 C3
Mas de las Matas E 76 C2
Masa E 74 B3
Masanasa E 82 B2
Máscali I 95 B4
Mascaraque E 80 C3
Mascarenhas P 73 C3
Maschen D 29 B7
Mascioni I 89 A4
Masegoso E 87 A4
Masegoso de Tajuña E 81 B4
Masera I 56 B3
Masevaux F 46 D2
Masholte D 36 B3
Maside E 72 B2
Maslacq F 62 C3
Maslovare BIH 70 B2
Masnou E 77 B5
Masone I 66 B3
Massa I 67 B5
Massa Fiscáglia I 68 B2
Massa Lombarda I 68 B1
Massa Lubrense I 89 C5
Massa Marittima I 67 C5
Massa Martana I 88 A3
Massafra I 93 A4
Massamagrell E 82 B2
Massanet de Cabrenys E 77 A5
Massarosa I 67 C5
Massat F 77 A4
Massay F 54 A2
Maßbach D 37 C5
Masseret F 53 C6
Masseube F 63 C4
Massiac F 64 A2
Massing D 48 C3
Masty BY 7 K19
Masúa I 96 D2
Masueco E 73 C4
Masun SLO 59 C4
Maszewo, *Szczecin* PL 31 B6
Maszewo, *Zielona Góra* PL 39 A4
Mata de Alcántara E 79 B4
Matalebreras E 75 C4
Matallana E 74 B1
Matamala E 75 C4
Mataporquera E 74 B3
Matapozuelos E 74 C2
Mataró E 77 B5
Matarredonda E 85 B5
Mataruge YU 71 C4
Mataruška Banja YU 71 C5
Matélica I 68 C3
Matera I 90 D3
Mátészalka H 11 N18
Matet E 82 B2
Matha F 53 C4
Mathay F 56 A1
Matignon F 42 B3
Matigny F 45 B4
Matilla de los Caños del Rio E 80 B1
Matosinhos P 73 C2
Matour F 55 B4
Mátraderecske H 51 D6
Mátranovák H 51 C6
Mátraverebély H 51 D5
Matrei am Brenner A 58 A1
Matrei in Osttirol A 58 A2
Matrice I 89 B5
Mattarello I 57 B6
Mattersburg A 50 D2
Mattighofen A 49 C4
Mattinata I 90 C3
Mattos P 78 B2
Mattsee A 49 D4
Mattsmyra S 22 A1
Matulji HR 69 A4
Matzing D 48 D3
Maubert-Fontaine F 45 B5
Maubeuge F 35 C3
Maubourguet F 62 C4
Mauerbach A 50 C2
Mauerkirchen A 49 C4
Mauern D 48 C2
Mauguio F 64 C3
Maulbronn D 47 B4
Maule F 44 C2
Mauléon F 53 B4
Mauléon-Barousse F 76 A3
Mauleon-Licharre F 62 C3
Maulévrier F 53 A4
Maurach A 58 A1
Maure-de-Bretagne F 43 C4
Maureilhan F 64 C2
Mauriac F 64 A1
Maurin Maljasset F 66 B1
Mauron F 42 B3
Maurs F 63 B6
Maury F 77 A5
Maussane F 65 C3
Mautern A 50 C1
Mautern i. Steiermark A 59 A4
Mauterndorf A 58 A3
Mauthausen A 49 C5
Mauthen A 58 B2
Mauvezin F 63 C4
Mauzé-sur-le-Mignon F 53 B4
Maxent F 43 C3
Maxey-sur-Vaise F 46 C1
Maxhütte-Haidhof D 48 B3
Maxial P 78 B1
Maxieira P 78 B2
Maya E 75 A5
Mayalde E 74 C1
Mayals E 76 B3
Mayen D 36 C2
Mayenburg D 29 B5
Mayenne F 43 B5
Mayet F 44 D1
Mayorga E 74 B1
Mayres F 64 B3
Mayrhofen A 58 A1
Mayschoß D 36 C2
Mazagón E 85 B3
Mazaleón E 76 B3
Mazamet F 64 C1
Mazan F 65 B4
Mazara del Vallo I 94 B1
Mazarambroz E 80 C2
Mazarete E 81 B4
Mazaricos E 72 B2
Mazarrón E 87 B5
Mazaye F 54 C2
Mažeikiai LT 7 H18
Mazères, *Ariège* F 63 C5
Mazères, *Haute-Garonne* F 63 C4
Mazet F 64 A3
Mazières-en-Gâtine F 53 B4
Mazin HR 69 B5
Mazuelo E 74 B3
Mazyr BY 16 K21
Mazzarino I 94 B3
Mazzarrà S. Andrea I 95 A4
Mazzo di Valtellina I 57 B5
Mdzewo PL 33 C6
Mealhada P 78 A2
Meana Sardo I 96 D3
Meaulne F 54 B2
Meaux F 45 C3
Mebo N 19 C4
Mecerreyes E 75 B3
Mechelen B 35 B4
Mechelen-aan-de-Maas B 35 C5
Mechernich D 35 C6
Mechnica PL 40 C2
Mechterstädt D 37 C5
Mecikal PL 32 B3
Mecina-Bombarón E 86 C3
Meckenbeuren D 57 A4
Meckenheim, *Rheinland-Pfalz* D 36 C2
Meckenheim, *Rheinland-Pfalz* D 47 B4
Meckesheim D 47 B4
Mecseknádasd H 61 B3
Meda I 57 C4
Meda P 73 D3
Medak HR 69 B5
Mede I 66 A3
Medebach D 36 B3
Medelim P 79 A3
Medemblik NL 28 C2
Medesano I 67 B5
Medevi S 21 D5
Medgidia RO 11 P21
Mediano E 76 A3
Mediaș RO 11 N19
Medicina I 68 B1
Medina de las Torres E 79 C4
Medina de Pomar E 75 B3
Medina de Rioseco E 74 C1
Medina del Campo E 74 C2
Medina-Sidonia E 85 C4
Medinaceli E 81 A4
Medinilla E 80 B1
Medulin HR 69 B3
Meduno I 58 B2
Medveda YU 71 C6
Medvide HR 69 B5
Medvode SLO 59 B4
Meerane D 38 C2
Meerhout B 35 B5
Meerkerk NL 35 B5
Meerle B 35 B4
Meersburg D 57 A4
Meerssen NL 35 C5
Meeuwen B 35 B5
Mégara GR 15 T18
Megève F 56 C1
Meggenhofen A 49 C4
Mehedeby S 22 B3
Mehlis D 37 C5
Mehun-sur-Yèvre F 54 A2
Meijel NL 35 B5
Meilen CH 56 A3
Meilhan F 62 C3
Meimôa P 79 A3
Meina I 56 C3
Meine D 37 A5
Meinersen D 30 C1
Meinerzhagen D 36 B2
Meiningen D 37 C5
Meira E 72 A3
Meiringen CH 56 B3
Meißen D 38 B3
Meitingen D 48 C1
Meix-devant-Virton B 46 B1
Mel I 58 B2
Melbeck D 30 B1
Melč CZ 50 B3
Méldola I 68 B2
Meldorf D 29 A6
Melegnano I 67 A4
Melenci HR 61 C5
Melendugno I 93 A5
Melfi I 90 C2
Melgaço P 73 B2
Melgar de Arriba E 74 B1
Melgar de Fernamental E 74 B2
Melgar de Yuso E 74 B2
Melhus N 4 E12
Meliana E 82 B2
Melide CH 57 C3
Melide E 72 B2
Melides P 84 A1
Melilli I 95 B4
Melinovac HR 69 B5
Melisenda I 96 D3
Melisey F 46 D2
Mélito di Porto Salvo I 95 B4
Melk A 50 C1
Mellansel S 5 E16
Melle B 34 B3
Melle D 36 A3
Melle F 53 B4
Mellendorf D 29 C6
Mellerud S 21 D3
Mellin D 30 C1
Mellösa S 23 C2
Mellrichstadt D 37 C5
Mělnické Vtelno CZ 39 C4
Mělník CZ 38 C4
Melón E 72 B2
Mels CH 57 A4
Melsenheim D 46 B3
Melsungen D 37 B4
Melun F 44 C3
Mélykút H 61 B4
Melzo I 57 C4
Membrilla E 81 D3
Membrio E 79 B3
Memer F 63 B5
Memmelsdorf D 48 B1
Memmingen D 47 D6
Memoria P 78 B2
Mena UA 16 L23
Menággio I 57 B4
Menars F 53 A6
Menasalbas E 80 C2
Menat F 54 B2
Mendavia E 75 B4
Mendaza E 75 B4
Mende F 64 B2
Mende H 61 A4
Menden D 36 B2
Mendeuil F 45 B4
Mendiga P 78 B2
Mendrisio CH 57 C3
Ménéac F 42 B3
Menemen TR 15 S20
Menen B 34 C3
Menetou-Salon F 54 A2
Menfi I 94 B1
Ménfőcsanak H 60 A2
Mengamuñoz E 80 B2
Mengen D 47 C5
Mengeringhausen D 36 B3
Menges SLO 59 B4
Mengibar E 86 B3
Mengkofen D 48 C3
Mens F 65 B4
Menslage D 29 C4
Mentana I 88 A3
Menteroda D 37 B5
Menton F 66 C2
Méntrida E 80 B2
Méounes-les-Montrieux F 65 C4
Meppel NL 28 C3
Meppen D 28 C4
Mequinenza E 76 B3
Mer F 53 A6
Mera, *Coruña* E 72 A2
Mera, *Coruña* E 72 A3
Merano (Meran) I 57 B6
Merate I 57 C4
Merbes-le-Château B 35 C4
Mercadal, *Menorca* E 83
Mercatale I 68 C2
Mercatino Conca I 68 C2
Mercato Saraceno I 68 C2
Mercato Severino I 89 C5
Merching D 48 C1
Merchtem B 35 C4
Mercurey F 55 B4
Merdrignac F 42 B3
Meré E 74 A2
Meréville F 44 C3
Merfeld D 36 B2
Mérida E 79 C4
Merignac F 62 B3
Měřín CZ 50 B1
Mering D 48 C1
Merkem B 34 C2
Merkendorf D 48 B1
Merklin CZ 49 B4
Merklingen D 47 C5
Merksplas B 35 B4
Merkstein NL 35 C6
Merlimont Plage F 34 C1
Mern DK 25 C5
Mers-les-Bains F 44 A2
Mersch L 46 B2
Merseburg D 38 B1
Merthyr Tydfil GB 3 L5
Mertingen D 48 C1
Mertola P 84 B2
Mertzwiller F 46 C3
Méru F 44 B3
Merufe P 73 B2
Mervans F 55 B5
Merville F 34 C2
Méry-sur-Seine F 45 C4
Merzig D 46 B2
Mesagne I 93 A4
Mesão Frio P 73 C3
Mesas de Ibor E 79 B5
Meschede D 36 B3
Meschers-sur-Gironde F 52 C4
Meshchovsk RUS 16 J24
Meslay-du-Maine F 43 C5
Mesnalien N 20 A1
Mesocco CH 57 B4
Mésola I 68 B2
Mesolóngion GR 15 S17
Mesoraca I 93 B3
Messac F 43 C4
Messancy B 46 B1
Messas F 44 D2
Meßdorf D 30 C2
Messei F 43 B5
Messejana P 84 B1
Messina I 95 A4
Messini GR 15 T18
Meßkirch D 47 D5
Meßstetten D 47 C4
Mestanza E 86 A2
Městec Králové CZ 39 C5
Mestlin D 30 B2
Město Libavá CZ 50 B3
Město Touškov CZ 49 B4
Mestre I 58 C2
Mesum D 36 A2
Meta I 89 C5
Metajna HR 69 B5
Metelen D 36 A2
Methóni GR 15 T17
Metković BIH 70 C2
Metlika SLO 59 C5
Metnitz A 59 B4
Metslawier NL 28 B3
Metten D 49 C3
Mettendorf D 46 B2
Mettet B 35 C4
Mettingen D 36 A2
Mettlach D 46 B2
Mettlen CH 56 B2
Mettmann D 36 B1
Metz F 46 B2
Metzervisse F 46 B2
Metzingen D 47 C5
Meulan F 44 B2
Meulebeke B 34 C3
Meung-sur-Loire F 44 D2
Meuselwitz D 38 B2
Meuzac F 53 C6
Meximieux F 55 C5
Meyenburg D 30 B3
Meymac F 54 C2
Meyrargues F 65 C4
Meyronnes F 65 B5
Meyrueis F 64 B2
Meyssac F 63 A5
Meysse F 65 B3
Meyzieux F 55 C4
Mèze F 64 C2
Mézériat F 55 B5
Mézidon F 43 A5
Mézières-en-Brenne F 53 B6
Mézières-sur-Issoire F 53 B5
Mézilles F 54 A3
Mézin F 63 B4
Mezőcsokonya H 60 B2
Mezőfalva H 61 B3
Mezőkomárom H 60 B3
Mezőörs H 60 A2
Mézos F 62 B2
Mezőszentgyörgy H 60 B3
Mezőszilas H 61 B3
Mezőtárkány H 61 A5
Mezőtúr H 61 A5
Mezquita de Jarque E 76 C2
Mezzano, *Emilia Romagna* I 68 B2
Mezzano, *Trentino Alto Adige* I 58 B1
Mezzoiuso I 94 B2
Mezzoldo I 57 B4
Mezzolombardo I 57 B6
Mglin RUS 16 K23
Miajadas E 79 B5
Mianowice PL 32 A3
Miasteczko Krajeńskie PL 32 B3
Miasteczko Śl. PL 40 C2
Miastko PL 32 A2
Michalovce SK 11 M17
Michałów PL 41 B5
Michalowice PL 41 C3
Michelau, *Bayern* D 37 C6
Michelau, *Bayern* D 48 B1
Michelbach D 47 B6
Micheldorf A 49 D5
Michelhausen A 50 C1
Michelsneukirchen D 48 B3
Michelstadt D 47 B5
Michendorf D 38 A3
Michów PL 41 B6
Michurin BG 15 Q20
Middelburg NL 34 B3
Middelfart DK 25 C2
Middelharnis NL 35 B4
Middelkerke B 34 B2
Middelstum NL 28 B3
Middlesbrough GB 3 J6
Midlum D 29 B5
Midwolda NL 28 B3
Miechów PL 41 C4
Miedes E 75 C5
Miedes de Atienza E 75 C4
Miedzybodzie Bielskie PL 51 B5
Międzybórz PL 40 B1
Międzychód PL 32 C1
Międzygórze PL 39 C6
Międzylesie PL 39 C6
Międzyrzec Podlaski PL 7 L18
Miedzyrzecz PL 32 C1
Miedzywodzie PL 31 A5
Międzyzdroje PL 31 B5
Miejska Górka PL 39 B6
Miękowo PL 31 B5
Mielan F 63 C4
Mielec PL 41 C5
Mielecin PL 31 B5
Mielno PL 32 A2
Miengo E 74 A3
Mieras E 77 A5
Miercurea Ciuc RO 11 N19
Mieres E 74 A1
Miesau D 46 B3
Miesbach D 48 D2
Mieścisko PL 32 C3
Mieste D 30 C2
Miesterhorst D 37 A6
Mieszków PL 40 A1
Mieszkowice PL 31 C5
Mietingen D 47 C5
Mietków PL 39 C6
Mieussy F 56 B1
Migennes F 45 D4
Miggiano I 93 B5
Migliánico I 89 A5
Migliarino I 68 B1
Miglionico I 93 A3
Mignano Monte Lungo I 89 B4
Migné F 53 B6
Miguel Esteban E 81 C3

Miguelturra E 80 D3
Mihajlovac YU 71 B5
Mihályi H 60 A2
Mihla D 37 B5
Mihohnic HR 69 A4
Miholjsko HR 69 A5
Mijares E 80 B2
Mijas E 86 C2
Mike H 60 B2
Mikhnevo RUS 16 J25
Mikkeli FIN 5 F20
Mikleuš HR 60 C2
Mikolajki Pomorski PL 33 B5
Mikołów PL 40 C2
Mikstat PL 40 B1
Mikulášovice CZ 38 C4
Mikulov CZ 50 C2
Mikulovice CZ 39 C7
Mikułowa PL 39 B5
Milagro E 75 B5
Milakowo PL 33 A6
Miland N 19 B5
Milano I 57 C4
Milano Marittima I 68 B2
Milanówek PL 41 A4
Milâs TR 15 T20
Milazzo I 95 A4
Milejewo PL 33 A5
Miletin CZ 39 C5
Mileto I 92 C3
Milevsko CZ 49 B5
Milford Haven GB 3 L4
Milhão P 73 C4
Milhaud F 64 C3
Miličin CZ 49 B5
Milicz PL 39 B7
Milín CZ 49 B5
Militello in Val di Catánia I 95 B3
Milkowice PL 39 B6
Millançay F 54 A1
Millares E 82 B2
Millas F 77 A5
Millau F 64 B2
Millesimo I 66 B3
Millesvik S 21 D4
Millevaches F 54 C2
Millstatt A 58 B3
Milly-la-Forêt F 44 C3
Milmarcos E 81 A5
Milmersdorf D 31 B4
Milna HR 70 C1
Miločaj YU 71 C5
Milogórze PL 33 A6
Milomtyn PL 33 B5
Miloševo YU 71 B6
Miloslaw PL 40 A1
Milow D 30 C3
Milówka PL 51 B5
Miltach D 48 B3
Miltenberg D 47 B5
Milton Keynes GB 3 K6
Milzyn PL 40 A2
Mimizan F 62 B2
Mimizan-Plage F 62 B2
Mimoň CZ 39 C4
Mina de Juliana P 84 B1
Mina de S. Domingos P 84 B2
Minas de Riotinto E 85 B3
Minateda E 82 C1
Minaya E 81 C4
Minde P 78 B2
Mindelheim D 48 C1
Mindelstetten D 48 C2
Minden D 36 A3
Minderheide D 36 A3
Mindin F 52 A2
Mindszent H 61 B5
Minehead GB 3 L5
Mineo I 95 B3
Minerbe I 67 A6
Minérbio I 68 B1
Minervino Murge I 90 C3
Minglanilla E 82 B1
Mingorria E 80 B2
Minkowice Oławskie PL 40 B1
Miño de San Esteban E 75 C3
Minsen D 29 B4
Minsk BY 16 K20
Minsk Mazowiecki PL 41 A5
Minturno I 89 B4
Mionica YU 71 B5
Mios F 62 B3
Mira E 82 B1
Mira I 58 C2
Mira P 78 A2
Mirabel E 79 B4
Mirabel F 65 B4
Mirabella Imbáccari I 95 B3
Mirabello I 68 B1
Miradoux F 63 C4
Miraflores de la Sierra E 80 B3
Miralrio E 81 B4
Miramare I 68 B2
Miramas F 65 C3
Mirambeau F 62 A3
Miramont-de-Guyenne F 63 B4
Miranda de Arga E 75 B5
Miranda de Ebro E 75 B4
Miranda do Corvo P 78 A2
Miranda do Douro E 73 C4
Mirande F 63 C4
Mirandela P 73 C3
Mirandilla E 79 C4
Mirándola I 67 B6
Miranje HR 69 B5
Mirano I 58 C2
Miravalles E 75 A4
Miravet E 76 B3
Miré F 43 C5
Mirebeau, *Côte-d'Or* F 55 A5
Mirebeau, *Vienne* F 53 B5
Mirecourt F 46 C2
Mirepoix F 63 C5
Miribel F 55 C4
Miričina BIH 70 B3
Mirna SLO 59 C5
Miroslav CZ 50 C2
Mirosławice PL 39 C6
Mirošov CZ 49 B4
Mirosławiec PL 32 B2
Miroszów PL 39 C6
Mirotice CZ 49 B5
Mirovice CZ 49 B5
Mirow D 31 B3
Mirsk PL 39 C5
Mirteto I 88 A3
Mirzec PL 41 B5
Misburg D 37 A4
Misilmeri I 94 A2
Mišinci BIH 70 B3
Miske H 61 B4
Missanello I 92 A3
Missillac F 52 A2
Mistelbach D 48 B2
Mistelbach a.d.Z. A 50 C2
Misterbianco I 95 B4
Misterhult S 26 B5
Mistretta I 95 B3
Mistřín CZ 50 C3
Misurina I 58 B2
Mitchelstown IRL 3 K2
Mitilíni GR 15 S20
Mittelberg, *Tirol* A 57 B5
Mittelberg, *Vorarlberg* A 57 A5
Mittelnkirchen D 29 B6
Mittenwald D 58 A1
Mittenwalde, *Brandenburg* D 31 B4
Mittenwalde, *Brandenburg* D 38 A3
Mitter-Kleinarl A 58 A3
Mitterback A 50 D1
Mitterdorf i. Mürztal A 59 A5
Mittersheim F 46 C2
Mittersill A 58 A2
Mitterskirchen D 48 C3
Mitterteich D 48 B3
Mittich D 49 C4
Mittweida D 38 C2
Mitwitz D 37 C6
Mizhhir'ya UA 11 M18
Mjällby S 27 C3
Mjåback S 26 B1
Mjölby S 23 D1
Mjøndalen N 19 B6
Mladá-Boleslav CZ 39 C4
Mladá Vozice CZ 49 B5
Mladé Buky CZ 39 C5
Mladenovac YU 71 B5
Mladenovo YU 71 A4
Mława PL 33 B6
Mleczno PL 39 B6
Mlodzieszyn PL 41 A4
Mlynary PL 33 A5
Mlyny PL 41 C4
Mnichóvice CZ 49 B5
Mnichovo Hradiste CZ 39 C4
Mniów PL 41 B4
Mníšek p. Brdy CZ 49 B5
Mniszek PL 41 B4
Mniszków PL 41 B4
Mo, *Hedmark* N 20 B2
Mo, *Telemark* N 19 B4
Mo, *Älvsborg* S 21 C3
Mo, *Gävleborg* S 22 A2
Mo, *Göteborgs o Bohus* S 21 D2
Mo i Rana N 4 C14
Moaña E 72 B2
Mocejón E 80 C3
Mochales E 81 A4
Mochnatka PL 41 B4
Mochowo PL 33 C5
Mochy PL 39 A6
Möckeln S 26 C3
Mockern D 38 A1
Mockfjärd S 20 B5
Möckmühl D 47 B5
Mockrehna D 38 B2
Moclin E 86 B3
Mocsa H 60 A3
Möcsény H 61 B3
Modane F 65 A5
Módena I 67 B5
Módica I 95 C3
Modigliana I 68 B1
Modliborzyce PL 41 C6
Modlin PL 33 C6
Mödling A 50 C2
Modliszewice PL 41 B4
Modliszewko PL 32 C3
Modogno I 90 C3
Modra SK 50 C3
Modran BIH 70 B2
Modranka SK 50 C3
Modřany CZ 49 A5
Modriča BIH 70 B3
Modřice CZ 50 B2
Modrý Kamen SK 51 C5
Moelan F 42 C2
Moelv N 20 B1
Moena I 58 B1
Moerbeke B 34 B3
Moerkerke B 34 B3
Moers D 36 B1
Móes P 73 D3
Moffat GB 3 J5
Mogadouro P 73 C4
Møgeltønder DK 25 D1
Mogen N 19 A4
Mogente E 82 C2
Móggio Udinese I 58 B3
Mögglingen D 47 C5
Mogielnica PL 41 B4
Mogilany PL 51 B5
Mogilno PL 32 C3
Mogliano I 68 C3
Mogliano Véneto I 58 C2
Mogor E 72 B2
Mógoro I 96 D2
Moguer E 85 B3
Mohács H 61 C3
Moheda S 26 C3
Mohedas E 79 A4
Mohedas de la Jara E 80 C1
Mohelnice CZ 50 B2
Möhlin CH 56 A2
Moholm S 21 D5
Mohorn D 38 B3
Möhringen D 47 D4
Mohyliv-Podil's'kyy UA 11 M20
Móie I 68 C3
Moimenta da Beira P 73 D3
Moingt F 55 C4
Moirans F 65 A4
Moirans-en-Montagne F 55 B5
Moisaküla EST 7 G19
Moisdon-la Rivière F 52 A3
Moislains F 45 B3
Moissac F 63 B5
Moissat F 54 C3
Moita, *Coimbra* P 78 A2
Moita, *Guarda* P 79 A3
Moita, *Lisboa* P 78 C2
Moita, *Santarém* P 78 B2
Moita dos Ferreiros P 78 B1
Mojacar E 87 B5
Mojados E 74 C2
Mojkovac YU 71 D4
Mojmírovce SK 51 C4
Mojonera E 87 C4
Mojtin SK 51 C4
Mokra Gora YU 71 C4
Möklinta S 22 B2
Mokrin YU 61 C5
Mokro Polje HR 70 B1
Mokronog SLO 59 C5
Mokrzyska PL 51 A6
Møkster N 18 A2
Mol B 35 B5
Mol HR 61 C5
Mola di Bari I 91 C4
Molacillos E 74 C1
Molare I 66 B3
Molaretto I 66 A2
Molas F 63 C4
Molassano I 66 B3
Molbergen D 29 C4
Molde N 4 E10
Møldrup DK 24 B2
Moledo do Minho P 73 C2
Moleira E 72 A3
Molenbeersel B 35 B5
Molfetta I 90 C3
Molfsee D 29 A7
Molières F 63 B5
Molières-Glandaz F 65 B4
Molina de Aragón E 81 B5
Molina de Segura E 87 A5
Molinaseca E 72 B4
Molinella I 68 B1
Molinet F 54 B3
Molineuf F 53 A6
Molini di Tures (Mühlen) I 58 B1
Molinicos E 87 A4
Molinos E 72 A1
Molinos de Duero E 75 C4
Molins de Rey E 77 B5
Moliterno I 92 A2
Molkom S 21 C4
Möllbrücke A 58 B3
Mölle S 27 C1
Molledo E 74 A2
Möllenbeck D 31 B4
Mollerusa E 76 B3
Mollet de Perelada E 77 A5
Mollina E 86 B2
Mölln D 30 B1
Molló E 77 A5
Mollösund S 21 D2
Mölltorp S 21 D5
Mölnbo S 23 C3
Mölndal S 24 A5
Mölnlycke S 26 B1
Molompize F 64 A2
Moloy F 55 A4
Molsheim F 46 C3
Moltzow D 30 B3
Molve HR 60 B2
Molveno I 57 B5
Molvizar E 86 C3
Molzbichl A 58 B3
Mombaróccio I 68 C2
Mombeltrán E 80 B1
Mombris D 47 A5
Mombuey E 73 B4
Momchilgrad BG 15 R19
Mommark DK 25 D3
Mommenheim F 46 C3
Momo I 56 C3
Monasterace Marina I 93 C3
Monasterio de Rodilla E 75 B3
Monastir I 96 D3
Monbahus F 63 B4
Monbazillac F 63 B4
Moncada E 82 B2
Moncalieri I 66 A2
Moncalvo I 66 A3
Monção P 73 B2
Moncarapacho P 84 B2
Moncel-sur-Seille F 46 C2
Monchegorsk RUS 5 C23
Mönchengladbach D 35 B6
Mónchio della Corti I 67 B5
Monchique P 84 B1
Monclar-de-Quercy F 63 C5
Moncófar E 82 B2
Moncontour F 42 B3
Moncoutant F 53 B4
Monda E 86 C2
Mondargón E 75 A4
Mondariz E 72 B2
Mondavio I 68 C2
Mondéjar E 81 B3
Mondello I 94 A2
Mondim de Basto P 73 C3
Mondolfo I 68 C3
Mondoñedo E 72 A3
Mondorf L 46 B2
Mondoubleau F 44 D1
Mondovì I 66 B2
Mondragon F 65 B3
Mondragone I 89 B4
Mondrepuis F 45 B5
Mondsee A 49 D4
Monéglia I 67 B4
Monegrillo E 76 B2
Monein F 62 C3
Monemvasía GR 15 T18
Mónesi I 66 B2
Monesiglio I 66 B3
Monesterio E 85 A3
Monestier-de-Clermont F 65 B4
Monesties F 63 B6
Moneteau F 45 D4
Monfalcone I 58 C3
Monflanquin F 63 B4
Monflorite E 76 A2
Monforte, *Castelo Branco* P 79 B3
Monforte, *Portalegre* P 78 B3
Monforte d'Alba I 66 B2
Monforte da Beira E 78 B3
Monforte de Lemos E 72 B3
Monforte de Moyuela E 76 B1
Monforte del Cid E 82 C2
Mongay E 77 B3
Monghidoro I 67 B6
Mongiana I 92 C3
Monguelfo (Welsberg) I 58 B2
Monheim D 48 C1
Monistrol E 77 B4
Monistrol-d'Allier F 64 B2
Monistrol-sur-Loire F 64 A3
Mönkebude D 31 B4
Monmouth GB 3 L5
Monnaie F 53 A5
Monnerville F 44 C3
Monnikendam NL 35 A5
Monópoli I 91 D4
Monor H 61 A4
Monostorapáti H 60 B2
Monóvar E 82 C2
Monpazier F 63 B4
Monreal D 36 C2
Monreal E 75 B5
Monreal del Campo E 81 B5
Monreale I 94 A2
Monroy E 79 B4
Monroyo E 76 C2
Mons B 34 C3
Monsaraz P 78 C3
Monschau D 35 C6
Monségur F 62 B4
Monsélice I 68 A1
Monsheim D 47 B4
Monster NL 35 A4
Mönsterås S 26 B5
Monsummano Terme I 67 C5
Mont-de-Marsan F 62 C3
Mont-Louis F 77 A5
Mont-près-Chambord F 53 A6
Mont-sous-Vaudrey F 55 B5
Mont-St. Aignan F 44 B2
Montabaur D 36 C2
Montafia I 66 B3
Montagnac F 64 C2
Montagnana I 68 A1
Montagnol F 64 C1
Montagny F 55 B4
Montaigu F 52 B3
Montaigu-de-Quercy F 63 B5
Montaiguet F 54 B3
Montaigut, *Haute-Garonne* F 63 C5
Montaigut, *Puy-de-Dôme* F 54 B2
Montalbán E 76 C2
Montalbán de Córdoba E 86 B2
Montalbano Elicona I 95 A4
Montalbano Iónico I 93 A3
Montalbo E 81 C4
Montalcino I 67 C6
Montaldo di Cósola I 67 B4
Montalegre P 73 C3
Montalieu F 55 C5
Montalivet-les-Bains F 62 A2
Montallegro I 94 B2
Montalto d. Marche I 68 D3
Montalto di Castro I 88 A2
Montalto Pavese I 67 B4
Montalto Uffugo I 92 B3
Montalvão P 78 B3
Montamarta E 74 C1
Montana BG 11 Q18
Montana-Vermala CH 56 B2
Montánchez E 79 B4
Montanejos E 82 A2
Montano Antilia I 92 A2
Montans F 63 C5
Montargil P 78 B2
Montargis F 45 D3
Montastruc-la-Conseillère F 63 C5
Montauban, *Ille-et-Vilaine* F 43 B3
Montauban, *Tarn-et-Garonne* F 63 B5
Montbard F 55 A4
Montbazens F 63 B6
Montbazon F 53 A5
Montbéliard F 56 A1
Montbengny F 54 B3
Montbenoit F 56 B1
Montblanch E 77 B4
Montbozon F 55 A6
Montbrison F 55 C4
Montbron F 53 C5
Montbrun F 65 B4
Montceau-les-Mines F 55 B4
Montcenis F 55 B4
Montchanin les Mines F 55 B4
Montcornet F 45 B5
Montcoutant F 53 B4
Montcuq F 63 B5
Montdardier F 64 C2
Montdidier F 44 B3
Monte Carlo MC 66 C2
Monte Clara P 78 B3
Monte Clérigo P 84 B1
Monte da Pedra P 78 B3
Monte do Trigo P 84 A2
Monte Gordo P 84 B2
Monte Libretti I 88 A3
Monte Porzio I 68 C3
Monte Real P 78 B2
Monte Redondo P 78 B2
Monte Romano I 88 A2
Monte San Savino I 68 C1
Monte Sant'Ángelo I 90 C2
Monte Vilar P 78 B1
Monteagudo E 87 A5
Monteagudo de las Vicarias E 75 C4
Monteagudo del Castillo E 82 A2
Montealegre E 74 C2
Montealegre del Castillo E 82 C1
Montebello Iónico I 95 B4
Montebello Vicentino I 58 C1
Montebelluna I 58 C2
Montebourg F 43 A4
Montebruno I 67 B4
Montecalvo Irpino I 90 C2
Montecarotto I 68 C3
Montecassiana I 68 C3
Montecatini Terme I 67 C5
Montécchio I 68 C2
Montécchio Emilia I 67 B5
Montécchio Maggiore I 58 C1
Montech F 63 C5
Montechiaro d'Asti I 66 A3
Montecórice I 92 A1
Montecorvino Rovella I 90 D1
Montederramo E 72 B3
Montedoro I 94 B2
Montefalco I 88 A3
Montefalcone I 90 C2
Montefalcone nel Sánnio I 89 B5
Montefano I 68 C3
Montefiascone I 88 A3
Montefiorino I 67 B5
Montefortino I 89 A4
Montefranco I 89 A3
Montefrio E 86 B3
Montegiordano Marina I 93 A3
Montegiórgio I 68 C3
Montegranaro I 68 C3
Montehermoso E 79 A4
Montejicar E 86 B3
Montejo de la Sierra E 81 A3
Montejo de Tiermes E 75 C3
Monteleone d'Orvieto I 88 A3
Monteleone di Púglia I 90 C2
Monteleone di Spoleto I 89 A3
Montelepre I 94 A2
Montelier F 65 B4
Montélimar F 65 B3
Montella E 77 A4
Montella I 90 D2
Montellano E 85 C4
Montelungo I 67 B4
Montelupo Fiorentino I 67 C6
Montemaggiore Belsito I 94 B2
Montemagno I 66 B3
Montemayor E 86 B2
Montemayor de Pinilla E 74 C2
Montemésola I 93 A4
Montemilleto I 90 C1
Montemilone I 90 C2
Montemolín E 85 A3
Montemónaco I 89 A4
Montemor-o-Novo P 78 C2
Montemor-o-Velho P 78 A2
Montemurro I 92 A2
Montendre F 62 A3
Montenegro de Cameros E 75 B4
Montenero di Bisáccia I 89 B5
Monteneuf F 43 C3
Monteparano I 93 A4
Montepescali I 88 A2
Montepiano I 67 B6
Montepulciano I 68 C1
Montereale I 89 A4
Montereale Valcellina I 58 B2
Montereau-Faut-Yonne F 45 C3
Monterénzio I 68 B1
Montero E 72 A2
Monteroduni I 89 B5
Monteroni d'Arbia I 67 C6
Monteroni di Lecce I 93 A5
Monterosso al Mare I 67 B4
Monterosso Almo I 95 B3
Monterosso Grana I 66 B2
Monterotondo Marittimo I 67 C5
Monterrey E 73 C3
Monterroso E 72 B3
Monterrubio de la Serena E 79 C5
Monterubbiano I 68 C3
Montes Velhos P 84 B1
Montesa E 82 C2
Montesalgueiro E 72 A2
Montesano sulla Marcellana I 92 A2
Montesarchio I 89 B5
Montescaglioso I 93 A3
Montesclaros E 80 B2
Montesilvano Marina I 89 A5
Montespertoli I 67 C6
Montesquieu-Volvestre F 63 C5
Montesquiou F 63 C4
Montestruc F 63 C4
Montevarchi I 68 C1
Montfaucon, *Loire* F 64 A3
Montfaucon, *Maine-et-Loire* F 52 A3
Montfaucon, *Meuse* F 45 B6
Montferrat, *Isère* F 55 C5
Montferrat, *Var* F 65 C5
Montfoort NL 35 A4
Montfort F 43 B4
Montfort-en-Chalosse F 62 C3
Montfort-l'Amaury F 44 C2
Montfort-sur-Risle F 44 B1
Montgaillard F 62 C4
Montgiscard F 63 C5
Montguyon F 62 A3
Monthermé F 45 B5
Monthey CH 56 B1
Monthois F 45 B5
Monthureux-sur-Saône F 46 C1
Monthyon F 45 B3
Monticelli d'Ongina I 67 A4
Monticelli-Terme I 67 B5
Montichiari I 57 C5
Monticiano I 67 C6
Montiel E 87 A4
Montier-en-Der F 45 C5
Montieri I 67 C6
Montiglio I 66 A3
Montignac F 63 A5
Montigny-le-Roi F 46 C1
Montigny-sur-Aube F 45 D5
Montijo E 79 C4
Montijo P 78 C2
Montilla E 86 B2
Montillana E 86 B3
Montilly F 54 B3
Montivilliers F 43 A6
Montjaux F 64 B1
Montjay F 65 B4
Montjean-sur-Loire F 52 A4
Montlhéry F 44 C3
Montlieu-la-Gard F 62 A3
Montlouis-sur-Loire F 53 A5
Montluçon F 54 B2
Montluel F 55 C5
Montmacq F 45 B3
Montmarault F 54 B2
Montmédy F 46 B1
Montmélian F 55 C6
Montmerle F 55 B4
Montmeyan F 65 C5
Montmeyran F 65 B3
Montmirail, *Marne* F 45 C4
Montmirail, *Sarthe* F 44 C1
Montmirat F 64 C3
Montmirey-le-Château F 55 A5
Montmoréau-St. Cybard F 63 A4
Montmorency F 44 C3
Montmorillon F 53 B5
Montmort F 45 C4
Montoir F 52 A2
Montoire-sur-le-Loir F 53 A5
Montoito P 78 C3
Montolieu F 63 C6
Montório al Vomano I 89 A4
Montoro E 86 A2
Montpellier F 64 C2
Montpezat-de-Quercy F 63 B5
Montpezat-sur-Bouzon F 64 B3
Montpon-Ménestérol F 63 B4
Montpont en Bresse F 55 B5
Montréal, *Aude* F 63 C6
Montréal, *Gers* F 63 C4
Montredon-Labessonnie F 63 C6
Montréjeau F 63 C4
Montrésor F 53 A6
Montresta I 96 C2
Montret F 55 B5
Montreuil F 34 C1
Montreuil-aux-Lions F 45 B4
Montreuil-Bellay F 53 A4
Montreux CH 56 B1
Montrevault F 52 A3
Montrevel F 55 B5
Montrichard F 53 A6
Montricoux F 63 B5
Montroig E 77 B3
Montrond-les-Bains F 55 C4
Montrose GB 3 H5
Montroy E 82 B2
Monts-sur-Guesnes F 53 B5
Montsalvy F 64 B1
Montsauche F 55 A4
Montseny E 77 B5
Montsoreau F 53 A5
Montsurs F 43 B5
Montuenga E 80 A2
Montuiri, *Mallorca* E 83
Monturque E 86 B2
Monza I 57 C4
Monzón E 76 B3
Monzón de Campos E 74 B2
Moordorf D 29 B4
Moordrecht NL 35 B4
Moorrege D 29 B6
Moorslede B 34 C3
Moosburg D 48 C2
Moosburg i. Kärnten A 59 B4
Moosinning D 48 C2
Mór H 60 A3
Mora E 80 C3
Móra P 78 C2
Mora S 20 A5
Mora de Ebro E 76 B3
Mora de Rubielos E 82 A2
Mora la Nueva E 76 B3
Moraby S 22 B1
Moracz PL 31 B5
Moradillo de Roa E 74 C3
Morąg PL 33 B5
Mórahalom H 61 B4
Morais P 73 C4
Moral de Calatrava E 86 A3
Moraleda de Zafayona E 86 B3
Moraleja E 79 A4
Moraleja del Vino E 74 C1
Morales de Toro E 74 C1
Morales de Valverde E 74 C1
Morales del Vino E 74 C1
Moralina E 73 C4
Morano Cálabro I 92 B3
Mörarp S 27 C1
Morasverdes E 73 D4
Morata de Jalón E 75 C5
Morata de Jiloca E 81 A5
Morata de Tajuña E 81 B3
Moratalla E 87 A5
Moravec CZ 50 B2
Morávka CZ 51 B4
Moravská Nová Ves CZ 50 C3
Moravská Třebová CZ 50 B2
Moravské Budějovice CZ 50 B1
Moravské Lieskové SK 50 C3
Moravský-Beroun CZ 50 B3
Moravský Krumlov CZ 50 B2
Morawica PL 41 C4
Morawin PL 40 B2
Morbach D 46 B3
Morbegno I 57 B4
Morbier F 55 B6
Mörbisch a. See A 50 D2
Mörbylånga S 26 C5
Morcenx F 62 B3
Morciano di Romagna I 68 C2
Morcone I 89 B5
Morcuera E 75 C3
Mordelles F 43 B4
Mordy PL 41 A6
Moréac F 42 C3
Morecambe GB 3 J5
Moreda, *Granada* E 86 B3
Moreda, *Oviedo* E 74 A1
Morée F 44 D2
Moreles de Rey E 74 B1
Morell E 77 B4
Morella E 82 A2
Morella Castelldefels E 77 B4
Moreruela de los Infanzones E 74 C1
Morés E 75 C5
Móres I 96 C2
Morestel F 55 C5
Moret F 45 C3
Moretta I 66 B2
Moreuil F 44 B3
Morez F 55 B6
Mörfelden D 47 B4
Morgano I 58 C2
Morgat F 42 B1
Morgavel P 84 B1
Morges CH 56 B1
Morgex I 56 C2
Morgongåva S 22 C2
Morhange F 46 C2
Morhet B 46 B1
Mori I 57 C5
Morialmé B 35 C4
Morianes P 84 B2
Moriani Plage F 96 A3
Mórichida H 60 A2
Moriles E 86 B2
Morillo de Monclús E 76 A3
Moringen D 37 B4
Moritzburg D 38 B3
Morjärv S 5 C18
Morkarla S 22 B3
Mørke DK 24 B3
Mørkøv Stby. DK 25 C4
Morkovice CZ 50 B3
Morlaas F 62 C3
Morlaix F 42 B2
Mörlunda S 26 B4
Mormanno I 92 B3
Mormant F 45 C3
Mornant F 55 C4
Morón de Almazán E 75 C4
Morón de la Frontera E 85 B4
Morović YU 71 A4
Morozzo I 66 B2
Mörrum S 27 C3
Mors DK 24 B1
Morsbach D 36 C2
Mörsch D 47 C4
Mörsil S 4 E13
Mortagne-au-Perche F 44 C1
Mortagne-sur-Gironde F 53 C4
Mortagne-sur-Sèvre F 52 A4
Mortágua P 78 A2
Mortain F 43 B5
Mortara I 66 A3
Morteau F 56 A1
Mortegliano I 58 C3
Mortelle I 95 A4
Mortemart F 53 B5
Mortrée F 43 B6
Mörtschach A 58 B2
Mortsel B 35 B4
Morvillars F 56 A1
Moryń PL 31 C5
Morzeszczyn PL 33 B4
Morzine F 56 B1
Mosalsk RUS 16 J24
Mosbach D 47 B5
Mosby N 19 C4
Mosca P 73 C4
Moscavide P 78 C1
Moščenicka Draga HR 69 A4
Mosciano Sant'Angelo I 89 A4
Mościsko PL 39 C6
Mosigkau D 38 B2
Mosina PL 39 A6
Mosjøen N 4 D13
Moskorzew PL 41 C3
Moskva RUS 16 J25
Moso (Moos) I 57 B6
Mosonmagyaróvár H 50 D3
Mosonszentjános H 50 D3
Mosonszentmiklós H 60 A2
Mošorin YU 71 A5
Mošovce SK 51 C4
Mosquerela E 82 A2
Moss N 19 B7
Mössingen D 47 C5
Møsstrand N 19 B5
Most CZ 38 C3
Most na Soci SLO 59 B3
Mostar BIH 70 C2
Mostari HR 60 C1
Mostki PL 39 A5
Mostkowo PL 31 C6
Móstoles E 80 B3
Mostova SK 50 C3
Mostów PL 41 A6
Mosty CZ 51 B4
Mosty PL 31 B5
Mostys'ka UA 11 M18
Moszczenica PL 51 B4
Mota del Cuervo E 81 C4
Mota del Marqués E 74 C1
Motala S 21 D6
Möthlow D 30 C3
Motilla del Palancar E 81 C5
Motovun HR 69 A3
Motril E 86 C3
Motta I 58 C1
Motta di Livenza I 58 C2
Motta Montecorvino I 90 C2
Motta Sant'Anastásia I 95 B3
Motta Visconti I 66 A3
Móttola I 91 D4
Mou DK 24 B3
Mouans-Sartoux F 66 C1
Mouchard F 55 B5
Moúdhros GR 15 S19
Moudon CH 56 B1
Mougins F 66 C1
Mouilleron en-Pareds F 53 B4
Moulinet F 66 C2
Moulins F 54 B3
Moulins-Engilbert F 54 B3
Moulins-la-Marche F 44 C1
Moulis F 62 A3
Moulismes F 53 B5
Moult F 43 A5
Moura P 84 A2
Mourão P 78 C3
Mourelle E 72 B3
Mourenx Ville-Nouvelle F 62 C3
Mouriés F 65 C3
Mourmelon-le-Grand F 45 B5
Mouronho P 78 A2
Mouscron B 34 C3
Moussac F 64 C3
Moussey F 46 C2
Mousteru F 42 B2
Moustey F 62 B3
Moustier B 35 C4
Mouthe F 55 B6
Mouthier F 55 A6

Mouthoumet F 77 A5
Moutier CH 56 A2
Moûtiers F 56 C1
Moutiers-les-Mauxfaits F 52 B3
Moux F 55 A4
Mouy F 44 B3
Mouzay F 45 B6
Mouzon F 45 B6
Moya E 77 B5
Moyenmoutier F 46 C2
Moyenvic F 46 C2
Moyeuvre F 46 B2
Mózar E 74 C1
Mozhaysk RUS 16 J25
Mozirje SLO 59 B4
Mözs H 61 B3
Mozzanica I 57 C4
Mraclin HR 60 C1
Mragowo PL 33 B7
Mramorak YU 71 B5
Mrčajevci YU 71 C5
Mrkonjić Grad BIH 70 B2
Mrkopalj HR 69 A4
Mrocza PL 32 B3
Mroczeń PL 40 B1
Mroczno PL 33 B5
Mrozy PL 41 A5
Mršinci YU 71 C5
Mrzezyno PL 31 A6
Mrzle Vodice HR 59 C4
Mšec CZ 38 C3
Mšeno CZ 39 C4
Mstów PL 40 C3
Mstsislaw BY 16 J22
Mszana Dolna PL 51 B6
Mszczonów PL 41 B4
Mtogoszyn PL 40 A3
Mtsensk RUS 16 K25
Muć HR 70 C1
Muccia I 68 C3
Mücheln D 37 B6
Mucientes E 74 C2
Mudanya TR 15 R21
Mudau D 47 B5
Müden D 29 C7
Mudersbach D 36 C2
Muel E 76 B1
Muelas del Pan E 74 C1
Mueß D 30 B2
Mugardos E 72 A2
Muge P 78 B2
Mügeln, *Sachsen* D 38 B3
Mügeln, *Sachsen-Anhalt* D 38 B3
Múggia I 58 C3
Mugia E 72 A1
Mugica E 75 A4
Muğla TR 15 T21
Mugnano I 68 C3
Mugron F 62 C3
Mühlacker D 47 C4
Mühlbach am Hochkönig A 58 A3
Mühlberg, *Brandenburg* D 38 B3
Mühlberg, *Thüringen* D 37 C5
Mühldorf, *Karnten* A 58 B3
Mühldorf, *Steiermark* A 59 B5
Mühldorf D 48 C3
Muhleberg CH 56 B2
Muhlen D 30 B2
Mühlenbeck D 31 C4
Mühlhausen, *Bayern* D 48 B1
Mühlhausen, *Bayern* D 48 B2
Mühlhausen, *Thüringen* D 37 B5
Mühltroff D 38 C1
Muhos FIN 5 D20
Muhr A 58 A3
Muiden NL 35 A5
Muiños E 73 C3
Muirteira P 78 B1
Mukacheve UA 11 M18
Mula E 87 A5
Mulegns CH 57 B4
Mules (Mauls) I 58 B1
Mülheim, *Baden-Württemberg* D 47 C4
Mulheim, *Hessen* D 47 A4
Mülheim, *Nordrhein-Westfalen* D 36 B1
Mülheim, *Rheinland-Pfalz* D 36 C2
Mulhouse F 56 A2
Müllheim D 46 D3
Mullhyttan S 21 C5
Mullingar IRL 3 K3
Müllrose D 38 A4
Mullsjö S 26 B2
Munana E 80 B1
Muñas E 72 A4
Münchberg D 37 C6
Müncheberg D 31 C5
Münchehagen D 36 A4
München D 48 C2
Münchhausen D 36 C3
Mundaca E 75 A4
Münden D 37 B4
Munderfing A 49 C4
Munderkingen D 47 C5
Munera E 81 C4
Munguia E 75 A4
Muñico E 80 B1
Muniesa E 76 B2
Munka-Ljungby S 27 C1
Munkebo DK 25 C3
Munkedal S 21 D2
Munkfors S 20 C4
Munktorp S 23 C2
Münnerstadt D 37 C5
Muñopepe E 80 B2
Muñotello E 80 B1
Münsing D 48 D2
Münsingen CH 56 B2
Münsingen D 47 C5
Munsö S 23 C3
Münster CH 56 B3
Münster, *Niedersachsen* D 29 C7
Münster, *Nordrhein-Westfalen* D 36 B2
Munster F 46 C3
Munstereifel D 36 C1
Muntendam NL 28 B3
Münzkirchen A 49 C4
Muonio FIN 5 C18
Muotathal CH 56 B3
Mur-de-Barrez F 64 B1
Mur-de-Bretagne F 42 B3
Mur-de-Sologne F 54 A1
Murakeresztúr H 60 B1
Murán SK 51 C6
Murano I 58 C2
Muranowo PL 32 C2
Muras E 72 A3
Murat F 64 A1
Murat-sur-Vèbre F 64 C1
Muratlı TR 15 R20
Murau A 59 A4
Muravera I 96 D3
Murazzano I 66 B3
Murça P 73 C3
Murchante E 75 B5
Murchin D 31 B4
Murcia E 87 B5
Mureck A 59 B5
Muret F 63 C5
Muret-le-Chateau F 64 B1
Murg CH 57 A4
Murgenthal CH 56 A2
Murguia E 75 B4
Muri CH 56 A3
Murias de Paredes E 72 B4
Muriel Viejo E 75 C4
Murillo de Rio Leza E 75 B4
Murillo el Fruto E 75 B5
Muriqan AL 71 D4
Murmansk RUS 5 B23
Murmashi RUS 5 B23
Murmerwoude NL 28 B2
Murnau D 58 A1
Muro, *Mallorca* E 83
Muro F 96 A2
Muro del Alcoy E 82 C2
Muro Lucano I 90 D2
Murol F 54 C2
Muron F 53 B4
Muros E 72 B1
Muros de Nalón E 72 A4
Murowana Goślina PL 32 C3
Mürren CH 56 B2
Murrhardt D 47 C5
Murska Sobota SLO 59 B6
Mursko Središće HR 60 B1
Murtas E 86 C3
Murten CH 56 B2
Murter HR 69 C5
Murtosa P 73 D2
Murviel F 64 C2
Murvika HR 69 B5
Mürzsteg A 59 A5
Murzynowo PL 31 C6
Mürzzuschlag A 59 A5
Musculdy F 62 C3
Mušov CZ 50 C2
Mußbach a.d. Weinstraße D 47 B4
Musselkanaal NL 28 C4
Mussidan F 63 A4
Mussomeli I 94 B2
Mussy-sur-Seine F 45 D5
Mustafakemalpaşa TR 15 R21
Muszaki PL 33 B6
Muta SLO 59 B5
Mutné SK 51 B5
Mutriku E 75 A4
Mutterbergalm A 57 B6
Mutterstadt D 47 B4
Mutzig F 46 C3
Muzillac F 52 A2
Mužla SK 51 D4
Muzzano del Turgnano I 58 C3
Myennes F 54 A2
Myjava SK 50 C3
Mykland N 19 C5
Mykolayiv UA 11 N23
Mylau D 38 C2
Myresjö S 26 B3
Mysen N 21 C2
Myslakowice PL 39 C5
Myślenice PL 51 B5
Myślibórz PL 31 C5
Myślinów PL 39 B6
Myslowice PL 40 C3
Myszków PL 40 C3
Mytishchi RUS 16 J25
Mýtna SK 51 C5
Mýtne Ludany SK 51 C4
Mýto CZ 49 B4
Mýto SK 51 C5

N

Naaldwijk NL 35 B4
Naantali FIN 5 F17
Naarden NL 35 A5
Naas IRL 3 K3
Nabais P 73 D3
Nabburg D 48 B3
Načeradec CZ 49 B5
Náchod CZ 39 C6
Nachrodt-Wiblingwerde D 36 B2
Naclaw PL 32 A2
Nadarzyn PL 41 A4
Nádasd H 60 B1
Nădlac RO 61 B5
Nadolice PL 39 B7
Nadvirna UA 11 M19
Nærbø N 18 C2
Næstved DK 25 C4
Näfels CH 57 A4
Nagel D 48 B2
Nagele NL 28 C2
Naglarby S 22 B1
Naglowice PL 41 C4
Nagold D 47 C4
Nagyatád H 60 B2
Nagybajom H 60 B2
Nagybaracska H 61 B3
Nagybarát H 60 A2
Nagybátony H 51 D5
Nagyberény H 60 B3
Nagybörzsöny H 51 D4
Nagycenk H 60 A1
Nagydorog H 61 B3
Nagyfüged H 61 A5
Nagyhersány H 60 C3
Nagyigmánd H 60 A3
Nagykanizsa H 60 B2
Nagykáta H 61 A4
Nagykoiu H 61 A5
Nagykonyi H 60 B3
Nagykőrös H 61 A4
Nagylóc H 51 C5
Nagymágocs H 61 B5
Nagymányok H 60 B3
Nagymaros H 51 D4
Nagyoroszi H 51 C5
Nagyréde H 51 D5
Nagyszénás H 61 B5
Nagyszokoly H 60 B3
Nagyvázsony H 60 B2
Nagyvenyim H 61 B3
Naharros E 81 B4
Nahe D 29 B7
Naila D 37 C6
Nailloux F 63 C5
Naintre F 53 B5
Nairn GB 3 H5
Nájera E 75 B4
Nakksjø N 19 B6
Naklo PL 32 A3
Nakło nad Notecią PL 32 B3
Nakovo YU 61 C5
Nakskov DK 25 D4
Nalda E 75 B4
Nalliers F 52 B3
Nalzen F 77 A4
Nalžouské Hory CZ 49 B4
Náměšt n. Oslavou CZ 50 B2
Námestovo SK 51 B5
Namnå N 20 B3
Namsos N 4 D12
Namur B 35 C4
Namysłów PL 40 B1
Nançay F 54 A2
Nanclares de la Oca E 75 B4
Nancy F 46 C2
Nangis F 45 C3
Nant F 64 B2
Nanterre F 44 C3
Nantes F 52 A3
Nanteuil-le-Haudouin F 45 B3
Nantiat F 53 B6
Nantua F 55 B5
Napajedla CZ 50 B3
Napiwoda PL 33 B6
Nápoli I 89 C5
Naraval E 72 A4
Narbonne F 64 C2
Narbonne-Plage F 64 C2
Narcao I 96 D2
Nardò I 93 A5
Narni I 88 A3
Naro I 94 B2
Naro Fominsk RUS 16 J25
Narros del Castillo E 80 B1
Narta HR 60 C1
Narva EST 16 G21
Narvik N 4 B15
Narzole I 66 B2
Nås, *Kopparberg* S 20 B5
Näs, *Östergötland* S 23 D1
Năsăud RO 11 N19
Nasbinals F 64 B2
Näset S 24 A4
Našice HR 60 C3
Nasielsk PL 33 C6
Naso I 95 A3
Nassau D 36 C2
Nassenfels D 48 C2
Nassenheide D 31 C4
Nassereith A 57 A5
Nässjö S 26 B3
Nastätten D 36 C2
Näsum S 27 C3
Natalinci YU 71 B5
Naters CH 56 B2
Natoye B 35 C5
Natternberg D 49 C3
Natters A 58 A1
Nattheim D 47 C6
Nättraby S 27 C4
Naturno (Naturns) I 57 B5
Naucelle F 63 B6
Nauders A 57 B5
Nauen D 31 C3
Naumburg D 37 B6
Naundorf D 38 C3
Naunhof D 38 B2
Naustdal N 4 F9
Nava E 74 A1
Nava de Arévalo E 80 B2
Nava de la Asunción E 80 A2
Nava del Rey E 74 C1
Navacepeda E 80 B1
Navacerrada E 80 B2
Navaconcejo E 79 A5
Navahermosa E 80 C2
Navahrudak BY 7 K19
Naval E 76 A3
Navalacruz E 80 B2
Navalcán E 80 B1
Navalcarnero E 80 B2
Navaleno E 75 C4
Navalguijo E 79 A5
Navalmanzano E 80 A2
Navalmoral E 80 B2
Navalmoral de la Mata E 79 B5
Navalón de Arriba E 82 C2
Navalperal de Pinares E 80 B2
Navalpino E 80 C2
Navaltalgordo E 80 B2
Navaltoril E 80 C2
Navaluenga E 80 B2
Navalvillar de Pela E 79 B5
Navapolatsk BY 16 J21
Navarclés E 77 B4
Navarredonda de la Sierra E 80 B1
Navarrenx F 62 C3
Navarrés E 82 B2
Navarrete E 75 B4
Navarrevisca E 80 B2
Navás E 77 B4
Navas de Oro E 80 A2
Navas de S. Juan E 86 A3
Navas del Cepillar E 86 B2
Navas del Madroño E 79 B4
Navas del Rey E 80 B2
Navascués E 76 A1
Navasfrias E 79 A4
Nave I 57 C5
Nave de Haver P 73 D4
Nävekvarn S 23 D2
Navelli I 89 A4
Naverstad S 21 D2
Navés E 77 B4
Navezuelas E 80 C1
Navia E 72 A4
Navia de Suarna E 72 B4
Navillas E 80 C2
Navilly F 55 B5
Navlya RUS 16 K24
Năvodari RO 11 P21
Návpaktos GR 15 S17
Návplion GR 15 T18
Nawiady PL 33 B7
Náxos GR 15 T19
Nay F 62 C3
Nazaré P 78 B1
Nazaret E 82 B2
Nazilli TR 15 T21
Nazza D 37 B5
Néa Epidhavros GR 15 T18
Néa Moudhaniá GR 15 R18
Neath GB 3 L5
Nebel D 25 D1
Nebljusi HR 69 B5
Nebolchy RUS 16 G23
Nebra D 37 B6
Nebreda E 75 C3
Nechanice CZ 39 C5
Neckar-Steinach D 47 B4
Neckarelz D 47 B5
Neckargemünd D 47 B4
Neckarsulm D 47 B5
Neda E 72 A2
Neded SK 50 C3
Nedelišće HR 60 B1
Neder Hardinxveld NL 35 B4
Nederbrakel B 34 C3
Nederweert NL 35 B5
Nedożery SK 51 C4
Nedreberg N 20 B2
Nedstrand N 18 B2
Nedvědice CZ 50 B2
Nędza PL 40 C2
Neede NL 36 A1
Neerkant NL 35 B5
Neermoor D 29 B4
Neeroeteren B 35 B5
Neerpelt B 35 B5
Neesen D 36 A3
Neetze D 30 B1
Neffies F 64 C2
Negbina YU 71 C4
Negenborn D 37 B4
Negotin YU 11 P18
Negrar I 57 C5
Negredo E 81 A4
Negreira E 72 B2
Nègrepelisse F 63 B5
Negru Vodă RO 11 Q21
Negueira E 72 A4
Neheim D 36 B2
Neiderbronn-les-Bains F 46 C3
Neila E 75 B4
Néive I 66 B3
Nejdek CZ 38 C2
Nekla PL 40 A1
Neksø DK 27 D4
Nelas P 73 D3
Nelaug N 19 C5
Nelidovo RUS 16 H23
Nellingen D 47 C5
Neman RUS 7 J18
Nemčinany SK 51 C4
Nemesgörzsöny H 60 A2
Nemeskér H 60 A1
Nemesnádudvar H 61 B4
Nemesszalok H 60 A2
Németkér H 61 B3
Nemours F 44 C3
Nemšova SK 51 C4
Nenagh IRL 3 K2
Nendeln FL 57 A4
Nendorf D 29 C5
Nenince SK 51 C4
Nennhausen D 30 C3
Nenzing A 57 A4
Nepi I 88 A3
Nepomuk CZ 49 B4
Nérac F 63 B4
Neratovice CZ 38 C4
Nercenay-le-Hayer F 45 C4
Nerchau D 38 B2
Néré F 53 C4
Neresheim D 48 C1
Nereto I 89 A4
Nerezine HR 69 B4
Nerežišća HR 70 C1
Neringa LT 7 J17
Néris-les Bains F 54 B2
Nerito I 89 A4
Nerja E 86 C3
Nérondes F 54 B2
Nerpio E 87 A4
Nerva E 85 B3
Nervesa d. Battáglia I 58 C2
Nervi I 66 B4
Nervieux F 55 C4
Nes N 20 B1
Nes NL 28 B2
Nesbyen N 4 F11
Neschwitz D 38 B4
Nesflaten N 18 B3
Nesland N 19 B4
Neslandsvatn N 19 C6
Nesle F 45 B3
Nesovice CZ 50 B3
Nesselwang D 57 A5
Nesslau CH 57 A4
Nessmersiel D 28 B4
Nesso I 57 C4
Nestelbach A 59 A5
Nesterov UA 11 L18
Nesttun N 18 A2
Nesvady SK 51 D4
Netlandsnes N 18 C3
Netolice CZ 49 B5
Netretić HR 59 C5
Netstal CH 57 A4
Nettlingen D 37 A5
Nettuno I 88 B3
Netzschkau D 38 C2
Neu Buddenstedt D 37 A6
Neu Darchau D 30 B1
Neu-Isenburg D 47 A4
Neu Kaliß D 30 B2
Neu Lübbenau D 38 A3
Neu Petershain D 38 B4
Neu-Ravensburg D 57 A4
Neu-Ulm D 47 C6
Neualbenreuth D 48 B3
Neubau D 48 B3
Neubeckum D 36 B3
Neuberg A 60 A1
Neubrandenburg D 31 B4
Neubruchhausen D 29 C5
Neubukow D 30 A2
Neuburg D 48 C2
Neuchâtel CH 56 B1
Neudietendorf D 37 C5
Neudorf A 50 C2
Neudorf D 47 B4
Neudorfl A 50 D2
Neuenbürg, *Baden-Württemberg* D 47 C4
Neuenburg, *Niedersachsen* D 29 B4
Neuendettelsau D 48 B1
Neuendorf D 31 A4
Neuenhaus D 28 C3
Neuenkirch CH 56 A3
Neuenkirchen, *Niedersachsen* D 29 B5
Neuenkirchen, *Niedersachsen* D 29 B6
Neuenkirchen, *Niedersachsen* D 29 C5
Neuenkirchen, *Nordrhein-Westfalen* D 36 A2
Neuenrade D 36 B2
Neuenstein D 47 B5
Neuenwalde D 29 B5
Neuerburg D 46 A2
Neuf-Brisach F 46 C3
Neufahrn D 48 C2
Neufchâteau B 46 B1
Neufchâteau F 46 C1
Neufchâtel F 45 B5
Neufchâtel-en-Bray F 44 B2
Neufelden A 49 C5
Neuffen D 47 C5
Neuflize F 45 B5
Neugattersleben D 37 B6
Neugersdorf D 38 C4
Neuhaus, *Bayern* D 48 B2
Neuhaus, *Bayern* D 49 C4
Neuhaus, *Niedersachsen* D 29 B6
Neuhaus, *Niedersachsen* D 30 B1
Neuhaus, *Niedersachsen* D 37 B4
Neuhaus a Rennweg D 37 C6
Neuhaus-Schierschnitz D 37 C6
Neuhausen a Rheinfall CH 56 A3
Neuhausen ob Eck D 47 D4
Neuhof D 48 B1
Neuhofen A 49 C5
Neuillé F 53 A4
Neuillé Pont-Pierre F 53 A5
Neuilly-en-Thelle F 44 B3
Neuilly-l'Évêque F 46 D1
Neuilly-le-Réal F 54 B3
Neuilly St. Front F 45 B4
Neukalen D 31 B3
Neukirchen, *Ober Österreich* A 49 C4
Neukirchen, *Ober Österreich* A 49 D4
Neukirchen, *Hessen* D 37 C4
Neukirchen, *Schleswig-Holstein* D 25 D1
Neukirchen-am Großy A 58 A2
Neukirchen b. Hl. Blut D 49 B3
Neukirchen-Vluyn D 35 B6
Neukloster D 30 B2
Neulengbach A 50 C1
Neulise F 55 C4
Neum BIH 91 B4
Neumagen D 46 B2
Neumark D 38 C2
Neumarkt D 48 B2
Neumarkt a.W. A 49 D4
Neumarkt i. Mühlkn A 49 C5
Neumarkt i. Steiermark A 59 A4
Neumarkt St. Veit D 48 C3
Neumünster D 29 A6
Neunburg v.W. D 48 B3
Neung-sur-Beuvron F 54 A1
Neunkirch CH 56 A3
Neunkirchen A 50 D2
Neunkirchen, *Nordrhein-Westfalen* D 36 C2
Neunkirchen, *Saarland* D 46 B3
Neuötting D 48 C3
Neureut D 47 B4
Neuruppin D 31 C3
Neusiedl A 50 C2
Neusiedl am See A 50 D2
Neuß D 36 B1
Neussargues-Moissac F 64 A2
Neustadt, *Niedersachsen* D 29 C6
Neustadt, *Baden-Württemberg* D 47 D4
Neustadt, *Bayern* D 48 B1
Neustadt, *Bayern* D 48 B2
Neustadt, *Bayern* D 48 B3
Neustadt, *Bayern* D 48 C2
Neustadt, *Brandenburg* D 30 C3
Neustadt, *Hessen* D 36 C4
Neustadt, *Sachsen* D 38 B4
Neustadt, *Schleswig-Holstein* D 30 A1
Neustadt, *Thüringen* D 37 C6
Neustadt a.d. Weinstraße D 47 B4
Neustadt am Rübenberge D 29 C6
Neustadt bei Coburg D 37 C6
Neustadt-Glewe D 30 B2
Neustift im St Tubaital A 57 A6
Neustrelitz D 31 B4
Neutal A 60 A1
Neutrebbin D 31 C5
Neuves-Maisons F 46 C2
Neuvic, *Corrèze* F 63 A6
Neuvic, *Dordogne* F 63 A4
Neuville, *Rhône* F 55 C4
Neuville, *Seine-Maritime* F 44 B2
Neuville-aux-Bois F 44 C3
Neuville-de-Poitou F 53 B5
Neuville-les-Dames F 55 B4
Neuvy-Santour F 45 C4
Neuvy-St.Sépulchre F 54 B1
Neuvy-sur-Barangeon F 54 A2
Neuwied D 36 C2
Neuzelle D 38 A4
Névache F 65 A5
Neveklov CZ 49 B5
Nevel RUS 16 H21
Nevele B 34 B3
Nevers F 54 B3
Nevesinje BIH 70 C3
Nevest HR 70 C1
Névez F 42 C2
Neviges D 36 B2
Nevlunghavn N 19 C6
Newark-on-Trent GB 3 K6
Newbury GB 3 L6
Newcastle GB 3 J4
Newcastle-under-Lyme GB 3 K5
Newcastle-upon-Tyne GB 3 J6
Newcastle West IRL 3 K2
Newhaven GB 3 L7
Newmarket IRL 3 K2
Newport, *I. of Wight* GB 3 L6
Newport, *Newport* GB 3 L5
Newquay GB 3 L4
Newry GB 3 J3
Newton Abbot GB 3 L5
Newton Stewart GB 3 J4
Newtonmore GB 3 H4
Newtownards GB 3 J4
Nexon F 53 C6
Nezamyslice CZ 50 B3
Nibbiano I 67 B4
Nibe DK 24 B2
Nicastro I 92 C3
Niccone I 68 C2
Nice F 66 C2
Nichelino I 66 B2
Nickelsdorf A 50 D3
Nicolosi I 95 B4
Nicosia I 95 B3
Nicótera I 92 C2
Nidda D 36 C4
Nidzica PL 33 B6
Niebla E 85 B3
Nieborów PL 41 A4
Niebüll D 25 D1
Niechorze PL 31 A6
Niedalino PL 32 A2
Nieder Kaufungen D 37 B4
Nieder Netphen D 36 C3
Nieder-Olm D 47 B4
Nieder Ramstadt D 47 B4
Nieder-Wöllstadt D 36 C3
Niederaudf D 58 A2
Niederaula D 37 C4
Niederbieber-Segendorf D 36 C2
Niederbipp CH 56 A2
Niederbreechen D 36 C3
Niederfischbach D 36 C2
Niedergörsdorf D 38 B2
Niederkrüchten D 35 B6
Niedermarsberg D 36 B3
Niedermendig D 36 C2
Niederndorf A 58 A2
Niedersachswerfen D 37 B5
Niederstetten D 47 B5
Niederurnen CH 57 A4
Niederwerrn D 47 A6
Niederwölz A 59 A4
Niedobczyce PL 51 A4
Niedoradz PL 39 B5
Niedrzwica-Duża PL 41 B6
Niedzica PL 51 B6
Niegosławice PL 39 B5
Nieheim D 36 B4
Niel B 35 B4
Niemcza PL 39 C6
Niemegk D 38 A2
Niemodlin PL 40 C1
Nienadówka PL 41 C6
Nienberge D 36 A2
Nienburg, *Niedersachsen* D 29 C6
Nienburg, *Sachsen-Anhalt* D 37 B6
Nienhagen D 30 C1
Niepołomice PL 51 A6
Nieporet PL 33 C7
Nierstein D 47 B4
Niesky D 39 B4
Nieszawa PL 33 C4
Nietulisko PL 41 C5
Nieul-sur-Mer F 52 B3
Nieuw-Amsterdam NL 28 C3
Nieuw-Buinen NL 28 C3
Nieuw-Namen NL 35 B4
Nieuw-Schoonebeek NL 28 C3
Nieuw-Tonge NL 35 B4
Nieuw-Weerdinge NL 28 C3
Nieuwe Niedorp NL 28 C1
Nieuwe-Pekela NL 28 B3
Nieuwe-Schans D 28 B4
Nieuwegein NL 35 A5
Nieuwendijk NL 35 B4
Nieuwerkerk NL 35 B4
Nieuwerkerken, *Flandre Orientale* B 35 C3
Nieuwerkerken, *Limburg* B 35 C5
Nieuwolda NL 28 B3
Nieuwpoort B 34 B2
Nievenheim D 36 B1
Nieves E 73 B2
Niewachlów PL 41 C4
Niezabyszewo PL 32 A3
Nigrita GR 15 R18
Nigüelas E 86 C3
Nijar E 87 C4
Nijemci HR 71 A4
Nijkerk NL 35 A5
Nijlen B 35 B4
Nijmegen NL 35 B5
Nijverdal NL 35 A6
Nikinci YU 71 B4
Nikitsch A 60 A1
Niklasdorf A 59 A5
Nikšić YU 91 B5
Nilsebu N 18 B3
Nîmes F 64 C3
Nimis I 58 B3
Nimtofte DK 24 B3
Nin HR 69 B5
Nindorf D 29 A6
Ninove B 35 C3
Niort F 53 B4
Niš YU 11 Q17
Nisa P 78 B3
Niscemi I 95 B3
Nisko PL 41 C6
Nissafors S 26 B2
Nissan-les-Ensérune F 64 C2
Nissedal N 19 B5
Nissumby DK 24 B1
Nistelrode NL 35 B5
Nitra SK 51 C4
Nitrany SK 51 C4
Nitrianske-Pravno SK 51 C4
Nitrianske Rudno SK 51 C4
Nitry F 54 A3
Nittedal N 19 A7
Nittenau D 48 B3
Nitzahn D 30 C3
Nivala FIN 5 E19
Nivelles B 35 C4
Nives B 46 B1
Nivienskoye RUS 33 A6
Nivnice CZ 50 C3
Nizhyn UA 11 L22
Nizná Boca SK 51 C5
Nizza Monferrato I 66 B3
Njegŭsevo HR 61 C4
Njivice HR 69 A4
Noailles F 44 B3
Noain E 75 B5
Noale I 58 C2
Noalejo E 86 B3
Noblejas E 81 C3
Nocera I 89 C5
Nocera Tirinese I 92 B3
Nocera Umbra I 68 C2
Noceto I 67 B5
Nochten D 38 B4
Noci I 91 D4
Nociglia I 93 A5
Nödinge S 24 A5
Nods F 55 A6
Noé F 63 C5
Noépoli I 92 A3
Noeux-les-Mines F 34 C2
Noez E 80 C2
Nogales E 79 C4
Nogara I 67 A6
Nogarejas E 72 B4
Nogaro F 62 C3
Nogent-en-Bassigny F 46 C1
Nogent l'Artaud F 45 C4
Nogent-le-Roi F 44 C2
Nogent-le-Rotrou F 44 C1
Nogent-sur-Marne F 44 C3
Nogent-sur-Oise F 44 B3
Nogent-sur-Seine F 45 C4
Nogent-sur-Vernisson F 45 D3
Nogersund S 27 C3
Nógrád H 51 D5
Nogueira de Ramuín E 72 B3
Noguera E 82 A1
Noguerones E 86 B2
Nohfelden D 46 B3
Noicáttaro I 91 C4
Noirétable F 54 C3
Noirmoutier-en-l'Ile F 52 B2
Noja E 75 A3
Nojewo PL 32 C2
Nokia FIN 5 F18
Nol S 24 A5
Nola I 89 C5
Nolay F 55 B4
Noli I 66 B3
Nombela E 80 B2
Nomeny F 46 C2
Nomexy F 46 C2
Nonancourt F 44 C2
Nonant-le-Pin F 43 B6
Nonántola I 67 B6
Nonaspe E 76 B3
None I 66 B2
Nontron F 53 C5
Nonza F 96 A3
Noord Bergum NL 28 B3
Noord Scharwoude NL 28 C1
Noordbroek NL 28 B3
Noordhorn NL 28 B3
Noordwijk NL 35 A4
Noordwolde NL 28 C3
Nora S 21 C6
Norberg S 22 B1
Nórcia I 89 A4
Nord-Odat N 20 B2
Nordausques F 34 C2
Nordborg DK 25 C2
Nordby, *Aarhus Amt.* DK 25 C3
Nordby, *Ribe Amt.* DK 25 C1
Norddeich D 28 B4
Norden D 28 B4
Nordenham D 29 B5
Norderhov N 19 A7
Norderney D 28 B4
Norderstapel D 29 A6
Norderstedt D 29 B7
Nordfjordeid N 4 F10
Nordgermersleben D 37 A6
Nordhalben D 37 C6
Nordhausen D 37 B5
Nordheim v.d. Rhön D 37 C5
Nordhorn D 28 C4
Nördlingen D 48 C1
Nordmark S 20 C5
Nordre Osen N 20 A2
Nordstemmen D 37 A4
Nordwalde D 36 A2
Nordwijk aan Zee NL 35 A4
Nordwijkerhout NL 35 A4
Nore N 19 A5
Noreña E 74 A1
Norg NL 28 B3
Norheimsund N 18 A3
Norie S 27 C3
Norma I 89 B3
Nornäs S 20 A4
Norra Finnskoga S 20 B3
Norra Ny S 20 B4
Norra Vi S 26 B4
Norrahammar S 26 B3
Norrala S 22 A2
Nørre Åby DK 25 C2
Nørre Alslev DK 25 D4
Nørre Bindslev DK 24 A3
Nörre Broby DK 25 C3
Nørre Lyndelse DK 25 C3
Nørre Nebel DK 25 C1
Nørre Snede DK 25 C2
Norrent-Fontes F 34 C2
Nørresundby DK 24 A2
Norrhult S 26 B4
Norrköping S 23 D2
Norrskedika S 22 B4
Norrsundet S 22 B3
Norrtälje S 22 C4
Nors DK 24 A1
Norsbron S 21 C4
Norsholm S 23 D1
Norsjö S 5 D16
Nort-sur-Erdre F 52 A3
Nörten-Hardenberg D 37 B4
North Berwick GB 3 H5
Northampton GB 3 K6
Northeim D 37 B5
Nortorf D 29 A6
Norwich GB 3 K7
Nosivka UA 11 L22
Nossa Senhora do Cabo P 78 C1
Nossebro S 21 D3
Nössemark S 21 C2
Nossen D 38 B3
Notaresco I 89 A4
Noto I 95 C4
Notodden N 19 B6
Nottingham GB 3 K6
Nottuln D 36 B2
Nouan-le-Fuzelier F 54 A2
Nouans-les-Fontaines F 53 A6
Nougaroulet F 63 C4
Nouvion, *Aisne* F 45 B4
Nouvion, *Somme* F 34 C1
Nova H 60 B1
Nová Baňa SK 51 C4

Outokumpu FIN 5 E21
Ouviñaño E 72 A4
Ouzouer-le-Marché F 44 D2
Ouzouer-sur-Loire F 44 D3
Ovada I 66 B3
Ovanåker S 22 A1
Ovar P 73 D2
Ove DK 24 B2
Ovelgönne D 29 B5
Ovenstädt D 36 A3
Over-jerstal DK 25 C2
Overath Much D 36 C2
Overdinkel NL 36 A2
Overijse B 35 C4
Överkalix S 5 C18
Overlade DK 24 B2
Överlida S 26 B1
Overpelt B 35 B5
Övertänger S 22 B1
Övertorneå S 5 C18
Overum S 26 B5
Ovidiopol UA 11 N22
Oviedo E 74 A1
Oviglio I 66 B3
Ovindoli I 89 A4
Ovodda I 96 C3
Øvre Årdal N 4 F10
Øvre Sirdal N 18 C3
Övre Ullerud S 21 C4
Øvrebygd N 18 C3
Ovruch UA 11 L21
Ovtrup DK 25 C1
Owińska PL 32 C2
Oxberg S 20 A5
Oxelösund S 23 D3
Oxford GB 3 L6
Oy D 57 A5
Oyarzun E 75 A5
Øyenkilen N 21 C1
Øyer N 20 A1
Oyfjell N 19 B5
Øymark N 21 C2
Oyonnax F 55 B5
Øyslebø N 18 C4
Øystese N 18 A3
Oyten D 29 B6
Øyuvsbu N 18 B4
Ozaeta E 75 B4
Ozarów PL 41 C5
Ożarów Maz PL 41 A4
Ožbalt SLO 59 B5
Ózd H 51 C6
Ožďany SK 51 C5
Ozieri I 96 C3
Ozierki RUS 33 A6
Ozimek PL 40 C2
Ozimica BIH 70 B3
Ozjaz HR 59 C5
Ozoir la Ferrière F 44 C3
Ozora H 60 B3
Ozorków PL 40 B3
Ozzano Monferrato I 66 A3

P

Pa Paca E 87 B5
Paal B 35 B5
Pabianice PL 40 B3
Pabneukirchen A 49 C5
Pacanów PL 41 C5
Paceco I 94 B1
Pachino I 95 C4
Pačir HR 61 C4
Pack A 59 B5
Paços de Ferreira P 73 C2
Pacov CZ 49 B5
Pacsa H 60 B2
Pacy-sur-Eure F 44 B2
Paczków PL 39 C7
Padany RUS 5 E23
Padborg DK 25 D2
Padej HR 61 C5
Padene HR 70 B1
Paderborn D 36 B3
Paderne P 84 B1
Padina YU 71 A5
Padinska Skela YU 71 B5
Padornelo P 73 C2
Pádova I 58 C1
Padragkút H 60 A2
Padria I 96 C2
Padrón E 72 B2
Padru I 96 C3
Padul E 86 B3
Padula I 92 A2
Paduli I 89 B5
Paesana I 66 B2
Paese I 58 C2
Pag HR 69 B5
Pagani I 89 C5
Pagánica I 89 A4
Pagánico I 88 A2
Paglieta I 89 A5
Pagny-sur-Moselle F 46 C1
Paguera, *Mallorca* E 83
Pahl D 48 D2
Paide EST 7 G19
Pailhès F 63 C5
Paimboeuf F 52 A2
Paimpol F 42 B2
Paimpont F 43 B3
Painten D 48 C2
Paio Pires P 78 C1
Paisley GB 3 J4
Pajala S 5 C18
Pajares E 74 A1
Pajares de los Oteros E 74 B1
Pajęczno PL 40 B2
Páka H 60 B1
Pakość PL 32 C4
Pakosławice PL 40 C1
Pakoštane HR 69 C5
Pákozd H 61 A3
Pakrac HR 60 C2
Paks H 61 B3
Palacios de Benaber E 74 B3
Palacios de la Sierra E 75 C3
Palaciòs de la Valduerna E 74 B1
Palacios de Sanabria E 73 B4
Palacios del Sil E 72 B4
Palaciosrubios E 80 A1
Palafrugell E 77 B6
Palagiano I 93 A4
Palagonia I 95 B3
Paláia I 67 C5
Palaiokhóra GR 15 U18
Palaiseau F 44 C3
Palamós E 77 B6
Palanga LT 7 J17
Palanzano I 67 B5
Palárikovo SK 51 C4
Palas de Rei E 72 B3
Palata I 89 B5
Palau I 96 B3
Palavas F 64 C2
Palazuelos de la Sierra E 75 B3
Palazzo Adriano I 94 B2
Palazzo del Pero I 68 C1
Palazzo S. Gervásio I 90 D2
Palazzolo Acréide I 95 B3
Palazzolo sull Oglio I 57 C4
Palazzuolo sul Senio I 68 B1
Paldiski EST 7 G19
Pale BIH 71 C3
Palena I 89 B5
Palencia E 74 B2
Palenciana E 86 B2
Palermo I 94 A2
Palestrate I 94 A2
Palestrina I 89 B3
Pálfa H 61 B3
Palfau A 59 A4
Palhaça P 73 D2
Palheiros da Tocha P 78 A2
Palheiros de Mira P 78 A2
Palheiros de Quiaios P 78 A2
Palić HR 61 B4
Palidoro I 88 B3
Palinuro I 92 A2
Paliseul B 45 B6
Pallanza I 56 C3
Pallares E 85 A3
Pallerols E 77 A4
Palling D 48 D3
Pallnau F 52 B3
Palma, *Mallorca* E 83
Palma I 89 C5
Palma P 78 C2
Palma del Rio E 85 B4
Palma di Montechiaro I 94 B2
Palma Nova, *Mallorca* E 83
Palmanova I 58 C3
Palmela P 78 C2
Palmerola E 77 A5
Palmi I 95 A4
Pälmonostora H 61 B4
Palo I 66 B3
Palo del Colle I 90 C3
Palomares E 87 B5
Palomares del Campo E 81 C4
Palomas E 79 C4
Palombara Sabina I 88 A3
Palos E 87 B6
Palos de la Frontera E 85 B3
Palotaboszok H 61 B3
Palotás H 51 D5
Pals E 77 B6
Pålsboda S 23 C1
Paluzza I 58 B3
Pamel B 35 C4
Pamhagen A 60 A1
Pamiers F 63 C5
Pamietowo PL 32 B3
Pampaneira E 86 C3
Pamparato I 66 B2
Pampilhosa, *Aveiro* P 78 A2
Pampilhosa, *Coimbra* P 78 A3
Pampliega E 74 B3
Pamplona E 75 B5
Panagyurishte BG 15 Q19
Pančevo YU 71 B5
Pancorvo E 75 B3
Pandino I 57 C4
Pandrup DK 24 A2
Panenský-Týnec CZ 38 C3
Panevėžys LT 7 J19
Panissières F 55 C4
Panjon E 72 B2
Panki PL 40 C2
Pannes F 44 C3
Panningen NL 35 B5
Pannonhalma H 60 A2
Panschwitz-Kuckau D 38 B4
Pansdorf D 30 B1
Pansey F 46 C1
Panticosa E 76 A2
Pantoja E 80 B3
Pantón E 72 B3
Páola I 92 B3
Pápa H 60 A2
Paparzyn PL 33 B4
Papasidero I 92 B2
Pápateszér H 60 A2
Papenburg D 29 B4
Pappenheim D 48 C1
Paprotnia, *Siedlce* PL 41 A6
Paprotnia, *Skierniewice* PL 41 A4
Parábita I 93 A5
Parád H 51 D6
Parada, *Bragança* P 73 C4
Parada, *Viseu* P 73 D2
Paradas E 85 B4
Paradaseca E 72 B4
Paradela E 72 B3
Parades de Rubiales E 80 A1
Paradilla E 74 C3
Paradinas de S. Juan E 80 A1
Paradyż PL 41 B4
Parainen FIN 5 F18
Parakhino Paddubye RUS 16 G23
Paramé F 43 B4
Páramo E 72 A4
Páramo del Sil E 72 B4
Parandaça P 73 C3
Paravadella E 72 A3
Paray-le-Monial F 55 B4
Parceiros P 78 B2
Parcey F 55 A5
Parchim D 30 B2
Parciaki PL 33 B7
Pardies F 62 C3
Pardubice CZ 50 A1
Paredes P 73 C2
Paredes de Coura P 73 C2
Paredes de Nava E 74 B2
Paredes de Siguenza E 81 A4
Pareja E 81 B4
Parennes F 43 B5
Parenti I 93 B3
Parentis-en-Born F 62 B2
Parey D 38 A1
Parfino RUS 16 H22
Parg HR 59 C4
Párga GR 15 S17
Pargny-sur-Saulx F 45 C5
Parigné-l'Évêque F 44 D1
Parikkala FIN 5 F21
Paris F 44 C3
Parisot F 63 B5
Parkano FIN 5 E18
Parla E 80 B3
Parlabá E 77 A6
Parma I 67 B5
Parndorf A 50 D2
Párnica SK 51 B5
Parnu EST 7 G19
Parois F 45 B6
Parolis E 87 A4
Parrillas E 80 B1
Parsberg D 48 B2
Parsdorf D 48 C2
Parstein D 31 C5
Partakko FIN 5 B20
Partanna I 94 B1
Parthenay F 53 B4
Partinico I 94 A2
Partizani YU 71 B5
Partizánske SK 51 C4
Påryd S 26 C4
Parysów PL 41 B5
Parzymiechy PL 40 B2
Paşcani RO 11 N20
Pasewalk D 31 B4
Pasina Voda YU 71 C4
Påskallavik S 26 B5
Pasłęk PL 33 A5
Pašman HR 69 C5
Passail A 59 A5
Passais F 43 B5
Passau D 49 C4
Passegueiro P 73 D2
Passendale B 34 C3
Passignano sul Trasimeno I 68 C2
Passo di Tréia I 68 C3
Passopisciaro I 95 B4
Passow D 31 B5
Pastavy BY 16 J20
Pástena I 89 B5
Pastoriza E 72 A3
Pastrana E 81 B4
Pastrengo I 57 C5
Pasym PL 33 B6
Pásztó H 51 D5
Pata SK 50 C3
Patay F 44 C2
Paterna E 82 B2
Paterna de Rivera E 85 C4
Paterna del Campo E 85 B3
Paterna del Madera E 87 A4
Paternion A 58 B3
Paternò I 95 B3
Paternópoli I 90 D2
Patersdorf D 49 B4
Paterswolde NL 28 B3
Pątnow PL 40 A2
Patos AL 15 R16
Pátrai GR 15 S17
Patrimonio F 96 A3
Pattada I 96 C3
Pattensen, *Niedersachsen* D 29 B7
Pattensen, *Niedersachsen* D 37 A4
Patti I 95 A3
Páty H 61 A3
Pau F 62 C3
Pauillac F 62 A3
Paularo I 58 B3
Paulhaguet F 64 A2
Paulhan F 64 C2
Paulilátino I 96 C2
Paulistrom S 26 B4
Paullo I 57 C4
Pausa D 38 C2
Pavia I 66 A4
Pavia P 78 C2
Pavias E 82 B2
Pavilly F 44 B1
Pāvilosta LV 7 H17
Pavullo nel Frignano I 67 B5
Päwesin D 31 C3
Pawłowice PL 51 B4
Pawonków PL 40 C2
Payerne CH 56 B1
Paymoyo E 84 B2
Payrac F 63 B5
Pazardzhik BG 15 Q19
Pazin HR 69 A3
Paziols F 77 A5
Pčelić HR 60 C2
Pcim PL 51 B5
Peal de Becerro E 86 B3
Peć YU 15 Q17
Péccioli I 67 C5
Pécel H 61 A4
Pechao P 84 B2
Pechbrunn D 48 B3
Pechenizhyn UA 11 M19
Pechón E 74 A2
Pečinci YU 71 B4
Peckelsheim D 36 B4
Pečory RUS 16 H20
Pécs H 60 B3
Pecsvárad H 60 B3
Pečurice YU 91 B6
Peczniew PL 40 B2
Pedaso I 69 C3
Pedavena I 58 B1
Pedernales E 75 A4
Pedérobba I 58 C1
Pedersker DK 27 D3
Pedescala I 58 C1
Pedrajas de San Esteban E 74 C2
Pedralba E 82 B2
Pedralba de la Praderia E 73 B4
Pedraza E 80 A3
Pedreguer E 82 C3
Pedreira E 72 A2
Pedrera E 86 B2
Pedro Abad E 86 B2
Pedro Bernardo E 80 B2
Pedro-Martinez E 86 B3
Pedro Muñoz E 81 C4
Pedroche E 86 A2
Pedrógão, *Beja* P 84 A2
Pedrogão, *Castelo Branco* P 79 A3
Pedrógão, *Leiria* P 78 B2
Pedrógão Grande P 78 B2
Pedrola E 76 B1
Pedrosa E 75 B3
Pedrosa del Rey, *León* E 74 B2
Pedrosa del Rey, *Valladolid* E 74 C1
Pedrosa del Rio Urbel E 74 B3
Pedrosillo E 80 A1
Pedrosillo de los Aires E 80 B1
Pędzewo PL 33 B4
Peebles GB 3 J5
Peenemünde D 31 A4
Peer B 35 B5
Pega P 79 A3
Pegalajar E 86 B3
Pegau D 38 B2
Peggau A 59 A5
Pegli I 66 B3
Pegnitz D 48 B2
Pego E 82 C2
Pegões-Estação P 78 C2
Pegões Velhos P 78 C2
Peine D 37 A5
Péio I 57 B5
Peipan F 65 B4
Peisey-Nancroix F 56 C1
Peißenberg D 48 D2
Peiting D 48 D1
Peitz D 38 B4
Peka YU 71 B4
Pelahustán E 80 B2
Pelczyce PL 31 B6
Pelhřimov CZ 49 B6
Pélissanne F 65 C4
Pelkosenniemi FIN 5 C20
Pellafol F 65 B4
Pellegrino Parmense I 67 B4
Pellegrue F 62 B4
Pelléréd H 60 B3
Pellestrina I 68 A2
Pellevoisin F 53 B6
Pellizzano I 57 B5
Pello FIN 5 C19
Peloche E 80 C1
Pelplin PL 33 B4
Pelussin F 65 A3
Pély H 61 A5
Pembroke GB 3 L4
Peña de Cabra E 80 B1
Peñacerrada E 75 B4
Penacova P 78 A2
Peñafiel E 74 C2
Penafiel P 73 C2
Peñaflor E 85 B4
Peñalsordo E 86 A1
Penalva do Castelo P 73 D3
Penamacor P 79 A3
Penamellera Alta E 74 A2
Penamellera Baja E 74 A2
Peñaparda E 79 A4
Peñaranda de Bracamonte E 80 B1
Peñaranda de Duero E 75 C3
Peñarroya de Tastavins E 76 C3
Peñarroya-Pueblonuevo E 79 C5
Peñarrubia E 86 C2
Peñarrubla E 72 B3
Peñas de S. Pedro E 87 A5
Peñascosa E 87 A4
Peñausende E 74 C1
Penc H 51 D5
Pendueles E 74 A2
Penedono P 73 D3
Penela P 78 A2
Penhas Juntas P 73 C3
Peniche P 78 B1
Penig D 38 C2
Penilhos P 84 B2
Peñíscola E 83 A3
Penkun D 31 B5
Penmarche F 42 C1
Pennabilli I 68 C2
Penne F 63 B4
Penne I 89 A4
Pennes (Pens) I 58 B1
Peno RUS 16 H23
Penrith GB 3 J5
Penzance GB 3 L4
Penzberg D 48 D2
Penzing D 48 C1
Penzlin D 31 B4
Péone F 65 B5
Pér H 60 A2
Pera Boa P 78 A3
Perafita P 73 C2
Peraleda de la Mata E 80 C1
Peraleda de S.Román E 80 C1
Perales de Alfambra E 82 A1
Perales de Tajuña E 81 B3
Peralta E 75 B5
Peralta de la Sal E 76 B3
Peralva P 84 B2
Peralveche E 81 B4
Perast YU 91 B5
Perbál H 61 A3
Perchtoldsdorf A 50 C2
Percy F 43 B4
Perdasdefogu I 96 D3
Perdiguera E 76 B2
Peredes E 81 B4
Peredo P 73 C4
Pereiro, *Faro* P 84 B2
Pereiro, *Guarda* P 73 D3
Pereiro, *Santarém* P 78 B2
Pereiro de Aguiar E 72 B3
Perelada E 77 A6
Pereleda de Zaucejo E 79 C5
Perelejos de las Truchas E 81 B5
Perello E 76 C3
Pereña E 73 C4
Pereruela E 74 C1
Pereyaslav-Khmelnytskyy UA 11 L22
Pérfugas I 96 C2
Perg A 49 C5
Pérgine Valsugana I 57 B6
Pérgola I 68 C2
Pergusa I 95 B3
Peri F 57 C5
Periam RO 61 B5
Periana E 86 C2
Périers F 43 A4
Périgueux F 63 A4
Perino I 67 B4
Perjasica HR 69 A5
Perkáta H 61 A3
Perleberg D 30 B2
Perlez YU 71 A5
Pernand-Vergelesses F 55 A4
Pernarec CZ 49 B4
Pernegg a.d. Mur A 59 A5
Pernek SK 50 C3
Pernes P 78 B2
Pernes-les-Fontaines F 65 C4
Pernik BG 15 Q18
Pernink CZ 38 C2
Pernitz A 50 D1
Pero Pinheiro P 78 C1
Peroguarda P 84 A1
Pérols F 64 C2
Peron F 55 B5
Péronne F 45 B3
Péronnes B 35 C4
Perorrubio E 74 C3
Perosa Argentina I 66 B2
Perozinho P 73 C2
Perpignan F 77 A5
Perrecy-les-Forges F 55 B4
Perrero I 66 B2
Perrier F 54 C3
Perrignier F 56 B1
Perros-Guirec F 42 B2
Persan F 44 B3
Persberg S 20 C5
Persenbeug A 49 C6
Pershyttan S 21 C6
Perštejn CZ 38 C3
Perstorp S 27 C2
Perth GB 3 H5
Pertisau A 58 A1
Pertuis F 65 C4
Perućac YU 71 C4
Perúgia I 68 C2
Perusic HR 69 B5
Péruwelz B 34 C3
Pervomaysk UA 11 M22
Perwez B 35 C4
Pesadas de Burgos E 75 B3
Pesaguero E 74 A2
Pésaro I 68 C2
Pescantina I 57 C5
Pescara I 89 A5
Pescasseroli I 89 B4
Peschici I 90 C3
Peschiera d. Garda I 57 C5
Péscia I 67 C5
Pescina I 89 A4
Pesco Sannita I 89 B5
Pescocostanzo I 89 B5
Pescopagano I 90 D2
Peshkop AL 15 R17
Pesmes F 55 A5
Pesquera de Duero E 74 C2
Pessac F 62 B3
Pestovo RUS 16 G24
Pétange L 46 B1
Peteanec HR 60 B1
Petegem B 34 C3
Peterborough GB 3 K6
Peterhead GB 3 H6
Petershagen, *Brandenburg* D 31 C4
Petershagen, *Brandenburg* D 31 C5
Petershagen, *Nordrhein-Westfalen* D 36 A3
Petershausen D 48 C2
Peterskirchen D 48 C3
Pétervására H 51 C6
Petilia Policastro I 93 B3
Petkus D 38 B3
Petlovac HR 61 C3
Petlovača YU 71 B4
Petöfiszallás H 61 B4
Petra, *Mallorca* E 83
Petralia Sottana I 94 B3
Petrcane HR 69 B5
Petrel E 82 C2
Petrella Tifernina I 89 B5
Petreto-Bicchisano F 96 B2
Petrich BG 15 R18
Petrijanec HR 60 B1
Petrijevci HR 61 C3
Petrinja HR 60 C1
Petrkovice CZ 51 B4
Petrodvorets RUS 5 G21
Pétrola E 82 C1
Petronà I 93 B3
Petronell A 50 C2
Petroşani RO 11 P18
Petrovac YU 91 B5
Petrovaradin YU 71 A4
Petrovice, *Severomoravsky* CZ 51 B4
Petrovice, *Zapadočeský* CZ 49 B4
Pettenbach A 49 D5
Petting D 48 D3
Peubla de Sanabria E 73 B4
Peuerbach A 49 C4
Peuntenansa E 74 A2
Pewsum D 28 B4
Peyrat-le-Château F 54 C1
Peyrehorade F 62 C2
Peyriac-Minervois F 64 C1
Peyrins F 65 A4
Peyrissac F 54 C1
Peyruis F 65 B4
Pézarches F 45 C3
Pézenas F 64 C2
Pezinok SK 50 C3
Pezuela de las Torres E 81 B3
Pézuls F 63 B4
Pfaffenhausen D 48 C1
Pfaffenhofen, *Bayern* D 47 C6
Pfaffenhofen, *Bayern* D 48 C2
Pfaffenhoffen F 46 C3
Pfäffikon CH 56 A3
Pfalzdorf D 35 B6
Pfarrkirchen D 49 C3
Pfarrweisach D 37 C5
Pfedelbach D 47 B5
Pfeffenhausen D 48 C2
Pfetterhouse F 56 A2
Pforzheim D 47 C4
Pfreimd D 48 B3
Pfronten D 57 A5
Pfullendorf D 47 D5
Pfullingen D 47 C5
Pfunds A 57 B5
Pfungen CH 56 A3
Pfungstadt D 47 B4
Pfyn CH 57 A3
Phalsbourg F 46 C3
Philippeville B 35 C4
Philippsreut D 49 C4
Philippsthal D 37 C4
Pınarhisar TR 15 R20
Piacenza I 67 A4
Piacenza d'Adige I 68 A1
Piádena I 67 A5
Piana F 96 A2
Piana Crixia I 66 B3
Piana degli Albanesi I 94 B2
Piana di Caiazzo I 89 B5
Piancastagnáio I 88 A2
Piandelagotti I 67 B5
Pianella, *Abruzzi* I 89 A5
Pianella, *Toscan* I 68 C1
Pianello Val Tidone I 67 B4
Piano I 66 B3
Pianoro I 67 B6
Pianosa I 96 A4
Pians A 57 A5
Pias P 84 A2
Piasek PL 31 C5
Piaśnica Wielka PL 32 A4
Piastow PL 41 A4
Piątek PL 40 A3
Piatkowiec PL 41 C5
Piatra Neamţ RO 11 N20
Piazza al Sérchio I 67 B5
Piazza Armerina I 95 B3
Piazza Brembana I 57 C4
Piazze I 88 A2
Piazzola s. Brenta I 58 C1
Picassent E 82 B2
Piccione I 68 C2
Picerno I 90 D2
Pichl b. Wels A 49 C4
Pico I 89 B4
Picón E 80 C2
Picquigny F 44 B3
Piechcin PL 32 C4
Piecki PL 33 B7
Piecnik PL 32 B2
Piedicavallo I 56 C2
Piedicroce F 96 A3
Piedimonte d'Alife I 89 B5
Piedimonte Etneo I 95 B4
Piedimulera I 56 B3
Piedipaterno sul Nera I 89 A3
Piedra Escrita E 80 C2
Piedrabuena E 80 C2
Piedrafita E 74 A1
Piedrafita do Cebreiro E 72 B4
Piedrahita E 80 B1
Piedralaves E 80 B2
Piedras Albas E 79 B4
Piegaro I 88 A3
Piekary Sl. PL 40 C2
Pieksämäki FIN 5 E20
Pielenhofen D 48 B2
Pielgrzymka PL 39 B5
Pieniężno PL 33 A6
Piennes F 46 B1
Pieńsk PL 39 B5
Pienza I 68 C1
Piera E 77 B4
Pieranie PL 33 C4
Pieresteban E 81 C4
Pierre-Buffière F 53 C6
Pierre-Châtel F 65 B4
Pierre-de-Bresse F 55 B5
Pierrefeu F 65 C5
Pierrefiche F 64 B2
Pierrefitte-Nestalas F 76 A2
Pierrefitte-sur-Aure F 46 C1
Pierrefonds F 45 B3
Pierrefontaine F 56 A1
Pierrefort F 64 B1
Pierrelatte F 65 B3
Pierrepont, *Aisne* F 45 B4
Pierrepont, *Meurthe-et-Moselle* F 46 B1
Piesendorf A 58 A2
Piešťany SK 50 C3
Pieszkowo PL 33 A6
Pieszyce PL 39 C6
Pietarsaari FIN 5 E18
Pietenfeld D 48 C2
Pietra Ligure I 66 B3
Pietragalla I 90 D2
Pietralunga I 68 C2
Pietramelara I 89 B5
Pietraperzia I 94 B3
Pietrasanta I 67 C5
Pietravairano I 89 B5
Pieve del Cáiro I 66 A3
Pieve di Bono I 57 C5
Pieve di Cadore I 58 B2
Pieve di Cento I 67 B6
Pieve di Soligo I 58 C2
Pieve di Teco I 66 B2
Pieve S. Stefano I 68 C2
Pieve Torina I 68 C3
Pievepélago I 67 B5
Piglio I 89 B4
Pigna I 66 C2
Pignataro Maggiore I 89 B5
Pijnacker NL 35 A4
Pikalevo RUS 16 G24
Piła PL 32 B2
Pilas E 85 B3
Pilastri I 67 B6
Piława PL 39 C6
Pilawki PL 33 B5
Pilchowice, *Jelenia Góra* PL 39 C5
Pilchowice, *Katowice* PL 40 C2
Pilica PL 40 C3
Pilis H 61 A4
Piliscaba H 61 A3
Pilisszántó H 61 A3
Pilisvörösvár H 61 A3
Pillelardit F 62 C3
Pilos GR 15 T17
Pilštanj SLO 59 B5
Pilszcz PL 50 A3
Pina de Ebro E 76 B2
Piñar E 86 B3
Pinas F 63 C4
Pincehely H 60 B3
Pińczów PL 41 C4
Pineda de la Sierra E 75 B3
Pinedo E 82 B2
Pinell de Bray E 76 B3
Pinerella I 68 B2
Pinerolo I 66 B2
Pinetamare I 89 C4
Pineto I 89 A5
Piney F 45 C5
Pinggau A 59 A6
Pinhal-Novo P 78 C2
Pinhão P 73 C3
Pinheiro, *Aveiro* P 73 C2
Pinheiro, *Aveiro* P 73 D2
Pinheiro Grande P 78 B2
Pinhel P 73 D3
Pinilla E 82 C1
Pinilla de Toro E 74 C1
Pinkafeld A 59 A6
Pinneberg D 29 B6
Pinnow D 38 B4
Pino F 96 A3
Pino del Rio E 74 B2
Pinofranqueado E 79 A4
Pinols F 64 A2
Piñor de Cea E 72 B3
Pinos del Valle E 86 C3
Pinos-Puente E 86 B3
Pinoso E 82 C1
Pinsk BY 16 K20
Pinto E 80 B3
Pinzano al Tagliamento I 58 B2
Pinzio P 73 D3
Pinzolo I 57 B5
Pióbbico I 68 C2
Piolenc F 65 B3
Piombino I 88 A1
Pionki PL 41 B5
Pionsat F 54 B2
Pióraco I 68 C2
Piornal E 79 A5
Piossasco I 66 B2
Piotrków PL 41 B6
Piotrków-Kujawski PL 33 C4
Piotrków Trybunalski PL 40 B3
Piotrkowice PL 41 C4
Piotrowice PL 41 A5
Piotrowice Wielkie PL 51 A4
Piove di Sacco I 68 A2
Piovene I 58 C1
Piperskärr S 26 B5
Pipriac F 43 C4
Piraiévs GR 15 T18
Piran SLO 58 C3
Piré-sur-Seiche F 43 B4
Pírgos GR 15 T17
Piriac-sur-Mer F 52 A2
Piringsdorf A 60 A1
Pirmasens D 46 B3
Pirna D 38 C3
Pirot YU 11 Q18
Pirovac HR 69 C5
Pisa I 67 C5
Pisany F 53 C4
Pisarovina HR 59 C5
Pischelsdorf i. St A 59 A5
Pisciotta I 92 A2
Pisek CZ 49 B5
Pisogne I 57 C5
Pissos F 62 B3
Pisticci I 93 A3
Pistóia I 67 C5
Piteå S 5 D17
Pitești RO 11 P19
Pithiviers F 44 C3
Pitigliano I 88 A2
Pitkyaranta RUS 5 F22
Pitlochry GB 3 H5
Pitomača HR 60 C2
Pitres E 86 C3
Pittersberg D 48 B3
Pitvaros H 61 B5
Pivka SLO 59 C4
Pivnice HR 61 C4
Pivski Monastir YU 71 C3
Piwonice PL 40 B2
Pizarra E 86 C2
Pizzano I 57 B5
Pizzighettone I 67 A4
Pizzo I 92 C3
Pizzoli I 89 A4
Pizzolungo I 94 A1
Plá de Manlleu E 77 B4
Plá de Santa Maria E 77 B4
Plabennec F 42 B1
Placencia E 75 A4
Plaffeien CH 56 B2
Plaisance, *Gers* F 62 C4
Plaisance, *Haute-Garonne* F 63 C5
Plaisance, *Tarn* F 64 C1
Plan E 76 A3
Plan-d'Orgon F 65 C3
Plan-de-Baix F 65 B4
Plan du Var F 66 C2
Planá CZ 48 B3
Planá n. Luznici CZ 49 B5
Plaňany CZ 49 A6
Planay F 56 C1
Planchez F 55 A4
Plancoët F 43 B3
Plancy F 45 C4
Plánice CZ 49 B4
Planina, *Notranjska* SLO 59 C4
Planina, *Stajerska* SLO 59 B5
Planjane HR 70 C1
Plankstadt D 47 B4
Plasencia E 79 A4
Plasenzuela E 79 B4
Plaški HR 69 A5
Plassen N 20 A3
Plášťovce SK 51 C4
Plasy CZ 49 B4
Płaszczyna PL 32 A3
Plat HR 91 B5
Platamona Lido I 96 C2
Platania I 92 B3
Plátanos GR 15 U18
Plati I 95 A5
Platičevo YU 71 B4
Plattling D 49 C3
Plau D 30 B3
Plaue, *Brandenburg* D 30 C3
Plaue, *Thüringen* D 37 C5
Plauen D 38 C2
Plavča HR 69 A5
Plavecký Mikuláš SK 50 C3
Plaviņas LV 7 H19
Plavna YU 71 A4
Plavno HR 70 B1
Plavsk RUS 16 K25
Plawce, *Poznań* PL 39 A7
Plawce, *Poznań* PL 40 A1
Playa d'en Bossa, *Ibiza* E 83
Playa de Ajo E 75 A3
Playa de Aro E 77 B6
Playa de Calahonda E 86 C2
Playa de Doria Vallina E 72 A4
Playa de Fanals E 77 B5
Playa de la Canonja E 77 B4
Playa de la Torre Vieja E 87 C5
Playa de Parais E 82 C2
Playa de Perches E 87 B5
Playa de Quintes E 74 A1
Playa de Rifa E 77 B3
Playa de S.Juan E 82 C2
Playa de Sta. Amalia E 86 C2
Playa de Sta. Catalina E 85 C3
Playa de Tenredo E 74 A1
Playa del Agua Amarga Ó del Saladar E 82 C2
Playa del Negro E 85 C4
Playa Negrete E 87 B6
Playben F 42 B2
Pleaux F 63 A6
Pleine-Fougères F 43 B4

Pleinfeld D 48 B1
Pleinting D 49 C4
Plélan-le-Grand F 43 C3
Plémet-la-Pierre F 42 B3
Plencia E 75 A4
Pléneuf-Val-André F 42 B3
Plerin F 42 B3
Plešivec SK 51 C6
Plesnik SLO 59 B4
Plessa D 38 B3
Plessé F 52 A3
Plestin-les-Grèves F 42 B2
Pleszew PL 40 B1
Pleternica HR 70 A2
Plettenberg D 36 B2
Pleubian F 42 B2
Pleumartin F 53 B5
Pleumeur-Bodou F 42 B2
Pleurs F 45 C4
Pleven BG 11 Q19
Plevnik-Drienové SK 51 B4
Pleyber-Christ F 42 B2
Pliego E 87 B5
Pliešovce SK 51 C5
Plitvička Jezera HR 69 B5
Plitvički Ljeskovac HR 69 B5
Pljevlja YU 71 C4
Ploaghe I 96 C2
Ploče HR 70 C2
Plochingen D 47 C5
Płock PL 33 C5
Ploegsteert B 34 C2
Ploëmeur F 42 C2
Ploërmel F 42 C3
Plœuc-sur-Lie F 42 B3
Plogastel St. Germain F 42 C1
Plogoff F 42 B1
Ploieşti RO 11 P20
Plombières-les-Bains F 46 D2
Plombières-lès-Dijon F 55 A4
Plomin HR 69 A4
Plön D 30 A1
Plonéour-Lanvern F 42 C1
Płonsk PL 33 C6
Ploßberg D 48 B3
Płoty PL 31 B6
Plouagat F 42 B2
Plouaret F 42 B2
Plouay F 42 C2
Ploubalay F 43 B3
Ploubazlanec F 42 B2
Ploudalmézeau F 42 B1
Ploudiry F 42 B1
Plouescat F 42 B1
Plouézec F 42 B3
Plougasnou F 42 B2
Plougastel-Daoulas F 42 B1
Plougonven F 42 B2
Plougonver F 42 B2
Plougrescant F 42 B2
Plouguenast F 42 B3
Plouguerneau F 42 B1
Plouguernevel F 42 B2
Plouha F 42 B3
Plouhinec F 42 B1
Plouigneau F 42 B2
Ploumanach F 42 B2
Plouray F 42 B2
Plouzévédé F 42 B1
Plovdiv BG 15 Q19
Plozévet F 42 C1
Pluméliau F 42 C3
Plumlov CZ 50 B3
Plungė LT 7 J17
Pluty PL 33 A6
Pluvigner F 42 C3
Pluzine YU 71 C3
Płuznica PL 33 B4
Plymouth GB 3 L4
Plytnica PL 32 B2
Plyusa RUS 16 G21
Plzeň CZ 49 B4
Pniewo PL 33 C7
Pniewy PL 32 C2
Pobes E 75 B4
Poběžovice CZ 48 B3
Pobiedziska PL 32 C3
Pobierowo PL 31 A5
Pobla de Segur E 77 A3
Poblado de Cijara E 80 C2
Počatky CZ 49 B6
Poceirão P 78 C2
Pochep RUS 16 K23
Pochinok RUS 16 J23
Pochlarn A 49 C6
Pockau D 38 C3
Pocking, *Bayern* D 49 C4
Pöcking, *Bayern* D 48 D2
Poda YU 71 D4
Podbiel SK 51 B5
Podbořany CZ 38 C3
Podbrezovo SK 51 C5
Podcetrtek SLO 59 B5
Poddębice PL 40 B2
Poděbrady CZ 39 C5
Podelzig D 31 C5
Podence P 73 C4
Podensac F 62 B3
Podenzano I 67 B4
Podersdorf a.S. A 50 D2
Podgaje PL 32 B2
Podgarić HR 60 C1
Podgora HR 70 C2
Podgorač HR 60 C3
Podgorica YU 91 B6
Podgrad SLO 59 C4
Podhájska SK 51 C4
Podhum BIH 70 C1
Podlejki PL 33 B6
Podlužany SK 51 C4
Podnovlje BIH 70 B3
Podolie SK 50 C3
Podolopac HR 69 B5
Podolsk RUS 16 J25
Podravska Moslavina HR 60 C3
Podravska Slatina HR 60 C2
Podromanija BIH 71 C3
Podsused HR 59 C5
Podturen HR 60 B1
Podunajské Biskupice SK 50 C3
Podvin CZ 50 C2
Podwilk PL 51 B5
Poelkapelle B 34 C2
Poetto I 96 D3
Poggendorf D 31 A4
Poggiardo I 93 A5
Poggibonsi I 67 C6
Póggio a Caiano I 67 C6
Poggio Imperiale I 90 C2
Poggio Mirteto I 88 A3
Poggio Moiano I 89 A3
Póggio Renatico I 68 B1
Póggio Rusco I 67 B6
Poggstall A 49 C6
Pogny F 45 C5
Pogorzela PL 39 B7
Pogorzelice PL 32 A3
Pogrodzie PL 33 A5
Pohorelá SK 51 C6
Pohorelice CZ 50 B2
Pohranice SK 51 C4
Pohronská Polhora SK 51 C5
Poiares P 78 A2
Poinchy F 45 D4
Pt.-Salomon F 64 A3
Poirino I 66 B2
Poisson F 55 B4
Poissons F 46 C1
Poissy F 44 C3
Poitiers F 53 B5
Poix F 44 B2
Poix-Terron F 45 B5
Pokój PL 40 C1
Pokupsko HR 60 C1
Pol E 72 A3
Pola RUS 16 H22
Pola de Siero E 74 A1
Polaincourt-et-Clairefontaine F 46 D2
Polán E 80 C2
Polanica Zdrój PL 39 C6
Połaniec PL 41 C5
Polanów PL 32 A2
Polatsk BY 16 J21
Polch D 36 C2
Pólczno PL 32 A3
Polczyn-Zdrói PL 32 B2
Poleñino E 76 B2
Polesella I 68 B1
Polessk RUS 7 J17
Polfing-Brunn A 59 B5
Polgárdi H 60 A3
Police PL 31 B5
Polichna Grn. PL 41 C6
Polička CZ 50 B2
Poličnik HR 69 B5
Policoro I 93 A3
Policzna PL 41 B5
Polignac F 64 A2
Polignano a Mare I 91 D4
Poligné F 43 C4
Poligny F 55 B5
Polistena I 92 C3
Políyiros GR 15 R18
Polizzi Generosa I 94 B3
Poljak HR 69 B5
Poljana HR 60 C1
Poljanák HR 69 B5
Poljčane SLO 59 B5
Polje BIH 70 A3
Poljice BIH 70 B3
Polkowice PL 39 B6
Polla I 92 A2
Pollas E 74 C1
Pöllau A 59 A5
Polleben D 37 B6
Pollença, *Mallorca* E 83
Pollenfeld D 48 C2
Pollhagen D 36 A4
Polliat F 55 B5
Póllica I 92 A2
Polminhac F 64 B1
Polná CZ 50 B1
Polna RUS 16 G21
Polne PL 32 B2
Poloj HR 69 A5
Polomka SK 51 C5
Polonne UA 11 L20
Pöls A 59 A4
Polßen D 31 B4
Poltár SK 51 C5
Põltsamaa EST 7 G19
Polyarnyye Zori RUS 5 C23
Pomarance I 67 C5
Pomarez F 62 C3
Pomárico I 93 A3
Pomáz H 61 A4
Pombal P 78 B2
Pomerol F 62 B3
Pomézia I 88 B3
Pomichna UA 11 M22
Pomiechowek PL 33 C6
Pommard F 55 A4
Pomorie BG 15 Q20
Pompei I 89 C5
Pompignan F 64 C2
Pomposa I 68 B2
Poncin F 55 B5
Pondorf D 48 C2
Pondrôme B 45 A6
Ponferrada E 72 B4
Ponga E 74 A1
Pongoma RUS 5 D24
Poniatowa PL 41 B6
Poniatowice PL 40 B1
Poniec PL 39 B6
Poniky SK 51 C5
Pönitz D 30 A1
Pons E 77 B4
Pons F 53 C4
Ponsacco I 67 C5
Pont-a-Celles B 35 C4
Pont-à-Mousson F 46 C2
Pont-Audemer F 44 B1
Pont-Aven F 42 C2
Pont Canavese I 56 C2
Pont Couronne F 44 B2
Pont-Croix F 42 B1
Pont-d'Ain F 55 B5
Pont-d'Espagne F 76 A2
Pont d'Quilly F 43 B5
Pont de Armentera E 77 B4
Pont de-Beauvoisin F 55 C5
Pont-de-Buis F 42 B1
Pont-de-Chéruy F 55 C5
Pont de Dore F 54 C3
Pont-de-l'Arche F 44 B2
Pont-de-Labeaume F 64 B3
Pont de Molins E 77 A5
Pont-de-Roide F 56 A1
Pont-de-Salars F 64 B1
Pont de Suert E 76 A3
Pont-de-Vaux F 55 B4
Pont-du-Château F 54 C3
Pont-du-Navoy F 55 B5
Pont-en-Royans F 65 A4
Pont. Farcy F 43 B4
Pont l'Abbé F 42 C1
Pont l'Evêque F 44 B1
Pont-Remy F 44 A2
Pont-S-Martin I 56 C2
Pont Scorff F 42 C2
Pont-St. Esprit F 65 B3
Pont-St. Martin F 52 A3
Pont-St. Vincent F 46 C2
Pont-Ste-Maxence F 44 B3
Pont-sur-Marcq F 34 C3
Pont-sur-Yonne F 45 C4
Pontacq F 62 C3
Pontailler-sur-Saône F 55 A5
Pontão P 78 B2
Pontarion F 54 C1
Pontarlier F 55 B6
Pontassieve I 68 C1
Pontaubault F 43 B4
Pontaumur F 54 C2
Pontchara-sur-Turdine F 55 C4
Pontcharra F 55 C6
Pontchâteau F 52 A2
Ponte a Elsa I 67 C5
Ponte a Moriano I 67 C5
Ponte Arche I 57 B5
Ponte Brolla CH 56 B3
Ponte Cáffaro I 57 C5
Ponte de Lima P 73 C2
Ponte de Sor P 78 B2
Ponte dell'Ólio I 67 B4
Ponte di Barbarano I 58 C1
Ponte di Legno I 57 B5
Ponte di Nava I 66 B2
Ponte di Piave I 58 C2
Ponte Felcino I 68 C2
Ponte Gardena (Waidbruck) I 58 B1
Ponte Leccia F 96 A3
Ponte nelle Alpi I 58 B2
Ponte S. Pietro I 57 C4
Ponte San Giovanni I 68 C2
Ponte Tresa CH 56 C3
Pontebba I 58 B3
Pontecagnano I 90 D1
Pontecorvo I 89 B4
Pontedássio I 66 C3
Pontedécimo I 66 B3
Pontedera I 67 C5
Pontedeume E 72 A2
Ponteginori I 67 C5
Pontelagoscuro I 68 B1
Pontelandolfo I 89 B5
Pontelongo I 68 A2
Pontenure I 67 B4
Pontenx-les-Forges F 62 B2
Pontevedra E 72 B2
Pontevico I 67 A5
Pontfaverger-Moronvillers F 45 B5
Pontgibaud F 54 C2
Ponticino I 68 C1
Pontigny F 45 D4
Pontijou F 53 A6
Pontínia I 89 B4
Pontinvrea I 66 B3
Pontivy F 42 B3
Pontlevoy F 53 A6
Ponto da Barca P 73 C2
Pontoise F 44 B3
Pontones E 87 A4
Pontonx F 62 C3
Pontorson F 43 B4
Pontrémoli I 67 B4
Pontresina CH 57 B4
Pontrieux F 42 B2
Pontvallain F 43 C6
Ponza I 89 C3
Poo E 74 A2
Poole GB 3 L6
Poperinge B 34 C2
Pópoli I 89 A4
Popovača HR 60 C1
Popowo Koscielne, *Ostrołeka* PL 33 C7
Popowo Kościelne, *Poznań* PL 32 C3
Poppel B 35 B5
Poppenhausen, *Bayern* D 37 C5
Poppenhausen, *Hessen* D 37 C4
Poppenlauer D 37 C5
Poppi I 68 C1
Poprad SK 51 B6
Popučke YU 71 B4
Pópulo P 73 C3
Populónia I 67 D5
Porcuna E 86 B2
Pordenone I 58 C2
Pordic F 42 B3
Poręba PL 40 C3
Poreč HR 68 A3
Pori FIN 5 F17
Poriči n. Sázavou CZ 49 B5
Porjus S 5 C16
Porkhov RUS 16 H21
Porlezza I 57 B4
Pörnbach D 48 C2
Pornic F 52 A2
Pornichet F 52 A2
Poroszlo H 61 A5
Porozina HR 69 A4
Porquera E 85 C4
Porquerolles F 65 C5
Porrentruy CH 56 A2
Porreres, *Mallorca* E 83
Porretta Terme I 67 B5
Porriño E 72 B2
Porsgrunn N 19 B6
Porspoder F 42 B1
Port Askaig GB 3 J3
Port Bou E 77 A6
Port d'es Torrent, *Ibiza* E 83
Port-de-Bouc F 65 C3
Port-de-Lanne F 62 C2
Port-des-Barques F 52 C3
Port Ellen GB 3 J3
Port-en-Bessin F 43 A5
Port-Joinville F 52 B2
Port-la-Nouvelle F 64 C2
Port Laoise IRL 3 K3
Port-Louis F 42 C2
Port Manech F 42 C2
Port Navalo F 52 A2
Port-St-Louis F 65 C3
Port St. Marie F 63 B4
Port-sur-Saône F 55 A6
Port Talbot GB 3 L5
Port Vendres F 77 A6
Port'Ercole I 88 A2
Portadown GB 3 J3
Portaje E 79 B4
Portalegre P 78 B3
Portalrubio E 76 C1
Portbail F 43 A4
Portegrandi I 58 C2
Portel P 84 A2
Portela P 78 A2
Portelo P 73 C4
Portemouro E 72 B2
Portes F 65 B3
Portet F 63 C5
Portets F 62 B3
Portezuelo E 79 B4
Porthmadog GB 3 K4
Portici I 89 C5
Portico di Romagna I 68 B1
Portilla de la Reina E 74 A2
Portillo E 74 C2
Portimão P 84 B1
Portinho da Arrabida P 78 C1
Portman E 87 B6
Porto F 96 A2
Porto P 73 C2
Porto-Alto P 78 C2
Porto Azzurro I 88 A1
Porto Cerésio I 57 C3
Porto Cervo I 96 B3
Porto Cesareo I 93 A4
Porto Colom, *Mallorca* E 83
Porto Covo P 84 B1
Porto Cristo, *Mallorca* E 83
Porto d'Ascoli I 89 A4
Porto de Lagos P 84 B1
Porto de Mos P 78 B2
Porto de Rei P 78 C2
Porto Empédocle I 94 B2
Porto Garibaldi I 68 B2
Porto Maurizio I 66 C3
Porto Petro, *Mallorca* E 83
Porto Pino I 96 E2
Porto Potenza Picena I 68 C3
Porto Recanati I 68 C3
Porto Rotondo I 96 B3
Porto S. Elpidio I 69 C3
Porto S. Giórgio I 69 C3
Porto Santo Stefano I 88 A2
Porto Tolle I 68 B2
Porto Tórres I 96 C2
Porto-Vecchio F 96 B3
Portocannone I 90 C2
Portoferráio I 88 A1
Portofino I 67 B4
Portogruaro I 58 C2
Portomaggiore I 68 B1
Portomarin E 72 B3
Portonovo E 72 B2
Portopalo I 95 C4
Portør N 19 C6
Portoroz SLO 58 C3
Portoscuso I 96 D2
Portovénere I 67 B4
Portree GB 3 H3
Portsall F 42 B1
Pörtschach A 59 B4
Portsmouth GB 3 L6
Portugalete E 75 A3
Portumna IRL 3 K2
Porvoo FIN 5 F19
Porzuna E 80 C2
Posada, *Oviedo* E 74 A1
Posada, *Oviedo* E 74 A2
Posada I 96 C3
Posada de Valdeón E 74 A2
Posadas E 85 B4
Poschiavo CH 57 B5
Posedarje HR 69 B5
Positano I 89 C5
Possagno I 58 C1
Posseck D 38 C2
Possendorf D 38 C3
Possesse F 45 C5
Poßneck D 37 C6
Posta I 89 A4
Posta Piana I 90 C2
Postal (Burgstall) I 57 B6
Postbauer D 48 B2
Posterholt NL 35 B6
Postioma I 58 C2
Postira HR 70 C1
Postojna SLO 59 C4
Postoloprty CZ 38 C3
Postomino PL 32 A2
Posušje BIH 70 C2
Potęgowo PL 32 A3
Potenza I 90 D2
Potenza Picena I 68 C3
Potes E 74 A2
Potigny F 43 B5
Potkrajci YU 71 C4
Potoci BIH 70 C2
Potok HR 60 C1
Potony H 60 C2
Potries E 82 C2
Potsdam D 31 C4
Potštát CZ 50 B3
Potštejn CZ 39 C6
Pottenbrunn A 50 C1
Pottendorf A 50 D2
Pottenstein A 50 D2
Pottenstein D 48 B2
Pöttmes D 48 C2
Pottschach A 59 A5
Pöttsching A 50 D2
Potworów PL 41 B4
Pouancé F 43 C4
Pougues-les-Eaux F 54 A3
Pouillenay F 55 A4
Pouilly F 55 A5
Pouilly-en-Auxois F 55 A4
Pouilly-sous Charlieu F 55 B4
Pouilly-sur-Loire F 54 A2
Poullaouen F 42 B2
Pourcy F 45 B4
Pourrain F 45 D4
Pouy de Touges F 63 C5
Pouyastruc F 63 C4
Pouzauges F 53 B4
Považská Bystrica SK 51 B4
Povedill E 87 A4
Povljana HR 69 B5
Póvoa, *Beja* P 84 A2
Póvoa, *Santarém* P 78 B2
Póvoa da Galega P 78 C1
Povoa de Lanhoso P 73 C2
Póvoa de Sta. Iria P 78 C1
Póvoa de Varzim P 73 C2
Póvoa e Meadas P 78 B3
Povos E 81 B4
Povrly CZ 38 C4
Powidz PL 40 A1
Poyales del Hoyo E 80 B1
Poysbrunn A 50 C2
Poysdorf A 50 C2
Poza de la Sal E 75 B3
Pozaldez E 74 C2
Pozán de Vero E 76 A3
Požarevac YU 11 P17
Požega YU 71 C5
Pozières F 44 A3
Poznań PL 39 A6
Pozo Alcón E 86 B4
Pozo Cañada E 87 A5
Pozo de la Serna E 86 A3
Pozo del Camino E 84 B2
Pozoantiguo E 74 C1
Pozoblanco E 86 A2
Pozohondo E 87 A5
Pozondón E 82 A1
Pozrzadło Wlp. PL 32 B1
Pozuel del Campo E 81 B5
Pozuelo de Alarcón E 80 B3
Pozuelo de Calatrava E 80 D3
Pozuelo de Zarzón E 79 A4
Pozuelo del Páramo E 74 B1
Pozuelos de Calatrava E 80 D2
Pozzallo I 95 C3
Pozzomaggiore I 96 C2
Pozzuoli I 89 C5
Pozzuolo I 68 C1
Prabuty PL 33 B5
Prachatice CZ 49 B4
Pračno HR 60 C1
Prada E 72 B3
Pradelle F 65 B4
Pradelles F 64 B2
Prades E 77 B3
Prades F 77 A5
Pradła PL 40 C3
Prado P 73 C2
Prado del Rey E 85 C4
Pradoluengo E 75 B3
Præstø DK 25 C5
Prag D 49 C4
Pragelato I 66 A1
Prägraten A 58 A2
Praha CZ 49 A5
Prahecq F 53 B4
Praia P 78 B1
Práia a Mare I 92 B2
Praia da Granja P 73 C2
Praia da Oura P 84 B1
Praia da Rocha P 84 B1
Praia da Viera P 78 B2
Praia da Zambugueira P 84 B1
Praia de Carvoeiro P 84 B1
Praia de Faro P 84 B1
Praia de Melides P 84 A1
Praia de Miramar P 73 C2
Praia de Troia P 78 C2
Praia Grande P 78 C1
Pralboino I 67 A5
Pralognan F 56 C1
Pranjani YU 71 B5
Prapatnica HR 70 C1
Praseczno PL 41 A4
Praslay F 55 A5
Praszka PL 40 B2
Prat de Compte E 76 C3
Prat de Llobregat E 77 B5
Prata I 67 C5
Prata di Pordenone I 58 C2
Pratau D 38 B2
Pratdip E 76 B3
Pratella I 89 B5
Prato I 67 C6
Pratola Peligna I 89 A4
Pratola Serra I 89 C5
Prats-de-Mollo-la-Preste F 77 A5
Prats del Rey E 77 B4
Pratteln CH 56 A2
Prauthoy F 55 A5
Pravdinsk RUS 33 A6
Pravia E 72 A4
Praxmar A 57 A6
Prayssac F 63 B5
Prazzo I 66 B2
Pré-en-Pail F 43 B5
Prebold SLO 59 B5
Précy-sur-Thil F 55 A4
Predáppio I 68 B1
Predazzo I 58 B1
Predin CZ 50 B1
Preding A 59 B5
Predjamski Grad SLO 59 C4
Predlitz A 59 A3
Predmeja SLO 59 C3
Predoi I 58 A2
Predosa I 66 B3
Preetz D 30 A1
Préfailles F 52 A2
Pregarten A 49 C5
Pregrada HR 59 B5
Preignac F 62 B3
Preiļi LV 16 H20
Preitenegg A 59 B4
Preko HR 69 B5
Preljina YU 71 C5
Prelog HR 60 B1
Prelošćica HR 60 C1
Přelouč CZ 50 A1
Prémery F 54 A3
Premiá de Mar E 77 B5
Premnitz D 30 C3
Prémont F 45 A4
Premtura HR 69 B3
Prenzlau D 31 B4
Preodac BIH 70 B1
Přerov CZ 50 B3
Prerow D 30 A3
Presel'any SK 51 C4
Presencio E 74 B3
Presicce I 93 B5
Presly F 54 A2
Prešov SK 11 M17
Pressac F 53 B5
Pressath D 48 B2
Preßbaum A 50 C2
Pressig D 37 C6
Přeštice CZ 49 B4
Preston GB 3 K5
Prettin D 38 B2
Preturo I 89 A4
Pretzchendorf D 38 C3
Pretzsch D 38 B2
Preully-sur-Claise F 53 B5
Preußisch Ströhen D 29 C5
Prevalje SLO 59 B4
Prevenchères F 64 B2
Préveranges F 54 B2
Préveza GR 15 S17
Prezid HR 59 C4
Priano I 89 C5
Priaranza del Bierzo E 72 B4
Priay F 55 C5
Pribeta SK 51 D4
Priboj BIH 71 B3
Priboj YU 71 C4
Příbor CZ 51 B4
Příbram CZ 49 B5
Pribylina SK 51 B5
Přibyslav CZ 50 B1
Priego E 81 B4
Priego de Córdoba E 86 B2
Priekule LV 7 H17
Prien D 48 D3
Prienai LT 7 J18
Priestewitz D 38 B3
Prievaly SK 50 C3
Prievidza SK 51 C4
Prigradica HR 90 B3
Prigrevica HR 61 C4
Prijeboj HR 69 B5
Prijedor BIH 70 B1
Prijepolje YU 71 C4
Přikazy CZ 50 B3
Prilep MK 15 R17
Priluka BIH 70 C1
Primda CZ 48 B3
Primel-Trégastel F 42 B2
Primisje HR 69 A5
Primorsk, *Kaliningrad* RUS 33 A5
Primorsk, *Karelia* RUS 5 F21
Primorski Dolac HR 70 C1
Primošten HR 69 C5
Primstal D 46 B2
Principina a Mare I 88 A2
Pringy F 55 C6
Prinsenbeek NL 35 B4
Priolo Gargallo I 95 B4
Prior E 72 A2
Prioro E 74 B2
Priozersk RUS 5 F22
Přísečnice CZ 38 C3
Prisoje BIH 70 C2
Pristen RUS 16 L25
Priština YU 15 Q17
Prititz D 37 B6
Pritzerbe D 30 C3
Pritzier D 30 B2
Pritzwalk D 30 B3
Privas F 65 B3
Priverno I 89 B4
Privlaka, *Vukovarsko-Srijemska* HR 71 A3
Privlaka, *Zadarsko-Kninska* HR 69 B5
Prizna HR 69 B4
Prizren YU 15 Q17
Prizzi I 94 B2
Prnjavor BIH 70 B2
Prnjavor HR 59 C5
Prnjavor YU 71 B4
Proaza E 72 A4
Probsteierhagen D 30 A1
Probstzella D 37 C6
Prócchio I 88 A1
Prochot SK 51 C4
Prochowice PL 39 B6
Prócida I 89 C5
Prodo I 88 A3
Proença-a-Nova P 78 B3
Proença-a-Velha P 79 A3
Profondeville B 35 C4
Prokuplje YU 11 Q17
Propriano F 96 B2
Proschim D 38 B4
Prosec CZ 50 B2
Prösen D 38 B3
Prostějov CZ 50 B3
Proszowice PL 41 C4
Protivanov CZ 50 B2
Protivin CZ 49 B5
Prottes A 50 C2
Prötzel D 31 C4
Provins F 45 C4
Prozor BIH 70 C2
Prudnik PL 40 C1
Pruggern A 59 A3
Prüm D 35 C6
Pruna E 85 C4
Pruněřov CZ 38 C3
Prunetta I 67 B5
Pruniers F 54 B2
Prusice PL 39 B6
Pruské SK 51 B4
Pruszcz Gd. PL 33 A4
Pruszków PL 41 A4
Prutz A 57 A5
Prüzen D 30 B3
Pruzhany BY 7 K19
Pružina SK 51 B4
Prylęg PL 31 C6
Pryluky UA 11 L23
Przasnysz PL 33 B6
Przebrno PL 33 A5
Przechlewo PL 32 B3
Przechowo PL 33 B4
Przecław PL 41 C5
Przedbórz PL 41 B3
Przedecz PL 40 A2
Przemków PL 39 B5
Przemocze PL 31 B5
Przemyśl PL 11 M18
Przerzeczyn Zdrój PL 39 C6
Przewodowo Parcele PL 33 C6
Przeworsk PL 41 C6
Przewóz PL 39 B4
Przybiernów PL 31 B5
Przyborowice PL 33 C6
Przykona PL 40 B2
Przylęg PL 32 C1
Przysucha PL 41 B4
Przytóczna PL 32 C1
Przytoczno PL 41 B6
Przytyk PL 41 B4
Przywidz PL 33 A4
Pskov RUS 16 H21
Pszczew PL 32 C1
Pszczólki PL 33 A4
Pszczyna PL 51 B4
Pszów PL 51 A4
Ptolemaís GR 15 R17
Ptuj SLO 59 B5
Ptujska gora SLO 59 B5
Puch A 58 A3
Puchalowo PL 33 B6
Puchberg a. Schneeberg A 50 D1
Puchenstuben A 50 D1
Púchov SK 51 B4
Puck PL 33 A4
Puçol E 82 B2
Pudasjärvi FIN 5 D20
Puderbach D 36 C2
Puebla de Albortón E 76 B2
Puebla de Alcocer E 80 D1
Puebla de Beleña E 81 B3
Puebla de Don Fadrique E 87 B4
Puebla de Don Rodrigo E 80 C2
Puebla de Guzmán E 84 B2
Puebla de la Calzada E 79 C4
Puebla de la Reina E 79 C4
Puebla de Lillo E 74 A1
Puebla de Obando E 79 B4
Puebla de Sancho Pérez E 79 C4
Puebla de Trives E 72 B3
Puebla de Vallbona E 82 B2
Puebla del Brollón E 72 B3
Puebla del Caramiñal E 72 B2
Puebla del Maestre E 85 A3
Puebla-Tornesa E 82 A2
Pueblo Nuevo del Bullaque E 80 C2
Puente Almunhey E 74 B2
Puente Caldelas E 72 B2
Puente de Domingo Flórez E 72 B4
Puente de Génave E 87 A4
Puente de la Reina E 75 B5
Puente de Montañana E 76 A3
Puente del Congosto E 80 B1
Puente Duero E 74 C2
Puente-Genil E 86 B2
Puente Mayorge E 85 C4
Puente-Viesgo E 74 A3
Puenteáreas E 72 B2
Puentecesures E 72 B2
Puentelarra E 75 B3
Puentes de Gatin E 72 B3
Puento-Ceso E 72 A2
Puerta E 74 A2
Puertas E 73 C4
Puerto Cabrera, *Mallorca* E 83
Puerto de Alcudia, *Mallorca* E 83
Puerto de Andraitx, *Mallorca* E 83
Puerto de la Selva E 77 A6
Puerto de Llansá E 77 A6
Puerto de Mazarrón E 87 B5
Puerto de S. Vicente E 80 C1
Puerto de Santa Cruz E 79 B5
Puerto de Sóller, *Mallorca* E 83
Puerto del Rey E 80 C1
Puerto del Son E 72 B2
Puerto-Lápice E 81 C3
Puerto Lumbreras E 87 B5
Puerto Moral E 85 B3
Puerto Real E 85 C3
Puerto Seguro E 73 D4
Puerto Serrano E 85 C4
Puertollano E 86 A2
Puget F 65 C5
Puget-Théniers F 66 C1
Puget-ville F 65 C5
Pugnochiuso I 90 C3
Puigcerdá E 77 A4
Puigpuñent, *Mallorca* E 83
Puigreig E 77 B4
Puillon F 62 C3
Puimichel F 65 C5
Puimoisson F 65 C5
Puiseaux F 44 C3
Puisieux F 44 A3
Puisserguier F 64 C2
Puivert F 77 A5
Pukanec SK 51 C4
Pukavik S 27 C3
Pukë AL 15 Q16
Pula HR 69 B3
Pula I 96 D3
Pulfero I 58 B3
Pulgar E 80 C2
Pulheim D 36 B1
Puligny-Montrachet F 55 B4
Pulkau A 50 C1
Pulpi E 87 B5
Pulsano I 93 A4
Pulsnitz D 38 B4
Pułtusk PL 33 C7
Pulversheim F 46 D3
Punat HR 69 A4
Punta Marina I 68 B2
Punta Prima, *Menorca* E 83
Punta Sabbioni I 58 C2
Punta Umbria E 85 B3
Purbach a. N.S. A 50 D2
Purchena E 87 B4
Purgstall A 49 C6
Purias E 87 B5
Purkersdorf A 50 C2
Purmerend NL 28 C1
Purullena E 86 B3
Pushkin RUS 5 G22
Pushkino RUS 16 H25
Pusté Ulany SK 50 C3
Pustelnik PL 41 A5
Pustoshka RUS 16 H21
Puszcza Marianska PL 41 B4
Puszczykowo PL 39 A6
Pusztafoldvár H 61 B5
Pusztamagyaród H 60 B1
Pusztamonostor H 61 A4
Pusztaszabolcs H 61 A3
Pusztavám H 60 A3
Putanges F 43 B5
Putawy PL 41 B5
Putbus D 31 A4
Putignano I 91 D4
Putino YU 71 B4
Putlitz D 30 B3
Putnok H 51 C6
Putte B 35 B4
Puttelange F 46 B2
Putten NL 35 A5
Puttgarden D 30 A2
Pütz D 35 C6
Putzuldu I 96 C2
Puy-Guillaume F 54 C3
Puy-l'Evêque F 63 B5
Puylaroque F 63 B5
Puylaurens F 63 C5
Puymirol F 63 B4
Puyrolland F 53 B4
Pwllheli GB 3 K4
Pyatidorozhnoye RUS 33 A6
Pyetrikaw BY 16 K21
Pyhäjärvi FIN 5 E19
Pyhra A 50 C1
Pyla-sur-Mer F 62 B2
Pyryatyn UA 11 L23
Pyrzyce PL 31 B5
Pysely CZ 49 B5
Pyskowice PL 40 C2
Pytalovo RUS 16 H20
Pyzdry PL 40 A1

Q

Quakenbrück D 29 C4
Quaregnon B 34 C3
Quargnento I 66 B3
Quarré-les-Tombes F 55 A4
Quart-de-Poblet E 82 B2
Quarteira P 84 B1
Quarto S. Élena I 96 D3
Quatre Bras B 35 C4
Quatre Champs F 45 B5
Quedlinburg D 37 B6
Queige F 56 C1
Queipo E 85 B3
Quel E 75 B4
Queljada P 73 C2
Quelkhorn D 29 B6
Quemada E 75 C3
Quercianella I 67 C5
Querfurt D 37 B6
Quero E 81 C3
Quero I 58 C1
Quesada E 86 B3
Quesnoy-sur-Deûle F 34 C2
Questembert F 52 A2
Quettehou F 43 A4
Quetzen D 36 A4
Quevauvillers F 44 B3
Quiaois P 78 A2
Quiberon F 52 A1
Quiberville F 44 B1
Quickborn D 29 B6
Quiévrain B 34 C3
Quillan F 77 A5
Quillebeuf F 44 B1
Quimper F 42 B1
Quimperlé F 42 C2
Quincampoix F 44 B2
Quincieux F 55 C4
Quincoces de Yuso E 75 B3
Quincy F 54 A2
Quincy-Voisins F 45 C3
Quinéville F 43 A4
Quingey F 55 A5
Quinson F 65 C5
Quinssaines F 54 B2
Quinta-Grande P 78 C2
Quintana del Castillo E 74 B1
Quintana del Marco E 74 B1
Quintana del Puenta E 74 B2
Quintana-Martin Galindez E 75 B3
Quintanaortuño E 75 B3
Quintanapalla E 75 B3
Quintanar de la Orden E 81 C3
Quintanar de la Sierra E 75 B3
Quintanar del Rey E 81 C5
Quintanilla de la Mata E 74 B3
Quintanilla de Onésimo E 74 C2
Quintanilla de Somoza E 72 B4
Quintanilla del Coco E 75 C3
Quintas de Valdelucio E 74 B2
Quintela P 73 D3
Quintin F 42 B3
Quinto de Ebro E 76 B2
Quinzano d'Oglio I 67 A5
Quiroga E 72 B3
Quismondo E 80 B2
Quissac F 64 C2
Quistello I 67 A5

R

Raab A 49 C4
Raabs A 50 C1
Raahe FIN 5 D19
Raalte NL 35 A6
Raamsdonksveer NL 35 B4
Rab HR 69 B4
Rabac HR 69 A4
Rábade E 72 A3
Rábahidvég H 60 A1
Rabanales E 73 C4
Rábapatona H 60 A2
Rabapordány H 60 A2
Rabastens F 63 C5
Rabastens-de-Bigorre F 63 C4
Rabča SK 51 B5
Rabčice SK 51 B5
Rabe HR 61 B5
Rabi CZ 49 B4
Rabino PL 32 B1
Rabka PL 51 B5
Rača YU 71 B5
Rácale I 93 B5
Rácalmás H 61 A3
Racalmuto I 94 B2
Racconigi I 66 B2
Rachecourt F 45 C6
Raciaz PL 33 C6
Racibórz PL 51 A4
Račice CZ 50 B2
Raciechowice PL 51 B6
Račinovci HR 71 B3
Rackeby S 21 D4
Ráckeve H 61 A3
Raclawice, *Kielce* PL 41 C4
Raclawice, *Opole* PL 40 C1
Racot PL 39 A6
Råda S 20 B4
Radalj YU 71 B4
Rădăuţi RO 11 N19
Radava SK 51 C4
Radda in Chianti I 67 C6
Raddingsdorf D 30 B1
Raddusa I 95 B3
Radeberg D 38 B3
Radebeul D 38 B3
Radeburg D 38 B3
Radeče SLO 59 B5
Radegast D 38 B2
Radekhiv UA 11 L19
Radenci SLO 59 B6
Radenthein A 58 B3
Radevormwald D 36 B2
Radicofani I 88 A2
Radicóndoli I 67 C6
Radinci YU 71 A4
Radiumbad Brambach D 38 C2
Radkersburg A 59 B5
Radków PL 39 C6
Radlin PL 51 A4
Radlje SLO 59 B5
Radmer a.d. Stube A 59 A4
Radnice CZ 49 B4
Radobica SK 51 C4
Radoboj HR 59 B5
Radohova Vas SLO 59 C4
Radojevo YU 61 C5
Radolfzell D 57 A3
Radom PL 41 B5
Radomice PL 33 C5
Radomin PL 33 B5
Radomsko PL 40 B3
Radomyshl UA 11 L21
Radomyśl Wlk. PL 41 C5
Radošina SK 50 C3
Radošovce SK 50 C3
Radostowo PL 33 B6
Radoszyce PL 41 B4
Radoszyn PL 39 A5
Radotin CZ 49 B5
Radovljica SLO 59 B4
Radstadt A 58 A3
Rådsted DK 25 D4
Raduc HR 69 B5
Radviliškis LT 7 J18
Radziechowy PL 51 B5
Radziejów PL 33 C4
Radziejowice PL 41 B4
Radzionków PL 40 C2
Radzovce SK 51 C5
Radzymin PL 41 A5
Radzyń Chelm PL 33 B4
Radzyń Podlaski PL 41 B6
Raesfeld D 36 B1
Raffadali I 94 B2
Ragachow BY 16 K22
Ragösen D 38 A2
Ragsveden S 20 B5
Raguhn D 38 B2
Ragusa I 95 C3
Rahden D 36 A3
Råholt N 20 B2
Raiano I 89 A4
Rain D 48 C1
Rainbach Mühlkreis A 49 C5
Rairiz de Veiga E 73 B3
Raisdorf D 30 A1
Raisio FIN 5 F18
Raiva, *Aveiro* P 73 C2
Raiva, *Coimbra* P 78 A2
Raja Jooseppi RUS 5 B21
Rajbrot PL 51 B6
Rajcza PL 51 B5
Rajec SK 51 B4
Rajec Jestrebi CZ 50 B2
Rajecké Teplice SK 51 B4
Rajhrad CZ 50 B2
Rajič HR 70 A2
Rajka H 50 D3
Rakhiv UA 11 M19
Rakitnica HR 60 B1
Rakitna SLO 59 C4
Rakkestad N 21 C2
Rákóczifalva H 61 A5
Rákócziújfalu H 61 A5
Rakoniewice PL 39 A6
Raková SK 51 B4
Rakovica HR 69 A5
Rakovnik CZ 49 A4
Rakow D 31 A4
Raków PL 41 C5
Rakvere EST 16 G20
Ralja YU 71 B5
Ramacastañas E 80 B1
Ramacca I 95 B3
Ramales de la Victoria E 75 A3
Rambervillers F 46 C2
Rambouillet F 44 C2
Rambucourt F 46 C1
Ramdala S 27 C4
Ramet B 35 C5
Ramingstein A 59 A3
Ramiranes E 72 B2
Ramiswil CH 56 A2
Ramkvilla S 26 B3
Ramme DK 24 B1
Rämmen S 20 B5
Ramnäs S 22 C2
Ramnes N 19 B7
Râmnicu Vâlcea RO 11 P19
Ramonchamp F 46 D2
Ramsau A 50 C1
Ramsau D 58 A2
Ramsbeck D 36 B3
Ramsberg S 22 C1
Ramsey GB 3 J4
Ramsgate GB 3 L7
Ramstein D 46 B3
Ranalt A 57 A6
Rånåsfoss N 20 B2
Rance B 35 C4
Ránchio I 68 C2
Randa CH 56 B2
Randaberg N 18 B2
Randan F 54 B3
Randazzo I 95 B3
Randegg A 49 C5
Randers DK 24 B3
Randersacker D 47 B5
Randin E 73 C3
Rânes F 43 B5
Rångedala S 26 B2
Rangsdorf D 38 A3
Ranis D 37 C6
Ranizów PL 41 C5
Rankweil A 57 A4
Rånnaväg S 26 B2
Rannerod D 36 C3
Ränneslöv S 27 C2
Ransäter S 20 C4
Ransbach-Baumbach D 36 C2
Ransta S 22 C2
Rantigny F 44 B3
Rantum D 25 D1
Ranum DK 24 B2
Ranvalhal P 78 B1
Ranzig D 38 A4
Raon-l'Étape F 46 C2
Ráossi I 57 C6
Rapallo I 67 B4
Raphèle F 65 C3
Rapla EST 7 G19
Rapolano Terme I 68 C1
Rapolla I 90 D2
Raposa P 78 B2
Rapovce SK 51 C5
Rapperswil CH 56 A3
Rasal E 76 A2
Rasbo S 22 C3
Rascafria E 80 B3
Rasdorf D 37 C4
Raseiniai LT 7 J18
Rasines E 75 A3
Raška YU 71 C5
Raspenava CZ 39 C5
Rasquera E 76 C3
Rássina I 68 C1
Rastatt D 47 C4
Rastede D 29 B5
Rastenberg D 37 B6
Rastošnica BIH 71 B3
Rasueros E 80 A1
Raszków PL 40 B1
Rataje YU 71 C6
Rätansbyn S 4 E14
Ratece SLO 59 B3
Ratek SLO 59 C4
Ratekau D 30 B1
Rathebur D 31 B4
Rathenow D 30 C3
Ratibořské Hory CZ 49 B5
Ratingen D 36 B1
Ratková SK 51 C6
Ratkovo HR 61 C4
Ratkovské Bystré SK 51 C6
Ratne UA 7 L19
Rattelsdorf D 48 A1
Ratten A 59 A5
Rättvik S 22 B1
Ratzeburg D 30 B1
Rätzlingen D 37 A6
Raucourt-et-Flaba F 45 B5
Raufoss N 20 B1
Rauhellern N 19 A4
Rauland N 19 B4
Raulhac F 64 B1
Rauma FIN 5 F17
Rauris A 58 A3
Rautavaara FIN 5 E21
Rauxel D 36 B2
Rauzan F 62 B3
Rava-Rus'ka UA 11 L18
Ravanusa I 94 B2
Ravels B 35 B5
Rävemåla S 26 C4
Ravenna I 68 B2
Ravensbrück D 31 B4
Ravensburg D 57 A4
Ravières F 55 A4
Rävlanda S 26 B1
Ravna Gora HR 69 A4
Ravne SLO 59 B4
Ravnje YU 71 B4
Ravno BIH 91 B4
Ravno Selo HR 61 C4
Rawa Mazowiecka PL 41 B4
Rawicz PL 39 B6
Rayol F 65 C5
Razac-sur-l'Isle F 63 A4
Ražanac HR 69 B5
Razboj BIH 70 A2
Razes F 53 B6
Razgrad BG 11 Q20
Razo E 72 A2
Reading GB 3 L6
Réalmont F 63 C6
Rebais F 45 C4
Reboly RUS 5 E22
Rebordelo P 73 C3
Recanati I 68 C3
Recas E 80 B3
Recaş RO 11 P17
Recco I 66 B4
Recey-sur-Ource F 45 D5
Recezinhos P 73 C2
Rechberghausen D 47 C5
Rechnitz A 60 A1
Rechytsa BY 16 K22
Rečiće BIH 70 C2
Recke D 36 A2
Reckendorf D 48 A1
Recklinghausen D 36 B2
Recoaro Terme I 57 C6
Recogne B 46 B1
Recsk H 51 D6
Recz PL 31 B6
Reda PL 33 A4
Redalen N 20 B1
Redange L 46 B1
Redcar GB 3 J6
Redditch GB 3 K6
Redefin D 30 B2
Redics H 60 B1
Redkino RUS 16 H25
Redlin D 30 B3
Redon F 52 A2
Redondela E 72 B2
Redondo P 78 C3
Redován E 87 A6
Redruth GB 3 L4
Rees D 35 B6
Reetz D 30 B2
Reftele S 26 B2
Regalbuto I 95 B3
Regello I 68 C1
Regen D 49 C4
Regensburg D 48 B3
Regenstauf D 48 B3
Réggio di Calábria I 95 A4
Réggio nell'Emilia I 67 B5
Reggiolo I 67 B5
Reghin RO 11 N19
Régil E 75 A4
Regis Breitingen D 38 B2
Regny F 55 C4
Rego da Leirosa P 78 A2
Regöly H 60 B3
Régua P 73 C3
Regueiro E 72 B2
Reguengo, *Portalegre* P 78 B3
Reguengo, *Santarém* P 78 B2
Reguengos P 78 C3
Rehau D 38 C2
Rehburg D 29 C6
Rehden D 29 C5
Rehna D 30 B2
Rehon F 46 B1
Rehorov Kamenice CZ 50 B1
Reichelsheim D 47 B4
Reichelshofen D 47 B6
Reichenau, *Karnten* A 59 B3
Reichenau, *Nieder Österreich* A 59 A5
Reichenau i. Mühlkreis A 49 C5
Reichenbach, *Baden-Württemberg* D 47 C5
Reichenbach, *Bayern* D 48 B3
Reichenbach, *Sachsen* D 38 C2
Reichenbach, *Sachsen* D 39 B4
Reichenberg D 47 B5
Reichenfels A 59 A4
Reichensachsen D 37 B5
Reichertshofen D 48 C2
Reicholzheim D 47 B5
Reichshoffen F 46 C3
Reiden CH 56 A2
Reigada, *Asturias* E 72 A4
Reigada, *Galicia* E 72 B3
Reigada P 73 D4
Reigate GB 3 L6
Reignier F 55 B6
Reillanne F 65 C4
Reims F 45 B5
Reinach, *Argau* CH 56 A3
Reinach, *Basel* CH 56 A2
Reinbek D 30 B1
Reinberg D 31 A4
Reinfeld D 30 B1
Reinheim D 47 B4
Reinosa E 74 B2
Reinstetten D 47 C5
Reinstorf D 30 B2
Reinsvoll N 20 B1
Reisach A 58 B3
Reisbach D 48 C3
Reit im Winkl D 58 A2
Rejdová SK 51 C6
Rekovac YU 71 C6
Relleu E 82 C2
Rellingen D 29 B6
Relmyra S 23 D1
Rém H 61 B4
Remagen D 36 C2
Rémalard F 44 C1
Rembercourt F 45 C6
Rembertów PL 41 A5
Remedios P 78 B1
Remels D 29 B4
Remich L 46 B2
Remigny F 55 B4
Rémilly F 46 B2
Remiremont F 46 D2
Remlingen D 37 A5
Remolinos E 76 B1
Remoulins F 64 C3
Remscheid D 36 B2
Rena N 20 A2
Renalson F 54 B3
Renan CH 56 A1
Renazé F 43 C4
Renchen D 47 C4
Rencurel F 55 C5
Rende I 92 B3
Rendsburg D 29 A6
Renedo E 74 C2
Renedo de Valdetuéjar E 74 B1
Rengsjö S 22 A2
Reni UA 11 P21
Renkum NL 35 B5
Rennertshofen D 48 C2
Rennes F 43 B4
Rennes-les-Bains F 77 A5
Rennweg A 58 A3
Rens DK 25 D2
Renteria E 75 A5
Reocin E 74 A2
Répcelak H 60 A2
Requena E 82 B1
Réquista F 64 B1
Rerik D 30 A2
Resana I 58 C1
Resarö S 23 C4
Resende P 73 C3
Résia (Reschen) I 57 B5
Resina I 89 C5
Reşiţa RO 11 P17
Resko PL 31 B6
Resnik YU 71 B5
Ressons F 45 B3
Resuttano I 94 B3
Reszel PL 33 A7
Retamal E 79 C4
Rethel F 45 B5
Rethem D 29 C6
Rethen D 37 A4
Réthímnon GR 15 U19
Retie B 35 B5
Rétiers F 43 C4
Retków PL 39 B6
Retortillo, *Salamanca* E 73 D4
Retortillo, *Soria* E 75 C3
Retournac F 64 A3
Rétság H 51 D5
Rettenegg A 59 A5
Retuerta de Bullaque E 80 C2
Retz A 50 C1
Retzbach D 47 B5
Reuden D 38 A2
Reuilly F 54 A2
Reus E 77 B4
Reusel NL 35 B5
Reuth D 48 B3
Reutlingen D 47 C5
Reutte A 57 A5
Reuver NL 35 B6
Revel, *Alpes-de-Haute-Provence* F 65 B5
Revel, *Haute-Garonne* F 63 C6
Revello I 66 B2
Revenga E 80 B2
Reventin-Vaugris F 55 C4
Revere I 67 A6
Revest F 65 B4
Revigny F 45 C5
Revin F 45 B5
Revingeby S 27 D2
Řevnice CZ 49 B5
Řevničov CZ 38 C3
Revo I 57 B6
Revúca SK 51 C6
Rewa PL 33 A4
Rewal PL 31 A6
Rēzekne LV 16 H20
Rezovo BG 15 R21
Rezzato I 57 C5
Rezzoáglio I 67 B4
Rhaunen D 46 B3
Rhayader GB 3 K5
Rheda D 36 B3
Rhede, *Niedersachsen* D 28 B4
Rhede, *Nordrhein-Westfalen* D 36 B1
Rheden NL 35 A6
Rheinbach D 36 C1
Rheinberg D 36 B1
Rheine D 36 A2
Rheinfelden CH 56 A2
Rheinfelden D 56 A2
Rheinkamp D 36 B1
Rheinsberg D 31 B3
Rhêmes-Notre-Dame I 56 C2
Rhenen NL 35 B5
Rhens D 36 C2
Rheydt D 35 B6
Rhinow D 30 C3
Rho I 57 C4
Rhondda GB 3 L5
Rhyl GB 3 K5
Riala S 23 C4
Riallé F 52 A3
Rianjo E 72 B2
Riaño E 74 B1
Riano I 88 A3
Rians F 65 C4
Riaza E 75 C3
Riba E 75 A3
Riba de Saelices E 81 B4
Ribadavia E 72 B2
Ribadedeva (Colombres) E 74 A2
Ribadeo E 72 A3
Ribadesella E 74 A1
Ribaflecha E 75 B4
Ribaforada E 75 C5
Ribariče YU 71 D5
Ribarroja E 82 B2
Ribarroja de Ebro E 76 B3
Ribas de Freser E 77 A5
Ribas de Sil E 72 B3
Ribe DK 25 C1
Ribeauville F 46 C3
Ribeira (Sta. Eugenia) E 72 B2
Ribeira da Pena P 73 C3
Ribemont F 45 B4
Ribera I 94 B2
Ribera de Cardós E 77 A4
Ribera del Fresno E 79 C4
Ribérac F 63 A4
Ribesalbes E 82 A2
Ribiers F 65 B4
Ribnica BIH 70 B3
Ribnica SLO 59 C4
Ribnica YU 71 C5
Ribnica n. P. SLO 59 B5
Ribnik, *Karlovacka* HR 59 C5
Ribnik, *Senjska* HR 69 B5
Ribnita MD 11 N21
Ribnitz-Damgarten D 30 A3
Ribolla I 88 A2
Ricabo E 74 A1
Řičany, *Jihomoravský* CZ 50 B2
Řičany, *Zapadočeský* CZ 49 B5
Riccia I 89 B5
Riccione I 68 B2
Ricco Del Golfo I 67 B4
Richebourg F 45 C6
Richelieu F 53 A5
Richisau CH 57 A3
Richtenberg D 31 A3
Richterswil CH 56 A3
Rickling D 29 A7
Ricla E 75 C5
Riddarhyttan S 22 C1
Ridderkerk NL 35 B4
Riddes CH 56 B2
Ridica HR 61 C4
Riec-sur-Bélon F 42 C2
Ried i.Innkreis A 49 C4
Ried i Oberinntal A 57 A5
Riedau A 49 C4
Riedenburg D 48 C2
Riedlingen D 47 C5
Riegel D 47 C3
Riegersburg A 59 A5
Riego de la Vega E 72 B4
Riego del Camino E 74 C1
Riello E 74 B1
Rieneck D 47 A5
Rienne B 45 B5
Riénsena E 74 A1
Riepe D 28 B4
Riera E 72 A4
Riesa D 38 B3
Riese Pio X I 58 C1
Riesenbeck D 36 A2
Riesi I 94 B3
Riestedt D 37 B6
Rietberg D 36 B3
Rieti I 89 A3
Rietschen D 39 B4
Rieumes F 63 C5
Rieupeyroux F 63 B6
Rieux, *Aude* F 64 C1
Rieux, *Haute-Garonne* F 63 C5
Riez F 65 C5
Rīga LV 7 H19
Riggisberg CH 56 B2
Rignac F 63 B6
Rignano Garganico I 90 C2
Rigny-sur-Arroux F 55 B4
Rigolato I 58 B2
Rigutino I 68 C1
Riihimäki FIN 5 F19
Rijeka HR 69 A4
Rijeka Crnojevica YU 91 B6
Rijen NL 35 B4
Rijkevorsel B 35 B4
Rijnsburg NL 35 A4
Rijssen NL 35 A6
Rijswijk NL 35 A4
Rilievo I 94 B1
Rillieux F 55 C4
Rillo de Gallo E 81 B5
Rimavská Baňa SK 51 C5
Rimavská Seč SK 51 C6
Rimavská Sobota SK 51 C6
Rimavské Janovce SK 51 C6
Rimbo S 22 C4
Rimeize F 64 B2
Rimforsa S 23 D1
Rímini I 68 B2
Rîmnicu Sărat RO 11 P20
Rimogne F 45 B5
Rimpar D 47 B5
Rimske Toplice SLO 59 B5
Rincón de la Victoria E 86 C2
Rincón de Soto E 75 B5
Rincona E 86 B2
Rindby Strand DK 25 C1
Ringarum S 23 D2
Ringe DK 25 C3
Ringkøbing DK 25 B1
Ringsaker N 20 B1
Ringsted DK 25 C4
Rinkaby S 27 D3
Rinkabyholm S 26 C5
Rinlo E 72 A3
Rinn A 58 A1
Rinteln D 36 A4
Rio E 72 B3
Rio do Coures P 78 B2
Rio Douro P 73 C3
Rio Frio P 78 C2
Rio Frio de Riaza E 75 C3
Rio Maior P 78 B2
Rio Marina I 88 A1
Riobo E 72 B2
Riodeva E 82 A1
Riofavar E 74 A1
Riofrio, *Avila* E 80 B2
Riofrio, *Zamora* E 73 C4
Riogordo E 86 C2
Rioja E 87 C4
Riola I 67 B6
Riola Sardo I 96 D2
Riolobos E 79 B4
Riols F 64 C1
Riom F 54 C3
Riom-ès-Montagnes F 64 A1
Riomaggiore I 67 B4
Rion-des-Landes F 62 C3
Rionegro del Puente E 73 B4
Rionero in Vúlture I 90 D2
Riopar E 87 A4
Riorges F 55 B4
Rios E 73 C3
Riosa E 74 A1
Rioseco de Tapia E 74 B1
Riotord F 64 A3
Riotorto E 72 A3
Rioz F 55 A6
Ripač BIH 69 B5
Ripacándida I 90 D2
Ripanj YU 71 B5
Ripatransone I 69 C3
Ripoll E 77 A5
Ripon GB 3 J6
Riposto I 95 B4
Ris-Orangis F 44 C3
Risan YU 91 B5
Rischenau D 37 B4
Riscle F 62 C3
Rišňovce SK 50 C3
Risør N 19 C6
Risøyhamn N 4 B14
Rispecia I 88 A2
Ritterhude D 29 B5
Riva I 57 C5
Riva-Bella F 43 A5
Rivanazzano I 66 B4
Rivarolo Canavese I 66 A2
Rivarolo Mantovano I 67 A5
Rive-de-Gier F 55 C4
Rivedoux-Plage F 52 B3
Rivello I 92 A2
Rivergaro I 67 B4
Rivesaltes F 77 A5
Rivière F 64 B2
Rivignano I 58 C3
Rivne UA 11 L20
Rivoli I 66 A2
Rivolta d'Adda I 57 C4
Rixheim F 56 A2
Rixo S 21 D2
Rjukan N 19 B5
Rø DK 27 D3
Rö S 23 C4
Roa E 74 C3
Roa N 19 A7
Roager DK 25 C1
Roanne F 55 B4
Róbbio I 66 A3
Röbel D 30 B3
Robertsholm S 22 B2
Robertville B 35 C6
Robleda E 79 A4
Robledillo de Trujillo E 79 B5
Robledo, *Albacete* E 87 A4
Robledo, *Orense* E 72 B4
Robledo de Chavela E 80 B2
Robledo del Buey E 80 C2
Robledo del Mazo E 80 C2
Robledollano E 79 B5
Röblingen D 37 B6
Robliza de Cojos E 73 D5
Robres E 76 B2
Robres del Castillo E 75 B4
Rocafort de Queralt E 77 B4
Rocallaura E 77 B4
Rocca di Mezzo I 89 A4
Rocca di Papa I 88 B3
Rocca Imperiale I 93 A3
Rocca San Casciano I 68 B1
Rocca Sinibalda I 89 A3
Roccabernarda I 93 B3
Roccabianca I 67 A5
Roccadáspide I 92 A2
Roccafluvione I 89 A4
Roccagorga I 89 B4
Roccalbegna I 88 A2
Roccalumera I 95 B4
Roccamena I 94 B2
Roccamonfina I 89 B4
Roccanova I 92 A3
Roccapalumba I 94 B2
Roccapassa I 89 A4
Roccaraso I 89 B5
Roccasecca I 89 B4
Roccastrada I 67 C6
Roccatederighi I 67 C6
Roccella Iónica I 95 A5
Rocchetta S. António I 90 C2
Rocco Priora I 68 C3
Roche-les-Beaupré F 55 A6
Rochechouart F 53 C5
Rochefort B 35 C5
Rochefort F 52 C4
Rochefort-en-Terre F 52 A2
Rochefort-Montagne F 54 C2
Rochefort-sur-Nenon F 55 A5
Rochemaure F 65 B3
Rocher F 64 B3
Rocherath B 35 C6
Rocheservière F 52 B3
Rochlitz D 38 B2
Rociana del Condado E 85 B3
Rockenhausen D 47 B3
Rockhammar S 23 C1
Rockneby S 26 C5
Rocourt B 35 C5
Rocroi F 45 B5
Roda de Bara E 77 B4
Roda de Ter E 77 B5
Rodach D 37 C5
Rodalben D 46 B3
Rødberg N 19 A5
Rødby DK 25 D4
Rødby Havn DK 25 D4
Rødding, *Sønderjyllands Amt.* DK 25 C2
Rødding, *Viborg Amt.* DK 24 B1
Rödeby S 27 C4
Rodeiro E 72 B3
Rødekro DK 25 C2
Roden NL 28 B3
Ródenas E 81 B5
Rodenberg D 37 A4
Rodenkirchen D 29 B5
Rodewisch D 38 C2
Rodez F 64 B1
Rodheim Bieber D 36 C3
Ródhos GR 15 T21
Rodi Gargánico I 90 C2
Roding D 48 B3
Rødkærsbro DK 24 B2
Rodoñá E 77 B4
Rødvig DK 25 C5
Rodzanów PL 33 C6
Roermond NL 35 B5
Roesbrugge-Haringe B 34 C2
Roeschwoog F 47 C4
Roeselare B 34 C3
Roetgen D 35 C6
Rœulx B 35 C4
Roffiac F 64 A2
Röfors S 21 D5
Rofrano I 92 A2
Rogačica YU 71 B4
Rogalin PL 39 A6
Rogäsen D 38 A2
Rogaška Slatina SLO 59 B5
Rogatec SLO 59 B5
Rogatica BIH 71 C4
Rogatyn UA 11 M19
Rogätz D 37 A6
Roggendorf D 30 B2
Roggiano Gravina I 92 B3
Rogliano F 96 A3
Rogliano I 92 B3
Rognac F 65 C4
Rognes F 65 C4
Rogny F 54 A2
Rogowo PL 32 C3
Rogóz PL 33 A6
Rogoznica HR 69 C5
Rogoźnica PL 39 B6
Rogoźno PL 32 C3
Rohan F 42 B3
Rohatec CZ 50 C3
Röhlingen D 47 C6
Rohožnik SK 50 C3
Rohr, *Baden-Württemberg* D 47 C5
Rohr, *Thüringen* D 37 C5
Rohr i. Geb. A 50 D1
Rohrbach A 49 C4
Rohrbach F 46 B3
Rohrberg D 30 C2
Rohrendorf A 50 C1
Rohrenfels D 48 C2
Röhrnbach D 49 C4
Roiglise F 45 B3
Roisel F 45 B4
Roitzsch D 38 B2
Roja LV 7 H18
Rojales E 87 A6
Röjeråsen S 20 B5
Rokiciny PL 41 B3
Rokietnica PL 32 C2
Rokiškis LT 7 J19
Rokitki PL 39 B5
Rokitno RUS 16 L24
Rokoszyce PL 39 B6
Rokycany CZ 49 B4
Rokytnice Orlickych CZ 39 C6
Rolampont F 46 D1
Rold DK 24 B2
Røldal N 18 B3
Rolde NL 28 C3
Rollag N 19 A6
Rollán E 80 B1
Rolle CH 55 B6
Rom N 18 C4
Roma I 88 B3
Romagnano Sésia I 56 C3
Romagné F 43 B4
Roman RO 11 N20
Romana I 96 C2
Romanèche-Thorins F 55 B4
Romano d. Lombardia I 57 C4
Romans-sur-Isere F 65 A4
Romanshorn CH 57 A4
Rombas F 46 B2
Romeán E 72 B3
Romenay F 55 B5
Romeral E 81 C3
Römhild D 37 C5
Romilly F 45 C4
Romme S 22 B1
Romny UA 16 L23
Rømø DK 25 C1
Romont CH 56 B1
Romorantin F 54 A1
Romrod D 36 C4
Rømskog N 21 C2
Rønbjerg DK 24 B1
Roncal E 76 A2
Ronce-les-Bains F 52 C3
Roncesvalles E 75 A5
Ronchamp F 56 A1
Ronchi dei Legionari I 58 C3
Ronciglione I 88 A3
Ronco Canavese I 56 C2
Ronco Scrivia I 66 B3
Ronda E 85 C4
Rønde DK 25 B3
Rongy B 34 C3
Rönnäng S 24 A4
Rønne DK 27 D3
Ronneburg D 38 C2
Ronneby S 27 C4
Rönneshytta S 21 D6
Rönninge S 23 C3
Ronov n. Doubravou CZ 50 B1
Ronsberg D 48 D1
Ronse B 34 C3
Roosbeek B 35 C4
Roosendaal NL 35 B4
Root CH 56 A3
Roppe F 56 A1
Roperuelos del Páramo E 74 B1
Roquebillière F 66 B2
Roquebrun F 64 C2
Roquebrune F 65 C5
Roquebrune-Cap-Martin F 66 C2
Roquecourbe F 63 C6
Roquefort F 62 B3
Roquemaure F 65 B3
Roquesteron F 66 C2
Roquetas E 76 C3
Roquetas de Mar E 87 C4
Rörbäcksnäs S 20 A3
Rore BIH 70 B1
Röro S 24 A4
Røros N 4 E12
Rorschach CH 57 A4
Rørvig DK 25 C4
Rørvik N 4 D12
Rörvik S 26 B3
Rosà I 58 C1
Rosal de la Frontera E 84 B2
Rosalina Mare I 68 A2
Rosário P 84 B1
Rosarno I 92 C2
Rosas E 77 A6
Rosbach D 36 C2
Rosche D 30 C1
Rościsławice PL 39 B6

Rościszewo PL 33 C5
Roscoff F 42 B2
Roscommon IRL 3 K2
Rose I 92 B3
Rosegg A 59 B4
Rosell E 82 A3
Roselló E 76 B3
Rosenfeld D 47 C4
Rosenfors S 26 B4
Rosenheim D 48 D3
Rosenow D 31 B4
Rosersberg S 23 C3
Roseto degli Abruzzi I 89 A5
Roseto Valfortore I 90 C2
Rosheim F 46 C3
Rosia I 67 C6
Rosice CZ 50 B2
Rosières F 64 A2
Rosières-en-Santerre F 44 B3
Rosignano Marittimo I 67 C5
Rosignano Solvay I 67 C5
Roşiori-de-Vede RO 11 P19
Rositz D 38 B2
Roskilde DK 25 C5
Roslags-Bro S 22 C4
Roslags-Kulla S 23 C4
Roslavl RUS 16 K23
Roslev DK 24 B1
Rosmalen NL 35 B5
Rosmaninhal P 79 B3
Rosolini I 95 C3
Rososzyca PL 40 B1
Rosporden F 42 C2
Rosquete P 78 B2
Rosrath D 36 C2
Rossa CH 57 B4
Rossano I 93 B3
Rossas, *Aveiro* P 73 D2
Rossas, *Braga* P 73 C2
Roßbach D 38 B1
Roßdorf D 37 C5
Roßhaupten D 57 A5
Rossiglione I 66 B3
Rossignol B 46 B1
Roßla D 37 B6
Rosslare IRL 3 K3
Roßlau D 38 B2
Roßleben D 37 B6
Rossoszyca PL 40 B2
Rossow D 31 B4
Rossum NL 35 B5
Roßwein D 38 B3
Röstånga S 27 D2
Rostock D 30 A3
Rostrenen F 42 B2
Röszke H 61 B5
Rot S 20 A5
Rot a. See D 47 B6
Rota E 85 C3
Rota Greca I 92 B3
Roteberg S 22 A1
Rotella I 89 A4
Rotem B 35 B5
Rotenburg, *Hessen* D 37 C4
Rotenburg, *Niedersachsen* D 29 B6
Roth, *Bayern* D 48 B2
Roth, *Rheinland-Pfalz* D 36 C2
Rötha D 38 B2
Rothemühl D 31 B4
Röthenbach D 48 B2
Rothenburg D 39 B4
Rothenburg o.d. Tauber D 47 B6
Rothéneuf F 43 B4
Rothenklempenow D 31 B5
Rothenstadt D 48 B3
Rothenstein D 48 C2
Rotherham GB 3 K6
Rothesay GB 3 J4
Rotonda I 92 B3
Rotondella I 93 A3
Rotova E 82 C2
Rotselaar B 35 C4
Rott D 48 D1
Rottach-Egern D 58 A1
Rottenbach, *Bayern* D 37 C5
Röttenbach, *Bayern* D 48 B2
Rottenbuch D 57 A5
Rottenburg, *Baden-Württemberg* D 47 C4
Rottenburg, *Bayern* D 48 C3
Rottenmann A 59 A4
Rotterdam NL 35 B4
Rotthalmünster D 49 C4
Röttingen D 47 B5
Rottne S 26 B3
Rottneros S 20 C4
Rottofreno I 67 A4
Rottweil D 47 C4
Rötz D 48 B3
Roubaix F 34 C3
Roudnice n. Labem CZ 38 C4
Roudno CZ 50 B3
Roudouallec F 42 B2
Rouen F 44 B2
Rouffach F 46 D3
Rougé F 43 C4
Rougemont F 55 A6
Rougemont le-Château F 56 A1
Rouillac F 53 C4
Rouillé F 53 B5
Roujan F 64 C2
Roulans F 55 A6
Rousinov CZ 50 B2
Roussac F 53 B6
Rousses F 64 B2
Roussillon F 65 A3
Rouvroy-sur-Audry F 45 B5
Rouy F 54 A3
Rovaniemi FIN 5 C19
Rovato I 57 C4
Rovensko p. Troskami CZ 39 C5
Roverbella I 67 A5
Rovereto I 57 C6
Röverhagen D 30 A3
Roverud N 20 B3
Rovigo I 68 A1
Rovinj HR 68 A3
Rovišce HR 60 C1
Rów PL 31 C5
Rowy PL 32 A3
Roxel D 36 B2
Royal Tunbridge Wells GB 3 L7
Royan F 52 C3
Royat F 54 C3
Roybon F 65 A4
Roye F 45 B3
Røykenvik N 20 B1
Royos E 87 B4
Rozadas E 72 A4
Rozalén del Monte E 81 C4
Rózańsko PL 31 C5
Rožanstvo YU 71 C4
Rozas E 80 B2
Rozay-en-Brie F 45 C3
Roždalovice CZ 39 C5
Rozdilna UA 11 N22
Rozental PL 33 B5
Rozewie PL 33 A4
Rozhyshche UA 11 L19
Rožmital p. Tremšinem CZ 49 B4
Rožňava SK 51 C6
Rožnov p. Radhoštěm CZ 51 B4
Rozogi PL 33 B7
Rozoy-sur-Serre F 45 B5
Rozstáni CZ 50 B2
Roztoky CZ 38 C4
Rozvadov CZ 48 B3
Rozwadów PL 41 C6
Ruanes E 79 B5
Rubbestadneset N 18 B2
Rubi E 77 B5
Rubiacedo de Abajo E 75 B3
Rubiana E 72 B4
Rubielos Bajos E 81 C4
Rubielos de Mora E 82 A2
Rubiera I 67 B5
Rucandio E 75 B3
Rud, *Akershus* N 20 B2
Rud, *Buskerud* N 19 A7
Ruda S 26 B5
Ruda Maleniecka PL 41 B4
Ruda Pilczycka PL 41 B4
Ruda Sl. PL 40 C2
Ruden A 59 B4
Rudersberg D 47 C5
Rudersdorf A 59 A6
Rüdersdorf D 31 C4
Ruderting D 49 C4
Rüdesheim D 47 B3
Rudkøbing DK 25 D3
Rudmanns A 49 C6
Rudna CZ 49 A5
Rudna PL 39 B6
Rudnik PL 41 C6
Rudnik YU 71 B5
Rudniki, *Częstochowa* PL 40 B2
Rudniki, *Częstochowa* PL 40 C3
Rudno, *Gdańsk* PL 33 B4
Rudno, *Wrocław* PL 39 B6
Rudnya RUS 16 J22
Rudo BIH 71 C4
Rudolstadt D 37 C6
Rudowica PL 39 B5
Rudozem BG 15 R19
Ruds Vedby DK 25 C4
Rudskoga S 21 C5
Rudy PL 40 C2
Rue F 34 C1
Rueda E 74 C2
Rueda de Jalón E 76 B1
Ruegsauschachen CH 56 B2
Ruelle F 53 C5
Ruerrero E 74 B3
Ruesta E 76 A1
Ruffano I 93 B5
Ruffec F 53 B5
Ruffey F 55 A5
Rufina I 68 C1
Rugby GB 3 K6
Rugendorf D 37 C6
Rugles F 44 C1
Rugozero RUS 5 D23
Rühen D 30 C1
Ruhla D 37 C5
Ruhland D 38 B3
Ruhle D 28 C4
Rühlertwist D 28 C4
Ruhmannsfelden D 49 C3
Ruhpolding D 48 D3
Ruhstorf D 49 C4
Ruidera E 81 D4
Ruinen NL 28 C3
Ruiselede B 34 B3
Rulles B 46 B1
Rully F 55 B4
Rülzheim D 47 B4
Rum H 60 A1
Ruma YU 71 A4
Rumboci BIH 70 C2
Rumburk CZ 38 C4
Rumenka YU 71 A4
Rumia PL 33 A4
Rumigny F 45 B5
Rumilly F 55 C5
Rumont F 46 C1
Runa P 78 B1
Runderoth D 36 C2
Runemo S 22 A2
Rungsted DK 27 D1
Runhällen S 22 B3
Runowo PL 33 A6
Ruokolahti FIN 5 F21
Ruoms F 64 B3
Ruoti I 90 D2
Rupa HR 59 C4
Ruppichteroth D 36 C2
Rupt-sur-Moselle F 46 D2
Rus E 86 A3
Ruse BG 11 Q20
Ruše SLO 59 B5
Ruševo HR 70 A3
Rusiec PL 40 B2
Rusinowo PL 32 B2
Ruski Krstar HR 61 C4
Rusko Selo YU 61 C5
Rusovce SK 50 C3
Russelsheim D 47 B4
Russi I 68 B2
Rust A 50 D2
Rustrel F 65 C4
Ruszki PL 41 A4
Rute E 86 B2
Rüthen D 36 B3
Rüti CH 57 A3
Rutigliano I 91 C4
Rutoši YU 71 C4
Rutten NL 28 C2
Ruurlo NL 35 A6
Ruvo del Monte I 90 D2
Ruvo di Púglia I 90 C3
Ruwer D 46 B2
Ružomberok SK 51 B5
Ry DK 25 B2
Rybany SK 51 C4
Rybina PL 33 A5
Rybnik PL 51 A4
Rychliki PL 33 B5
Rychlocice PL 40 B2
Rychnov n Kněžnou CZ 39 C6
Rychnowo PL 33 B6
Rychtal PL 40 B1
Rychvald CZ 51 B4
Rychwał PL 40 A2
Ryczywół, *Piła* PL 32 C2
Ryczywół, *Radom* PL 41 B5
Ryd S 27 C3
Rydaholm S 26 C3
Rydal S 26 B1
Rydboholm S 26 B1
Rydöbruk S 26 C2
Rydsgård S 27 D2
Rydsnäs S 26 B4
Rydultowy PL 51 A4
Rydzyna PL 39 B6
Rygene N 19 C5
Rygge N 19 B7
Ryjewo PL 33 B5
Ryki PL 41 B5
Rylsk RUS 16 L24
Ryman PL 31 B6
Rýmařov CZ 50 B3
Rynarzewo PL 32 B3
Ryomgård DK 24 B3
Rypin PL 33 B5
Ryssa S 20 B5
Ryssby S 26 C3
Rytel PL 32 B3
Rzeczenica PL 32 B3
Rzeczniów PL 41 B5
Rzeczyca PL 41 B4
Rzejowice PL 40 B3
Rzepin PL 39 A4
Rzeszów PL 41 C5
Rzgów PL 40 B3
Rzhev RUS 16 H24

S

S. Unnaryd S 26 C2
S. Valburga I 57 B5
S'Agaro E 77 B6
Sa Pobla, *Mallorca* E 83
Saal, *Bayern* D 37 C5
Saal, *Bayern* D 48 C2
Saalbach A 58 A2
Saalburg D 37 C6
Saales F 46 C3
Saalfeld D 37 C6
Saalfelden A 58 A2
Saanen CH 56 B2
Saarbrücken D 46 B3
Saarburg D 46 B2
Saarijärvi FIN 5 E19
Saarlouis D 46 B2
Saas-Fee CH 56 B2
Šabac YU 71 B4
Sabadell E 77 B5
Sabáudia I 89 B4
Sabbioneta I 67 B5
Sabero E 74 B1
Sabiñánigo E 76 A2
Sabinar E 87 A4
Sabiote E 86 A3
Sable-sur-Sarthe F 43 C5
Sables-d'Or-les-Pins F 42 B3
Sabóia P 84 B1
Saborsko HR 69 A5
Sabres F 62 B3
Sabrosa P 73 C3
Sabugal P 79 A3
Sacavem P 78 C1
Sacecorbo E 81 B4
Saceda del Rio E 81 B4
Sacedón E 81 B4
Săcele RO 11 P19
Saceruela E 80 D2
Sachsenburg A 58 B3
Sacile I 58 C2
Säckingen D 56 A2
Sacramenia E 74 C3
Sada E 72 A2
Sádaba E 76 A1
Sadki PL 32 B3
Sadkowice PL 41 B4
Sadów PL 39 A4
Sadská CZ 39 C4
Sæbøvik N 18 B2
Sæby DK 24 A3
Saelices E 81 C4
Saelices de Mayorga E 74 B1
Saerbeck D 36 A2
Særslev DK 25 C3
Sætre N 19 B7
Sævareid N 18 A2
Safara P 84 A2
Šafárikovo SK 51 C6
Säffle S 21 C3
Safonovo RUS 16 J23
Säfsnäs S 20 B5
Sagard D 31 A4
Sågmyra S 22 B1
Sagone F 96 A2
Sagres P 84 B1
Ságújfalu H 51 C5
Sagunto E 82 B2
Ságvár H 60 B3
Sagy F 55 B5
Sahagún E 74 B1
Šahy SK 51 C4
Saignelégier CH 56 A1
Sail F 54 C3
Saillagouse F 77 A5
Sain-Bel F 55 C4
Sains Richaumont F 45 B4
St. Åby S 21 D5
St. Aegyd a.N. A 50 D1
St. Affrique F 64 C1
St. Agnan, *Drôme* F 65 B4
St.-Agnan, *Saône-et-Loire* F 54 B3
St. Agnant F 52 C4
St. Agrève F 64 A3
St. Aignan F 53 A6
St. Aignan-sur-Roie F 43 C4
St. Alban-sur-Limagnole F 64 B2
St. Albans GB 3 L6
St. Aleixo P 78 C3
St. Amand-en-Puisaye F 54 A3
St. Amand-les-Eaux F 34 C3
St. Amand-Longpré F 53 A6
St. Amand-Montrond F 54 B2
St. Amans F 64 B2
St. Amans-Soult F 64 C1
St. Amant-Roche-Savine F 54 C3
St. Amarin F 46 D2
St.-Ambroix F 64 B3
St. Amour F 55 B5
St. Andra, *Burgenland* A 50 D2
St. Andrä, *Karnten* A 59 B4
St.-André-de-Corcy F 55 C4
St. André-de-Cubzac F 62 B3
St. André-de-l'Eure F 44 C2
St. André-de-Sangonis F 64 C2
St. Andre-de-Valborgne F 64 B2
St. Andrè-les-Alpes F 65 C5
St. Andreasberg D 37 B5
St. Andrews GB 3 H5
St. Andries B 34 B3
St. Angel F 54 C2
St. Anna S 23 D2
St. Anna a. Aig A 59 B5
St. Annaland NL 35 B4
St. Annaparochie NL 28 B2
St. Anthème F 54 C3
St. Antoine F 63 B4
St. Anton a.d.J. A 49 D6
St. Anton am Arlberg A 57 A5
St. Antönien CH 57 B4
St. Antonin-Noble-Val F 63 B5
St. Armant-Tallende F 54 C3
St. Arnoult F 44 C2
St. Astier F 63 A4
St. Athonis NL 35 B5
St.-Aubin CH 56 B1
St. Aubin F 55 A5
St. Aubin-d'Aubigné F 43 B4
St. Aubin-du-Cormier F 43 B4
St.-Aubin-en-Cherollais F 55 B4
St. Aubin-sur-Aire F 46 C1
St. Aubin-sur-Mer F 43 A5
St. Aulaye F 63 A4
St. Austell GB 3 L4
St. Avertin F 53 A5
St. Avit F 54 C2
St. Avold F 46 B2
St. Aygulf F 65 C5
St. Barthélemy d'Anjou F 53 A4
St. Bauzille-du-Putois F 64 C2
St. Béat F 76 A3
St. Benim-d'Azy F 54 B3
St. Benoit-du-Sault F 53 B6
St. Benoit-en-Woëvre F 46 C1
St. Blaise CH 56 A1
St. Blaise F 46 C3
St. Blasien D 47 D4
St. Blin F 46 C1
St. Bonnet, *Hautes-Alpes* F 65 B5
St. Bonnet, *Lozère* F 64 B2
St. Bonnet-de-Joux F 55 B4
St. Bonnet-le-Château F 64 A3
St. Bonnet-le-Froid F 64 A3
St. Brevin-les-Pins F 52 A2
St. Briac F 43 B3
St. Brice-en-Coglès F 43 B4
St. Brieuc F 42 B3
St.Bris-les-Vineux F 54 A3
St. Broladre F 43 B4
St. Calais F 44 D1
St. Cannat F 65 C4
St. Cast F 42 B3
St. Céré F 63 B5
St. Cergue CH 55 B6
St. Cergues F 55 B6
St. Chamant F 63 A5
St. Chamas F 65 C4
St. Chamond F 55 C4
St. Chély-d'Aubrac F 64 B1
St. Chinian F 64 C1
St. Christol F 64 B3
St. Christoly-Médoc F 62 A3
St. Christophe-du-Ligneron F 52 B3
St. Christophe-en-Brionnais F 55 B4
St. Christophe-en-Oisans F 65 B5
St. Ciers-sur-Gironde F 62 A3
St. Cirgues F 64 A2
St. Clair sur Epte F 44 B2
St. Clar F 63 C4
St. Claud F 53 C5
St. Claude F 55 B5
St. Clément-de-la-Place F 53 A4
St. Côme-d'Olt F 64 B1
St. Cosme-de-Vair F 44 C1
St. Cyprien F 63 B5
St. Cyr, *Ain* F 55 B4
St. Cyr, *Var* F 65 C4
St. Cyr-sur-Marne F 45 C4
St. Dalmas de Tende F 66 B2
St. Damme DK 25 D5
St. Denis F 44 C3
St. Denis-d'Oléron F 52 B3
St. Denis d'Orques F 43 B5
St. Denis-de-l'Hôtel F 44 D3
St. Denis-en-Bugey F 55 C5
St. Didier F 55 B4
St. Didier-en-Velay F 64 A3
St. Dié F 46 C2
St. Dizier F 45 C5
St. Dizier-Leyrenne F 54 B1
St. Efflam F 42 B2
St. Egréve F 65 A4
St. Eloy-les-Mines F 54 B2
St. Emilion F 62 B3
St. Esteben F 62 C2
St. Estèphe F 62 A3
St. Etienne F 55 C4
St-Etienne-de-Baigorry F 62 C2
St. Étienne-de-Cuines F 65 A5
St. Etienne-de-Fursac F 53 B6
St. Etienne-de Montluc F 52 A3
St. Etienne-de-St. Geoirs F 65 A4
St. Etienne-de-Tinée F 66 B1
St. Étienne-du-Bois F 55 B5
St. Etienne-les-Orgues F 65 B4
St. Fargeau F 54 A3
St. Félicien F 65 A3
St. Félix F 63 C5
St. Firmin, *Hautes-Alpes* F 65 B5
St. Firmin, *Saône-et-Loire* F 55 B4
St. Florent F 96 A3
St. Florent-le-Vieil F 52 A3
St.-Florent-sur-Cher F 54 B2
St. Florentin F 45 C4
St. Flour F 64 A2
St. Flovier F 53 B6
St. Fons F 55 C4
St. Fort-sur-le Né F 53 C4
St. Fortunat F 65 B3
St. Fulgent F 53 B3
St. Gallen A 59 A4
St. Gallen CH 57 A4
St. Gallenkirch A 57 A4
St. Gaudens F 63 C4
St. Gaultier F 53 B6
St. Gély-du-Fesc F 64 C2
St. Genesius-Rode B 35 C4
St. Genest-Malifaux F 64 A3
St. Gengoux-le-National F 55 B4
St. Genies F 64 C2
St. Geniez F 65 B5
St. Geniez-d'Olt F 64 B1
St. Genis-de-Saintonge F 53 C4
St.-Genis-Pouilly F 55 B6
St. Genix-Sur-Guiers F 55 C5
St. George de Mous F 54 C2
St. Georgen D 47 C4
St. Georgen a.d. G A 49 C5
St. Georgen a.d. Stiefing A 59 B5
St. Georgen a.R. A 49 D5
St. Georgen a.w. A 49 C5
St. Georgen i.A. A 49 D4
St. Georgen o. Judenburg A 59 A4
St. Georgen o. Murau A 59 A4
St. Georges B 35 C5
St. Georges F 52 C3
St. Georges Buttavent F 43 B5
St. Georges-d'Aurac F 64 A2
St. Georges-de-Commiers F 65 A4
St. Georges-de-Didonne F 52 C4
St. Georges-de-Luzençon F 64 B1
St. Georges-de-Reneins F 55 B4
St. Georges-en-Couzan F 54 C3
St. Georges-les Baillargeaux F 53 B5
St. Georges-sur-Loire F 53 A4
St. Geours-de-Maremne F 62 C2
St. Gérand F 54 B3
St. Gérand-de-Vaux F 54 B3
St. Gérard B 35 C4
St. Germain, *Haute-Saône* F 56 A1
St. Germain, *Yvelines* F 44 C3
St. Germain-Chassenay F 54 B3
St. Germain-de Confolens F 53 B5
St. Germain-de-Joux F 55 B5
St. Germain-des-Fossés F 54 B3
St. Germain du Bois F 55 B5
St. Germain-du-Plain F 55 B4
St. Germain-du Puy F 54 A2
St.-Germain-l'Espinasse F 54 B3
St. Germain-l'Herm F 54 C3
St. Germain-Laval F 55 C4
St. Germain-Lembron F 54 C3
St. Germain-les-Belles F 53 C6
St. Gervais F 56 C1
St. Gervais d'Auvergne F 54 B2
St. Gervais-sur-Mare F 64 C2
St. Gildas-de-Rhuys F 52 A2
St. Gildas-des-Bois F 52 A2
St. Gilgen A 49 D4
St. Gilles, *Gard* F 64 C3
St. Gilles, *Ille-et-Vilaine* F 43 B4
St. Gilles-Croix-de-Vie F 52 B3
St. Gillis B 35 B4
St. Gingolph F 56 B1
St. Girons, *Ariège* F 77 A4
St. Girons, *Landes* F 62 C2
St. Girons-Plage F 62 C2
St. Goar D 36 C2
St. Goarshausen D 36 C2
St. Gobain F 45 B4
St. Guénolé F 42 C1
St. Helier GB 43 A3
St. Herrestad S 27 D2
St. Hilaire F 54 B3
St. Hilaire-de-l'Aude F 63 C6
St. Hilaire-de-Riez F 52 B3
St. Hilaire de Villefranche F 53 C4
St. Hilaire-des-Loges F 53 B4
St. Hilaire-du-Harcouët F 43 B4
St. Hilaire-du-Rosier F 65 A4
St. Hippolyte, *Aveyron* F 64 B1
St. Hippolyte, *Doubs* F 56 A1
St. Hippolyte-du-Fort F 64 C2
St. Honoré F 54 B3
St. Hostein F 64 A3
St. Hubert B 46 A1
St. Imier F 56 A2
St. Ingbert D 46 B3
St. Inglevert F 34 C1
St. Izaire F 64 C1
St. Jacob A 59 B4
St. Jacobiparochie NL 28 B2
St. Jacques-de-la-Lande F 43 B4
St. Jacut F 42 B3
St. Jakob i. Walde A 59 A5
St. Jakob in Defereggen A 58 B2
St. James F 43 B4
St. Jean-Brévelay F 42 C3
St. Jean-Cap-Ferrat F 66 C2
St. Jean-d'Angély F 53 C4
St. Jean-d'Ardières F 55 B4
St. Jean d'Illac F 62 B3
St. Jean-de-Belleville F 56 C1
St. Jean-de-Bournay F 55 C5
St. Jean de Braye F 44 D3
St. Jean-de-Bruel F 64 B2
St. Jean-de Côle F 53 C5
St. Jean-de-Daye F 43 A4
St. Jean-de-Fos F 64 C2
St. Jean de Losne F 55 A5
St. Jean-de-Luz F 62 C2
St. Jean-de-Maurienne F 65 A5
St. Jean-de-Monts F 52 B2
St. Jean-de-Muzols F 65 A3
St. Jean-de-Védas F 64 C2
St. Jean-du-Gard F 64 B2
St. Jean-en-Royans F 65 A4
St. Jean-la-Riviere F 66 C2
St. Jean-le-Braye F 44 D2
St. Jean les Jumeaux F 45 C4
St. Jean-Pied-de-Port F 62 C2
St. Jean-Poutge F 63 C4
St. Jean-Rohrbach F 46 B2
St. Jeannet F 66 C2
St. Jeoire F 56 B1
St. Joachim F 52 A2
St. Johann a Tauern A 59 A4
St. Johann a. Wesen A 49 C4
St. Johann i. Saggautal A 59 B5
St. Johann im Pongau A 58 A3
St. Johann in Tirol A 58 A2
St. Jorioz F 55 C6
St. Joris Winge B 35 C4
St. Jory F 63 C5
St. Jouin-de-Marnes F 53 B4
St. Juéry F 63 C6
St. Julia de Loria AND 77 A4
St. Julien, *Gironde* F 62 A3
St. Julien, *Loire* F 54 C3
St. Julien-Chapteuil F 64 A3
St. Julien-de-Concelles F 52 A3
St. Julien-de-Vouvantes F 52 A3
St. Julien-du-Sault F 45 C4
St. Julien-du-Verdon F 65 C5
St. Julien-en-Born F 62 B2
St. Julien-en-Genevois F 55 B6
St. Julien-l'Ars F 53 B5
St. Julien-Molin-Molette F 65 A3
St. Julien-Mont-Denis F 65 A5
St. Julien-sur-Reyssouze F 55 B5
St. Junien F 53 C5
St. Just F 65 B3
St. Just-en-Chaussée F 44 B3
St. Just-en-Chevalet F 54 C3
St. Justin F 62 C3
St. Katharein a.d. Laming A 59 A5
St. Kathrein a. Hauenstein A 59 A5
St. Kathrein a. Offenegg A 59 A5
St. Kruis B 34 B3
St. Lambert-des-Levées F 53 A4
St. Lambrecht A 59 A4
St. Lambrechts-Herk B 35 C5
St. Lary-Soulan F 76 A3
St. Laurent F 43 A5
St.-Laurent Cagnes F 66 C2
St. Laurent-d'Aigouze F 64 C3
St. Laurent-de-Chamousset F 55 C4
St. Laurent-de-Condel F 43 A5
St. Laurent-de-la-Cabrerisse F 64 C1
St. Laurent-de-la-Salanque F 77 A5
St. Laurent-des-Autels F 52 A3
St. Laurent-du-Pont F 65 A4
St. Laurent-en-Caux F 44 B1
St. Laurent-en-Grandvaux F 55 B5
St. Laurent-en-Royans F 65 A4
St. Laurent-et-Benon F 62 A3
St. Laurent-sur-Gorre F 53 C5
St. Laurent-sur-Sèvre F 52 B4
St. Leger B 46 B1
St. Léger F 55 B4
St. Léger-de-Vignes F 54 B3
St. Léger-sous-Beuvray F 55 B4
St. Léonard-de-Noblat F 53 C6
St. Leonardo in Passiria (St. Leonhard) I 57 B6
St. Leonhard a. Forst A 49 C6
St. Leonhard b. Freistadt A 49 C5
St. Leonhard i Pitztal A 57 A5
St. Levene S 21 D3
St. Lô F 43 A4
St. Lon-les-Mines F 62 C2
St. Lorenz A 49 D4
St. Lorenzen A 58 B2
St. Lorenzen a. Wechsel A 59 A5
St. Louis F 56 A2
St. Loup F 54 B3
St. Loup-de-la-Salle F 55 B4
St. Loup-sur-Semouse F 46 D2
St. Lunaire F 43 B3
St. Lupicin F 55 B5
St. Lys F 63 C5
St. M'Hervé F 43 B4
St. Maartensdijk NL 35 B4
St. Macaire F 62 B3
St. Maclou F 44 B1
St. Maixent-l'Ecole F 53 B4
St. Malo F 43 B3
St. Mamet-la-Salvetat F 64 B1
St. Mandrier F 65 C4
St. Mang D 57 A5
St. Marc F 52 A2
St. Marcel, *Ardèche* F 65 A3
St. Marcel, *Drôme* F 65 B3
St. Marcel, *Saône-et-Loire* F 55 B4
St. Marcel, *Savoie* F 56 C1
St. Marcel-D'Ardeche F 65 B3
St.-Marcellin, *Isère* F 65 A4
St. Marcellin, *Loire* F 55 C4
St. Marcet F 63 C4
St. Mard B 46 B1
St. Mards-en-Othe F 45 C4
St. Marein A 59 A5
St. Marein a. Pickelback A 59 A5
St. Margareten i. Rosental A 59 B4
St. Margarethen, *Steiermark* A 59 A4
St. Margarethen, *Steiermark* A 59 B5
St. Margarethen i. Lavattal A 59 B4
St. Margarethen im Burgenland A 50 D2
St. Margrethen CH 57 A4
St. Marien b. Knittelfeld A 59 A4
St. Mars-la-Jaille F 52 A3
St. Martin, *Nieder Österreich* A 49 C5
St. Martin, *Ober Östereich* A 49 C4
St. Martin F 65 B3
St. Martin a. Wöllmißberg A 59 A5
St. Martin-d'Ablois F 45 B4
St. Martin-d'Auxigny F 54 A2
St. Martin-d'Entraunes F 65 B5
St. Martin-d'Estreaux F 54 B3
St. Martin-d'Hères F 65 A4
St. Martin-de-Belleville F 65 A5
St. Martin de Bossenay F 45 C4
St. Martin-de-Brem F 52 B3
St. Martin-de-Crau F 65 C3
St. Martin-de-Londres F 64 C2
St. Martin-de-Queyrières F 65 B5
St. Martin-de-Ré F 52 B3
St. Martin-de-Valamas F 64 B3
St.-Martin-de-Valgalgues F 64 B3
St. Martin des Besaces F 43 A5
St. Martin-du-Fresne F 55 B5
St. Martin-du-Var F 66 C2
St. Martin-en-Bresse F 55 B5
St.-Martin-en-Haut F 55 C4
St. Martin-la-Méanne F 63 A5
St. Martin-Lestra F 55 C4
St. Martin-sur-Ouanne F 45 D4
St. Martin-Valmeroux F 64 A1
St. Martin-Vésubie F 66 B2
St. Martory F 63 C4
St. Mathieu F 53 C5
St. Maurice CH 56 B1
St. Maurice, *Rhône* F 55 C4
St. Maurice, *Saône-et-Loire* F 55 B5
St. Maurice, *Vosges* F 46 D2
St. Maurice-de-Loire F 64 A3
St. Maurice-en-Trièves F 65 B4
St. Maurice-Navacelles F 64 C2

Sant'Ana de Cambas P 84 B2
Sant'Anastasia I 89 C5
Sant'Andrea Frius I 96 D3
Sant'Ángelo dei Lombardi I 90 D2
Sant'Angelo in Vado I 68 C2
Sant'Angelo Lodigiano I 67 A4
Sant'Antimo I 89 C5
Sant'Antíoco I 96 D2
Sant'Arcángelo I 92 A3
Sant'Caterina I 88 A2
Sant'Caterina di Pittinuri I 96 C2
Sant'Caterina Villarmosa I 94 B3
Sant'Egidio alla Vibrata I 89 A4
Sant'Elia a Pianisi I 90 C1
Sant'Elia Fiumerapido I 89 B4
Sant'Elpidio a Mare I 68 C3
Sant'Eufemia E 86 A2
Sant'Ilário d'Enza I 67 B5
Santa Amalia E 79 B4
Santa Ana E 79 B5
Santa Ana de Pusa E 80 C2
Santa Ana de Serra P 84 B1
Santa Bárbara E 76 C3
Santa Barbara de Casa E 84 B2
Santa Bárbara de Padrões P 84 B2
Santa Catarina P 84 B2
Santa Cesárea Terme I 93 A5
Santa Clara-a-Nova P 84 B1
Santa Clara-a-Velha P 84 B1
Santa Clara de Louredo P 84 B2
Santa Coloma de Farnérs E 77 B5
Santa Coloma de Queralt E 77 B4
Santa Colomba de Curueño E 74 B1
Santa Colomba de Somoza E 72 B4
Santa Comba E 72 A2
Santa Comba Dáo P 78 A2
Santa Comba de Rossas P 73 C4
Santa Cristina I 67 A4
Santa Cristina de la Polvorosa E 74 B1
Santa Croce Camerina I 95 C3
Santa Croce di Magliano I 90 C1
Santa Cruz E 72 A2
Santa Cruz P 78 B1
Santa Cruz de Alhama E 86 B3
Santa Cruz de Campezo E 75 B4
Santa Cruz de Grio E 75 C5
Santa Cruz de la Salceda E 75 C3
Santa Cruz de la Sierra E 79 B5
Santa Cruz de la Zarza E 81 C3
Santa Cruz de Moya E 82 B1
Santa Cruz de Mudela E 86 A3
Santa Cruz de Paniagua E 79 A4
Santa Cruz de Retamar E 80 B2
Santa Cruz del Valle E 80 B1
Santa Doménica Talao I 92 B2
Santa Doménica Vittória I 95 B3
Santa Elena E 86 A3
Santa Elena de Jamuz E 74 B1
Santa Eufémia d'Aspromonte I 95 A4
Santa Eufemia Lamézia I 92 C3
Santa Eulalia E 82 A1
Santa Eulália P 79 C3
Santa Eulalia de Oscos E 72 A3
Santa Eulalia de Rió, *Ibiza* E 83
Santa Fe de los Boliches E 86 C2
Santa Fiora I 88 A2
Santa Galdana, *Menorca* E 83
Santa Inés, *Ibiza* E 83
Santa Iria P 84 B2
Santa Isabel E 76 B2
Santa Leocadia P 73 C2
Santa Lucia F 96 B3
Santa Lucia I 68 C2
Santa Lucia del Mela I 95 A4
Santa Luzia P 84 B1
Santa Maddalena Vallalta I 58 B2
Santa Magdalena de Pulpis E 82 A3
Santa Margarida P 78 B2
Santa Margarida do Sado P 84 A1
Santa Margarita, *Mallorca* E 83
Santa Margherita I 96 E2
Santa Margherita di Belice I 94 B2
Santa Margherita Ligure I 67 B4
Santa Maria, *Huesca* E 76 A2
Santa Maria, *Mallorca* E 83
Santa Maria al Bagno I 93 A4
Santa Maria Cápua Vétere I 89 B5
Santa Maria de Campo Rus E 81 C4
Santa Maria de Cayón E 74 A3
Santa Maria de Corco E 77 A5
Santa Maria de Huerta E 81 A4
Santa Maria de la Alameda E 80 B2
Santa Maria de las Hoyas E 75 C3
Santa Maria de Mercadillo E 75 C3
Santa Maria de Miralles E 77 B4
Santa Maria de Nieva E 87 B5
Santa Maria de Trassierra E 86 B2
Santa Maria del Camp E 74 B3
Santa Maria del Páramo E 74 B1
Santa Maria del Taro I 67 B4
Santa Maria della Versa I 67 B4
Santa Maria di Licodia I 95 B3
Santa Maria la Real de Nieva E 80 A2
Santa Maria Ribarredonda E 75 B3
Santa Marinella I 88 A2
Santa Marino del Rey E 74 B1
Santa Marta, *Albacete* E 81 C4
Santa Marta, *Badajoz* E 79 C4
Santa Marta de Magasca E 79 B4
Santa Marta de Penaguião P 73 C3
Santa Ninfa I 94 B1
Santa Olalla E 80 B2
Santa Olalla del Cala E 85 B3
Santa Pau E 77 A5
Santa Pola E 82 C2
Santa Ponsa, *Mallorca* E 83
Santa Severa F 96 A3
Santa Severa I 88 A2
Santa Severina I 93 B3
Santa Sofia I 68 C1
Santa Susana Pineda E 77 B5
Santa Suzana, *Évora* P 78 C3
Santa Suzana, *Setúbal* P 78 C2
Santa Teresa di Gallura I 96 B3
Santa Teresa di Riva I 95 B4
Santa Vittoria in Matenano I 68 C3
Santadi I 96 D2
Santaella E 86 B2
Santafé E 86 B3
Santana P 78 C1
Santana do Mato P 78 C2
Santander E 74 A3
Santañy, *Mallorca* E 83
Santarcangelo di Romagna I 68 B2
Santarem P 78 B2
Santas Martas E 74 B1
Santed E 81 A5
Santenay F 55 B4
Santéramo in Colle I 90 D3
Santervas de la Vega E 74 B2
Santesteban E 75 A5
Santhià I 66 A3
Santi Petri E 85 C3
Santiago de Alcántara E 79 B3
Santiago de Calatrava E 86 B2
Santiago de Compostela E 72 B2
Santiago de la Espade E 87 A4
Santiago de la Puebla E 80 B1
Santiago de la Ribera E 87 B6
Santiago de Litem P 78 B2
Santiago del Campo E 79 B4
Santiago do Cacém P 84 B1
Santiago do Escoural P 78 C2
Santiago Maior P 78 C3
Santibáñez E 74 A1
Santibáñez de Béjar E 80 B1
Santibáñez de la Peña E 74 B2
Santibáñez de Vidriales E 73 B4
Santibáñez el Alto E 79 A4
Santibáñez el Bajo E 79 A4
Santielle E 72 A4
Santillana del Mar E 74 A2
Santiponce E 85 B3
Santisteban del Puerto E 86 A3
Santiuste de Pedraza E 80 A3
Santiz E 80 A1
Santjuste de S.J. Bautiste E 80 A2
Santo Aleixo P 84 A2
Santo Amado P 84 A2
Santo Amaro P 78 C3
Santo André P 84 A1
Santo Antonio da Charneca P 78 C1
Santo Domingo E 79 C3
Santo Domingo de la Calzada E 75 B4
Santo Domingo de Silos E 75 C3
Santo Estêvão, *Faro* P 84 B2
Santo Estêvão, *Santarém* P 78 C2
Santo-Pietro-di Tenda F 96 A3
Santo Spirito I 90 C3
Santo Stefano d'Aveto I 67 B4
Santo Stéfano di Cadore I 58 B2
Santo Stéfano di Camastra I 95 A3
Santo Stefano di Magra I 67 B4
Santo Stéfano Quisquina I 94 B2
Santo Stino di Livenza I 58 C2
Santo Tirso P 73 C2
Santo Tomé E 86 A3
Santok PL 31 C6
Santomera E 87 A5
Santoña E 75 A3
Sántos H 60 B2
Santotis E 74 A2
Santovenia, *Burgos* E 75 B3
Santovenia, *Zamora* E 74 C1
Santu Lussurgiu I 96 C2
Santutzi E 75 A3
Sanvignes-les-Mines F 55 B4
Sanxenxo E 72 B2
Sanza I 92 A2
São Aleixo P 78 C3
São Barnabé P 84 B1
São Bartolomé da Serra P 84 A1
São Bartolomeu de Messines P 84 B1
São Benito E 86 A2
São Bento P 73 C2
São Braz de Alportel P 84 B2
São Braz do Reguedoura P 78 C2
São Cristóvão P 78 C2
São Domingos P 84 B1
São Geraldo P 78 C2
São Jacinto P 73 D2
São João da Madeira P 73 D2
São João da Pesqueira P 73 C3
São João da Ribeira P 78 B2
São João da Serra P 73 D2
São João da Venda P 84 B2
São João dos Caldeireiros P 84 B2
São Julião P 79 B3
São Leonardo P 78 C3
São Luiz P 84 B1
São Manços P 78 C3
São Marcos da Ataboeira P 84 B2
São Marcos de Campo P 78 C3
Saõ Marcos de Serra P 84 B1
São Martinho, *Coimbra* P 78 A2
São Martinho, *Setúbal* P 78 C2
São Marthino das Amoreiras P 84 B1
São Marthinho do Porto P 78 B1
São Matias, *Beja* P 84 A2
São Matias, *Évora* P 78 C2
São Miguel d'Acha P 79 A3
São Miguel de Machede P 78 C3
São Pedro da Torre P 73 C2
São Pedro de Mérida E 79 C4
São Pedro de Muel P 78 B1
São Pedro de Solis P 84 B2
São Pedro do Sul P 73 D2
São Romão, *Évora* P 78 C2
São Romão, *Faro* P 84 B2
São Sebastião P 84 B2
São Teotónio P 84 B1
São Torcato P 73 C2
Sápai GR 15 R19
Sapataria P 78 C1
Sapiãos P 73 C3
Sapignies F 45 A3
Sappada I 58 B2
Sappemeer NL 28 B3
Sapri I 92 A2
Sarajevo BIH 70 C3
Saramon F 63 C4
Sarandës AL 15 S17
Saranovo YU 71 B5
Saraorci YU 71 B6
Saray TR 15 R20
Sarbinowo, *Gorzów Wielkopolski* PL 31 C5
Sarbinowo, *Koszalin* PL 32 A1
Sárbogárd H 61 B3
Sarche di Calavino I 57 B5
Sardanyola E 77 B5
Sárdara I 96 D2
Sardernas E 77 A5
Sardoal P 78 B2
Sardón de Duero E 74 C2
Sare F 62 C2
Sărengrad HR 71 A4
Sarentino (Sarnthein) I 58 B1
Sarezzo I 57 C5
Sargans CH 57 A4
Sári H 61 A4
Sariego E 74 A1
Sarilhos Grandes P 78 C2
Sariñena E 76 B2
Sárisáp H 61 A3
Sariyer TR 15 R21
Sárkeresztes H 60 A3
Sárkeresztúr H 61 B3
Şarköy TR 15 R20
Sarlat-la-Canéda F 63 B5
Sarliac-sur-l'Isle F 63 A4
Sármellék H 60 B2
Särna S 4 F13
Sarnadas P 78 B3
Sarnano I 68 C3
Sarnen CH 56 B3
Sárnico I 57 C4
Sarno I 89 C5
Sarnonico I 57 B6
Sarnow D 31 B4
Sarnów PL 41 C5
Sarnowa PL 39 B6
Sarny UA 11 L20
Säro S 24 A4
Saronno I 57 C3
Sárosd H 61 A3
Šarovce SK 51 C4
Sarpsborg N 21 C2
Sarracin E 74 B3
Sarralbe F 46 B3
Sarrancolin F 76 A3
Sarras F 65 A3
Sarre-Union F 46 C3
Sarreal E 77 B4
Sarreaus E 73 B3
Sarrebourg F 46 C3
Sarreguemines F 46 B3
Sarria E 72 B3
Sarriá de Terre E 77 A5
Sarrians F 65 B3
Sarrión E 82 A2
Sarroca E 76 B3
Sarroch I 96 D3
Sarron F 62 C3
Sarry F 45 C5
Sársina I 68 C2
Sarstedt D 37 A4
Sárszentmihaly H 60 A3
Sárszentmiklós H 61 B3
Sart B 35 C5
Sarteano I 88 A2
Sartène F 96 B2
Sartilly F 43 B4
Sartirana Lomellina I 66 A3
Sarud H 61 A5
Sárvár H 60 A1
Sarzana I 67 B4
Sarzeau F 52 A2
Sarzedas P 78 B3
Sas van Gent NL 34 B3
Sasamón E 74 B2
Sásd H 60 B3
Sasino PL 32 A3
Sássari I 96 C2
Sassello I 66 B3
Sassenberg D 36 B3
Sassenheim NL 35 A4
Sassetta I 67 C5
Sassnitz D 31 A4
Sasso d'Ombrone I 88 A2
Sasso Marconi I 67 B6
Sassocorvaro I 68 C2
Sassoferrato I 68 C2
Sassoleone I 68 B1
Sassuolo I 67 B5
Šaštinske Stráže SK 50 C3
Sáta H 51 C6
Satão P 73 D3
Sätenäs S 21 D3
Säter S 22 B1
Säterbo S 23 C1
Sätila S 26 B1
Satillieu F 65 A3
Satnica Dakovačka HR 70 A3
Sátoraljaújhely H 11 M17
Šatornja YU 71 B5
Satow D 30 B2
Satre Město CZ 50 B2
Satrup D 25 D2
Satteins A 57 A4
Sattel CH 56 A3
Sattledt A 49 C5
Satu Mare RO 11 N18
Saturnia I 88 A2
Saucats F 62 B3
Saucelle E 73 C4
Sauda N 18 B3
Saudasjøen N 18 B3
Saudrupt F 45 C6
Sauerbrunn A 50 D2
Sauerlach D 48 D2
Saugues F 64 B2
Sauherad N 19 B6
Saujon F 52 C4
Sauland N 19 B5
Saulce F 65 B3
Saulces Monclin F 45 B5
Saulgau D 47 C5
Saulgrub D 57 A6
Saulieu F 55 A4
Saulon-la-Chapelle F 55 A5
Sault F 65 B4
Sault-Brénaz F 55 C5
Sault-de-Navailles F 62 C3
Saulx F 55 A6
Saulxures-sur-Moselotte F 46 D2
Saulzier-le-Potier F 54 B2
Saumos F 62 B3
Saumur F 53 A4
Saurat F 77 A4
Sáuris I 58 B2
Sausset-les-Pins F 65 C4
Sauternes F 62 B3
Sauteyrargues F 64 C2
Sauvagnat F 54 C2
Sauvas F 64 B3
Sauve F 64 C2
Sauveterre F 62 C3
Sauveterre-de-Guyenne F 62 B3
Sauviat-sur-Vige F 54 C1
Sauxillanges F 54 C3
Sauzé-Vaussais F 53 B5
Sauzét, *Drôme* F 65 B3
Sauzet, *Lot* F 63 B5
Sauzon F 52 A1
Sava I 93 A4
Savagnac F 63 C5
Savarsin RO 11 N18
Säve S 24 A4
Savelletri I 91 D4
Savelli I 93 B3
Savenay F 52 A3
Saverdun F 63 C5
Saverne F 46 C3
Savigliano I 66 B2
Savignac-les-Eglises F 63 A4
Savignano di Púglia I 90 C2
Savignano sul Rubicone I 68 B2
Savigny-en-Revermont F 55 B5
Savigny-les Beaune F 55 A4
Savigny-sur-Braye F 44 D1
Savines-le-lac F 65 B5
Savino Selo HR 61 C4
Savio I 68 B2
Savnik YU 91 B6
Savognin CH 57 B4
Savona I 66 B3
Savonlinna FIN 5 F21
Sävsjö S 26 B3
Sävsjöström S 26 B4
Savudrija HR 58 C3
Sax E 82 C2
Saxdalen S 20 B5
Saxmundham GB 3 K7
Sayalonga E 86 C2
Sayatón E 81 B4
Sayda D 38 C3
Sazava, *Jihomoravský* CZ 50 B1
Sázava, *Středočeský* CZ 49 B5
Scaër F 42 B2
Scafa I 89 A5
Scafati I 89 C5
Scalea I 92 B2
Scaletta Zanclea I 95 A4
Scandale I 93 B3
Scandiano I 67 B5
Scandolara Ravara I 67 A5
Scanno I 89 B4
Scansano I 88 A2
Scanzano I 93 A3
Scarborough GB 3 J6
Scardovari I 68 B2
Scarperia I 67 C6
Scey-sur-Saône et St. Albin F 55 A5
Schaafheim D 47 B5
Schaan FL 57 A4
Schachendorf A 60 A1
Schacht-Audorf D 29 A6
Schaffhausen CH 56 A3
Schafstädt D 37 B6
Schafstedt D 29 A6
Schäftlarn D 48 D2
Schagen NL 28 C1
Schalchen A 49 C4
Schalkau D 37 C6
Schalldorf D 48 C3
Schangnau CH 56 B2
Schapbach D 47 C4
Scharbeutz D 30 A1
Schärding A 49 C4
Scharnitz A 58 A1
Scharrel D 29 B4
Schattendorf H 60 A1
Scheeßel D 29 B6
Schéggia I 68 C2
Scheibbs A 49 C6
Scheibenberg D 38 C2
Scheidegg D 57 A4
Scheifling A 59 A4
Scheinfeld D 48 B1
Scheizlreuth D 58 A2
Schelklingen D 47 C5
Schenefeld, *Schleswig-Holstein* D 29 A6
Schenefeld, *Schleswig-Holstein* D 29 B6
Schenklengsfeld D 37 C4
Schepsdorf-Lohne D 28 C4
Scherfede D 36 B4
Schermbeck D 36 B1
Schermerhorn NL 28 C1
Scherpenheuvel B 35 C4
Scherpenzeel NL 35 A5
Scheßlitz D 48 B2
Scheveningen NL 35 A4
Schiedam NL 35 B4
Schieder D 36 B4
Schierling D 48 C3
Schiers CH 57 B4
Schifferstadt D 47 B4
Schijndel NL 35 B5
Schildau D 38 B2
Schildwolde NL 28 B3
Schillingen D 46 B2
Schillingsfürst D 48 B1
Schilpário I 57 B5
Schiltach D 47 C4
Schio I 58 C1
Schirmeck F 46 C3
Schirnding D 48 A3
Schirrheim F 47 C3
Schkeuditz D 38 B2
Schkölen D 37 B6
Schlabendorf D 38 B3
Schladen D 37 A5
Schladming A 58 A3
Schlaiten A 58 B2
Schlangen D 36 B3
Schleiden D 35 C6
Schleithal F 47 C4
Schleiz D 37 C6
Schleswig D 29 A6
Schleusingen D 37 C5
Schlieben D 38 B3
Schliengen D 56 A2
Schliersee D 48 D2
Schlitz D 37 C4
Schloß Neuhans D 36 B3
Schloßvippach D 37 B6
Schlotheim D 37 B5
Schluchsee D 47 D4
Schlüchtern D 37 C4
Schmalkalden D 37 C5
Schmallenberg D 36 B3
Schmelz D 46 B2
Schmidham D 49 C4
Schmidmühlen D 48 B2
Schmiedeberg D 38 C3
Schmiedefeld D 37 C5
Schmirn A 58 A1
Schmölln, *Brandenburg* D 31 B5
Schmölln, *Sachsen* D 38 C2
Schnaitheim D 47 C6
Schnaitsee D 48 C3
Schnaittach D 48 B2
Schnaittenbach D 48 B3
Schneeberg D 38 C2
Schneidlingen D 37 B6
Schneverdingen D 29 B6
Schöder A 59 A4
Schoenburg B 35 C6
Schollene D 30 C3
Schöllkrippen D 47 A5
Schomberg D 47 C4
Schonach, *Baden-Württemberg* D 47 C4
Schönach, *Bayern* D 48 C3
Schönau, *Baden-Württemberg* D 47 D3
Schönau, *Bayern* D 49 C3
Schönbeck D 31 B4
Schönberg, *Bayern* D 49 C4
Schönberg, *Mecklenburg-Vorpommern* D 30 B1
Schönberg, *Schleswig-Holstein* D 30 A1
Schönebeck D 37 A6
Schöneck D 38 C2
Schönecken-Wetteldorf D 46 A2
Schönermark D 31 B4
Schönewalde D 38 B3
Schongau D 48 D1
Schöngrabern A 50 C2
Schönhagen D 37 B4
Schönhaid D 48 B3
Schönhausen D 30 C3
Schönholthausen D 36 B3
Schöningen D 37 A5
Schöninghsdorf D 28 C4
Schönkirchen D 30 A1
Schönsee D 48 B3
Schönthal D 48 B3
Schonungen D 48 A1
Schönwald D 38 C2
Schönwies A 57 A5
Schoondijke NL 34 B3
Schoonebeek NL 28 C3
Schoonhoven NL 35 B4
Schopfheim D 56 A2
Schopfloch D 48 B1
Schopp D 46 B3
Schöppenstedt D 37 A5
Schörfling A 49 D4
Schorndorf D 47 C5
Schortens D 29 B4
Schötmar D 36 A3
Schotten D 36 C4
Schramberg D 47 C4
Schrattenberg A 50 C2
Schrecksbach D 37 C4
Schrems A 49 C6
Schrems b. Frohnleiten A 59 A5
Schrick A 50 C2
Schriesheim D 47 B4
Schrobenhausen D 48 C2
Schröcken A 57 A5
Schrozberg D 47 B5
Schruns A 57 A4
Schüpfheim CH 56 B3
Schussenried D 47 D5
Schutterwald D 47 C3
Schüttorf D 36 A2
Schützen a.G. A 50 D2
Schwaan D 30 B3
Schwabach D 48 B2
Schwabhausen D 48 C2
Schwäbisch Gmünd D 47 C5
Schwäbisch Hall D 47 B5
Schwabmünchen D 48 C1
Schwadorf A 50 C2
Schwagstorf, *Niedersachsen* D 29 C4
Schwagstorf, *Niedersachsen* D 36 A3
Schwaigern D 47 B5
Schwalmstadt D 37 C4
Schwanberg A 59 B5
Schwanden CH 57 B4
Schwandorf D 48 B3
Schwanebeck D 37 B6
Schwanenstadt A 49 C4
Schwanewede D 29 B5
Schwanfeld D 47 B6
Schwangau D 57 A5
Schwante D 31 C4
Schwarmstedt D 29 C6
Schwarza, *Gera* D 37 C6
Schwarza, *Suhl* D 37 C5
Schwarzach im Pongau A 58 A3
Schwarzau a. Steinfelde A 60 A1
Schwarzau i. Geb. A 50 D1
Schwarzenau A 49 C6
Schwarzenbach D 38 C1
Schwarzenbach a. Wald D 37 C6
Schwarzenbek D 30 B1
Schwarzenberg D 38 C2
Schwarzenburg CH 56 B2
Schwarzenfeld D 48 B3
Schwarzheide D 38 B3
Schwaz A 58 A1
Schwechat A 50 C2
Schwedt D 31 B5
Schwei D 29 B5
Schweich D 46 B2
Schweighausen D 47 C3
Schweighouse F 46 C3
Schweinfurt D 37 C5
Schweinitz D 38 B3
Schweinrich D 30 B3
Schwelm D 36 B2
Schwemsal D 38 B2
Schwendt A 58 A2
Schwenningen D 47 C4
Schwepnitz D 38 B3
Schwerin D 30 B2
Schwerte D 36 B2
Schwetzingen D 47 B4
Schwyz CH 56 A3
Sciacca I 94 B2
Scicli I 95 C3
Ściechów PL 31 C6
Sciez F 56 B1
Scigliano I 92 B3
Scilla I 95 A4
Ścinawa PL 39 B6
Scionzier F 56 B1
Scoćici HR 69 A5
Scoglitti I 95 C3
Scopello, *Piemonte* I 56 C3
Scopello, *Sicilia* I 94 A1
Scórdia I 95 B3
Scorzè I 58 C2
Scritto I 68 C2
Scunthorpe GB 3 K6
Scuol-Schuls CH 57 B5
Scurcola Marsicana I 89 A4
Séauve-sur-Semène F 64 A3
Sebazac-Concourès F 64 B1
Sebecevo YU 71 C5
Sebersdorf A 59 A5
Šebestiána CZ 38 C3
Sebezh RUS 16 H21
Sebnitz D 38 C4
Seboncourt F 45 B4
Seč, *Vychodočeský* CZ 50 B1
Seč, *Západočeský* CZ 49 B4
Sečanj HR 61 C5
Secemin PL 41 C3
Seckach D 47 B5
Seckau A 59 A4
Seclin F 34 C2
Secondigny F 53 B4
Séda P 78 B3
Sedan F 45 B5
Sedano E 74 B3
Sedella E 86 C2
Sédéron F 65 B4
Sédico I 58 B2
Sédilo I 96 C2
Sédini I 96 C2
Sedlarica HR 60 C2
Sedlčany CZ 49 B5
Sedlec-Prčice CZ 49 B5
Sedlice CZ 49 B4
Sędziejowice PL 40 B3
Seeboden A 58 B3
Seefeld, *Brandenburg* D 31 C4
Seefeld, *Niedersachsen* D 29 B5
Seefeld in Tirol A 57 A6
Seehausen, *Sachsen-Anhalt* D 30 C2
Seehausen, *Sachsen-Anhalt* D 37 A6
Seekirchen Markt A 49 D4
Seelbach D 47 C3
Seelow D 31 C5
Seelze D 37 A4
Seeon D 48 D3
Seerhausen D 38 B3
Sées F 43 B6
Seesen D 37 B5
Seeshaupt D 48 D2
Seewalchen A 49 D4
Seferihisar TR 15 S20
Sefkerin YU 71 A5
Segård N 20 B1
Segersta S 22 A2
Segesd H 60 B2
Segmon S 21 C4
Segonzac F 53 C4
Segorbe E 82 B2
Segovia E 80 A2
Segré F 52 A4
Ségur-les-Villas F 64 A1
Segura P 79 B3
Segura de León E 85 A3
Segura de los Baños E 76 C2
Segurrilla E 80 B2
Sehnde D 37 A4
Seia P 78 A3
Seiches-sur-le-Loir F 53 A4
Seiersberg A 59 A5
Seifhennersdorf D 39 C4
Seignelay F 45 D4
Seijo E 73 C2
Seilhac F 63 A5
Seilles B 35 C5
Seinäjoki FIN 5 E18
Seissan F 63 C4
Seitenstetten Markt A 49 C5
Seixal P 78 C1
Seizthal A 59 A4
Sejerslev DK 24 B1
Seksna RUS 16 G26
Sekule SK 50 C3
Selárgius I 96 D3
Selb D 38 C2
Selbitz D 37 C6
Selby GB 3 K6
Selca HR 70 C1
Selce HR 69 A4
Selce SK 51 C5
Selçuk TR 15 T20
Selec SK 51 C3
Selenča HR 61 C4
Sélestat F 46 C3
Seleuš YU 71 A5
Selevac YU 71 B5
Selgua E 76 B3
Selice SK 50 C3
Seligenstadt D 47 A4
Seligenthal D 37 C5
Selizharovo RUS 16 H23
Selja S 20 A5
Seljord N 19 B5
Sellano I 89 A3
Selles-sur-Cher F 54 A1
Sellières F 55 B5
Sellin D 31 A4
Sellye H 60 C2
Selm D 36 B2
Selnica SLO 59 B5
Selongey F 55 A5
Selonnet F 65 B5
Selow D 30 B2
Selsingen D 29 B6
Selters D 36 C2
Seltso RUS 16 K24
Seltz F 47 C4
Selva, *Mallorca* E 83
Selva de Mar E 77 A6
Selva di Cadore I 58 B2
Selva di Val Gardena (Wolkenstein) I 58 B1
Selvik N 19 B7
Selvino I 57 C4
Selyatyn UA 11 N19
Sem N 19 B7
Semblançay F 53 A5
Semeljci HR 61 C3
Semenovka UA 16 K23
Semic SLO 59 C5
Semide F 45 B5
Semide P 78 A2
Semily CZ 39 C5
Seminara I 95 A4
Semoine F 45 C5
Šemovci HR 60 B2
Šempeter SLO 59 B5
Semriach A 59 A5
Semur-en-Auxois F 55 A4
Sena E 76 B2
Sena de Luna E 74 B1
Senan F 45 D4
Senarpont F 44 B2
Sénas F 65 C4
Senden, *Bayern* D 47 C6
Senden, *Nordrhein-Westfalen* D 36 B2
Sendenhorst D 36 B2
Sendim P 73 C4
Senec SK 50 C3
Seneffe B 35 C4
Séneghe I 96 C2
Senés E 87 B4
Senez F 65 C5
Senftenberg D 38 B4
Sengwarden D 29 B5
Senica SK 50 C3
Senice na Hané CZ 50 B3
Senigállia I 68 C3
Sénis I 96 D2
Senise I 92 A3
Senj HR 69 B4
Senlis F 44 B3
Sennan S 26 C1
Sennecey-le-Grand F 55 B4
Sennestadt D 36 B3
Senno BY 16 J21
Sennori I 96 C2
Sennwald CH 57 A4
Senohraby CZ 49 B5
Senohrad SK 51 C5
Senonches F 44 C2
Senones F 46 C3
Senorbi I 96 D3
Senožeče SLO 59 C4
Sens F 45 C4
Sens-de-Bretagne F 43 B4
Senta HR 61 C5
Senterada E 76 A3
Šentilj SLO 59 B5
Šentjur SLO 59 B5
Seo de Urgel E 77 A4
Seoane de Caurel E 72 B3
Seon CH 56 A3
Sépey CH 56 B2
Sepino I 89 B5
Sępólno-Krajenskie PL 32 B3
Sepopol PL 33 A6
Seppenrade D 36 B2
Septèmes F 65 C4
Septeuil F 44 C2

Stapar HR 61 C4
Staphorst NL 28 C3
Staporków PL 41 B4
Stara Kamienica PL 39 C5
Stara Moravica HR 61 C4
Stara Novalja HR 69 B4
Stara-Pazova YU 71 A5
Stará Role CZ 38 C2
Stara Rudnica PL 31 C5
Stará Turá SK 50 C3
Stara Zagora BG 15 Q19
Starachowice PL 41 B5
Staraya Russa RUS 16 H22
Starčevo YU 71 B5
Staré Hamry CZ 51 B4
Staré Hory SK 51 C5
Stare Jablonki PL 33 B6
Staré Město CZ 50 B3
Stare Pole PL 33 A5
Stare Sedlo CZ 49 B5
Stargard Szczeciński PL 31 B6
Stari Banovci YU 71 B5
Stari Bar YU 91 B6
Stari Grad HR 69 B4
Stari Gradac HR 60 C2
Stari Jankovci HR 71 A3
Stari Majdan BIH 70 B1
Stari-Mikanovoi HR 71 A3
Starigrad HR 70 C1
Starigrad-Paklenica HR 69 B5
Staritsa RUS 16 H24
Staritz D 38 B3
Starnberg D 48 C2
Staro Petrovo Selo HR 70 A2
Staro Selo YU 71 B6
Starodub RUS 16 K23
Starogard PL 31 B6
Starogard Gd. PL 33 B4
Starokonstyantyniv UA 11 M20
Starościn PL 40 C1
Stary Dzierzgoń PL 33 B5
Stary Hrozenkov CZ 50 C3
Stary Jaroslaw PL 32 A2
Stary Plzenec CZ 49 B4
Stary Sącz PL 51 B6
Stary Smokovec SK 51 B6
Staryy Chartoriysk UA 11 L19
Staškov SK 51 B4
Staßfurt D 37 B6
Staszów PL 41 C5
Stathelle N 19 B6
Staufen D 47 D3
Štavalj YU 71 C5
Stavanger N 18 C2
Stavelot B 35 C5
Stavenhagen D 31 B3
Stavenisse NL 35 B3
Staveren NL 28 C2
Stavern N 19 C7
Stavnäs S 21 C3
Stavsjø N 20 B1
Stawiszyn PL 40 B2
Steane N 19 B5
Stechelberg CH 56 B2
Štechovice CZ 49 B5
Stechow D 30 C3
Steckborn CH 57 A3
Steeg A 57 A5
Steenbergen NL 35 B4
Steenvoorde F 34 C2
Steenwijk NL 28 C3
Štefanje HR 60 C1
Steffisburg CH 56 B2
Stegaurach D 48 B1
Stege DK 25 D5
Stegelitz D 31 B4
Stegersbach A 60 A1
Steimbke D 29 C6
Stein CH 56 A2
Stein an Rhein CH 57 A3
Steinach A 58 A1
Steinach, *Baden-Württemberg* D 47 C4
Steinach, *Bayern* D 37 C5
Steinach, *Thüringen* D 37 C6
Steinau, *Bayern* D 37 C4
Steinau, *Niedersachsen* D 29 B5
Steinbach-Hallenberg D 37 C5
Steinbeck D 31 C4
Steinberg am Rofan A 58 A1
Steindorf A 59 B3
Steinen D 56 A2
Steinerkirchen a.d. Traun A 49 C4
Steinfeld A 58 B3
Steinfeld D 29 C5
Steinfort L 46 B1
Steinfurt D 36 A2
Steingaden D 57 A5
Steinhagen D 36 A3
Steinhaus A 49 C5
Steinheid D 37 C6
Steinheim, *Bayern* D 47 C6
Steinheim, *Nordrhein-Westfalen* D 36 B4
Steinhöfel D 31 C5
Steinhorst D 30 C1
Steinigtwolmsdorf D 38 B4
Steinkjer N 4 D12
Steins NL 28 B2
Steinsdorf D 38 A4
Steinsholt N 19 B6
Steinvik N 20 A2
Stekene B 35 B4
Stelle D 29 B7
Stellendam NL 35 B4
Stenåsa S 26 C5
Stenay F 45 B6
Stenberga S 26 B4
Stendal D 30 C2
Stene B 34 B2
Steneby S 21 D3
Stensätra S 22 B2
Stenstorp S 21 D4
Stenstrup DK 25 C3
Stenungsund S 21 D2
Štěpánov CZ 50 B3
Stephanskirchen D 48 D3
Stepnica PL 31 B5
Stepojevac YU 71 B5
Stepping DK 25 C2
Sterbfritz D 37 C4
Sterderdorf D 37 A5
Sternberg D 30 B2
Šternberk CZ 50 B3
Sterup D 25 D2
Sterzhausen D 36 C3
Stes. Maries-de-la-Mer F 64 C3
Stęszew PL 39 A6
Štěti CZ 38 C4
Stetten am Kalten Markt D 47 C5
Stettin PL 31 B5
Stevenage GB 3 L6
Steyerburg D 29 C6
Steyr A 49 C5
Stężyca PL 32 A3
Stezzano I 57 C4
Stia I 68 C1
Sticciano Scalo I 88 A2
Stidsvig S 27 C2
Stige DK 25 C3
Stigen S 21 D3
Stigliano I 92 A3
Stigtomta S 23 D2
Stilo I 93 C3
Stintino I 96 C2
Stio I 92 A2
Štip MK 15 R18
Stirling GB 3 H5
Štitnik SK 51 C6
Stity CZ 50 B2
Stjärnhov S 23 C3
Stjärnsund S 22 B2
Stjørdalshalsen N 4 E12
Stobierna PL 41 C6
Stobno PL 32 B2
Stockach D 47 D5
Stöckalp CH 56 B3
Stockaryd S 26 B3
Stockby S 23 C3
Stockelsdorf D 30 B1
Stockerau A 50 C2
Stockholm S 23 C4
Stockport GB 3 K5
Stockton-on-Tees GB 3 J6
Stoczek Łukowski PL 41 B5
Stod CZ 49 B4
Stoholm DK 24 B2
Stoke on Trent GB 3 K5
Stokke N 19 B7
Stokkemarke DK 25 D4
Stokken N 19 C5
Stokmarknes N 4 B14
Štoky CZ 50 B1
Stolac BIH 70 C2
Stolberg, *Nordrhein-Westfalen* D 35 C6
Stolberg, *Sachsen-Anhalt* D 37 B5
Stolin BY 16 L20
Stollberg D 38 C2
Stöllet S 20 B4
Stollhamm D 29 B5
Stolno PL 33 B4
Stolpen D 38 B4
Stolzenau D 29 C6
Stommeln D 36 B1
Ston HR 91 B4
Stonařov CZ 50 B1
Stonehaven GB 3 H5
Stoob A 60 A1
Stopnica PL 41 C4
Storå S 23 C1
Store Heddinge DK 25 C5
Storebro S 26 B4
Støren N 4 E12
Storfjord N 5 B17
Storfors S 21 C5
Storkow, *Brandenburg* D 38 A3
Storkow, *Mecklenburg-Vorpommern* D 31 B5
Storlien S 4 E13
Stornara I 90 C2
Stornoway GB 3 G3
Storo I 57 C5
Storozhynets UA 11 M19
Storuman S 4 D15
Storvik S 22 B2
Storvreta S 22 C3
Stößen D 37 B6
Stotel D 29 B5
Stötten D 57 A5
Stotternheim D 37 B6
Støvring DK 24 B2
Stowbtsy BY 16 K20
Str. Woda PL 39 B5
Straach D 38 B2
Strabane GB 3 J3
Strackholt D 29 B4
Stradella I 67 A4
Straelen D 35 B6
Stragari YU 71 B5
Strakonice CZ 49 B4
Strallegg A 59 A5
Strålsnäs S 23 D1
Stralsund D 31 A4
Stramproij NL 35 B5
Strand N 20 A2
Stranda, *Nord-Trøndelag* N 4 E12
Stranda, *Rogaland* N 18 B2
Stranda, *Romsdal* N 4 E10
Strandby DK 24 A3
Strandebarm N 18 A2
Strandlykkja N 20 B2
Strandvik N 18 A2
Strängnäs S 23 C3
Strångsjö S 23 D2
Stráni CZ 50 C3
Stranice SLO 59 B5
Stranraer GB 3 J4
Strasatti I 94 B1
Strasbourg F 46 C3
Strasburg D 31 B4
Strašice CZ 49 B4
Straß A 50 C1
Straß i. Steiermark A 59 B5
Stråssa S 23 C1
Straßburg A 59 B4
Strasswalchen A 49 D4
Stratford-upon-Avon GB 3 K6
Stratinska BIH 70 B1
Straubing D 48 C3
Straulas I 96 C3
Straupitz D 38 B4
Strausberg D 31 C4
Straußfurt D 37 B5
Straž n. Nezárkou CZ 49 B6
Strážnice CZ 50 C3
Strážný CZ 49 C4
Štrba SK 51 B6
Štrbské Pleso SK 51 B6
Strečno SK 51 B4
Strée B 35 C4
Strehla D 38 B3
Strekov SK 51 D4
Strelice CZ 50 B2
Strelniky SK 51 C5
Strem A 60 A1
Stremska-Rača YU 71 B4
Stremski Karlovci YU 71 A4
Strengberg A 49 C5
Stresa I 56 C3
Streufdorf D 37 C5
Strib DK 25 C2
Striberg S 21 C5
Stříbro CZ 49 B3
Strigno I 58 B1
Štrigova HR 60 B1
Strijen NL 35 B4
Strimasund S 4 C14
Strizivojna HR 70 A3
Strmica HR 70 B1
Strmilov CZ 49 B6
Ströhen D 29 C5
Stromberg, *Nordrhein-Westfalen* D 36 B3
Stromberg, *Rheinland-Pfalz* D 47 B3
Strommen N 19 B7
Stromness GB 3 G5
Strömsberg S 22 B3
Strömsfors S 23 D2
Strömsnäsbruk S 26 C2
Strömstad S 21 D2
Strömsund, *Jämtlands Lä* S 4 E14
Strömsund, *Västerbottens Lä* S 4 D15
Strömtorp S 21 C5
Stróngoli I 93 B4
Stronie PL 39 C6
Stroppiana I 66 A3
Stróża, *Kraków* PL 51 B5
Stróża, *Lublin* PL 41 C6
Strücklingen D 29 B4
Struer DK 24 B1
Strugi Krasnyye RUS 16 G21
Strullendorf D 48 B1
Strumica MK 15 R18
Strumien PL 51 B4
Stružec HR 60 C1
Stryków PL 40 B3
Stryn N 4 F10
Strynø DK 25 D3
Stryy UA 11 M18
Strzegawo PL 33 C6
Strzegocin PL 33 C6
Strzegom PL 39 C6
Strzelce PL 40 A3
Strzelce-Krajeńskie PL 31 C6
Strzelce Opolskie PL 40 C2
Strzelin PL 39 C7
Strzelno PL 32 C4
Strzemierzyce Wielkie PL 40 C3
Strzépcz PL 32 A4
Strzybnica PL 40 C2
Strzygi PL 33 B5
Strzyże PL 33 C7
Stubal YU 71 C5
Stubbekøbing DK 25 D5
Stubberup DK 25 C3
Stuben A 57 A5
Stubenberg A 59 A5
Stubičke Toplice HR 59 C5
Stubline YU 71 B5
Studená CZ 49 B6
Studenci HR 70 C2
Studencia YU 71 C5
Stüdenitz D 30 C3
Studénka CZ 51 B4
Studenzen A 59 A5
Studienka SK 50 C3
Studzienice PL 32 A3
Stuer D 30 B3
Stukenbrock D 36 B3
Stulln D 48 B3
Stülpe D 38 A3
Stupava SK 50 C3
Stupnik HR 59 C5
Štúrovo SK 51 D4
Stuttgart D 47 C5
Stützerbach D 37 C5
Stvolny CZ 49 A4
Štvrtok SK 51 C4
Styri N 20 B2
Styrso S 26 B1
Suances E 74 A2
Subbiano I 68 C1
Suben A 49 C4
Subiaco I 89 B4
Subijana E 75 B4
Subligny F 54 A2
Subotica HR 61 B4
Sučany SK 51 B5
Suceava RO 11 N20
Sucha Beskidzkaj PL 51 B5
Suchań PL 31 B6
Suchdol n. Luznici CZ 49 C5
Suchedniów PL 41 B4
Suchorze PL 32 A3
Suchowola PL 41 B6
Suchozebry PL 41 A6
Suchteln D 35 B6
Sucina E 87 B6
Sućuraj HR 70 C2
Sudbury GB 3 K7
Süderbrarup D 29 A6
Süderlügum D 25 D1
Sudoměřice u. Bechyně CZ 49 B5
Sudovec HR 60 B1
Sudzha RUS 16 L24
Sueca E 82 B2
Suelli I 96 D3
Sugenheim D 48 B1
Sugères F 54 C3
Sugny B 45 B5
Suhl D 37 C5
Suhlendorf D 30 C1
Suhopolje BIH 71 B4
Suhopolje HR 60 C2
Suippes F 45 B5
Sukhinichi RUS 16 J24
Sukošan HR 69 B5
Süküsd H 61 B4
Suków PL 41 C4
Šul'a SK 51 C5
Suldal N 18 B3
Suldrup DK 24 B2
Sulechów PL 39 A5
Sulęcin PL 31 C6
Sulejów PL 41 B3
Sulejowek PL 41 A5
Sulgen CH 57 A4
Sulibórz PL 32 B1
Sulina RO 11 P21
Sulingen D 29 C5
Suliszewo PL 32 B1
Sulitjelma N 4 C15
Sulkowice PL 51 B5
Sully F 54 A2
Sulmierzyce, *Piotrków Trybunalski* PL 40 B3
Sulmierzyce, *Wrocław* PL 40 B1
Sulmona I 89 A4
Sułoszowa PL 40 C3
Sulów PL 39 B7
Sülz D 47 C4
Sulzbach, *Baden-Württemberg* D 47 B5
Sulzbach, *Baden-Württemberg* D 47 C5
Sulzbach Rozenberg D 48 B2
Sülze D 29 C7
Sulzfeld D 47 B4
Sumartin HR 70 C1
Sumbilla E 75 A5
Sümeg H 60 B2
Sumiswald CH 56 A2
Šumná CZ 50 C1
Šumperk CZ 50 B3
Šumvald CZ 50 B3
Sumy UA 16 L24
Sünching D 48 C3
Sundborn S 22 B1
Sundby DK 24 B1
Sunde N 18 B2
Sundebru N 19 C6
Sunderland GB 3 J6
Sundern D 36 B3
Sundet N 20 B2
Sunds DK 25 B1
Sundstøyl N 19 C5
Sundsvall S 4 E15
Suni I 96 C2
Sunja HR 70 A1
Sunnansjö S 20 B5
Sunndalsøra N 4 E11
Sunne S 20 C4
Sunnemo S 20 C4
Sunnersta S 22 C3
Suomussalmi FIN 5 D21
Suoyarvi RUS 5 E23
Super Sauze F 65 B5
Supetar HR 70 C1
Supetarska Draga HR 69 B4
Supino I 89 B4
Supplingen D 37 A5
Šur H 60 A3
Surahammar S 23 C2
Surany SK 51 C4
Surazh BY 16 J22
Surazh RUS 16 K23
Surčin YU 71 B5
Surgères F 53 B4
Surheim D 49 D3
Surhuisterveen NL 28 B3
Suria E 77 B4
Surin F 53 B5
Surowe PL 33 B7
Sursee CH 56 A3
Surte S 24 A5
Surwold D 29 C4
Sury F 55 C4
Susa I 66 A2
Šušara YU 71 B6
Susch CH 57 B5
Susegana I 58 C2
Süsel D 30 A1
Sušice CZ 49 B4
Susilla E 74 B2
Susnjevica HR 69 A4
Sußen D 47 C5
Susten CH 56 B2
Susteren NL 35 B5
Susurluk TR 15 S21
Susz PL 33 B5
Sutjeska HR 61 C5
Sutomore YU 91 B6
Sutri I 88 A3
Sutvereto I 67 C5
Suvorov RUS 16 J25
Suwałki PL 7 J18
Suze-la-Rousse F 65 B3
Suzy F 45 B4
Suzzara I 67 B5
Svabensverk S 22 A1
Svalöv S 27 D2
Svaneholm S 21 C3
Svaneke DK 27 D4
Svanesund S 27 C3
Svappavaara S 5 C17
Svärdsjö S 22 B1
Svarstad N 19 B6
Svartå, *Örebro* S 21 C5
Svärta, *Södermanlands* S 23 D3
Svarte S 27 D2
Svärtinge S 23 D2
Svartnäs S 22 B2
Svedala S 27 D2
Sveg S 4 E14
Sveio N 18 B2
Svejbæk DK 25 B2
Svelvik N 19 B7
Svendborg DK 25 C3
Svene N 19 B6
Svenljunga S 26 B2
Svenneby S 21 D2
Svennevad S 23 C1
Svenshögen S 21 D2
Svenstrup DK 24 B2
Švermov CZ 38 C4
Švermovo SK 51 C6
Sveti Nikola YU 91 C6
Sveti Rok HR 69 B5
Sveti Stefan YU 91 B5
Světla n. Sázavou CZ 50 B1
Svetlyy RUS 33 A6
Svetozar HR 61 C4
Svetvincenat HR 69 A3
Švica HR 69 B5
Svidník SK 11 M17
Švihov CZ 49 B4
Svilaj HR 70 A3
Svilengrad BG 15 R20
Svindal N 21 C2
Svinninge DK 25 C4
Sviritsa RUS 5 F23
Svishtov BG 11 Q19
Svislach BY 7 K19
Svit SK 51 B6
Svitavy CZ 50 B2
Svodin SK 51 D4
Svolvær N 4 B14
Svratka CZ 50 B2
Svrčinovec SK 51 B4
Svulrya N 20 B3
Svyetlahorsk BY 16 K21
Swalmen NL 35 B6
Swanage GB 3 L6
Swansea GB 3 L5
Swarzędz PL 39 A7
Swiątki PL 33 B6
Świdnica, *Wałbrzych* PL 39 C6
Świdnica, *Zielona Góra* PL 39 B5
Świdnik PL 41 B6
Świdwin PL 32 B1
Świebodzice PL 39 C6
Świebodzin PL 39 A5
Świecie PL 33 B4
Świedziebnia PL 33 B5
Świeradów Zdrój PL 39 C5
Świerki PL 39 C6
Świerzawa PL 39 C5
Świerzno PL 31 B5
Świeta Anna PL 40 C3
Świętajno PL 33 B7
Świetlino PL 32 A2
Świetno PL 39 A6
Swiętosław PL 33 B4
Świętów PL 40 C1
Swifterbant NL 28 C2
Swindon GB 3 L6
Swinica PL 40 A2
Swinoujście PL 31 B5
Swobnica PL 31 B5
Swoszowice PL 51 B5
Syasstroy RUS 5 F23
Sycewice PL 32 A2
Sychevka RUS 16 J24
Syców PL 40 B1
Sycowice PL 39 A5
Syfteland N 18 A2
Syke D 29 C5
Sylling N 19 B7
Sypniewo, *Bydgoszcz* PL 32 B3
Sypniewo, *Piła* PL 32 B2
Syssleback S 20 B3
Szabadbattyán H 61 A3
Szabadegyháza H 61 A3
Szabadszállás H 61 B4
Szadek PL 40 B2
Szafary PL 51 B6
Szajol H 61 A5
Szakály H 60 B3
Szakcs H 60 B3
Szakmár H 61 B4
Szalánta H 60 C3
Szalkszentmárton H 61 B4
Szamocin PL 32 B3
Szamotuły PL 32 C2
Szany H 60 A2
Szarvas H 61 B5
Szarvaskö H 51 D6
Szászvár H 60 B3
Szczawa PL 51 B6
Szczawno Zdrój PL 39 C6
Szczecin PL 31 B5
Szczecinek PL 32 B2
Szczekociny PL 41 C3
Szczercow PL 40 B3
Szczucin PL 41 C5
Szczuczarz PL 32 B2
Szczuki PL 33 C6
Szczurowa PL 41 C4
Szczyrk PL 51 B5
Szczytno PL 33 B6
Szécsény H 51 C5
Szedres H 61 B3
Szeged H 61 B5
Székesfehérvár H 60 A3
Szekszárd H 61 B3
Szelków PL 33 C7
Szemud PL 33 A4
Szendehely H 51 D5
Szentantalfa H 60 B2
Szentdomonkos H 51 C6
Szentendre H 61 A4
Szentes H 61 B5
Szentgál H 60 A2
Szentgotthárd H 60 B1
Szentlörinc H 60 B2
Szentmártonkáta H 61 A4
Szenyér H 60 B2
Szepetnek H 60 B1
Szeremle H 61 B3
Szestno PL 33 B7
Szigetszentmiklós H 61 A4
Szigetujfalu H 61 A3
Szigetvár H 60 B2
Szihalom H 51 D6
Szikszó H 11 M17
Szil H 60 A2
Szilvásvárad H 51 C6
Szklarska Poręba PL 39 C5
Szlichtyngowa PL 39 B6
Szob H 51 D4
Szokolya H 51 D4
Szolnok H 61 A5
Szombathely H 60 A1
Szony H 60 A3
Szöreg H 61 B5
Szorosad H 60 B3
Szpetal Graniczny PL 33 C5
Szprotawa PL 39 B5
Szreńsk PL 33 B6
Sztum PL 33 B5
Sztutowo PL 33 A5
Szubin PL 32 B3
Szücsi H 51 D5
Szulok H 60 B2
Szurdokpüspöki H 51 D5
Szwecja PL 32 B2
Szybowice PL 40 C1
Szydłów, *Kielce* PL 41 C5
Szydłów, *Piotrków Trybunalski* PL 40 B3
Szydlowiec PL 41 B4
Szydlowo, *Ciechanow* PL 33 B6
Szydlowo, *Piła* PL 32 B2
Szymanów PL 41 A4
Szyrokove RUS 33 A6

T

Tab H 60 B3
Tabanera de Valdavia E 74 B2
Tabanera la Luenga E 80 A2
Tabaqueros E 82 B1
Tábara E 74 C1
Tabarz D 37 C5
Tabenera de Cerrato E 74 B2
Taberg S 26 B3
Tabernas E 87 B4
Tabernes de Valldigna E 82 B2
Tabescán E 77 A4
Tabiano Terme I 67 B5
Taboada E 72 B3
Taboadela E 72 B3
Tábor CZ 49 B5
Táborfalva H 61 A4
Tábua P 78 A2
Tabuaco P 73 C3
Tabuenca E 75 C5
Tabuyo del Monte E 72 B4
Täby S 23 C4
Tác H 60 A3
Tachov CZ 48 B3
Tafalla E 75 B5
Taganheira P 84 B1
Tågarp S 27 D1
Tággia I 66 C2
Tagliacozzo I 89 A4
Táglio di Po I 68 A2
Tagnon F 45 B5
Tahal E 87 B4
Tahitótfalu H 51 D5
Tahús E 77 A4
Tailfingen D 47 C5
Taillis F 43 B4
Tain GB 3 H4
Tain-l'Hermitage F 65 A3
Taipadas P 78 C2
Tairbeart GB 3 H3
Taivalkoski FIN 5 D21
Takovo YU 71 B5
Taksony H 61 A4
Tal E 72 B2
Talachyn BY 16 J21
Talamello I 68 C2
Talamone I 88 A2
Talarrubias E 80 C1
Talaván E 79 B4
Talavera de la Reina E 80 C2
Talavera la Real E 79 C4
Talavera la Vieja E 80 C1
Talayuela E 79 B5
Talayuelas E 82 B1
Talgje N 18 B2
Talhadas P 73 D2
Táliga E 79 C3
Talizat F 64 A2
Talla I 68 C1
Tallard F 65 B5
Tällberg S 20 B5
Tallboda S 23 D1
Tallinn EST 7 G19
Talmantes E 75 C5
Talmay F 55 A5
Talmont, *Charente-Maritime* F 52 C4
Talmont, *Vendée* F 52 B3
Talne UA 11 M22
Talpaki RUS 33 A7
Talsano I 93 A4
Talsi LV 7 H18
Talvik N 4 A18
Tamajón E 81 B3
Tamame E 74 C1
Tamames E 73 D4
Tamarit E 77 B4
Tamarite de Litera E 76 B3
Tamariu E 77 B6
Tamási H 60 B3
Tambach-Dietharz D 37 C5
Tameza E 72 A4
Tamines B 35 C4
Tammisaari FIN 5 F18
Tampere FIN 5 F18
Tamsweg A 59 A3
Tamurejo E 80 D2
Tana N 4 A21
Tañabueyes E 75 B3
Tanakajd H 60 A1
Tanaunella I 96 C3
Tancarville F 44 B1
Tandslet DK 25 D2
Tånga S 27 C1
Tangen N 20 B2
Tangerhütte D 30 C2
Tangermünde D 30 C2
Taninges F 56 B1
Tann D 37 C5
Tanna D 37 C6
Tannåker S 26 C2
Tännäs S 4 E13
Tannay, *Ardennes* F 45 B5
Tannay, *Nièvre* F 54 A3
Tanne D 37 B5
Tannenbergsthal D 38 C2
Tännesberg D 48 B3
Tannheim A 57 A5
Tanowo PL 31 B5
Tanum S 21 D2
Tanumshede S 21 D2
Tanus F 63 B6
Tanvald CZ 39 C5
Taormina I 95 B4
Tapa EST 7 G19
Tapada P 78 C2
Tápe H 61 B5
Tapfheim D 48 C1
Tapia de Casariego E 72 A4
Tápióbicske H 61 A4
Tápiógyörgye H 61 A5
Tápióság H 61 A4
Tápiósáp H 61 A4
Tápiósüly H 61 A4
Tápiószecsö H 61 A4
Tápiószele H 61 A4
Tápiószentmárton H 61 A4
Tapolca H 60 B2
Tapolcafö H 60 A2
Tappstrom S 23 C3
Tar H 51 D5
Taradell E 77 B5
Taramundi E 72 A3
Tarancón E 81 B3
Táranto I 93 A4
Tarany H 60 B2
Tarare F 55 C4
Tarascon F 65 C3
Tarascon-sur-Ariège F 77 A4
Tarashcha UA 11 M22
Tarazona E 75 C5
Tarazona de la Mancha E 81 C5
Tarbena E 82 C2
Tarbert GB 3 J4
Tarbes F 62 C4
Tarcento I 58 B3
Tarčin BIH 70 C3
Tarczyn PL 41 B4
Tardelcuende E 75 C4
Tardets-Sorholus F 62 C3
Tardienta E 76 B2
Targon F 62 B3
Târgoviște RO 11 P19
Târgu Mureș RO 11 N19
Târgu Ocna RO 11 N20
Târgu Secuiesc RO 11 P20
Tarifa E 85 C4
Tariquejo E 84 B2
Tarjan H 61 A3
Tárkany H 60 A3
Tarlów PL 41 B5
Tarm DK 25 C1
Tarmstedt D 29 B6
Tärnaby S 4 D14
Tarnaörs H 61 A5
Tarnaszentmiklós H 61 A5
Târnăveni RO 11 N19
Tarnobrzeg PL 41 C5
Tarnos F 62 C2
Tarnów PL 11 L17
Tarnowskie Gory PL 40 C2
Tärnsjö S 22 B2
Tarouca P 73 C3
Tarp D 25 D2
Tarquínia I 88 A2
Tarragona E 77 B4
Tarrasa E 77 B5
Tàrrega E 77 B4
Tarrenz A 57 A5
Tårs, *Nordjyllands* DK 24 A3
Tårs, *Storstrøms* DK 25 D4
Tarsia I 92 B3
Tartas F 62 C3
Tartu EST 16 G20
Tarussa RUS 16 J25
Tasov CZ 50 B2
Tasovčići BIH 70 C2
Tassin-la-Demi-Lune F 55 C4
Tåstrup DK 25 C5
Taszár H 60 B2
Tat H 61 A3
Tata H 60 A3
Tatabánya H 61 A3
Tataháza H 61 B4
Tatarbunary UA 11 P21
Tatárszentgyörgy H 61 A4
Tatranská Kotlina SK 51 B6
Tatranská-Lomnica SK 51 B6
Tau N 18 B2
Tauberbischofsheim D 47 B5
Taucha D 38 B2
Taufkirchen D 48 C3
Taufkirchen a.d. Pram A 49 C4
Taule F 42 B2
Taulignan F 65 B3
Taulov DK 25 C2
Taunton GB 3 L5
Taunusstein D 47 A4
Tauragė LT 7 J18
Taurianova I 95 A5
Taurisano I 93 B5
Tauste E 76 B1
Tauves F 54 C2
Tavankut HR 61 B4
Tavannes CH 56 A2
Tavarnelle val di Pesa I 67 C6
Tavaux F 55 A5
Taverna I 93 B3
Taverne CH 57 B3
Tavernelle I 68 C2
Tavérnola Bergamasca I 57 C5
Taverny F 44 B3
Tavers F 44 D2
Taviano I 93 B5
Tavira P 84 B2
Tavnik YU 71 C5
Tazones E 74 A1
Tczew PL 33 A4
Teano I 89 B5
Teba E 86 C2
Techendorf A 58 B3
Tecklenburg D 36 A2
Teckomatorp S 27 D2
Tecuci RO 11 P20
Tegelen NL 35 B6
Tegelsmora S 22 B3
Tegernsee D 58 A1
Teggiano I 92 A2
Tegoleto I 68 C1
Teichel D 37 C6
Teijeiro E 72 A2
Teillay F 43 C4
Teisendorf D 48 D3
Teistungen D 37 B5
Teixeira E 72 B3
Tejada de Tiétar E 79 A5
Tejado E 75 C4
Tejares E 80 B1
Tejera E 72 A4
Tejn DK 27 D3
Tekirdağ TR 15 R20
Tekovske-Lužany SK 51 C4
Telavåg N 18 A1
Telč CZ 50 B1
Telese I 89 B5
Telford GB 3 K5
Telfs A 57 A6
Telgte D 36 B2
Tellingstedt D 29 A6
Telšiai LT 7 J18
Telti I 96 C3
Teltow D 31 C4
Tembleque E 81 C3
Temelin CZ 49 B5
Temerin HR 61 C4
Temiño E 75 B3
Témpio Pausánia I 96 C3
Templeuve B 34 C3
Templin D 31 B4
Temse B 35 B4
Ten Boer NL 28 B3
Tenay F 55 C5
Tenby GB 3 L4
Tence F 64 A3
Tende F 66 B2
Tengling D 48 D3
Tenhult S 26 B3
Tenja HR 61 C3
Tenneville B 46 A1
Tensta S 22 B3
Teo E 72 B2
Teora I 90 D2
Teplá CZ 49 B3
Teplice CZ 38 C3
Teplice n. Metuji CZ 39 C6
Ter Apel NL 28 C4
Ter Apelkanaal NL 28 C4
Tera E 75 C4
Téramo I 89 A4
Terborg NL 35 B6
Terchová SK 51 B5
Terebovlya UA 11 M19
Terena P 78 C3
Teresa de Cofrentes E 82 B1
Terešov CZ 49 B4
Terezino Polje HR 60 C2
Tergnier F 45 B4
Terlano (Terlan) I 57 B6
Terlizzi I 90 C3
Termas de Monfortinho P 79 A4
Terme di Roselle I 88 A2
Terme di Suio I 89 B4
Terme di Valdieri I 66 B2
Termens E 76 B3
Termes F 64 B2
Termia Mare RO 61 C5
Términi Imerese I 94 B2
Terminillo I 89 A3
Térmoli I 90 C2
Ternay F 53 A4
Ternberg A 49 D5
Terndrup DK 24 B3
Terneuzen NL 34 B3
Terni I 88 A3
Ternitz A 50 D2
Ternopil UA 11 M19
Terpes H 51 D6
Terracina I 89 B4
Terralba I 96 D2
Terranova di Pollino I 92 B3
Terranova di Sibari I 92 B3
Terras do Bouro P 73 C2
Terrasini I 94 A2

Uicinj YU 91 C6
Uldum DK 25 C2
Ulefoss N 19 B6
Uleila del Campo E 87 B4
Ulfborg DK 25 B1
Ulft NL 35 B6
Uljanik HR 60 C2
Ullapool GB 3 H4
Ullared S 26 B1
Ullatun N 18 B3
Ulldecona E 83 A3
Ulldemolins E 76 B3
Ullensvang N 18 A3
Ullerslev DK 25 C3
Ullerup DK 25 D2
Ullervad S 21 D4
Üllö H 61 A4
Ullvi, *Kopparberg* S 20 B6
Ullvi, *Västmanland* S 23 C2
Ulm D 47 C5
Ulme P 78 B2
Ulmen-Meiserich D 36 C1
Ulog BIH 70 C3
Ulricehamn S 26 B2
Ulrichsberg A 49 C4
Ulrichskirchen A 50 C2
Ulrichstein D 36 C4
Ulrika S 23 D1
Ulrum NL 28 B3
Ulsberg N 4 E12
Ulsted DK 24 A3
Ulstrup, *Vestsjællands Amt.* DK 25 C3
Ulstrup, *Viborg Amt.* DK 24 B2
Ulvenhout NL 35 B4
Ulzio (Oulx) I 65 A5
Umag SLO 58 C3
Uman UA 11 M22
Umba RUS 5 C24
Umbértide I 68 C2
Umbriático I 93 B3
Umčari YU 71 B5
Umeå S 5 E17
Umhausen A 57 A5
Umka YU 71 B5
Ummeln D 36 B3
Uncastillo E 76 A1
Undenäs S 21 D5
Unecha RUS 16 K23
Úněšov CZ 49 B4
Ungenach A 49 C4
Ungheni MD 11 N20
Unhais da Serra P 78 A3
Unhošt CZ 49 A5
Unichowo PL 32 A3
Uničov CZ 50 B3
Uniejów PL 40 B2
Unieście PL 32 A2
Unislaw PL 33 B4
Unkel D 36 C2
Unken A 58 A2
Unna D 36 B2
Unquera E 74 A2
Unter Reichenbach D 47 C4
Unter-Schönmattenwag D 47 B4
Unter Schwarzach D 47 D5
Unter Steinbach D 48 B1
Unterach A 49 D4
Unterägeri CH 56 A3
Unterammergau D 57 A6
Unterbaar D 48 C1
Unterhaching D 48 C2
Unteriberg CH 56 A3
Unterkochen D 47 C6
Unterlüß D 30 C1
Untermünkheim D 47 B5
Untermunstertal D 47 D3
Unterschächen CH 56 B3
Unterschwaningen D 48 B1
Untersiebenbrunn A 50 C2
Untersiemau D 37 C5
Unterweißenbach A 49 C5
Unterwössen D 48 D3
Unterzell D 48 B3
Úpice CZ 39 C6
Upphärad S 21 D3
Upplands-Väsby S 23 C3
Uppsala S 22 C3
Ur F 77 A4
Urach D 47 C5
Uras I 96 D2
Uraz PL 39 B6
Urbánia I 68 C2
Urbino I 68 C2
Urçay F 54 B2
Urda E 80 C3
Urdax E 75 A5
Urdilde E 72 B2
Urdos F 76 A2
Urepel F 62 C2
Urk NL 28 C2
Úrkut H 60 A2
Urla TR 15 S20
Urnäsch CH 57 A4
Uroševac YU 15 Q17
Urracal E 87 B4
Urries E 76 A1
Urroz E 75 B5
Urrugne F 62 C2
Ursensollen D 48 B2
Urshult S 26 C3
Urspringen D 47 B5
Ursus PL 41 A4
Urszulewo PL 33 C5
Ury F 44 C3
Urziceni RO 11 P20
Urzulei I 96 C3
Usagre E 79 C4
Ušće YU 71 C5
Usedom D 31 B4
Useldange L 46 B1
Uséllus I 96 D2
Usingen D 36 C3
Usini I 96 C2
Uskedal N 18 B2
Uslar D 37 B4
Usquert NL 28 B3
Ussássai I 96 D3
Ussat-les-Bains F 77 A4
Ussé F 53 A5
Usséglio I 66 A2
Ussel, *Cantal* F 64 A1
Ussel, *Corrèze* F 54 C2
Usseln D 36 B3
Usson-du Poitou F 53 B5
Usson-en-Forez F 64 A2
Usson-les-Bains F 77 A5
Ust Luga RUS 16 G21
Ustaritz F 62 C2
Uštěk CZ 38 C4
Uster CH 56 A3
Ústí CZ 51 B3
Ústí n. Labem CZ 38 C4
Ústí n Orlici CZ 50 B2
Ustibar BIH 71 C4
Ustikolina BIH 71 C3
Ustiprača BIH 71 C4
Ustka PL 32 A2
Ustroń PL 51 B4
Ustronie Morskie PL 32 A1
Ustyuzhna RUS 16 G25
Usurbil E 75 A4
Uszód H 61 B3
Utåker N 18 B2
Utebo E 76 B2
Utena LT 7 J19
Utery CZ 49 B3
Utiel E 82 B1
Utne N 18 A3
Utrecht NL 35 A5
Utrera E 85 B4
Utrillas E 76 C2
Utsjoki FIN 4 B20
Utstein kloster N 18 B2
Uttendorf A 58 A2
Uttenweiler D 47 C5
Utterslev DK 25 D4
Utting D 48 C2
Utvik N 18 B2
Uusikaarlepyy FIN 5 E18
Uusikaupunki FIN 5 F17
Uvaly CZ 49 A5
Uvdal N 19 A5
Uzdin YU 71 A5
Uzdowo PL 33 B6
Uzel F 42 B3
Uzerche F 54 C1
Uzès F 64 B3
Uzhhorod UA 11 M18
Uzhok UA 11 M18
Uznach CH 57 A3
Uzunköprü TR 15 R20

V

Vä S 27 D3
Vaasa FIN 5 E17
Vaasen NL 35 A5
Vabre F 64 C1
Vác H 51 D5
Vacha D 37 C4
Váchartyán H 61 A4
Väckelsång S 26 C3
Vad S 22 B1
Vada I 67 C5
Väddö S 22 C4
Väderstad S 21 D5
Vadheim N 4 F9
Vadillo de la Sierra E 80 B1
Vadillos E 81 B4
Vadla N 18 B3
Vado I 67 B6
Vado Ligure I 66 B3
Vadsbro S 23 D2
Vadsø N 4 A21
Vadstena S 21 D5
Vadum DK 24 A2
Vaduz FL 57 A4
Væggerløse DK 25 D4
Vafos N 19 C6
Våg H 60 A2
Vaggeryd S 26 B3
Vaglia I 67 C6
Váglio Basilicata I 90 D2
Vagney F 46 C2
Vagnhärad S 23 D3
Vagos P 73 D2
Vaiano I 67 C6
Vaiges F 53 A4
Vaihingen D 47 C4
Vaillant F 55 A5
Vailly F 45 B4
Vailly-sur Sauldre F 54 A2
Vairano Scalo I 89 B5
Vaison-la-Romaine F 65 B4
Vaîte F 55 A5
Våjern S 21 D2
Vajszló H 60 C3
Val E 72 B2
Val d'Esquières F 65 C5
Val-d'Isère F 56 C1
Val de San Lorenzo E 72 B4
Val de Santo Domingo E 80 B2
Val Suzon F 55 A4
Valaam RUS 5 F22
Valada P 78 B2
Valadares P 73 C2
Valado P 78 B1
Valance F 53 C5
Valandovo MK 15 R18
Valaska SK 51 C5
Valaská Belá SK 51 C4
Valaská Dubová SK 51 B5
Valašská Polanka CZ 51 B3
Valašské Klobouky CZ 51 B4
Valašské Meziříčí CZ 51 B3
Vålberg S 21 C4
Valbo S 22 B3
Valbom P 73 C2
Valbondione I 57 B4
Valbonnais F 65 B4
Valbuena de Duero E 74 C2
Valdagno I 57 C6
Valdaracete E 81 B3
Valday RUS 16 H23
Valdealgorfa E 76 C2
Valdecaballeros E 80 C1
Valdecabras E 81 B4
Valdecarros E 80 B1
Valdeconcha E 81 B4
Valdeflores E 85 B3
Valdefresno E 74 B1
Valdeganga E 81 C5
Valdelacasa E 80 B1
Valdelacasa de Tajo E 80 C1
Valdelarco E 85 B3
Valdelosa E 80 A1
Valdeltormo E 76 C3
Valdemanco de Esteras E 80 D2
Valdemarsvik S 23 D2
Valdemorillo E 80 B2
Valdemoro E 80 B3
Valdemoro Sierra E 81 B5
Valdeobispo E 79 A4
Valdeolivas E 81 B4
Valdepeñas E 86 A3
Valdepeñas de Jaén E 86 B3
Valdepiélago E 74 B1
Valdepolo E 74 B1
Valderas E 74 B1
Valdérice I 94 A1
Valderrobres E 76 C3
Valderrueda E 74 B2
Valdestillas E 74 C2
Valdeteja E 74 B1
Valdetorres E 79 C4
Valdetorres de Jarama E 81 B3
Valdeverdeja E 80 C1
Valdevimbre E 74 B1
Valdieri I 66 B2
Valdilecha E 81 B3
Valdobbiádene I 58 C2
Valdocondes E 75 C3
Valdoviño E 72 A2
Valé CH 57 B4
Vale de Açor, *Beja* P 84 B2
Vale de Açor, *Portalegre* P 78 B3
Vale de Agua P 84 B1
Vale de Cambra P 73 D2
Vale de Prazeres P 78 A3
Vale de Reis P 78 C2
Vale de Rosa P 84 B2
Vale de Santarém P 78 B2
Vale de Vargo P 84 B2
Vale do Peso P 78 B3
Valea lui Mihai RO 11 N18
Valega P 73 D2
Valéggio sul Mincio I 67 A5
Valeiro P 78 C2
Valença do Minho P 73 B2
Valençay F 53 A6
Valence, *Drôme* F 65 B3
Valence, *Tarn-et-Garonne* F 63 B4
Valence-d'Albigeois F 64 B1
Valence-sur-Baise F 63 C4
Valencia E 82 B2
Valencia de Alcántara E 79 B3
Valencia de Don Juan E 74 B1
Valencia de las Torres E 79 C4
Valencia de Mombuey P 84 A2
Valencia del Ventoso E 85 A3
Valenciennes F 34 C3
Valensole F 65 C4
Valentano I 88 A2
Valentigney F 56 A1
Valentine F 63 C4
Valenza I 66 A3
Valenzuela E 86 B2
Valenzuela de Calatrava E 80 D3
Våler, *Hedmark* N 20 B2
Våler, *Østfold* N 19 B7
Valera de Abajo E 81 C4
Valera de Arriba E 81 C4
Valestrand N 18 B2
Valevåg N 18 B2
Valfabbrica I 68 C2
Valflaunes F 64 C2
Valga EST 16 H20
Valgorge F 64 B3
Valgrisenche I 56 C2
Valguarnera Caropepe I 95 B3
Valhelhas P 78 A3
Valjevo YU 71 B4
Valka LV 7 H19
Valkeakoski FIN 5 F19
Valkenburg NL 35 C5
Valkenswaard NL 35 B5
Valkó H 61 A4
Vall d'Alba E 82 A2
Vall de Uxo E 82 B2
Valla S 23 C2
Vallada E 82 C2
Vallado E 72 A4
Valladolid E 74 C2
Vallåkra S 27 D1
Vallata I 90 C2
Vallauris F 66 C2
Vallberga S 26 C2
Valldemosa, *Mallorca* E 83
Valle N 18 B4
Valle Castellana I 89 A4
Valle de Abdalagís E 86 C2
Valle de Cabuérniga E 74 A2
Valle de la Serena E 79 C5
Valle de Matamoros E 79 C4
Valle de Santa Ana E 79 C4
Valle Mosso I 56 C3
Valledolmo I 94 B2
Valledórie I 96 C2
Valleiry F 55 B5
Vallelado E 74 C2
Vallelunga Pratameno I 94 B2
Vallendar D 36 C2
Vallentuna S 23 C4
Valleras S 20 B4
Valleraugue F 64 B2
Vallermosa I 96 D2
Vallet F 52 A3
Vallfogona E 77 B4
Valli d. Pasúbio I 57 C6
Vallo della Lucánia I 92 A2
Valloire F 65 A5
Vallombrosa I 68 C1
Vallon-Pont-d'Arc F 64 B3
Vallorbe CH 55 B6
Vallouise F 65 B5
Valls E 77 B4
Vallset N 20 B2
Vallvik S 22 A3
Valmadrid E 76 B2
Valmiera LV 7 H19
Valmojado E 80 B2
Valmont F 44 B1
Valmontone I 89 B3
Valmy F 45 B5
Valö S 22 B4
Valognes F 43 A4
Valonga P 78 A2
Válor E 86 C3
Valoria la Buena E 74 C2
Valozhyn BY 16 J20
Valpaços P 73 C3
Valpelline I 56 C2
Valpiana I 67 D5
Valpovo HR 60 C3
Valras-Plage F 64 C2
Valréas F 65 B3
Vals-les-Bains F 64 B3
Valsavarenche I 56 C2
Valse DK 25 D4
Valsequillo E 79 C5
Valsonne F 55 C4
Valstagna I 58 C1
Valtablado del Rio E 81 B4
Valtice CZ 50 C2
Valtiendas E 74 C3
Valtierra E 75 B5
Valtopina I 68 C2
Valtorta I 57 C4
Valtournenche I 56 C2
Valverde de Burguillos E 79 C4
Valverde de la Vera E 79 A5
Valverde de la Virgen E 74 B1
Valverde de Leganés E 79 C4
Valverde de Llerena E 85 A4
Valverde de Mérida E 79 C4
Valverde del Camino E 85 B3
Valverde del Fresno E 79 A4
Valverde del Júcar E 81 C4
Vamberk CZ 39 C6
Vamdrup DK 25 C2
Våmhus S 20 A5
Vammala FIN 5 F18
Vamosgyörk H 61 A4
Vámosmikola H 51 D4
Vámosszabadi H 50 D3
Vanault-les-Dames F 45 C5
Vandel DK 25 C2
Vandières F 46 C2
Vandnesse F 54 B3
Vandóies (Vintl) I 58 B1
Vänersborg S 21 D3
Vangsås N 20 B2
Vangsnes N 4 F10
Vännäs S 5 E16
Vannes F 52 A2
Vannsätter S 22 A2
Vansbro S 20 B5
Vanse N 18 C3
Vanstad S 27 D2
Vantaa FIN 5 F19
Vaour F 63 B5
Vapnyarka UA 11 M21
Vaprio d'Adda I 57 C4
Vaqueiros P 84 B2
Vara S 21 D3
Varacieux F 65 A4
Varades F 52 A3
Varages F 65 C4
Varaldsøy N 18 A2
Varallo Sésia I 56 C3
Varano de Melegari I 67 B5
Varaždin HR 60 B1
Varaždinske Mučna HR 60 B1
Varazdinske Toplice HR 60 B1
Varazze I 66 B3
Varberg S 24 A5
Varde DK 25 C1
Varel D 29 B5
Varėna LT 7 J19
Vårenes N 18 B2
Varengeville F 44 B1
Varenna I 57 B4
Varennes-en-Argonne F 45 B6
Varennes-le-Grand F 55 B4
Varennes-lès-Nevers F 54 A3
Varennes-St. Sauveur F 55 B5
Varennes-sur-Allier F 54 B3
Vareš BIH 70 B3
Varese I 56 C3
Varese Ligure I 67 B4
Vârfurile RO 11 N18
Vårgårda S 26 A1
Vargas E 74 A3
Vargas P 78 B2
Vargon S 21 D3
Varhaug N 18 C2
Varigotti I 66 B3
Varilhes F 63 C5
Varin SK 51 B4
Väring S 21 D4
Váriz P 73 C4
Varkaus FIN 5 E20
Värmlands Bro S 21 C4
Värmskog S 21 C3
Varna BG 11 Q20
Varna YU 71 B4
Värnamo S 26 B3
Varnhem S 21 D4
Varnsdorf CZ 38 C4
Värö S 24 A5
Varoška Rijeka HR 70 A1
Városlöd H 60 A2
Várpalota H 60 A3
Varreddes F 45 B3
Vars F 65 B5
Varsi I 67 B4
Varsseveld NL 35 B6
Vårsta S 23 C3
Vartofta S 26 A2
Vårvik S 21 C3
Várvölgy H 60 B2
Varzi I 67 B4
Varzjelas P 73 D2
Varzo I 56 B3
Varzy F 54 A3
Väsa S 20 B5
Vasad H 61 A4
Väse S 21 C4
Vašica YU 71 A4
Vasilevichi BY 16 K21
Vaskút H 61 B4
Vaslui RO 11 N20
Vassieux-en-Vercors F 65 B4
Vassmolösa S 26 C5
Vassy F 43 B5
Västanvik S 20 B5
Väster Myckeläng S 20 A5
Västerås S 23 C2
Västerby S 22 B1
Västerfärnebo S 22 C2
Västerhaninge S 23 C4
Vastermo S 23 C2
Västervik S 26 B5
Vasto I 89 A5
Västra Ämtervik S 21 C4
Västra-Bodarne S 26 B1
Västra Karup S 27 C1
Vasvár H 60 A1
Vasylkiv UA 11 L22
Vaszar H 60 A2
Vát H 60 A1
Vatan F 54 A1
Vatnås N 19 B6
Vätö S 22 C4
Vatra-Dornei RO 11 N19
Vatry F 45 C5
Vattholma S 22 B3
Vättis CH 57 B4
Vauchassis F 45 C4
Vaucouleurs F 46 C1
Vaudoy F 45 C4
Vaugneray F 55 C4
Vaulen N 18 C2
Vaulnaveys-le-Haut F 65 A4
Vaulruz CH 56 B1
Vaulx Vraucourt F 45 A3
Vaumas F 54 B3
Vausseroux F 53 B4
Vauvenargues F 65 C4
Vauvert F 64 C3
Vauvillers F 46 D2
Vawkavysk BY 7 K19
Vaxholm S 23 C4
Växjö S 26 C3
Våxtorp S 27 C2
Vayrac F 63 B5
Važec SK 51 B5
Veberöd S 27 D2
Vechelde D 37 A5
Vechta D 29 C5
Vecinos E 80 B1
Veckholm S 23 C3
Vecsés H 61 A4
Vedavågen N 18 B2
Veddige S 26 B1
Vedersø DK 25 B1
Vedeseta I 57 C4
Vedevåg S 23 C1
Vedra E 72 B2
Vedum S 21 D3
Veendam NL 28 B3
Veenendaal NL 35 A5
Veenwouden NL 28 B2
Vega E 74 A1
Vega de Espinareda E 72 B4
Vega de Infanzones E 74 B1
Vega de Liébana E 74 A2
Vega de Pas E 74 A3
Vega de Valcarce E 72 B4
Vega de Valdetronco E 74 C1
Vegadeo E 72 A3
Vegamian E 74 B1
Vegarienza E 72 B4
Vegårshei N 19 C5
Vegas de Coria E 79 A4
Vegas de Domingo Rey E 79 A4
Vegas del Condado E 74 B1
Vegby S 26 B2
Veggli N 19 A6
Veghel NL 35 B5
Véglie I 93 A4
Veguillas E 81 B3
Vegusdal N 19 C5
Veikåker N 19 A6
Veilsdorf D 37 C5
Veinge S 26 C2
Veitsch A 59 A5
Veitshöchheim D 47 B5
Vejbystrand S 27 C1
Vejen DK 25 C2
Vejer de la Frontera E 85 C4
Vejle DK 25 C2
Vejprty CZ 38 C3
Vel'ká Mača SK 50 C3
Vel'ká Maňa SK 51 C4
Vel'ké Čanikovce SK 50 C3
Vel'ké Leváre SK 50 C3
Vel'ké Rovné SK 51 B4
Vel'ké Uherce SK 51 C4
Vel'ké Zálužie SK 50 C3
Vel'ke' Kostol'any SK 50 C3
Vel'ký Blh. SK 51 C6
Vel'ký Cetin SK 51 C4
Vel'ký Krtíš SK 51 C5
Vela Luka HR 90 B3
Velada E 80 B2
Velanda S 21 D3
Velayos E 80 B2
Velbert D 36 B1
Velburg D 48 B2
Velden A 59 B4
Velden, *Bayern* D 48 B2
Velden, *Bayern* D 48 C3
Veldhoven NL 35 B5
Velefique E 87 B4
Velen D 36 B1
Velence H 61 A3
Velenje SLO 59 B5
Velesevec HR 60 C1
Velešin CZ 49 C5
Velestinon GR 15 S18
Velez Blanco E 87 B4
Vélez de Benaudalla E 86 C3
Vélez-Málaga E 86 C2
Vélez Rubio E 87 B4
Veli Lošinj HR 69 B4
Velika HR 60 C2
Velika Gorica HR 60 C1
Velika Grdevac HR 60 C2
Velika Greda YU 71 A6
Velika Ilova BIH 70 B2
Velika Kladusa BIH 69 A5
Velika Kopanica HR 70 A3
Velika Krsna YU 71 B5
Velika Mučna YU 60 B1
Velika Obarska BIH 71 B4
Velika Pisanica HR 60 C2
Velika Plana YU 71 B6
Velika Zdenci HR 60 C2
Velike Lašče SLO 59 C4
Veliki Gaj YU 71 A6
Velikiye Luki RUS 16 H22
Veliko Gradište YU 71 B6
Veliko Trgovišće HR 59 B5
Veliko Tŭrnovo BG 15 Q19
Velilla E 74 B2
Velilla de S. Antonio E 81 B3
Velipojë AL 91 C6
Velizh RUS 16 J22
Veljun HR 69 A5
Velká CZ 50 C3
Velká Bites CZ 50 B2
Velka Dobra CZ 49 A5
Velká Hled'sche CZ 48 B3
Velká Losenice CZ 50 B1
Velká Polom CZ 51 B4
Velké Bystřice CZ 50 B3
Velké Heraltice CZ 50 B3
Velké Karlovice CZ 51 B4
Velké Losiny CZ 50 A3
Velké Meziříčí CZ 50 B2
Velké Němčice CZ 50 B2
Velké Pavlovice CZ 50 C2
Velky Bor CZ 49 B4
Velky Ujezd CZ 50 B3
Vellach A 59 B4
Vellahn D 30 B1
Vellberg D 47 B5
Velletri I 88 B3
Vellinge S 27 D1
Vellisca E 81 B4
Velliza E 74 C2
Velp NL 35 A5
Velpke D 37 A5
Velsen NL 35 A4
Velten D 31 C4
Veltrusy CZ 38 C4
Velvary CZ 38 C4
Vemb DK 24 B1
Veme N 19 A7
Véménd H 61 B3
Vemmedrup DK 25 C5
Vena S 26 B4
Venaco F 96 A3
Venafro I 89 B5
Venarey-les-Laumes F 55 A4
Venaria Reale I 66 A2
Venasca I 66 B2
Venčane YU 71 B5
Vence F 66 C2
Venda Nova, *Coimbra* P 78 A2
Venda Nova, *Leiria* P 78 B2
Vendargues F 64 C2
Vendas Novas P 78 C2
Vendays Montalivet F 62 A2
Vendel S 22 B3
Vendeuvre-sur-Barse F 45 C5
Vendin-le-Vieil F 34 C2
Vendœuvres F 53 B6
Vendôme F 44 D2
Vendryně CZ 51 B4
Venézia I 58 C2
Venialbo E 74 C1
Venjan S 20 B4
Venlo NL 35 B6
Vennesla N 19 C4
Vennesund N 4 D13
Venosa I 90 D2
Venraij NL 35 B5
Venray NL 35 B5
Vent A 57 B5
Venta de Arraco E 76 A2
Venta de los Santos E 86 A3
Venta del Moro E 82 B1
Venta del Obispo E 80 B1
Ventanueva E 72 A4
Ventas de Cervera E 75 C5
Ventas de Huelma E 86 B3
Ventas de Zafarraya E 86 C2
Ventavon F 65 B4
Ventimíglia I 66 C2
Ventosa de la Sierra E 75 C4
Ventosilla E 75 C4
Ventspils LV 7 H17
Venturina I 67 C5
Venzolasca F 96 A3
Venzone I 58 B3
Vép H 60 A1
Vera E 87 B5
Vera Cruz P 84 A2
Vera de Bidasoa E 75 A5
Vera de Moncayo E 75 C5
Verbania I 56 C3
Verberie F 45 B3
Verbicaro I 92 B2
Vercel F 56 A1
Vercelli I 66 A3
Vercheny F 65 B4
Verclause F 65 B4
Verdalsøra N 4 E12
Verden D 29 C6
Verdille F 53 C4
Verdú E 77 B4
Verdun, *Meuse* F 46 B1
Verdun, *Tarn-et-Garonne* F 63 C5
Verdun-sur-le-Doubs F 55 B5
Veresegyház H 61 A4
Verfeil F 63 C5
Vergato I 67 B6
Vergel E 82 C3
Vergeletto CH 56 B3
Verges E 77 A6
Vergiate I 56 C3
Vergt F 63 A4
Vérignon F 65 C5
Verín E 73 C3
Veringenstadt D 47 C5
Verkhovye RUS 16 K25
Verl D 36 B3
Vermand F 45 B4
Vermelha P 78 B1
Vermenton F 54 A3
Vern-d'Anjou F 53 A4
Vernago (Vernagt) I 57 B5
Vernante I 66 B2
Vernantes F 53 A5
Vernár SK 51 C6
Vernasca I 67 B4
Vernayaz CH 56 B2
Verneřice CZ 38 C4
Vernet F 63 C5
Vernet-la-Varenne F 54 C3
Vernet-les-Bains F 77 A5
Verneuil F 45 B4
Verneuil-sur-Avre F 44 C1
Vérnio I 67 B6
Vérnole I 93 A5
Vernon F 44 B2
Vernoux-en-Vivarais F 65 B3
Veróce H 51 D5
Veróia GR 15 R18
Verolanuova I 67 A5
Veroli I 89 B4
Véron F 45 C4
Verona I 57 C6
Verpelét H 51 D6
Verrès I 56 C2
Verrières F 53 B5
Verry-sous-Salmaise F 55 A4
Versailles F 44 C3
Versam CH 57 B4
Verseg H 61 A4
Versmold D 36 A3
Versoix CH 55 B6
Verteillac F 63 A4
Vértesacsa H 61 A3
Vértesszöllös H 60 A3
Vertolaye F 54 C3
Vertou F 52 A3
Vertus F 45 C5
Verviers B 35 C5
Vervins F 45 B4
Veržej SLO 59 B6
Verzuolo I 66 B2
Verzy F 45 B5
Vescovato F 96 A3
Vése H 60 B2
Veseli CZ 50 C3
Veselí n. Lužnici CZ 49 B5
Veseliy BG 15 Q20
Vésenaz CH 55 B6
Vésime I 66 B3
Vesly F 44 B2
Vesoul F 55 A6
Vespolate I 66 A3
Vessigebro S 26 C1
Vestbygd N 18 C3
Vestenanova I 57 C6
Vester Nebel DK 25 C2
Vester Vedsted DK 25 C1
Vesterøhavn DK 24 A3
Vestervig DK 24 B1
Vestfossen N 19 B6
Vestmarka N 20 C2
Vestone I 57 C5
Vesyegonsk RUS 16 G25
Veszprém H 60 A2
Vetlanda S 26 B4
Vetovo HR 60 C2
Vetralla I 88 A3
Vetraz F 55 B6
Větřni CZ 49 C5
Vetrny Jenikov CZ 50 B1
Vétroz CH 56 B2
Vetschau D 38 B4
Vetto I 67 B5
Vetulónia I 88 A1
Veules-les-Roses F 44 B1
Veulettes-sur-Mer F 44 B1
Veum N 19 B5
Veurne B 34 B2
Veverská Bityška CZ 50 B2
Vevey CH 56 B1
Vex CH 56 B2
Veynes F 65 B4
Veyre-Monton F 54 C3
Veyrier F 55 C6
Vézelay F 54 A3
Vézelise F 46 C2
Vézenobres F 64 B3
Vézins F 64 B1
Vezza di Óglio I 57 B5
Vezzani F 96 A3
Vezzano I 57 B6
Vezzano sul Cróstolo I 67 B5
Via Gloria P 84 B2
Viadana I 67 B5
Viana E 75 B4
Viana Alentejo P 78 C2
Viana del Bollo E 72 B3
Viana do Castelo P 73 C2
Vianden L 46 B2
Vianen NL 35 B5
Viaréggio I 67 C5
Vibo Valéntia I 92 C3
Viborg DK 24 B2
Vibraye F 44 C1
Vic-en-Bigorre F 62 C4
Vic-Fézensac F 63 C4
Vic-le-Comte F 54 C3
Vic-sur-Aisne F 45 B4
Vic-sur-Cère F 64 B1
Vicarello I 67 C5
Vicari I 94 B2
Vicchio I 68 C1
Vicdesses F 77 A4
Vicenza I 58 C1
Vich E 77 B5
Vichy F 54 B3
Vickleby S 26 C5
Vico F 96 A2
Vico del Gargano I 90 C2
Vico Equense I 89 C5
Vicopisano I 67 C5
Vicosoprano CH 57 B4
Vicovaro I 89 A3
Vidago P 73 C3
Vidauban F 65 C5
Vide P 78 A3
Videbæk DK 25 B1
Videm SLO 59 C5
Videseter N 4 F10
Vidigueira P 84 A2
Vidin BG 11 Q18
Vidnava CZ 39 C7
Vidzy BY 16 J20
Viechtach D 49 B3
Vieille-Brioude F 64 A2
Vieira, *Braga* P 73 C2
Vieira, *Leiria* P 78 B2
Vieiros P 78 C3
Viella E 76 A3
Vielle Aure F 76 A3
Viellevigne F 52 B3
Vielmur F 63 C6
Vielsalm B 35 C5
Vienenburg D 37 B5
Vienne F 55 C4
Vieritz D 30 C3
Viernheim D 47 B4
Vierraden D 31 B5
Viersen D 35 B6
Vierville F 43 A5
Vierzon F 54 A2
Vieselbach D 37 C6
Vieste I 90 C3
Vietri di Potenza I 90 D2
Vietri sul Mare I 89 C5
Vieux-Boucau F 62 C2
Vif F 65 A4
Vig DK 25 C4
Viganj HR 91 B4
Vigásio I 67 A5
Vigaun A 58 A3
Vigeland N 18 C4
Vigeois F 63 A5
Vigévano I 66 A3
Viggianello I 92 B3
Viggiano I 92 A2
Vigl'áš SK 51 C5
Vigliano I 89 A4
Vigmostad N 18 C4
Vignale I 66 A3
Vignanello I 88 A3
Vigneulles F 46 C1
Vignola I 67 B6
Vignory F 45 C6
Vignoux-sur Barangeon F 54 A2
Vigo E 72 B2
Vigo di Fassa I 58 B1
Vigone I 66 B2
Vigrestad N 18 C2
Vihiers F 53 A4
Viitasaari FIN 5 E19
Vik N 4 F10
Vik, *Kristianstad* S 27 D3
Vik, *Uppsala* S 23 C3
Vika, *Kopparberg* S 20 B5
Vika, *Kopparberg* S 22 B1
Vikajärvi FIN 5 C20
Vikane N 21 C1
Vikarbyn S 20 B6
Vikedal N 18 B2
Vikeland N 19 C4
Viken S 27 C1
Vikersund N 19 B6
Vikevåg N 18 B2
Vikingstad S 23 D1

Vikmanshyttan S 22 B1
Vikøy N 18 A3
Viksjöfors S 22 A1
Viksta S 22 B3
Vila Boim P 79 C3
Vila Chã de Ourique P 78 B2
Vila de Rei P 78 B2
Vila do Bispo P 84 B1
Vila do Conde P 73 C2
Vila Flor P 73 C3
Vila Franca das Navas P 73 D3
Vila Franca de Xira P 78 C1
Vila Fresca P 78 C1
Vila Nogueira P 78 C1
Vila Nova da Baronia P 78 C2
Vila Nova de Famalicão P 73 C2
Vila Nova de Foscôa P 73 C3
Vila Nova de Gaia P 73 C2
Vila Nova de Milfontes P 84 B1
Vila Nova de Ourem P 78 B2
Vila Nova de Paiva P 73 D3
Vila Pouca de Aguiar P 73 C3
Vila Praja de Ancora P 73 C2
Vila Real P 73 C3
Vila Real de S. Antonio P 84 B2
Vila Ruiva P 84 A2
Vila Seca P 78 A2
Vila Velha de Ródão P 78 B3
Vila Verde, *Braga* P 73 C2
Vila Verde, *Lisboa* P 78 B1
Vila Verde de Filcalho P 84 B2
Vila Vicosa P 78 C3
Vilademat E 77 A6
Viladrau E 77 B5
Vilajuiga E 77 A6
Vilanova de Sau E 77 B5
Vilar Formoso P 73 D4
Vilarandelo P 73 C3
Vilarrodona E 77 B4
Vilasantar E 72 A2
Vilches E 86 A3
Vildbjerg DK 25 B1
Vilella Baja E 76 B3
Vilémov CZ 50 B1
Vileyka BY 16 J20
Vilhelmina S 4 D15
Viljandi EST 7 G19
Villa Castelli I 93 A4
Villa Cova de Lixa P 73 C2
Villa da Feira P 73 D2
Villa de Cruces E 72 B2
Villa de Peralonso E 73 C4
Villa del Prado E 80 B2
Villa del Rio E 86 B2
Villa di Chiavenna I 57 B4
Villa Minozzo I 67 B5
Villa Nueva las Manzanas E 74 B1
Villa San Giovanni I 95 A4
Villa Santa Maria I 89 B5
Villa Santina I 58 B2
Villabáñez E 74 C2
Villablanca E 84 B2
Villablino E 72 B4
Villabona E 75 A4
Villabragima E 74 C1
Villabuena del Puente E 74 C1
Villacadima E 75 C3
Villacañas E 81 C3
Villacarlos, *Menorca* E 83
Villacarriedo E 74 A3
Villacarrillo E 86 A3
Villacastin E 80 B2
Villach A 59 B3
Villacidro I 96 D2
Villaconejos E 81 B3
Villaconejos de Trabaque E 81 B4
Villada E 74 B2
Villadangos del Páramo E 74 B1
Villadecanes E 72 B4
Villadepera E 73 C4
Villadiego E 74 B3
Villadompardo E 86 B3
Villadóssola I 56 B3
Villaeles de Valdavia E 74 B2
Villaescusa de Haro E 81 C4
Villafáfila E 74 C1
Villaflores E 80 A1
Villafrades de Campos E 74 B2
Villafranca, *Avila* E 80 B1
Villafranca, *Burgos* E 75 B3
Villafranca, *Navarra* E 75 B5
Villafranca de Córdoba E 86 B2
Villafranca de los Barros E 79 C4
Villafranca de los Caballeros E 81 C3
Villafranca de Oria E 75 A4
Villafranca del Bierzo E 72 B4
Villafranca del Cid E 82 A2
Villafranca del Panadés E 77 B4
Villafranca di Verona I 57 C5
Villafranca in Lunigiana I 67 B4
Villafranca Tirrena I 95 A4
Villafranca del Campo E 81 B5
Villafranco del Guadalquivir E 85 B3
Villafrati I 94 B2
Villafrechós E 74 C1
Villafruela E 74 C3
Villagarcia E 72 B2
Villagarcia de las Torres E 79 C4
Villaggio Mancuso I 93 B3
Villagonzalo E 79 C4
Villagotón E 72 B4
Villagrains F 62 B3
Villaharta E 86 A2
Villahermosa E 87 A4
Villaherreros E 74 B2
Villahoz E 74 B3
Villaines-la-Juhel F 43 B5
Villajoyosa E 82 C2
Villalago I 89 B4
Villalba E 72 A3
Villalba I 94 B2
Villalba de Calatrava E 86 A3
Villalba de la Sierra E 81 B4
Villalba de los Alcores E 74 C2
Villalba de los Barros E 79 C4
Villalba del Alcor E 85 B3
Villalba del Rey E 81 B4
Villalcázar de Sirga E 74 B2
Villalengua E 75 C5
Villalgordo del Júcar E 81 C4
Villalgordo del Marquesado E 81 C4
Villalón de Campos E 74 B1
Villalonga E 82 C2
Villalonso E 74 C1
Villalpando E 74 C1
Villalumbroso E 74 B2
Villálvaro E 75 C3
Villamalea E 82 B1
Villamañán E 74 B1
Villamanrique E 86 A4
Villamanrique de la Condesa E 85 B3
Villamanta E 80 B2
Villamantilla E 80 B2
Villamar I 96 D2
Villamarin E 72 B3
Villamartín E 85 C4
Villamartin de Campos E 74 B2
Villamartin de Don Sancho E 74 B1
Villamartin de Valdeorras E 72 B3
Villamassárgia I 96 D2
Villamayor E 74 A1
Villamayor de Calatrava E 86 A2
Villamayor de Campos E 74 C1
Villamayor de Santiago E 81 C4
Villamejil E 72 B4
Villamesias E 79 B5
Villaminaya E 80 C3
Villamóndar E 75 B3
Villamor de los Escuderos E 74 C1
Villamoronta E 74 B2
Villamuelas E 80 C3
Villamuriel de Cerrato E 74 C2
Villandraut F 62 B3
Villanova I 91 D4
Villanova d. Battista I 90 C2
Villanova d'Asti I 66 B2
Villanova Mondovi I 66 B2
Villanova Monteleone I 96 C2
Villante E 74 B3
Villantério I 67 A4
Villanubla E 74 C2
Villanueva de Alcardete E 81 C4
Villanueva de Alcorón E 81 B4
Villanueva de Argaño E 74 B3
Villanueva de Arosa E 72 B2
Villanueva de Bogas E 81 C3
Villanueva de Castellón E 82 B2
Villanueva de Córdoba E 86 A2
Villanueva de Gállego E 76 B2
Villanueva de la Concepcion E 86 C2
Villanueva de la Fuente E 87 A4
Villanueva de la Jara E 81 C5
Villanueva de la Reina E 86 A3
Villanueva de la Serena E 79 C5
Villanueva de la Sierra E 79 A4
Villanueva de la Vera E 79 A5
Villanueva de las Peras E 73 C5
Villanueva de las Torres E 86 B3
Villanueva de los Castillejos E 84 B2
Villanueva de los Infantes E 86 A4
Villanueva de Mesia E 86 B3
Villanueva de Oscos E 72 A4
Villanueva de S. Carlos E 86 A3
Villanueva de S. Juan E 85 B4
Villanueva de Tapia E 86 B2
Villanueva del Aceral E 80 A2
Villanueva del Arzobispo E 86 A4
Villanueva del Campo E 74 C1
Villanueva del Duque E 86 A1
Villanueva del Fresno E 79 C3
Villanueva del Huerva E 76 B1
Villanueva del Rey E 85 A4
Villanueva del Rio E 85 B4
Villanueva del Rosario E 86 C2
Villanueva del Trabuco E 86 B2
Villanueva y Geltrú E 77 B4
Villány H 60 C3
Villaodrid E 72 A3
Villapedre E 72 A3
Villaputzu I 96 D3
Villaquejida E 74 B1
Villaquilambra E 74 B1
Villaquiran de los Infantes E 74 B2
Villar d'Arène F 65 A5
Villar de Barrio E 72 B3
Villar de Cañas E 81 C4
Villar de Chinchilla E 82 C1
Villar de Ciervo E 73 D4
Villar de Domingo Garcia E 81 B4
Villar de los Navarros E 76 B1
Villar de Rena E 79 B5
Villar de Santos E 73 B3
Villar del Arzobispo E 82 B2
Villar del Buey E 73 C4
Villar del Cobo E 81 B5
Villar del Humo E 82 B1
Villar del Pedroso E 80 C1
Villar del Rey E 79 B4
Villar del Rio E 75 B4
Villar del Saz E 81 B4
Villar Perosa I 66 B2
Villaralto E 86 A2
Villarcayo E 75 B3
Villard-Bonnot F 65 A4
Villard-de-Lans F 65 A4
Villard-S.D. F 56 C1
Villardeciervos E 73 C4
Villardefrades E 74 C1
Villardevós E 73 C3
Villareal de los Infantes E 82 B2
Villarejo E 81 A3
Villarejo de Fuentes E 81 C4
Villarejo de Orbigo E 74 B1
Villarejo de Salvanes E 81 B3
Villares del Saz E 81 C4
Villaretto I 66 A2
Villargordo del Cabriel E 82 B1
Villarino P 73 C4
Villarino de Conso E 72 B3
Villarluengo E 82 A2
Villarobe E 75 B3
Villarosa I 94 B3
Villarramiel E 74 B2
Villarrasa E 85 B3
Villarreal de S. Carlos E 79 B4
Villarrin de Campos E 74 C1
Villarrobledo E 81 C4
Villarroya de los Pinares E 82 A2
Villarrubia de los Ojos E 81 C3
Villarrubia de Santiago E 81 C3
Villarrubio E 81 C4
Villars-les-Dombes F 55 B5
Villarta E 82 B1
Villarta de los Montes E 80 C2
Villarta de S. Juan E 81 C3
Villasandino E 74 B2
Villasante E 75 A3
Villasarracino E 74 B2
Villasayas E 75 C4
Villasdardo E 73 C4
Villaseca E 72 B4
Villaseca de Henares E 81 B4
Villaseca de la Sagra E 80 C3
Villaseco E 73 C4
Villaseco de los Reyes E 73 C4
Villasequilla de Yepes E 80 C3
Villasimíus I 96 D3
Villasmundo I 95 B4
Villasor I 96 D2
Villastellone I 66 B2
Villatobas E 81 C3
Villatorp E 80 B1
Villatoya E 82 B1
Villaurbana I 96 D2
Villava E 75 B5
Villavaliente E 82 B1
Villavelayo E 75 B4
Villaverde de Guadalimar E 87 A4
Villaverde del Rio E 85 B4
Villaviciosa E 74 A1
Villaviciosa de Córdoba E 85 A4
Villaviciosa de Odón E 80 B3
Villavieja, *Castellon* E 82 B2
Villavieja, *Orense* E 73 B3
Villavieja de Yeltes E 73 D4
Villayón E 72 A4
Villaz F 55 C6
Villé F 46 C3
Ville-sous-la-Ferté F 45 C5
Ville-sur-Illon F 46 C2
Ville-sur-Tourbe F 45 B5
Villebois-Lavalette F 53 C5
Villecomtal F 64 B1
Villedieu-les-Poêles F 43 B4
Villedieu-sur-Indre F 53 B6
Villefagnan F 53 B5
Villefort F 64 B2
Villefranche, *Allier* F 54 B2
Villefranche, *Alpes Maritimes* F 66 C2
Villefranche, *Yonne* F 45 D4
Villefranche-d'Albigeois F 63 C6
Villefranche-de-Lauragais F 63 C5
Villefranche-de-Lonchat F 62 B4
Villefranche-de-Panat F 64 B1
Villefranche-de-Rouergue F 63 B6
Villefranche-du-Périgord F 63 B5
Villefranche-sur-Cher F 54 A1
Villefranche-sur-Saône F 55 C4
Villegenon F 54 A2
Villel E 82 A1
Villemaur-sur-Vanne F 45 C4
Villemer F 45 C3
Villemur F 63 C5
Villena E 82 C2
Villenauxe-le-Grande F 45 C4
Villenave-d'Ornon F 62 B3
Villeneuve CH 56 B1
Villeneuve, *Alpes-Maritimes* F 66 C2
Villeneuve, *Aveyron* F 63 B6
Villeneuve, *Haute-Garonne* F 63 C4
Villeneuve, *Haute-Loire* F 64 A2
Villeneuve, *Pyrénées-Orientales* F 77 A5
Villeneuve, *Seine-et-Marne* F 44 B3
Villeneuve I 56 C2
Villeneuve-de-Berg F 64 B3
Villeneuve-de-Marsan F 62 C3
Villeneuve-l'Archevêque F 45 C4
Villeneuve-la-Guyard F 45 C4
Villeneuve le Comte F 45 C3
Villeneuve-les-Avignon F 65 C3
Villeneuve-St. Georges F 44 C3
Villeneuve-sur-Allier F 54 B3
Villeneuve-sur-Lot F 63 B4
Villeneuve-sur-Yonne F 45 C4
Villeréal F 63 B4
Villerias E 74 C2
Villeromain F 53 A6
Villers-Bocage, *Calvados* F 43 A5
Villers-Bocage, *Somme* F 44 B3
Villers-Bretonneux F 44 B3
Villers Carbonnel F 45 B3
Villers Cotterêts F 45 B3
Villers-Farlay F 55 A5
Villers-le-Gambon B 35 C4
Villers-le-Lac F 56 A1
Villers-sur-Mer F 43 A6
Villersexel F 56 A1
Villerupt L 46 B1
Villerville F 43 A6
Villeseneux F 45 C5
Villetrun F 44 D2
Villetta Barrea I 89 B4
Villeveyrac F 64 C2
Villevocance F 64 A3
Villiers-St. Benoit F 45 D4
Villiers-St. Georges F 45 C4
Villingen D 47 C4
Villmar D 36 C3
Villoldo E 74 B2
Villoria E 80 B1
Villota I 58 C2
Vilnius LT 7 J19
Vils DK 24 B1
Vilsbiburg D 48 C3
Vilshofen D 49 C4
Vilshult S 27 C3
Vilusi YU 91 B5
Vilvestre E 73 C4
Vilvoorde B 35 C4
Vilz Nova da Cerverra E 73 C2
Vimeiro P 78 B1
Vimercate I 57 C4
Vimianzo E 72 A1
Vimieiro P 78 C3
Vimioso P 73 C4
Vimmerby S 26 B4
Vimoutiers F 44 C1
Vimperk CZ 49 B4
Vimy F 34 C2
Vinadi CH 57 B5
Vinadio I 66 B2
Vinaixa E 77 B3
Vinaros E 83 A3
Vinäs S 20 B5
Vinay F 65 A4
Vinberg S 26 C1
Vinca F 77 A5
Vinča YU 71 B5
Vinchiaturo I 89 B5
Vinci I 67 C5
Vindeby DK 25 C3
Vindeln S 5 D16
Vinderup DK 24 B1
Vindsvik N 18 B3
Vinets F 45 C5
Vinga RO 11 P17
Vingåker S 23 C1
Vingnes N 20 A1
Vingrau F 77 A5
Vingrom N 20 A1
Vinhais P 73 C4
Vinica HR 60 B1
Vinica SK 51 C5
Vinica SLO 59 C5
Viniegra de Arriba E 75 B4
Vinje, *Sør-Trøndelag* N 4 E11
Vinje, *Telemark* N 19 B4
Vinkovci HR 71 A3
Vinninga S 21 D4
Vinnytsya UA 11 M21
Vinon F 65 C4
Vinslöv S 27 C2
Vintjärn S 22 B2
Vintrosa S 21 C5
Viñuela de Sayago E 74 C1
Viñuelas E 81 B3
Vinuesa E 75 C4
Vinzelberg D 30 C2
Viöl D 29 A6
Viola I 66 B2
Violay F 55 C4
Vipava SLO 59 C3
Vipiteno (Sterzing) I 58 B1
Vir BIH 70 C2
Vira CH 56 B3
Vire F 43 B5
Vireda S 26 B3
Vireux F 45 A5
Virgen A 58 A2
Virgen de la Cabeza E 86 A2
Viriat F 55 B5
Virieu-le-Grand F 55 C5
Virje HR 60 B2
Virklund DK 25 B2
Virovitica HR 60 C2
Virpazar YU 91 B6
Virsbo bruk S 22 C2
Virton B 46 B1
Virtsu EST 7 G18
Viry F 55 B6
Vis HR 70 C1
Visan F 65 B3
Visbek D 29 C5
Visby DK 25 D1
Visé B 35 C5
Višegrad BIH 71 C4
Viserba I 68 B2
Viserum S 26 B4
Viseu P 73 D3
Visiedo E 76 C1
Viskafors S 26 B1
Vislanda S 26 C3
Visnes N 18 B2
Višnja Gora SLO 59 C4
Višňové CZ 50 C2
Visnum S 21 C5
Visoko BIH 70 C3
Visoko SLO 59 B4
Visone I 66 B3
Visp CH 56 B2
Vissefjärda S 26 C4
Visselhövede D 29 C6
Vissenbjerg DK 25 C3
Visso I 89 A4
Vistabella del Maestrazgo E 82 A2
Vita I 94 B1
Vitanje SLO 59 B5
Vitanovac YU 71 C5
Viterbo I 88 A3
Vitigudino E 73 C4
Vitina BIH 70 C2
Vitis A 49 C6
Vitkov CZ 50 B3
Vitkovac YU 71 C5
Vitonice CZ 50 C2
Vitoria-Gasteiz E 75 B4
Vitré F 43 B4
Vitrey F 46 D1
Vitrolles F 65 C4
Vitry-en-Artois F 34 C2
Vitry-le-François F 45 C5
Vitsand S 20 B3
Vitsyebsk BY 16 J22
Vittangi S 5 C17
Vittaryd S 26 C2
Vitteaux F 55 A4
Vittel F 46 C1
Vittinge S 22 C3
Vittória I 95 C3
Vittório Véneto I 58 C2
Vittsjö S 27 C2
Vittskövle S 27 D3
Viù I 66 A2
Viuf DK 25 C2
Viul N 19 A7
Vivario F 96 A3
Vivel del Rio Martin E 76 C2
Viveli N 18 A4
Viver E 82 B2
Vivero E 72 A3
Viverols F 54 C3
Viveros E 87 A4
Vivier-au-Court F 45 B5
Viviers F 65 B3
Viviez F 63 B6
Vivonne F 53 B5
Vivy F 53 A4
Vize TR 15 R20
Vizille F 65 A4
Vižinada HR 69 A3
Viziru RO 11 P20
Vizovice CZ 50 B3
Vizvár H 60 B2
Vizzavona F 96 A3
Vizzini I 95 B3
Vlaardingen NL 35 B4
Vlachovice CZ 50 B3
Vlachovo SK 51 C6
Vláchovo Březi CZ 49 B4
Vladimirci YU 71 B4
Vladislav CZ 50 B2
Vlagtwedde NL 28 B4
Vlajkovac YU 71 A6
Vlamertinge B 34 C2
Vlasenica BIH 71 B3
Vlašim CZ 49 B5
Vledder NL 28 C3
Vlijmen NL 35 B5
Vlissingen NL 34 B3
Vlorë AL 15 R16
Vlotho D 36 A3
Vnanje Gorice SLO 59 C4
Vobarno I 57 C5
Vocance F 64 A3
Voćin HR 60 C2
Vöcklabruck A 49 C4
Vöcklamarkt A 49 C4
Vodanj YU 71 B5
Voderady SK 50 C3
Vodice, *Istarska* HR 59 C4
Vodice, *Sibenska* HR 69 C5
Vodice SLO 59 B4
Vodňany CZ 49 B5
Vodnjan HR 69 B3
Vodskov DK 24 A3
Voerde D 36 B1
Voerså DK 24 A3
Voghera I 66 B4
Vogogna I 56 B3
Vogošća BIH 70 C3
Vogué F 64 B3
Vohburg D 48 C2
Vohenstrauß D 48 B3
Vöhrenbach D 47 C4
Vöhringen D 47 C6
Void F 46 C1
Voiron F 65 A4
Voise F 44 C2
Voisey F 46 D1
Voiteur F 55 B5
Voitsberg A 59 A5
Vojens DK 25 C2
Vojka YU 71 B5
Vojlovica YU 71 B5
Vojnic HR 69 A5
Vojnice SK 51 D4
Vojnik SLO 59 B5
Vojvoda Stepa HR 61 C5
Volargne I 57 C5
Volary CZ 49 C4
Volcani RO 61 C5
Volda N 4 E10
Volendam NL 28 C2
Volga RUS 16 G26
Volkach D 48 B1
Völkermarkt A 59 B4
Volkhov RUS 5 G23
Völklingen D 46 B2
Volkmarode D 37 A5
Volkmarsen D 36 B4
Vollore-Montagne F 54 C3
Vollsjö S 27 D2
Volmerdingsen D 36 A3
Volnay F 55 A4
Volodymyr-Volyns'kyy UA 11 L19
Volokolamsk RUS 16 H24
Vólos GR 15 S18
Volosovo RUS 16 G21
Volovets UA 11 M18
Volpiano I 66 A2
Volta Mantovana I 67 A5
Voltággio I 66 B3
Volterra I 67 C5
Voltri I 66 B3
Volturara Appula I 90 C2
Volturara Irpina I 89 C5
Volvic F 54 C3
Volx F 65 C4
Volyné CZ 49 B4
Vónitsa GR 15 S17
Vönöck H 60 A2
Vonsild DK 25 C2
Voorburg NL 35 A4
Voorschoten NL 35 A4
Voorthuizen NL 35 A5
Vorau A 59 A5
Vorbasse DK 25 C2
Vorchdorf A 49 D4
Vorden NL 35 A6
Vordernbg A 59 A4
Vorderweißenbach A 49 C5
Vordingborg DK 25 C4
Voreppe F 65 A4
Vorey F 64 A2
Vorgod DK 25 B1
Vormsund N 20 B2
Voronezh UA 16 L23
Vorra D 48 B2
Vorsfelde D 37 A5
Vorst D 35 B6
Võru EST 16 H20
Vorupør DK 24 B1
Vosne-Romanée F 55 A4
Voss N 4 F10
Vosselaar B 35 B4
Votice CZ 49 B5
Voto E 75 A3
Voué F 45 C5
Vougeot F 55 A4
Vouillé F 53 B5
Voujeaucourt F 56 A1
Voulx F 45 C3
Vourey-Voroize F 65 A4
Voussac F 54 B3
Vouvray F 53 A5
Vouvry CH 56 B1
Vouzela P 73 D2
Vouziers F 45 B5
Vovchansk UA 16 L25
Voves F 44 C2
Voxna S 22 A1
Voynitsa RUS 5 D22
Voznesensk UA 11 N22
Vrå DK 24 A2
Vráble SK 51 C4
Vracov CZ 50 C3
Vrådal N 19 B5
Vrana HR 69 B4
Vranduk BIH 70 B2
Vrångö S 24 A4
Vranić YU 71 B5
Vraniči BIH 71 C3
Vranja HR 69 A4
Vranje YU 15 Q17
Vranov CZ 50 C1
Vranovice CZ 50 C2
Vransko SLO 59 B4
Vrapčići BIH 70 C2
Vratimov CZ 51 B4
Vratislavice CZ 39 C5
Vratno HR 60 B1
Vratsa BG 11 Q18
Vrbanja HR 71 B3
Vrbanovec HR 60 B1
Vrbas HR 61 C4
Vrbaška BIH 70 A2
Vrbljani BIH 70 B1
Vrbnik, *Krk* HR 69 A4
Vrbnik, *Zadarsko-Kninska* HR 70 B1
Vrbno p. Pradědem CZ 40 C1
Vrbové SK 50 C3
Vrbovec HR 60 C1
Vrbovsko HR 59 C5
Vrbovsko YU 71 B5
Vrchlabi CZ 39 C5
Vrčin YU 71 B5
Vrdy CZ 50 B1
Vreden D 36 A1
Vrena S 23 D2
Vreoci YU 71 B5
Vretstorp S 21 C5
Vrgin Most HR 59 C5
Vrgorac HR 70 C2
Vrhnika SLO 59 C4
Vrhovine HR 69 B5
Vrhpolje BIH 70 B1
Vrhpolje YU 71 B4
Vriezenveen NL 28 C3
Vrigne-aux-Bois F 45 B5
Vrigstad S 26 B3
Vrlika HR 70 C1
Vrmbaje YU 71 C5
Vrnjačka Banja YU 71 C5
Vrnograd BIH 69 A5
Vrobovcé SK 50 C3
Vron F 34 C1
Vroomshoop NL 28 C3
Vroutek CZ 38 C3
Vrpolje HR 70 A3
Vršac YU 11 P17
Vrsar HR 68 A3
Vrtoče BIH 70 B1
Vručica BIH 70 B2
Vrútky SK 51 B4
Všeruby CZ 49 B4
Všestary CZ 39 C5
Vsetin CZ 51 B3
Vuča YU 71 D5
Vučkovica YU 71 C5
Vught NL 35 B5
Vuillafans F 55 A6
Vukova HR 59 B5
Vukovar HR 71 A3
Vulcan RO 11 P18
Vulcanești MD 11 P21
Vuolijoki FIN 5 D20
Vy-lès Lure F 55 A6
Vyartsilya RUS 5 E22
Vyazma RUS 16 J24
Vyborg RUS 5 F21
Vyčapy CZ 50 B1
Východna SK 51 B5
Vydrany SK 50 C3
Vyerkhnyadzvinsk BY 16 J20
Vyhne SK 51 C4
Vylkove UA 11 P21
Vynohradiv UA 11 M18
Vyshniy Volochek RUS 16 H24
Vyškov CZ 50 B3
Vysoká SK 51 B4
Vysoké Mýto CZ 50 B2
Vysokovsk RUS 16 H25
Vyšši Brod CZ 49 C5

W

Waabs D 29 A6
Waakirchen D 48 D2
Waalwijk NL 35 B5
Wabern D 37 B4
Wąbrzeźno PL 33 B4
Wachtebeke B 34 B3
Wächtersbach D 37 C4
Wackersdorf D 48 B3
Waddinxveen NL 35 A4
Wadelsdorf D 38 B4
Wadenswil CH 56 A3
Wadern D 46 B2
Wadlew PL 40 B3
Wadowice PL 51 B5
Wagenfeld-Haßlingen D 29 C5
Wageningen NL 35 B5
Waging D 48 D3
Wagrain A 58 A3
Wągrowiec PL 32 C3
Wahisdorf D 38 B3
Wahlscheid D 36 C2
Wahlstedt D 29 B7
Wahrenholz D 30 C1
Waiblingen D 47 C5
Waidhaus D 48 B3
Waidhofen a.d. Thaya A 49 C6
Waidhofen a.d. Ybbs A 49 D5
Waimes B 35 C6
Waischenfeld D 48 B2
Waisenburg A 59 B4
Waizenkirchen A 49 C4
Walbeck D 35 B6
Wałbrzych PL 39 C6
Walchensee A 58 A1
Walchensee D 57 A6
Walchsee A 58 A2
Walchum D 28 C4
Wałcz PL 32 B2
Wald CH 57 A4
Wald-Michelbach D 47 B4
Waldaschaff D 47 B5
Waldböckelheim D 46 B3
Waldbröl D 36 C2
Waldeck D 36 B4
Waldegg A 50 D2
Waldenbuch D 47 C5
Waldenburg D 38 C2
Waldfischbach D 46 B3
Waldhausen Str. G. A 49 C5
Waldheim D 38 B3
Waldkappel D 37 B4
Waldkirch D 47 C3
Waldkirchen D 49 C4
Waldkirchen a. Wesen A 49 C4
Waldkraiburg D 48 C3
Waldmohr D 46 B3
Waldmössingen D 47 C4
Waldmünchen D 48 B3
waldrach D 46 B2
Waldring A 58 A2
Waldsassen D 48 A3
Waldshut D 56 A3
Waldstatt CH 57 A4
Waldthurn D 48 B3
Waldwisse F 46 B2
Walenstadt CH 57 A4
Walichnowy PL 40 B2
Walincourt F 45 A4
Walkenried D 37 B5
Walkow D 30 C3
Wallau D 36 C3
Walldürn D 47 B5
Wallenfells D 37 C6
Wallern i. Burgenland A 60 A1
Wallers F 34 C3
Wallersdorf D 48 C3
Wallerstein D 48 C1
Wallhausen D 37 B6
Wallisellen CH 56 A3
Wallitz D 31 B3
Wallsbüll D 25 D2
Walsall GB 3 K6
Walschleben D 37 B5
Walshoutem B 35 C5
Walsrode D 29 C6
Walsum D 36 B1
Waltenhofen D 57 A5
Waltershausen D 37 C5
Waltrop D 36 B2
Wamba E 74 C2
Wanfried D 37 B5
Wangels D 30 A1
Wangen D 57 A4
Wangerooge D 29 B4
Wangersen D 29 B6
Wangi CH 57 A3
Wanzleben D 37 A6
Wapnica PL 31 B6
Wapno PL 32 C3
Warburg D 36 B4
Wardenburg D 29 B5
Waregem B 34 C3
Waremme B 35 C5
Waren D 31 B3
Warendorf D 36 B2
Warffum NL 28 B3
Warga NL 28 B2
Warin D 30 B2
Warka PL 41 B5
Warlubie PL 33 B4
Warmeriville F 45 B5
Warneck D 47 B6
Warnemünde D 30 A3
Warnsveld NL 35 A6
Warrington GB 3 K5
Warschoot B 34 B3
Warsingsfehn D 29 B4
Warsow D 30 B2
Warstade D 29 B6
Warstein D 36 B3
Warszawa PL 41 A4
Warta PL 40 B2
Wartberg A 49 D5
Wartberg i. Mürztal A 59 A5
Warth A 57 A5
Warwick GB 3 K6
Warza D 37 C5
Wasmes B 34 C3
Wasosz PL 39 B6
Wasselonne F 46 C3
Wassen CH 56 B3
Wassenaar NL 35 A4
Wasseralfingen D 47 C6
Wasserauen CH 57 A4

Name		Page	Grid
Wasserbillig	L	46	B2
Wasserburg	D	48	C3
Wassertrüdingen	D	48	B1
Wassy	F	45	C5
Wasungen	D	37	C5
Watenstedt	D	37	A5
Waterford	IRL	3	K3
Waterloo	B	35	C4
Watford	GB	3	L6
Wathlingen	D	30	C1
Watten	F	34	C2
Wattens	A	57	A4
Wattwil	CH	57	A4
Waubach	NL	35	C5
Wavignies	F	44	B3
Wavre	B	35	C4
Wawolnica	PL	41	B6
Węchadlow	PL	41	C5
Wedel	D	29	B6
Weelde	B	35	C4
Weende	D	37	B4
Weener	D	28	B4
Weert	NL	35	B5
Weesp	NL	35	A5
Weeze	D	36	B1
Weferlingen	D	37	A6
Wegberg	D	36	C1
Wegeleben	D	37	B6
Weggis	CH	57	A4
Węgierska	PL	40	A1
Węgliniec	PL	39	B5
Węgorzyno	PL	31	B6
Węgrów	PL	41	A6
Wegscheid	D	49	C5
Wehdel	D	29	B5
Wehr	D	56	A2
Weibersbrunn	D	47	B5
Weichering	D	48	C2
Weida	D	38	C2
Weiden	D	48	B3
Weidenau	D	36	C3
Weidenhain	D	38	B2
Weidenstetten	D	47	C5
Weierbach	D	46	B3
Weigelsdorf	A	50	D2
Weiherowo	PL	33	A4
Weikersheim	D	47	B5
Weil	D	48	C1
Weil d. Stadt	D	47	C4
Weilburg	D	36	C3
Weilerswist	D	36	C1
Weilheim, Baden-Württemberg	D	47	C5
Weilheim, Bayern	D	48	D2
Weimar, Hessen	D	37	B4
Weimar, Thüringen	D	37	C6
Weinberg	D	48	B1
Weinfelden	CH	57	A4
Weingarten, Baden-Württemberg	D	47	B4
Weingarten, Baden-Württemberg	D	47	D5
Weinheim	D	47	B4
Weinstadt	D	38	C2
Weischlitz	D	38	C2
Weisendorf	D	48	B2
Weismain	D	48	A2
Weißbriach	A	58	B3
Weißenbach, Nieder Österreich	A	50	D2
Weißenbach, Tirol	A	57	A5
Weißenbach a.d. Enns	A	59	A4
Weißenberg	D	39	B4
Weißenbrunn	D	37	C6
Weißenburg	D	48	B1
Weißenfels	D	37	B6
Weißenhorn	D	47	C6
Weißenkirchen i.d. W.	A	50	C1
Weißensee	D	37	B6
Weißenstadt	D	37	C6
Weißkirchen i. Steiermark	A	59	A4
Weisstannen	CH	57	B4
Weißwasser	D	38	B4
Weitendorf	D	30	B3
Weiterode	D	37	C4
Weitersfeld	A	50	C1
Weitersfelden	A	49	C5
Weitnau	D	57	A4
Weitra	A	49	C5
Weitzenbruch	D	29	C7
Weiz	A	59	A4
Welkenraedt	B	35	C5
Wellaune	D	38	B2
Wellheim	D	48	C2
Wellin	B	45	A6
Wellmünster	D	36	C3
Wells-next-the-Sea	GB	3	K7
Welplage	D	36	A3
Wels	A	49	C5
Welschenrohr	CH	56	A2
Welshpool	GB	3	K5
Welsleben	D	37	B6
Weltenfeld	A	59	B4
Welver	D	36	B3
Welzheim	D	47	C5
Welzow	D	38	B3
Wemding	D	48	C1
Wenden, Niedersachsen	D	37	A5
Wenden, Nordrhein-Westfalen	D	36	C2
Wendisch Rietz	D	38	A3
Wendlingen	D	47	C5
Wenecja	PL	32	C3
Weng, Oberösterreich	A	49	C4
Weng, Salzburg	A	56	A2
Wengen	CH	56	B2
Wenigzell	A	59	A5
Wennigsen	D	37	A4
Wenns	A	57	A5
Wépion	B	35	C4
Werben, Brandenburg	D	38	B4
Werben, Sachsen-Anhalt	D	30	C2
Werbig	D	38	B3
Werchter	B	35	C4
Werdau	D	38	C2
Werder	D	38	A2
Werdohl	D	36	B2
Werfen	A	58	A3
Werkendam	NL	35	B4
Werl	D	36	B2
Werlte	D	29	C4
Wermelskirchen	D	36	B2
Wermsdorf	D	38	B2
Wernberg	D	48	B3
Werne	D	36	B2
Werneuchen	D	31	C4
Wernigerode	D	37	B5
Wernstein	A	49	C4
Wertach	D	57	A5
Wertheim	D	47	B5
Wertingen	D	48	C1
Wervik	B	34	C3
Wesel	D	36	B1
Wesenberg	D	31	B3
Wesendorf	D	30	C1
Wesselburen	D	29	A5
Wesseling	D	36	C1
Wessobrunn	D	48	D2
West Terschelling	NL	28	B2
Westbevern	D	36	A2
Westendorf	A	58	A2
Westerbork	NL	28	C3
Westerburg	D	36	C2
Westercelle	D	29	C7
Westerhaar	NL	28	C3
Westerholt	D	29	B4
Westerkappeln	D	36	A2
Westerland	D	25	D1
Westerlo	B	35	B4
Westerstede	D	29	B4
Westheim, Baden-Württemberg	D	47	B5
Westheim, Bayern	D	48	B1
Westheim, Nordrhein-Westfalen	D	36	B3
Westhofen	D	47	B4
Westkapelle	B	34	B3
Westkapelle	NL	34	B3
Weston-super-Mare	GB	3	L5
Westport	IRL	3	K2
Westrhauderfehn	D	29	B4
Wetter, Hessen	D	36	C3
Wetter, Nordrhein-Westfalen	D	36	B2
Wetteren	B	34	B3
Wettin	D	37	B6
Wettingen	CH	56	A3
Wetzikon	CH	56	A3
Wetzlar	D	36	C3
Wevelgem	B	34	C3
Wewer	D	36	B3
Wexford	IRL	3	K3
Weyer	D	48	D5
Weyerbusch	D	36	C2
Weyersheim	F	47	C3
Weymouth	GB	3	L5
Weyregg	A	49	D4
Wezemaal	B	35	C4
Wezep	NL	35	A6
Wężyska	PL	39	A4
Whitehaven	GB	3	J5
Wiązów	PL	41	C4
Wiązowna	PL	41	A5
Wiblingen	D	47	C5
Wick	GB	3	G5
Wickede	D	36	B3
Wicklow	IRL	3	K3
Wicko	PL	32	A3
Wickrath	D	36	C1
Widawa	PL	40	B2
Widuchowo	PL	31	B5
Wiebelskirchen	D	46	B3
Więcbork	PL	33	B4
Wiedenbrück	D	36	B3
Wiefelstede	D	29	B4
Wiehe	D	37	B6
Wiehl	D	36	C2
Wiek	D	31	A4
Wielbark	PL	33	B6
Wiele	PL	32	B3
Wieleń	PL	31	C6
Wielichowo	PL	39	A6
Wieliczka	PL	40	A1
Wieluń	PL	40	B2
Wielka Łąka	PL	33	C4
Wielowieś	PL	40	C2
Wieluń	PL	40	B2
Wiesmath	A	60	A1
Wiesmoor	D	29	B4
Wietmarschen	D	28	C6
Wietze	D	29	C6
Wiggen	CH	56	B2
Wijchen	NL	35	B5
Wijk bij Duurstede	NL	35	B5
Wijnegem	B	35	B4
Wil	CH	57	A4
Wilamowice	PL	51	B5
Wilczęta	PL	33	A5
Wilczkowice	PL	40	A3
Wildalpen	A	59	A4
Wildberg, Baden-Württemberg	D	47	C4
Wildberg, Brandenburg	D	30	C3
Wildegg	CH	56	A3
Wildemann	D	37	B5
Wildendürnbach	A	50	C2
Wildenvank	NL	28	B3
Wildeshausen	D	29	C5
Wildon	A	59	B5
Wildpoldsried	D	57	A5
Wilfersdorf	A	50	C2
Wilga	PL	41	B5
Wilgartswiesen	D	47	B3
Wilhelm-Pieck-Stadt	D	39	B4
Wilhelmsburg	A	50	C1
Wilhelmsburg	D	31	B4
Wilhelmshaven	D	29	B5
Wilhemsdorf	D	47	D5
Wilhering	A	49	C5
Wilkau-Haßlau	D	38	C2
Wilkołaz	PL	41	B6
Wilków, Legnica	PL	39	B5
Wilków, Lublin	PL	41	B5
Wilkowice	PL	51	B5
Wilkowo	PL	33	A7
Willebadessen	D	36	B3
Willebroek	B	35	B4
Willhermsdorf	D	48	B1
Willich	D	36	B1
Willingen	D	36	B3
Willisau	CH	56	A3
Wilnsdorf	D	36	C3
Wilrijk	B	35	B4
Wilsdruff	D	38	B3
Wilster	D	29	B6
Wilsum	D	28	C3
Wiltz	L	46	B1
Wimereux	F	34	C1
Wimille	F	34	C1
Wimmenau	F	46	B3
Wimmis	CH	56	B2
Wimpassing	A	59	A6
Wimy	F	45	B4
Winchester	GB	3	L6
Winden a.s.	A	50	D2
Windischeschenbach	D	48	B3
Windischgarsten	A	49	D5
Windorf	D	49	C4
Windsbach	D	48	B1
Wingene	B	34	B3
Wingst	D	29	B6
Winhöring	D	48	C3
Winklarn	D	48	B3
Winklern	A	58	B2
Winnenden	D	47	C5
Winnigstedt	D	37	A5
Winnweiler	D	47	B3
Winschoten	NL	28	B4
Winsen, Niedersachsen	D	29	C6
Winsen, Niedersachsen	D	30	B1
Wińsko	PL	39	B6
Winsum, Friesland	NL	28	B2
Winsum, Groningen	NL	28	B3
Winterberg	D	36	B3
Winterfeld	D	30	C2
Winterlingen	D	47	C5
Winterswijk	NL	28	C3
Winterthur	CH	56	A3
Wintzenheim	F	46	C3
Winzer	D	49	C4
Wipperdorf	D	37	B5
Wipperfürth	D	36	B2
Wippra	D	37	B6
Wisbech	GB	3	K6
Wischhafen	D	29	B6
Wisła Wlk	PL	51	B5
Wislica	PL	41	C4
Wismar	D	30	B2
Wiśniew	PL	41	A6
Wiśniewo	PL	41	A5
Wiśniowa	PL	51	B6
Wissant	F	34	C1
Wissembourg	F	47	B3
Wissen	D	36	C2
Witanowice	PL	51	B5
Witkowo	PL	31	B7
Witmarsum	NL	28	B2
Witney	GB	3	L6
Witnica	PL	31	C5
Witonia	PL	40	A3
Witry	B	46	B1
Wittdün	D	29	A5
Wittelsheim	F	46	C3
Witten	D	36	B2
Wittenberg	D	38	B2
Wittenberge	D	30	C2
Wittenburg	D	30	B2
Wittenheim	F	46	C3
Wittichenau	D	38	B4
Wittingen	D	30	C1
Wittislingen	D	48	C1
Wittlich	D	46	B2
Wittmannsdorf	D	38	A3
Wittmund	D	29	B4
Wittorf	D	30	B1
Wittstock	D	30	B3
Witzenhausen	D	37	B4
Wizernes	F	34	C2
Władysławowo	PL	33	A4
Wleń	PL	39	B5
Włocławek	PL	33	C5
Włodawa	PL	7	L18
Wlodzienin	PL	40	C1
Włostow	PL	41	C3
Włoszczowa	PL	41	C3
Wöbbelin	D	30	B2
Wodzisław	PL	41	C4
Wodzislaw Sl.	PL	51	A4
Woerden	NL	35	A4
Woerth	F	46	C3
Wohlen	CH	56	A3
Woippy	F	46	B2
Wojciechy	PL	33	A6
Wojcieszów	PL	39	C5
Wojkowice Kościelne	PL	40	C3
Woking	GB	3	L6
Wola Jachowa	PL	41	C4
Wola Niechcicka	PL	40	B3
Wola Pelkinska	PL	41	C6
Wolbeck	D	36	B2
Wolbórz	PL	41	B3
Wolbrom	PL	40	C3
Wolczyn	PL	40	B2
Woldegk	D	31	B4
Wolfach	D	47	C4
Wolfau	A	59	A6
Wolfegg	D	47	D5
Wolfen	D	38	B2
Wolfenbüttel	D	37	A5
Wolfersheim	D	36	C3
Wolfertschwenden	D	48	D1
Wolfhagen	D	36	B4
Wolfratshausen	D	48	D2
Wolfsbach	A	49	C5
Wolfsberg	A	59	B4
Wolfsburg	D	37	A5
Wolfshagen	D	31	B4
Wolfstein	D	46	B3
Wolgast	D	31	A5
Wolhusen	CH	56	A3
Wolin	PL	31	B5
Wolka	PL	41	B4
Wolkenstein	D	38	C3
Wolkersdorf	D	50	C2
Wölkisch	D	38	B3
Wolkramshausen	D	37	B5
Wöllersdorf	A	50	D2
Wollin	D	38	A2
Wolmirsleben	D	37	B6
Wolmirstedt	D	37	A6
Wolnzach	D	48	C2
Wolów	PL	39	B6
Wolsztyn	PL	39	A6
Woltersdorf	D	31	C4
Woltmershausen	D	29	B5
Wolvega	NL	28	C2
Wolverhampton	GB	3	K5
Wommels	NL	28	B2
Woplewo	PL	33	B6
Worb	CH	56	B2
Worbis	D	37	B5
Worcester	GB	3	K5
Wörgl	A	58	A2
Workington	GB	3	J5
Workum	NL	28	C2
Wörlitz	D	38	B2
Wormerveer	NL	28	C1
Wormhoudt	F	34	C2
Worms	D	47	B4
Worpswede	D	29	B5
Wörschach	A	59	A4
Wörth, Bayern	D	48	C3
Wörth, Bayern	D	47	B5
Wörth, Bayern	D	48	B3
Wörth, Rheinland-Pfalz	D	47	B4
Worthing	GB	3	L6
Woudsend	NL	28	C2
Woumen	B	34	B2
Woźniki, Częstochowa	PL	40	C3
Woźniki, Sieradź	PL	40	B2
Wręczyca Wlk.	PL	40	C2
Wredenhagen	D	30	B3
Wremen	D	29	B5
Wrexham	GB	3	K5
Wriedel	D	30	B1
Wriezen	D	31	C5
Wrist	D	29	B6
Wróblewo	PL	33	C6
Wrocki	PL	33	B5
Wrocław	PL	40	B1
Wronki	PL	32	C2
Września	PL	40	A1
Wrzosowo	PL	32	A1
Wschowa	PL	39	B6
Wulfen, Nordrhein-Westfalen	D	36	B2
Wülfen, Sachsen-Anhalt	D	38	B1
Wulfrath	D	36	B2
Wulkau	D	30	C3
Wünnenberg	D	36	B3
Wunsiedel	D	37	A4
Wunstorf	D	29	C6
Wuppertal	D	36	B2
Wurmannsquick	D	48	C3
Würselen	D	35	C6
Wurzbach	D	37	C6
Würzburg	D	47	B5
Wurzen	D	38	B2
Wüstensachsen	D	37	C5
Wusterhausen	D	30	C3
Wustermark	D	31	C3
Wustrow	D	30	A3
Wuustwezel	B	35	B4
Wygoda	PL	40	D1
Wyk	D	25	D1
Wymiarki	PL	39	B5
Wyśmierzyce	PL	41	B4
Wysoka, Legnica	PL	39	B5
Wysoka, Piła	PL	32	B3
Wysokie	PL	41	C4
Wyszogrod	PL	41	A4
Wyszonowice	PL	39	C7

X

Name		Page	Grid
Xanten	D	35	B6
Xánthi	GR	15	R19
Xàtiva	E	82	C2
Xeraco	E	82	B2
Xertigny	F	46	C2
Xinzo de Limia	E	85	C4
Xove	E	72	A3
Xubia	E	72	A2
Xunqueira de Espadañedo	E	72	B3

Y

Name		Page	Grid
Yablanitsa	BG	15	Q19
Yahotyn	UA	11	L22
Yambol	BG	15	Q20
Yampil	UA	11	M21
Yaremcha	UA	11	M19
Yartsevo	RUS	16	J23
Yasinya	UA	11	M19
Yatağan	TR	15	T21
Yavoriv	UA	11	M18
Ybbs a.d. Donau	A	49	C6
Ybbsitz	A	49	C6
Ydby	DK	24	B1
Ydra	GR	18	E5
Yebra de Besa	E	76	A2
Yecla	E	82	C1
Yecla de Yeltes	E	86	B3
Yelnya	RUS	16	J23
Yelsk	BY	16	L21
Yenice	TR	15	S20
Yenihisar	TR	15	T20
Yenne	F	69	C5
Yeovil	GB	3	L5
Yepes	E	81	C3
Yerseke	NL	35	B4
Yerville	F	44	B1
Yesa	E	76	A1
Yesnogorsk	RUS	16	J25
Yeste	E	82	C1
Yezerishche	BY	16	J21
Yffiniac	F	42	B3
Ygos-St.-Saturnin	F	62	C3
Ygrande	F	54	B2
Yiannitsa	GR	15	R18
Yithion	GR	15	T18
Ylitornio	FIN	5	C18
Ylivieska	FIN	5	D19
Ymonville	F	44	C2
Yngsjö	S	27	D3
York	GB	3	K6
Youghal	IRL	3	L3
Yport	F	44	B1
Yssingeaux	F	64	A3
Ystad	S	27	D2
Ystebøhamn	N	18	B2
Ytre Arna	N	4	F9
Ytre Flåbygd	N	19	B5
Ytterby	S	20	A4
Yttermalung	S	20	B4
Yukhnov	RUS	16	J24
Yuncos	E	80	B3
Yunquera	E	86	C2
Yunquera de Henares	E	81	B3
Yurre	E	75	A4
Yushkozero	RUS	5	D23
Yverdon	CH	56	B1
Yvetot	F	44	B1
Yvoir	B	35	C4
Yvonand	CH	56	B1
Yvré l'Évêque	F	44	C1
Yxsjöberg	S	20	B5
Yzeure	F	54	B3

Z

Name		Page	Grid
Zaamslag	NL	34	B3
Zaandam	NL	35	A4
Žabalj	HR	61	C5
Zabar	H	51	C6
Zabierzów	PL	40	C3
Žabljak	YU	71	C4
Żabno	PL	41	C4
Zabok	HR	59	C5
Žabokreky	SK	51	C4
Zábřeh	CZ	50	B3
Zabrže	CZ	49	B4
Zabrze	PL	40	C2
Zadar	HR	69	B4
Zadzim	PL	40	B2
Zafarraya	E	86	C3
Zafferana Etnea	I	95	B4
Zafra	E	79	C4
Żagań	PL	39	B5
Zaglav	HR	69	C4
Zagnańsk	PL	41	C4
Zagorje	SLO	59	B5
Zagórów	PL	40	A1
Zagradje	HR	71	B5
Zagreb	HR	59	C5
Zagrilla	E	86	B2
Zagvozd	HR	70	C2
Zagwiździe	PL	40	C1
Zagyvarekas	H	61	A5
Zagyvaróna	SK	51	C5
Zahara	E	85	C4
Zahara de los Atunes	E	85	C4
Zahinos	E	79	C4
Zahna	D	38	B2
Zahrádka	CZ	49	B5
Záhoří	CZ	49	B5
Zaidin	E	76	B3
Zainingen	D	47	C5
Zákamenné	SK	51	B5
Zakany	H	60	B1
Zákinthos	GR	15	T17
Zaklików	PL	41	C6
Zakopane	PL	51	B5
Zakroczym	PL	41	A5
Zakupy	CZ	39	C4
Zalaapáti	H	60	B2
Zalabaksa	H	60	B1
Zalaegerszeg	H	60	B1
Zalakoppány	H	60	B2
Zalalövő	H	60	B1
Zalamea de la Serena	E	79	C5
Zalamea la Real	E	85	B3
Zalaszentgrót	H	60	B2
Zalaszentiván	H	60	B1
Zalaszentmihály	H	60	B1
Zalău	RO	11	N18
Zalavár	H	60	B2
Zaldibar	E	75	A4
Zalec	SLO	59	B5
Zalewo	PL	33	B5
Zalishchyky	UA	11	M19
Zalla	E	75	A3
Zaltbommel	NL	35	B5
Zamárdi	H	60	B2
Zamarte	PL	32	B3
Zamberk	CZ	50	B1
Zambra	E	86	B2
Zámoly	H	60	A3
Zamora	E	74	C1
Zamość	PL	11	L18
Zams	A	57	A5
Zandhoven	B	35	B4
Žandov	CZ	38	C4
Zandvoort	NL	35	A4
Zaorejas	E	81	B4
Zapadnaya Dvina	RUS	16	H23
Zapfend	D	44	A1
Zapole	PL	40	B2
Zapponeta	I	90	C2
Zaragoza	E	76	B2
Zarasai	LT	16	J20
Zarautz	E	75	A4
Zarcilla de Ramos	E	87	B5
Zaręby	PL	33	B7
Żarki	PL	40	C3
Žarnovica	SK	51	C4
Zarnow	PL	41	B4
Zarnowiec	PL	32	A4
Żarów	PL	39	C6
Zarren	B	34	B2
Zarrentin	D	30	B1
Żary	PL	39	B5
Zarza-Capilla	E	79	C5
Zarza Capilla	E	79	C5
Zarza de Alange	E	79	C4
Zarza de Granadilla	E	81	B3
Zarza de Tajo	E	81	C3
Zarza la Mayor	E	79	B4
Zarzadilla de Totana	E	86	C2
Zarzalejo	E	80	B3
Zarzecze	PL	41	C6
Zarzuela del Monte	E	80	B2
Zarzuela del Pinar	E	72	C4
Zas	YU	71	B4
Zasavica	YU	71	B4
Zasieki	PL	38	B4
Zásmuky	CZ	49	B6
Žatec	CZ	38	C3
Zaton	HR	91	B1
Zatonie	PL	39	B5
Zator	PL	40	C3
Zauchwitz	D	38	A2
Zavala	BIH	69	B2
Závažná Poruba	SK	51	B5
Zavidovići	BIH	70	B3
Zavlaka	YU	71	B4
Zawadzkie	PL	40	C2
Zawichost	PL	41	C5
Zawidów	PL	39	B5
Zawiercie	PL	40	C3
Zawoja	PL	51	B5
Zawonia	PL	40	B1
Zazina	HR	60	C1
Zázrivá	SK	51	B5
Zbarazh	UA	11	M19
Zbąszyn	PL	39	A5
Zbąszynek	PL	39	A5
Zbehy	SK	51	C4
Zbiersk	PL	40	B2
Zbrachlin	PL	33	C5
Zbraslav	CZ	49	B5
Zbraslavice	CZ	49	B6
Zbuczyn Poduchowny	PL	41	B5
Ždala	HR	60	B2
Žďánice	CZ	50	B2
Ždár n. Sázavou	CZ	50	B1
Ždiar	SK	51	B6
Zdice	CZ	49	B4
Zdirec n. Doubravou	CZ	50	B1
Zdolbuniv	UA	11	L20
Zdounky	CZ	50	B3
Zdroj	PL	33	B6
Zdunská Wola	PL	40	B2
Zduny, Kalisz	PL	40	B1
Zduny, Skierniewice	PL	41	A4
Żdżary	PL	41	B4
Zdziszowice	PL	40	C2
Zeberio	E	75	A4
Žebrák	CZ	49	B4
Zebreira	P	79	B3
Zechlin	D	31	B3
Zederhaus	A	58	A3
Zegama	E	75	A4
Zeebrugge	B	34	B3
Zegrze	PL	33	C7
Zehdenick	D	31	C4
Zehren	D	38	B3
Zeil	D	48	A1
Zeilarn	D	48	C3
Zeithain	D	38	B3
Zeitlarn	D	48	B3
Zeitz	D	38	B2
Želatava	CZ	50	B1
Zele	B	35	B4
Zelechów	PL	41	B5
Zelena Drev	CZ	50	B3
Zelenoborskiy	RUS	5	C23
Zelenogorsk	RUS	5	F21
Zelenograd	RUS	16	H25
Zelenogradsk	RUS	7	J17
Železnice	CZ	39	C5
Železný Brod	CZ	39	C5
Zelhem	NL	35	A6
Zeliezovce	SK	51	C4
Zelina	HR	60	C1
Żelkowo	PL	32	A3
Zell, Baden-Württemberg	D	47	C4
Zell, Baden-Württemberg	D	56	A2
Zell, Bayern	D	47	B5
Zell, Rheinland-Pfalz	D	46	A3
Zell am See	A	58	A2
Zell am Ziller	A	58	A1
Zell b. Zellhof	A	49	C5
Zella-Mehlis	D	37	C5
Zellerndorf	A	50	C1
Zellingen	D	47	B5
Zeltingen	D	46	A3
Zeltweg	A	59	A4
Zelzate	B	34	B3
Zemberovce	SK	51	C4
Zemianske-Kostol'any	SK	51	C4
Zemné	SK	51	D3
Zemst	B	35	C4
Zemun	YU	71	B5
Zemunik	HR	69	B5
Zenica	BIH	70	B2
Žepče	BIH	70	B3
Zepponami	I	88	A3
Zeprešić	HR	59	C5
Žeravice	CZ	50	B3
Zerbst	D	38	B2
Zerf	D	46	B2
Zerków	PL	40	A1
Zermatt	CH	56	B2
Zernez	CH	57	B5
Zerpenschleuse	D	31	C4
Zetel	D	29	B4
Zeulenroda	D	37	C6
Zeven	D	29	B6
Zevenaar	NL	35	A6
Zevenbergen	NL	35	B4
Zévio	I	57	C6
Zgierz	PL	40	B3
Zgorzelec	PL	39	B5
Zgošča	BIH	70	B3
Zhabinka	BY	7	K19
Zharkovskiy	RUS	16	J23
Zhashkiv	UA	11	M22
Zheleznodorozhnyy	RUS	7	J17
Zheleznogorsk	RUS	16	K24
Zhizdra	RUS	16	K24
Zhlobin	BY	16	K22
Zhmerynka	UA	11	L21
Zhodzina	BY	16	J21
Zhukovka	RUS	16	K23
Zhytomyr	UA	11	L21
Žiar	SK	51	B6
Zicavo	F	96	B3
Zickhusen	D	30	B2
Zidani Most	SLO	59	B5
Ziddorf	D	30	B3
Zidlochovice	CZ	50	B2
Ziębice	PL	41	A5
Ziegendorf	D	30	B3
Ziegenrück	D	37	C6
Zieleniec	PL	39	C6
Zielona	PL	33	B6
Zielona Góra	PL	39	B5
Zielonka	PL	41	A5
Zieluń	PL	33	B5
Ziemetshausen	D	48	C1
Zierikzee	NL	34	B4
Ziersdorf	A	50	C1
Zierzow	D	30	B2
Ziesar	D	38	A2
Ziethen	D	31	C4
Žihle	CZ	49	B4
Žilina	SK	51	B4
Zillingdorf	A	57	C6
Zillisheim	F	56	A2
Zinal	CH	56	B2
Zinnowitz	D	31	A5
Zirc	H	60	A2
Ziri	SLO	59	B4
Zirl	A	57	A6
Zirndorf	D	48	B1
Žirovnica	YU	71	B6
Žirovnice	CZ	50	B1
Zitište	HR	61	C5
Zittau	D	39	C4
Zivaja	HR	70	A1
Živinice	BIH	70	B3
Zlatar	HR	60	B1
Zlatar Bistrica	HR	60	B1
Zlaté Hory	CZ	40	C1
Zlaté Klasy	SK	50	C3
Zlaté Moravce	SK	51	C4
Zlatniky	SK	51	C4
Zlatograd	BG	15	R19
Zlín (Gottwaldov)	CZ	50	B3
Złocieniec	PL	32	B1
Złoczew	PL	40	B2
Zlonice	CZ	38	C4
Złotniki	PL	41	C4
Złotniki Kujawskie	PL	32	C4
Złotoryja	PL	39	B5
Złotów	PL	32	B3
Złoty Potok	PL	40	C3
Złoty Stok	PL	39	C6
Zlutice	CZ	49	A4
Zmajevac	BIH	70	B1
Zmajevo	HR	61	C4
Żmigród	PL	39	B6
Žminj	HR	69	A3
Znamiensk	RUS	7	J17
Znamyanka	UA	11	M23
Znin	PL	32	C3
Znojmo	CZ	50	C2
Zöblitz	D	38	C3
Zocca	I	67	B5
Zodel	D	39	B4
Zoetermeer	NL	35	A4
Zofingen	CH	56	A2
Zogno	I	57	C4
Zohor	SK	50	C2
Zolder	B	35	B5
Zollikofen	CH	56	B2
Zolling	D	48	C2
Zolochiv	UA	11	M19
Zolotonosha	UA	11	M23
Zomba	H	61	B3
Zomergem	B	34	B3
Zonhoven	B	35	C5
Zonza	F	96	B3
Zörbig	D	38	B2
Zory	PL	51	A4
Zossen	D	38	A3
Zottegem	B	34	C3
Zoutkamp	NL	28	B3
Zovi Do	BIH	70	C3
Zrenjanin	YU	71	B5
Zruč n. Sazavou	CZ	49	B6
Zsámbék	H	61	A4
Zsámbok	H	61	A4
Zschopau	D	38	C3
Zschortau	D	38	B2
Zuberec	SK	51	B5
Zubia	E	86	B3
Zubieta	E	75	A5
Zubiri	E	75	A5
Zubtsov	RUS	16	H24
Zucaina	E	82	A2
Zudar	D	31	A4
Zuera	E	76	B2
Zufre	E	85	B3
Zug	CH	56	A3
Zuheros	E	86	B2
Zuidlaren	NL	28	B3
Zuidwolde	NL	28	C3
Zújar	E	87	B4
Zülpich	D	36	C1
Zulová	CZ	39	C7
Zumaia	E	75	A4
Zumárraga	E	75	A4
Zundert	NL	35	B4
Županja	HR	71	A3
Zurgena	E	87	B4
Zürich	CH	56	A3
Zurndorf	A	57	A4
Zuromin	PL	33	B5
Zurzach	CH	56	A3
Zusmarshausen	D	48	C1
Zutphen	NL	35	A6
Zutu Lovka	HR	69	B5
Žužemberk	SLO	59	C4
Zvikovské Podhradi	CZ	49	B5
Zvolen	SK	51	C5
Zvornik	BIH	71	B4
Zwaagwesteinde	NL	28	B2
Zwanenburg	NL	35	A4
Zwaring	A	59	B5
Zwartemeer	NL	28	C4
Zwartsluis	NL	28	C3
Zweibrücken	D	46	B3
Zweisimmen	CH	56	B2
Zwenkau	D	38	B2
Zwentendorf	A	50	C1
Zwesten	D	36	B4
Zwettl a.d. Rodl	A	49	C5
Zwevegem	B	34	C3
Zwickau	D	38	C2
Zwiefalten	D	47	C5
Zwiesel	D	49	B4
Zwieselstein	A	57	B6
Zwijndrecht	NL	35	A6
Zwönitz	D	38	C2
Zwolen	PL	41	B5
Żychlin	PL	40	A3
Zydowo	PL	40	A1
Zygry	PL	40	B2
Żyrardów	PL	41	B6
Zyrzyn	PL	41	C6
Żytno	PL	40	C3
Żywiec	PL	51	B5